565

INDEX OF PROPER NAMES

7/4
jmp

Jacob Hammer
Hunter College
New York City

THE LOEB CLASSICAL LIBRARY

EDITED BY

E. CAPPS, Ph.D., LL.D.   T. E. PAGE, Litt.D.   W. H. D. ROUSE, Litt.D.

HERODOTUS

III

HERODOTUS

WITH AN ENGLISH TRANSLATION BY

A. D. GODLEY

HON. FELLOW OF MAGDALEN COLLEGE, OXFORD

IN FOUR VOLUMES

III

BOOKS V—VII

LONDON : WILLIAM HEINEMANN
NEW YORK : G. P. PUTNAM'S SONS
MCMXXII

Printed in Great Britain.

CONTENTS

INTRODUCTION

In Books V and VI, the constant intermixture of references to earlier history with the actual narrative makes chronology obscure and difficult. I have endeavoured to make the sequence of events clearer by giving dates here and there in the notes.

Book V describes, with a great many digressions, the events leading to, and the beginning of, the Ionian revolt against Darius. The following is a brief analysis of its contents, based on the summary in Stein's edition:—

Ch. 1–16. Megabazus' conquests in Europe.

Ch. 17–22. Story of a Persian embassy to Macedonia, and its fate.

Ch. 23–27. Histiaeus of Miletus at the Persian court; Otanes' conquests in N.W. Asia Minor and the neighbourhood.

Ch. 28–38. Troubles at Miletus and Naxos; Aristagoras' temporary alliance with Artaphrenes, and its breach; Aristagoras instigated by Histiaeus to revolt.

Ch. 39–48. Story of Anaxandrides king of Sparta and his sons Cleomenes and Dorieus. Dorieus' death in Sicily; Cleomenes king of Sparta.

Ch. 49–51. Aristagoras' unsuccessful attempt to obtain a Spartan alliance; his map of Asia.

Ch. 52–54. Description of the "Royal Road" from Ephesus to Susa.

INTRODUCTION

Ch. 55–96. Aristagoras' visit to Athens; a long digression on Athenian history.

INTRODUCTION

INTRODUCTION

Ch. 48–50. Darius' demand of " earth and water " from Greek states. Aeginetans accused as traitors for submitting to it.

Ch. 51–60. Digression on Spartan kingship. Origin of dual system; position and privileges of kings.

Ch. 61–70. Story of Demaratus; his birth; his quarrel with and deposition by Cleomenes, the other king. Succession of Leutychides.

Ch. 71–84. Subsequent career of Cleomenes and Leutychides. Cleomenes' war with Argos, and his death (491, probably).

Ch. 85, 86. Quarrel between Leutychides and Aegina; Leutychides' demand for the restoration by the Athenians of Aeginetan hostages; story of Glaucus.

Ch. 87–93. Incidents in war between Athens and Aegina.

Ch. 94–101. New Persian expedition against Greece under Datis and Artaphrenes. Conquest of Naxos, Delos, and Eretria.

Ch. 102–108. Persian landing at Marathon in Attica, with Hippias; Athenian force sent thither Miltiades one of their generals. His recent history. Athenian messenger despatched to Sparta for help. Reinforcement sent by Plataea.

Ch. 109–117. Battle at Marathon and complete victory of the Athenians.

Ch. 118–120. Persian retreat; fortunes of the Eretrians taken prisoners by the Persians; arrival of Lacedaemonian reinforcements at Athens.

Ch. 121–131. Herodotus' argument against the accusation of treason brought against the Alcmaeonid family at Athens. Story of the family. Success

of one of its members in being chosen as the
husband of Agariste, daughter of Cleisthenes of
Sicyon.

Ch. 132–136. Unsuccessful expedition of Miltiades
against Paros; his condemnation by the Athenians,
and his death.

Ch. 137–140. Story of the Pelasgian settlements
in Attica and subsequently in Lemnos, and the
ultimate reduction of Lemnos by Miltiades.

The narrative in Book VII is much easier to
follow. There are fewer digressions from the
course of the story, and events are described in
their chronological order for the most part.

Ch. 1–4. New Persian preparation against Greece.
Dispute about the succession to the throne among
Darius' sons; death of Darius and accession of
Xerxes (485).

Ch. 5, 6. Influence at the Persian court in favour
of war.

Ch. 7–11. Suppression of the Egyptian revolt.
Xerxes' deliberation on invasion of Greece; speeches
of Xerxes, Mardonius, and Artabanus.

Ch. 12–18. Xerxes' doubts; his and Artabanus'
visions; eventual decision for war.

Ch. 19–25. Preparation for the expedition; its
magnitude; construction of a canal across the
promontory of Athos.

Ch. 26–32. March of Xerxes' army from Critalla
in Cappadocia to Sardis. Story of Pythius' offer of
money.

Ch. 33–36. Construction of bridges across the
Hellespont.

Ch. 37–43. Route of the army from Sardis to

INTRODUCTION

Abydos; Pythius' request, and its punishment; the order of march.

Ch. 44–56. Review of the fleet and army at Abydos. Xerxes' conversation with Artabanus. Passage of the Hellespont.

Ch. 57–60. From the Hellespont to Doriscus; the numbering of the army.

Ch. 61–99. Catalogue and description of the national contingents composing Xerxes' army and fleet.

Ch. 100–107. Xerxes' review of his forces at Doriscus; his conversation with Demaratus; notice of some of the governors left by Xerxes in charge of Thracian towns.

Ch. 108–121. Route of the army and fleet from Doriscus to Acanthus. How the army was fed.

Ch. 122–126. From Acanthus to Therma.

Ch. 127–131. Xerxes' excursion to Tempe in Thessaly.

Ch. 132–137. Reception in Greece of proposals sent by Xerxes to Greek states. Vengeance alleged to be taken by Talthybius on the Lacedaemonians for their killing of ambassadors; story of Sperthias and Bulis.

Ch. 138–144. Athens' services in the cause of Greek freedom. Oracles given to the Athenians; decision to increase their fleet, on the advice of Themistocles.

Ch. 145–147. General reconciliation among Greeks; their despatch of spies to Sardis; Xerxes' generosity in dealing with these.

Ch. 148–152. Dubious attitude of Argos and Herodotus' reflections thereon.

Ch. 153–167. Greek mission to Sicily. History of

Among the highly miscellaneous data for internal Greek history of which Books V and VI are composed, those portions are especially interesting which give an account of governmental changes in the Hellenic world. Here we have the first beginnings of constitutional history. The period to which Herodotus' narrative generally refers was a time of transition. Those old vague kingships which existed in the Homeric age had passed away; the powers of ruling βασιλῆες had passed mostly into the hands of some sort of oligarchy, whether based on wealth or birth. The relations between these and the unprivileged weaker population produced the economic disorders of the seventh century; and different states solved their problems in different ways. Sometimes the fall of an unpopular oligarchy or group of privileged families was brought about by the establishment of " despotism," some member of the hitherto powerful caste making himself master of the situation by a *coup d'état*, with or without the support of the unprivileged; thus the rule of the Battiadae at Corinth gave place to the " tyranny " of the Cypselid dynasty. But despotism was for the most part—at least in Greece Proper—only an interlude. Judged by its works, it became more unpopular than the oligarchical rule which it had displaced; the general estimate of it was that an irresponsible ruler was probably a criminal, and that unchecked power meant the gratification of the worst passions of humanity. It is true that as despotism decayed in Greece Proper, it took a fresh leave of life in the west, where it was justified by its practical utility. The benevolent despotism of Gelo in Sicily was praised as much as the malevolent despotism of Periander at Corinth was condemned; in neither case was there any theoretical objection to an unconstitutional usurper —the system was not judged on any *à priori* grounds, but simply on the record of the particular τύραννος. Periander was a mere oppressor, Gelo was an Augustus of Syracuse, whose magnificence impressed even the sternest champions of " freedom," and whose services to the Hellenic world against the Semites of Africa, and the wild tribes of the west, were of proved efficacy.

Thus despotism endured in Sicily; but in Greece on the whole it gave place to some form of constitutional government. Now, therefore, for the first time we begin to hear of that strange thing ἐλευθερία—the name of which has played so vast a part in the history of the world, and will continue to play it so long as men are the slaves of names.

What " freedom " meant to Herodotus and to the Hellas of which he writes is clear enough—simply freedom from the personal caprice of a single despotic ruler. It is worth pointing out to those who appeal to Hellas when they claim a traditional connection between "liberty" and democracy, that they will find in the history of the fifth century no warrant for their peculiar theory. Δημοκρατία, of course, was not at all like Democracy, and would in fact have seemed to modern democrats to be a singularly close and oppressive form of oligarchy; but leaving this patent fact out of consideration we may see that Herodotus at least did not connect freedom with popular government. Athens, the stock instance of a democratic state par excellence, achieved ἐλευθερία not by giving power to the δῆμος, but by ridding herself of her despots; that was the "liberating" act; had she established an oligarchy, as she well might have done, on the ruins of despotism, she would have equally gained her "liberty," ἐλευθερία, or ἰσηγορία, which like ἐλευθερία simply means the absence of despotism. That to Herodotus democracy has no prescriptive right to "liberty," is sufficiently shown by the fact that Sparta with her close and tyrannous oligarchy is the typically "free" state. It is a Spartan who points out to a Persian the blessings of freedom. Herodotus, seeing alternative forms of government, and admiring ἐλευθερία (always on the ground of its higher efficiency), has no particular liking for democracy. When he mentions it, he does so without respect. Gelon of Sicily is made to call the δῆμος a "thankless crew." In the discussion of various constitutions in Book III the Persian debaters condemn democracy even more than oligarchy. The Athens which Herodotus lived in and admired was the Periclean city-state of which Thucydides says that "it was a nominal democracy, but in reality the rule of the first man."

These digressions on constitutional changes and conditions occupy considerable parts of Books V and VI, while the main story works its way to the *dénouement*. With Marathon, the drama reaches its climax. From this moment we are amidst the great scenes of history; and nothing can detract from the compelling interest of the narrative. Herodotus' marvellous skill heightens the dramatic appeal throughout by a constantly interwoven personal element. We are made to see the scale of the conflict, and judge of the issues involved, from the particular standpoint of individuals; we see through the eyes of a present witness. Herodotus does not only describe the greatness of Xerxes' fleet; he describes it as seen by Xerxes; just as Homer's most admired similes are those where the imagined scene is presented to us as viewed by a spectator. At most of the critical moments, the various reflections which might occur to a thoughtful mind, or the alternative courses of action which might naturally be suggested, are presented to us in a dramatised form by debate or dialogue illustrating the diverse points of view—after the manner later made familiar by Euripides and Thucydides.

So much of fiction there is, obviously; but the trustworthiness of the narrative, apart from these *additamenta*, has not been seriously assailed. Very many details in this part of Herodotus' history lend themselves to speculation and controversy. He may exaggerate to the Persian numbers; it is natural that he should. He may lend too ready an ear to legend. But modern research has not detracted from his *general* credibility. It is not too much to say that where Herodotus gives most local detail he is least assailable. The story of Marathon is very briefly told, and it has been left for moderns to fill in what was lacking or explain what brevity makes obscure; but the full and detailed description of Thermopylae is verifiable to-day. Of course one cannot argue with certainty from such instances to the credibility of everything. But they are at least encouraging; and make any candid reader, in respect of those parts of the narrative where Herodotus is the sole witness, incline rather to belief in the first of historians than in those who would reconstruct history on the precarious basis of *a priori* probability.

HERODOTUS

BOOK V

ΗΡΟΔΟΤΟΥ ΙΣΤΟΡΙΑΙ

Ε

1. Οἱ δὲ ἐν τῇ Εὐρώπῃ τῶν Περσέων κατα-
λειφθέντες ὑπὸ Δαρείου, τῶν ὁ Μεγάβαζος
ἦρχε, πρώτους μὲν Περινθίους Ἑλλησποντίων οὐ
βουλομένους ὑπηκόους εἶναι Δαρείου κατεστρέ-
ψαντο, περιεφθέντας πρότερον καὶ ὑπὸ Παιόνων
τρηχέως. οἱ γὰρ ὦν ἀπὸ Στρυμόνος Παίονες χρή-
σαντος τοῦ θεοῦ στρατεύεσθαι ἐπὶ Περινθίους,
καὶ ἢν μὲν ἀντικατιζόμενοι ἐπικαλέσωνται σφέας
οἱ Περίνθιοι ὀνομαστὶ βώσαντες, τοὺς δὲ ἐπιχει-
ρέειν, ἢν δὲ μὴ ἐπιβώσωνται, μὴ ἐπιχειρέειν,
ἐποίεον οἱ Παίονες ταῦτα. ἀντικατιζομένων δὲ τῶν
Περινθίων ἐν τῷ προαστείῳ, ἐνθαῦτα μουνομαχίη
τριφασίη ἐκ προκλήσιός σφι ἐγένετο· καὶ γὰρ
ἄνδρα ἀνδρὶ καὶ ἵππον ἵππῳ συνέβαλον καὶ κύνα
κυνί. νικώντων δὲ τὰ δύο τῶν Περινθίων, ὡς
ἐπαιώνιζον κεχαρηκότες, συνεβάλοντο οἱ Παίονες
τὸ χρηστήριον αὐτὸ τοῦτο εἶναι καὶ εἶπάν κου
παρὰ σφίσι αὐτοῖσι "Νῦν ἂν εἴη ὁ χρησμὸς ἐπιτε-
λεόμενος ἡμῖν, νῦν ἡμέτερον ἔργον." οὕτω τοῖσι
Περινθίοισι παιωνίσασι ἐπιχειρέουσι οἱ Παίονες,
καὶ πολλόν τε ἐκράτησαν καὶ ἔλιπον σφέων
ὀλίγους.

2

HERODOTUS

BOOK V

1. THOSE Persians whom Darius had left in Europe under the command of Megabazus, finding the Perinthians unwilling to be Darius' subjects, subdued them before any others of the people of the Hellespont. These Perinthians had already been roughly handled by the Paeonians. For the Paeonians from the Strymon had been bidden by an oracle of their god to march against Perinthus, and if the Perinthians being encamped over against them should call to them, crying out their name, then to attack them, but, if there were no such call, then not to attack. Thus the Paeonians did; and the Perinthians being encamped in front of their city, the armies challenged each other to a threefold duel, wherein man was matched against man, horse against horse, and dog against dog. The Perinthians won the victory in two of the combats and raised the cry of "Paean" in their joy. The Paeonians reasoned that this was that whereof the oracle spoke; they said to each other, as I suppose, "This is surely the fulfilment of the prophecy; now here is work for us"; and with that, the Perinthians having cried "Paean," the Paeonians set upon them and won a great victory, leaving few of their enemies alive.

HERODOTUS

2. Τὰ μὲν δὴ ἀπὸ Παιόνων πρότερον γενόμενα ὧδε ἐγένετο· τότε δὲ ἀνδρῶν ἀγαθῶν περὶ τῆς ἐλευθερίης γινομένων τῶν Περινθίων οἱ Πέρσαι τε καὶ ὁ Μεγάβαζος ἐπεκράτησαν πλήθεϊ. ὡς δὲ ἐχειρώθη ἡ Πέρινθος, ἤλαυνε Μεγάβαζος τὸν στρατὸν διὰ τῆς Θρηίκης, πᾶσαν πόλιν καὶ πᾶν ἔθνος τῶν ταύτῃ οἰκημένων ἡμερούμενος βασιλέι. ταῦτα γάρ οἱ ἐνετέταλτο ἐκ Δαρείου, Θρηίκην καταστρέφεσθαι.

3. Θρηίκων δὲ ἔθνος μέγιστον ἐστὶ μετά γε Ἰνδοὺς πάντων ἀνθρώπων· εἰ δὲ ὑπ᾽ ἑνὸς ἄρχοιτο ἢ φρονέοι κατὰ τὠυτό, ἄμαχόν τ᾽ ἂν εἴη καὶ πολλῷ κράτιστον πάντων ἐθνέων κατὰ γνώμην τὴν ἐμήν. ἀλλὰ γὰρ τοῦτο ἄπορόν σφι καὶ ἀμήχανον μή κοτε ἐγγένηται, εἰσὶ δὴ κατὰ τοῦτο ἀσθενέες. οὐνόματα δ᾽ ἔχουσι πολλὰ κατὰ χώρας ἕκαστοι, νόμοισι δὲ οὗτοι παραπλησίοισι πάντες χρέωνται κατὰ πάντα, πλὴν Γετέων καὶ Τραυσῶν καὶ τῶν κατύπερθε Κρηστωναίων οἰκεόντων.

4. Τούτων δὲ τὰ μὲν Γέται οἱ ἀθανατίζοντες ποιεῦσι, εἴρηταί μοι· Τραυσοὶ δὲ τὰ μὲν ἄλλα πάντα κατὰ ταὐτὰ τοῖσι ἄλλοισι Θρήιξι ἐπιτελέουσι, κατὰ δὲ τὸν γινόμενόν σφι καὶ ἀπογινόμενον ποιεῦσι τοιάδε· τὸν μὲν γενόμενον περιιζόμενοι οἱ προσήκοντες ὀλοφύρονται, ὅσα μιν δεῖ ἐπείτε ἐγένετο ἀναπλῆσαι κακά, ἀνηγεόμενοι τὰ ἀνθρώπηια πάντα πάθεα· τὸν δ᾽ ἀπογενόμενον παίζοντές τε καὶ ἡδόμενοι γῇ κρύπτουσι, ἐπιλέγοντες ὅσων κακῶν ἐξαπαλλαχθεὶς ἐστὶ ἐν πάσῃ εὐδαιμονίῃ.

5. Οἱ δὲ κατύπερθε Κρηστωναίων ποιεῦσι τοιάδε. ἔχει γυναῖκας ἕκαστος πολλάς,· ἐπεὰν ὦν τις

4

2. The Perinthians had already been thus treated by the Paeonians; and now they fought like brave men for their liberty, but Megabazus and the Persians overcame them by weight of numbers. Perinthus being taken, Megabazus marched his army through Thrace, subduing to the king's will every city and every people of that region. For this was the charge given him by Darius, even the conquest of Thrace.

3. The Thracians are the biggest nation in the world, next to the Indians; were they under one ruler, or united, they would in my judgment be invincible and the strongest nation on earth; but since there is no way or contrivance to bring this about, they are for this reason weak. They have many names, each tribe according to its region. All these Thracians are alike in all their usages, save the Getae, and the Trausi, and those that dwell above the Crestonaeans.

4. As for the Getae who claim to be immortal, I have already told[1] what they do; the Trausi, who in all else fulfil the customs of other Thracians, do as I will show at the seasons of birth and death. When a child is born, the kinsfolk sit round and lament for all the tale of ills that it must endure from its birth onward, recounting all the sorrows of men; but the dead they bury with jollity and gladness, for the reason that he is quit of so many ills and is in perfect blessedness.

5. Those who dwell above the Crestonaeans have a custom of their own: each man having many wives,

[1] IV. 94.

5

αὐτῶν ἀποθάνῃ, κρίσις γίνεται μεγάλη τῶν γυναι-
κῶν καὶ φίλων σπουδαὶ ἰσχυραὶ περὶ τοῦδε, ἥτις
αὐτέων ἐφιλέετο μάλιστα ὑπὸ τοῦ ἀνδρός· ἣ δ᾿ ἂν
κριθῇ καὶ τιμηθῇ, ἐγκωμιασθεῖσα ὑπό τε ἀνδρῶν
καὶ γυναικῶν σφάζεται ἐς τὸν τάφον ὑπὸ τοῦ
οἰκηιοτάτου ἑωυτῆς, σφαχθεῖσα δὲ συνθάπτεται
τῷ ἀνδρί. αἱ δὲ ἄλλαι συμφορὴν μεγάλην ποιεῦν-
ται· ὄνειδος γάρ σφι τοῦτο μέγιστον γίνεται.

6. Τῶν δὲ δὴ ἄλλων Θρηίκων ἐστὶ ὅδε νόμος·
πωλεῦσι τὰ τέκνα ἐπ᾿ ἐξαγωγῇ, τὰς δὲ παρθένους
οὐ φυλάσσουσι, ἀλλ᾿ ἐῶσι τοῖσι αὐταὶ βούλονται
ἀνδράσι μίσγεσθαι· τὰς δὲ γυναῖκας ἰσχυρῶς φυ-
λάσσουσι καὶ ὠνέονται τὰς γυναῖκας παρὰ τῶν
γονέων χρημάτων μεγάλων. καὶ τὸ μὲν ἐστίχθαι
εὐγενὲς κέκριται, τὸ δὲ ἄστικτον ἀγεννές. ἀργὸν
εἶναι κάλλιστον, γῆς δὲ ἐργάτην ἀτιμότατον· τὸ
ζῆν ἀπὸ πολέμου καὶ ληιστύος κάλλιστον.

7. Οὗτοι μὲν σφέων οἱ ἐπιφανέστατοι νόμοι
εἰσί, θεοὺς δὲ σέβονται μούνους τούσδε, Ἄρεα καὶ
Διόνυσον καὶ Ἄρτεμιν. οἱ δὲ βασιλέες αὐτῶν,
πάρεξ τῶν ἄλλων πολιητέων, σέβονται Ἑρμέην
μάλιστα θεῶν, καὶ ὀμνύουσι μοῦνον τοῦτον, καὶ
λέγουσι γεγονέναι ἀπὸ Ἑρμέω ἑωυτούς.

8. Ταφαὶ δὲ τοῖσι εὐδαίμοσι αὐτῶν εἰσὶ αἵδε·
τρεῖς μὲν ἡμέρας προτιθεῖσι τὸν νεκρόν, καὶ παν-
τοῖα σφάξαντες ἱρήια εὐωχέονται, προκλαύσαντες
πρῶτον· ἔπειτα δὲ θάπτουσι κατακαύσαντες ἢ
ἄλλως γῇ κρύψαντες, χῶμα δὲ χέαντες ἀγῶνα
τιθεῖσι παντοῖον, ἐν τῷ τὰ μέγιστα ἄεθλα τίθεται

6

at his death there is great rivalry among his wives, and eager contention on their friends' part, to prove which wife was best loved by her husband; and she to whom the honour is adjudged is praised by men and women, and then slain over the tomb by her nearest of kin, and after the slaying she is buried with the husband. The rest of the wives take this sorely to heart, deeming themselves deeply dishonoured.

6. Among the rest of the Thracians, it is the custom to sell their children to be carried out of the country. They take no care of their maidens, allowing them to have intercourse with what men they will: but their wives they strictly guard, and buy them for a great price from the parents. To be tattooed is a sign of noble birth; to bear no such marks is for the baser sort. The idler is most honoured, the tiller of the soil most contemned; he is held in highest honour who lives by war and foray.

7. These are the most notable of their usages. They worship no gods but Ares, Dionysus, and Artemis.[1] But their princes, unlike the rest of their countrymen, worship Hermes above all gods and swear only by him, claiming him for their ancestor.

8. Among those of them that are rich, the funeral rites are these:—They lay out the dead for three days, then after killing all kinds of victims and first making lamentation they feast; after that they make away with the body either by fire or else by burial in the earth, and when they have built a barrow they set on foot all kinds of contests, wherein the greatest prizes are offered for the hardest fashion

---

[1] Herodotus as usual identifies foreign with Greek deities: v. How and Wells *ad loc.*

κατὰ λόγον μουνομαχίης. ταφαὶ μὲν δὴ Θρηίκων
εἰσὶ αἵδε.

9. Τὸ δὲ πρὸς βορέω τῆς χώρης ἔτι ταύτης
οὐδεὶς ἔχει φράσαι τὸ ἀτρεκὲς οἵτινες εἰσὶ ἄνθρω-
ποι οἰκέοντες αὐτήν, ἀλλὰ τὰ πέρην ἤδη τοῦ
Ἴστρου ἔρημος χώρη φαίνεται ἐοῦσα καὶ ἄπειρος.
μούνους δὲ δύναμαι πυθέσθαι οἰκέοντας πέρην τοῦ
Ἴστρου ἀνθρώπους τοῖσι οὔνομα εἶναι Σιγύννας,
ἐσθῆτι δὲ χρεωμένους Μηδικῇ· τοὺς δὲ ἵππους
αὐτῶν εἶναι λασίους ἅπαν τὸ σῶμα ἐπὶ πέντε
δακτύλους τὸ βάθος τῶν τριχῶν, μικροὺς δὲ καὶ
σιμοὺς καὶ ἀδυνάτους ἄνδρας φέρειν, ζευγνυμένους
δὲ ὑπ᾽ ἅρματα εἶναι ὀξυτάτους· ἁρματηλατέειν
δὲ πρὸς ταῦτα τοὺς ἐπιχωρίους. κατήκειν δὲ τού-
των τοὺς οὔρους ἀγχοῦ Ἐνετῶν τῶν ἐν τῷ Ἀδρίῃ.
εἶναι δὲ Μήδων σφέας ἀποίκους λέγουσι. ὅκως
δὲ οὗτοι Μήδων ἄποικοι γεγόνασι, ἐγὼ μὲν οὐκ
ἔχω ἐπιφράσασθαι, γένοιτο δ᾽ ἂν πᾶν ἐν τῷ
μακρῷ χρόνῳ. σιγύννας δ᾽ ὦν καλέουσι Λίγυες
οἱ ἄνω ὑπὲρ Μασσαλίης οἰκέοντες τοὺς καπήλους,
Κύπριοι δὲ τὰ δόρατα.

10. Ὡς δὲ Θρήικες λέγουσι, μέλισσαι κατέχουσι
τὰ πέρην τοῦ Ἴστρου, καὶ ὑπὸ τουτέων οὐκ εἶναι
διελθεῖν τὸ προσωτέρω. ἐμοὶ μέν νυν ταῦτα λέ-
γοντες δοκέουσι λέγειν οὐκ οἰκότα· τὰ γὰρ ζῷα
ταῦτα φαίνεται εἶναι δύσριγα· ἀλλά μοι τὰ ὑπὸ
τὴν ἄρκτον ἀοίκητα δοκέει εἶναι διὰ τὰ ψύχεα.
ταῦτα μέν νυν τῆς χώρης ταύτης πέρι λέγεται· τὰ
παραθαλάσσια δ᾽ ὦν αὐτῆς Μεγάβαζος Περσέων
κατήκοα ἐποίεε.

11. Δαρεῖος δὲ ὡς διαβὰς τάχιστα τὸν Ἑλ-
λήσποντον ἀπίκετο ἐς Σάρδις, ἐμνήσθη τῆς ἐξ
8

of single combat. Such are the Thracian funeral rites.

9. For what lies north of this country none can tell with certainty what men dwell there; cross the Ister and you shall see but an infinite tract of deserts. I can learn of no men dwelling beyond the Ister save certain that are called Sigynnae, and wear Median dress. Their horses are said to be covered all over with shaggy hair [1] five fingers' breadth long, and to be small and blunt-nosed and unable to bear men on their backs, but very swift when yoked to chariots; wherefore to drive chariots is the usage of the country. These men's borders, it is said, reach nigh as far as the Eneti on the Adriatic Sea. They call themselves colonists from Media. How this has come about I myself cannot understand; but all is possible in the long ages of time. However that be, we know that the Ligyes who dwell inland of Massalia use the word "sigynnae" for hucksters, and the Cyprians use it for spears.

10. But the Thracians say that all the land beyond the Ister is full of bees, and that by reason of these none can travel there. This is no credible tale, to my mind; for those creatures are ill able to bear cold; but it appears to me rather that it is by reason of the cold that the northern lands are not inhabited. Such, then, are the stories about this region. Whatever be the truth, Megabazus made its sea-coast subject to the Persians.

11. As soon as Darius had crossed the Hellespont and come to Sardis,[2] he remembered the good service

---

[1] Strabo says much the same of the Sigynni, according to him a Caucasian tribe.

[2] Cp. IV. 143.

Ἱστιαίου τε τοῦ Μιλησίου εὐεργεσίης καὶ τῆς
παραινέσιος τοῦ Μυτιληναίου Κώεω, μεταπεμψά-
μενος δὲ σφέας ἐς Σάρδις ἐδίδου αὐτοῖσι αἵρεσιν.
ὁ μὲν δὴ Ἱστιαῖος, ἅτε τυραννεύων τῆς Μιλήτου,
τυραννίδος μὲν οὐδεμιῆς προσεχρήιζε, αἰτέει δὲ
Μύρκινον τὴν Ἠδωνῶν, βουλόμενος ἐν αὐτῇ πόλιν
κτίσαι. οὗτος μὲν δὴ ταύτην αἱρέεται, ὁ δὲ Κώης,
οἷά τε οὐ τύραννος δημότης τε ἐών, αἰτέει Μυτι-
λήνης τυραννεῦσαι.

12. Τελεωθέντων δὲ ἀμφοτέροισι, οὗτοι μὲν
κατὰ τὰ εἵλοντο ἐτράποντο, Δαρεῖον δὲ συνήνεικε
πρῆγμα τοιόνδε ἰδόμενον ἐπιθυμῆσαι ἐντείλασθαι
Μεγαβάζῳ Παίονας ἑλόντα ἀνασπάστους ποιῆσαι
ἐς τὴν Ἀσίην ἐκ τῆς Εὐρώπης. ἦν Πίγρης καὶ
Μαντύης ἄνδρες Παίονες, οἳ ἐπείτε Δαρεῖος διέβη
ἐς τὴν Ἀσίην, αὐτοὶ ἐθέλοντες Παιόνων τυραν-
νεύειν ἀπικνέονται ἐς Σάρδις, ἅμα ἀγόμενοι ἀδελ-
φεὴν μεγάλην τε καὶ εὐειδέα. φυλάξαντες δὲ
Δαρεῖον προκατιζόμενον ἐς τὸ προάστειον τὸ τῶν
Λυδῶν ἐποίησαν τοιόνδε· σκευάσαντες τὴν ἀδελ-
φεὴν ὡς εἶχον ἄριστα, ἐπ᾽ ὕδωρ ἔπεμπον ἄγγος
ἐπὶ τῇ κεφαλῇ ἔχουσαν καὶ ἐκ τοῦ βραχίονος
ἵππον ἐπέλκουσαν καὶ κλώθουσαν λίνον. ὡς δὲ
παρεξήιε ἡ γυνή, ἐπιμελὲς τῷ Δαρείῳ ἐγένετο·
οὔτε γὰρ Περσικὰ ἦν οὔτε Λύδια τὰ ποιεύμενα
ἐκ τῆς γυναικός, οὔτε πρὸς τῶν ἐκ τῆς Ἀσίης
οὐδαμῶν. ἐπιμελὲς δὲ ὥς οἱ ἐγένετο, τῶν δορυ-
φόρων τινὰς πέμπει κελεύων φυλάξαι ὅ τι χρήσε-
ται τῷ ἵππῳ ἡ γυνή. οἱ μὲν δὴ ὄπισθε εἵποντο·
ἡ δὲ ἐπείτε ἀπίκετο ἐπὶ τὸν ποταμόν, ἦρσε τὸν
ἵππον, ἄρσασα δὲ καὶ τὸ ἄγγος τοῦ ὕδατος
ἐμπλησαμένη τὴν αὐτὴν ὁδὸν παρεξήιε, φέρουσα

done him by Histiaeus of Miletus and the counsel
of Coes the Mytilenaean; and he sent for them to
come to Sardis and offered them the choice of what
they would. Then Histiaeus, seeing that he was
despot of Miletus, desired no further sovereignty
than that, but asked for Myrcinus [1] in the Edonian
land, that he might there build a city. This was
Histiaeus' choice; but Coes, inasmuch as he was no
despot but a plain citizen, asked that he might be
made despot of Mytilene.

12. The desire of both being granted, they went
their ways to the places of their choice; but Darius,
as it fell out, saw a sight which put it in his mind to
bid Megabazus take the Paeonians and carry them
from their homes out of Europe into Asia. There
were two Paeonians, Pigres and Mantyes; these
would themselves be rulers of their countrymen, and
when Darius had crossed into Asia came to Sardis,
bringing with them their sister, a woman tall and
fair. There, waiting till Darius should be sitting in
the suburb of the Lydian city, they put on their
sister the best adornment they had, and sent her to
draw water, bearing a vessel on her head and leading
a horse by the bridle on her arm and spinning flax
the while. Darius took note of the woman as she
passed by him; for what she did was not in the
manner of the Persians or Lydians or any of the
peoples of Asia. Having taken note of the thing,
he sent certain of his guard, bidding them watch
what the woman would do with the horse. So they
followed behind her; and she, coming to the river,
watered the horse; then, having so done, and filled
her vessel with the water, she passed back again by

[1] A district rich in timber and precious metals; cp. 23.

HERODOTUS

τὸ ὕδωρ ἐπὶ τῆς κεφαλῆς καὶ ἐπέλκουσα ἐκ τοῦ
βραχίονος τὸν ἵππον καὶ στρέφουσα τὸν ἄτρα-
κτον.

13. Θωμάζων δὲ ὁ Δαρεῖος τά τε ἤκουσε ἐκ τῶν
κατασκόπων καὶ τὰ αὐτὸς ὥρα, ἄγειν αὐτὴν ἐκέ-
λευε ἑωυτῷ ἐς ὄψιν. ὡς δὲ ἄχθη, παρῆσαν καὶ
οἱ ἀδελφεοὶ αὐτῆς οὔ κη πρόσω σκοπιὴν ἔχοντες
τούτων. εἰρωτῶντος δὲ τοῦ Δαρείου ὁποδαπὴ εἴη,
ἔφασαν οἱ νεηνίσκοι εἶναι Παίονες καὶ ἐκείνην
εἶναι σφέων ἀδελφεήν. ὁ δ᾽ ἀμείβετο, τίνες δὲ οἱ
Παίονες ἄνθρωποι εἰσὶ καὶ κοῦ γῆς οἰκημένοι, καὶ
τί κεῖνοι ἐθέλοντες ἔλθοιεν ἐς Σάρδις. οἳ δέ οἱ
ἔφραζον ὡς ἔλθοιεν μὲν ἐκείνῳ δώσοντες σφέας
αὐτούς, εἴη δὲ ἡ Παιονίη ἐπὶ τῷ Στρυμόνι ποταμῷ
πεπολισμένη, ὁ δὲ Στρυμὼν οὐ πρόσω τοῦ Ἑλλη-
σπόντου, εἴησαν δὲ Τευκρῶν τῶν ἐκ Τροίης ἄποι-
κοι. οἳ μὲν δὴ ταῦτα ἕκαστα ἔλεγον, ὁ δὲ εἰρώτα
εἰ καὶ πᾶσαι αὐτόθι αἱ γυναῖκες εἴησαν οὕτω
ἐργάτιδες. οἳ δὲ καὶ τοῦτο ἔφασαν προθύμως
οὕτω ἔχειν· αὐτοῦ γὰρ ὦν τούτου εἵνεκα καὶ
ἐποιέετο.

14. Ἐνθαῦτα Δαρεῖος γράφει γράμματα Μεγα-
βάζῳ, τὸν ἔλιπε ἐν τῇ Θρηίκῃ στρατηγόν, ἐντελ-
λόμενος ἐξαναστῆσαι ἐξ ἠθέων Παίονας καὶ παρ᾽
ἑωυτὸν ἀγαγεῖν καὶ αὐτοὺς καὶ τὰ τέκνα τε καὶ
τὰς γυναῖκας αὐτῶν. αὐτίκα δὲ ἱππεὺς ἔθεε
φέρων τὴν ἀγγελίην ἐπὶ τὸν Ἑλλήσποντον, πε-
ραιωθεὶς δὲ διδοῖ τὸ βυβλίον τῷ Μεγαβάζῳ. ὁ
δὲ ἐπιλεξάμενος καὶ λαβὼν ἡγεμόνας ἐκ τῆς
Θρηίκης ἐστρατεύετο ἐπὶ τὴν Παιονίην.

15. Πυθόμενοι δὲ οἱ Παίονες τοὺς Πέρσας ἐπὶ
σφέας ἰέναι, ἁλισθέντες ἐξεστρατεύσαντο πρὸς

12

the same way, bearing the water on her head and leading the horse on her arm and plying her distaff.

13. Marvelling at what he heard from his watchers and what he saw for himself, Darius bade the woman be brought before him. When she was brought, her brothers, who watched all this from a place near by, came too; and Darius asking of what nation she were, the young man told him that they were Paeonians, and she their sister. "But who," he answered, "are the Paeonians, and where dwell they, and with what intent are you come to Sardis?" They showed him, that they were come to be his men; that the towns of Paeonia were on the Strymon, a river not far from the Hellespont; and that they were colonists from the Teucrians of Troy. So they told him all this; and the king asked them if all the women of their country were as notable workers. To this too they very readily answered (for it was for this very purpose that they had come), that it was indeed so.

14. Then Darius wrote a letter to Megabazus, whom he had left as his general in Thrace, bidding him take the Paeonians from their houses, and bring them to him, men, women, and children. Immediately a horseman sped with this message to the Hellespont, and crossing it gave the letter to Megabazus; who, having read it, took guides from Thrace and led his army to Paeonia.

15. When the Paeonians learnt that the Persians were coming against them, they gathered themselves

θαλάσσης, δοκέοντες ταύτη ἐπιχειρήσειν τοὺς
Πέρσας ἐμβάλλοντας. οἱ μὲν δὴ Παίονες ἦσαν
ἕτοιμοι τὸν Μεγαβάζου στρατὸν ἐπιόντα ἐρύκειν·
οἱ δὲ Πέρσαι πυθόμενοι συναλίσθαι τοὺς Παίονας
καὶ τὴν πρὸς θαλάσσης ἐσβολὴν φυλάσσοντας,
ἔχοντες ἡγεμόνας τὴν ἄνω ὁδὸν τράπονται, λα-
θόντες δὲ τοὺς Παίονας ἐσπίπτουσι ἐς τὰς πόλιας
αὐτῶν ἐούσας ἀνδρῶν ἐρήμους· οἷα δὲ κεινῇσι
ἐπιπεσόντες εὐπετέως κατέσχον. οἱ δὲ Παίονες
ὡς ἐπύθοντο ἐχομένας τὰς πόλιας, αὐτίκα δια-
σκεδασθέντες κατ' ἑωυτοὺς ἕκαστοι ἐτράποντο καὶ
παρεδίδοσαν σφέας αὐτοὺς τοῖσι Πέρσῃσι. οὕτω
δὴ Παιόνων Σιριοπαίονές τε καὶ Παιόπλαι καὶ οἱ
μέχρι τῆς Πρασιάδος λίμνης ἐξ ἠθέων ἐξανα-
στάντες ἤγοντο ἐς τὴν Ἀσίην.

16. Οἱ δὲ περί τε Πάγγαιον ὄρος καὶ Δόβηρας
καὶ Ἀγριᾶνας καὶ Ὀδομάντους[1] καὶ αὐτὴν τὴν
λίμνην τὴν Πρασιάδα οὐκ ἐχειρώθησαν ἀρχὴν
ὑπὸ Μεγαβάζου· ἐπειρήθη δὲ καὶ τοὺς ἐν τῇ
λίμνῃ κατοικημένους ἐξαιρέειν ὧδε. ἴκρια ἐπὶ
σταυρῶν ὑψηλῶν ἐζευγμένα ἐν μέσῃ ἕστηκε τῇ
λίμνῃ, ἔσοδον ἐκ τῆς ἠπείρου στεινὴν ἔχοντα μιῇ
γεφύρῃ. τοὺς δὲ σταυροὺς τοὺς ὑπεστεῶτας τοῖσι
ἰκρίοισι τὸ μέν κου ἀρχαῖον ἔστησαν κοινῇ πάντες
οἱ πολιῆται, μετὰ δὲ νόμῳ χρεώμενοι ἱστᾶσι
τοιῶδε· κομίζοντες ἐξ ὄρεος τῷ οὔνομα ἐστὶ Ὄρ-
βηλος, κατὰ γυναῖκα ἑκάστην ὁ γαμέων τρεῖς
σταυροὺς ὑπίστησι· ἄγεται δὲ ἕκαστος συχνὰς

[1] Stein brackets καὶ Δοβ. καὶ Ἀγρ. καὶ Ὀδ.; and certainly
it is not reasonable to speak of Paeonians living near the
Doberes and Agrianes, who are themselves Paeonians.

together and marched away to the sea, thinking that
the Persians would essay to attack them by that
way. So the Paeonians were ready to stay the onset
of Megabazus' army; but the Persians, learning
that the Paeonians had gathered their forces and
were guarding the sea-coast way into their country,
got them guides and marched instead by the high-
land road, whereby they took the Paeonians un-
awares and won entrance into their cities, which
were left without men; and finding these empty at
their onfall they easily gained them. The Paeonians,
learning that their towns were taken, straightway
broke and went each his own way and yielded them-
selves up to the Persians. Thus of the Paeonians
the Siriopaeones and Paeoplae and all that dwelt as
far as the Prasiad lake were taken away from their
homes and carried into Asia.

16. But those near the Pangaean [1] mountains and
the country of the Doberes and the Agrianes and
the Odomanti and the Prasiad lake itself were never
subdued at all by Megabazus; albeit he tried to take
the lake-dwellers,[2] whose dwellings were such as I
shall show :—There is set in the midst of the lake a
platform made fast on tall piles, whereto one bridge
gives a narrow passage from the land. The piles
which support the platform were set there in old
times by all the people working together, but by a
later custom this is the manner of their setting : the
piles are brought from a mountain called Orbelus,[3]
and every man plants three for each woman that he
weds; and each has many wives. For the manner

[1] East of the Strymon.
[2] Dwellings of a similar kind have been found in North
Italy, Ireland, and other parts of Western Europe.
[3] Between the Strymon and the Nestus.

γυναῖκας. οἰκέουσι δὲ τοιοῦτον τρόπον, κρατέων
ἕκαστος ἐπὶ τῶν ἰκρίων καλύβης τε ἐν τῇ διαιτᾶται
καὶ θύρης καταπακτῆς διὰ τῶν ἰκρίων κάτω φε-
ρούσης ἐς τὴν λίμνην. τὰ δὲ νήπια παιδία δέουσι
τοῦ ποδὸς σπάρτῳ, μὴ κατακυλισθῇ δειμαίνοντες.
τοῖσι δὲ ἵπποισι καὶ τοῖσι ὑποζυγίοισι παρέχουσι
χόρτον ἰχθῦς· τῶν δὲ πλῆθος ἐστὶ τοσοῦτο ὥστε,
ὅταν τὴν θύρην τὴν καταπακτὴν ἀνακλίνῃ, κατιεῖ
σχοίνῳ σπυρίδα κεινὴν ἐς τὴν λίμνην, καὶ οὐ πολ-
λὸν τινα χρόνον ἐπισχὼν ἀνασπᾷ πλήρεα ἰχθύων.
τῶν δὲ ἰχθύων ἐστὶ γένεα δύο, τοὺς καλέουσι
πάπρακάς τε καὶ τίλωνας.

17. Παιόνων μὲν δὴ οἱ χειρωθέντες ἤγοντο ἐς
τὴν Ἀσίην. Μεγάβαζος δὲ ὡς ἐχειρώσατο τοὺς
Παίονας, πέμπει ἀγγέλους ἐς Μακεδονίην ἄνδρας
ἑπτὰ Πέρσας, οἳ μετ᾽ αὐτὸν ἐκεῖνον ἦσαν δοκιμώ-
τατοι ἐν τῷ στρατοπέδῳ· ἐπέμποντο δὲ οὗτοι
παρὰ Ἀμύντην αἰτήσοντες γῆν τε καὶ ὕδωρ Δα-
ρείῳ βασιλέι. ἔστι δὲ ἐκ τῆς Πρασιάδος λίμνης
σύντομος κάρτα ἐς τὴν Μακεδονίην· πρῶτον μὲν
γὰρ ἔχεται τῆς λίμνης τὸ μέταλλον ἐξ οὗ ὕστερον
τούτων τάλαντον ἀργυρίου Ἀλεξάνδρῳ ἡμέρης
ἑκάστης ἐφοίτα, μετὰ δὲ τὸ μέταλλον Δύσωρον
καλεόμενον ὄρος ὑπερβάντα εἶναι ἐν Μακεδονίῃ.

18. Οἱ ὦν Πέρσαι οἱ πεμφθέντες οὗτοι παρὰ τὸν
Ἀμύντην ὡς ἀπίκοντο, αἴτεον ἐλθόντες ἐς ὄψιν
τὴν Ἀμύντεω Δαρείῳ βασιλέι γῆν τε καὶ ὕδωρ.
ὁ δὲ ταῦτά τε ἐδίδου καί σφεας ἐπὶ ξείνια καλέει,
παρασκευασάμενος δὲ δεῖπνον μεγαλοπρεπὲς ἐδέ-
κετο τοὺς Πέρσας φιλοφρόνως. ὡς δὲ ἀπὸ δείπνου
ἐγένοντο, διαπίνοντες εἶπαν οἱ Πέρσαι τάδε.

of their dwelling, each man on the platform owns the hut wherein he lives and a trap-door in the platform leading down into the lake. They make a cord fast to the feet of their little children, lest the children fall into the water. They give fish for fodder to their horses and beasts of burden; and of fish there is such abundance, that a man opens his trap-door and lets an empty basket down by a line into the lake, and it is no long time before he draws it up full of fish. There are two kinds of these, some called "paprakes," some "tilones."

17. So those of the Paeonians who were taken were carried into Asia. Then Megabazus, having made the Paeonians captive, sent as messengers into Macedonia [1] the seven Persians who (after himself) were the most honourable in his army; these were sent to Amyntas to demand earth and water for Darius the king. Now there is a very straight way from the Prasiad lake to Macedonia; for first and near to the lake is that mine wherefrom later Alexander drew a daily revenue of a talent of silver, and when he has passed the mine a man need but cross the mountain called Dysorum [2] to be in Macedonia.

18. These Persians then who were sent, coming to Amyntas and being in his presence, demanded earth and water for Darius the king; which he gave, and invited them to be his guests; and he prepared a dinner of great splendour and received them hospitably. But after dinner, the Persians said to Amyntas as they sat drinking together, "Macedonian,

---

[1] i.e. the country as extended by Alexander I. east of the Axius to the Strymon.

[2] Apparently not far from the lower Strymon.

HERODOTUS

" Ξεῖνε Μακεδών, ἡμῖν νόμος ἐστὶ τοῖσι Πέρσῃσι,
ἐπεὰν δεῖπνον προτιθώμεθα μέγα, τότε καὶ τὰς
παλλακὰς καὶ τὰς κουριδίας γυναῖκας ἐσάγεσθαι
παρέδρους. σὺ νυν, ἐπεί περ προθύμως μὲν ἐδέ-
ξαο μεγάλως δὲ ξεινίζεις, διδοῖς δὲ βασιλέι Δα-
ρείῳ γῆν τε καὶ ὕδωρ, ἕπεο νόμῳ τῷ ἡμετέρῳ."
εἶπε πρὸς ταῦτα Ἀμύντης " Ὦ Πέρσαι, νόμος μὲν
ἡμῖν γε ἐστὶ οὐκ οὗτος, ἀλλὰ κεχωρίσθαι ἄνδρας
γυναικῶν· ἐπείτε δὲ ὑμεῖς ἐόντες δεσπόται προσ-
χρηίζετε τούτων, παρέσται ὑμῖν καὶ ταῦτα."
εἴπας τοσαῦτα ὁ Ἀμύντης μετεπέμπετο τὰς γυναῖ-
κας· αἱ δ᾽ ἐπείτε καλεόμεναι ἦλθον, ἐπεξῆς ἀντίαι
ἵζοντο τοῖσι Πέρσῃσι. ἐνθαῦτα οἱ Πέρσαι ἰδό-
μενοι γυναῖκας εὐμόρφους ἔλεγον πρὸς Ἀμύντην
φάμενοι τὸ ποιηθὲν τοῦτο οὐδὲν εἶναι σοφόν· κρέσ-
σον γὰρ εἶναι ἀρχῆθεν μὴ ἐλθεῖν τὰς γυναῖκας ἢ
ἐλθούσας καὶ μὴ παριζομένας ἀντίας ἵζεσθαι
ἀλγηδόνας σφίσι ὀφθαλμῶν. ἀναγκαζόμενος δὲ
ὁ Ἀμύντης ἐκέλευε παρίζειν· πειθομενέων δὲ τῶν
γυναικῶν αὐτίκα οἱ Πέρσαι μαστῶν τε ἅπτοντο
οἷα πλεόνως οἰνωμένοι, καί κού τις καὶ φιλέειν
ἐπειρᾶτο.

19. Ἀμύντης μὲν δὴ ταῦτα ὁρέων ἀτρέμας εἶχε,
καίπερ δυσφορέων, οἷα ὑπερδειμαίνων τοὺς Πέρ-
σας· Ἀλέξανδρος δὲ ὁ Ἀμύντεω παρεών τε καὶ
ὁρέων ταῦτα, ἅτε νέος τε ἐὼν καὶ κακῶν ἀπαθής,
οὐδαμῶς ἔτι κατέχειν οἷός τε ἦν, ὥστε δὲ βαρέως
φέρων εἶπε πρὸς Ἀμύντην τάδε. " Ὦ πάτερ, σὺ
μὲν εἶκε τῇ ἡλικίῃ ἀπιών τε ἀναπαύεο, μηδὲ λιπά-
ρεε τῇ πόσι· ἐγὼ δὲ προσμένων αὐτοῦ τῇδε πάντα
τὰ ἐπιτήδεα παρέξω τοῖσι ξείνοισι." πρὸς ταῦτα
συνιεὶς Ἀμύντης ὅτι νεώτερα πρήγματα πρήσσειν
18

our host, it is our Persian custom after the giving of any great banquet to bring in also the concubines and wedded wives to sit by the men. Do you then (since you have received us heartily and are nobly entertaining us, and are giving Darius our king earth and water) follow our custom." To this Amyntas replied : "No such custom, Persians, have we our-selves; with us, men and women sit apart; but seeing that you are our masters and would have this too, it shall be as you desire." With that, Amyntas sent for the women; they came at call, and sat down over against the Persians. Then the Persians, seeing comely women before them, spoke to Amyntas and said that there was no sense in what he had done; it were better (they said) that the women had never come at all than that they should come and not sit beside the men, but sit opposite them to torment their eyes. Amyntas then, as needs must, bade the women sit beside them; which when they did, at once the Persians, flushed as they were with excess of wine, laid hands on the women's breasts, and one or another would essay to kiss them.

19. This Amyntas saw, but held his peace for all his anger, because he greatly feared the Persians. But Amyntas' son Alexander, in his youth and ignorance of ill deeds, could by no means bear it longer, but said to Amyntas in great wrath : " My father, do you do as befits your age ; leave us and take your rest, and continue not at the drinking; but I will stay here and give our guests all that is needful." At this Amyntas saw that Alexander had some wild

μέλλοι ὁ Ἀλέξανδρος, λέγει "Ὦ παῖ, σχεδὸν γάρ
σευ ἀνακαιομένου συνίημι τοὺς λόγους, ὅτι ἐθέ-
λεις ἐμὲ ἐκπέμψας ποιέειν τι νεώτερον· ἐγὼ ὦν
σευ χρηίζω μηδὲν νεοχμῶσαι κατ' ἄνδρας τούτους,
ἵνα μὴ ἐξεργάσῃ ἡμέας, ἀλλὰ ἀνέχευ ὁρέων τὰ
ποιεύμενα· ἀμφὶ δὲ ἀπόδῳ τῇ ἐμῇ πείσομαί τοι."
    20. Ὡς δὲ ὁ Ἀμύντης χρήσας τούτων οἰχώκεε,
λέγει ὁ Ἀλέξανδρος πρὸς τοὺς Πέρσας " Γυναικῶν
τουτέων, ὦ ξεῖνοι, ἔστι ὑμῖν πολλὴ εὐπετείη, καὶ
εἰ πάσῃσι βούλεσθε μίσγεσθαι καὶ ὁκόσῃσι ὦν
αὐτέων. τούτου μὲν πέρι αὐτοὶ ἀποσημανέετε·
νῦν δέ, σχεδὸν γὰρ ἤδη τῆς κοίτης ὥρη προσέρχε-
ται ὑμῖν καὶ καλῶς ἔχοντας ὑμέας ὁρῶ μέθης,
γυναῖκας ταύτας, εἰ ὑμῖν φίλον ἐστί, ἄπετε λοῦσα-
σθαι, λουσαμένας δὲ ὀπίσω προσδέκεσθε." εἴπας
ταῦτα, συνέπαινοι γὰρ ἦσαν οἱ Πέρσαι, γυναῖκας
μὲν ἐξελθούσας ἀπέπεμπε ἐς τὴν γυναικηίην,
αὐτὸς δὲ ὁ Ἀλέξανδρος ἴσους τῇσι γυναιξὶ ἀριθμὸν
ἄνδρας λειογενείους τῇ τῶν γυναικῶν ἐσθῆτι σκευά-
σας καὶ ἐγχειρίδια δοὺς ἦγε ἔσω, παράγων δὲ τού-
τους ἔλεγε τοῖσι Πέρσῃσι τάδε. "Ὦ Πέρσαι,
οἴκατε πανδαισίῃ τελέῃ ἱστιῆσθαι· τά τε γὰρ
ἄλλα ὅσα εἴχομεν, καὶ πρὸς τὰ οἷά τε ἦν ἐξευ-
ρόντας παρέχειν, πάντα ὑμῖν πάρεστι, καὶ δὴ καὶ
τόδε τὸ πάντων μέγιστον, τάς τε ἑωυτῶν μητέρας
καὶ τὰς ἀδελφεὰς ἐπιδαψιλευόμεθα ὑμῖν, ὡς
παντελέως μάθητε τιμώμενοι πρὸς ἡμέων τῶν περ
ἐστὲ ἄξιοι, πρὸς δὲ καὶ βασιλέι τῷ πέμψαντι
ἀπαγγείλητε ὡς ἀνὴρ Ἕλλην Μακεδόνων ὕπαρ-
χος εὖ ὑμέας ἐδέξατο καὶ τραπέζῃ καὶ κοίτῃ."
ταῦτα εἴπας ὁ Ἀλέξανδρος παρίζει Πέρσῃ ἀνδρὶ
ἄνδρα Μακεδόνα ὡς γυναῖκα τῷ λόγῳ· οἳ δέ,

deed in mind, and, "My son," he said, "you are angered, and if I guess your meaning aright you would send me away that you may do some violent deed; for my part, then, I entreat you—act not rashly by these men, lest you undo us, but bear patiently the sight of what they do. But if you would have me depart, to that I consent."

20. Amyntas with this request having gone his ways, Alexander said to the Persians, "Sirs, you have full freedom to deal with these women, and may have intercourse with all or any of them. As to that, you will yourselves declare your pleasure; but now, as the hour of your rest draws nigh and I see that you are all well and truly drunk, suffer these women, so please you, to depart and wash; and when they have washed, look for them to come to you again." Having so said, the Persians consenting thereto, he sent the women, when they had gone out, away to their apartment; Alexander then took as many smooth-chinned men as there were women and attired them in the women's dress and gave them daggers; these he brought in, and so doing he said to the Persians: "Methinks, men of Persia, you have feasted to your hearts' content; all that we had and all besides that we could find to give you has been set before you; and now we make you a free gift of our best and choicest possession, our own mothers and sisters. Learn thereby that we accord you the full meed of honour that you deserve, and tell your king who sent you how his Greek viceroy of Macedonia has received you hospitably to board and bed." With that, Alexander made his Macedonians to sit each next to a Persian, as though they were women; and when the Persians began to

21

ἐπείτε σφέων οἱ Πέρσαι ψαύειν ἐπειρῶντο, διεργά-
ζοντο αὐτούς.

21. Καὶ οὗτοι μὲν τούτῳ τῷ μόρῳ διεφθάρησαν,
καὶ αὐτοὶ καὶ ἡ θεραπηίη αὐτῶν· εἵπετο γὰρ δὴ
σφι καὶ ὀχήματα καὶ θεράποντες καὶ ἡ πᾶσα
πολλὴ παρασκευή· πάντα δὴ ταῦτα ἅμα πᾶσι
ἐκείνοισι ἠφάνιστο. μετὰ δὲ χρόνῳ οὐ πολλῷ
ὕστερον ζήτησις τῶν ἀνδρῶν τούτων μεγάλη ἐκ
τῶν Περσέων ἐγίνετο, καί σφεας Ἀλέξανδρος
κατέλαβε σοφίῃ, χρήματά τε δοὺς πολλὰ καὶ τὴν
ἑωυτοῦ ἀδελφεὴν τῇ οὔνομα ἦν Γυγαίη· δοὺς δὲ
ταῦτα κατέλαβε ὁ Ἀλέξανδρος Βουβάρῃ ἀνδρὶ
Πέρσῃ, τῶν διζημένων τοὺς ἀπολομένους τῷ
στρατηγῷ.

22. Ὁ μέν νυν τῶν Περσέων τούτων θάνατος
οὕτω καταλαμφθεὶς ἐσιγήθη. Ἕλληνας δὲ εἶναι
τούτους τοὺς ἀπὸ Περδίκκεω γεγονότας, κατά περ
αὐτοὶ λέγουσι, αὐτός τε οὕτω τυγχάνω ἐπιστά-
μενος καὶ δὴ καὶ ἐν τοῖσι ὄπισθε λόγοισι ἀποδέξω
ὡς εἰσὶ Ἕλληνες, πρὸς δὲ καὶ οἱ τὸν ἐν Ὀλυμπίῃ
διέποντες ἀγῶνα Ἑλληνοδίκαι οὕτω ἔγνωσαν εἶναι.
Ἀλεξάνδρου γὰρ ἀεθλεύειν ἑλομένου καὶ καταβάν-
τος ἐπ᾽ αὐτὸ τοῦτο, οἱ ἀντιθευσόμενοι Ἑλλήνων
ἐξεῖργόν μιν, φάμενοι οὐ βαρβάρων ἀγωνιστέων
εἶναι τὸν ἀγῶνα ἀλλὰ Ἑλλήνων· Ἀλέξανδρος δὲ
ἐπειδὴ ἀπέδεξε ὡς εἴη Ἀργεῖος, ἐκρίθη τε εἶναι
Ἕλλην καὶ ἀγωνιζόμενος στάδιον συνεξέπιπτε
τῷ πρώτῳ.

23. Ταῦτα μέν νυν οὕτω κῃ ἐγένετο. Μεγά-
βαζος δὲ ἄγων τοὺς Παίονας ἀπίκετο ἐπὶ τὸν
Ἑλλήσποντον· ἐνθεῦτεν διαπεραιωθεὶς ἀπίκετο ἐς
τὰς Σάρδις. ἅτε δὲ τειχέοντος ἤδη Ἱστιαίου τοῦ

22

lay hands on them, they were despatched by the Macedonians.

21. This was the fate whereby they perished, they and all their retinue; for carriages too had come with them, and servants, and all the great train they had; the Macedonians made away with all that, as well as with all the envoys themselves. No long time afterwards the Persians made a great search for these men; but Alexander had cunning enough to put an end to it by the gift of a great sum and his own sister Gygaea to Bubares, a Persian, the general of those who sought for the slain men; by this gift he made an end of the search.

22. Thus was the death of these Persians suppressed and hidden in silence. Now that these descendants of Perdiccas are Greeks, as they themselves say, I myself chance to know and will prove it in the later part of my history; and further, the Hellenodicae [1] who have the ordering of the contest at Olympia determined that it is so. For when Alexander chose to contend and entered the lists for that purpose, the Greeks who were to run against him were for barring him from the race, saying that the contest should be for Greeks and not for foreigners; but Alexander proving himself to be an Argive, he was judged to be a Greek; so he contended in the furlong race and ran a dead heat for the first place.

23. In some such wise these things fell out. But Megabazus came to the Hellespont, bringing with him the Paeonians; thence he crossed it and came to Sardis. Now as Histiaeus the Milesian was by

---

[1] Elean citizens, usually ten, who presided at the Olympic games.

Μιλησίον τὴν παρὰ Δαρείου αἰτήσας ἔτυχε
μισθὸν δωρεὴν φυλακῆς τῆς σχεδίης, ἐόντος δὲ
τοῦ χώρου τούτου παρὰ Στρυμόνα ποταμὸν τῷ
οὔνομα ἐστὶ Μύρκινος, μαθὼν ὁ Μεγάβαζος τὸ
ποιεύμενον ἐκ τοῦ Ἱστιαίου, ὡς ἦλθε τάχιστα ἐς
τὰς Σάρδις ἄγων τοὺς Παίονας, ἔλεγε Δαρείῳ τάδε.
"Ὦ βασιλεῦ, κοῖόν τι χρῆμα ἐποίησας, ἀνδρὶ
Ἕλληνι δεινῷ τε καὶ σοφῷ δοὺς ἐγκτίσασθαι
πόλιν ἐν Θρηίκῃ, ἵνα ἴδη τε ναυπηγήσιμος ἐστὶ
ἄφθονος καὶ πολλοὶ κωπέες καὶ μέταλλα ἀργύρεα,
ὅμιλός τε πολλὸς μὲν Ἕλλην περιοικέει πολλὸς
δὲ βάρβαρος, οἳ προστάτεω ἐπιλαβόμενοι ποιή-
σουσι τοῦτο τὸ ἂν κεῖνος ἐξηγέηται καὶ ἡμέρης
καὶ νυκτός. σύ νυν τοῦτον τὸν ἄνδρα παῦσον
ταῦτα ποιεῦντα, ἵνα μὴ οἰκηίῳ πολέμῳ συνέχῃ·
τρόπῳ δὲ ἠπίῳ μεταπεμψάμενος παῦσον. ἐπεὰν
δὲ αὐτὸν περιλάβῃς, ποιέειν ὅκως μηκέτι κεῖνος ἐς
Ἕλληνας ἀπίξεται."

24. Ταῦτα λέγων ὁ Μεγάβαζος εὐπετέως ἔπειθε
Δαρεῖον ὡς εὖ προορῶν τὸ μέλλον γίνεσθαι. μετὰ
δὲ πέμψας ἄγγελον ἐς τὴν Μύρκινον ὁ Δαρεῖος
ἔλεγε τάδε. "Ἱστιαῖε, βασιλεὺς Δαρεῖος τάδε
λέγει. ἐγὼ φροντίζων εὑρίσκω ἐμοί τε καὶ τοῖσι
ἐμοῖσι πρήγμασι εἶναι οὐδένα σεῦ ἄνδρα εὐνοέ-
στερον· τοῦτο δὲ οὐ λόγοισι ἀλλ' ἔργοισι οἶδα
μαθών. νῦν ὦν, ἐπινοέω γὰρ πρήγματα μεγάλα
κατεργάσασθαι, ἀπίκεό μοι πάντως, ἵνα τοι αὐτὰ
ὑπερθέωμαι." τούτοισι τοῖσι ἔπεσι πιστεύσας
ὁ Ἱστιαῖος, καὶ ἅμα μέγα ποιεύμενος βασιλέος
σύμβουλος γενέσθαι, ἀπίκετο ἐς τὰς Σάρδις· ἀπι-
κομένῳ δέ οἱ ἔλεγε Δαρεῖος τάδε. "Ἱστιαῖε, ἐγώ
σε μετεπεμψάμην τῶνδε εἵνεκεν. ἐπείτε τάχι-

this time fortifying the place which he had asked of
Darius as his reward for guarding the bridge (this
was a place called Myrcinus by the river Strymon),
Megabazus had learnt what Histiaeus was about, and
no sooner had he come to Sardis with the Paeonians
than he said to Darius: "Sire, what is this that you
have done? You have given a clever and cunning
Greek a city to build in Thrace, where are forests in
plenty for ship-building, and much wood for oars,
and mines of silver, and much people both Greek
and foreign dwelling around, who when they have a
champion to lead them will do all his behests by day
or by night. Do you then stay this man from these
his doings, lest you have a war on hand with your
own subjects; but to this end bring him to you by
gentle means; and when you have him safe, see to
it that he never return to Hellas."

24. Darius was readily persuaded by this, for he
thought that Megabazus foresaw the future aright;
and presently he sent this message to Myrcinus:
"These to Histiaeus from Darius the king:—My
thoughts can show me no man who is a truer friend
to me and mine; not words but deeds have proved
this to me. Now therefore let nothing hinder you
from coming to me, that I may disclose to you
certain great purposes which I have in mind."
Trusting these words, and proud, moreover, that he
should be the king's counsellor, Histiaeus came to
Sardis; and when he had come Darius said to him,
"Histiaeus, I will tell you wherefore I sent for you.

HERODOTUS

στα ἐνόστησα ἀπὸ Σκυθέων καὶ σύ μοι ἐγένεο ἐξ
ὀφθαλμῶν, οὐδέν κω ἄλλο χρῆμα οὕτω ἐν βραχέι
ἐπεζήτησα ὡς σὲ ἰδεῖν τε καὶ ἐς λόγους μοι ἀπικέ-
σθαι, ἐγνωκὼς ὅτι κτημάτων πάντων ἐστὶ τιμιώ-
τατον ἀνὴρ φίλος συνετός τε καὶ εὔνοος, τά τοι
ἐγὼ καὶ ἀμφότερα συνειδὼς ἔχω μαρτυρέειν ἐς
πρήγματα τὰ ἐμά. νῦν ὦν, εὖ γὰρ ἐποίησας ἀπ-
ικόμενος, τάδε τοι ἐγὼ προτείνομαι· Μίλητον μὲν
ἔα καὶ τὴν νεόκτιστον ἐν Θρηίκῃ πόλιν, σὺ δέ μοι
ἑπόμενος ἐς Σοῦσα ἔχε τά περ ἂν ἐγὼ ἔχω, ἐμός
τε σύσσιτος ἐὼν καὶ σύμβουλος."

25. Ταῦτα Δαρεῖος εἴπας, καὶ καταστήσας Ἀρ-
ταφρένεα ἀδελφεὸν ἑωυτοῦ ὁμοπάτριον ὕπαρχον
εἶναι Σαρδίων, ἀπήλαυνε ἐς Σοῦσα ἅμα ἀγόμενος
Ἱστιαῖον, Ὀτάνεα δὲ ἀποδέξας στρατηγὸν εἶναι
τῶν παραθαλασσίων ἀνδρῶν· τοῦ τὸν πατέρα
Σισάμνην βασιλεὺς Καμβύσης γενόμενον τῶν
βασιληίων δικαστέων, ὅτι ἐπὶ χρήμασι δίκην
ἄδικον ἐδίκασε, σφάξας ἀπέδειρε πᾶσαν τὴν ἀν-
θρωπέην, σπαδίξας δὲ αὐτοῦ τὸ δέρμα ἱμάντας ἐξ
αὐτοῦ ἔταμε καὶ ἐνέτεινε τὸν θρόνον ἐς τὸν ἵζων
ἐδίκαζε· ἐντανύσας δὲ ὁ Καμβύσης ἀπέδεξε δικα-
στὴν εἶναι ἀντὶ τοῦ Σισάμνεω, τὸν ἀποκτείνας
ἀπέδειρε, τὸν παῖδα τοῦ Σισάμνεω, ἐντειλάμενός
οἱ μεμνῆσθαι ἐν τῷ κατίζων θρόνῳ δικάζει.

26. Οὗτος ὦν ὁ Ὀτάνης ὁ ἐγκατιζόμενος ἐς τοῦ-
τον τὸν θρόνον, τότε διάδοχος γενόμενος Μεγα-
βάζῳ τῆς στρατηγίης, Βυζαντίους τε εἷλε καὶ
Καλχηδονίους, εἷλε δὲ Ἄντανδρον τὴν ἐν τῇ
Τρῳάδι γῇ, εἷλε δὲ Λαμπώνιον, λαβὼν δὲ παρὰ
Λεσβίων νέας εἷλε Λῆμνόν τε καὶ Ἴμβρον, ἀμφο-
τέρας ἔτι τότε ὑπὸ Πελασγῶν οἰκεομένας.

As soon as I returned from Scythia and you were
gone from my sight, there was nothing whereof I
had so immediate a desire as the seeing and speaking
with you ; for I knew that the most precious of all
possessions is a wise and loyal friend ; and I can
witness of my own knowledge that you have dealt
both wisely and loyally with me. Now therefore,
seeing that you have done well in coming hither, I
make you this proposal :—leave Miletus and your
newly founded Thracian city, and follow me to
Susa, to have there all that is mine and to share
my table and my counsels."

25. So said Darius ; and appointing Artaphrenes
his father's son to be viceroy of Sardis, he rode
away to Susa, taking Histiaeus with him. But first
he made Otanes governor of the people on the
sea-coast. Otanes' father Sisamnes had been one
of the royal judges ;[1] Cambyses had cut his throat
and flayed off all his skin because he had been bribed
to give an unjust judgment ; and he had then cut
leather strips of the skin which had been torn away
and covered therewith the seat whereon Sisamnes
had sat to give judgment ; which having done,
Cambyses appointed the son of this slain and flayed
Sisamnes to be judge in his place, admonishing him
to remember what was the judgment-seat whereon
he sat.

26. This Otanes then, who sat upon that seat, was
now made successor to Megabazus in his governor-
ship ; he took Byzantium and Calchedon, and An-
tandrus in the Troad, and Lamponium ; and he
conquered with ships that he got from the Lesbians
Lemnos and Imbros, both then still inhabited by
Pelasgians.

[1] Cp. III. 31.

HERODOTUS

27. Οἱ μὲν δὴ Λήμνιοι καὶ ἐμαχέσαντο εὖ καὶ
ἀμυνόμενοι ἀνὰ χρόνον ἐκακώθησαν, τοῖσι δὲ
περιεοῦσι αὐτῶν οἱ Πέρσαι ὕπαρχον ἐπιστᾶσι
Λυκάρητον τὸν Μαιανδρίου τοῦ βασιλεύσαντος
Σάμου ἀδελφεόν. οὗτος ὁ Λυκάρητος ἄρχων ἐν
Λήμνῳ τελευτᾷ. αἰτίη δὲ τούτου ἦδε· πάντας
ἠνδραποδίζετο καὶ κατεστρέφετο τοὺς μὲν λιπο-
στρατίης ἐπὶ Σκύθας αἰτιώμενος, τοὺς δὲ σίνασθαι
τὸν Δαρείου στρατὸν ἀπὸ Σκυθέων ὀπίσω ἀποκο-
μιζόμενον.

28. Οὗτος δὲ τοσαῦτα ἐξεργάσατο στρατηγή-
σας. μετὰ δὲ οὐ πολλὸν χρόνον ἄνεσις κακῶν
ἦν, καὶ ἤρχετο τὸ δεύτερον ἐκ Νάξου τε καὶ Μιλή-
του Ἴωσι γίνεσθαι κακά. τοῦτο μὲν γὰρ ἡ Νάξος
εὐδαιμονίῃ τῶν νήσων προέφερε, τοῦτο δὲ κατὰ
τὸν αὐτὸν χρόνον ἡ Μίλητος αὐτή τε ἑωυτῆς
μάλιστα δὴ τότε ἀκμάσασα καὶ δὴ καὶ τῆς Ἰωνίης
ἦν πρόσχημα, κατύπερθε δὲ τούτων ἐπὶ δύο γενεὰς
ἀνδρῶν νοσήσασα ἐς τὰ μάλιστα στάσι, μέχρι οὗ
μιν Πάριοι κατήρτισαν· τούτους γὰρ καταρτιστῆ-
ρας ἐκ πάντων Ἑλλήνων εἵλοντο οἱ Μιλήσιοι.

29. Κατήλλαξαν δὲ σφέας ὧδε Πάριοι. ὡς
ἀπίκοντο αὐτῶν ἄνδρες οἱ ἄριστοι ἐς τὴν Μίλη-
τον, ὥρων γὰρ δή σφεας δεινῶς οἰκοφθορημένους,
ἔφασαν αὐτῶν βούλεσθαι διεξελθεῖν τὴν χώρην·
ποιεῦντες δὲ ταῦτα καὶ διεξιόντες πᾶσαν τὴν
Μιλησίην, ὅκως τινὰ ἴδοιεν ἐν ἀνεστηκυίῃ τῇ
χώρῃ ἀγρὸν εὖ ἐξεργασμένον, ἀπεγράφοντο τὸ
οὔνομα τοῦ δεσπότεω τοῦ ἀγροῦ. διεξελάσαντες
δὲ πᾶσαν τὴν χώρην καὶ σπανίους εὑρόντες τούτους,
ὡς τάχιστα κατέβησαν ἐς τὸ ἄστυ, ἀλίην ποιησάμε-
νοι ἀπέδεξαν τούτους μὲν τὴν πόλιν νέμειν τῶν εὗρον
28

27. The Lemnians fought well and defended themselves, till at last they were brought to evil plight, and the Persians set a governor over those that were left of them, Lycaretus the brother of Maeandrius who had been king of Samos. This Lycaretus came to his end while ruling in Lemnos; this was because he strove to enslave and subdue all the people, accusing some of shunning service against the Scythians, and others of plundering Darius' army on its way back from Scythia.

28. All this Otanes achieved when he had been made governor. Thereafter, when there had been no long surcease of evils, trouble began to come on the Ionians from Naxos and Miletus once more. For Naxos surpassed all the other islands in prosperity, and at about the same time Miletus was then at the height of her fortunes, insomuch that she was the chief ornament of Ionia; but for two generations before this she had been very greatly troubled by faction, till the Parians made peace among them, being chosen out of all Greeks by the Milesians to be peace-makers.

29. The Parians reconciled them in this manner:—Their best men came to Miletus, and seeing the Milesian households sadly wasted, said that they desired to go about their country. Doing this, and visiting all the territory of Miletus, whenever they found any well-tilled farm in the desolation of the land, they wrote down the name of the owner of that farm. Then, having travelled over the whole country and found but few such men, no sooner had they returned to the city than they assembled the people and appointed as rulers of the state those

τοὺς ἀγροὺς εὖ ἐξεργασμένους· δοκέειν γὰρ ἔφασαν
καὶ τῶν δημοσίων οὕτω δή σφεας ἐπιμελήσεσθαι
ὥσπερ τῶν σφετέρων· τοὺς δὲ ἄλλους Μιλησίους
τοὺς πρὶν στασιάζοντας τούτων ἔταξαν πείθεσθαι.
    30. Πάριοι μέν νυν Μιλησίους οὕτω κατήρτι-
σαν. τότε δὲ ἐκ τουτέων τῶν πολίων ὧδε ἤρχετο
κακὰ γίνεσθαι τῇ Ἰωνίῃ. ἐκ Νάξου ἔφυγον
ἄνδρες τῶν παχέων ὑπὸ τοῦ δήμου, φυγόντες δὲ
ἀπίκοντο ἐς Μίλητον. τῆς δὲ Μιλήτου ἐτύγχανε
ἐπίτροπος ἐὼν Ἀρισταγόρης ὁ Μολπαγόρεω, γαμ-
βρός τε ἐὼν καὶ ἀνεψιὸς Ἱστιαίου τοῦ Λυσαγόρεω,
τὸν ὁ Δαρεῖος ἐν Σούσοισι κατεῖχε· ὁ γὰρ Ἱστιαῖος
τύραννος ἦν Μιλήτου καὶ ἐτύγχανε τοῦτον τὸν
χρόνον ἐὼν ἐν Σούσοισι, ὅτε οἱ Νάξιοι ἦλθον
ξεῖνοι πρὶν ἐόντες τῷ Ἱστιαίῳ. ἀπικόμενοι δὲ οἱ
Νάξιοι ἐς τὴν Μίλητον ἐδέοντο τοῦ Ἀρισταγόρεω,
εἴ κως αὐτοῖσι παράσχοι δύναμίν τινα καὶ κατ-
έλθοιεν ἐς τὴν ἑωυτῶν. ὁ δὲ ἐπιλεξάμενος ὡς ἢν δι᾽
αὐτοῦ κατέλθωσι ἐς τὴν πόλιν, ἄρξει τῆς Νάξου,
σκῆψιν δὲ ποιεύμενος τὴν ξεινίην τὴν Ἱστιαίου,
τόνδε σφι λόγον προσέφερε. " Αὐτὸς μὲν ὑμῖν οὐ
φερέγγυός εἰμι δύναμιν παρασχεῖν τοσαύτην ὥστε
κατάγειν ἀεκόντων τῶν τὴν πόλιν ἐχόντων Ναξίων·
πυνθάνομαι γὰρ ὀκτακισχιλίην ἀσπίδα Ναξίοισι
εἶναι καὶ πλοῖα μακρὰ πολλά· μηχανήσομαι δὲ
πᾶσαν σπουδὴν ποιεύμενος. ἐπινοέω δὲ τῇδε.
Ἀρταφρένης μοι τυγχάνει ἐὼν φίλος· ὁ δὲ Ἀρτα-
φρένης ὑμῖν Ὑστάσπεος μὲν ἐστὶ παῖς, Δαρείου
δὲ τοῦ βασιλέος ἀδελφεός, τῶν δ᾽ ἐπιθαλασσίων
τῶν ἐν τῇ Ἀσίῃ ἄρχει πάντων, ἔχων στρατιήν τε
πολλὴν καὶ πολλὰς νέας. τοῦτον ὦν δοκέω τὸν
ἄνδρα ποιήσειν τῶν ἂν χρηίζωμεν." ταῦτα ἀκού-

whose lands they had found well tilled; for these
(they said) were like to take as good care of public
affairs as they had of their own; and they ordained
that the rest of the Milesians who had been at feud
should obey these men.

30. Thus the Parians made peace in Miletus.
But now these cities began to bring trouble upon
Ionia, and thus it befel :—Certain men of substance,
being banished from Naxos by the commonalty,
betook themselves to Miletus. Now it chanced
that the deputy ruling Miletus was Aristagoras son
of Molpagoras, son-in-law and cousin of that Histiaeus
son of Lysagoras whom Darius kept with him at
Susa; for Histiaeus was despot of Miletus, and was
at Susa when the Naxians came; and they had been
guests and friends of Histiaeus. The Naxians then
on their coming to Miletus asked of Aristagoras if
haply he could give them some power and so they
might return to their own country. Considering
that if by his means they were restored to their
city he would be ruler of Naxos, and making a
pretext of their friendship with Histiaeus, he made
them this proposal : " For myself, it lies not in my
rights to give you such a power as will restore you,
against the will of the Naxians who hold your city;
for I am assured that the Naxians have eight thousand
men that bear shields, and many ships of war; but
I will use all diligence to contrive the matter. And
this is my plan. Artaphrenes is my friend; now
know, that Artaphrenes is Hystaspes' son and brother
to Darius the king; he is governor of all the sea-
coast peoples of Asia and has a great army and many
ships; this man then will, I think, do whatever we

HERODOTUS

σαντες οἱ Νάξιοι προσέθεσαν τῷ Ἀρισταγόρῃ
πρήσσειν τῇ δύναιτο ἄριστα, καὶ ὑπίσχεσθαι δῶρα
ἐκέλευον καὶ δαπάνην τῇ στρατιῇ ὡς αὐτοὶ διαλύ-
σοντες, ἐλπίδας πολλὰς ἔχοντες, ὅταν ἐπιφανέωσι
ἐς τὴν Νάξον, πάντα ποιήσειν τοὺς Ναξίους τὰ ἂν
αὐτοὶ κελεύωσι, ὡς δὲ καὶ τοὺς ἄλλους νησιώτας.
τῶν γὰρ νήσων τουτέων τῶν Κυκλάδων οὐδεμία
κω ἦν ὑπὸ Δαρείῳ.

31. Ἀπικόμενος δὲ ὁ Ἀρισταγόρης ἐς τὰς Σάρδις
λέγει πρὸς τὸν Ἀρταφρένεα ὡς Νάξος εἴη νῆσος
μεγάθεϊ μὲν οὐ μεγάλη, ἄλλως δὲ καλή τε καὶ
ἀγαθὴ καὶ ἀγχοῦ Ἰωνίης, χρήματα δὲ ἔνι πολλὰ
καὶ ἀνδράποδα. " σὺ ὦν ἐπὶ ταύτην τὴν χώρην
στρατηλάτεε, κατάγων ἐς αὐτὴν τοὺς φυγάδας ἐξ
αὐτῆς. καί τοι ταῦτα ποιήσαντι τοῦτο μὲν ἐστὶ
ἕτοιμα παρ' ἐμοὶ χρήματα μεγάλα πάρεξ τῶν
ἀναισιμωμάτων τῇ στρατιῇ· ταῦτα μὲν γὰρ δί-
καιον ἡμέας τοὺς ἄγοντας παρέχειν ἐστί· τοῦτο δὲ
νήσους βασιλέι προσκτήσεαι αὐτήν τε Νάξον καὶ
τὰς ἐκ ταύτης ἠρτημένας, Πάρον καὶ Ἄνδρον καὶ
ἄλλας τὰς Κυκλάδας καλευμένας. ἐνθεῦτεν δὲ
ὁρμώμενος εὐπετέως ἐπιθήσεαι Εὐβοίῃ νήσῳ με-
γάλῃ τε καὶ εὐδαίμονι, οὐκ ἐλάσσονι Κύπρου καὶ
κάρτα εὐπετεῖ αἱρεθῆναι. ἀποχρῶσι δὲ ἑκατὸν
νέες ταύτας πάσας χειρώσασθαι." ὁ δὲ ἀμείβετο
αὐτὸν τοῖσιδε. "Σὺ ἐς οἶκον τὸν βασιλέος ἐξηγη-
τὴς γίνεαι πρηγμάτων ἀγαθῶν, καὶ ταῦτα εὖ
παραινέεις πάντα, πλὴν τῶν νεῶν τοῦ ἀριθμοῦ·
ἀντὶ δὲ ἑκατὸν νεῶν διηκόσιαί τοι ἕτοιμο ἔσονται
ἅμα τῷ ἔαρι. δεῖ δὲ τούτοισι καὶ αὐτὸν βασιλέα
συνέπαινον γίνεσθαι."

32. Ὁ μὲν δὴ Ἀρισταγόρης ὡς ταῦτα ἤκουσε,

desire." Hearing this, the Naxians left the matter for Aristagoras to deal with as best he could, bidding him promise gifts and the costs of the army, for which they would themselves be chargeable; for they had great hope that when they should appear off Naxos the Naxians would obey all their commands, and that the rest of the islanders would do likewise. For as yet none of these Cyclades islands was subject to Darius.

31. Aristagoras came to Sardis and told Artaphrenes that Naxos was indeed an island of no great size, but for the rest a fair and a good land and near to Ionia, with much wealth withal and many slaves therein. "Do you therefore send an armament against that country, bringing back the men who have been banished thence. And if you so do, I have a great sum at your service, over and above the costs of the armament; for it is but just that we, who bring you, should be chargeable for that; and further, you will win new dominions for the king, Naxos itself and the islands which are its dependants, Paros, Andros, and the rest of those that are called Cyclades. Making these your starting-point, you will easily attack Euboea, which is a great and a wealthy island, no smaller than Cyprus and very easy to take. An hundred ships suffice for the conquest of all these." "This plan which you set forth," Artaphrenes answered, "is profitable for the king's house, and all this your counsel is good, save as to the number of the ships; not one hundred but two hundred ships shall be ready for you when the spring comes. But the king too must himself consent to this."

32. When Aristagoras heard that, he went away to

περιχαρὴς ἐὼν ἀπήιε ἐς Μίλητον. ὁ δὲ Ἀρτα-
φρένης, ὥς οἱ πέμψαντι ἐς Σοῦσα καὶ ὑπερθέντι
τὰ ἐκ τοῦ Ἀρισταγόρεω λεγόμενα συνέπαινος καὶ
αὐτὸς Δαρεῖος ἐγένετο, παρεσκευάσατο μὲν διηκο-
σίας τριήρεας, πολλὸν δὲ κάρτα ὅμιλον Περσέων
τε καὶ τῶν ἄλλων συμμάχων, στρατηγὸν δὲ
τούτων ἀπέδεξε Μεγαβάτην ἄνδρα Πέρσην τῶν
Ἀχαιμενιδέων, ἑωυτοῦ τε καὶ Δαρείου ἀνεψιόν,
τοῦ Παυσανίης ὁ Κλεομβρότου Λακεδαιμόνιος, εἰ
δὴ ἀληθής γε ἐστὶ ὁ λόγος, ὑστέρῳ χρόνῳ τούτων
ἡρμόσατο θυγατέρα, ἔρωτα σχὼν τῆς Ἑλλάδος
τύραννος γενέσθαι. ἀποδέξας δὲ Μεγαβάτην
στρατηγὸν Ἀρταφρένης ἀπέστειλε τὸν στρατὸν
παρὰ τὸν Ἀρισταγόρεα.

33. Παραλαβὼν δὲ ὁ Μεγαβάτης τόν τε Ἀρι-
σταγόρεα ἐκ τῆς Μιλήτου καὶ τὴν Ἰάδα στρατιὴν
καὶ τοὺς Ναξίους ἔπλεε πρόφασιν ἐπ᾽ Ἑλλη-
σπόντου, ἐπείτε δὲ ἐγένετο ἐν Χίῳ, ἔσχε τὰς νέας
ἐς Καύκασα, ὡς ἐνθεῦτεν βορέῃ ἀνέμῳ ἐς τὴν
Νάξον διαβάλοι. καὶ οὐ γὰρ ἔδεε τούτῳ τῷ
στόλῳ Ναξίους ἀπολέσθαι, πρῆγμα τοιόνδε συν-
ηνείχθη γενέσθαι. περιιόντος Μεγαβάτεω τὰς ἐπὶ
τῶν νεῶν φυλακάς, ἐπὶ νεὸς Μυνδίης ἔτυχε οὐδεὶς
φυλάσσων· ὁ δὲ δεινόν τι ποιησάμενος ἐκέλευσε
τοὺς δορυφόρους ἐξευρόντας τὸν ἄρχοντα ταύτης
τῆς νεός, τῷ οὔνομα ἦν Σκύλαξ, τοῦτον δῆσαι διὰ
θαλαμίης διελόντας τῆς νεὸς κατὰ τοῦτο, ἔξω μὲν
κεφαλὴν ποιεῦντας ἔσω δὲ τὸ σῶμα. δεθέντος δὲ
τοῦ Σκύλακος, ἐξαγγέλλει τις τῷ Ἀρισταγόρῃ
ὅτι τὸν ξεῖνόν οἱ τὸν Μύνδιον Μεγαβάτης δήσας
λυμαίνοιτο. ὁ δ᾽ ἐλθὼν παραιτέετο τὸν Πέρσην,

Miletus in great joy. Artaphrenes sent a messenger
to Susa with the news of what Aristagoras said ; and
Darius himself too consenting to the plan, he equipped
two hundred triremes and a very great company of
Persians and their allies besides, and appointed for
their general Megabates, a Persian of the Achaemenid
family, cousin to himself and to Darius ; this was he
whose daughter (if indeed the tale be true) Pausanias
the Lacedaemonian, son of Cleombrotus, at a later
day betrothed to himself, being ambitious of the
sovereignty of Hellas. Having appointed Mega-
bates general, Artaphrenes sent his army away to
Aristagoras.

33. Then Megabates[1] brought Aristagoras from
Miletus, and the Ionian army, and the Naxians, and
pretended to make sail to the Hellespont; but when
he came to Chios he put in with his ships at Caucasa,[2]
that he might cross with a north wind to Naxos.
But, since it was not written that the Naxians were
to be destroyed by this armament, this befel which
I here relate. For when Megabates went his rounds
among the ships' watches, it chanced that on a ship
of Myndus there was no watch kept; whereat Mega-
bates, being very angry, bade his guards find the
captain of this ship (whose name was Scylax) and
thrust him partly through an oar-hole of the ship
and bind him there, in such fashion that his head
was outside the ship and his body inside. So Scylax
was bound ; and one brought word to Aristagoras,
that his Myndian friend was bound and despitefully
entreated by Megabates. Aristagoras went then
and pleaded with the Persian for Scylax, but ob-

---

[1] Megabates' expedition was in 499.
[2] Evidently a harbour on the S.W. coast of Chios.

τυγχάνων δὲ οὐδενὸς τῶν ἐδέετο, αὐτὸς ἐλθὼν
ἔλυσε. πυθόμενος δὲ κάρτα δεινὸν ἐποιήσατο ὁ
Μεγαβάτης καὶ ἐσπέρχετο τῷ Ἀρισταγόρῃ, ὃ
δὲ εἶπε "Σοὶ δὲ καὶ τούτοισι τοῖσι πρήγμασι τί
ἐστι; οὐ σὲ ἀπέστειλε Ἀρταφρένης ἐμέο πείθε-
σθαι καὶ πλέειν τῇ ἂν ἐγὼ κελεύω; τί πολλὰ
πρήσσεις ;" ταῦτα εἶπε ὁ Ἀρισταγόρης. ὃ δὲ
θυμωθεὶς τούτοισι, ὡς νὺξ ἐγένετο, ἔπεμπε ἐς
Νάξον πλοίῳ ἄνδρας φράσοντας τοῖσι Ναξίοισι
πάντα τὰ παρεόντα σφι πρήγματα.

34. Οἱ γὰρ ὦν Νάξιοι οὐδὲν πάντως προσεδέ-
κοντο ἐπὶ σφέας τὸν στόλον τοῦτον ὁρμήσεσθαι.
ἐπεὶ μέντοι ἐπύθοντο, αὐτίκα μὲν ἐσηνείκαντο τὰ
ἐκ τῶν ἀγρῶν ἐς τὸ τεῖχος, παρεσκευάσαντο δὲ
ὡς πολιορκησόμενοι καὶ σῖτα καὶ ποτά, καὶ τὸ
τεῖχος ἐσάξαντο. καὶ οὗτοι μὲν παρεσκευάζοντο
ὡς παρεσομένου σφι πολέμου· οἳ δ' ἐπείτε δι-
έβαλον ἐκ τῆς Χίου τὰς νέας ἐς τὴν Νάξον,
πρὸς πεφραγμένους προσεφέροντο καὶ ἐπολιόρκεον
μῆνας τέσσερας. ὡς δὲ τά τε ἔχοντες ἦλθον χρή-
ματα οἱ Πέρσαι, ταῦτα κατεδεδαπάνητό σφι, καὶ
αὐτῷ τῷ Ἀρισταγόρῃ προσαναισίμωτο πολλά,
τοῦ πλεῦνός τε ἐδέετο ἡ πολιορκίη, ἐνθαῦτα τείχεα
τοῖσι φυγάσι τῶν Ναξίων οἰκοδομήσαντες ἀπαλ-
λάσσοντο ἐς τὴν ἤπειρον κακῶς πρήσσοντες.

35. Ἀρισταγόρης δὲ οὐκ εἶχε τὴν ὑπόσχεσιν
τῷ Ἀρταφρένεϊ ἐκτελέσαι· ἅμα δὲ ἐπίεζέ μιν ἡ
δαπάνη τῆς στρατιῆς ἀπαιτεομένη, ἀρρώδεέ τε
τοῦ στρατοῦ πρήξαντος κακῶς καὶ Μεγαβάτῃ
διαβεβλημένος, ἐδόκεέ τε τὴν βασιληίην τῆς
Μιλήτου ἀπαιρεθήσεσθαι. ἀρρωδέων δὲ τούτων
ἕκαστα ἐβουλεύετο ἀπόστασιν· συνέπιπτε γὰρ

tained nothing that he requested; whereupon he
came and released the man himself. When Mega-
bates learnt this, he was very angry, and was violent
against Aristagoras. But Aristagoras said, "But
you—what have you to do with these matters? Did
not Artaphrenes send you to obey me and to sail
whithersoever I bid you? Why are you so meddle-
some?" So said Aristagoras; Megabates, enraged
by this, sent men at nightfall in a boat to Naxos, to
tell the Naxians of the trouble in store for them.

34. For the Naxians had no suspicion at all that it
was they who were to be attacked by that armament.
Howbeit, when they learnt the truth, straightway
they brought within their walls all that was in
their fields, and stored both meat and drink against
a siege, and strengthened their walls. So they made
all preparations to face the onset of war; and when
their enemies had brought their ships over from
Chios to Naxos, it was a city fortified that they
attacked, and for four months they besieged it.
Then, when the Persians had expended all the
money with which they had come, and Aristagoras
himself had spent much beside, and ever more was
needful for the siege, they built a stronghold for the
banished Naxians, and betook themselves to the
mainland in very evil case.

35. Aristagoras had no way of fulfilling his promise
to Artaphrenes; he was hard pressed by demands
for the costs of the armament, and he feared what
might come of the ill-success of the army and
Megabates' displeasure against him; it was like,
he thought, that his lordship of Miletus would
be taken away from him. With all these fears in
his mind, he began to plan revolt; for it chanced

37

καὶ τὸν ἐστιγμένον τὴν κεφαλὴν ἀπῖχθαι ἐκ
Σούσων παρὰ Ἱστιαίου, σημαίνοντα ἀπίστασθαι
Ἀρισταγόρην ἀπὸ βασιλέος. ὁ γὰρ Ἱστιαῖος
βουλόμενος τῷ Ἀρισταγόρῃ σημῆναι ἀποστῆναι
ἄλλως μὲν οὐδαμῶς εἶχε ἀσφαλέως σημῆναι ὥστε
φυλασσομενέων τῶν ὁδῶν, ὁ δὲ τῶν δούλων τὸν
πιστότατον ἀποξυρήσας τὴν κεφαλὴν ἔστιξε καὶ
ἀνέμεινε ἀναφῦναι τὰς τρίχας, ὡς δὲ ἀνέφυσαν
τάχιστα, ἀπέπεμπε ἐς Μίλητον ἐντειλάμενος
αὐτῷ ἄλλο μὲν οὐδέν, ἐπεὰν δὲ ἀπίκηται ἐς Μί-
λητον, κελεύειν Ἀρισταγόρην ξυρήσαντά μιν τὰς
τρίχας κατιδέσθαι ἐς τὴν κεφαλήν. τὰ δὲ στίγ-
ματα ἐσήμαινε, ὡς καὶ πρότερόν μοι εἴρηται,
ἀπόστασιν. ταῦτα δὲ ὁ Ἱστιαῖος ἐποίεε συμφορὴν
ποιεύμενος μεγάλην τὴν ἑωυτοῦ κατοχὴν τὴν ἐν
Σούσοισι· ἀποστάσιος ὦν γινομένης πολλὰς εἶχε
ἐλπίδας μετήσεσθαι ἐπὶ θάλασσαν, μὴ δὲ νεώτερόν
τι ποιεύσης τῆς Μιλήτου οὐδαμὰ ἐς αὐτὴν ἥξειν
ἔτι ἐλογίζετο.

36. Ἱστιαῖος μέν νυν ταῦτα διανοεύμενος ἀπέ-
πεμπε τὸν ἄγγελον, Ἀρισταγόρῃ δὲ συνέπιπτε
τοῦ αὐτοῦ χρόνου πάντα ταῦτα συνελθόντα.
ἐβουλεύετο ὦν μετὰ τῶν στασιωτέων, ἐκφήνας
τήν τε ἑωυτοῦ γνώμην καὶ τὰ παρὰ τοῦ Ἱστιαίου
ἀπιγμένα. οἱ μὲν δὴ ἄλλοι πάντες γνώμην κατὰ
τὠυτὸ ἐξεφέροντο, κελεύοντες ἀπίστασθαι· Ἑκα-
ταῖος δ᾽ ὁ λογοποιὸς πρῶτα μὲν οὐκ ἔα πόλεμον
βασιλέι τῶν Περσέων ἀναιρέεσθαι, καταλέγων τά
τε ἔθνεα πάντα τῶν ἦρχε Δαρεῖος καὶ τὴν δύναμιν
αὐτοῦ. ἐπείτε δὲ οὐκ ἔπειθε, δεύτερα συνεβού-
λευε ποιεῖν ὅκως ναυκρατέες τῆς θαλάσσης ἔσον-
ται. ἄλλως μέν νυν οὐδαμῶς ἔφη λέγων ἐνορᾶν

38

that at that very time there came from Susa
Histiaeus' messenger, the man with the marked
head, signifying that Aristagoras should revolt from
the king. For Histiaeus desired to signify to Arista-
goras that he should revolt; and having no other
safe way of so doing (for the roads were guarded) he
shaved and pricked marks on the head of his trustiest
slave, and waited till the hair grew again; as soon as it
was grown, he sent the man to Miletus with no other
message save that when he came to Miletus he must
bid Aristagoras shave his hair and examine his head.
The writing pricked thereon signified revolt, as I
have already said. This Histiaeus did, because he
sorely misliked his enforced sojourn at Susa; now he
had a good hope that if there were a revolt he would
be sent away to the sea-coast; but if Miletus re-
mained at peace, he reckoned that he would return
thither no more.

36. With this intent, then, Histiaeus sent his
messenger, and it chanced that all these things
came upon Aristagoras at one and the same time.
He took counsel therefore with those of his faction,
and declared his own opinion and what had come to
him from Histiaeus. All the rest spoke their minds
to the same effect, favouring revolt, save only Heca-
taeus the historian; he advised them that they would
be best guided not to make war on the king of
Persia, recounting to them the tale of the nations
subject to Darius, and all his power. But when
they would not be persuaded by him, he counselled
them that their next best plan was to make them-
selves masters of the seas. This, said he in his

ἐσόμενον τοῦτο· ἐπίστασθαι γὰρ τὴν δύναμιν τῶν
Μιλησίων ἐοῦσαν ἀσθενέα· εἰ δὲ τὰ χρήματα
καταιρεθείη τὰ ἐκ τοῦ ἱροῦ τοῦ ἐν Βραγχίδῃσι,
τὰ Κροῖσος ὁ Λυδὸς ἀνέθηκε, πολλὰς εἶχε ἐλπίδας
ἐπικρατήσειν τῆς θαλάσσης, καὶ οὕτω αὐτούς τε
ἕξειν τοῖσι χρήμασι χρᾶσθαι καὶ τοὺς πολεμίους
οὐ συλήσειν αὐτά. τὰ δὲ χρήματα ἦν ταῦτα
μεγάλα, ὡς δεδήλωταί μοι ἐν τῷ πρώτῳ τῶν
λόγων. αὕτη μὲν δὴ οὐκ ἐνίκα ἡ γνώμη, ἐδόκεε
δὲ ὅμως ἀπίστασθαι, ἕνα τε αὐτῶν πλώσαντα ἐς
Μυοῦντα ἐς τὸ στρατόπεδον τὸ ἀπὸ τῆς Νάξου
ἀπελθόν, ἐὸν ἐνθαῦτα, συλλαμβάνειν πειρᾶσθαι
τοὺς ἐπὶ τῶν νεῶν ἐπιπλέοντας στρατηγούς.

37. Ἀποπεμφθέντος δὲ Ἰητραγόρεω κατ' αὐτὸ
τοῦτο καὶ συλλαβόντος δόλῳ Ὀλίατον Ἰβανώλ-
λιος Μυλασσέα καὶ Ἱστιαῖον Τύμνεω Τερμερέα
καὶ Κώην Ἐρξάνδρου, τῷ Δαρεῖος Μυτιλήνην
ἐδωρήσατο, καὶ Ἀρισταγόρην Ἡρακλείδεω Κυ-
μαῖον καὶ ἄλλους συχνούς, οὕτω δὴ ἐκ τοῦ ἐμφα-
νέος ὁ Ἀρισταγόρης ἀπεστήκεε, πᾶν ἐπὶ Δαρείῳ
μηχανώμενος. καὶ πρῶτα μὲν λόγῳ μετεὶς τὴν
τυραννίδα ἰσονομίην ἐποίεε τῇ Μιλήτῳ, ὡς ἂν
ἑκόντες αὐτῷ οἱ Μιλήσιοι συναπισταίατο, μετὰ
δὲ καὶ ἐν τῇ ἄλλῃ Ἰωνίῃ τὠυτὸ τοῦτο ἐποίεε,
τοὺς μὲν ἐξελαύνων τῶν τυράννων, τοὺς δ' ἔλαβε
τυράννους ἀπὸ τῶν νεῶν τῶν συμπλευσασέων ἐπὶ
Νάξον, τούτους δὲ φίλα βουλόμενος ποιέεσθαι
τῇσι πόλισι ἐξεδίδου, ἄλλον ἐς ἄλλην πόλιν
παραδιδούς, ὅθεν εἴη ἕκαστος.

38. Κώην μέν νυν Μυτιληναῖοι ἐπείτε τάχιστα
παρέλαβον, ἐξαγαγόντες κατέλευσαν, Κυμαῖοι δὲ
τὸν σφέτερον αὐτῶν ἀπῆκαν· ὡς δὲ καὶ ἄλλοι οἱ
40

speech, he could see no way of accomplishing save
one : Miletus, he knew, was a city of no great wealth ;
but if they took away from the temple at Branchidae [1]
the treasure which Croesus the Lydian had dedicated
there, he had good hope that they would gain the
mastery of the sea, and so they would have the use
of that treasure and their enemies could not plunder
it. The treasure was very great, as I have shown in
the first book of my history. This counsel was not
approved ; nevertheless, they resolved that they
would revolt, and that one of themselves should
sail to Myus, to the army which had left Naxos
and was there, and essay to seize the generals who
were aboard the ships.

37. Iatragoras, being sent for this very purpose,
craftily seized Oliatus of Mylasa son of Ibanollis, and
Histiaeus of Termera son of Tymnes, and Coes son
of Erxandrus,—to whom Darius gave Mytilene,—and
Aristagoras of Cyme, son of Heraclides, and many
others besides ; which done, Aristagoras revolted
openly, devising all he could to Darius' hurt. And
first he made a pretence of giving up his despotism
and gave Miletus equality of government, that so the
Milesians might readily join in his revolt ; then he
did likewise in the rest of Ionia ; some of the despots
he banished ; as for those despots whom he had taken
out of the ships that sailed with him against Naxos,
he gave them over and delivered them each and all
to their own cities severally, for he wished to please
the cities.

38. So Coes, when the Mytilenaeans received him,
was taken out by them and stoned ; but the Cymaeans
let their own man go, and so did most of the others.

[1] Cp. I. 46.

πλεῦνες ἀπίεσαν. τυράννων μέν νυν κατάπαυσις
ἐγίνετο ἀνὰ τὰς πόλιας, Ἀρισταγόρης δὲ ὁ Μιλή-
σιος ὡς τοὺς τυράννους κατέπαυσε, στρατηγοὺς
ἐν ἑκάστῃ τῶν πολίων κελεύσας ἑκάστους κατα-
στῆσαι, δεύτερα αὐτὸς ἐς Λακεδαίμονα τριήρεϊ
ἀπόστολος ἐγίνετο· ἔδεε γὰρ δὴ συμμαχίης τινός
οἱ μεγάλης ἐξευρεθῆναι.

39. Τῆς δὲ Σπάρτης Ἀναξανδρίδης μὲν ὁ Λέον-
τος οὐκέτι περιεὼν ἐβασίλευε ἀλλὰ ἐτετελευτήκεε,
Κλεομένης δὲ ὁ Ἀναξανδρίδεω εἶχε τὴν βασιληίην,
οὐ κατ' ἀνδραγαθίην σχὼν ἀλλὰ κατὰ γένος.
Ἀναξανδρίδῃ γὰρ ἔχοντι γυναῖκα ἀδελφεῆς ἑωυ-
τοῦ θυγατέρα, καὶ ἐούσης ταύτης οἱ καταθυμίης,
παῖδες οὐκ ἐγίνοντο. τούτου δὲ τοιούτου ἐόντος,
οἱ ἔφοροι εἶπαν ἐπικαλεσάμενοι αὐτὸν " Εἴ τοι σὺ
σεωυτοῦ μὴ προορᾷς, ἀλλ' ἡμῖν τοῦτ' ἐστὶ οὐ
περιοπτέον, γένος τὸ Εὐρυσθένεος γενέσθαι ἐξίτη-
λον. σύ νυν τὴν μὲν ἔχεις γυναῖκα, ἐπείτε τοι
οὐ τίκτει, ἔξεο, ἄλλην δὲ γῆμον· καὶ ποιέων ταῦτα
Σπαρτιήτῃσι ἀδήσεις." ὁ δ' ἀμείβετο φὰς τούτων
οὐδέτερα ποιήσειν, ἐκείνους τε οὐ καλῶς συμβου-
λεύειν παραινέοντας, τὴν ἔχει γυναῖκα ἐοῦσαν
ἀναμάρτητον ἑωυτῷ, ταύτην ἀπέντα ἄλλην ἐσαγα-
γέσθαι· οὐδέ σφι πείσεσθαι.

40. Πρὸς ταῦτα οἱ ἔφοροι καὶ οἱ γέροντες βου-
λευσάμενοι προσέφερον Ἀναξανδρίδῃ τάδε. " Ἐπεὶ
τοίνυν τοι περιεχόμενόν σε ὁρῶμεν τῆς ἔχεις
γυναικός, σὺ δὲ ταῦτα ποίεε, καὶ μὴ ἀντίβαινε
τούτοισι, ἵνα μή τι ἀλλοῖον περὶ σεῦ Σπαρτιῆται
βουλεύσωνται· γυναικὸς μὲν τῆς ἔχεις οὐ προσ-
δεόμεθά σευ τῆς ἐξέσιος, σὺ δὲ ταύτῃ τε πάντα

Thus an end was made of despots in the cities. Aristagoras of Miletus, having made an end of the despots, bade all to set up governors in each city; and next he went on an embassy in a trireme to Lacedaemon; for it was needful that he should find some strong ally.[1]

39. At Sparta, Anaxandrides the son of Leon, who had been king, was now no longer alive but was dead, and Cleomenes son of Anaxandrides held the royal power. This he had won not by manly merit but by right of birth. For Anaxandrides had to wife his own sister's daughter, and he was well content with her; but no children were born to him. This being so, the Ephors called him to them, and said, " If you care not to provide for yourself, yet we cannot suffer it to come to pass that the house of Eurysthenes should perish. Do you therefore send away the wife that you have, seeing that she bears you no children, and wed another; this do, and you will please the Spartans." But Anaxandrides answered and said that he would do neither the one nor the other: " And you," said he, " are no good counsellors, when you bid me send away the wife that I have, who is void of offence against me, and take another to my house; I will not consent to it."

40. Then the Ephors and Elders took counsel, and laid this proposal before Anaxandrides: " Seeing then that you cleave, as we see, to the wife that you have, do this our command, and stand not out against it, lest the Spartans find some new way of dealing with you. As for the wife that you have, we ask not that you should send her away; rather, give her

[1] Aristagoras went to Lacedaemon in 499.

ὅσα νῦν παρέχεις πάρεχε καὶ ἄλλην πρὸς ταύτῃ
ἐσάγαγε γυναῖκα τεκνοποιόν." ταῦτά κῃ λεγόντων
συνεχώρησε ὁ Ἀναξανδρίδης, μετὰ δὲ γυναῖκας
ἔχων δύο διξὰς ἱστίας οἴκεε, ποιέων οὐδαμῶς
Σπαρτιητικά.

41. Χρόνου δὲ οὐ πολλοῦ διελθόντος ἡ ἐσύστε-
ρον ἐπελθοῦσα γυνὴ τίκτει τὸν δὴ Κλεομένεα τοῦ-
τον. καὶ αὕτη τε ἔπεδρον βασιλέα Σπαρτιήτῃσι
ἀπέφαινε, καὶ ἡ προτέρη γυνὴ τὸν πρότερον χρό-
νον ἄτοκος ἐοῦσα τότε κως ἐκύησε, συντυχίῃ
ταύτῃ χρησαμένη. ἔχουσαν δὲ αὐτὴν ἀληθέι
λόγῳ οἱ τῆς ἐπελθούσης γυναικὸς οἰκήιοι πυθό-
μενοι ὤχλεον, φάμενοι αὐτὴν κομπέειν ἄλλως
βουλομένην ὑποβαλέσθαι. δεινὰ δὲ ποιεύντων
αὐτῶν, τοῦ χρόνου συντάμνοντος, ὑπ' ἀπιστίης
οἱ ἔφοροι τίκτουσαν τὴν γυναῖκα περιιζόμενοι
ἐφύλαξαν. ἡ δὲ ὡς ἔτεκε Δωριέα ἰθέως ἴσχει
Λεωνίδην, καὶ μετὰ τοῦτον ἰθέως ἴσχει Κλεόμ-
βροτον· οἱ δὲ καὶ διδύμους λέγουσι Κλεόμβροτον
καὶ Λεωνίδην γενέσθαι. ἡ δὲ Κλεομένεα τεκοῦσα
καὶ τὸ δεύτερον ἐπελθοῦσα γυνή, ἐοῦσα θυγάτηρ
Πρινητάδεω τοῦ Δημαρμένου, οὐκέτι ἔτικτε τὸ
δεύτερον.

42. Ὁ μὲν δὴ Κλεομένης, ὡς λέγεται, ἦν τε οὐ
φρενήρης ἀκρομανής τε, ὁ δὲ Δωριεὺς ἦν τῶν
ἡλίκων πάντων πρῶτος, εὖ τε ἐπίστατο κατ'
ἀνδραγαθίην αὐτὸς σχήσων τὴν βασιληίην. ὥστε
ὦν οὕτω φρονέων, ἐπειδὴ ὅ τε Ἀναξανδρίδης ἀπ-
έθανε καὶ οἱ Λακεδαιμόνιοι χρεώμενοι τῷ νόμῳ
ἐστήσαντο βασιλέα τὸν πρεσβύτατον Κλεομένεα,
ὁ Δωριεὺς δεινόν τε ποιεύμενος καὶ οὐκ ἀξιῶν
ὑπὸ Κλεομένεος βασιλεύεσθαι, αἰτήσας λεὼν

all that you give her now, and marry another woman besides who can give you children." So they spoke, and Anaxandrides consented; and presently he had two wives and kept two households, a thing in nowise customary at Sparta.

41. After no long time the second wife gave birth to the Cleomenes afore-mentioned. So she gave the Spartans an heir to the royal power; and (as luck would have it) the first wife, having hitherto been barren, did at that very time conceive. She being verily with child, the friends of the later wife learnt of it and began to trouble her; for, they said, she was making a vain boast, that she might substitute a child; and as they were angry, and her time drew nigh, the Ephors would not believe her and sat round to watch her in childbirth; and she gave birth first to Dorieus, then straightway bore Leonidas, and straightway after him Cleombrotus; though some say that Cleombrotus and Leonidas were twins. But the later wife, Cleomenes' mother (she was the daughter of Prinetadas son of Demarmenus), bore no more children.

42. Now Cleomenes, as the story goes, was not in his right senses, but crazy; but Dorieus was first among all of like age with himself; and he fully believed that he would be made king for his manly worth. Being thus minded, when at Anaxandrides' death the Lacedaemonians followed their custom and made Cleomenes king by right of age, Dorieus was very angry and would not brook to be subject to Cleomenes; and he asked the Spartans for a com-

45

Σπαρτιήτας ἦγε ἐς ἀποικίην, οὔτε τῷ ἐν Δελφοῖσι
χρηστηρίῳ χρησάμενος ἐς ἥντινα γῆν κτίσων ἴῃ,
οὔτε ποιήσας οὐδὲν τῶν νομιζομένων· οἷα δὲ
βαρέως φέρων, ἀπίει ἐς τὴν Λιβύην τὰ πλοῖα·
κατηγέοντο δέ οἱ ἄνδρες Θηραῖοι. ἀπικόμενος δὲ
ἐς Λιβύην οἴκισε χῶρον κάλλιστον τῶν Λιβύων
παρὰ Κίνυπα ποταμόν. ἐξελασθεὶς δὲ ἐνθεῦτεν
τρίτῳ ἔτεϊ ὑπὸ Μακέων τε Λιβύων καὶ Καρχη-
δονίων ἀπίκετο ἐς Πελοπόννησον.

43. Ἐνθαῦτα δέ οἱ Ἀντιχάρης ἀνὴρ Ἐλεώνιος [1]
συνεβούλευσε ἐκ τῶν Λαΐου χρησμῶν Ἡρακλείην
τὴν ἐν Σικελίῃ κτίζειν, φὰς τὴν Ἔρυκος χώρην
πᾶσαν εἶναι Ἡρακλειδέων αὐτοῦ Ἡρακλέος κτη-
σαμένου. ὁ δὲ ἀκούσας ταῦτα ἐς Δελφοὺς οἴχετο
χρησόμενος τῷ χρηστηρίῳ, εἰ αἱρέει ἐπ' ἣν στέλ-
λεται χώρην· ἡ δὲ Πυθίη οἱ χρᾷ αἱρήσειν.
παραλαβὼν δὲ Δωριεὺς τὸν στόλον τὸν καὶ ἐς
Λιβύην ἦγε, ἐκομίζετο παρὰ τὴν Ἰταλίην.

44. Τὸν χρόνον δὲ τοῦτον, ὡς λέγουσι Συβα-
ρῖται, σφέας τε αὐτοὺς καὶ Τῆλυν τὸν ἑωυτῶν
βασιλέα ἐπὶ Κρότωνα μέλλειν στρατεύεσθαι,
τοὺς δὲ Κροτωνιήτας περιδεέας γενομένους δεηθῆ-
ναι Δωριέος σφίσι τιμωρῆσαι καὶ τυχεῖν δεηθέν-
τας· συστρατεύεσθαί τε δὴ ἐπὶ Σύβαριν Δωριέα
καὶ συνελεῖν τὴν Σύβαριν. ταῦτα μέν νυν Συβα-
ρῖται λέγουσι ποιῆσαι Δωριέα τε καὶ τοὺς μετ'
αὐτοῦ, Κροτωνιῆται δὲ οὐδένα σφίσι φασὶ ξεῖνον
προσεπιλαβέσθαι τοῦ πρὸς Συβαρίτας πολέμου
εἰ μὴ Καλλίην τῶν Ἰαμιδέων μάντιν Ἠλεῖον
μοῦνον, καὶ τοῦτον τρόπῳ τοιῷδε· παρὰ Τήλυος
τοῦ Συβαριτέων τυράννου ἀποδράντα ἀπικέσθαι

---

[1] In Boeotia, near Tanagra.

pany of folk, whom he took away as colonists; he
neither enquired of the oracle at Delphi in what
land he should plant his settlement, nor did aught
else that was customary; but he set sail in great
wrath for Libya, with men of Thera to guide him.
Thither he came, and settled by the Cinyps river, in
the fairest part of Libya; but in the third year he
was driven out by the Macae and Libyans and
Carchedonians, and returned to Peloponnesus.

43. There Antichares, a man of Eleon,[1] counselled
him to plant a colony at Heraclea in Sicily, according
to the word of one of Laius' oracles; for Heracles[2]
himself (said Antichares) had won all the region of
Eryx, and it belonged to his descendants. When
Dorieus heard that, he went away to Delphi to
enquire of the oracle if he should win the place
whither he was preparing to go; and the priestess
telling him that so it should be, he took with him the
company that he had led to Libya, and went to Italy.

44. Now at this time,[3] as the Sybarites say, they
and their king Telys were making ready to march
against Croton, and the men of Croton, being greatly
affrighted, entreated Dorieus to come to their aid;
their request was granted; Dorieus marched with
them to Sybaris and helped them to take it. Such
is the story which the Sybarites tell of Dorieus and
his companions; but the Crotoniats say that they
were aided by no stranger in their war with Sybaris
save only by Callias, an Elean diviner of the Iamid
clan; of whom the story was that he had fled to
Croton from Telys, the despot of Sybaris, because

[2] The reference appears to be to a cult of the Phoenician
Melkart (identified with Heracles) on Mt. Eryx.
[3] About 510.

47

παρὰ σφέας, ἐπείτε οἱ τὰ ἱρὰ οὐ προεχώρεε
χρηστὰ θυομένῳ ἐπὶ Κρότωνα.
45. Ταῦτα δὲ οὗτοι λέγουσι. μαρτύρια δὲ τού-
των ἑκάτεροι ἀποδεικνύουσι τάδε, Συβαρῖται μὲν
τέμενός τε καὶ νηὸν ἐόντα παρὰ τὸν ξηρὸν Κρᾶθιν,
τὸν ἱδρύσασθαι συνελόντα τὴν πόλιν Δωριέα
λέγουσι Ἀθηναίῃ ἐπωνύμῳ Κραθίῃ· τοῦτο δὲ
αὐτοῦ Δωριέος τὸν θάνατον μαρτύριον μέγιστον
ποιεῦνται, ὅτι παρὰ τὰ μεμαντευμένα ποιέων
διεφθάρη· εἰ γὰρ δὴ μὴ παρέπρηξε μηδέν, ἐπ᾽ ὃ
δὲ ἐστάλη ἐποίεε, εἷλε ἂν τὴν Ἐρυκίνην χώρην
καὶ ἑλὼν κατέσχε, οὐδ᾽ ἂν αὐτός τε καὶ ἡ στρατιὴ
διεφθάρη. οἱ δ᾽ αὖ Κροτωνιῆται ἀποδεικνῦσι
Καλλίῃ μὲν τῷ Ἠλείῳ ἐξαίρετα ἐν γῇ τῇ Κροτω-
νιήτιδι πολλὰ δοθέντα, τὰ καὶ ἐς ἐμὲ ἔτι ἐνέμοντο
οἱ Καλλίεω ἀπόγονοι, Δωριέι δὲ καὶ τοῖσι Δωριέος
ἀπογόνοισι οὐδέν. καίτοι εἰ συνεπελάβετό γε τοῦ
Συβαριτικοῦ πολέμου Δωριεύς, δοθῆναι ἄν οἱ
πολλαπλήσια ἢ Καλλίῃ. ταῦτα μέν νυν ἑκάτεροι
αὐτῶν μαρτύρια ἀποφαίνονται, καὶ πάρεστι, ὁκο-
τέροισί τις πείθεται αὐτῶν, τούτοισι προσχωρέειν.
46. Συνέπλεον δὲ Δωριέι καὶ ἄλλοι συγκτίσται
Σπαρτιητέων, Θεσσαλὸς καὶ Παραιβάτης καὶ
Κελέης καὶ Εὐρυλέων· οἳ ἐπείτε ἀπίκοντο παντὶ
στόλῳ ἐς τὴν Σικελίην, ἀπέθανον μάχῃ ἑσσωθέν-
τες ὑπό τε Φοινίκων καὶ Ἐγεσταίων· μοῦνος δὲ
Εὐρυλέων τῶν συγκτιστέων περιεγένετο τούτου
τοῦ πάθεος. συλλαβὼν δὲ οὗτος τῆς στρατιῆς
τοὺς περιγενομένους ἔσχε Μινώην τὴν Σελινουσίων
ἀποικίην, καὶ συνελευθέρου Σελινουσίους τοῦ
μουνάρχου Πειθαγόρεω. μετὰ δὲ ὡς τοῦτον
κατεῖλε, αὐτὸς τυραννίδι ἐπεχείρησε Σελινοῦντος

when he was sacrificing for victory over Croton he could get no favourable omens.

45. This is their tale. Both cities bring proof of the truth of what they say: the Sybarites show a precinct and a temple beside the dry bed of the Crathis, which, they say, Dorieus founded in honour of Athene of Crathis, after he had helped to take their city; and moreover they find their strongest proof in his death, because he perished in the doing of more than the oracle bade him; for had he done that for which he set out and nought beyond it, he would have taken and held the Erycine region, and so neither he nor his army would have perished. But the Crotoniats on the other hand show many gifts of land in the country of Croton that were set apart for Callias of Elis (on which lands Callias' posterity dwelt even to my time), but no gift to Dorieus and his descendants. Yet (they plead) had Dorieus aided them in their war with Sybaris, he would have received a reward many times greater than what was given to Callias. These, then, are the proofs brought by each party; we may take whichever side seems to deserve most credence.

46. Other Spartans too sailed with Dorieus to found his colony, namely, Thessalus, Paraebates, Celees, and Euryleon. These, having come with all their company to Sicily, were overcome and slain in battle by the Phoenicians and Egestans,—all save Euryleon, who was the only settler that survived this disaster. He mustered the remnant of his army and took Minoa, the colony from Selinus, and aided in freeing the people of Selinus from their monarch Pithagoras. Having deposed this man he himself essayed to be despot of Selinus, and

49

καὶ ἐμουνάρχησε χρόνον ἐπ᾽ ὀλίγον· οἱ γάρ μιν
Σελινούσιοι ἐπαναστάντες ἀπέκτειναν καταφυ-
γόντα ἐπὶ Διὸς ἀγοραίου βωμόν.

47. Συνέσπετο δὲ Δωριέι καὶ συναπέθανε Φί-
λιππος ὁ Βουτακίδεω Κροτωνιήτης ἀνήρ, ὃς ἁρμο-
σάμενος Τήλυος τοῦ Συβαρίτεω θυγατέρα ἔφυγε
ἐκ Κρότωνος, ψευσθεὶς δὲ τοῦ γάμου οἴχετο πλέων
ἐς Κυρήνην, ἐκ ταύτης δὲ ὁρμώμενος συνέσπετο
οἰκηίῃ τε τριήρεϊ καὶ οἰκηίῃ ἀνδρῶν δαπάνῃ, ἐών
τε Ὀλυμπιονίκης καὶ κάλλιστος Ἑλλήνων τῶν
κατ᾽ ἑωυτόν. διὰ δὲ τὸ ἑωυτοῦ κάλλος ἠνείκατο
παρὰ Ἐγεσταίων τὰ οὐδεὶς ἄλλος· ἐπὶ γὰρ τοῦ
τάφου αὐτοῦ ἡρώιον ἱδρυσάμενοι θυσίῃσι αὐτὸν
ἱλάσκονται.

48. Δωριεὺς μέν νυν τρόπῳ τοιούτῳ ἐτελεύτησε·
εἰ δὲ ἠνέσχετο βασιλευόμενος ὑπὸ Κλεομένεος καὶ
κατέμενε ἐν Σπάρτῃ, ἐβασίλευσε ἂν Λακεδαί-
μονος· οὐ γάρ τινα πολλὸν χρόνον ἦρξε ὁ Κλεο-
μένης, ἀλλ᾽ ἀπέθανε ἄπαις, θυγατέρα μούνην
λιπών, τῇ οὔνομα ἦν Γοργώ.

49. Ἀπικνέεται δὲ ὦν ὁ Ἀρισταγόρης ὁ Μιλήτου
τύραννος ἐς τὴν Σπάρτην Κλεομένεος ἔχοντος τὴν
ἀρχήν· τῷ δὴ ἐς λόγους ἤιε, ὡς Λακεδαιμόνιοι
λέγουσι, ἔχων χάλκεον πίνακα ἐν τῷ γῆς ἁπάσης
περίοδος ἐνετέτμητο καὶ θάλασσά τε πᾶσα καὶ
ποταμοὶ πάντες. ἀπικνεόμενος δὲ ἐς λόγους ὁ
Ἀρισταγόρης ἔλεγε πρὸς αὐτὸν τάδε. "Κλεό-
μενες, σπουδὴν μὲν τὴν ἐμὴν μὴ θωμάσῃς τῆς
ἐνθαῦτα ἀπίξιος· τὰ γὰρ κατήκοντα ἐστὶ τοιαῦτα·
Ἰώνων παῖδας δούλους εἶναι ἀντ᾽ ἐλευθέρων
ὄνειδος καὶ ἄλγος μέγιστον μὲν αὐτοῖσι ἡμῖν, ἔτι

was monarch there, but for a little while only; for the people of the place rose against him and slew him at the altar of Zeus of the Market-place, whither he had fled for refuge.

47. Another that followed Dorieus and was with him slain was Philippus of Croton, son of Butacides; he had betrothed himself to the daughter of Telys of Sybaris and was banished from Croton; but being disappointed of his marriage he sailed away to Cyrene, whence he set forth and followed Dorieus, bringing his own trireme and paying all charges for his men; this Philippus was a victor at Olympia and the goodliest Greek of his day. For the beauty of his person he received honours from the Egestans accorded to none else: they built a hero's shrine by his grave, and offer him sacrifices of propitiation.

48. Such, then, was the manner of Dorieus' death. Had he endured Cleomenes' rule and stayed at Sparta, he would have been king of Lacedaemon; for Cleomenes reigned no long time, and died leaving no son but one only daughter, whose name was Gorgo.

49. I return to my story. It was in the reign of Cleomenes that Aristagoras the despot of Miletus came to Sparta; and when he had audience of the king (so the Lacedaemonians say) he brought with him a bronze tablet on which the map of all the earth was engraved, and all the sea and all the rivers. Having been admitted to converse with Cleomenes, Aristagoras spoke thus to him: "Wonder not, Cleomenes, that I have been so zealous to come hither; for such is our present state: that the sons of the Ionians should be slaves and not free men is a shame and grief to ourselves in especial, and of all

δὲ τῶν λοιπῶν ὑμῖν, ὅσῳ προέστατε τῆς Ἑλλάδος.
νῦν ὦν πρὸς θεῶν τῶν Ἑλληνίων ῥύσασθε Ἴωνας
ἐκ δουλοσύνης ἄνδρας ὁμαίμονας. εὐπετέως δὲ
ὑμῖν ταῦτα οἷά τε χωρέειν ἐστί· οὔτε γὰρ οἱ
βάρβαροι ἄλκιμοι εἰσί, ὑμεῖς τε τὰ ἐς τὸν πόλεμον
ἐς τὰ μέγιστα ἀνήκετε ἀρετῆς πέρι, ἥ τε μάχη
αὐτῶν ἐστι τοιήδε, τόξα καὶ αἰχμὴ βραχέα·
ἀναξυρίδας δὲ ἔχοντες ἔρχονται ἐς τὰς μάχας καὶ
κυρβασίας ἐπὶ τῇσι κεφαλῇσι. οὕτω εὐπετέες
χειρωθῆναι εἰσί. ἔστι δὲ καὶ ἀγαθὰ τοῖσι τὴν
ἤπειρον ἐκείνην νεμομένοισι ὅσα οὐδὲ τοῖσι συν-
άπασι ἄλλοισι, ἀπὸ χρυσοῦ ἀρξαμένοισι, ἄργυρος
καὶ χαλκὸς καὶ ἐσθὴς ποικίλη καὶ ὑποζύγιά τε
καὶ ἀνδράποδα· τὰ θυμῷ βουλόμενοι αὐτοὶ ἂν
ἔχοιτε. κατοίκηνται δὲ ἀλλήλων ἐχόμενοι ὡς ἐγὼ
φράσω, Ἰώνων μὲν τῶνδε οἵδε Λυδοί, οἰκέοντές
τε χώρην ἀγαθὴν καὶ πολυαργυρώτατοι ἐόντες."
δεικνὺς δὲ ἔλεγε ταῦτα ἐς τῆς γῆς τὴν περίοδον,
τὴν ἐφέρετο ἐν τῷ πίνακι ἐντετμημένην. "Λυδῶν
δὲ" ἔφη λέγων ὁ Ἀρισταγόρης "οἵδε ἔχονται
Φρύγες οἱ πρὸς τὴν ἠῶ, πολυπροβατώτατοί τε
ἐόντες πάντων τῶν ἐγὼ οἶδα καὶ πολυκαρπότατοι.
Φρυγῶν δὲ ἔχονται Καππαδόκαι, τοὺς ἡμεῖς
Συρίους καλέομεν. τούτοισι δὲ πρόσουροι Κίλικες,
κατήκοντες ἐπὶ θάλασσαν τήνδε, ἐν τῇ ἥδε Κύπρος
νῆσος κέεται· οἳ πεντακόσια τάλαντα βασιλέι τὸν
ἐπέτειον φόρον ἐπιτελεῦσι. Κιλίκων δὲ τῶνδε
ἔχονται Ἀρμένιοι οἵδε, καὶ οὗτοι ἐόντες πολυπρό-
βατοι, Ἀρμενίων δὲ Ματιηνοὶ χώρην τήνδε ἔχον-
τες. ἔχεται δὲ τούτων γῆ ἥδε Κισσίη, ἐν τῇ δὴ
παρὰ ποταμὸν τόνδε Χοάσπην κείμενα ἐστὶ τὰ
Σοῦσα ταῦτα, ἔνθα βασιλεύς τε μέγας δίαιταν

others to you, inasmuch as you are the leaders of
Hellas. Now, therefore, we beseech you by the
gods of Hellas, save your Ionian kinsmen from
slavery. This is a thing that you may easily achieve;
for the strangers are no valiant men, and your valour
in war is preëminent. And for their fashion of
fighting, they carry bows and short spears; and they
go to battle with breeches on their legs and tur-
bans on their heads; so they are easy to overcome.
Further, the dwellers in that continent have more
good things than all other men together, gold first,
and silver too and bronze and coloured raiment and
beasts of burden and slaves; all this you can have at
your heart's desire. And the lands wherein they
dwell lie next to each other, as I shall show you :—
here are the Ionians, and here the Lydians, who
inhabit a good land and have great store of silver"
(showing as he spoke the map of the earth which he
had brought engraved on the tablet), "and next to
the Lydians" (said Aristagoras in his speech) "you
see the Phrygians, to the east, men that of all known
to me are the richest in flocks and in the earth's
produce. Close by them are the Cappadocians, whom
we call Syrians; and their neighbours are the Cilicians,
whose land reaches to the sea yonder, wherein you
see the island of Cyprus lying; the yearly tribute
which they pay to the king is five hundred talents.
Next to the Cilicians, here are the Armenians,
another people rich in flocks, and after the Arme-
nians the Matieni, whose country I show you; and
you see the Cissian land adjoining theirs; therein,
on the Choaspes (yonder it is), lies that Susa where
lives the great king, and there are the storehouses of

ποιέεται, καὶ τῶν χρημάτων οἱ θησαυροὶ ἐνθαῦτα
εἰσί· ἑλόντες δὲ ταύτην τὴν πόλιν θαρσέοντες ἤδη
τῷ Διὶ πλούτου πέρι ἐρίζετε. ἀλλὰ περὶ μὲν
χώρης ἄρα οὐ πολλῆς οὐδὲ οὕτω χρηστῆς καὶ
οὔρων σμικρῶν χρεόν ἐστι ὑμέας μάχας ἀναβάλ-
λεσθαι πρός τε Μεσσηνίους ἐόντας ἰσοπαλέας καὶ
Ἀρκάδας τε καὶ Ἀργείους, τοῖσι οὔτε χρυσοῦ
ἐχόμενον ἐστὶ οὐδὲν οὔτε ἀργύρου, τῶν πέρι καί
τινα ἐνάγει προθυμίη μαχόμενον ἀποθνήσκειν·
παρέχον δὲ τῆς Ἀσίης πάσης ἄρχειν εὐπετέως,
ἄλλο τι αἱρήσεσθε;" Ἀρισταγόρης μὲν ταῦτα
ἔλεξε, Κλεομένης δὲ ἀμείβετο τοῖσιδε. "Ὦ ξεῖνε
Μιλήσιε, ἀναβάλλομαί τοι ἐς τρίτην ἡμέρην
ὑποκρινέεσθαι."

50. Τότε μὲν ἐς τοσοῦτον ἤλασαν· ἐπείτε δὲ ἡ
κυρίη ἡμέρη ἐγένετο τῆς ὑποκρίσιος καὶ ἦλθον ἐς
τὸ συγκείμενον, εἴρετο ὁ Κλεομένης τὸν Ἀριστα-
γόρην ὁκοσέων ἡμερέων ἀπὸ θαλάσσης τῆς Ἰώνων
ὁδὸς εἴη παρὰ βασιλέα. ὁ δὲ Ἀρισταγόρης τἆλλα
ἐὼν σοφὸς καὶ διαβάλλων ἐκεῖνον εὖ ἐν τούτῳ
ἐσφάλη· χρεὸν γάρ μιν μὴ λέγειν τὸ ἐόν, βουλό-
μενόν γε Σπαρτιήτας ἐξαγαγεῖν ἐς τὴν Ἀσίην,
λέγει δ' ὦν τριῶν μηνῶν φὰς εἶναι τὴν ἄνοδον. ὁ
δὲ ὑπαρπάσας τὸν ἐπίλοιπον λόγον τὸν ὁ Ἀρι-
σταγόρης ὥρμητο λέγειν περὶ τῆς ὁδοῦ, εἶπε "Ὦ
ξεῖνε Μιλήσιε, ἀπαλλάσσεο ἐκ Σπάρτης πρὸ
δύντος ἡλίου· οὐδένα γὰρ λόγον εὐεπέα λέγεις
Λακεδαιμονίοισι, ἐθέλων σφέας ἀπὸ θαλάσσης
τριῶν μηνῶν ὁδὸν ἀγαγεῖν."

51. Ὁ μὲν δὴ Κλεομένης ταῦτα εἴπας ἤιε ἐς τὰ
οἰκία, ὁ δὲ Ἀρισταγόρης λαβὼν ἱκετηρίην ἤιε ἐς
τοῦ Κλεομένεος, ἐσελθὼν δὲ ἔσω ἅτε ἱκετεύων

his wealth; take that city, and then you need not fear
to challenge Zeus for riches. What! you must needs
then fight for straitened strips of land of no great
worth—fight for that with Messenians, who are as
strong as you, and Arcadians and Argives, men that
have nought in the way of gold or silver, for which
things many are spurred by zeal to fight and die:
yet when you can readily be masters of all Asia, will
you refuse to essay it?" Thus spoke Aristagoras.
Cleomenes replied: "Milesian, my guest, wait till
the third day for my answer."

50. Thus far they advanced at that hearing. But
when on the day appointed for the answer they came
to the place whereon they had agreed, Cleomenes
asked Aristagoras how many days' journey it was
from the Ionian sea to the king. Till now, Arista-
goras had been cunning and fooled the Spartan right
well; but here he made a false step; for if he desired
to bring the Spartans away into Asia he should never
have told the truth; but he did tell it, and said that
it was a three months' journey inland. At that,
Cleomenes cut short all the rest that Aristagoras
began to tell him about the journey, and bade his
Milesian guest depart from Sparta before sunset;
for never (he said) would the Lacedaemonians listen
to the plan, if Aristagoras desired to lead them a
three months' journey from the sea.

51. Having thus spoken Cleomenes went to his
house; but Aristagoras took a suppliant's garb and
followed him thither, and entering in he used a

ἐπακοῦσαι ἐκέλευε τὸν Κλεομένεα ἀποπέμψαντα
τὸ παιδίον· προσεστήκεε γὰρ δὴ τῷ Κλεομένεϊ ἡ
θυγάτηρ, τῇ οὔνομα ἦν Γοργώ· τοῦτο δέ οἱ καὶ
μοῦνον τέκνον ἐτύγχανε ἐὸν ἐτέων ὀκτὼ ἢ ἐννέα
ἡλικίην. Κλεομένης δὲ λέγειν μιν ἐκέλευε τὰ
βούλεται μηδὲ ἐπισχεῖν τοῦ παιδίου εἴνεκα.
ἐνθαῦτα δὴ ὁ Ἀρισταγόρης ἄρχετο ἐκ δέκα
ταλάντων ὑπισχνεόμενος, ἤν οἱ ἐπιτελέσῃ τῶν
ἐδέετο. ἀνανεύοντος δὲ τοῦ Κλεομένεος προέβαινε
τοῖσι χρήμασι ὑπερβάλλων ὁ Ἀρισταγόρης, ἐς οὗ
πεντήκοντά τε τάλαντα ὑπεδέδεκτο καὶ τὸ παιδίον
ηὐδάξατο " Πάτερ, διαφθερέει σε ὁ ξεῖνος, ἢν μὴ
ἀποστὰς ἴῃς." ὅ τε δὴ Κλεομένης ἡσθεὶς τοῦ
παιδίου τῇ παραινέσι ἤιε ἐς ἕτερον οἴκημα, καὶ ὁ
Ἀρισταγόρης ἀπαλλάσσετο τὸ παράπαν ἐκ τῆς
Σπάρτης, οὐδέ οἱ ἐξεγένετο ἐπὶ πλέον ἔτι σημῆναι
περὶ τῆς ἀνόδου τῆς παρὰ βασιλέα.

52. Ἔχει γὰρ ἀμφὶ τῇ ὁδῷ ταύτῃ ὧδε· σταθμοί
τε πανταχῇ εἰσι βασιλήιοι καὶ καταλύσιες κάλ-
λισται, διὰ οἰκεομένης τε ἡ ὁδὸς ἅπασα καὶ
ἀσφαλέος. διὰ μέν γε Λυδίης καὶ Φρυγίης
σταθμοὶ τείνοντες εἴκοσι εἰσί, παρασάγγαι δὲ
τέσσερες καὶ ἐνενήκοντα καὶ ἥμισυ. ἐκδέκεται δὲ
ἐκ τῆς Φρυγίης ὁ Ἄλυς ποταμός, ἐπ' ᾧ πύλαι τε
ἔπεισι, τὰς διεξελάσαι πᾶσα ἀνάγκη καὶ οὕτω
διεκπερᾶν τὸν ποταμόν, καὶ φυλακτήριον μέγα ἐπ'
αὐτῷ. διαβάντι δὲ ἐς τὴν Καππαδοκίην καὶ
ταύτῃ πορευομένῳ μέχρι οὔρων τῶν Κιλικίων
σταθμοὶ δυῶν δέοντες εἰσὶ τριήκοντα, παρασάγγαι
δὲ τέσσερες καὶ ἑκατόν. ἐπὶ δὲ τοῖσι τούτων
οὔροισι διξάς τε πύλας διεξελᾷς καὶ διξὰ φυλα-

suppliant's right to beseech Cleomenes to hear him,
but first send the child away; for Cleomenes'
daughter, whose name was Gorgo, was standing by
him; she was his only child, and was about eight
or nine years of age. Cleomenes bade him say what
he would and not let the child's presence hinder him.
Then Aristagoras began to promise Cleomenes from
ten talents upwards, if he would grant his request.
Cleomenes refusing, Aristagoras offered him ever
more and yet more, till when he promised fifty
talents the child cried out, "Father, the stranger will
corrupt you, unless you leave him and go away." Cleo-
menes was pleased with the child's counsel and went
into another room; and Aristagoras departed clean
out of Sparta, and could find no occasion for telling
further of the journey inland to the king's place.

52. Now the nature of this road [1] is as I shall show.
All along it are the king's stages and exceeding good
hostelries, and the whole of it passes through country
that is inhabited and safe. Its course through Lydia
and Phrygia is of the length of twenty stages, and
ninety-four and a half parasangs. Next after Phrygia
it comes to the river Halys, where there is a defile,
which must be passed ere the river can be crossed,
and a great fortress to guard it. After the passage
into Cappadocia the road in that land as far as the
borders of Cilicia is of twenty-eight stages and an
hundred and four parasangs. On this frontier you
must ride through two defiles and pass two fortresses;

---

[1] "The royal road from Sardis to Susa is far older than
the Persian empire," say Messrs. How and Wells. Evidence
points to the existence of a Hittite capital in Cappadocia, to
connect which with Sardis on the one hand and Assyria on
the other was the purpose of the road.

κτήρια παραμείψεαι. ταῦτα δὲ διεξελάσαντι καὶ
διὰ τῆς Κιλικίης ὁδὸν ποιευμένῳ τρεῖς εἰσι
σταθμοί, παρασάγγαι δὲ πεντεκαίδεκα καὶ ἥμισυ.
οὖρος δὲ Κιλικίης καὶ τῆς Ἀρμενίης ἐστὶ ποταμὸς
νηυσιπέρητος, τῷ οὔνομα Εὐφρήτης. ἐν δὲ τῇ
Ἀρμενίῃ σταθμοὶ μὲν εἰσὶ καταγωγέων πεντε-
καίδεκα, παρασάγγαι δὲ ἓξ καὶ πεντήκοντα καὶ
ἥμισυ, καὶ φυλακτήριον ἐν αὐτοῖσι. ἐκ δὲ ταύτης
τῆς Ἀρμενίης ἐσβάλλοντι ἐς τὴν Ματιηνὴν γῆν
σταθμοί εἰσι τέσσερες καὶ τριήκοντα, παρασάγγαι
δὲ ἑπτὰ καὶ τριήκοντα καὶ ἑκατόν. ποταμοὶ δὲ
νηυσιπέρητοι τέσσερες διὰ ταύτης ῥέουσι, τοὺς
πᾶσα ἀνάγκη διαπορθμεῦσαι ἐστί, πρῶτος μὲν
Τίγρης, μετὰ δὲ δεύτερός τε καὶ τρίτος ὡυτὸς
ὀνομαζόμενος, οὐκ ὡυτὸς ἐὼν ποταμὸς οὐδὲ ἐκ τοῦ
αὐτοῦ ῥέων· ὁ μὲν γὰρ πρότερον αὐτῶν κατα-
λεχθεὶς ἐξ Ἀρμενίων ῥέει, ὁ δ' ὕστερον ἐκ Ματιη-
νῶν· ὁ δὲ τέταρτος τῶν ποταμῶν οὔνομα ἔχει
Γύνδης, τὸν Κῦρος διέλαβε κοτὲ ἐς διώρυχας
ἑξήκοντα καὶ τριηκοσίας. ἐκ δὲ ταύτης ἐς τὴν
Κισσίην χώρην μεταβαίνοντι ἔνδεκα σταθμοί,
παρασάγγαι δὲ δύο καὶ τεσσεράκοντα καὶ ἥμισυ
ἐστὶ ἐπὶ ποταμὸν Χοάσπην, ἐόντα καὶ τοῦτον
νηυσιπέρητον· ἐπ' ᾧ Σοῦσα πόλις πεπόλισται.

53. Οὗτοι οἱ πάντες σταθμοί εἰσι ἔνδεκα καὶ
ἑκατόν. καταγωγαὶ μέν νυν σταθμῶν τοσαῦται
εἰσὶ ἐκ Σαρδίων ἐς Σοῦσα ἀναβαίνοντι. εἰ δὲ
ὀρθῶς μεμέτρηται ἡ ὁδὸς ἡ βασιληίη τοῖσι παρα-
σάγγησι καὶ ὁ παρασάγγης δύναται τριήκοντα
στάδια, ὥσπερ οὗτός γε δύναται ταῦτα, ἐκ Σαρ-
δίων στάδια ἐστὶ ἐς τὰ βασιλήια τὰ Μεμνόνια
καλεόμενα πεντακόσια καὶ τρισχίλια καὶ μύρια,

ride past these, and you will have a journey through Cilicia of three stages and fifteen and a half parasangs. The boundary of Cilicia and Armenia is a navigable river whereof the name is Euphrates. In Armenia there are fifteen resting-stages, and fifty-six parasangs and a half, and there is a fortress there. From Armenia the road enters the Matienian land, wherein are thirty-four stages, and an hundred and thirty-seven parasangs. Through this land flow four navigable rivers, that must needs be passed by ferries, first the Tigris, then a second and a third of the same name, yet not the same stream nor flowing from the same source; for the first-mentioned of them flows from the Armenians and the second from the Matieni; and the fourth river is called Gyndes, that Gyndes which Cyrus parted once into three hundred and sixty channels.[1] When this country is passed, the road is in the Cissian land, where are eleven stages and forty-two and a half parasangs, as far as yet another navigable river, the Choaspes, whereon stands the city of Susa.

53. Thus the whole tale of stages is an hundred and eleven. So many resting-stages then there are in the going up from Sardis to Susa. If I have rightly numbered the parasangs of the royal road, and the parasang is of thirty furlongs' length (which assuredly it is), then between Sardis and the king's abode called Memnonian[2] there are thirteen thousand and five hundred furlongs, the number of

[1] Cp. I. 189.
[2] Memnon was the legendary king of the "eastern Ethiopians," or Assyrians. When tradition began to place the Homeric Ethiopians in Libya, Memnon, the Ethiop king, came to be associated with Thebes in Egypt.

παρασαγγέων ἐόντων πεντήκοντα καὶ τετρακοσίων.
πεντήκοντα δὲ καὶ ἑκατὸν στάδια ἐπ' ἡμέρῃ ἑκάστῃ
διεξιοῦσι ἀναισιμοῦνται ἡμέραι ἀπαρτὶ ἐνενή-
κοντα.

54. Οὕτω τῷ Μιλησίῳ Ἀρισταγόρῃ εἴπαντι
πρὸς Κλεομένεα τὸν Λακεδαιμόνιον εἶναι τριῶν
μηνῶν τὴν ἄνοδον τὴν παρὰ βασιλέα ὀρθῶς εἴρητο.
εἰ δέ τις τὸ ἀτρεκέστερον τούτων ἔτι δίζηται, ἐγὼ
καὶ τοῦτο σημανέω· τὴν γὰρ ἐξ Ἐφέσου ἐς Σάρδις
ὁδὸν δεῖ προσλογίσασθαι ταύτῃ. καὶ δὴ λέγω
σταδίους εἶναι τοὺς πάντας ἀπὸ θαλάσσης τῆς
Ἑλληνικῆς μέχρι Σούσων (τοῦτο γὰρ Μεμνόνειον
ἄστυ καλέεται) τεσσεράκοντα καὶ τετρακισχιλίους
καὶ μυρίους· οἱ γὰρ ἐξ Ἐφέσου ἐς Σάρδις εἰσὶ
τεσσεράκοντα καὶ πεντακόσιοι στάδιοι, καὶ οὕτω
τρισὶ ἡμέρῃσι μηκύνεται ἡ τρίμηνος ὁδός.

55. Ἀπελαυνόμενος δὲ ὁ Ἀρισταγόρης ἐκ τῆς
Σπάρτης ἤιε ἐς τὰς Ἀθήνας γενομένας τυράννων
ὧδε ἐλευθέρας. ἐπεὶ Ἵππαρχον τὸν Πεισιστράτου,
Ἱππίεω δὲ τοῦ τυράννου ἀδελφεόν, ἰδόντα ὄψιν
ἐνυπνίου τῷ ἑωυτοῦ πάθεϊ ἐναργεστάτην κτείνουσι
Ἀριστογείτων καὶ Ἁρμόδιος, γένος ἐόντες τὰ
ἀνέκαθεν Γεφυραῖοι, μετὰ ταῦτα ἐτυραννεύοντο
Ἀθηναῖοι ἐπ' ἔτεα τέσσερα οὐδὲν ἧσσον ἀλλὰ καὶ
μᾶλλον ἢ πρὸ τοῦ.

56. Ἡ μέν νυν ὄψις τοῦ Ἱππάρχου ἐνυπνίου ἦν
ἥδε· ἐν τῇ προτέρῃ νυκτὶ τῶν Παναθηναίων ἐδόκεε
ὁ Ἵππαρχος ἄνδρα οἱ ἐπιστάντα μέγαν καὶ εὐειδέα
αἰνίσσεσθαι τάδε τὰ ἔπεα.

τλῆθι λέων ἄτλητα παθὼν τετληότι θυμῷ·
οὐδεὶς ἀνθρώπων ἀδικῶν τίσιν οὐκ ἀποτίσει.

parasangs being four hundred and fifty; and if each day's journey be an hundred and fifty furlongs, then the sum of days spent is ninety, neither more nor less.

54. Thus Aristagoras of Miletus spoke the truth to Cleomenes the Lacedaemonian when he said that the journey inland was three months long. But if any desire a measurement yet exacter, I will give him that too; for the journey from Ephesus to Sardis must be added to the rest. So then I declare that from the Greek sea to Susa (for that is the city called Memnonian) it is a journey of fourteen thousand and forty stages; for there are five hundred and forty furlongs from Ephesus to Sardis, and thus the three months' journey is made longer by three days.

55. Being compelled to leave Sparta, Aristagoras went to Athens; which had been freed from its ruling despots in the manner that I shall show. When Hipparchus, son of Pisistratus and brother of Hippias the despot, had been slain (after seeing in a dream a very clear picture of the evil that befel him) by Aristogiton and Harmodius, men of Gephyraean descent, after this the Athenians were subject for four years to a despotism not less but even more absolute than before.

56. Now this was the vision which Hipparchus saw in a dream: in the night before the Panathenaea he thought that a tall and goodly man stood over him uttering these riddling verses:

Bear an unbearable lot; O lion, be strong for the
    bearing:
No man on earth doth wrong but at last shall
    suffer requital.

ταῦτα δέ, ὡς ἡμέρη ἐγένετο τάχιστα, φανερὸς ἦν
ὑπερτιθέμενος ὀνειροπόλοισι· μετὰ δὲ ἀπειπά-
μενος τὴν ὄψιν ἔπεμπε τὴν πομπήν, ἐν τῇ δὴ
τελευτᾷ.

57. Οἱ δὲ Γεφυραῖοι, τῶν ἦσαν οἱ φονέες οἱ
Ἱππάρχου, ὡς μὲν αὐτοὶ λέγουσι, ἐγεγόνεσαν ἐξ
Ἐρετρίης τὴν ἀρχήν, ὡς δὲ ἐγὼ ἀναπυνθανόμενος
εὑρίσκω, ἦσαν Φοίνικες τῶν σὺν Κάδμῳ ἀπικο-
μένων Φοινίκων ἐς γῆν τὴν νῦν Βοιωτίην καλεο-
μένην, οἴκεον δὲ τῆς χώρης ταύτης ἀπολαχόντες
τὴν Ταναγρικὴν μοῖραν. ἐνθεῦτεν δὲ Καδμείων
πρότερον ἐξαναστάντων ὑπ' Ἀργείων, οἱ Γεφυραῖοι
οὗτοι δεύτερα ὑπὸ Βοιωτῶν ἐξαναστάντες ἐτρά-
ποντο ἐπ' Ἀθηνέων. Ἀθηναῖοι δὲ σφέας ἐπὶ
ῥητοῖσι ἐδέξαντο σφέων αὐτῶν εἶναι πολιήτας,
πολλῶν τεων καὶ οὐκ ἀξιαπηγήτων ἐπιτάξαντες
ἔργεσθαι.

58. Οἱ δὲ Φοίνικες οὗτοι οἱ σὺν Κάδμῳ ἀπ-
ικόμενοι, τῶν ἦσαν οἱ Γεφυραῖοι, ἄλλα τε πολλὰ
οἰκήσαντες ταύτην τὴν χώρην ἐσήγαγον διδασκάλια
ἐς τοὺς Ἕλληνας καὶ δὴ καὶ γράμματα, οὐκ ἐόντα
πρὶν Ἕλλησι ὡς ἐμοὶ δοκέειν, πρῶτα μὲν τοῖσι
καὶ ἅπαντες χρέωνται Φοίνικες· μετὰ δὲ χρόνου
προβαίνοντος ἅμα τῇ φωνῇ μετέβαλλον καὶ τὸν
ῥυθμὸν τῶν γραμμάτων. περιοίκεον δὲ σφέας τὰ
πολλὰ τῶν χώρων τοῦτον τὸν χρόνον Ἑλλήνων
Ἴωνες, οἳ παραλαβόντες διδαχῇ παρὰ τῶν Φοινί-
κων τὰ γράμματα, μεταρρυθμίσαντες σφέων ὀλίγα
ἐχρέωντο, χρεώμενοι δὲ ἐφάτισαν, ὥσπερ καὶ τὸ

---

[1] Hipparchus was killed in 513.
[2] Gephyra (= bridge or dam) was another name for

As soon as it was day, he imparted this (as was seen)
to the interpreters of dreams; and presently putting
the vision from his mind, he led the procession in
which he met his death.[1]

57. Now the Gephyraean clan, of which were the
slayers of Hipparchus, is said by themselves to
have come at first from Eretria; but my own enquiry
shows that they were some of the Phoenicians [2] who
came with Cadmus to the country now called Boeotia,
and in that country the lands of Tanagra were allotted
to them, where they settled. The Cadmeans having
been first expelled thence by the Argives,[3] these
Gephyraeans were in turn expelled by the Boeotians
and betook themselves to Athens. The Athenians
received them as citizens of their own on set
terms, debarring them from many practices not here
deserving mention.

58. These Phoenicians who came with Cadmus (of
whom the Gephyraeans were a part) at their settle-
ment in this country, among many other kinds of
learning, brought into Hellas the alphabet, which
had hitherto been unknown, as I think, to the
Greeks; and presently as time went on the sound
and the form of the letters were changed. At this
time the Greeks that dwelt round them for the most
part were Ionians; who, having been taught the
letters by the Phoenicians, used them with some
few changes of form, and in so doing gave to these
characters (as indeed was but just, seeing that the

Tanagra; perhaps Herodotus' theory of an oriental origin is
based on the fact that there was a place called Gephyrae in
Syria.

[3] This happened sixty years after the fall of Troy,
according to Thucydides.

HERODOTUS

δίκαιον ἔφερε, ἐσαγαγόντων Φοινίκων ἐς τὴν
Ἑλλάδα, Φοινικήια κεκλῆσθαι. καὶ τὰς βύβλους
διφθέρας καλέουσι ἀπὸ τοῦ παλαιοῦ οἱ Ἴωνες, ὅτι
κοτὲ ἐν σπάνι βύβλων ἐχρέωντο διφθέρῃσι αἰγέῃσί
τε καὶ οἰέῃσι· ἔτι δὲ καὶ τὸ κατ᾽ ἐμὲ πολλοὶ τῶν
βαρβάρων ἐς τοιαύτας διφθέρας γράφουσι.

59. Εἶδον δὲ καὶ αὐτὸς Καδμήια γράμματα ἐν
τῷ ἱρῷ τοῦ Ἀπόλλωνος τοῦ Ἰσμηνίου ἐν Θήβῃσι
τῇσι Βοιωτῶν, ἐπὶ τρίποσι τισὶ ἐγκεκολαμμένα,
τὰ πολλὰ ὅμοια ἐόντα τοῖσι Ἰωνικοῖσι. ὁ μὲν δὴ
εἷς τῶν τριπόδων ἐπίγραμμα ἔχει

Ἀμφιτρύων μ᾽ ἀνέθηκ᾽ ἐνάρων ἀπὸ Τηλεβοάων.[1]

ταῦτα ἡλικίην εἴη ἂν κατὰ Λάιον τὸν Λαβδάκου
τοῦ Πολυδώρου τοῦ Κάδμου.

60. Ἕτερος δὲ τρίπους ἐν ἑξαμέτρῳ τόνῳ
λέγει

Σκαῖος πυγμαχέων με ἑκηβόλῳ Ἀπόλλωνι
νικήσας ἀνέθηκε τεῒν περικαλλὲς ἄγαλμα.

Σκαῖος δ᾽ ἂν εἴη ὁ Ἱπποκόωντος, εἰ δὴ οὗτός γε
ἐστὶ ὁ ἀναθεὶς καὶ μὴ ἄλλος τὠυτὸ οὔνομα ἔχων
τῷ Ἱπποκόωντος, ἡλικίην κατὰ Οἰδίπουν τὸν
Λαΐου.

61. Τρίτος δὲ τρίπους λέγει καὶ οὗτος ἐν
ἑξαμέτρῳ

Λαοδάμας τρίποδ᾽ αὐτὸς ἐυσκόπῳ Ἀπόλλωνι
μουναρχέων ἀνέθηκε τεῒν περικαλλὲς ἄγαλμα.

[1] ἀνέθηκεν ἐὼν ἀπὸ Τηλεβοάων (the MS. reading) is neither
good Greek nor consistent with the legend of Amphitryon's
vengeance on his enemies, the Teleboae of Acarnania. I
suggest ἐνάρων, which makes good sense ; or Meineke's ἑλών
would do.

64

Phoenicians had brought them into Hellas) the name
of Phoenician.[1] Thus also the Ionians have from
ancient times called papyrus-sheets skins, because
formerly for lack of papyrus they used the skins of
sheep and goats; and even to this day there are
many foreigners who write on such skins.

59. I have myself seen Cadmean characters in the
temple of Ismenian Apollo at Thebes of Boeotia,
graven on certain tripods and for the most part like
Ionian letters. On one of the tripods there is this
inscription:

I am Amphitryon's gift, from spoils Teleboan
    fashioned.

This would be of the time of Laïus, the son of
Labdacus, who was the son of Polydorus, who was
the son of Cadmus.

60. A second tripod says, in hexameter verse:

I am a gift that is given by Scaeus, the conquering
    boxer,
Archer Apollo, to thee for thy temple's beauteous
    adornment.

Scaeus the son of Hippocoon, if indeed the dedicator
be he and not another of the same name as Hippo-
coon's son, would be of the time of Oedipus son of
Laïus.

61. The third tripod says, in hexameter verse
again:

I am the tripod that erst Laodamas, sovereign ruler,
Gave to far-seeing Apollo, his temple's beauteous
    adornment.

[1] Whether Herodotus' theory of derivation be right or not,
there is certainly a similarity in the form and order of early
Greek and Phoenician letters.

ἐπὶ τούτου δὴ τοῦ Λαοδάμαντος τοῦ Ἐτεοκλέος
μουναρχέοντος ἐξανιστέαται Καδμεῖοι ὑπ' Ἀρ-
γείων καὶ τράπονται ἐς τοὺς Ἐγχελέας. οἱ δὲ
Γεφυραῖοι ὑπολειφθέντες ὕστερον ὑπὸ Βοιωτῶν
ἀναχωρέουσι ἐς Ἀθήνας· καί σφι ἱρά ἐστι ἐν
Ἀθήνῃσι ἱδρυμένα, τῶν οὐδὲν μέτα τοῖσι λοιποῖσι
Ἀθηναίοισι, ἄλλα τε κεχωρισμένα τῶν ἄλλων
ἱρῶν καὶ δὴ καὶ Ἀχαιίης Δήμητρος ἱρόν τε καὶ
ὄργια.

62. Ἡ μὲν δὴ ὄψις τοῦ Ἱππάρχου ἐνυπνίου καὶ
οἱ Γεφυραῖοι ὅθεν ἐγεγόνεσαν, τῶν ἦσαν οἱ Ἱπ-
πάρχου φονέες, ἀπήγηταί μοι· δεῖ δὲ πρὸς τούτοισι
ἔτι ἀναλαβεῖν τὸν κατ' ἀρχὰς ἦια λέξων λόγον,
ὡς τυράννων ἐλευθερώθησαν Ἀθηναῖοι. Ἱππίεω
τυραννεύοντος καὶ ἐμπικραινομένου Ἀθηναίοισι
διὰ τὸν Ἱππάρχου θάνατον, Ἀλκμεωνίδαι γένος
ἐόντες Ἀθηναῖοι καὶ φεύγοντες Πεισιστρατίδας,
ἐπείτε σφι ἅμα τοῖσι ἄλλοισι Ἀθηναίων φυγάσι
πειρωμένοισι κατὰ τὸ ἰσχυρὸν οὐ προεχώρεε
κάτοδος, ἀλλὰ προσέπταιον μεγάλως πειρώμενοι
κατιέναι τε καὶ ἐλευθεροῦν τὰς Ἀθήνας, Λειψύ-
δριον τὸ ὑπὲρ Παιονίης τειχίσαντες, ἐνθαῦτα οἱ
Ἀλκμεωνίδαι πᾶν ἐπὶ τοῖσι Πεισιστρατίδῃσι
μηχανώμενοι παρ' Ἀμφικτυόνων τὸν νηὸν μι-
σθοῦνται τὸν ἐν Δελφοῖσι, τὸν νῦν ἐόντα τότε δὲ
οὔκω, τοῦτον ἐξοικοδομῆσαι. οἷα δὲ χρημάτων
εὖ ἥκοντες καὶ ἐόντες ἄνδρες δόκιμοι ἀνέκαθεν ἔτι,
τόν τε νηὸν ἐξεργάσαντο τοῦ παραδείγματος
κάλλιον τά τε ἄλλα καὶ συγκειμένου σφι πωρίνου
λίθου ποιέειν τὸν νηόν, Παρίου τὰ ἔμπροσθε
αὐτοῦ ἐξεποίησαν.

63. Ὡς ὦν δὴ οἱ Ἀθηναῖοι λέγουσι, οὗτοι οἱ

In the sovereignty of this Laodamas son of Eteocles, the Cadmeans were expelled by the Argives and betook themselves to the Encheleis. The Gephyraeans were left behind, but were later compelled by the Boeotians to withdraw to Athens; and they have certain set forms of worship at Athens, wherein the rest of the Athenians have no part; these, and in especial the rites and mysteries of Achaean Demeter, are different from the other worships.

62. I have shown what was the vision of Hipparchus' dream, and what the first origin of the Gephyraeans, of whom were the slayers of Hipparchus; now I must go further and return to the story which I began to tell, namely, how the Athenians were freed from their despots. Hippias being their despot and growing ever bitterer in enmity against the Athenians by reason of Hipparchus' death, the Alcmeonidae, a family of Athenian stock banished by the sons of Pisistratus, essayed with the rest of the banished Athenians to make their way back by force and free Athens, but could not prosper in their return and rather suffered great hurt. They had fortified Lipsydrium north of Paeonia; then, in their desire to use all devices against the sons of Pisistratus, they hired themselves to the Amphictyons for the building of the temple at Delphi which now is but then as yet was not there. Being wealthy and like their fathers men of reputation, they wrought the temple into a fairer form than the model shown; in particular, whereas they had agreed to build the temple of tufa, they made its front of Parian marble.

63. These men then, as the Athenians say, sat

67

ἄνδρες ἐν Δελφοῖσι κατήμενοι ἀνέπειθον τὴν
Πυθίην χρήμασι, ὅκως ἔλθοιεν Σπαρτιητέων
ἄνδρες εἴτε ἰδίῳ στόλῳ εἴτε δημοσίῳ χρησόμενοι,
προφέρειν σφι τὰς Ἀθήνας ἐλευθεροῦν. Λακεδαι-
μόνιοι δέ, ὥς σφι αἰεὶ τὠυτὸ πρόφαντον ἐγίνετο,
πέμπουσι Ἀγχιμόλιον τὸν Ἀστέρος, ἐόντα τῶν
ἀστῶν ἄνδρα δόκιμον, σὺν στρατῷ ἐξελῶντα
Πεισιστρατίδας ἐξ Ἀθηνέων ὅμως καὶ ξεινίους
σφι ἐόντας τὰ μάλιστα· τὰ γὰρ τοῦ θεοῦ πρεσ-
βύτερα ἐποιεῦντο ἢ τὰ τῶν ἀνδρῶν· πέμπουσι δὲ
τούτους κατὰ θάλασσαν πλοίοισι. ὁ μὲν δὴ
προσσχὼν ἐς Φάληρον τὴν στρατιὴν ἀπέβησε, οἱ
δὲ Πεισιστρατίδαι προπυνθανόμενοι ταῦτα ἐπ-
εκαλέοντο ἐκ Θεσσαλίης ἐπικουρίην· ἐπεποίητο
γάρ σφι συμμαχίη πρὸς αὐτούς. Θεσσαλοὶ δέ
σφι δεομένοισι ἀπέπεμψαν κοινῇ γνώμῃ χρεώμενοι
χιλίην τε ἵππον καὶ τὸν βασιλέα τὸν σφέτερον
Κινέην ἄνδρα Κονιαῖον· τοὺς ἐπείτε ἔσχον συμ-
μάχους οἱ Πεισιστρατίδαι, ἐμηχανῶντο τοιάδε·
κείραντες τῶν Φαληρέων τὸ πεδίον καὶ ἱππάσιμον
ποιήσαντες τοῦτον τὸν χῶρον ἐπῆκαν τῷ στρατο-
πέδῳ τὴν ἵππον· ἐμπεσοῦσα δὲ διέφθειρε ἄλλους
τε πολλοὺς τῶν Λακεδαιμονίων καὶ δὴ καὶ τὸν
Ἀγχιμόλιον· τοὺς δὲ περιγενομένους αὐτῶν ἐς τὰς
νέας κατεῖρξαν. ὁ μὲν δὴ πρῶτος στόλος ἐκ
Λακεδαίμονος οὕτω ἀπήλλαξε, καὶ Ἀγχιμολίου
εἰσὶ ταφαὶ τῆς Ἀττικῆς Ἀλωπεκῆσι, ἀγχοῦ τοῦ
Ἡρακλείου τοῦ ἐν Κυνοσάργεϊ.

64. Μετὰ δὲ Λακεδαιμόνιοι μέζω στόλον στεί-
λαντες ἀπέπεμψαν ἐπὶ τὰς Ἀθήνας, στρατηγὸν
τῆς στρατιῆς ἀποδέξαντες βασιλέα Κλεομένεα
τὸν Ἀναξανδρίδεω, οὐκέτι κατὰ θάλασσαν στεί-

them down at Delphi and bribed the Pythian priestess, whenever any Spartans should come to enquire of her on a private or a public account, to bid them set Athens free. Then the Lacedaemonians, when the same command was ever revealed to them, sent Anchimolius the son of Aster, a citizen of repute, to drive out the sons of Pisistratus with an army, albeit the Pisistratids were their close friends; for the gods' will weighed with them more than the will of man. They sent these men by sea on shipboard. So Anchimolius put in at Phalerum and there disembarked his army; but the sons of Pisistratus had got word of the plan already, and sent to ask help from Thessaly, wherewith they had an alliance. The Thessalians at their entreaty joined together and sent their own king, Cineas of Conium, with a thousand horsemen. When the Pisistratids got these allies, they devised a plan whereby they laid the plain of Phalerum waste, so that all that land could be ridden over, and then launched their cavalry against the enemy's army; the horsemen charged and slew Anchimolius and many more of the Lacedaemonians, and drove those that survived to their ships. Thus faring, the first Lacedaemonian armament drew off; and Anchimolius' tomb is at Alopecae in Attica, near to the Heracleum in Cynosarges.[1]

64. After this the Lacedaemonians sent out a greater army to attack Athens, appointing as its general their king Cleomenes son of Anaxandrides;

[1]. The sites of Alopecae and Cynosarges are doubtful; recent research places them (but with no certainty) south of the Ilissus towards Phalerum. See How and Wells *ad loc.*

λαντες ἀλλὰ κατ' ἤπειρον· τοῖσι ἐσβαλοῦσι ἐς
τὴν Ἀττικὴν χώρην ἡ τῶν Θεσσαλῶν ἵππος
πρώτη προσέμιξε καὶ οὐ μετὰ πολλὸν ἐτράπετο,
καί σφεων ἔπεσον ὑπὲρ τεσσεράκοντα ἄνδρας· οἱ
δὲ περιγενόμενοι ἀπαλλάσσοντο ὡς εἶχον εὐθὺς
ἐπὶ Θεσσαλίης. Κλεομένης δὲ ἀπικόμενος ἐς τὸ
ἄστυ ἅμα Ἀθηναίων τοῖσι βουλομένοισι εἶναι
ἐλευθέροισι ἐπολιόρκεε τοὺς τυράννους ἀπεργ-
μένους ἐν τῷ Πελασγικῷ τείχεϊ.

65. Καὶ οὐδέν τι πάντως ἂν ἐξεῖλον Πεισιστρα-
τίδας οἱ Λακεδαιμόνιοι· οὔτε γὰρ ἐπέδρην ἐπενόεον
ποιήσασθαι, οἵ τε Πεισιστρατίδαι σίτοισι καὶ
ποτοῖσι εὖ παρεσκευάδατο, πολιορκήσαντές τε ἂν
ἡμέρας ὀλίγας ἀπαλλάσσοντο ἐς τὴν Σπάρτην.
νῦν δὲ συντυχίη τοῖσι μὲν κακὴ ἐπεγένετο, τοῖσι
δὲ ἡ αὐτὴ αὕτη σύμμαχος· ὑπεκτιθέμενοι γὰρ ἔξω
τῆς χώρης οἱ παῖδες τῶν Πεισιστρατιδέων ἥλωσαν.
τοῦτο δὲ ὡς ἐγένετο, πάντα αὐτῶν τὰ πρήγματα
συνετετάρακτο, παρέστησαν δὲ ἐπὶ μισθῷ τοῖσι
τέκνοισι, ἐπ' οἷσι ἐβούλοντο οἱ Ἀθηναῖοι, ὥστε ἐν
πέντε ἡμέρῃσι ἐκχωρῆσαι ἐκ τῆς Ἀττικῆς. μετὰ
δὲ ἐξεχώρησαν ἐς Σίγειον τὸ ἐπὶ τῷ Σκαμάνδρῳ,
ἄρξαντες μὲν Ἀθηναίων ἐπ' ἔτεα ἕξ τε καὶ
τριήκοντα, ἐόντες δὲ καὶ οὗτοι ἀνέκαθεν Πύλιοί
τε καὶ Νηλεῖδαι, ἐκ τῶν αὐτῶν γεγονότες καὶ οἱ
ἀμφὶ Κόδρον τε καὶ Μέλανθον, οἳ πρότερον
ἐπήλυδες ἐόντες ἐγένοντο Ἀθηναίων βασιλέες.
ἐπὶ τούτου δὲ καὶ τὠυτὸ οὔνομα ἀπεμνημόνευσε
Ἱπποκράτης τῷ παιδὶ θέσθαι τὸν Πεισίστρατον,
ἐπὶ τοῦ Νέστορος Πεισιστράτου ποιεύμενος τὴν
ἐπωνυμίην.

this army they sent no longer by sea but by land. When they broke into Attica the Thessalian horse was the first to meet them, and was presently routed and more than forty men were slain; those that were left alive made off for Thessaly by the nearest way they could. Then Cleomenes, when he and the Athenians that desired freedom came before the city, drove the despots' family within the Pelasgic wall[1] and there beleaguered them.

65. And assuredly the Lacedaemonians would never have taken the Pisistratid stronghold; for they had no mind to blockade it, and the Pisistratids were well furnished with food and drink; and the Lacedaemonians would but have besieged the place for a few days and then returned back to Sparta. But as it was, there befel a turn of fortune that harmed the one party and helped the other; for the sons of the Pisistratid family were taken as they were being privily carried out of the country. This made all their plans to be confounded; and they submitted to depart out of Attica within five days on the terms prescribed to them by the Athenians, in return for the recovery of their children. Presently they departed to Sigeum on the Scamander. They had ruled the Athenians for six-and-thirty years;[2] they too were in lineage of the house of Pylos and Neleus, born of the same ancestors as the families of Codrus and Melanthus, who had formerly come from foreign parts to be kings of Athens. Hence it was that Hippocrates gave his son for a remembrance the name Pisistratus, calling him after Pisistratus the son of Nestor.

[1] An ancient fortification on the N.W. slope of the Acropolis.　　　　　[2] From 545 to 509.

HERODOTUS

Οὕτω μὲν Ἀθηναῖοι τυράννων ἀπαλλάχθησαν·
ὅσα δὲ ἐλευθερωθέντες ἔρξαν ἢ ἔπαθον ἀξιόχρεα
ἀπηγήσιος, πρὶν ἢ Ἰωνίην τε ἀποστῆναι ἀπὸ
Δαρείου καὶ Ἀρισταγόρεα τὸν Μιλήσιον ἀπικό-
μενον ἐς Ἀθήνας χρηίσαι σφέων βοηθέειν, ταῦτα
πρῶτα φράσω.

66. Ἀθῆναι, ἐοῦσαι καὶ πρὶν μεγάλαι, τότε
ἀπαλλαχθεῖσαι τυράννων ἐγίνοντο μέζονες· ἐν δὲ
αὐτῇσι δύο ἄνδρες ἐδυνάστευον, Κλεισθένης τε
ἀνὴρ Ἀλκμεωνίδης, ὅς περ δὴ λόγον ἔχει τὴν
Πυθίην ἀναπεῖσαι, καὶ Ἰσαγόρης Τισάνδρου
οἰκίης μὲν ἐὼν δοκίμου, ἀτὰρ τὰ ἀνέκαθεν οὐκ
ἔχω φράσαι· θύουσι δὲ οἱ συγγενέες αὐτοῦ Διὶ
Καρίῳ. οὗτοι οἱ ἄνδρες ἐστασίασαν περὶ δυνά-
μιος, ἑσσούμενος δὲ ὁ Κλεισθένης τὸν δῆμον
προσεταιρίζεται. μετὰ δὲ τετραφύλους ἐόντας
Ἀθηναίους δεκαφύλους ἐποίησε, τῶν Ἴωνος
παίδων Γελέοντος καὶ Αἰγικόρεος καὶ Ἀργάδεω
καὶ Ὅπλητος ἀπαλλάξας τὰς ἐπωνυμίας, ἐξευ-
ρὼν δὲ ἑτέρων ἡρώων ἐπωνυμίας ἐπιχωρίων,
πάρεξ Αἴαντος· τοῦτον δὲ ἅτε ἀστυγείτονα καὶ
σύμμαχον, ξεῖνον ἐόντα, προσέθετο.

67. Ταῦτα δέ, δοκέειν ἐμοί, ἐμιμέετο ὁ Κλει-
σθένης οὗτος τὸν ἑωυτοῦ μητροπάτορα Κλεισθένεα
τὸν Σικυῶνος τύραννον. Κλεισθένης γὰρ Ἀρ-
γείοισι πολεμήσας τοῦτο μὲν ῥαψῳδοὺς ἔπαυσε
ἐν Σικυῶνι ἀγωνίζεσθαι τῶν Ὁμηρείων ἐπέων
εἵνεκα, ὅτι Ἀργεῖοί τε καὶ Ἄργος τὰ πολλὰ
πάντα ὑμνέαται· τοῦτο δέ, ἡρώιον γὰρ ἦν καὶ
ἔστι ἐν αὐτῇ τῇ ἀγορῇ τῶν Σικυωνίων Ἀδρήστου

---

[1] For a comprehension of the reform briefly recorded by
Herodotus, readers are referred to Grote, ch. xxxi,

Thus the Athenians got quit of their despots; and all the noteworthy things that they did or endured, after they were freed and before Ionia revolted from Darius and Aristagoras of Miletus came to Athens to ask help of its people—these first I will now declare.

66. Athens, which had before been great, grew now yet greater when rid of her despots; and those that were of chief power there were two, Cleisthenes an Alcmaeonid (it is he who is reputed to have over-persuaded the Pythian priestess), and Isagoras son of Tisandrus, a man of a notable house, but of what lineage I cannot tell; his kinsfolk sacrifice to Zeus of Caria. These men with their factions fell to contending for power, wherein Cleisthenes being worsted took the commonalty into partnership.[1] Presently he divided the Athenians into ten tribes, instead of four as formerly; he called none any more after the names of the sons of Ion, Geleon, Aegicores, Argades, and Hoples, but invented for them names taken from other heroes, all native to the country save only Aias; him he added, albeit a stranger, because he was a neighbour and an ally.

67. Now herein, to my thinking, this Cleisthenes was imitating his own mother's father, Cleisthenes the despot of Sicyon.[2] For Cleisthenes, after going to war with the Argives, made an end of minstrels' contests at Sicyon by reason of the Homeric poems, because wellnigh everywhere in these it is Argives and Argos that are the theme of song; furthermore, he conceived the desire to cast out from the land (as being an Argive) Adrastus son of

____

[2] Cleisthenes ruled at Sicyon from 600 to 570.

73

τοῦ Ταλαοῦ, τοῦτον ἐπεθύμησε ὁ Κλεισθένης ἐόντα
Ἀργεῖον ἐκβαλεῖν ἐκ τῆς χώρης. ἐλθὼν δὲ ἐς
Δελφοὺς ἐχρηστηριάζετο εἰ ἐκβάλοι τὸν Ἄδρη-
στον· ἡ δὲ Πυθίη οἱ χρᾷ φᾶσα Ἄδρηστον μὲν
εἶναι Σικυωνίων βασιλέα, κεῖνον δὲ λευστῆρα.
ἐπεὶ δὲ ὁ θεὸς τοῦτό γε οὐ παρεδίδου, ἀπελθὼν
ὀπίσω ἐφρόντιζε μηχανὴν τῇ αὐτὸς ὁ Ἄδρηστος
ἀπαλλάξεται. ὡς δέ οἱ ἐξευρῆσθαι ἐδόκεε, πέμ-
ψας ἐς Θήβας τὰς Βοιωτίας ἔφη θέλειν ἐπαγα-
γέσθαι Μελάνιππον τὸν Ἀστακοῦ· οἱ δὲ Θηβαῖοι
ἔδοσαν. ἐπαγαγόμενος δὲ ὁ Κλεισθένης τὸν
Μελάνιππον τέμενός οἱ ἀπέδεξε ἐν αὐτῷ τῷ
πρυτανηίῳ καί μιν ἵδρυσε ἐνθαῦτα ἐν τῷ ἰσχυ-
ροτάτῳ. ἐπηγάγετο δὲ τὸν Μελάνιππον ὁ Κλει-
σθένης (καὶ γὰρ τοῦτο δεῖ ἀπηγήσασθαι) ὡς
ἔχθιστον ἐόντα Ἀδρήστῳ, ὃς τόν τε ἀδελφεόν οἱ
Μηκιστέα ἀπεκτόνεε καὶ τὸν γαμβρὸν Τυδέα.
ἐπείτε δέ οἱ τὸ τέμενος ἀπέδεξε, θυσίας τε καὶ
ὁρτὰς Ἀδρήστου ἀπελόμενος ἔδωκε τῷ Μελανίπ-
πῳ. οἱ δὲ Σικυώνιοι ἐώθεσαν μεγαλωστὶ κάρτα
τιμᾶν τὸν Ἄδρηστον· ἡ γὰρ χώρη ἦν αὕτη
Πολύβου, ὁ δὲ Ἄδρηστος ἦν Πολύβου θυγατρι-
δέος, ἄπαις δὲ Πόλυβος τελευτῶν διδοῖ Ἀδρήστῳ
τὴν ἀρχήν. τά τε δὴ ἄλλα οἱ Σικυώνιοι ἐτίμων
τὸν Ἄδρηστον καὶ δὴ πρὸς τὰ πάθεα αὐτοῦ
τραγικοῖσι χοροῖσι ἐγέραιρον, τὸν μὲν Διόνυσον
οὐ τιμῶντες, τὸν δὲ Ἄδρηστον. Κλεισθένης δὲ
χοροὺς μὲν τῷ Διονύσῳ ἀπέδωκε, τὴν δὲ ἄλλην
θυσίην Μελανίππῳ.

68. Ταῦτα μὲν ἐς Ἄδρηστόν οἱ ἐπεποίητο,
φυλὰς δὲ τὰς Δωριέων, ἵνα δὴ μὴ αἱ αὐταὶ ἔωσι
τοῖσι Σικυωνίοισι καὶ τοῖσι Ἀργείοισι, μετέβαλε

74

Talaus, the hero whose shrine stood then as now in the very market-place of Sicyon. He went then to Delphi, and enquired of the oracle if he should cast Adrastus out; but the priestess in answer said: "Adrastus is king of Sicyon, and thou but a common slayer." When the god would not suffer him to work his will in that, he returned back and strove to devise some plan which might rid him of Adrastus; and when he thought he had found one, he sent to Thebes of Boeotia and said he would fain bring into his country Melanippus son of Astacus; whom when the Thebans gave him he brought to Sicyon, and gave him a precinct in the very town-hall of the city, setting him there in its strongest place. Now the reason why Cleisthenes thus brought Melanippus (for this too I must relate) was, that Melanippus was Adrastus deadliest foe; for Adrastus had slain his brother Mecisteus and his son-in-law Tydeus. Having then appointed the precinct for him, Cleisthenes took away all Adrastus' sacrifices and festivals and gave them to Melanippus. The Sicyonians had been wont to pay very great honour to Adrastus; for Polybus had been lord of that land, and Adrastus was the son of Polybus' daughter; and Polybus, dying without a son, gave the lordship to Adrastus. Now besides other honours paid to Adrastus by the Sicyonians, they celebrated his lamentable fate with tragic choruses, not in honour of Dionysus but of Adrastus. But Cleisthenes gave the choruses back to Dionysus and the rest of the worship to Melanippus.

68. Such had been his treatment of Adrastus; but as to the tribes of the Dorians, he changed their names, that so these tribes should not be common

ἐς ἄλλα οὐνόματα. ἔνθα καὶ πλεῖστον κατεγέ-
λασε τῶν Σικυωνίων· ἐπὶ γὰρ ὑός τε καὶ ὄνου τὰς
ἐπωνυμίας μετατιθεὶς αὐτὰ τὰ τελευταῖα ἐπέθηκε,
πλὴν τῆς ἑωυτοῦ φυλῆς· ταύτῃ δὲ τὸ οὔνομα ἀπὸ
τῆς ἑωυτοῦ ἀρχῆς ἔθετο. οὗτοι μὲν δὴ Ἀρχέλαοι
ἐκαλέοντο, ἕτεροι δὲ Ὑᾶται, ἄλλοι δὲ Ὀνεᾶται,
ἕτεροι δὲ Χοιρεᾶται. τούτοισι τοῖσι οὐνόμασι τῶν
φυλέων ἐχρέωντο οἱ Σικυώνιοι καὶ ἐπὶ Κλεισθέ-
νεος ἄρχοντος καὶ ἐκείνου τεθνεῶτος ἔτι ἐπ᾽ ἔτεα
ἑξήκοντα· μετέπειτα μέντοι λόγον σφίσι δόντες
μετέβαλον ἐς τοὺς Ὑλλέας καὶ Παμφύλους καὶ
Δυμανάτας, τετάρτους δὲ αὐτοῖσι προσέθεντο ἐπὶ
τοῦ Ἀδρήστου παιδὸς Αἰγιαλέος τὴν ἐπωνυμίην
ποιεύμενοι κεκλῆσθαι Αἰγιαλέας.

69. Ταῦτα μέν νυν ὁ Σικυώνιος Κλεισθένης
ἐπεποιήκεε· ὁ δὲ δὴ Ἀθηναῖος Κλεισθένης ἐὼν
τοῦ Σικυωνίου τούτου θυγατριδέος καὶ τὸ οὔνομα
ἐπὶ τούτου ἔχων, δοκέειν ἐμοὶ καὶ οὗτος ὑπεριδὼν
Ἴωνας, ἵνα μὴ σφίσι αἱ αὐταὶ ἔωσι φυλαὶ καὶ
Ἴωσι, τὸν ὁμώνυμον Κλεισθένεα ἐμιμήσατο. ὡς
γὰρ δὴ τὸν Ἀθηναίων δῆμον πρότερον ἀπωσμένον
τότε πάντων πρὸς τὴν ἑωυτοῦ μοῖραν προσεθήκ-
ατο, τὰς φυλὰς μετωνόμασε καὶ ἐποίησε πλεῦνας
ἐξ ἐλασσόνων· δέκα τε δὴ φυλάρχους ἀντὶ τεσσέ-
ρων ἐποίησε, δέκαχα[1] δὲ καὶ τοὺς δήμους κατένειμε
ἐς τὰς φυλάς· ἦν τε τὸν δῆμον προσθέμενος πολλῷ
κατύπερθε τῶν ἀντιστασιωτέων.

70. Ἐν τῷ μέρεϊ δὲ ἐσσούμενος ὁ Ἰσαγόρης
ἀντιτεχνᾶται τάδε· ἐπικαλέεται Κλεομένεα τὸν
Λακεδαιμόνιον γενόμενον ἑωυτῷ ξεῖνον ἀπὸ τῆς
Πεισιστρατιδέων πολιορκίης· τὸν δὲ Κλεομένεα

[1] Busolt's suggestion : δέκα Stein, after the MS.

to Sicyonians and Argives. In this especially he
made a laughing-stock of the Sicyonians; for he
named the tribes instead after swine and asses,
adding the former ending of the titles, save only for
his own tribe; to this he gave a name signifying his
own lordship, and calling its folk People-rulers; the
rest were Swinites and Assites and Porkites. These
were the names of the tribes which the Sicyonians
used under Cleisthenes' rule and for sixty years
more after his death; but afterwards they took
counsel together and changed the names of three
to Hylleis, Pamphyli, and Dymanatae, adding
thereto a fourth which they made to be called
Aegialeis after Aegialeus son of Adrastus.

69. Thus had the Sicyonian Cleisthenes done;
and the Athenian Cleisthenes, who was the son of
that Sicyonian's daughter and bore his name, did to
my thinking imitate his namesake because he con-
temned the Ionians with his grandsire's contempt
and desired that the tribes should not be common to
his own people and the Ionians. For having drawn to
his own party the Athenian commonalty, which was
then debarred from all rights, he gave the tribes new
names and increased their number, making ten
tribe-wardens in place of four, and assigning ten
districts to each tribe; and having won over the
commonalty he was stronger by far than the rival
faction.

70. Then Isagoras, being on the losing side in his
turn, devised a counter-plot, and invited the aid of
Cleomenes, who had been his friend since the be-
sieging of the Pisistratids; nay, it was laid to

εἶχε αἰτίη φοιτᾶν παρὰ τοῦ Ἰσαγόρεω τὴν
γυναῖκα. τὰ μὲν δὴ πρῶτα πέμπων ὁ Κλεομένης
ἐς τὰς Ἀθήνας κήρυκα ἐξέβαλλε Κλεισθένεα καὶ
μετ᾽ αὐτοῦ ἄλλους πολλοὺς Ἀθηναίων, τοὺς
ἐναγέας ἐπιλέγων· ταῦτα δὲ πέμπων ἔλεγε ἐκ
διδαχῆς τοῦ Ἰσαγόρεω. οἱ μὲν γὰρ Ἀλκμεωνίδαι
καὶ οἱ συστασιῶται αὐτῶν εἶχον αἰτίην τοῦ φόνου
τούτου, αὐτὸς δὲ οὐ μετεῖχε οὐδ᾽ οἱ φίλοι αὐτοῦ.
71. Οἱ δ᾽ ἐναγέες Ἀθηναίων ὧδε ὠνομάσθησαν.
ἦν Κύλων τῶν Ἀθηναίων ἀνὴρ Ὀλυμπιονίκης·
οὗτος ἐπὶ τυραννίδι ἐκόμησε, προσποιησάμε-
νος δὲ ἑταιρηίην τῶν ἡλικιωτέων καταλαβεῖν τὴν
ἀκρόπολιν ἐπειρήθη, οὐ δυνάμενος δὲ ἐπικρα-
τῆσαι ἱκέτης ἵζετο πρὸς τὸ ἄγαλμα. τούτους
ἀνιστᾶσι μὲν οἱ πρυτάνιες τῶν ναυκράρων, οἵ περ
ἔνεμον τότε τὰς Ἀθήνας, ὑπεγγύους πλὴν θανάτου·
φονεῦσαι δὲ αὐτοὺς αἰτίη ἔχει Ἀλκμεωνίδας.
ταῦτα πρὸ τῆς Πεισιστράτου ἡλικίης ἐγένετο.
72. Κλεομένης δὲ ὡς πέμπων ἐξέβαλλε Κλει-
σθένεα καὶ τοὺς ἐναγέας, Κλεισθένης μὲν αὐτὸς
ὑπεξέσχε, μετὰ δὲ οὐδὲν ἧσσον παρῆν ἐς τὰς
Ἀθήνας ὁ Κλεομένης οὐ σὺν μεγάλῃ χειρί, ἀπικό-
μενος δὲ ἀγηλατέει ἑπτακόσια ἐπίστια Ἀθηναίων,
τά οἱ ὑπέθετο ὁ Ἰσαγόρης. ταῦτα δὲ ποιήσας
δεύτερα τὴν βουλὴν καταλύειν ἐπειρᾶτο, τριηκο-
σίοισι δὲ τοῖσι Ἰσαγόρεω στασιώτῃσι τὰς ἀρχὰς
ἐνεχείριζε. ἀντισταθείσης δὲ τῆς βουλῆς καὶ οὐ

---

[1] "The naucraries were local districts whose presidents
were responsible for levying money and contingents for the
army and ships for the fleet" (How and Wells). But the
statement that they "ruled Athens" appears to be in-
accurate.

Cleomenes' charge that he resorted to Isagoras' wife. Then Cleomenes first sent a herald to Athens demanding the banishment of Cleisthenes and many other Athenians with him, the Accursed, as he called them; and this he said in his message by Isagoras' instruction; for the Alcmeonidae and their faction were held guilty of that bloody deed, but Isagoras and his friends had no part therein.

71. Now the Accursed at Athens got their name on this wise. There was an Athenian named Cylon, that had been a winner at Olympia. This man put on the brave air of one that aimed at despotism; and gathering a company of men of like age he essayed to seize the citadel; but when he could not win it he took sanctuary by the goddess' statue. Then he and his men were brought away by the presidents of the naval boards[1] (who then ruled Athens), being held liable to any penalty save death; but they were slain, and the slaying of them was laid to the door of the Alcmeonidae. All this befel before the time of Pisistratus.[2]

72. Cleomenes then having sent and demanded the banishment of Cleisthenes and the Accursed, Cleisthenes himself privily departed; but none the less did Cleomenes presently appear before Athens, with no great force; and having come he banished seven hundred Athenian households named for him by Isagoras, to take away the curse. Having so done he next essayed to dissolve the Council,[3] entrusting the offices of governance to Isagoras' faction. But the Council resisted him and would

[2] The probable date is between 620 and 600.
[3] Herodotus probably means the new Council of 500, fifty from each tribe.

βουλομένης πείθεσθαι, ὅ τε Κλεομένης καὶ ὁ
Ἰσαγόρης καὶ οἱ στασιῶται αὐτοῦ καταλαμβά-
νουσι τὴν ἀκρόπολιν. Ἀθηναίων δὲ οἱ λοιποὶ
τὰ αὐτὰ φρονήσαντες ἐπολιόρκεον αὐτοὺς ἡμέρας
δύο· τῇ δὲ τρίτῃ ὑπόσπονδοι ἐξέρχονται ἐκ τῆς
χώρης ὅσοι ἦσαν αὐτῶν Λακεδαιμόνιοι. ἐπετε-
λέετο δὲ τῷ Κλεομένεϊ ἡ φήμη. ὡς γὰρ ἀνέβη ἐς
τὴν ἀκρόπολιν μέλλων δὴ αὐτὴν κατασχήσειν, ἤιε
ἐς τὸ ἄδυτον τῆς θεοῦ ὡς προσερέων· ἡ δὲ ἱρείη
ἐξαναστᾶσα ἐκ τοῦ θρόνου, πρὶν ἢ τὰς θύρας
αὐτὸν ἀμεῖψαι, εἶπε "Ὦ ξεῖνε Λακεδαιμόνιε, πάλιν·
χώρεε μηδὲ ἔσιθι ἐς τὸ ἱρόν· οὐ γὰρ θεμιτὸν
Δωριεῦσι παριέναι ἐνθαῦτα." ὁ δὲ εἶπε "Ὦ γύναι,
ἀλλ᾿ οὐ Δωριεύς εἰμι ἀλλ᾿ Ἀχαιός." ὁ μὲν δὴ τῇ
κλεηδόνι οὐδὲν χρεώμενος ἐπεχείρησέ τε καὶ τότε
πάλιν ἐξέπιπτε μετὰ τῶν Λακεδαιμονίων· τοὺς δὲ
ἄλλους Ἀθηναῖοι κατέδησαν τὴν ἐπὶ θανάτῳ, ἐν
δὲ αὐτοῖσι καὶ Τιμησίθεον τὸν Δελφόν, τοῦ ἔργα
χειρῶν τε καὶ λήματος ἔχοιμ᾿ ἂν μέγιστα κατα-
λέξαι.

73. Οὗτοι μέν νυν δεδεμένοι ἐτελεύτησαν.
Ἀθηναῖοι δὲ μετὰ ταῦτα Κλεισθένεα καὶ τὰ
ἑπτακόσια ἐπίστια τὰ διωχθέντα ὑπὸ Κλεομένεος
μεταπεμψάμενοι πέμπουσι ἀγγέλους ἐς Σάρδις,
συμμαχίην βουλόμενοι ποιήσασθαι πρὸς Πέρσας·
ἠπιστέατο γὰρ σφίσι Λακεδαιμονίους[1] τε καὶ
Κλεομένεα ἐκπεπολεμῶσθαι. ἀπικομένων δὲ
τῶν ἀγγέλων ἐς τὰς Σάρδις καὶ λεγόντων τὰ
ἐντεταλμένα, Ἀρταφρένης ὁ Ὑστάσπεος Σαρδίων
ὕπαρχος ἐπειρώτα τίνες ἐόντες ἄνθρωποι καὶ κοῦ

[1] MS. σφίσι πρὸς Λακεδαιμονίους; Stein brackets πρός, which
is better omitted.

not consent; whereupon Cleomenes and Isagoras
and his partisans seized the acropolis. The rest
of the Athenians united and besieged them for
two days; and on the third they departed out
of the country under treaty, as many of them as
were Lacedaemonians. Thus the prophetic voice
that Cleomenes heard had its fulfilment; for
when he went up to the acropolis with intent
to take possession of it, he approached the shrine
of the goddess to address himself to her; but the
priestess rose up from her seat, and said, before
he had passed through the doorway: "Go back,
Lacedaemonian stranger, and enter not into the
holy place; for it is not lawful that Dorians should
pass in here." "Nay, lady," he answered, "no
Dorian am I, but an Achaean." So he took no heed
to the word of omen, but essayed to work his will,
and was, as I have said, then again cast out, with
his Lacedaemonians. As for the rest, the Athenians
put them in ward under sentence of death, Time-
sitheus the Delphian among them, whose achieve-
ments of strength and courage were most mighty, as
I could relate.

73. So these were bound and put to death.
After that, the Athenians sent to bring back Cleis-
thenes and the seven hundred households banished
by Cleomenes; then they despatched envoys to
Sardis, desiring to make an alliance with the
Persians; for they knew that they had provoked the
Lacedaemonians and Cleomenes to war. When
the envoys came to Sardis and spoke as they had
been bidden, Artaphrenes son of Hystaspes, viceroy of
Sardis, asked them, "What men are you, and where

81

HERODOTUS

γῆς οἰκημένοι δεοίατο Περσέων σύμμαχοι γενέ-
σθαι, πυθόμενος δὲ πρὸς τῶν ἀγγέλων ἀπεκορύφου
σφι τάδε· εἰ μὲν διδοῦσι βασιλέι Δαρείῳ Ἀθηναῖοι
γῆν τε καὶ ὕδωρ, ὃ δὲ συμμαχίην σφι συνετίθετο,
εἰ δὲ μὴ διδοῦσι, ἀπαλλάσσεσθαι αὐτοὺς ἐκέλευε.
οἱ δὲ ἄγγελοι ἐπὶ σφέων αὐτῶν βαλόμενοι διδόναι
ἔφασαν, βουλόμενοι τὴν συμμαχίην ποιήσασθαι.
οὗτοι μὲν δὴ ἀπελθόντες ἐς τὴν ἑωυτῶν αἰτίας
μεγάλας εἶχον.

74. Κλεομένης δὲ ἐπιστάμενος περιυβρίσθαι
ἔπεσι καὶ ἔργοισι ὑπ' Ἀθηναίων συνέλεγε ἐκ
πάσης Πελοποννήσου στρατόν, οὐ φράζων ἐς τὸ
συλλέγει, τίσασθαί τε ἐθέλων τὸν δῆμον τὸν
Ἀθηναίων καὶ Ἰσαγόρην βουλόμενος τύραννον
καταστῆσαι· συνεξῆλθε γάρ οἱ οὗτος ἐκ τῆς ἀκρο-
πόλιος. Κλεομένης τε δὴ στόλῳ μεγάλῳ ἐσέβαλε
ἐς Ἐλευσῖνα, καὶ οἱ Βοιωτοὶ ἀπὸ συνθήματος
Οἰνόην αἱρέουσι καὶ Ὑσιὰς δήμους τοὺς ἐσχάτους
τῆς Ἀττικῆς, Χαλκιδέες τε ἐπὶ τὰ ἕτερα ἐσίνοντο
ἐπιόντες χώρους τῆς Ἀττικῆς. Ἀθηναῖοι δέ,
καίπερ ἀμφιβολίῃ ἐχόμενοι, Βοιωτῶν μὲν καὶ
Χαλκιδέων ἐς ὕστερον ἔμελλον μνήμην ποιή-
σεσθαι, Πελοποννησίοισι δὲ ἐοῦσι ἐν Ἐλευσῖνι
ἀντία ἔθεντο τὰ ὅπλα.

75. Μελλόντων δὲ συνάψειν τὰ στρατόπεδα ἐς
μάχην, Κορίνθιοι μὲν πρῶτοι σφίσι αὐτοῖσι
δόντες λόγον ὡς οὐ ποιέοιεν δίκαια μετεβάλλοντό
τε καὶ ἀπαλλάσσοντο, μετὰ δὲ Δημάρητος ὁ
Ἀρίστωνος, ἐὼν καὶ οὗτος βασιλεὺς Σπαρτιητέων
καὶ συνεξαγαγὼν τε τὴν στρατιὴν ἐκ Λακεδαί-
μονος καὶ οὐκ ἐὼν διάφορος ἐν τῷ πρόσθε χρόνῳ
Κλεομένεϊ. ἀπὸ δὲ ταύτης τῆς διχοστασίης ἐτέθη

dwell you, who desire alliance with the Persians?"
Being informed by the envoys, he gave them an
answer whereof the substance was, that if the Athe-
nians gave king Darius earth and water, then he
would make alliance with them; but if not, his
command was that they should begone. The envoys
consulted together and consented to give what was
asked, in their desire to make the alliance. So they
returned to their own country, and were there
greatly blamed for what they had done.

74. But Cleomenes, for the despite which he deemed
that the Athenians had done him by word and deed,
mustered an army from the whole of Peloponnesus,
not declaring the purpose for which he mustered it,
which was, to avenge himself on the Athenian
commonalty and set up Isagoras as despot;—for
Isagoras too had come with him out of the acropolis.
So Cleomenes broke in as far as Eleusis with a great
host, and the Boeotians by a concerted plan took
Oenoe and Hysiae, districts on the borders of Attica,
while the Chalcidians attacked on another side and
raided lands in Attica. The Athenians, thus caught
in a ring of foes, kept the Boeotians and Chalcidians
for future remembrance, but set up their array against
the Peloponnesians where they were at Eleusis.

75. But when the armies were to join battle, the
Corinthians first agreed among themselves that they
were doing unjustly, and so changed about and
departed; and presently Demaratus son of Ariston,
the other king of Sparta, did likewise, albeit he
had come with Cleomenes from Lacedaemon in joint
command of the army and had not till now been at
variance with him. From this disunion a law was

νόμος ἐν Σπάρτῃ μὴ ἐξεῖναι ἕπεσθαι ἀμφοτέρους
τοὺς βασιλέας ἐξιούσης στρατιῆς· τέως γὰρ
ἀμφότεροι εἵποντο· παραλυομένου δὲ τούτων τοῦ
ἑτέρου καταλείπεσθαι καὶ τῶν Τυνδαριδέων τὸν
ἕτερον· πρὸ τοῦ γὰρ δὴ καὶ οὗτοι ἀμφότεροι
ἐπίκλητοί σφι ἐόντες εἵποντο.

76. Τότε δὴ ἐν τῇ Ἐλευσῖνι ὁρῶντες οἱ λοι-
ποὶ τῶν συμμάχων τούς τε βασιλέας τῶν
Λακεδαιμονίων οὐκ ὁμολογέοντας καὶ Κοριν-
θίους ἐκλιπόντας τὴν τάξιν, οἴχοντο καὶ αὐτοὶ
ἀπαλλασσόμενοι, τέταρτον δὴ τοῦτο ἐπὶ τὴν
Ἀττικὴν ἀπικόμενοι Δωριέες, δίς τε ἐπὶ πολέμῳ
ἐσβαλόντες καὶ δὶς ἐπ᾽ ἀγαθῷ τοῦ πλήθεος τοῦ
Ἀθηναίων, πρῶτον μὲν ὅτε καὶ Μέγαρα κατοίκι-
σαν· οὗτος ὁ στόλος ἐπὶ Κόδρου βασιλεύοντος
Ἀθηναίων ὀρθῶς ἂν καλέοιτο· δεύτερον δὲ καὶ
τρίτον ὅτε ἐπὶ Πεισιστρατιδέων ἐξέλασιν ὁρμη-
θέντες ἐκ Σπάρτης ἀπίκοντο, τέταρτον δὲ τότε ὅτε
ἐς Ἐλευσῖνα Κλεομένης ἄγων Πελοποννησίους
ἐσέβαλε. οὕτω τέταρτον τότε Δωριέες ἐσέβαλον
ἐς Ἀθήνας.

77. Διαλυθέντος ὦν τοῦ στόλου τούτου ἀκλεῶς,
ἐνθαῦτα Ἀθηναῖοι τίνυσθαι βουλόμενοι πρῶτα
στρατηίην ποιεῦνται ἐπὶ Χαλκιδέας. Βοιωτοὶ δὲ
τοῖσι Χαλκιδεῦσι βοηθέουσι ἐπὶ τὸν Εὔριπον.
Ἀθηναίοισι δὲ ἰδοῦσι τοὺς Βοιωτοὺς ἔδοξε πρότε-
ρον τοῖσι Βοιωτοῖσι ἢ τοῖσι Χαλκιδεῦσι ἐπιχει-
ρέειν. συμβάλλουσί τε δὴ τοῖσι Βοιωτοῖσι οἱ
Ἀθηναῖοι καὶ πολλῷ ἐκράτησαν, κάρτα δὲ πολ-
λοὺς φονεύσαντες ἑπτακοσίους αὐτῶν ἐζώγρησαν.
τῆς δὲ αὐτῆς ταύτης ἡμέρης οἱ Ἀθηναῖοι δια-
βάντες ἐς τὴν Εὔβοιαν συμβάλλουσι καὶ τοῖσι

made at Sparta that when an army was despatched
both kings should not be suffered to go with it (for
till then they had both gone together); thus one of
the kings being released from service, one of the
sons of Tyndarus too could be left at home; for
before that time, both of these also were entreated
to aid and went with the army.

76. So now at Eleusis, when the rest of the
allies saw that the Lacedaemonian kings were not
of one mind and that the Corinthians had left their
post, they too went off and away. This was the
fourth time that Dorians had come into Attica.
Twice had they come as invaders in war, and twice
to the help of the Athenian commonalty; the first
time was when they planted a settlement at Megara [1]
(this expedition may rightly be said to have been
in the reign of Codrus), the second and third when
they set out from Sparta to drive out the sons of
Pisistratus, and the fourth was now, when Cleomenes
broke in as far as Eleusis with his following of
Peloponnesians; thus this was the fourth Dorian
invasion of Athens.

77. This armament then having been ingloriously
scattered, the Athenians first marched against the
Chalcidians, to punish them. The Boeotians came
to the Euripus to help the Chalcidians. When the
Athenians saw the helpers they resolved to attack
the Boeotians before the Chalcidians; and meeting
the Boeotians in battle they won a great victory;
very many they slew, and seven hundred of them
they took prisoners. And on that same day the
Athenians crossed to Euboea, where they met the

---

[1] There is a clear tradition that this happened soon after
the Dorian invasion of the Peloponnese.

Χαλκιδεῦσι, νικήσαντες δὲ καὶ τούτους τετρα-
κισχιλίους κληρούχους ἐπὶ τῶν ἱπποβοτέων τῇ
χώρῃ λείπουσι. οἱ δὲ ἱπποβόται ἐκαλέοντο οἱ
παχέες τῶν Χαλκιδέων. ὅσους δὲ καὶ τούτων
ἐζώγρησαν, ἅμα τοῖσι Βοιωτῶν ἐζωγρημένοισι
εἶχον ἐν φυλακῇ ἐς πέδας δήσαντες· χρόνῳ δὲ
ἔλυσαν σφέας δίμνεως ἀποτιμησάμενοι. τὰς δὲ
πέδας αὐτῶν, ἐν τῇσι ἐδεδέατο, ἀνεκρέμασαν ἐς
τὴν ἀκρόπολιν· αἵ περ ἔτι καὶ ἐς ἐμὲ ἦσαν
περιεοῦσαι, κρεμάμεναι ἐκ τειχέων περιπεφλευ-
σμένων πυρὶ ὑπὸ τοῦ Μήδου, ἀντίον δὲ τοῦ μεγάρου
τοῦ πρὸς ἑσπέρην τετραμμένου. καὶ τῶν λύτρων
τὴν δεκάτην ἀνέθηκαν ποιησάμενοι τέθριππον
χάλκεον· τὸ δὲ ἀριστερῆς χειρὸς ἔστηκε πρῶτον
ἐσιόντι ἐς τὰ προπύλαια τὰ ἐν τῇ ἀκροπόλι·
ἐπιγέγραπται δέ οἱ τάδε.

ἔθνεα Βοιωτῶν καὶ Χαλκιδέων δαμάσαντες
παῖδες Ἀθηναίων ἔργμασιν ἐν πολέμῳ,
δεσμῷ ἐν ἀχλυόεντι σιδηρέῳ ἔσβεσαν ὕβριν·
τῶν ἵππους δεκάτην Παλλάδι τάσδ᾽ ἔθεσαν.

78. Ἀθηναῖοι μέν νυν ηὔξηντο. δηλοῖ δὲ οὐ
κατ᾽ ἓν μοῦνον ἀλλὰ πανταχῇ ἡ ἰσηγορίη ὡς ἔστι
χρῆμα σπουδαῖον, εἰ καὶ Ἀθηναῖοι τυραννευόμενοι
μὲν οὐδαμῶν τῶν σφέας περιοικεόντων ἦσαν τὰ
πολέμια ἀμείνους, ἀπαλλαχθέντες δὲ τυράννων
μακρῷ πρῶτοι ἐγένοντο. δηλοῖ ὦν ταῦτα ὅτι
κατεχόμενοι μὲν ἐθελοκάκεον ὡς δεσπότῃ ἐργαζό-
μενοι, ἐλευθερωθέντων δὲ αὐτὸς ἕκαστος ἑωυτῷ
προεθυμέετο κατεργάζεσθαι.

---

[1] Settlers among whom the confiscated land, divided into
equal lots, was distributed.

Chalcidians too in battle, and having overcome them
likewise they left four thousand tenant farmers [1] on
the lands of the horse-breeders; for that was the
name of the men of substance among the Chal-
cidians. As many as they took alive of these also,
they fettered and kept in ward with the captive
Boeotians; but in time they set them free, each for
an assessed ransom of two minae. The fetters in
which the prisoners had been bound they hung up
in the acropolis, where they were still to be seen
in my time, hanging from walls that the Medes' fire
had charred, over against the cell that faces west-
wards. Moreover, they dedicated a tenth part of
the ransoms, making of it a four-horse chariot; this
stands on the left hand of the entrance into the
outer porch of the acropolis,[2] bearing this inscription:

Athens' bold Sons, what time in glorious Fight
They quelled *Boeotian* and *Chalcidian* Might,
In Chains and Darkness did its Pride enslave;
As Ransom's Tithe these Steeds to *Pallas* gave.

78. Thus grew the power of Athens; and it is
proved not by one but by many instances that
equality is a good thing; seeing that while they
were under despotic rulers the Athenians were no
better in war than any of their neighbours, yet once
they got quit of despots they were far and away
the first of all. This, then, shows that while they
were oppressed they willed to be cravens, as men
working for a master, but when they were freed
each one was zealous to achieve for himself.

[2] Probably in the open space in front of the old Propylon;
there would not have been room for this monument in the
new Propylaea, finished in 432 B.C.

79. Οὗτοι μέν νυν ταῦτα ἔπρησσον. Θηβαῖοι
δὲ μετὰ ταῦτα ἐς θεὸν ἔπεμπον, βουλόμενοι τίσα-
σθαι Ἀθηναίους. ἡ δὲ Πυθίη ἀπὸ σφέων μὲν
αὐτῶν οὐκ ἔφη αὐτοῖσι εἶναι τίσιν, ἐς πολύφημον
δὲ ἐξενείκαντας ἐκέλευε τῶν ἄγχιστα δέεσθαι.
ἀπελθόντων ὦν τῶν θεοπρόπων, ἐξέφερον τὸ
χρηστήριον ἁλίην ποιησάμενοι· ὡς ἐπυνθάνοντο
δὲ λεγόντων αὐτῶν τῶν ἄγχιστα δέεσθαι, εἶπαν
οἱ Θηβαῖοι ἀκούσαντες τούτων "Οὐκῶν ἄγχιστα
ἡμέων οἰκέουσι Ταναγραῖοί τε καὶ Κορωναῖοι καὶ
Θεσπιέες; καὶ οὗτοί γε ἅμα ἡμῖν αἰεὶ μαχόμενοι
προθύμως συνδιαφέρουσι τὸν πόλεμον· τί δεῖ
τούτων γε δέεσθαι; ἀλλὰ μᾶλλον μὴ οὐ τοῦτο ᾖ
τὸ χρηστήριον."

80. Τοιαῦτα ἐπιλεγομένων εἶπε δή κοτε μαθών
τις "Ἐγώ μοι δοκέω συνιέναι τὸ θέλει λέγειν ἡμῖν
τὸ μαντήιον. Ἀσωποῦ λέγονται γενέσθαι θυγα-
τέρες Θήβη τε καὶ Αἴγινα· τουτέων ἀδελφεῶν
ἐουσέων, δοκέω ἡμῖν Αἰγινητέων δέεσθαι τὸν θεὸν
χρῆσαι τιμωρητήρων γενέσθαι." καὶ οὐ γάρ τις
ταύτης ἀμείνων γνώμη ἐδόκεε φαίνεσθαι, αὐτίκα
πέμψαντες ἐδέοντο Αἰγινητέων ἐπικαλεόμενοι
κατὰ τὸ χρηστήριόν σφι βοηθέειν, ὡς ἐόντων
ἀγχίστων· οἱ δέ σφι αἰτέουσι ἐπικουρίην τοὺς
Αἰακίδας συμπέμπειν ἔφασαν.

81. Πειρησαμένων δὲ τῶν Θηβαίων κατὰ τὴν
συμμαχίην τῶν Αἰακιδέων καὶ τρηχέως περι-
εφθέντων ὑπὸ τῶν Ἀθηναίων, αὖτις οἱ Θηβαῖοι
πέμψαντες τοὺς μὲν Αἰακίδας σφι ἀπεδίδοσαν, τῶν
δὲ ἀνδρῶν ἐδέοντο. Αἰγινῆται δὲ εὐδαιμονίη τε
μεγάλη ἐπαερθέντες καὶ ἔχθρης παλαιῆς ἀνα-
μνησθέντες ἐχούσης ἐς Ἀθηναίους, τότε Θηβαίων

79. Thus then the Athenians did. But presently the Thebans sent to the god, desiring vengeance on Athens. The Pythian priestess said that from the Thebans themselves there was no vengeance for them; they must lay the matter before the "many-voiced" and entreat their nearest. So when the enquirers returned an assembly was called and the oracle laid before it; and when the Thebans learnt the message "that they must entreat their nearest," they said when they heard it: "If this be so, our nearest neighbours are the men of Tanagra and Coronea and Thespiae; yet these are ever our comrades in battle and zealously wage our wars; what need to entreat them? Nay, mayhap the oracle means not this."

80. Thuswise they reasoned, till at last one understood, and said: "Methinks I perceive what it is that the oracle will have us know. Thebe and Aegina, it is said, were daughters of Asopus and sisters; the gods' answer is, I think, that we should entreat the Aeginetans to be our avengers." Seeing that there seemed to be no better opinion before them than this, they sent forthwith to entreat the Aeginetans and invite their aid, such being the oracle's bidding, and the Aeginetans being their nearest. These replied to their demand that they were sending the Sons of Aeacus in aid.

81. The Thebans took the field on the strength of their alliance with that House, and were roughly handled by the Athenians; and they sent again, giving back Aeacus and his sons, and asking for the men instead. But the Aeginetans were uplifted by great prosperity, and had in mind an ancient feud with Athens; wherefore now at the entreaty of the

δεηθέντων πόλεμον ἀκήρυκτον Ἀθηναίοισι ἐπέ-
φεοον· ἐπικειμένων γὰρ αὐτῶν Βοιωτοῖσι, ἐπιπλώ-
σαντες μακρῇσι νηυσὶ ἐς τὴν Ἀττικὴν κατὰ μὲν
ἔσυραν Φάληρον κατὰ δὲ τῆς ἄλλης παραλίης
πολλοὺς δήμους, ποιεῦντες δὲ ταῦτα μεγάλως
Ἀθηναίους ἐσικνέοντο.

82. Ἡ δὲ ἔχθρη ἡ προοφειλομένη ἐς Ἀθηναίους
ἐκ τῶν Αἰγινητέων ἐγένετο ἐξ ἀρχῆς τοιῆσδε.
Ἐπιδαυρίοισι ἡ γῆ καρπὸν οὐδένα ἀνεδίδου. περὶ
ταύτης ὦν τῆς συμφορῆς οἱ Ἐπιδαύριοι ἐχρέωντο
ἐν Δελφοῖσι· ἡ δὲ Πυθίη σφέας ἐκέλευε Δαμίης
τε καὶ Αὐξησίης ἀγάλματα ἱδρύσασθαι καί σφι
ἱδρυσαμένοισι ἄμεινον συνοίσεσθαι. ἐπειρώτεον
ὦν οἱ Ἐπιδαύριοι κότερα χαλκοῦ ποιέωνται τὰ
ἀγάλματα ἢ λίθου· ἡ δὲ Πυθίη οὐδέτερα τούτων
ἔα, ἀλλὰ ξύλου ἡμέρης ἐλαίης. ἐδέοντο ὦν οἱ
Ἐπιδαύριοι Ἀθηναίων ἐλαίην σφι δοῦναι ταμέ-
σθαι, ἱρωτάτας δὴ κείνας νομίζοντες εἶναι. λέγε-
ται δὲ καὶ ὡς ἐλαῖαι ἦσαν ἄλλοθι γῆς οὐδαμοῦ
κατὰ χρόνον ἐκεῖνον ἢ ἐν Ἀθήνῃσι. οἳ δὲ ἐπὶ
τοῖσιδε δώσειν ἔφασαν ἐπ' ᾧ ἀπάξουσι ἔτεος
ἑκάστου τῇ Ἀθηναίῃ τε τῇ πολιάδι ἱρὰ καὶ τῷ
Ἐρεχθέι. καταινέσαντες δὲ ἐπὶ τούτοισι οἱ Ἐπι-
δαύριοι τῶν τε ἐδέοντο ἔτυχον καὶ ἀγάλματα ἐκ
τῶν ἐλαιέων τουτέων ποιησάμενοι ἱδρύσαντο· καὶ
ἥ τε γῆ σφι ἔφερε καρπὸν καὶ Ἀθηναίοισι ἐπ-
ετέλεον τὰ συνέθεντο.

83. Τοῦτον δ' ἔτι τὸν χρόνον καὶ πρὸ τοῦ Αἰγινῆ-
ται Ἐπιδαυρίων ἤκουον τά τε ἄλλα καὶ δίκας δια-
βαίνοντες ἐς Ἐπίδαυρον ἐδίδοσάν τε καὶ ἐλάμβανον

Thebans, without sending of herald they made war
on the Athenians; while these were busied with
the Boeotians, they descended on Attica in ships of
war, and ravaged Phaleron and many other seaboard
townships. By so doing they dealt the Athenians a
very shrewd blow.

82. Now this was the beginning of the Aeginetans'
long-standing arrears of enmity against the Athe-
nians. The Epidaurians' land bore no produce;
wherefore they enquired at Delphi concerning this
calamity; and the priestess bade them set up images
of Damia and Auxesia,[1] saying that if they so did
their luck would be better. The Epidaurians then
asking further, whether they should make the
images of bronze or of stone, the priestess bade
them do neither, but make them of the wood of the
garden olive. So the men of Epidaurus entreated
the Athenians to give them olives for the cutting,
supposing the olives there to be the holiest; and
indeed it is said that at that time there were no
olives anywhere save at Athens. The Athenians
consented to give the trees, if the Epidaurians would
pay yearly sacred dues to Athene the city's goddess
and to Erechtheus. The Epidaurians agreed on this
condition, and their request was granted. They set
up images made of these olives; and their land
brought forth fruit, and they fulfilled their agreement
with the Athenians.

83. Now still at this time, as before it, the
Aeginetans were in all matters subject to the
Epidaurians, crossing over to Epidaurus and there

[1] The name Damia is probably connected with δᾶ(=γῆ),
Earth; Auxesia clearly with αὐξάνω. They were goddesses
of increase and fertility.

παρ' ἀλλήλων οἱ Αἰγινῆται· τὸ δὲ ἀπὸ τοῦδε νέας
τε πηξάμενοι καὶ ἀγνωμοσύνῃ χρησάμενοι ἀπ-
έστησαν ἀπὸ τῶν Ἐπιδαυρίων. ἅτε δὲ ἐόντες
διάφοροι ἐδηλέοντο αὐτούς, ὥστε θαλασσοκρά-
τορες ἐόντες, καὶ δὴ καὶ τὰ ἀγάλματα ταῦτα τῆς
τε Δαμίης καὶ τῆς Αὐξησίης ὑπαιρέονται αὐτῶν,
καί σφεα ἐκόμισάν τε καὶ ἱδρύσαντο τῆς σφετέρης
χώρης ἐς τὴν μεσόγαιαν, τῇ Οἴη μέν ἐστι οὔνομα,
στάδια δὲ μάλιστά κῃ ἀπὸ τῆς πόλιος ὡς εἴκοσι
ἀπέχει. ἱδρυσάμενοι δὲ ἐν τούτῳ τῷ χώρῳ
θυσίῃσί τε σφέα καὶ χοροῖσι γυναικηίοισι κερτο-
μίοισι ἱλάσκοντο, χορηγῶν ἀποδεικνυμένων ἑκα-
τέρῃ τῶν δαιμόνων δέκα ἀνδρῶν· κακῶς δὲ
ἠγόρευον οἱ χοροὶ ἄνδρα μὲν οὐδένα, τὰς δὲ ἐπι-
χωρίας γυναῖκας. ἦσαν δὲ καὶ τοῖσι Ἐπιδαυρί-
οισι αἱ αὐταὶ ἱρουργίαι· εἰσὶ δέ σφι καὶ ἄρρητοι
ἱρουργίαι.

84. Κλεφθέντων δὲ τῶνδε τῶν ἀγαλμάτων οἱ
Ἐπιδαύριοι τοῖσι Ἀθηναίοισι τὰ συνέθεντο οὐκ
ἐπετέλεον. πέμψαντες δὲ οἱ Ἀθηναῖοι ἐμήνιον
τοῖσι Ἐπιδαυρίοισι· οἱ δὲ ἀπέφαινον λόγῳ ὡς οὐκ
ἀδικέοιεν· ὅσον μὲν γὰρ χρόνον εἶχον τὰ ἀγάλματα
ἐν τῇ χώρῃ, ἐπιτελέειν τὰ συνέθεντο, ἐπεὶ δὲ
ἐστερῆσθαι αὐτῶν, οὐ δίκαιον εἶναι ἀποφέρειν ἔτι,
ἀλλὰ τοὺς ἔχοντας αὐτὰ Αἰγινήτας πρήσσεσθαι
ἐκέλευον. πρὸς ταῦτα οἱ Ἀθηναῖοι ἐς Αἴγιναν
πέμψαντες ἀπαίτεον τὰ ἀγάλματα· οἱ δὲ Αἰγινῆ-
ται ἔφασαν σφίσι τε καὶ Ἀθηναίοισι εἶναι οὐδὲν
πρῆγμα.

85. Ἀθηναῖοι μέν νυν λέγουσι μετὰ τὴν ἀπαί-
τησιν ἀποσταλῆναι τριήρεϊ μιῇ τῶν ἀστῶν τούτους
οἳ ἀποπεμφθέντες ἀπὸ τοῦ κοινοῦ καὶ ἀπικόμενοι

getting, and giving one another, satisfaction at law.
But from this time they began to build ships, and
stubbornly revolted from the Epidaurians; in which
state of enmity, being masters of the sea, they
wrought them much hurt, and stole withal their
images of Damia and Auxesia, and took these
away and set them up in the middle of their
own country at a place called Oea, about twenty
furlongs distant from their city. Having set them
up in this place they sought their favour with
sacrifices and choruses of mocking women, ten men
being appointed providers of a chorus for each of the
deities; and the choruses aimed their raillery not at
any men but at the women of the country. The
Epidaurians too had the same rites; and they have
certain secret rites as well.

84. But when these images were stolen, the
Epidaurians ceased from fulfilling their agreement
with the Athenians. Then the Athenians sent an
angry message to the Epidaurians; but these pleaded
that they were doing no wrong; "for as long," they
said, "as we had the images in our country, we
fulfilled our agreement; but now that we are
deprived of them, it is not just that we should still
be paying; nay, ask your dues of the men of Aegina,
who have the images." The Athenians therefore
sent to Aegina and demanded that the images be
restored; but the Aeginetans answered that they
had nothing to do with the Athenians.

85. After their demand the Athenians (this is
their story) despatched one trireme with certain of
their citizens; who, coming as they were sent in the

ἐς Αἴγιναν τὰ ἀγάλματα ταῦτα ὡς σφετέρων
ξύλων ἐόντα ἐπειρῶντο ἐκ τῶν βάθρων ἐξανα-
σπᾶν, ἵνα σφέα ἀνακομίσωνται. οὐ δυναμένους
δὲ τούτῳ τῷ τρόπῳ αὐτῶν κρατῆσαι, περιβαλόν-
τας σχοινία ἕλκειν τὰ ἀγάλματα, καί σφι ἕλκουσι
βροντήν τε καὶ ἅμα τῇ βροντῇ σεισμὸν ἐπιγενέ-
σθαι· τοὺς δὲ τριηρίτας τοὺς ἕλκοντας ὑπὸ τού-
των ἀλλοφρονῆσαι, παθόντας δὲ τοῦτο κτείνειν
ἀλλήλους ἅτε πολεμίους, ἐς ὃ ἐκ πάντων ἕνα
λειφθέντα ἀνακομισθῆναι αὐτὸν ἐς Φάληρον.

86. Ἀθηναῖοι μὲν οὕτω γενέσθαι λέγουσι,
Αἰγινῆται δὲ οὐ μιῇ νηὶ ἀπικέσθαι Ἀθηναίους·
μίαν μὲν γὰρ καὶ ὀλίγῳ πλεῦνας μιῆς, καὶ εἰ
σφίσι μὴ ἔτυχον ἐοῦσαι νέες, ἀπαμύνεσθαι ἂν
εὐπετέως· ἀλλὰ πολλῇσι νηυσὶ ἐπιπλέειν σφίσι
ἐπὶ τὴν χώρην, αὐτοὶ δέ σφι εἶξαι καὶ οὐ ναυ-
μαχῆσαι. οὐκ ἔχουσι δὲ τοῦτο διασημῆναι ἀτρε-
κέως, οὔτε εἰ ἥσσονες συγγινωσκόμενοι εἶναι τῇ
ναυμαχίῃ κατὰ τοῦτο εἶξαν, οὔτε εἰ βουλόμενοι
ποιῆσαι οἷόν τι καὶ ἐποίησαν. Ἀθηναίους μέν
νυν, ἐπείτε σφι οὐδεὶς ἐς μάχην κατίστατο,
ἀποβάντας ἀπὸ τῶν νεῶν τράπεσθαι πρὸς τὰ
ἀγάλματα, οὐ δυναμένους δὲ ἀνασπάσαι ἐκ τῶν
βάθρων αὐτὰ οὕτω δὴ περιβαλομένους σχοινία
ἕλκειν, ἐς οὗ ἑλκόμενα τὰ ἀγάλματα ἀμφότερα
τὠυτὸ ποιῆσαι, ἐμοὶ μὲν οὐ πιστὰ λέγοντες, ἄλλῳ
δὲ τεῳ· ἐς γούνατα γάρ σφι αὐτὰ πεσεῖν, καὶ τὸν
ἀπὸ τούτου χρόνον διατελέειν οὕτω ἔχοντα.
Ἀθηναίους μὲν δὴ ταῦτα ποιέειν· σφέας δὲ
Αἰγινῆται λέγουσι πυθομένους τοὺς Ἀθηναίους

name of the whole people to Aegina, essayed to tear
the images, as being made of Attic wood, from their
bases, that they might carry them away; but when
they could not get possession of them in this manner,
they fastened the images about with cords and made
to drag them away, till while they dragged they were
overtaken by a thunderstorm, and an earthquake
withal; whereby the trireme's crew that dragged
the images were distraught, and in this affliction
slew each other for enemies, till at last but one of all
was left, who returned back by himself to Phalerum.

86. This is the Athenian story of the matter; but
the Aeginetans say that the Athenians came not in
one ship only; " for," they say, " even if we had had
no ships of our own, we could right easily have
defended ourselves against one ship, or a few more ;
but the truth is that they descended upon our coasts
with many ships, and we yielded to them and made
no fight of it at sea." But they can never show
with exact plainness whether it was because they
confessed themselves to be the weaker at sea-fighting
that they yielded, or because they purposed to do
somewhat such as in the event they did. The
Athenians then (say the Aeginetans), when no man
came out to fight with them, disembarked from their
ships and set about dealing with the images; and
not being able to drag them from the bases they did
there and then fasten them about with cords and
drag them, till as they were dragged both the images
together (and this I myself do not believe, yet others
may) fell with the selfsame motion on their knees,
and have remained so from that day. Thus, then,
did the Athenians; but as for themselves, the
Aeginetans say that they learnt that the Athenians

ὡς μέλλοιεν ἐπὶ σφέας στρατεύεσθαι, ἑτοίμους
Ἀργείους ποιέεσθαι. τούς τε δὴ Ἀθηναίους
ἀποβεβάναι ἐς τὴν Αἰγιναίην, καὶ ἥκειν βοη-
θέοντας σφίσι τούς; Ἀργείους καὶ λαθεῖν τε ἐξ
Ἐπιδαύρου διαβάντας ἐς τὴν νῆσον καὶ οὐ προ-
ακηκοόσι τοῖσι Ἀθηναίοισι ἐπιπεσεῖν ὑποταμο-
μένους τὸ ἀπὸ τῶν νεῶν, ἅμα τε ἐν τούτῳ τὴν
βροντήν τε γενέσθαι καὶ τὸν σεισμὸν αὐτοῖσι.

87. Λέγεται μέν νυν ὑπ' Ἀργείων τε καὶ Αἰγι-
νητέων τάδε, ὁμολογέεται δὲ καὶ ὑπ' Ἀθηναίων
ἕνα μοῦνον τὸν ἀποσωθέντα αὐτῶν ἐς τὴν Ἀτ-
τικὴν γενέσθαι· πλὴν Ἀργεῖοι μὲν λέγουσι αὐτῶν
τὸ Ἀττικὸν στρατόπεδον διαφθειράντων τὸν ἕνα
τοῦτον περιγενέσθαι, Ἀθηναῖοι δὲ τοῦ δαιμονίου·
περιγενέσθαι μέντοι οὐδὲ τοῦτον τὸν ἕνα, ἀλλ'
ἀπολέσθαι τρόπῳ τοιῷδε. κομισθεὶς ἄρα ἐς τὰς
Ἀθήνας ἀπήγγελλε τὸ πάθος· πυθομένας δὲ τὰς
γυναῖκας τῶν ἐπ' Αἴγιναν στρατευσαμένων ἀν-
δρῶν, δεινόν τι ποιησαμένας κεῖνον μοῦνον ἐξ
ἁπάντων σωθῆναι, πέριξ τὸν ἄνθρωπον τοῦτον
λαβούσας καὶ κεντεύσας τῇσι περόνῃσι τῶν ἱμα-
τίων εἰρωτᾶν ἑκάστην αὐτέων ὅκου εἴη ὁ ἑωυτῆς
ἀνήρ.

88. Καὶ τοῦτον μὲν οὕτω διαφθαρῆναι, Ἀθη-
ναίοισι δὲ ἔτι τοῦ πάθεος δεινότερόν τι δόξαι εἶναι
τὸ τῶν γυναικῶν ἔργον. ἄλλῳ μὲν δὴ οὐκ ἔχειν
ὅτεῳ ζημιώσωσι τὰς γυναῖκας, τὴν δὲ ἐσθῆτα
μετέβαλον αὐτέων ἐς τὴν Ἰάδα· ἐφόρεον γὰρ δὴ
πρὸ τοῦ αἱ τῶν Ἀθηναίων γυναῖκες ἐσθῆτα Δωρί-
δα, τῇ Κορινθίῃ παραπλησιωτάτην· μετέβαλον
ὧν ἐς τὸν λίνεον κιθῶνα, ἵνα δὴ περόνῃσι μὴ
χρέωνται. ἔστι δὲ ἀληθέι λόγῳ χρεωμένοισι οὐκ

were about to make war upon them, and therefore they assured themselves of help from the Argives. So when the Athenians disembarked on the land of Aegina, the Argives came to aid the Aeginetans, crossing over from Epidaurus to the island privily, and then falling upon the Athenians unawares and cutting them off from their ships; and it was at this moment that the thunderstorm came upon them, and the earthquake withal.

87. This, then, is the story told by the Argives and Aeginetans, and the Athenians too acknowledge that it was only one man of them who came safe back to Attica; but the Argives say that it was they, and the Athenians that it was divine power, that destroyed the Attic army when this one man was saved alive; albeit even this one (say the Athenians) was not saved alive but perished as here related. It would seem that he made his way to Athens and told of the mishap; and when this was known (it is said) to the wives of the men who had gone to attack Aegina, they were very wroth that he alone should be safe out of all, and they gathered round him and stabbed him with the brooch-pins of their garments, each asking him "where her man was."

88. Thus was this man done to death; and this deed of their women seemed to the Athenians to be yet more dreadful than their misfortune. They could find, it is said, no other way to punish the women; but they changed their dress to the Ionian fashion; for till then the Athenian women had worn Dorian dress, very like to the Corinthian; it was changed, therefore, to the linen tunic, that so they might have no brooch-pins to use. But if the truth be told, this dress is not in its origin

97

HERODOTUS

Ἰὰς αὕτη ἡ ἐσθὴς τὸ παλαιὸν ἀλλὰ Κάειρα, ἐπεὶ
ἥ γε Ἑλληνικὴ ἐσθὴς πᾶσα ἡ ἀρχαίη τῶν γυναι-
κῶν ἡ αὐτὴ ἦν τὴν νῦν Δωρίδα καλέομεν. τοῖσι
δὲ Ἀργείοισι καὶ τοῖσι Αἰγινήτῃσι καὶ πρὸς ταῦτα
ἔτι τόδε ποιῆσαι¹ νόμον εἶναι παρὰ σφίσι ἑκατέ-
ροισι τὰς περόνας ἡμιολίας ποιέεσθαι τοῦ τότε
κατεστεῶτος μέτρου, καὶ ἐς τὸ ἱρὸν τῶν θεῶν
τουτέων περόνας μάλιστα ἀνατιθέναι τὰς γυναῖ-
κας, Ἀττικὸν δὲ μήτε τι ἄλλο προσφέρειν πρὸς
τὸ ἱρὸν μήτε κέραμον, ἀλλ᾽ ἐκ χυτρίδων ἐπι-
χωριέων νόμον τὸ λοιπὸν αὐτόθι εἶναι πίνειν.
89. Ἀργείων μέν νυν καὶ Αἰγινητέων αἱ γυναῖ-
κες ἐκ τόσου κατ᾽ ἔριν τὴν Ἀθηναίων περόνας ἔτι καὶ
ἐς ἐμὲ ἐφόρεον μέζονας ἢ πρὸ τοῦ, τῆς δὲ ἔχθρης
τῆς πρὸς Αἰγινήτας ἐξ Ἀθηναίων γενομένης ἀρχὴ
κατὰ τὰ εἴρηται ἐγένετο. τότε δὲ Θηβαίων ἐπι-
καλεομένων, προθύμως τῶν περὶ τὰ ἀγάλματα
γενομένων ἀναμιμνησκόμενοι οἱ Αἰγινῆται ἐβοή-
θεον τοῖσι Βοιωτοῖσι. Αἰγινῆταί τε δὴ ἐδηίουν
τῆς Ἀττικῆς τὰ παραθαλάσσια, καὶ Ἀθηναίοισι
ὁρμημένοισι ἐπ᾽ Αἰγινήτας στρατεύεσθαι ἦλθε
μαντήιον ἐκ Δελφῶν, ἐπισχόντας ἀπὸ τοῦ Αἰγινη-
τέων ἀδικίου τριήκοντα ἔτεα, τῷ ἑνὶ καὶ τριηκο-
στῷ Αἰακῷ τέμενος ἀποδέξαντας ἄρχεσθαι τοῦ
πρὸς Αἰγινήτας πολέμου, καί σφι χωρήσειν τὰ
βούλονται· ἢν δὲ αὐτίκα ἐπιστρατεύωνται, πολλὰ
μὲν σφέας ἐν τῷ μεταξὺ τοῦ χρόνου πείσεσθαι
πολλὰ δὲ καὶ ποιήσειν, τέλος μέντοι καταστρέ-
ψεσθαι. ταῦτα ὡς ἀπενειχθέντα ἤκουσαν οἱ
Ἀθηναῖοι, τῷ μὲν Αἰακῷ τέμενος ἀπέδεξαν τοῦτο

¹ These words are not intelligible. Perhaps Herodotus
wrote ἔτι τάδε ἔδοξε, ποιῆσαι κ.τ.λ.

Ionian, but Carian; for in Hellas itself all the
women's dress in ancient times was the same as
that which we now call Dorian. As for the Argives
and Aeginetans, this was the reason of their even
making a law for each of their nations that their
brooch-pins should be made half as long again as the
measure then customary, and that brooch-pins in
especial should be dedicated by their women in the
temple of those goddesses; and that neither aught
else Attic should be brought to the temple, nor
earthenware, but that it be the law to drink there
from vessels of the country.

89. So then the women of Argolis and Aegina
ever since that day wore brooch-pins longer than
before, by reason of the feud with the Athenians,
and so they did even to my time; and the enmity
of the Athenians against the Aeginetans began as I
have told. And now at the Thebans' call the
Aeginetans came readily to the aid of the Boeotians,
remembering the business of the images. The
Aeginetans laying waste the seaboard of Attica, the
Athenians were setting out to march against them;
but there came to them an oracle from Delphi bid-
ding them to hold their hands for thirty years after
the wrong-doing of the Aeginetans, and in the
thirty-first to mark out a precinct for Aeacus and
begin the war with Aegina; thus should their
purpose prosper; but if they sent an army against
their enemies forthwith, they should indeed subdue
them at the last, but in the meanwhile many should
be their sufferings and many too their doings.
When the Athenians heard this reported to them,
they marked out for Aeacus that precinct which is

τὸ νῦν ἐπὶ τῆς ἀγορῆς ἵδρυται, τριήκοντα δὲ ἔτεα
οὐκ ἀνέσχοντο ἀκούσαντες ὅκως χρεὸν εἴη ἐπισχεῖν
πεπονθότας ὑπ᾿ Αἰγινητέων ἀνάρσια.
90. Ἐς τιμωρίην δὲ παρασκευαζομένοισι αὐτοῖσι
ἐκ Λακεδαιμονίων πρῆγμα ἐγειρόμενον ἐμπόδιον
ἐγένετο. πυθόμενοι γὰρ Λακεδαιμόνιοι τὰ ἐκ τῶν
Ἀλκμεωνιδέων ἐς τὴν Πυθίην μεμηχανημένα καὶ
τὰ ἐκ τῆς Πυθίης ἐπὶ σφέας τε καὶ τοὺς Πεισι-
στρατίδας συμφορὴν ἐποιεῦντο διπλῆν, ὅτι τε
ἄνδρας ξείνους σφίσι ἐόντας ἐξεληλάκεσαν ἐκ τῆς
ἐκείνων, καὶ ὅτι ταῦτα ποιήσασι χάρις οὐδεμία
ἐφαίνετο πρὸς Ἀθηναίων. ἔτι τε πρὸς τούτοισι
ἐνῆγον σφέας οἱ χρησμοὶ λέγοντες πολλά τε καὶ
ἀνάρσια ἔσεσθαι αὐτοῖσι ἐξ Ἀθηναίων, τῶν πρό-
τερον μὲν ἦσαν ἀδαέες, τότε δὲ Κλεομένεος κομί-
σαντος ἐς Σπάρτην ἐξέμαθον. ἐκτήσατο δὲ ὁ
Κλεομένης ἐκ τῆς Ἀθηναίων ἀκροπόλιος τοὺς
χρησμούς, τοὺς ἔκτηντο μὲν πρότερον οἱ Πεισι-
στρατίδαι, ἐξελαυνόμενοι δὲ ἔλιπον ἐν τῷ ἱρῷ,
καταλειφθέντας δὲ ὁ Κλεομένης ἀνέλαβε.
91. Τότε δὲ ὡς ἀνέλαβον οἱ Λακεδαιμόνιοι τοὺς
χρησμοὺς καὶ τοὺς Ἀθηναίους ὥρων αὐξομένους
καὶ οὐδαμῶς ἑτοίμους ἐόντας πείθεσθαι σφίσι, νόῳ
λαβόντες ὡς ἐλεύθερον μὲν ἐὸν τὸ γένος τὸ Ἀττι-
κὸν ἰσόρροπον ἂν τῷ ἑωυτῶν γίνοιτο, κατεχόμενον
δὲ ὑπὸ τυραννίδος ἀσθενὲς καὶ πειθαρχέεσθαι ἕτοι-
μον· μαθόντες δὲ τούτων ἕκαστα μετεπέμποντο
Ἱππίην τὸν Πεισιστράτου ἀπὸ Σιγείου τοῦ ἐν
Ἑλλησπόντῳ ἐς ὃ καταφεύγουσι οἱ Πεισιστρα-

[1] Cp. ch. 63.
[2] The Pisistratid family appear to have had a special
knowledge of current oracles : cp. ch. 93, and VII. 6.

now set in their market-place; but they could not stomach the message that they must hold their hand for thirty years, after the foul blow dealt them by the Aeginetans.

90. But as they were making ready for vengeance a matter hindered them which took its rise in Lacedaemon. For when the Lacedaemonians learnt of the plot of the Alcmaeonids with the Pythian priestess [1] and of her plot against themselves and the Pisistratids, they were very wroth for a double reason, for that they had driven their own guests and friends from the country they dwelt in, and that the Athenians showed them no thankfulness for their so doing. Furthermore, they were moved by the oracles [2] which foretold that many deeds of enmity would be done against them by the Athenians; of which oracles they had till now no knowledge; but now Cleomenes had brought them to Sparta, and the Lacedaemonians learnt their content. Cleomenes possessed himself of the oracles from the Athenian acropolis; the Pisistratids had possessed them till then, but when they were driven out they left them in the temple, and being left behind they were regained by Cleomenes.

91. And now the Lacedaemonians, when they regained the oracles and saw the Athenians increasing in power and in nowise ready to obey them, and bethought them that were the Attic race free it would be a match for their own, but were it held down under despotism it would be weak and ready to serve a master,—perceiving all this, they sent to bring Pisistratus' son Hippias from Sigeum on the Hellespont, the Pisistratids' place of refuge; and

τίδαι. ἐπείτε δέ σφι Ἱππίης καλεόμενος ἧκε,
μεταπεμψάμενοι καὶ τῶν ἄλλων συμμάχων ἀγγέ-
λους ἔλεγόν σφι Σπαρτιῆται τάδε. " Ἄνδρες σύμ-
μαχοι, συγγινώσκομεν αὐτοῖσι ἡμῖν οὐ ποιήσασι
ὀρθῶς· ἐπαερθέντες γὰρ κιβδήλοισι μαντηίοισι
ἄνδρας ξείνους ἐόντας ἡμῖν τὰ μάλιστα καὶ ἀνα-
δεκομένους ὑποχειρίας παρέξειν τὰς Ἀθήνας, τού-
τους ἐκ τῆς πατρίδος ἐξηλάσαμεν, καὶ ἔπειτα
ποιήσαντες ταῦτα δήμῳ ἀχαρίστῳ παρεδώκαμεν
τὴν πόλιν· ὃς ἐπείτε δι᾽ ἡμέας ἐλευθερωθεὶς ἀν-
έκυψε, ἡμέας μὲν καὶ τὸν βασιλέα ἡμέων περι-
υβρίσας ἐξέβαλε, δόξαν δὲ φύσας αὐξάνεται, ὥστε
ἐκμεμαθήκασι μάλιστα μὲν οἱ περίοικοι αὐτῶν
Βοιωτοὶ καὶ Χαλκιδέες, τάχα δέ τις καὶ ἄλλος
ἐκμαθήσεται ἁμαρτών. ἐπείτε δὲ ἐκεῖνα ποιή-
σαντες ἡμάρτομεν, νῦν πειρησόμεθα σφέας ἅμα
ὑμῖν ἀπικόμενοι τίσασθαι· αὐτοῦ γὰρ τούτου
εἵνεκεν τόνδε τε Ἱππίην μετεπεμψάμεθα καὶ
ὑμέας ἀπὸ τῶν πολίων, ἵνα κοινῷ τε λόγῳ καὶ
κοινῷ στόλῳ ἐσαγαγόντες αὐτὸν ἐς τὰς Ἀθήνας
ἀποδῶμεν τὰ καὶ ἀπειλόμεθα."

92. Οἱ μὲν ταῦτα ἔλεγον, τῶν δὲ συμμάχων τὸ
πλῆθος οὐκ ἐνεδέκετο τοὺς λόγους. οἱ μέν νυν
ἄλλοι ἡσυχίην ἦγον, Κορίνθιος δὲ Σωκλέης ἔλεξε
τάδε. " Ἦ δὴ ὅ τε οὐρανὸς ἔνερθε ἔσται τῆς γῆς
καὶ ἡ γῆ μετέωρος ὑπὲρ τοῦ οὐρανοῦ, καὶ ἄνθρωποι
νομὸν ἐν θαλάσσῃ ἕξουσι καὶ ἰχθύες τὸν πρότερον
ἄνθρωποι, ὅτε γε ὑμεῖς ὦ Λακεδαιμόνιοι ἰσοκρατίας
καταλύοντες τυραννίδας ἐς τὰς πόλις κατάγειν
παρασκευάζεσθε, τοῦ οὔτε ἀδικώτερον ἐστὶ οὐδὲν
κατ᾽ ἀνθρώπους οὔτε μιαιφονώτερον. εἰ γὰρ δὴ
τοῦτό γε δοκέει ὑμῖν εἶναι χρηστὸν ὥστε τυραν-

Hippias coming at their call, the Spartans sent for
envoys from the rest of their allies, and thus bespoke
them : "Sirs, our allies, we do acknowledge that we
have done wrongly ; for, befooled by lying divinations,
we drove from their native land men that were our
close friends and promised to make Athens subject
to us, and presently having so done we delivered
that city over to a thankless commonalty ; which had
no sooner lifted up its head in the freedom which we
gave it, than it insolently cast out us and our king,
and now has bred a spirit of pride and waxes in
power ; insomuch that their neighbours of Boeotia
and Chalcis have especial cause to know it, and
others too are like to know their error anon. But
since we erred in doing that which we did, we will
now essay with your aid to be avenged of them ; for
it is on this account and no other that we have sent
for this Hippias whom you see and have brought you
from your cities, that uniting our counsels and our
power we may bring him to Athens and restore that
which we took away."

92. Thus spoke the Lacedaemonians, but their
words were ill received by the greater part of their
allies. The rest then keeping silence, Socles, a
Corinthian, said : "Verily the heaven shall be beneath
the earth and the earth aloft above the heaven, and
men shall dwell in the sea and fishes where men
did dwell before, now that you, Lacedaemonians ! are
destroying the rule of equals and making ready to
bring back despotism into the cities—despotism, a
thing as unrighteous and bloodthirsty as aught on
this earth. For if indeed this seems to you to be a
good thing, that the cities be ruled by despots, do

νεύεσθαι τὰς πόλις, αὐτοὶ πρῶτοι τύραννον κατα-
στησάμενοι παρὰ σφίσι αὐτοῖσι οὕτω καὶ τοῖσι
ἄλλοισι δίζησθε κατιστάναι· νῦν δὲ αὐτοὶ τυράν-
νων ἄπειροι ἐόντες, καὶ φυλάσσοντες τοῦτο δεινό-
τατα ἐν τῇ Σπάρτῃ μὴ γενέσθαι, παραχρᾶσθε ἐς
τοὺς συμμάχους. εἰ δὲ αὐτοῦ ἔμπειροι ἔατε κατά
περ ἡμεῖς, εἴχετε ἂν περὶ αὐτοῦ γνώμας ἀμείνονας
συμβαλέσθαι ἤ περ νῦν.

Κορινθίοισι γὰρ ἦν πόλιος κατάστασις τοιήδε·
ἦν ὀλιγαρχίη, καὶ οὗτοι Βακχιάδαι καλεόμενοι
ἔνεμον τὴν πόλιν, ἐδίδοσαν δὲ καὶ ἤγοντο ἐξ
ἀλλήλων. Ἀμφίονι δὲ ἐόντι τούτων τῶν ἀνδρῶν
γίνεται θυγάτηρ χωλή· οὔνομα δέ οἱ ἦν Λάβδα.
ταύτην Βακχιαδέων γὰρ οὐδεὶς ἤθελε γῆμαι, ἴσχει
Ἠετίων ὁ Ἐχεκράτεος, δήμου μὲν ἐὼν ἐκ Πέτρης,
ἀτὰρ τὰ ἀνέκαθεν Λαπίθης τε καὶ Καινείδης. ἐκ
δέ οἱ ταύτης τῆς γυναικὸς οὐδ᾽ ἐξ ἄλλης παῖδες
ἐγίνοντο. ἐστάλη ὦν ἐς Δελφοὺς περὶ γόνου.
ἐσιόντα δὲ αὐτὸν ἰθέως ἡ Πυθίη προσαγορεύει
τοῖσιδε τοῖσι ἔπεσι.

Ἠετίων, οὔτις σε τίει πολύτιτον ἐόντα.
Λάβδα κύει, τέξει δ᾽ ὀλοοίτροχον· ἐν δὲ πεσεῖται
ἀνδράσι μουνάρχοισι, δικαιώσει δὲ Κόρινθον.

ταῦτα χρησθέντα τῷ Ἠετίωνι ἐξαγγέλλεταί κως
τοῖσι Βακχιάδῃσι, τοῖσι τὸ μὲν πρότερον γενό-
μενον χρηστήριον ἐς Κόρινθον ἦν ἄσημον, φέρον
τε ἐς τὠυτὸ καὶ τὸ τοῦ Ἠετίωνος καὶ λέγον ὧδε.

---

[1] Because (according to the *Etymologicum Magnum*) the
"outward distortion of the feet" resembled the letter Λ.

you yourselves first set up a despot among yourselves
and then seek to set up such for the rest; but now,
having never made trial of despots, and taking most
careful heed that none shall arise at Sparta, you deal
wrongfully with your allies. But had you such
experience of that thing as we have, you would be
sager advisers concerning it than you are now.

" For the Corinthian State was ordered in such
manner as I will show. The Few ruled; these few,
called Bacchiadae, held sway in the city, marrying
and giving in marriage among themselves. Now
Amphion, one of these men, had a lame daughter,
whose name was Labda.[1] Seeing that none of the
Bacchiadae would marry her, she was wedded to
Eetion son of Echecrates, of the township of Petra, a
Lapith by lineage, of the posterity of Caeneus. No
sons being born to him by this wife or any other, he
set out to Delphi to enquire concerning issue; and
straightway as he entered the Pythian priestess
spoke these verses to him:

> Eetion, yet high honour is thine, though honour'd
>   thou art not.
> Labda conceiveth anon; and a rolling rock she
>   shall bear thee,
> Fated on princes to fall, and execute justice on
>   Corinth.

This oracle given to Eetion was in some wise made
known to the Bacchiadae, by whom the former
oracle sent to Corinth was not understood, albeit its
meaning was the same as the meaning of the oracle
of Eetion; it was this:

HERODOTUS

αἰετὸς ἐν πέτρῃσι κύει, τέξει δὲ λέοντα
καρτερὸν ὠμηστήν· πολλῶν δ' ὑπὸ γούνατα
   λύσει.
ταῦτά νυν εὖ φράζεσθε, Κορίνθιοι, οἳ περὶ
   καλήν
Πειρήνην οἰκεῖτε καὶ ὀφρυόεντα Κόρινθον.

τοῦτο μὲν δὴ τοῖσι Βακχιάδῃσι πρότερον γενό-
μενον ἦν ἀτέκμαρτον· τότε δὲ τὸ Ἠετίωνι γενόμε-
νον ὡς ἐπύθοντο, αὐτίκα καὶ τὸ πρότερον συνῆκαν
ἐὸν συνῳδὸν τῷ Ἠετίωνος. συνέντες δὲ καὶ τοῦτο
εἶχον ἐν ἡσυχίῃ, ἐθέλοντες τὸν μέλλοντα Ἠετίωνι
γίνεσθαι γόνον διαφθεῖραι. ὡς δ' ἔτεκε ἡ γυνὴ
τάχιστα, πέμπουσι σφέων αὐτῶν δέκα ἐς τὸν
δῆμον ἐν τῷ κατοίκητο ὁ Ἠετίων ἀποκτενέοντας
τὸ παιδίον. ἀπικόμενοι δὲ οὗτοι ἐς τὴν Πέτρην
καὶ παρελθόντες ἐς τὴν αὐλὴν τὴν Ἠετίωνος
αἴτεον τὸ παιδίον· ἡ δὲ Λάβδα εἰδυῖά τε οὐδὲν τῶν
εἵνεκα ἐκεῖνοι ἀπικοίατο, καὶ δοκέουσα σφέας
φιλοφροσύνης τοῦ πατρὸς εἵνεκα αἰτέειν, φέρουσα
ἐνεχείρισε αὐτῶν ἑνί. τοῖσι δὲ ἄρα ἐβεβούλευτο
κατ' ὁδὸν τὸν πρῶτον αὐτῶν λαβόντα τὸ παιδίον
προσουδίσαι. ἐπεὶ ὦν ἔδωκε φέρουσα ἡ Λάβδα,
τὸν λαβόντα τῶν ἀνδρῶν θείῃ τύχῃ προσεγέλασε
τὸ παιδίον, καὶ τὸν φρασθέντα τοῦτο οἶκτός τις
ἴσχει ἀποκτεῖναι, κατοικτείρας δὲ παραδιδοῖ τῷ
δευτέρῳ, ὁ δὲ τῷ τρίτῳ. οὕτω δὴ διεξῆλθε διὰ
πάντων τῶν δέκα παραδιδόμενον, οὐδενὸς βουλο-
μένου διεργάσασθαι. ἀποδόντες ὦν ὀπίσω τῇ
τεκούσῃ τὸ παιδίον καὶ ἐξελθόντες ἔξω, ἑστεῶτες

106

Lo, where the eagle's mate conceives in the rocks,
 and a lion
Mighty and fierce shall be born; full many a knee
 shall he loosen.
Wherefore I bid you beware, ye Corinthian folk,
 that inhabit
Nigh Pirene fair and the heights o'erhanging of
 Corinth.

This oracle, formerly given to the Bacchiadae, was
past their interpretation; but now, when they
learnt of that one which was given to Eetion,
straightway they understood that the former
accorded with the oracle of Eetion; and under-
standing this prophecy too they sat still, pur-
posing to destroy whatever should be born to
Eetion. Then, as soon as his wife was delivered,
they sent ten men of their clan to the township
where Eetion dwelt, to kill the child. These men
came to Petra and passing into Eetion's courtyard
asked for the child; and Labda, knowing nothing of
the purpose of their coming, and thinking that they
asked out of friendliness to the child's father,
brought it and gave it into the hands of one of
them. Now they had planned on their way (as
the story goes) that the first of them who received
the child should dash it to the ground. So then
when Labda brought and gave the child, by heaven's
providence it smiled at the man who took it, and he
saw that, and compassion forbade him to kill it, and
in that compassion he delivered it to a second, and
he again to a third; and thus it passed from hand to
hand to each of the ten, for none would make an end
of it. So they gave the child back to its mother and

HERODOTUS

ἐπὶ τῶν θυρέων ἀλλήλων ἅπτοντο καταιτιώμενοι,
καὶ μάλιστα τοῦ πρώτου λαβόντος, ὅτι οὐκ
ἐποίησε κατὰ τὰ δεδογμένα, ἐς ὃ δή σφι χρόνου
ἐγγινομένου ἔδοξε αὖτις παρελθόντας πάντας τοῦ
φόνου μετίσχειν. (δ) ἔδει δὲ ἐκ τοῦ Ἠετίωνος
γόνου Κορίνθῳ κακὰ ἀναβλαστεῖν. ἡ Λάβδα
γὰρ πάντα ταῦτα ἤκουε ἑστεῶσα πρὸς αὐτῇσι
τῇσι θύρῃσι· δείσασα δὲ μή σφι μεταδόξῃ καὶ
τὸ δεύτερον λαβόντες τὸ παιδίον ἀποκτείνωσι,
φέρουσα κατακρύπτει ἐς τὸ ἀφραστότατόν οἱ
ἐφαίνετο εἶναι, ἐς κυψέλην, ἐπισταμένη ὡς εἰ
ὑποστρέψαντες ἐς ζήτησιν ἀπικνεοίατο πάντα
ἐρευνήσειν μέλλοιεν· τὰ δὴ καὶ ἐγίνετο. ἐλθοῦσι
δὲ καὶ διζημένοισι αὐτοῖσι ὡς οὐκ ἐφαίνετο, ἐδόκεε
ἀπαλλάσσεσθαι καὶ λέγειν πρὸς τοὺς ἀποπέμ-
ψαντας ὡς πάντα ποιήσειαν τὰ ἐκεῖνοι ἐνετεί-
λαντο. οἱ μὲν δὴ ἀπελθόντες ἔλεγον ταῦτα.
Ἠετίωνι δὲ μετὰ ταῦτα ὁ παῖς ηὐξάνετο, καί οἱ
διαφυγόντι τοῦτον τὸν κίνδυνον ἀπὸ τῆς κυψέλης
ἐπωνυμίην Κύψελος οὔνομα ἐτέθη. ἀνδρωθέντι
δὲ καὶ μαντευομένῳ Κυψέλῳ ἐγένετο ἀμφιδέξιον
χρηστήριον ἐν Δελφοῖσι, τῷ πίσυνος γενόμενος
ἐπεχείρησέ τε καὶ ἔσχε Κόρινθον. ὁ δὲ χρησμὸς
ὅδε ἦν.

ὄλβιος οὗτος ἀνὴρ ὃς ἐμὸν δόμον ἐσκαταβαίνει,
Κύψελος Ἠετίδης, βασιλεὺς κλειτοῖο Κορίνθου
αὐτὸς καὶ παῖδες, παίδων γε μὲν οὐκέτι παῖδες.

τὸ μὲν δὴ χρηστήριον τοῦτο ἦν, τυραννεύσας δὲ ὁ
Κύψελος τοιοῦτος δή τις ἀνὴρ ἐγένετο· πολλοὺς
μὲν Κορινθίων ἐδίωξε, πολλοὺς δὲ χρημάτων
108

went out, and stood before the door reproaching
and upbraiding one another, but chiefly him who
had first received it, for that he had not done
according to their agreement; till as time passed
they had a mind to go in again and all have a hand
in the killing. But it was written that Eetion's
offspring should be the source of ills for Corinth.
For Labda heard all this where she stood close to
the very door; and she feared lest they should
change their minds and again take the child, and
kill it; wherefore she bore it away and hid it where
she thought it would be hardest to find, in a chest;
for she knew that if they returned and set about
searching they would seek in every place; which
they did. They came and sought, but not finding
they resolved to go their ways and say to those that
sent them that they had done all their bidding. So
they went away and said this. But Eetion's son
presently grew, and for his escape from that danger
he was called Cypselus, after the chest. When he
had come to man's estate, and was seeking a divi-
nation, there was given him at Delphi an oracle of
double meaning, trusting wherein he grasped at
Corinth and won it. This was the oracle:

Happy I ween is the man who cometh adown to
my temple,
Cypselus Eetides, great king of Corinth renownèd,
Happy himself and his sons; yet his son's sons
shall not be happy.

Such was the oracle. But Cypselus, having gained
despotic power, bore himself in this wise: many
Corinthians he banished, many he robbed of their

ἀπεστέρησε, πολλῷ δέ τι πλείστους τῆς ψυχῆς.
ἄρξαντος δὲ τούτου ἐπὶ τριήκοντα ἔτεα καὶ
διαπλέξαντος τὸν βίον εὖ, διάδοχός οἱ τῆς τυραν-
νίδος ὁ παῖς Περίανδρος γίνεται. ὁ τοίνυν Περί-
ανδρος κατ' ἀρχὰς μὲν ἦν ἠπιώτερος τοῦ πατρός,
ἐπείτε δὲ ὡμίλησε δι' ἀγγέλων Θρασυβούλῳ τῷ
Μιλήτου τυράννῳ, πολλῷ ἔτι ἐγένετο Κυψέλου
μιαιφονώτερος. πέμψας γὰρ παρὰ Θρασύβουλον
κήρυκα ἐπυνθάνετο ὅντινα ἂν τρόπον ἀσφαλέ-
στατον καταστησάμενος τῶν πρηγμάτων κάλ-
λιστα τὴν πόλιν ἐπιτροπεύοι. Θρασύβουλος δὲ
τὸν ἐλθόντα παρὰ τοῦ Περιάνδρου ἐξῆγε ἔξω τοῦ
ἄστεος, ἐσβὰς δὲ ἐς ἄρουραν ἐσπαρμένην ἅμα τε
διεξήιε τὸ λήιον ἐπειρωτῶν τε καὶ ἀναποδίζων τὸν
κήρυκα κατὰ τὴν ἀπὸ Κορίνθου ἄπιξιν, καὶ ἐκό-
λουε αἰεὶ ὅκως τινὰ ἴδοι τῶν ἀσταχύων ὑπερέ-
χοντα, κολούων δὲ ἔρριπτε, ἐς ὃ τοῦ ληίου τὸ
κάλλιστόν τε καὶ βαθύτατον διέφθειρε τρόπῳ
τοιούτῳ· διεξελθὼν δὲ τὸ χωρίον καὶ ὑποθέμενος
ἔπος οὐδὲν ἀποπέμπει τὸν κήρυκα. νοστήσαντος
δὲ τοῦ κήρυκος ἐς τὴν Κόρινθον ἦν πρόθυμος
πυνθάνεσθαι τὴν ὑποθήκην ὁ Περίανδρος· ὁ δὲ
οὐδέν οἱ ἔφη Θρασύβουλον ὑποθέσθαι, θωμάζειν
τε αὐτοῦ παρ' οἷόν μιν ἄνδρα ἀποπέμψειε, ὡς
παραπλῆγά τε καὶ τῶν ἑωυτοῦ σινάμωρον, ἀπ-
ηγεόμενος τά περ πρὸς Θρασυβούλου ὀπώπεε.
Περίανδρος δὲ συνιεὶς τὸ ποιηθὲν καὶ νόῳ ἴσχων
ὥς οἱ ὑπετίθετο Θρασύβουλος τοὺς ὑπειρόχους
τῶν ἀστῶν φονεύειν, ἐνθαῦτα δὴ πᾶσαν κακότητα
ἐξέφαινε ἐς τοὺς πολιήτας· ὅσα γὰρ Κύψελος
ἀπέλιπε κτείνων τε καὶ διώκων, Περίανδρος σφέα

goods, and by far the most of their lives. He
reigned for thirty years[1] and made a good ending
of his life; and his son Periander succeeded to his
despotic power. Now Periander at the first was of
milder mood than his father; but after he had held
converse by his messengers with Thrasybulus the
despot of Miletus, he became much more blood-
thirsty than Cypselus. For he sent a herald to
Thrasybulus and enquired how he should most
safely so order all matters as best to govern his
city. Thrasybulus led the man who had come
from Periander outside the town, and entered into
a sown field; where, while he walked through
the corn and plied the herald with still-repeated
questions anent his coming from Corinth, he would
ever cut off the tallest that he saw of the stalks, and
cast away what he cut off, till by so doing he had
destroyed the best and richest of the crop; then,
having passed through the place and spoken no
word of counsel, he sent the herald away. When
the herald returned to Corinth, Periander was
desirous to hear what counsel he brought; but the
man said that Thrasybulus had given him none,
'and that is a strange man,' quoth he, 'to whom you
sent me; for he is a madman and a destroyer of
his own possessions,' telling Periander what he had
seen Thrasybulus do. But Periander understood
what had been done, and perceived that Thrasybulus
had counselled him to slay those of his townsmen
who stood highest; and with that he began to deal
very evilly with his citizens. For whatever act of
slaughter or banishment Cypselus had left undone,
that did Periander bring to accomplishment; and in

[1] 655 to 625.

ἀπετέλεσε, μιῇ δὲ ἡμέρῃ ἀπέδυσε πάσας τὰς
Κορινθίων γυναῖκας διὰ τὴν ἑωυτοῦ γυναῖκα
Μέλισσαν. πέμψαντι γάρ οἱ ἐς Θεσπρωτοὺς
ἐπ᾿ Ἀχέροντα ποταμὸν ἀγγέλους ἐπὶ τὸ νεκυο-
μαντήιον παρακαταθήκης πέρι ξεινικῆς οὔτε
σημανέειν ἔφη ἡ Μέλισσα ἐπιφανεῖσα οὔτε κατ-
ερέειν ἐν τῷ κέεται χώρῳ ἡ παρακαταθήκη· ῥιγοῦν
τε γὰρ καὶ εἶναι γυμνή· τῶν γάρ οἱ συγκατέθαψε
ἱματίων ὄφελος εἶναι οὐδὲν οὐ κατακαυθέντων·
μαρτύριον δέ οἱ εἶναι ὡς ἀληθέα ταῦτα λέγει, ὅτι
ἐπὶ ψυχρὸν τὸν ἰπνὸν Περίανδρος τοὺς ἄρτους
ἐπέβαλε. ταῦτα δὲ ὡς ὀπίσω ἀπηγγέλθη τῷ
Περιάνδρῳ, πιστὸν γάρ οἱ ἦν τὸ συμβόλαιον ὃς
νεκρῷ ἐούσῃ Μελίσσῃ ἐμίγη, ἰθέως δὴ μετὰ τὴν
ἀγγελίην κήρυγμα ἐποιήσατο ἐς τὸ Ἥραιον ἐξιέναι
πάσας τὰς Κορινθίων γυναῖκας. αἱ μὲν δὴ ὡς ἐς
ὁρτὴν ἤισαν κόσμῳ τῷ καλλίστῳ χρεώμεναι, ὁ δ᾿
ὑποστήσας τοὺς δορυφόρους ἀπέδυσε σφέας πάσας
ὁμοίως, τάς τε ἐλευθέρας καὶ τὰς ἀμφιπόλους,
συμφορήσας δὲ ἐς ὄρυγμα Μελίσσῃ ἐπευχόμενος
κατέκαιε. ταῦτα δέ οἱ ποιήσαντι καὶ τὸ δεύτερον
πέμψαντι ἔφρασε τὸ εἴδωλον τὸ Μελίσσης ἐς τὸν
κατέθηκε χῶρον τοῦ ξείνου τὴν παρακαταθήκην.

Τοιοῦτο μὲν ὑμῖν ἐστὶ ἡ τυραννίς, ὦ Λακεδαιμόνιοι,
καὶ τοιούτων ἔργων. ἡμέας δὲ τοὺς Κορινθίους
τότε αὐτίκα θῶμα μέγα εἶχε ὅτε ὑμέας εἴδομεν
μεταπεμπομένους Ἱππίην, νῦν τε δὴ καὶ μεζόνως
θωμάζομεν λέγοντας ταῦτα, ἐπιμαρτυρόμεθά τε
ἐπικαλεόμενοι ὑμῖν θεοὺς τοὺς Ἑλληνίους μὴ
κατιστάναι τυραννίδας ἐς τὰς πόλις. οὔκων
παύσεσθε ἀλλὰ πειρήσεσθε παρὰ τὸ δίκαιον

---

[1] Killed by her husband, perhaps accidentally; cp. III. 50.

a single day he stripped all the women of Corinth naked, by reason of his own wife Melissa.[1] For he had sent messengers to the Oracle of the Dead on the river Acheron in Thesprotia to enquire concerning a deposit that a friend had left; but the apparition of Melissa said that she would tell him nought, nor reveal where the deposit lay; for she was cold (she said) and naked; for the raiment Periander had buried with her had never been burnt, and availed her nothing; and let this (said she) be her witness that she spoke truth—that it was a cold oven whereinto Periander had cast his loaves. When this message was brought back to Periander (for he had had intercourse with the dead body of Melissa and knew her token for true), immediately after the message he made a proclamation that all the Corinthian women should come out into the temple of Here. So they came out as to a festival, wearing their fairest adornment; and Periander set his guards there and stripped them all alike, ladies and serving-women, and heaped all the garments in a pit, where he burnt them, making prayers to Melissa the while. When he had so done and sent a second message, the ghost of Melissa told him the place where the deposit of the friend had been laid.

"Know then, ye Lacedaemonians, that such a thing is despotism, and such are its deeds. We of Corinth did then greatly marvel when we saw that you were sending for Hippias; and now we marvel yet more at your speaking thus; and we entreat you earnestly in the name of the gods of Hellas not to establish despotism in the cities. But if you will not cease from so doing, and will unrighteously essay

κατάγοντες Ἱππίην· ἴστε ὑμῖν Κορινθίους γε οὐ
συναινέοντας."
93. Σωκλέης μὲν ἀπὸ Κορίνθου πρεσβεύων ἔλεξε
τάδε, Ἱππίης δὲ αὐτὸν ἀμείβετο τοὺς αὐτοὺς ἐπι-
καλέσας θεοὺς ἐκείνῳ, ἦ μὲν Κορινθίους μάλιστα
πάντων ἐπιποθήσειν Πεισιστρατίδας, ὅταν σφι
ἥκωσι ἡμέραι αἱ κύριαι ἀνιᾶσθαι ὑπ' Ἀθηναίων.
Ἱππίης μὲν τούτοισι ἀμείψατο οἷα τοὺς χρησμοὺς
ἀτρεκέστατα ἀνδρῶν ἐξεπιστάμενος· οἱ δὲ λοιποὶ
τῶν συμμάχων τέως μὲν εἶχον ἐν ἡσυχίῃ σφέας
αὐτούς, ἐπείτε δὲ Σωκλέος ἤκουσαν εἴπαντος ἐλευ-
θέρως, ἅπας τις αὐτῶν φωνὴν ῥήξας αἱρέετο τοῦ
Κορινθίου τὴν γνώμην, Λακεδαιμονίοισί τε ἐπ-
εμαρτυρέοντο μὴ ποιέειν μηδὲν νεώτερον περὶ
πόλιν Ἑλλάδα.
94. Οὕτω μὲν τοῦτο ἐπαύσθη. Ἱππίη δὲ
ἐνθεῦτεν ἀπελαυνομένῳ ἐδίδου μὲν Ἀμύντης ὁ Μα-
κεδόνων βασιλεὺς Ἀνθεμοῦντα, ἐδίδοσαν δὲ Θεσ-
σαλοὶ Ἰωλκόν. ὁ δὲ τούτων μὲν οὐδέτερα αἱρέετο,
ἀνεχώρεε δὲ ὀπίσω ἐς Σίγειον, τὸ εἷλε Πεισίστρα-
τος αἰχμῇ παρὰ Μυτιληναίων, κρατήσας δὲ αὐτοῦ
κατέστησε τύραννον εἶναι παῖδα τὸν ἑωυτοῦ
νόθον Ἡγησίστρατον, γεγονότα ἐξ Ἀργείης γυναι-
κός, ὃς οὐκ ἀμαχητὶ εἶχε τὰ παρέλαβε παρὰ
Πεισιστράτου. ἐπολέμεον γὰρ ἔκ τε Ἀχιλληίου
πόλιος ὁρμώμενοι καὶ Σιγείου ἐπὶ χρόνον συχνὸν
Μυτιληναῖοί τε καὶ Ἀθηναῖοι, οἱ μὲν ἀπαιτέοντες
τὴν χώρην, Ἀθηναῖοι δὲ οὔτε συγγινωσκόμενοι
ἀποδεικνύντες τε λόγῳ οὐδὲν μᾶλλον Αἰολεῦσι
μετεὸν τῆς Ἰλιάδος χώρης ἢ οὐ καὶ σφίσι καὶ
τοῖσι ἄλλοισι, ὅσοι Ἑλλήνων συνεπρήξαντο Μενέ-
λεῳ τὰς Ἑλένης ἁρπαγάς.

to bring Hippias back, then be it known to you that
the Corinthians for their part consent not thereto."

93. Thus spoke Socles, the envoy from Corinth;
Hippias answered him, calling the same gods as
Socles had invoked to witness that verily the Cor-
inthians would be the first to wish Pisistratus' house
back, when the time appointed should come for
them to be vexed by the Athenians. Hippias made
this answer, inasmuch as he had more exact know-
ledge of the oracles than any man; but the rest of
the allies, who had till now kept silence, when they
heard the free speech of Socles, each and all of them
spoke out and declared for the opinion of the
Corinthians, entreating the Lacedaemonians to do
no hurt to a Greek city.

94. Thus this design came to nought, and Hippias
perforce departed. Amyntas king of the Macedo-
nians would have given him Anthemus, and the
Thessalians Iolcus; but he would have neither, and
withdrew to Sigeum, which Pisistratus had taken at
the spear's point from the Mytilenaeans, and having
won it set up as its despot Hegesistratus, his own
bastard son by an Argive woman. But Hegesistratus
kept not without fighting what Pisistratus had given
him; for the Mytilenaeans and Athenians waged
war for a long time [1] from the city of Achilleum and
Sigeum, the Mytilenaeans demanding the place
back, and the Athenians not consenting, but bring-
ing proof to show that the Aeolians had no more
part or lot in the land of Ilium than they themselves
and whatsoever other Greeks had aided Menelaus to
avenge the rape of Helen.

[1] Herodotus, whose sixth-century chronology is often
inaccurate, appears to be wrong in assigning this war to
the period of Pisistratus; its date cannot be later than 600.

95. Πολεμεόντων δὲ σφέων παντοῖα καὶ ἄλλα
ἐγένετο ἐν τῇσι μάχῃσι, ἐν δὲ δὴ καὶ Ἀλκαῖος
ὁ ποιητὴς συμβολῆς γενομένης καὶ νικώντων
Ἀθηναίων αὐτὸς μὲν φεύγων ἐκφεύγει, τὰ δέ οἱ
ὅπλα ἴσχουσι Ἀθηναῖοι, καί σφεα ἀνεκρέμασαν
πρὸς τὸ Ἀθήναιον τὸ ἐν Σιγείῳ. ταῦτα δὲ
Ἀλκαῖος ἐν μέλεϊ ποιήσας ἐπιτιθεῖ ἐς Μυτιλήνην,
ἐξαγγελλόμενος τὸ ἑωυτοῦ πάθος Μελανίππῳ
ἀνδρὶ ἑταίρῳ. Μυτιληναίους δὲ καὶ Ἀθηναίους
κατήλλαξε Περίανδρος ὁ Κυψέλου· τούτῳ γὰρ
διαιτητῇ ἐπετράποντο· κατήλλαξε δὲ ὧδε, νέμε-
σθαι ἑκατέρους τὴν ἔχουσι.

96. Σίγειον μέν νυν οὕτω ἐγένετο ὑπ᾽ Ἀθη-
ναίοισι. Ἱππίης δὲ ἐπείτε ἀπίκετο ἐκ τῆς
Λακεδαίμονος ἐς τὴν Ἀσίην, πᾶν χρῆμα ἐκίνεε, δια-
βάλλων τε τοὺς Ἀθηναίους πρὸς τὸν Ἀρταφρένεα
καὶ ποιέων ἅπαντα ὅκως αἱ Ἀθῆναι γενοίατο ὑπ᾽
ἑωυτῷ τε καὶ Δαρείῳ. Ἱππίης τε δὴ ταῦτα
ἔπρησσε, καὶ οἱ Ἀθηναῖοι πυθόμενοι ταῦτα
πέμπουσι ἐς Σάρδις ἀγγέλους, οὐκ ἐῶντες τοὺς
Πέρσας πείθεσθαι Ἀθηναίων τοῖσι φυγάσι. ὁ
δὲ Ἀρταφρένης ἐκέλευε σφέας, εἰ βουλοίατο σόοι
εἶναι, καταδέκεσθαι ὀπίσω Ἱππίην. οὔκων δὴ
ἐνεδέκοντο τοὺς λόγους ἀποφερομένους οἱ Ἀθη-
ναῖοι· οὐκ ἐνδεκομένοισι δέ σφι ἐδέδοκτο ἐκ τοῦ
φανεροῦ τοῖσι Πέρσῃσι πολεμίους εἶναι.

97. Νομίζουσι δὲ ταῦτα καὶ διαβεβλημένοισι ἐς
τοὺς Πέρσας, ἐν τούτῳ δὴ τῷ καιρῷ ὁ Μιλήσιος
Ἀρισταγόρης, ὑπὸ Κλεομένεος τοῦ Λακεδαιμονίου
ἐξελασθεὶς ἐκ τῆς Σπάρτης, ἀπίκετο ἐς Ἀθήνας·
αὕτη γὰρ ἡ πόλις τῶν λοιπέων ἐδυνάστευε μέ-
γιστον. ἐπελθὼν δὲ ἐπὶ τὸν δῆμον ὁ Ἀριστα-

95. Among the many chances that befel in the fights of this war, this is noteworthy, that in a battle when the Athenians were gaining the victory Alcaeus the poet took to flight and escaped, but his armour was taken by the Athenians and hung up in the temple of Athene at Sigeum. Alcaeus made of this and sent to Mytilene a poem, wherein he relates his own misfortune to his friend Melanippus. But as for the Mytilenaeans and Athenians, peace was made between them by Periander son of Cypselus, to whose arbitrament they committed the matter; and the terms of peace were that each party should keep what it had.

96. Thus then Sigeum came to be under Athenian rule. But Hippias, having come from Lacedaemon into Asia, left no stone unturned, maligning the Athenians to Artaphrenes, and doing all he could to bring Athens into subjection to himself and Darius; and while Hippias thus wrought, the Athenians heard of it and sent messengers to Sardis, warning the Persians not to believe banished Athenians. But Artaphrenes bade them receive Hippias back, if they would be safe. When this bidding was brought back to the Athenians, they would not consent to it; and as they would not consent, it was resolved that they should be openly at war with Persia.

97. They being thus minded, and the Persians hearing an evil report of them, at this moment Aristagoras the Milesian, driven from Sparta by Cleomenes the Lacedaemonian, came to Athens; for that city was more powerful than any of the rest. Coming before the people, Aristagoras spoke

γόρης ταὐτὰ ἔλεγε τὰ καὶ ἐν τῇ Σπάρτῃ περὶ
τῶν ἀγαθῶν τῶν ἐν τῇ Ἀσίῃ καὶ τοῦ πολέμου τοῦ
Περσικοῦ, ὡς οὔτε ἀσπίδα οὔτε δόρυ νομίζουσι
εὐπετέες τε χειρωθῆναι εἴησαν. ταῦτά τε δὴ
ἔλεγε καὶ πρὸς τοῖσι τάδε, ὡς οἱ Μιλήσιοι τῶν
Ἀθηναίων εἰσὶ ἄποικοι, καὶ οἰκός σφεας εἴη
ῥύεσθαι δυναμένους μέγα· καὶ οὐδὲν ὅ τι οὐκ
ὑπίσχετο οἷα κάρτα δεόμενος, ἐς ὃ ἀνέπεισε
σφέας. πολλοὺς γὰρ οἶκε εἶναι εὐπετέστερον
διαβάλλειν ἢ ἕνα, εἰ Κλεομένεα μὲν τὸν Λακε-
δαιμόνιον μοῦνον οὐκ οἷός τε ἐγένετο διαβάλλειν,
τρεῖς δὲ μυριάδας Ἀθηναίων ἐποίησε τοῦτο.
Ἀθηναῖοι μὲν δὴ ἀναπεισθέντες ἐψηφίσαντο εἴ-
κοσι νέας ἀποστεῖλαι βοηθοὺς Ἴωσι, στρατηγὸν
ἀποδέξαντες αὐτῶν εἶναι Μελάνθιον ἄνδρα τῶν
ἀστῶν ἐόντα τὰ πάντα δόκιμον· αὗται δὲ αἱ νέες
ἀρχὴ κακῶν ἐγένοντο Ἕλλησί τε καὶ βαρβάροισι.

98. Ἀρισταγόρης δὲ προπλώσας καὶ ἀπικόμενος
ἐς τὴν Μίλητον, ἐξευρὼν βούλευμα ἀπ' οὗ Ἴωσι
μὲν οὐδεμία ἔμελλε ὠφελίη ἔσεσθαι, οὐδ' ὧν οὐδὲ
τούτου εἵνεκα ἐποίεε ἀλλ' ὅκως βασιλέα Δαρεῖον
λυπήσειε, ἔπεμψε ἐς τὴν Φρυγίην ἄνδρα ἐπὶ τοὺς
Παίονας τοὺς ἀπὸ Στρυμόνος ποταμοῦ αἰχμα-
λώτους γενομένους ὑπὸ Μεγαβάζου, οἰκέοντας δὲ
τῆς Φρυγίης χῶρόν τε καὶ κώμην ἐπ' ἑωυτῶν· ὃς
ἐπειδὴ ἀπίκετο ἐς τοὺς Παίονας, ἔλεγε τάδε.
" Ἄνδρες Παίονες, ἔπεμψέ με Ἀρισταγόρης ὁ
Μιλήτου τύραννος σωτηρίην ὑποθησόμενον ὑμῖν,
ἤν περ βούλησθε πείθεσθαι. νῦν γὰρ Ἰωνίη
πᾶσα ἀπέστηκε ἀπὸ βασιλέος, καὶ ὑμῖν παρέχει
σῴζεσθαι ἐπὶ τὴν ὑμετέρην αὐτῶν· μέχρι μὲν

to the same effect as at Sparta, of the good things
of Asia, and how the Persians in war were wont to
carry neither shield nor spear and could easily be
overcome. This he said, and added thereto, that
the Milesians were settlers from Athens, and it was
but right to save them, being a very wealthy people;
and there was nothing that he did not promise in
the earnestness of his entreaty, till at last he over-
persuaded them. Truly it would seem that it is
easier to deceive many than one; for he could not
deceive Cleomenes of Lacedaemon, one single man,
but thirty thousand[1] Athenians he could. The
Athenians, then, were over-persuaded, and voted
the sending of twenty ships in aid of the Ionians,
appointing for their admiral Melanthius, a citizen of
Athens in all ways of good repute. These ships
were the beginning of troubles for Greeks and
foreigners.

98. Aristagoras sailed before the rest; and coming
to Miletus, he invented a design wherefrom no
advantage was to accrue to the Ionians (nor indeed
was that the purpose of his plan, but rather to vex
king Darius): he sent a man into Phrygia, to the
Paeonians who had been led captive from the
Strymon by Megabazus, and now dwelt in a
Phrygian territory and village by themselves;
and when the man came to the Paeonians, he
thus spoke: "Men of Paeonia, I am sent by Aris-
tagoras, despot of Miletus, to point you the way to
deliverance, if you will be guided by him. All
Ionia is now in revolt against the king, and you
have the power to win back safely to your own

---

[1] But even in the palmiest days of Athens the number of
voters did not exceed 20,000.

HERODOTUS

θαλάσσης αὐτοῖσι ὑμῖν, τὸ δὲ ἀπὸ τούτου ἡμῖν
ἤδη μελήσει." ταῦτα δὲ ἀκούσαντες οἱ Παίονες
κάρτα τε ἀσπαστὸν ἐποιήσαντο καὶ ἀναλαβόντες
παῖδας καὶ γυναῖκας ἀπεδίδρησκον ἐπὶ θάλασσαν,
οἱ δὲ τινὲς αὐτῶν καὶ κατέμειναν ἀρρωδήσαντες
αὐτοῦ. ἐπείτε δὲ οἱ Παίονες ἀπίκοντο ἐπὶ θάλασ-
σαν, ἐνθεῦτεν ἐς Χίον διέβησαν. ἐόντων δὲ ἤδη
ἐν Χίῳ, κατὰ πόδας ἐληλύθεε Περσέων ἵππος
πολλὴ διώκουσα τοὺς Παίονας. ὡς δὲ οὐ κατέ-
λαβον, ἐπηγγέλλοντο ἐς τὴν Χίον τοῖσι Παίοσι
ὅκως ἂν ὀπίσω ἀπέλθοιεν. οἱ δὲ Παίονες τοὺς
λόγους οὐκ ἐνεδέκοντο, ἀλλ' ἐκ Χίου μὲν Χῖοι
σφέας ἐς Λέσβον ἤγαγον, Λέσβιοι δὲ ἐς Δορίσκον
ἐκόμισαν, ἐνθεῦτεν δὲ πεζῇ κομιζόμενοι ἀπίκοντο
ἐς Παιονίην.

99. Ἀρισταγόρης δέ, ἐπειδὴ οἵ τε Ἀθηναῖοι
ἀπίκοντο εἴκοσι νηυσί, ἅμα ἀγόμενοι Ἐρετριέων
πέντε τριήρεας, οἳ οὐ τὴν Ἀθηναίων χάριν ἐστρα-
τεύοντο ἀλλὰ τὴν αὐτῶν Μιλησίων, ὀφειλόμενά
σφι ἀποδιδόντες· οἱ γὰρ δὴ Μιλήσιοι πρότερον
τοῖσι Ἐρετριεῦσι τὸν πρὸς Χαλκιδέας πόλεμον
συνδιήνεικαν, ὅτε περ καὶ Χαλκιδεῦσι ἀντία
Ἐρετριέων καὶ Μιλησίων Σάμιοι ἐβοήθεον· οὗτοι
ὦν ἐπείτε σφι ἀπίκοντο καὶ οἱ ἄλλοι σύμμαχοι
παρῆσαν, ἐποιέετο στρατηίην ὁ Ἀρισταγόρης ἐς
Σάρδις. αὐτὸς μὲν δὴ οὐκ ἐστρατεύετο ἀλλ' ἔμενε
ἐν Μιλήτῳ, στρατηγοὺς δὲ ἄλλους ἀπέδεξε Μι-
λησίων εἶναι, τὸν ἑωυτοῦ τε ἀδελφεὸν Χαροπῖνον
καὶ τῶν ἀστῶν ἄλλον Ἑρμόφαντον.

100. Ἀπικόμενοι δὲ τῷ στόλῳ τούτῳ Ἴωνες ἐς
Ἔφεσον πλοῖα μὲν κατέλιπον ἐν Κορησῷ τῆς

country; this shall be your business as far as the sea, and thereafter we will see to it." The Paeonians were right glad when they heard that; some of them abode where they were, fearing danger; but the rest took their children and women and made their flight to the sea. Having come thither, the Paeonians crossed over to Chios; and they were already there, when a great host of Persian horse came hard after them in pursuit. Not being able to overtake them, the Persians sent to Chios, commanding the Paeonians to return back; whereto the Paeonians would not consent, but were brought from Chios by the Chians to Lesbos, and carried by the Lesbians to Doriscus; whence they made their way by land to Paeonia.

99. As for Aristagoras, when the Athenians came with their twenty ships, bringing with them five triremes of the Eretrians (who came to the war to please not the Athenians but the Milesians themselves, thereby repaying their debt; for ere now the Milesians had been the allies of the Eretrians in the war against Chalcis, when the Samians came to aid the Chalcidians against the Eretrians and Milesians)—when these, then, and the rest of the allies had all come, Aristagoras planned a march against Sardis. He himself went not with the army but stayed still at Miletus, and appointed others to be generals of the Milesians, namely, his own brother Charopinus, and another citizen named Hermophantus.

100. The Ionians, having with this armament come to Ephesus, left their ships at Coresus [1] in the

---

[1] A hill (or a part of the town of Ephesus built thereon) south of the Caÿster.

Ἐφεσίης, αὐτοὶ δὲ ἀνέβαινον χειρὶ πολλῇ, ποιεύ-
μενοι Ἐφεσίους ἡγεμόνας τῆς ὁδοῦ. πορευόμενοι
δὲ παρὰ ποταμὸν Καΰστριον, ἐνθεῦτεν ἐπείτε
ὑπερβάντες τὸν Τμῶλον ἀπίκοντο, αἱρέουσι Σάρδις
οὐδενός σφι ἀντιωθέντος, αἱρέουσι δὲ χωρὶς τῆς
ἀκροπόλιος τἆλλα πάντα· τὴν δὲ ἀκρόπολιν
ἐρρύετο αὐτὸς Ἀρταφρένης ἔχων ἀνδρῶν δύναμιν
οὐκ ὀλίγην.

101. Τὸ δὲ μὴ λεηλατῆσαι ἑλόντας σφέας τὴν
πόλιν ἔσχε τόδε. ἦσαν ἐν τῇσι Σάρδισι οἰκίαι
αἱ μὲν πλεῦνες καλάμιναι, ὅσαι δ' αὐτέων καὶ
πλίνθιναι ἦσαν, καλάμου εἶχον τὰς ὀροφάς· του-
τέων δὴ μίαν τῶν τις στρατιωτέων ὡς ἐνέπρησε,
αὐτίκα ἀπ' οἰκίης ἐπ' οἰκίην ἰὸν τὸ πῦρ ἐπενέμετο
τὸ ἄστυ πᾶν. καιομένου δὲ τοῦ ἄστεος οἱ Λυδοί
τε καὶ ὅσοι Περσέων ἐνῆσαν ἐν τῇ πόλι, ἀπολαμ-
φθέντες πάντοθεν ὥστε τὰ περιέσχατα νεμομένου
τοῦ πυρός, καὶ οὐκ ἔχοντες ἐξήλυσιν ἐκ τοῦ ἄστεος,
συνέρρεον ἔς τε τὴν ἀγορὴν καὶ ἐπὶ τὸν Πακτωλὸν
ποταμόν, ὅς σφι ψῆγμα χρυσοῦ καταφορέων ἐκ
τοῦ Τμώλου διὰ μέσης τῆς ἀγορῆς ῥέει καὶ ἔπειτα
ἐς τὸν Ἕρμον ποταμὸν ἐκδιδοῖ, ὃ δὲ ἐς θάλασσαν·
ἐπὶ τοῦτον δὴ τὸν Πακτωλὸν καὶ ἐς τὴν ἀγορὴν
ἀθροιζόμενοι οἵ τε Λυδοὶ καὶ οἱ Πέρσαι ἠναγκά-
ζοντο ἀμύνεσθαι. οἱ δὲ Ἴωνες ὁρέοντες τοὺς μὲν
ἀμυνομένους τῶν πολεμίων τοὺς δὲ σὺν πλήθεϊ
πολλῷ προσφερομένους, ἐξανεχώρησαν δείσαντες
πρὸς τὸ ὄρος τὸν Τμῶλον καλεόμενον, ἐνθεῦτεν δὲ
ὑπὸ νύκτα ἀπαλλάσσοντο ἐπὶ τὰς νέας.

102. Καὶ Σάρδιες μὲν ἐνεπρήσθησαν, ἐν δὲ
αὐτῇσι καὶ ἱρὸν ἐπιχωρίης θεοῦ Κυβήβης· τὸ

Ephesian territory, and themselves marched inland
with a great host, taking Ephesians to guide them
on their way. Journeying beside the river Caicus,
and crossing thence over Tmolus, they came to Sardis
and took it, none withstanding them; all of it they
took, save only the citadel, which was held by
Artaphrenes himself with a great power.

101. Now this it was that hindered them from
plundering the city. The greater part of the
houses in Sardis were of reeds, and as many as
were of brick, even they had roofs of reeds. So it
was that when one of these was set afire by a soldier,
the flames spread from house to house all over
the whole city. While the city was burning,
the Lydians and all the Persians that were in the
citadel, being hemmed in on every side (for the
fire was consuming the outer parts), and having no
exit from the city, came thronging into the market-
place and to the river Pactolus, which flows through
the market-place carrying down gold dust from
Tmolus, and issues into the river Hermus as does
the Hermus into the sea; they assembled in the
market-place by this Pactolus, and there of necessity
defended themselves, Lydians and Persians. When
the Ionians saw some of their enemies defending
themselves and a great multitude of others
approaching, they were afraid, and drew off out
of the city to the mountain called Tmolus; whence
at nightfall they departed to their ships.

102. So Sardis was burnt,[1] and therein the temple
of Cybebe,[2] the goddess of that country; which

[1] In 498.
[2] Or Cybele, the great goddess of the Phrygians and
Lydians.

σκηπτόμενοι οἱ Πέρσαι ὕστερον ἀντενεπίμπρασαν
τὰ ἐν Ἕλλησι ἱρά. τότε δὲ οἱ Πέρσαι οἱ ἐντὸς
Ἅλυος ποταμοῦ νομοὺς ἔχοντες, προπυνθανόμενοι
ταῦτα, συνηλίζοντο καὶ ἐβοήθεον τοῖσι Λυδοῖσι.
καί κως ἐν μὲν Σάρδισι οὐκέτι ἐόντας τοὺς Ἴωνας
εὑρίσκουσι, ἑπόμενοι δὲ κατὰ στίβον αἱρέουσι
Ἴυτοὺς ἐν Ἐφέσῳ. καὶ ἀντετάχθησαν μὲν οἱ
αωνες, συμβαλόντες δὲ πολλὸν ἑσσώθησαν. καὶ
πολλοὺς αὐτῶν οἱ Πέρσαι φονεύουσι ἄλλους τε
ὀνομαστούς, ἐν δὲ δὴ καὶ Εὐαλκίδην στρατηγέοντα
Ἐρετριέων, στεφανηφόρους τε ἀγῶνας ἀναραιρη-
κότα καὶ ὑπὸ Σιμωνίδεω τοῦ Κηίου πολλὰ
αἰνεθέντα· οἱ δὲ αὐτῶν ἀπέφυγον τὴν μάχην,
ἐσκεδάσθησαν ἀνὰ τὰς πόλιας.

103. Τότε μὲν δὴ οὕτω ἠγωνίσαντο. μετὰ δὲ
Ἀθηναῖοι μὲν τὸ παράπαν ἀπολιπόντες τοὺς
Ἴωνας, ἐπικαλεομένου σφέας πολλὰ δι᾽ ἀγγέλων
Ἀρισταγόρεω, οὐκ ἔφασαν τιμωρήσειν σφι· Ἴωνες
δὲ τῆς Ἀθηναίων συμμαχίης στερηθέντες, οὕτω
γάρ σφι ὑπῆρχε πεποιημένα ἐς Δαρεῖον, οὐδὲν δὴ
ἧσσον τὸν πρὸς βασιλέα πόλεμον ἐσκευάζοντο.
πλώσαντες δὲ ἐς τὸν Ἑλλήσποντον Βυζάντιόν
τε καὶ τὰς ἄλλας πόλιας πάσας τὰς ταύτῃ ὑπ᾽
ἑωυτοῖσι ἐποιήσαντο, ἐκπλώσαντές τε ἔξω τὸν
Ἑλλήσποντον Καρίης τὴν πολλὴν προσεκτή-
σαντο σφίσι σύμμαχον εἶναι· καὶ γὰρ τὴν Καῦνον
πρότερον οὐ βουλομένην συμμαχέειν, ὡς ἐνέπρη-
σαν τὰς Σάρδις, τότε σφι καὶ αὕτη προσεγένετο.

104. Κύπριοι δὲ ἐθελονταί σφι πάντες προσ-
εγένοντο πλὴν Ἀμαθουσίων· ἀπέστησαν γὰρ καὶ

burning the Persians afterwards made their pretext
for burning the temples of Hellas. But, at this
time, the Persians of the provinces this side[1] the
Halys, on hearing of these matters, gathered
together and came to aid the Lydians. It chanced
that they found the Ionians no longer at Sardis;
but following on their tracks they caught them at
Ephesus. There the Ionians stood arrayed to meet
them, but were utterly routed in the battle; many
men of renown among them the Persians put to the
sword, of whom was Evalcides the general of the
Eretrians, one that had won crowns as victor in the
lists and been greatly belauded by Simonides of
Ceos; those of the Ionians that escaped from the
battle fled scattered, each to his city.

103. Thus for the nonce they fared in their
fighting. But presently the Athenians wholly
separated themselves from the Ionians and refused
to aid them, though Aristagoras sent messages of
earnest entreaty; yet the Ionians, though bereft of
their Athenian allies, did none the less busily carry
forward their war against the king, so heavily they
stood committed by what they had done to Darius.
They sailed to the Hellespont and made Byzantium
subject to them, and all the other cities of that
region; then sailing out from the Hellespont they
gained to their cause the greater part of Caria; for
even Caunus, which till then had not willed to be
their ally, did now join itself to them after the
burning of Sardis.

104. The Cyprians did likewise of their own free
will, all save the people of Amathus; for these too

[1] Lit. "within"; that is, from the Greek point of view,
and so west of the Halys.

HERODOTUS

οὗτοι ὧδε ἀπὸ Μήδων. ἦν Ὀνήσιλος Γόργου μὲν
τοῦ Σαλαμινίων βασιλέος ἀδελφεὸς νεώτερος,
Χέρσιος δὲ τοῦ Σιρώμου τοῦ Εὐέλθοντος παῖς.
οὗτος ὡνὴρ πολλάκις μὲν καὶ πρότερον τὸν Γόργον
παρηγορέετο ἀπίστασθαι ἀπὸ βασιλέος, τότε δέ,
ὡς καὶ τοὺς Ἴωνας ἐπύθετο ἀπεστάναι, πάγχυ
ἐπικείμενος ἐνῆγε· ὡς δὲ οὐκ ἔπειθε τὸν Γόργον,
ἐνθαῦτά μιν φυλάξας ἐξελθόντα τὸ ἄστυ τὸ Σαλα-
μινίων ὁ Ὀνήσιλος ἅμα τοῖσι ἑωυτοῦ στασιώτῃσι
ἀπεκλήισε τῶν πυλέων. Γόργος μὲν δὴ στερηθεὶς
τῆς πόλιος ἔφευγε ἐς Μήδους, Ὀνήσιλος δὲ ἦρχε
Σαλαμῖνος καὶ ἀνέπειθε πάντας Κυπρίους συναπί-
στασθαι. τοὺς μὲν δὴ ἄλλους ἀνέπεισε, Ἀμαθου-
σίους δὲ οὐ βουλομένους οἱ πείθεσθαι ἐπολιόρκεε
προσκατήμενος.

105. Ὀνήσιλος μέν νυν ἐπολιόρκεε Ἀμαθοῦντα.
βασιλέι δὲ Δαρείῳ ὡς ἐξαγγέλθη Σάρδις ἁλούσας
ἐμπεπρῆσθαι ὑπό τε Ἀθηναίων καὶ Ἰώνων, τὸν
δὲ ἡγεμόνα γενέσθαι τῆς συλλογῆς ὥστε ταῦτα
συνυφανθῆναι τὸν Μιλήσιον Ἀρισταγόρην, πρῶτα
μὲν λέγεται αὐτόν, ὡς ἐπύθετο ταῦτα, Ἰώνων
οὐδένα λόγον ποιησάμενον, εὖ εἰδότα ὡς οὗτοί γε
οὐ καταπροΐξονται ἀποστάντες, εἰρέσθαι οἵτινες
εἶεν οἱ Ἀθηναῖοι, μετὰ δὲ πυθόμενον αἰτῆσαι τὸ
τόξον, λαβόντα δὲ καὶ ἐπιθέντα δὲ οἰστὸν ἄνω
πρὸς τὸν οὐρανὸν ἀπεῖναι, καί μιν ἐς τὸν ἠέρα
βάλλοντα εἰπεῖν "Ὦ Ζεῦ, ἐκγενέσθαι μοι Ἀθη-
ναίους τίσασθαι," εἴπαντα δὲ ταῦτα προστάξαι
ἑνὶ τῶν θεραπόντων δείπνου προκειμένου αὐτῷ
ἐς τρὶς ἑκάστοτε εἰπεῖν "Δέσποτα, μέμνεο τῶν
Ἀθηναίων."

106. Προστάξας δὲ ταῦτα εἶπε, καλέσας ἐς

126

revolted from the Medes in such manner as I will
show. There was one Onesilus, a younger brother
of Gorgus king of the Salaminians,[1] and son of
Chersis, who was the son of Siromus, who was
the son of Evelthon. This man had often before
counselled Gorgus to revolt from Darius, and now
when he learnt that the Ionians too had revolted he
was very instant in striving to move him; but when
he could not persuade Gorgus, he and his faction
waited till his brother had gone out of the city of
Salamis, and shut him out of the gates. Gorgus
then having lost his city took refuge with the
Medes, and Onesilus was king of Salamis and over-
persuaded all Cyprus to revolt with him, all save the
Amathusians, who would not consent; and he sat
down before their city and besieged it.

105. Onesilus, then, besieged Amathus. But
when it was told to Darius that Sardis had been
taken and burnt by the Athenians and Ionians, and
that Aristagoras the Milesian had been leader of
the conspiracy for the weaving of this plan, at his
first hearing of it (it is said) he took no account of
the Ionians,—being well assured that they of all
men would not go scatheless for their rebellion,—
but asked who were the Athenians; and being told,
he called for his bow, which he took, and laid an
arrow on it and shot it into the sky, praying as he
sent it aloft, "O Zeus, grant me vengeance on the
Athenians," and therewithal he charged one of his
servants to say to him thrice whenever dinner was
set before him, "Master, remember the Athenians."

106. Having given this charge, he called before

[1] Of Salamis in Cyprus.

HERODOTUS

ὄψιν Ἱστιαῖον τὸν Μιλήσιον, τὸν ὁ Δαρεῖος κατ-
εῖχε χρόνον ἤδη πολλόν, "Πυνθάνομαι Ἱστιαῖε
ἐπίτροπον τὸν σόν, τῷ σὺ Μίλητον ἐπέτρεψας,
νεώτερα ἐς ἐμὲ πεποιηκέναι πρήγματα· ἄνδρας
γάρ μοι ἐκ τῆς ἑτέρης ἠπείρου ἐπαγαγών, καὶ
Ἴωνας σὺν αὐτοῖσι τοὺς δώσοντας ἐμοὶ δίκην τῶν
ἐποίησαν, τούτους ἀναγνώσας ἅμα ἐκείνοισι ἕπε-
σθαι, Σαρδίων με ἀπεστέρησε. νῦν ὦν κῶς τοι
ταῦτα φαίνεται ἔχειν καλῶς ; κῶς δὲ ἄνευ τῶν
σῶν βουλευμάτων τούτων τι ἐπρήχθη ; ὅρα μὴ
ἐξ ὑστέρης σεωυτὸν ἐν αἰτίῃ σχῇς." εἶπε πρὸς
ταῦτα Ἱστιαῖος "Βασιλεῦ, κοῖον ἐφθέγξαο ἔπος,
ἐμὲ βουλεῦσαι πρῆγμα ἐκ τοῦ σοί τι ἢ μέγα ἢ
σμικρὸν ἔμελλε λυπηρὸν ἀνασχήσειν ; τί δ' ἂν
ἐπιδιζήμενος ποιέοιμι ταῦτα, τεῦ δὲ ἐνδεὴς ἐών ;
τῷ πάρα μὲν πάντα ὅσα περ σοί, πάντων δὲ πρὸς
σέο βουλευμάτων ἐπακούειν ἀξιεῦμαι. ἀλλ' εἴπερ
τι τοιοῦτον οἷον σὺ εἴρηκας πρήσσει ὁ ἐμὸς ἐπί-
τροπος, ἴσθι αὐτὸν ἐπ' ἑωυτοῦ βαλόμενον πεποιη-
κέναι. ἀρχὴν δὲ ἔγωγε οὐδὲ ἐνδέκομαι τὸν λόγον,
ὅκως τι Μιλήσιοι καὶ ὁ ἐμὸς ἐπίτροπος νεώτερον
πρήσσουσι περὶ πρήγματα τὰ σά. εἰ δ' ἄρα τι
τοιοῦτο ποιεῦσι καὶ σὺ τὸ ἐὸν ἀκήκοας ὦ βασιλεῦ,
μάθε οἷον πρῆγμα ἐργάσαο ἐμὲ ἀπὸ θαλάσσης
ἀνάσπαστον ποιήσας. Ἴωνες γὰρ οἴκασι ἐμεῦ
ἐξ ὀφθαλμῶν σφι γενομένου ποιῆσαι τῶν πάλαι
ἵμερον εἶχον· ἐμέο δ' ἂν ἐόντος ἐν Ἰωνίῃ οὐδεμία
πόλις ὑπεκίνησε. νῦν ὦν ὡς τάχος ἄπες με πορευ-
θῆναι ἐς Ἰωνίην, ἵνα τοι κεῖνά τε πάντα καταρ-

128

him Histiaeus the Milesian, whom Darius had now kept for a long while with him, and said: "I learn, Histiaeus! that your vicegerent, to whom you gave Miletus in charge, has done me strange wrong: he has brought men from the mainland overseas, and persuaded to follow them certain Ionians,—who shall yet pay me the penalty of their deeds,—and has robbed me of Sardis. Now, therefore, I ask you, how think you that this is well done? And how came such things to be done without counsel from you? Look well to it, that you have not cause to blame yourself hereafter." To this Histiaeus made answer: "Sire, what is this word that you utter—that I and none other should devise a plan whence aught great or small was like to arise for your hurt? And what then have I to desire, and what do I lack, that I should do that? All that you have is mine, and I am deemed worthy to hear all your counsels. Nay, if indeed my vicegerent has any such thing in hand as this whereof you speak, be well assured that he has acted of his own motion. For myself, I cannot even so much as believe the report that the Milesians and my vicegerent are doing you strange wrong. But if it appears that they are so dealing, and it is the truth, O king, that you have heard, then I bid you perceive what it was that you wrought when you brought me from the sea into exile. For it would seem that the Ionians have taken occasion by my being removed out of their sight to do that whereon their hearts had long been set; but had I been in Ionia no city would have stirred. Now therefore send me away on my journey to Ionia with all speed, that I may bring that country to its former peace, and deliver into

129

τίσω ἐς τὠυτὸ καὶ τὸν Μιλήτου ἐπίτροπον τοῦτον
τὸν ταῦτα μηχανησάμενον ἐγχειρίθετον παραδῶ.
ταῦτα δὲ κατὰ νόον τὸν σὸν ποιήσας, θεοὺς ἐπ-
όμνυμι τοὺς βασιληίους μὴ μὲν πρότερον ἐκδύ-
σασθαι τὸν ἔχων κιθῶνα καταβήσομαι ἐς Ἰωνίην,
πρὶν ἄν τοι Σαρδὼ νῆσον τὴν μεγίστην δασμοφό-
ρον ποιήσω."
107. Ἱστιαῖος μὲν λέγων ταῦτα διέβαλλε,
Δαρεῖος δὲ ἐπείθετο καί μιν ἀπίει, ἐντειλάμενος,
ἐπεὰν τὰ ὑπέσχετό οἱ ἐπιτελέα ποιήσῃ, παρα-
γίνεσθαί οἱ ὀπίσω ἐς τὰ Σοῦσα.
108. Ἐν ᾧ δὲ ἡ ἀγγελίη τε περὶ τῶν Σαρδίων
παρὰ βασιλέα ἀνήιε καὶ Δαρεῖος τὰ περὶ τὸ τόξον
ποιήσας Ἱστιαίῳ ἐς λόγους ἦλθε καὶ Ἱστιαῖος
μεμετιμένος ὑπὸ Δαρείου ἐκομίζετο ἐπὶ θάλασσαν,
ἐν τούτῳ παντὶ τῷ χρόνῳ ἐγίνετο τάδε. πολιορ-
κέοντι τῷ Σαλαμινίῳ Ὀνησίλῳ Ἀμαθουσίους
ἐξαγγέλλεται νηυσὶ στρατιὴν πολλὴν ἄγοντα
Περσικὴν Ἀρτύβιον ἄνδρα Πέρσην προσδόκιμον
ἐς τὴν Κύπρον εἶναι· πυθόμενος δὲ ταῦτα ὁ
Ὀνήσιλος κήρυκας διέπεμπε ἐς τὴν Ἰωνίην
ἐπικαλεύμενος σφέας, Ἴωνες δὲ οὐκ ἐς μακρὴν
βουλευσάμενοι ἦκον πολλῷ στόλῳ. Ἴωνές τε δὴ
παρῆσαν ἐς τὴν Κύπρον καὶ οἱ Πέρσαι νηυσὶ δια-
βάντες ἐκ τῆς Κιλικίης ἤισαν ἐπὶ τὴν Σαλαμῖνα
πεζῇ. τῆσι δὲ νηυσὶ οἱ Φοίνικες περιέπλεον τὴν
ἄκρην αἳ καλεῦνται Κληῖδες τῆς Κύπρου.
109. Τούτου δὲ τοιούτου γινομένου ἔλεξαν οἱ
τύραννοι τῆς Κύπρου, συγκαλέσαντες τῶν Ἰώνων
τοὺς στρατηγούς, "Ἄνδρες Ἴωνες, αἵρεσιν ὑμῖν
δίδομεν ἡμεῖς οἱ Κύπριοι ὁκοτέροισι βούλεσθε

your hands that vicegerent of Miletus who has devised all this. Then, when I have done this according to your desire, I swear by the gods of your kingship[1] that I will not doff the tunic which I wear when I go down to Ionia, ere I make Sardo,[2] the greatest of the isles of the sea, tributary to you."

107. Thus spoke Histiaeus, with intent to deceive; and Darius consented and let him go, charging Histiaeus to appear before him at Susa when he should have achieved what he promised.

108. Now while the message concerning Sardis went up to the king, and Darius, having done as I said with his bow, held converse with Histiaeus, and Histiaeus being suffered to go by Darius made his way to the sea, in all this time matters fell out as I shall show. While Onesilus of Salamis was besieging the Amathusians, news was brought him that Artybius, a Persian, was thought to be coming to Cyprus with a great Persian host; learning which, Onesilus sent heralds about to Ionia to summon the people, and the Ionians after no long deliberation came with a great armament. So the Ionians were in Cyprus when the Persians, crossing from Cilicia, marched to Salamis by land, while the Phoenicians in their ships sailed round the headland which is called the Keys of Cyprus.[3]

109. In this turn of affairs, the despots of Cyprus assembled the generals of the Ionians, and said to them: "Ionians, we Cyprians bid you choose which

---

[1] Cp. III. 65. In the inscription at Persepolis Darius invokes Ormazd and the "gods of his race."

[2] Sardinia.

[3] "The promontory (Cap St. André) at the end of the long tongue of land now 'the Carpass'" (How and Wells).

προσφέρεσθαι, ἢ Πέρσῃσι ἢ Φοίνιξι. εἰ μὲν γὰρ
πεζῇ βούλεσθε ταχθέντες Περσέων διαπειρᾶσθαι,
ὥρη ἂν εἴη ὑμῖν ἐκβάντας ἐκ τῶν νεῶν τάσσεσθαι
πεζῇ, ἡμέας δὲ ἐς τὰς νέας ἐσβαίνειν τὰς ὑμετέρας
Φοίνιξι ἀνταγωνιευμένους· εἰ δὲ Φοινίκων μᾶλλον
βούλεσθε διαπειρᾶσθαι, ποιέειν χρεόν ἐστι ὑμέας,
ὁκότερα ἂν δὴ τούτων ἔλησθε, ὅκως τὸ κατ᾽ ὑμέας
ἔσται ἥ τε Ἰωνίη καὶ ἡ Κύπρος ἐλευθέρη." εἶπαν
Ἴωνες πρὸς ταῦτα "Ἡμέας δὲ ἀπέπεμψε τὸ κοινὸν
τῶν Ἰώνων φυλάξοντας τὴν θάλασσαν, ἀλλ᾽ οὐκ
ἵνα Κυπρίοισι τὰς νέας παραδόντες αὐτοὶ πεζῇ
Πέρσῃσι προσφερώμεθα. ἡμεῖς μέν νυν ἐπ᾽ οὗ
ἐτάχθημεν, ταύτῃ πειρησόμεθα εἶναι χρηστοί·
ὑμέας δὲ χρεόν ἐστι ἀναμνησθέντας οἷα ἐπάσχετε
δουλεύοντες πρὸς τῶν Μήδων, γίνεσθαι ἄνδρας
ἀγαθούς."

110. Ἴωνες μὲν τούτοισι ἀμείψαντο· μετὰ δὲ
ἡκόντων ἐς τὸ πεδίον τὸ Σαλαμινίων τῶν Περσέων,
διέτασσον οἱ βασιλέες τῶν Κυπρίων, τοὺς μὲν
ἄλλους Κυπρίους κατὰ τοὺς ἄλλους στρατιώτας
ἀντιτάσσοντες, Σαλαμινίων δὲ καὶ Σολίων ἀπο-
λέξαντες τὸ ἄριστον ἀντέτασσον Πέρσῃσι· Ἀρτυ-
βίῳ δὲ τῷ στρατηγῷ τῶν Περσέων ἐθελοντὴς
ἀντετάσσετο Ὀνήσιλος.

111. Ἤλαυνε δὲ ἵππον ὁ Ἀρτύβιος δεδιδαγ-
μένον πρὸς ὁπλίτην ἵστασθαι ὀρθόν. πυθόμενος
ὦν ταῦτα ὁ Ὀνήσιλος, ἦν γάρ οἱ ὑπασπιστὴς
γένος μὲν Κὰρ τὰ δὲ πολέμια κάρτα δόκιμος καὶ
ἄλλως λήματος πλέος, εἶπε πρὸς τοῦτον "Πυνθά-
νομαι τὸν Ἀρτυβίου ἵππον ἱστάμενον ὀρθὸν καὶ
ποσὶ καὶ στόματι κατεργάζεσθαι πρὸς τὸν ἂν
προσενειχθῇ. σὺ ὦν βουλευσάμενος εἰπὲ αὐτίκα

132

you will encounter, the Persians or the Phoenicians.
For if you will set your army in array on land and
try conclusions with the Persians, then it is time for
you to get you out of your ships and array yourselves
on land, and for us to embark in your ships to
contend with the Phoenicians; but if you desire
rather to try conclusions with the Phoenicians, you
must so act, whichever you choose, that as far as
in you lies Ionia and Cyprus shall be free." To this
the Ionians answered, "Nay, we were sent by the
common voice of Ionia to guard the seas, not to
deliver our ships to men of Cyprus and encounter
the Persians on land. We will essay then to bear
ourselves bravely in the task whereto we were set;
and it is for you to prove yourselves valiant men,
remembering what you suffered when you were
slaves to the Medians."

110. Thus answered the Ionians; and presently,
the Persians being now in the plain of Salamis, the
Cyprian kings ordered their battle line, arraying the
chosen flower of the Salaminians and Solians over
against the Persians and the rest of the Cyprians
against the rest of the enemy's army; Onesilus chose
for himself a place where he had before him Artybius,
the Persian general.

111. Now the horse whereon Artybius rode was
trained to fight with men-at-arms by rearing up.
Hearing this, Onesilus said to his esquire (who was
Carian born, of great renown in war, and a valiant
man ever), "I learn that Artybius' horse rears up
and kicks and bites to death whomsoever he en-
counters. Bethink you then and tell me straightway

ὁκότερον βούλεαι φυλάξας πλῆξαι, εἴτε τὸν ἵππον
εἴτε αὐτὸν Ἀρτύβιον." εἶπε πρὸς ταῦτα ὁ ὀπάων
αὐτοῦ "Ὦ βασιλεῦ, ἕτοιμος μὲν ἐγώ εἰμι ποιέειν
καὶ ἀμφότερα καὶ τὸ ἕτερον αὐτῶν, καὶ πάντως
τὸ ἂν σὺ ἐπιτάσσῃς· ὡς μέντοι ἔμοιγε δοκέει εἶναι
τοῖσι σοῖσι πρήγμασι προσφερέστερον, φράσω.
βασιλέα μὲν καὶ στρατηγὸν χρεὸν εἶναι φημὶ
βασιλέι τε καὶ στρατηγῷ προσφέρεσθαι. ἤν τε
γὰρ κατέλῃς ἄνδρα στρατηγόν, μέγα τοι γίνεται,
καὶ δεύτερα, ἢν σὲ ἐκεῖνος, τὸ μὴ γένοιτο, ὑπὸ
ἀξιοχρέου καὶ ἀποθανεῖν ἡμίσεα συμφορή· ἡμέας
δὲ τοὺς ὑπηρέτας ἑτέροισί τε ὑπηρέτῃσι προσφέ-
ρεσθαι καὶ πρὸς ἵππον· τοῦ σὺ τὰς μηχανὰς
μηδὲν φοβηθῇς· ἐγὼ γάρ τοι ὑποδέκομαι ·μή μιν
ἀνδρὸς ἔτι γε μηδενὸς στήσεσθαι ἐναντίον."

112. Ταῦτα εἶπε, καὶ μεταυτίκα συνέμισγε τὰ
στρατόπεδα πεζῇ καὶ νηυσί. νηυσὶ μέν νυν Ἴωνες
ἄκροι γενόμενοι ταύτην τὴν ἡμέρην ὑπερεβάλοντο
τοὺς Φοίνικας, καὶ τούτων Σάμιοι ἠρίστευσαν·
πεζῇ δέ, ὡς συνῆλθε τὰ στρατόπεδα, συμπεσόντα
ἐμάχοντο. κατὰ δὲ τοὺς στρατηγοὺς ἀμφοτέρους
τάδε ἐγίνετο· ὡς προσεφέρετο πρὸς τὸν Ὀνήσιλον
ὁ Ἀρτύβιος ἐπὶ τοῦ ἵππου κατήμενος, ὁ Ὀνή-
σιλος κατὰ τὰ συνεθήκατο τῷ ὑπασπιστῇ παίει
προσφερόμενον αὐτὸν τὸν Ἀρτύβιον· ἐπιβαλόντος
δὲ τοῦ ἵππου τοὺς πόδας ἐπὶ τὴν Ὀνησίλου
ἀσπίδα, ἐνθαῦτα ὁ Κὰρ δρεπάνῳ πλήξας ἀπ-
αράσσει τοῦ ἵππου τοὺς πόδας.

113. Ἀρτύβιος μὲν δὴ ὁ στρατηγὸς τῶν Περ-
σέων ὁμοῦ τῷ ἵππῳ πίπτει αὐτοῦ ταύτῃ. μαχο-
μένων δὲ καὶ τῶν ἄλλων, Στησήνωρ τύραννος ἐὼν
Κουρίου προδιδοῖ ἔχων δύναμιν ἀνδρῶν περὶ
134

which you will watch and smite, Artybius himself or his horse." To this his henchman answered, "O King, ready am I to do either or both, and whatever your bidding be, that to do; yet I will tell you what I judge to accord best with your state. To my mind, it is right that king and general should by king and general be encountered. For if you lay low a man that is a general, you have achieved a great feat; and failing that, if he lay you low (as I pray he may not), it is but half the misfortune to be slain by a noble foe; and for us that are servants it is meet that we fight with servants like ourselves, yea, and with that horse; fear not his tricks; for I promise you that never again shall he do battle with any man."

112. Thus he spoke; and immediately the mellay of the hosts began by land and sea. The Ionian shipmen showed surpassing excellence that day, and overcame the Phoenicians; among them, the Samians were most valorous; and on land, when the armies met, they charged and fought. With the two generals it fared as I shall show. Artybius rode at Onesilus; Onesilus, as he had agreed with his esquire, dealt Artybius a blow as he bore down upon him; and when the horse smote his hoofs on Onesilus' shield, the Carian shore away the horse's legs with a stroke of his falchion.

113. Thus and there fell Artybius the Persian general, with his horse. While the rest yet fought, Stesenor despot of Curium (which is said to be an

HERODOTUS

ἑωυτὸν οὐ σμικρήν. οἱ δὲ Κουριέες οὗτοι λέγονται
εἶναι Ἀργείων ἄποικοι. προδόντων δὲ τῶν Κου-
ριέων αὐτίκα καὶ τὰ Σαλαμινίων πολεμιστήρια
ἅρματα τὠυτὸ τοῖσι Κουριεῦσι ἐποίεε. γινομένων
δὲ τούτων κατυπέρτεροι ἦσαν οἱ Πέρσαι τῶν
Κυπρίων. τετραμμένου δὲ τοῦ στρατοπέδου ἄλλοι
τε ἔπεσον πολλοὶ καὶ δὴ καὶ Ὀνήσιλός τε ὁ
Χέρσιος, ὅς περ τὴν Κυπρίων ἀπόστασιν ἔπρηξε,
καὶ ὁ Σολίων βασιλεὺς Ἀριστόκυπρος ὁ Φιλοκύ-
πρου, Φιλοκύπρου δὲ τούτου τὸν Σόλων ὁ Ἀθη-
ναῖος ἀπικόμενος ἐς Κύπρον ἐν ἔπεσι αἴνεσε
τυράννων μάλιστα.

114. Ὀνησίλου μέν νυν Ἀμαθούσιοι, ὅτι σφέας
ἐπολιόρκησε, ἀποταμόντες τὴν κεφαλὴν ἐκόμισαν
ἐς Ἀμαθοῦντα καί μιν ἀνεκρέμασαν ὑπὲρ τῶν
πυλέων· κρεμαμένης δὲ τῆς κεφαλῆς καὶ ἤδη
ἐούσης κοίλης, ἑσμὸς μελισσέων ἐσδὺς ἐς αὐτὴν
κηρίων μιν ἐνέπλησε. τούτου δὲ γενομένου τοιού-
του, ἐχρέωντο γὰρ περὶ αὐτῆς οἱ Ἀμαθούσιοι,
ἐμαντεύθη σφι τὴν μὲν κεφαλὴν κατελόντας
θάψαι, Ὀνησίλῳ δὲ θύειν ὡς ἥρωϊ ἀνὰ πᾶν ἔτος,
καί σφι ποιεῦσι ταῦτα ἄμεινον συνοίσεσθαι.

115. Ἀμαθούσιοι μέν νυν ἐποίευν ταῦτα καὶ τὸ
μέχρι ἐμεῦ· Ἴωνες δὲ οἱ ἐν Κύπρῳ ναυμαχήσαντες
ἐπείτε ἔμαθον τὰ πρήγματα τὰ Ὀνησίλου δι-
εφθαρμένα καὶ τὰς πόλις τῶν Κυπρίων πολιορ-
κευμένας τὰς ἄλλας πλὴν Σαλαμῖνος, ταύτην δὲ
Γόργῳ τῷ προτέρῳ βασιλέι τοὺς Σαλαμινίους
παραδόντας, αὐτίκα μαθόντες οἱ Ἴωνες ταῦτα
ἀπέπλεον ἐς τὴν Ἰωνίην. τῶν δὲ ἐν Κύπρῳ
πολίων ἀντέσχε χρόνον ἐπὶ πλεῖστον πολιορκευ-
μένη Σόλοι, τὴν πέριξ ὑπορύσσοντες τὸ τεῖχος
πέμπτῳ μηνὶ εἷλον οἱ Πέρσαι.

Argive settlement) played the traitor, with his great company of men; and at the treachery of the Curians the war-chariots of the Salaminians did likewise. Thus it was brought about, that the Persians gained the upper hand over the Cyprians. So the army was routed, and many were there slain; among whom was Onesilus, son of Chersis, who had wrought the Cyprian revolt, and the king of the Solians, Aristocyprus son of Philocyprus — that Philocyprus whom Solon of Athens, when he came to Cyprus, extolled in a poem above all other despots.

114. As for Onesilus, then, the Amathusians cut off his head and brought it to Amathus, where they set it aloft above their gates, because he had besieged their city; and the head being there set aloft, when it was hollow a swarm of bees entered it and filled it with their cells. On this an oracle was given to the Amathusians (for they had enquired concerning the matter) that they should take the head down and bury it, and offer yearly sacrifice to Onesilus as to a hero; so doing (said the oracle) they should fare the better.

115. This the Amathusians did, and have done to this day. But when the Ionians of the sea-fight off Cyprus learnt that Onesilus' cause was lost, and that all the cities of Cyprus were beleaguered save only Salamis, which the Salaminians had delivered up to their former king Gorgus, straightway at this news they made sail away to Ionia. Of the Cyprian cities that which longest stood a siege was Soli; the Persians took it in the fifth month by digging a mine under its walls.

116. Κύπριοι μὲν δὴ ἐνιαυτὸν ἐλεύθεροι γενό-
μενοι αὖτις ἐκ νέης κατεδεδούλωντο. Δαυρίσης
δὲ ἔχων Δαρείου θυγατέρα καὶ Ὑμαίης τε καὶ
Ὀτάνης ἄλλοι Πέρσαι στρατηγοί, ἔχοντες καὶ
οὗτοι Δαρείου θυγατέρας, ἐπιδιώξαντες τοὺς ἐς
Σάρδις στρατευσαμένους Ἰώνων καὶ ἐσαράξαντες
σφέας ἐς τὰς νέας, τῇ μάχῃ ὡς ἐπεκράτησαν, τὸ
ἐνθεῦτεν ἐπιδιελόμενοι τὰς πόλις ἐπόρθεον.
117. Δαυρίσης μὲν τραπόμενος πρὸς τὰς ἐν
Ἑλλησπόντῳ πόλις εἷλε μὲν Δάρδανον, εἷλε δὲ
Ἄβυδόν τε καὶ Περκώτην καὶ Λάμψακον καὶ
Παισόν. ταύτας μὲν ἐπ᾽ ἡμέρῃ ἑκάστῃ αἵρεε,
ἀπὸ δὲ Παισοῦ ἐλαύνοντί οἱ ἐπὶ Πάριον πόλιν
ἦλθε ἀγγελίη τοὺς Κᾶρας τὠυτὸ Ἴωσι φρονή-
σαντας ἀπεστάναι ἀπὸ Περσέων. ἀποστρέψας
ὦν ἐκ τοῦ Ἑλλησπόντου ἤλαυνε τὸν στρατὸν ἐπὶ
τὴν Καρίην.
118. Καί κως ταῦτα τοῖσι Καρσὶ ἐξαγγέλθη
πρότερον ἢ τὸν Δαυρίσην ἀπικέσθαι· πυθόμενοι
δὲ οἱ Κᾶρες συνελέγοντο ἐπὶ Λευκάς τε στήλας
καλεομένας καὶ ποταμὸν Μαρσύην, ὃς ῥέων ἐκ τῆς
Ἰδριάδος χώρης ἐς τὸν Μαίανδρον ἐκδιδοῖ. συλ-
λεχθέντων δὲ τῶν Καρῶν ἐνθαῦτα ἐγίνοντο βουλαὶ
ἄλλαι τε πολλαὶ καὶ ἀρίστη γε δοκέουσα εἶναι
ἐμοὶ Πιξωδάρου τοῦ Μαυσώλου ἀνδρὸς Κινδυέος,
ὃς τοῦ Κιλίκων βασιλέος Συεννέσιος εἶχε θυγα-
τέρα· τούτου τοῦ ἀνδρὸς ἡ γνώμη ἔφερε διαβάντας
τὸν Μαίανδρον τοὺς Κᾶρας καὶ κατὰ νώτου ἔχον-
τας τὸν ποταμὸν οὕτω συμβάλλειν, ἵνα μὴ ἔχοντες
ὀπίσω φεύγειν οἱ Κᾶρες αὐτοῦ τε μένειν ἀναγκα-
ζόμενοι γινοίατο ἔτι ἀμείνονες τῆς φύσιος. αὕτη

---

[1] In 497.

116. So the Cyprians, having won freedom for a year, were enslaved once more.[1] Daurises and Hymaees and Otanes, all of them Persian generals and married to daughters of Darius, pursued after those Ionians who had marched to Sardis, and drove them to their ships; after which victory they divided the cities among themselves and sacked them.

117. Daurises made for the cities of the Hellespont and took Dardanus, Abydus, Percote, Lampsacus, and Paesus, each of these on its own day; and as he marched from Paesus against Parius, news came to him that the Carians had made common cause with the Ionians and revolted from the Persians; wherefore he turned aside from the Hellespont and marched his army to Caria.

118. It chanced that news of this was brought to the Carians before Daurises' coming; and when the Carians heard, they mustered at the place called the White Pillars, by the river Marsyas [2] which flows from the region of Idria and issues into the Maeander. There they mustered, and many plans were laid before them, the best of which, in my judgment, was that of Pixodarus of Cindya, son of Mausolus (he had to wife the daughter of Syennesis, king of Cilicia); the purport of Pixodarus' opinion was, that the Carians should cross the Maeander and fight with the river at their back, that so being unable to flee and compelled to stand their ground they might prove themselves even braver than nature made them. Yet not this, but another

[2] Modern Tshina; not to be confused with the better known Marsyas in Phrygia, also a tributary of the Maeander.

μέν νυν οὐκ ἐνίκα ἡ γνώμη, ἀλλὰ τοῖσι Πέρσῃσι
κατὰ νώτου γίνεσθαι τὸν Μαίανδρον μᾶλλον ἢ
σφίσι, δηλαδὴ ἢν φυγὴ τῶν Περσέων γένηται καὶ
ἐσσωθέωσι τῇ συμβολῇ, ὡς οὐκ ἀπονοστήσουσι
ἐς τὸν ποταμὸν ἐσπίπτοντες.

119. Μετὰ δὲ παρεόντων καὶ διαβάντων τὸν
Μαίανδρον τῶν Περσέων, ἐνθαῦτα ἐπὶ τῷ Μαρσύῃ
ποταμῷ συνέβαλόν τε τοῖσι Πέρσῃσι οἱ Κᾶρες
καὶ μάχην ἐμαχέσαντο ἰσχυρὴν καὶ ἐπὶ χρόνον
πολλόν, τέλος δὲ ἐσσώθησαν διὰ πλῆθος. Περ-
σέων μὲν δὴ ἔπεσον ἄνδρες ἐς δισχιλίους, Καρῶν
δὲ ἐς μυρίους. ἐνθεῦτεν δὲ οἱ διαφυγόντες αὐτῶν
κατειλήθησαν ἐς Λάβραυνδα ἐς Διὸς στρατίου
ἱρόν, μέγα τε καὶ ἅγιον ἄλσος πλατανίστων. μοῦ-
νοι δὲ τῶν ἡμεῖς ἴδμεν Κᾶρες εἰσὶ οἳ Διὶ στρατίῳ
θυσίας ἀνάγουσι. κατειληθέντες δὲ ὦν οὗτοι
ἐνθαῦτα ἐβουλεύοντο περὶ σωτηρίης, ὁκότερα ἢ
παραδόντες σφέας αὐτοὺς Πέρσῃσι ἢ ἐκλιπόντες
τὸ παράπαν τὴν Ἀσίην ἄμεινον πρήξουσι.

120. Βουλευομένοισι δέ σφι ταῦτα παραγίνον-
ται βοηθέοντες Μιλήσιοί τε καὶ οἱ τούτων σύμ-
μαχοι· ἐνθαῦτα δὲ τὰ μὲν πρότερον οἱ Κᾶρες
ἐβουλεύοντο μετῆκαν, οἳ δὲ αὖτις πολεμέειν ἐξ
ἀρχῆς ἀρτέοντο. καὶ ἐπιοῦσί τε τοῖσι Πέρσῃσι
συμβάλλουσι καὶ μαχεσάμενοι ἐπὶ πλέον ἢ
πρότερον ἐσσώθησαν· πεσόντων δὲ τῶν πάντων
πολλῶν μάλιστα Μιλήσιοι ἐπλήγησαν.

121. Μετὰ δὲ τοῦτο τὸ τρῶμα ἀνέλαβόν τε καὶ
ἀνεμαχέσαντο οἱ Κᾶρες· πυθόμενοι γὰρ ὡς στρα-
τεύεσθαι ὁρμέαται οἱ Πέρσαι ἐπὶ τὰς πόλις
σφέων, ἐλόχησαν τὴν ἐν Πηδάσῳ ὁδόν, ἐς τὴν
ἐμπεσόντες οἱ Πέρσαι νυκτὸς διεφθάρησαν καὶ

opinion prevailed, to wit, that the Persians and not
the Cilicians should have the Maeander at their
back, the intent being that if the Persians were
worsted in the battle and put to flight they should
not escape but be hurled into the river.

119. Presently, when the Persians had come and
had crossed the Maeander, they and the Carians
joined battle by the river Marsyas; the Carians
fought obstinately and long, but at the last they
were overcome by odds. Of the Persians there fell
as many as two thousand men, and of the Carians
ten thousand. Those of them that escaped thence
were driven into the precinct of Zeus of Armies at
Labraunda,[1] a great and a holy grove of plane-trees.
(The Carians are the only people known to us who
offer sacrifices to Zeus by this name.) Being driven
thither, they took counsel how best to save them-
selves, whether it were better for them to surrender
themselves to the Persians or depart wholly away
from Asia.

120. But while they took counsel, the Milesians
and their allies came up to their aid; whereupon the
Carians put aside their former plans, and prepared
to wage a new war over again. They met the
Persian attack and suffered a heavier defeat in the
battle than the first; many of their whole army fell,
but the Milesians were hardest stricken.

121. Yet the Carians rallied and fought again
after this disaster; for learning that the Persians
had set forth to march against their cities, they
beset the road with an ambush at Pedasus, wherein-
to the Persians fell by night and perished, they and

---

[1] Site of the cult of a war-god, whose emblem was the
λάβρυς or battle-axe.

αὐτοὶ καὶ οἱ στρατηγοὶ αὐτῶν Δαυρίσης καὶ
Ἀμόργης καὶ Σισιμάκης· σὺν δέ σφι ἀπέθανε καὶ
Μύρσος ὁ Γύγεω. τοῦ δὲ λόχου τούτου ἡγεμὼν
ἦν Ἡρακλείδης Ἰβανώλλιος ἀνὴρ Μυλασσεύς.
122. Οὗτοι μέν νυν τῶν Περσέων οὕτω δι-
εφθάρησαν· Ὑμαίης δὲ καὶ αὐτὸς ἐὼν τῶν ἐπιδιω-
ξάντων τοὺς ἐς Σάρδις στρατευσαμένους Ἰώνων,
τραπόμενος ἐς τὸν Προποντίδα εἷλε Κίον τὴν
Μυσίην· ταύτην δὲ ἐξελών, ὡς ἐπύθετο τὸν
Ἑλλήσποντον ἐκλελοιπέναι Δαυρίσην καὶ στρα-
τεύεσθαι ἐπὶ Καρίης, καταλιπὼν τὴν Προποντίδα
ἐπὶ τὸν Ἑλλήσποντον ἦγε τὸν στρατόν, καὶ εἷλε
μὲν Αἰολέας πάντας ὅσοι τὴν Ἰλιάδα νέμονται,
εἷλε δὲ Γέργιθας τοὺς ὑπολειφθέντας τῶν ἀρχαίων
Τευκρῶν· αὐτός τε Ὑμαίης αἱρέων ταῦτα τὰ
ἔθνεα νούσῳ τελευτᾷ ἐν τῇ Τρωάδι.
123. Οὗτος μὲν δὴ οὕτω ἐτελεύτησε, Ἀρτα-
φρένης δὲ ὁ Σαρδίων ὕπαρχος καὶ Ὀτάνης ὁ
τρίτος στρατηγὸς ἐτάχθησαν ἐπὶ τὴν Ἰωνίην καὶ
τὴν προσεχέα Αἰολίδα στρατεύεσθαι. Ἰωνίης
μέν νυν Κλαζομενὰς αἱρέουσι, Αἰολέων δὲ Κύμην.
124. Ἁλισκομενέων δὲ τῶν πολίων, ἦν γὰρ ὡς
διέδεξε Ἀρισταγόρης ὁ Μιλήσιος ψυχὴν οὐκ
ἄκρος, ὃς ταράξας τὴν Ἰωνίην καὶ ἐγκερασάμενος
πρήγματα μεγάλα δρησμὸν ἐβούλευε ὀρέων ταῦτα·
πρὸς δέ οἱ καὶ ἀδύνατα ἐφάνη βασιλέα Δαρεῖον
ὑπερβαλέσθαι· πρὸς ταῦτα δὴ ὦν συγκαλέσας
τοὺς συστασιώτας ἐβουλεύετο, λέγων ὡς ἄμεινον
σφίσι εἴη κρησφύγετόν τι ὑπάρχον εἶναι, ἢν ἄρα
ἐξωθέωνται ἐκ τῆς Μιλήτου, εἴτε δὴ ὦν ἐς Σαρδὼ
ἐκ τοῦ τόπου τούτου ἄγοι ἐς ἀποικίην, εἴτε ἐς

their generals, Daurises and Amorges and Sisimaces; and with these fell also Myrsus, son of Gyges. The captain of this ambuscade was Heraclides of Mylasas, son of Ibanollis.

122. Thus did these Persians perish. Hymaees, who had also been one of those who pursued after the Ionians who marched on Sardis, turned now towards the Propontis, and there took Cius in Mysia; having subdued which, when he heard that Daurises had left the Hellespont and was marching towards Caria, he left the Propontis and led his army to the Hellespont, and made himself master of all the Aeolians that dwell in the territory of Ilium, and of the Gergithae, who are all the remnant that is left of the ancient Teucri; but while he was conquering these nations, Hymaees himself died of a sickness in the Troad.

123. So he died there; and Artaphrenes, viceroy of Sardis, and Otanes, the third general, were appointed to lead the army against Ionia and the Aeolian territory on its borders. They took Clazomenae in Ionia, and in Aeolia Cyme.

124. Aristagoras the Milesian was a man of no high courage, as he plainly showed; for after he had troubled Ionia and thrown all into dire confusion, when he saw what he had done he began to bethink himself of flight; and moreover it seemed to him to be impossible to overcome Darius; wherefore, while the cities were being taken, he called his fellow-rebels together and took counsel with them, saying that it was best for them to have some place of refuge provided, if they should be thrust out of Miletus; and questioning whether he should lead them thence to a settlement in Sardo, or Myrcinus

HERODOTUS

Μύρκινον τὴν Ἠδωνῶν, τὴν Ἱστιαῖος ἐτείχεε
παρὰ Δαρείου δωρεὴν λαβών. ταῦτα ἐπειρώτα
ὁ Ἀρισταγόρης.
125. Ἑκαταίου μέν νυν τοῦ Ἡγησάνδρου,
ἀνδρὸς λογοποιοῦ, τουτέων μὲν ἐς οὐδετέρην στέλ-
λειν ἔφερε ἡ γνώμη, ἐν Λέρῳ δὲ τῇ νήσῳ τεῖχος
οἰκοδομησάμενον ἡσυχίην ἄγειν, ἢν ἐκπέσῃ ἐκ
τῆς Μιλήτου· ἔπειτα δὲ ἐκ ταύτης ὁρμώμενον
κατελεύσεσθαι ἐς τὴν Μίλητον.
126. Ταῦτα μὲν δὴ Ἑκαταῖος συνεβούλευε,
αὐτῷ δὲ Ἀρισταγόρῃ ἡ πλείστη γνώμη ἦν ἐς
τὴν Μύρκινον ἀπάγειν. τὴν μὲν δὴ Μίλητον
ἐπιτράπει Πυθαγόρῃ ἀνδρὶ τῶν ἀστῶν δοκίμῳ,
αὐτὸς δὲ παραλαβὼν πάντα τὸν βουλόμενον
ἔπλεε ἐς τὴν Θρηίκην, καὶ ἔσχε τὴν χώρην ἐπ'
ἣν ἐστάλη· ἐκ δὲ ταύτης ὁρμώμενος ἀπόλλυται
ὑπὸ Θρηίκων αὐτός τε ὁ Ἀρισταγόρης καὶ ὁ
στρατὸς αὐτοῦ, πόλιν περικατήμενος καὶ βουλο-
μένων τῶν Θρηίκων ὑποσπόνδων ἐξιέναι.

in Edonia, which Histiaeus had received as a gift from Darius and fortified. Thus questioned Aristagoras.

125. Hecataeus the historian, son of Hegesander, inclined to the opinion that they should set forth to neither of these places, but that Aristagoras should build him a fortress in the island of Leros and there abide, if he were driven from Miletus; and afterwards he might set out from thence and return to Miletus.

126. Such was the counsel of Hecataeus, but Aristagoras himself deemed it best to take his departure for Myrcinus. So he entrusted Miletus to Pythagoras, a citizen of repute, and himself sailed to Thrace with any that would follow him, and took possession of the place whither he had set out; and issuing from thence he was put to the sword by the Thracians, he and his army, while he beleaguered a town, even though the Thracians were ready to depart from it under treaty.

BOOK VI

Z

1. Ἀρισταγόρης μέν νυν Ἰωνίην ἀποστήσας
οὕτω τελευτᾷ. Ἱστιαῖος δὲ ὁ Μιλήτου τύραννος
μεμετιμένος ὑπὸ Δαρείου παρῆν ἐς Σάρδις· ἀπιγ-
μένον δὲ αὐτὸν ἐκ τῶν Σούσων εἴρετο Ἀρταφρένης
ὁ Σαρδίων ὕπαρχος κατὰ κοῖόν τι δοκέοι Ἴωνας
ἀπεστάναι. ὃ δὲ οὔτε εἰδέναι ἔφη ἐθώμαζέ τε τὸ
γεγονός, ὡς οὐδὲν δῆθεν τῶν παρεόντων πρηγμά-
των ἐπιστάμενος. ὁ δὲ Ἀρταφρένης ὁρέων αὐτὸν
τεχνάζοντα εἶπε, εἰδὼς τὴν ἀτρεκείην τῆς ἀπο-
στάσιος, "Οὕτω τοι Ἱστιαῖε ἔχει κατὰ ταῦτα τὰ
πρήγματα· τοῦτο τὸ ὑπόδημα ἔρραψας μὲν σύ,
ὑπεδήσατο δὲ Ἀρισταγόρης."
2. Ἀρταφρένης μὲν ταῦτα ἐς τὴν ἀπόστασιν
ἔχοντα εἶπε. Ἱστιαῖος δὲ δείσας ὡς συνιέντα Ἀρτα-
φρένεα ὑπὸ τὴν πρώτην ἐπελθοῦσαν νύκτα ἀπέδρη
ἐπὶ θάλασσαν, βασιλέα Δαρεῖον ἐξηπατηκώς· ὃς
Σαρδὼ νῆσον τὴν μεγίστην ὑποδεξάμενος κατεργά-
σασθαι ὑπέδυνε τῶν Ἰώνων τὴν ἡγεμονίην τοῦ
πρὸς Δαρεῖον πολέμου. διαβὰς δὲ ἐς Χίον ἐδέθη
ὑπὸ Χίων, καταγνωσθεὶς πρὸς αὐτῶν νεώτερα
πρήσσειν πρήγματα ἐς αὐτοὺς ἐκ Δαρείου. μα-
θόντες μέντοι οἱ Χῖοι τὸν πάντα λόγον, ὡς
πολέμιος εἴη βασιλέι, ἔλυσαν αὐτόν.

BOOK VI

1. This was the end of Aristagoras, after he had brought about the Ionian revolt. But Histiaeus, the despot of Miletus, being let go by Darius, arrived in Sardis. When he came thither from Susa, Artaphrenes the governor of Sardis asked him for what reason he supposed the Ionians to have rebelled; Histiaeus said that he did not know, and that he marvelled at what had happened; pretending to have no knowledge of the present troubles. But Artaphrenes saw that he dissembled, and said, speaking out of his exact knowledge of the story of the revolt: "I will tell you, Histiaeus, the truth of this business: it was you that stitched this shoe, and Aristagoras that put it on."

2. Thus said Artaphrenes regarding the revolt; and Histiaeus, affrighted by Artaphrenes' understanding of the matter, fled at the next nightfall to the sea; for he had deceived Darius, promising to subdue Sardo, the greatest of the islands, with secret intent to make himself leader of the Ionians in their war against Darius. Crossing over to Chios, he was taken and bound by the Chians, they judging him to be sent by Darius to do them some mischief; howbeit when they learnt the whole story of his enmity to the king they set him free.

HERODOTUS

3. Ἐνταῦτα δὴ εἰρωτώμενος ὑπὸ τῶν Ἰώνων
ὁ Ἱστιαῖος κατ’ ὅ τι προθύμως οὕτω ἐπέστειλε
τῷ Ἀρισταγόρῃ ἀπίστασθαι ἀπὸ βασιλέος καὶ
κακὸν τοσοῦτον εἴη Ἴωνας ἐξεργασμένος, τὴν μὲν
γενομένην αὐτοῖσι αἰτίην οὐ μάλα ἐξέφαινε, ὁ δὲ
ἔλεγέ σφι ὡς βασιλεὺς Δαρεῖος ἐβουλεύσατο
Φοίνικας μὲν ἐξαναστήσας ἐν τῇ Ἰωνίῃ κατοικί-
σαι, Ἴωνας δὲ ἐν τῇ Φοινίκῃ, καὶ τούτων εἵνεκα
ἐπιστείλειε. οὐδέν τι πάντως ταῦτα βασιλέος
βουλευσαμένου ἐδειμάτου τοὺς Ἴωνας.

4. Μετὰ δὲ ὁ Ἱστιαῖος δι’ ἀγγέλου ποιεύμενος
Ἑρμίππου ἀνδρὸς Ἀταρνίτεω τοῖσι ἐν Σάρδισι
ἐοῦσι Περσέων ἔπεμπε βυβλία, ὡς προλελε-
σχηνευμένων αὐτῷ ἀποστάσιος πέρι. ὁ δὲ
Ἕρμιππος πρὸς τοὺς μὲν ἀπεπέμφθη οὐ διδοῖ,
φέρων δὲ ἐνεχείρισε τὰ βυβλία Ἀρταφρένεϊ· ὁ δὲ
μαθὼν πᾶν τὸ γινόμενον ἐκέλευε τὸν Ἕρμιππον
τὰ μὲν παρὰ τοῦ Ἱστιαίου δοῦναι φέροντα τοῖσί
περ ἔφερε, τὰ δὲ ἀμοιβαῖα τὰ παρὰ τῶν Περσέων
ἀντιπεμπόμενα Ἱστιαίῳ ἑωυτῷ δοῦναι. τούτων
δὲ γενομένων φανερῶν ἀπέκτεινε ἐνταῦτα πολλοὺς
Περσέων ὁ Ἀρταφρένης.

5. Περὶ Σάρδις μὲν δὴ ἐγίνετο ταραχή. Ἱσ-
τιαῖον δὲ ταύτης ἀποσφαλέντα τῆς ἐλπίδος Χῖοι
κατῆγον ἐς Μίλητον, αὐτοῦ Ἱστιαίου δεηθέντος.
οἱ δὲ Μιλήσιοι, ἄσμενοι ἀπαλλαχθέντες καὶ
Ἀρισταγόρεω, οὐδαμῶς πρόθυμοι ἦσαν ἄλλον
τύραννον δέκεσθαι ἐς τὴν χώρην, οἷα ἐλευθερίης
γευσάμενοι. καὶ δὴ νυκτὸς γὰρ ἐούσης βίῃ
ἐπειρᾶτο κατιὼν ὁ Ἱστιαῖος ἐς τὴν Μίλητον,
τιτρώσκεται τὸν μηρὸν ὑπό τευ τῶν Μιλησίων.
ὁ μὲν δὴ ὡς ἀπωστὸς τῆς ἑωυτοῦ γίνεται, ἀπ-

150

3. Then Histiaeus was asked by the Ionians, why he had so zealously charged Aristagoras to revolt from the king and done the Ionians so great harm; the true reason he did by no means reveal to them, but told them instead that king Darius had planned to remove the Phoenicians and settle them in Ionia, and the Ionians in Phoenice; for this reason, he said, he had sent the charge. No such plan had the king made; but Histiaeus would affright the Ionians.

4. Presently Histiaeus, using for messenger Hermippus, a man of Atarneus, sent letters to the Persians at Sardis; this he did, because they had ere now held converse with him about revolt. But Hermippus gave not these letters to those to whom he was sent, and carried and delivered them to Artaphrenes instead. Artaphrenes, learning all that was afoot, bade Hermippus carry Histiaeus' letters to those for whom he was bringing them, and give him those which the Persians sent in answer to Histiaeus. Thus these men became known to Artaphrenes, and he put many Persians there and then to death.

5. So troubles arose in Sardis. Histiaeus being disappointed of this hope, the Chians brought him back to Miletus, at his own entreaty. But the Milesians were glad enough to be rid of Aristagoras himself, and had no wish to receive another despot into their country, now that they had tasted of freedom; and when Histiaeus essayed by night to force his way into Miletus, he was wounded by a Milesian in the thigh. So, being thrust out from

ἱκνέεται ὀπίσω ἐς τὴν Χίον· ἐνθεῦτεν δέ, οὐ γὰρ
ἔπειθε τοὺς Χίους ὥστε ἑωυτῷ δοῦναι νέας, διέβη
ἐς Μυτιλήνην καὶ ἔπεισε Λεσβίους δοῦναί οἱ
νέας. οἱ δὲ πληρώσαντες ὀκτὼ τριήρεας ἔπλεον
ἅμα Ἱστιαίῳ ἐς Βυζάντιον, ἐνθαῦτα δὲ ἱζόμενοι
τὰς ἐκ τοῦ Πόντου ἐκπλεούσας τῶν νεῶν ἐλάμ-
βανον, πλὴν ἢ ὅσοι αὐτῶν Ἱστιαίῳ ἔφασαν
ἕτοιμοι εἶναι πείθεσθαι.

6. Ἱστιαῖος μέν νυν καὶ Μυτιληναῖοι ἐποίευν
ταῦτα. ἐπὶ δὲ Μίλητον αὐτὴν ναυτικὸς πολλὸς
καὶ πεζὸς ἦν στρατὸς προσδόκιμος· συστραφέντες
γὰρ οἱ στρατηγοὶ τῶν Περσέων καὶ ἓν ποιήσαντες
στρατόπεδον ἤλαυνον ἐπὶ τὴν Μίλητον, τἆλλα
πολίσματα περὶ ἐλάσσονος ποιησάμενοι. τοῦ δὲ
ναυτικοῦ Φοίνικες μὲν ἦσαν προθυμότατοι, συνε-
στρατεύοντο δὲ καὶ Κύπριοι νεωστὶ κατεστραμ-
μένοι καὶ Κίλικές τε καὶ Αἰγύπτιοι.

7. Οἱ μὲν δὴ ἐπὶ τὴν Μίλητον καὶ τὴν ἄλλην
Ἰωνίην ἐστρατεύοντο, Ἴωνες δὲ πυνθανόμενοι
ταῦτα ἔπεμπον προβούλους σφέων αὐτῶν ἐς
Πανιώνιον. ἀπικομένοισι δὲ τούτοισι ἐς τοῦτον
τὸν χῶρον καὶ βουλευομένοισι ἔδοξε πεζὸν μὲν
στρατὸν μηδένα συλλέγειν ἀντίξοον Πέρσῃσι, ἀλλὰ
τὰ τείχεα ῥύεσθαι αὐτοὺς Μιλησίους, τὸ δὲ ναυτι-
κὸν πληροῦν ὑπολιπομένους μηδεμίαν τῶν νεῶν,
πληρώσαντας δὲ συλλέγεσθαι τὴν ταχίστην ἐς
Λάδην προναυμαχήσοντας τῆς Μιλήτου. ἡ δὲ
Λάδη ἐστὶ νῆσος μικρὴ ἐπὶ τῇ πόλι τῇ Μιλησίων
κειμένη.

8. Μετὰ δὲ ταῦτα πεπληρωμένῃσι τῇσι νηυσὶ
παρῆσαν οἱ Ἴωνες, σὺν δέ σφι καὶ Αἰολέων ὅσοι
τὴν Λέσβον νέμονται. ἐτάσσοντο δὲ ὧδε. τὸ μὲν

his own city, he went back to Chios; and there, when he could not persuade the Chians to give him ships, he crossed over to Mytilene and strove to persuade the Lesbians to give him ships. They manned eight triremes, and sailed with Histiaeus to Byzantium; there they encamped, and seized all the ships that were sailing out of the Euxine, save when the crews consented to serve Histiaeus.

6. Such were the doings of Histiaeus and the Mytilenaeans. As regards Miletus itself, there was expectation of a great fleet and army coming against it; for the Persian generals had joined their power together and made one host, which they led against Miletus, taking less account of the other fortresses. Of the fleet, the Phoenicians were the most eager to fight, and there came with them to the war the newly subdued Cyprians, and the Cilicians and Egyptians.

7. These then coming to attack Miletus and the rest of Ionia, the Ionians, when they had word of it, sent men of their own to take counsel for them in the Panionium.[1] These, when they came to that place and there consulted, resolved to raise no land army to meet the Persians, but to leave the Milesians themselves to defend their walls, and to man their fleet to the last ship and muster with all speed at Lade, there to fight for Miletus at sea. This Lade is an islet lying off the city of Miletus.

8. The Ionians came presently thither with their ships manned, and as many Aeolians with them as dwell in Lesbos. And this was their order of

---

[1] Cp. I. 148.

πρὸς τὴν ἠῶ εἶχον κέρας αὐτοὶ Μιλήσιοι, νέας
παρεχόμενοι ὀγδώκοντα· εἴχοντο δὲ τούτων Πριη-
νέες δυώδεκα νηυσὶ καὶ Μυήσιοι τρισὶ νηυσί,
Μυησίων δὲ Τήιοι εἴχοντο ἑπτακαίδεκα νηυσί,
Τηίων δὲ εἴχοντο Χῖοι ἑκατὸν νηυσί· πρὸς δὲ
τούτοισι Ἐρυθραῖοί τε ἐτάσσοντο καὶ Φωκαέες,
Ἐρυθραῖοι μὲν ὀκτὼ νέας παρεχόμενοι, Φωκαέες
δὲ τρεῖς· Φωκαέων δὲ εἴχοντο Λέσβιοι νηυσὶ
ἑβδομήκοντα· τελευταῖοι δὲ ἐτάσσοντο ἔχοντες
τὸ πρὸς ἑσπέρην κέρας Σάμιοι ἑξήκοντα νηυσί.
πάντων δὲ τούτων ὁ σύμπας ἀριθμὸς ἐγένετο
τρεῖς καὶ πεντήκοντα καὶ τριηκόσιαι τριήρεες.

9. Αὗται μὲν Ἰώνων ἦσαν, τῶν δὲ βαρβάρων
τὸ πλῆθος τῶν νεῶν ἦσαν ἑξακόσιαι. ὡς δὲ καὶ
αὗται ἀπίκατο πρὸς τὴν Μιλησίην καὶ ὁ πεζός
σφι ἅπας παρῆν, ἐνθαῦτα οἱ Περσέων στρατηγοὶ
πυθόμενοι τὸ πλῆθος τῶν Ἰάδων νεῶν καταρ-
ρώδησαν μὴ οὐ δυνατοὶ γένωνται ὑπερβαλέσθαι,
καὶ οὕτω οὔτε τὴν Μίλητον οἷοί τε ἔωσι ἐξελεῖν
μὴ οὐκ ἐόντες ναυκράτορες, πρός τε Δαρείου κιν-
δυνεύσωσι κακόν τι λαβεῖν. ταῦτα ἐπιλεγόμενοι,
συλλέξαντες τῶν Ἰώνων τοὺς τυράννους, οἳ ὑπ'
Ἀρισταγόρεω μὲν τοῦ Μιλησίου καταλυθέντες
τῶν ἀρχέων ἔφευγον ἐς Μήδους, ἐτύγχανον δὲ
τότε συστρατευόμενοι ἐπὶ τὴν Μίλητον, τούτων
τῶν ἀνδρῶν τοὺς παρεόντας συγκαλέσαντες
ἔλεγόν σφι τάδε. " Ἄνδρες Ἴωνες, νῦν τις ὑμέων
εὖ ποιήσας φανήτω τὸν βασιλέος οἶκον· τοὺς
γὰρ ἑωυτοῦ ἕκαστος ὑμέων πολιήτας πειράσθω
ἀποσχίζων ἀπὸ τοῦ λοιποῦ συμμαχικοῦ. προ-
ϊσχόμενοι δὲ ἐπαγγείλασθε τάδε, ὡς πείσονταί τε
ἄχαρι οὐδὲν διὰ τὴν ἀπόστασιν, οὐδέ σφι οὔτε

battle:—The Milesians themselves had the eastern wing, bringing eighty ships; next to them were the men of Priene with twelve ships, and they of Myus with three; next to the men of Myus were the men of Teos with seventeen ships; next to these the Chians with a hundred; near these in the line were the Erythraeans, bringing eight ships, and the Phocaeans with three, and next to these the Lesbians with seventy; last of all in the line were the Samians, holding the western wing with sixty ships. All these together attained to the number of three hundred and fifty-three triremes.

9. These were the Ionian ships; the ships of the foreigners were six hundred. Now these, too, being come to the Milesian shore, and all their land power being there, the Persian generals, when they learnt the number of the Ionian ships, began to fear lest they should be too weak to overcome the Greeks, and thereby, if they had not the mastery of the sea, should fail of taking Miletus and peradventure be evilly entreated by Darius. Having this in mind, they assembled the despots of the Ionians, who had been deposed from their governments by Aristagoras of Miletus and had fled to the Medes, and were now as it chanced with the army that was led against Miletus; they assembled, I say, as many of these as were with them, and thus they addressed them: "Men of Ionia, let each one of you now show that he has done good service to the king's house; let every one of you essay severally to separate his own countrymen from the rest of the allied power. Set this before them, and promise withal, that they shall suffer no hurt for their rebellion, and that neither

HERODOTUS

τὰ ἱρὰ οὔτε τὰ ἴδια ἐμπεπρήσεται, οὐδὲ βιαιότερον
ἕξουσι οὐδὲν ἢ πρότερον εἶχον. εἰ δὲ ταῦτα μὲν
οὐ ποιήσουσι, οἳ δὲ πάντως διὰ μάχης ἐλεύσονται,
τάδε ἤδη σφι λέγετε ἐπηρεάζοντες, τά περ σφέας
κατέξει, ὡς ἑσσωθέντες τῇ μάχῃ ἐξανδραπο-
διεῦνται, καὶ ὡς σφέων τοὺς παῖδας ἐκτομίας
ποιήσομεν, τὰς δὲ παρθένους ἀνασπάστους ἐς
Βάκτρα, καὶ ὡς τὴν χώρην ἄλλοισι παραδώ-
σομεν."
    10. Οἱ μὲν δὴ ἔλεγον τάδε. τῶν δὲ Ἰώνων οἱ
τύραννοι διέπεμπον νυκτὸς ἕκαστος ἐς τοὺς ἑωυτοῦ
ἐξαγγελλόμενος. οἱ δὲ Ἴωνες, ἐς τοὺς καὶ ἀπ-
ίκοντο αὗται αἱ ἀγγελίαι, ἀγνωμοσύνῃ τε διεχρέων-
το καὶ οὐ προσίεντο τὴν προδοσίην· ἑωυτοῖσι δὲ
ἕκαστοι ἐδόκεον μούνοισι ταῦτα τοὺς Πέρσας
ἐξαγγέλλεσθαι.
    11. Ταῦτα μέν νυν ἰθέως ἀπικομένων ἐς τὴν
Μίλητον τῶν Περσέων ἐγίνετο· μετὰ δὲ τῶν
Ἰώνων συλλεχθέντων ἐς τὴν Λάδην ἐγίνοντο
ἀγοραί, καὶ δή κού σφι καὶ ἄλλοι ἠγορόωντο,
ἐν δὲ δὴ καὶ ὁ Φωκαεὺς στρατηγὸς Διονύσιος
λέγων τάδε. "Ἐπὶ ξυροῦ γὰρ ἀκμῆς ἔχεται ἡμῖν
τὰ πρήγματα, ἄνδρες Ἴωνες, ἢ εἶναι ἐλευθέροισι
ἢ δούλοισι, καὶ τούτοισι ὡς δρηπέτῃσι· νῦν ὦν
ὑμεῖς ἢν μὲν βούλησθε ταλαιπωρίας ἐνδέκεσθαι,
τὸ παραχρῆμα μὲν πόνος ὑμῖν ἔσται, οἷοί τε δὲ
ἔσεσθε ὑπερβαλόμενοι τοὺς ἐναντίους εἶναι ἐλεύ-
θεροι· εἰ δὲ μαλακίῃ τε καὶ ἀταξίῃ διαχρήσησθε,
οὐδεμίαν ὑμέων ἔχω ἐλπίδα μὴ οὐ δώσειν ὑμέας
δίκην βασιλέι τῆς ἀποστάσιος. ἀλλ᾽ ἐμοί τε
πείθεσθε καὶ ἐμοὶ ὑμέας αὐτοὺς ἐπιτρέψατε· καὶ
ὑμῖν ἐγώ, θεῶν τὰ ἴσα νεμόντων, ὑποδέκομαι ἢ

156

their temples shall be burnt nor their houses, nor shall they in any regard be more violently used than aforetime. But if they will not be so guided, and nothing will serve them but fighting, then utter a threat that shall put constraint upon them, and tell them that if they are worsted in battle they shall be enslaved; we will make eunuchs of their boys, and carry their maidens captive to Bactra, and deliver their land to others."

10. Thus said the generals; the Ionian despots sent their messages by night, each to his own countrymen; but the Ionians to whom these messages did indeed come were stubborn and would have none of the treachery, each part thinking that the Persians made this offer to it alone.

11. This befel immediately after the Persians' coming to Miletus. Presently, the Ionians being gathered at Lade, assemblies of them were held; among those whom I suppose to have addressed them were Dionysius the Phocaean general, who spoke thus: "Our cause, Ionians, stands on the very razor-edge of decision whether we be freemen or slaves, yea, runaway slaves; now therefore if you consent to endure hardness, you will have toil for the present time, but it will be in your power to overcome your enemies and gain freedom; but if you will still be slothful and disorderly, I see nothing that can save you from being punished by the king for your rebellion. Nay, do you take my word, and entrust yourselves to me; and I promise you that (if heaven deal fairly with us) either our enemies

157

HERODOTUS

οὐ συμμίξειν τοὺς πολεμίους ἢ συμμίσγοντας
πολλὸν ἐλασσωθήσεσθαι."
12. Ταῦτα ἀκούσαντες οἱ Ἴωνες ἐπιτράπουσι
σφέας αὐτοὺς τῷ Διονυσίῳ. ὁ δὲ ἀνάγων ἑκάστοτε
ἐπὶ κέρας τὰς νέας, ὅκως τοῖσι ἐρέτῃσι χρήσαιτο
διέκπλοον ποιεύμενος τῇσι νηυσὶ δι' ἀλληλέων
καὶ τοὺς ἐπιβάτας ὁπλίσειε, τὸ λοιπὸν τῆς ἡμέρης
τὰς νέας ἔχεσκε ἐπ' ἀγκυρέων, παρεῖχέ τε τοῖσι
Ἴωσι πόνον δι' ἡμέρης. μέχρι μὲν νυν ἡμερέων
ἑπτὰ ἐπείθοντό τε καὶ ἐποίευν τὸ κελευόμενον·
τῇ δὲ ἐπὶ ταύτῃσι οἱ Ἴωνες, οἷα ἀπαθέες ἐόντες
πόνων τοιούτων τετρυμένοι τε ταλαιπωρίῃσί τε
καὶ ἡλίῳ, ἔλεξαν πρὸς ἑωυτοὺς τάδε. "Τίνα
δαιμόνων παραβάντες τάδε ἀναπίμπλαμεν; οἵτινες
παραφρονήσαντες καὶ ἐκπλώσαντες ἐκ τοῦ νόου
ἀνδρὶ Φωκαέι ἀλαζόνι, παρεχομένῳ νέας τρεῖς, ἐπι-
τρέψαντες ἡμέας αὐτοὺς ἔχομεν· ὁ δὲ παραλαβὼν
ἡμέας λυμαίνεται λύμῃσι ἀνηκέστοισι, καὶ δὴ
πολλοὶ μὲν ἡμέων ἐς νούσους πεπτώκασι, πολλοὶ
δὲ ἐπίδοξοι τὠυτὸ τοῦτο πείσεσθαι εἰσί, πρό τε
τούτων τῶν κακῶν ἡμῖν γε κρέσσον καὶ ὅ τι ὦν
ἄλλο παθεῖν ἐστι καὶ τὴν μέλλουσαν δουληίην
ὑπομεῖναι ἥτις ἔσται, μᾶλλον ἢ τῇ παρεούσῃ
συνέχεσθαι. φέρετε, τοῦ λοιποῦ μὴ πειθώμεθα
αὐτοῦ." ταῦτα ἔλεξαν, καὶ μετὰ ταῦτα αὐτίκα
πείθεσθαι οὐδεὶς ἤθελε, ἀλλ' οἷα στρατιὴ
σκηνάς τε πηξάμενοι ἐν τῇ νήσῳ ἐσκιητροφέοντο
καὶ ἐσβαίνειν οὐκ ἐθέλεσκον ἐς τὰς νέας οὐδ'
ἀναπειρᾶσθαι.
13. Μαθόντες δὲ ταῦτα τὰ γινόμενα ἐκ τῶν
Ἰώνων οἱ στρατηγοὶ τῶν Σαμίων ἐνθαῦτα δὴ παρ'

shall not meet us in battle, or if they so do they shall be utterly vanquished."

12. When the Ionians heard this, they put themselves in Dionysius' hands. He then ever put out to sea with ships in column, and having used the rowers to pierce each other's line of ships,[1] and armed the fighting men on board, he would for the rest of the day keep the fleet at anchor; all day he made the Ionians work. For seven days they obeyed him and did his bidding; but on the next day, untried as they were in such labour and worn out by hard work and the sun's heat, the Ionians began to say each to other, "Against what god have we sinned that we fulfil this hard measure? We have gone clean daft and launched out into folly, committing ourselves into the hands of this Phocaean braggart, who brings but three ships; and having got us he afflicts us with afflictions incurable, whereby many of us have fallen sick already and many are like so to do; better than these ills it were for us to endure any and every lot, and abide this coming slavery whatsoever it be, rather than be oppressed by that which is now upon us. Marry, let us obey him no longer!" Thus they said; and from that day no man would obey: they built them booths on the island (as though they had been an army) wherein they lived sheltered from the sun, and never would embark in their ships nor exercise themselves therein.

13. But when the generals of the Samians learnt of this that the Ionians did, they bethought them of

[1] This manœuvre consisted in forcing a way through the enemy's line and attacking the broadside or stern of his ships.

Αἰάκεος τοῦ Συλοσῶντος κείνους τοὺς πρότερον
ἔπεμπε λόγους ὁ Αἰάκης κελευόντων τῶν Περσέων,
δεόμενος σφέων ἐκλιπεῖν τὴν Ἰώνων συμμαχίην·
οἱ Σάμιοι ὦν ὁρῶντες ἐοῦσαν ἅμα μὲν ἀταξίην
πολλὴν ἐκ τῶν Ἰώνων ἐδέκοντο τοὺς λόγους, ἅμα
δὲ κατεφαίνετό σφι εἶναι ἀδύνατα τὰ βασιλέος
πρήγματα ὑπερβαλέσθαι, εὖ δὲ ἐπιστάμενοι ὡς
εἰ καὶ τὸ παρεὸν ναυτικὸν ὑπερβαλοίατο τὸν
Δαρεῖον, ἄλλο σφι παρέσται πενταπλήσιον. προ-
φάσιος ὦν ἐπιλαβόμενοι, ἐπείτε τάχιστα εἶδον
τοὺς Ἴωνας οὐ βουλομένους εἶναι χρηστούς, ἐν
κέρδεϊ ἐποιεῦντο περιποιῆσαι τά τε ἱρὰ τὰ
σφέτερα καὶ τὰ ἴδια. ὁ δὲ Αἰάκης, παρ' ὅτευ
τοὺς λόγους ἐδέκοντο οἱ Σάμιοι, παῖς μὲν ἦν
Συλοσῶντος τοῦ Αἰάκεος, τύραννος δὲ ἐὼν Σάμου
ὑπὸ τοῦ Μιλησίου Ἀρισταγόρεω ἀπεστέρητο
τὴν ἀρχὴν κατά περ οἱ ἄλλοι τῆς Ἰωνίης
τύραννοι.

14. Τότε ὦν ἐπεὶ ἐπέπλεον οἱ Φοίνικες, οἱ
Ἴωνες ἀντανῆγον καὶ αὐτοὶ τὰς νέας ἐπὶ κέρας.
ὡς δὲ καὶ ἀγχοῦ ἐγίνοντο καὶ συνέμισγον ἀλλή-
λοισι, τὸ ἐνθεῦτεν οὐκ ἔχω ἀτρεκέως συγγράψαι
οἵτινες τῶν Ἰώνων ἐγίνοντο ἄνδρες κακοὶ ἢ ἀγαθοὶ
ἐν τῇ ναυμαχίῃ ταύτῃ· ἀλλήλους γὰρ καταιτι-
ῶνται. λέγονται δὲ Σάμιοι ἐνθαῦτα κατὰ τὰ
συγκείμενα πρὸς τὸν Αἰάκεα ἀειράμενοι τὰ ἱστία
ἀποπλῶσαι ἐκ τῆς τάξιος ἐς τὴν Σάμον, πλὴν
ἕνδεκα νεῶν· τουτέων δὲ οἱ τριήραρχοι παρέμενον
καὶ ἐναυμάχεον ἀνηκουστήσαντες τοῖσι στρατη-
γοῖσι· καί σφι τὸ κοινὸν τῶν Σαμίων ἔδωκε διὰ
τοῦτο τὸ πρῆγμα ἐν στήλῃ ἀναγραφῆναι πατρό-
θεν ὡς ἀνδράσι ἀγαθοῖσι γενομένοισι, καὶ ἔστι

that message which Aeaces son of Syloson had
already sent them at the Persians' bidding, entreat-
ing them to desert the Ionian alliance ; now there-
fore, when they saw much disorder on the Ionian
side, they consented to the message ; moreover, it
seemed to them to be a thing impossible to overcome
the king's power, and they were well assured that
if they overcame Darius' present fleet they would
have another fivefold greater on their hands.
Therefore as soon as they saw that the Ionians
would not be serviceable, they laid hold on that for
a pretext, thinking themselves in luck's way so to
save their temples and their own houses. This
Aeaces, to whose message the Samians consented,
was son of Syloson the son of Aeaces, and had been
despot of Samos, till he was deposed from his
government by Aristagoras of Miletus, even as the
other Ionian despots.

14. Now therefore, when the Phoenician fleet
came sailing against them, the Ionians for their part
put out to sea with their ships in column. When
they drew near together and met in battle, which of
the Ionians did thereafter quit themselves ill or well
in that sea-fight my history cannot with exactness
record ; for they all blame each other. But this is
said, that the Samians, according to their compact
with Aeaces, did then make all sail for Samos,
leaving their post, all save eleven ships, the captains
whereof stood their ground and fought, disobeying
their admirals ; and by reason of this deed the
Samian people granted them for their valour that
their names and their fathers' should be engraved
on a pillar, which pillar now stands in their

αὕτη ἡ στήλη ἐν τῇ ἀγορῇ. ἰδόμενοι δὲ καὶ Λέσ-
βιοι τοὺς προσεχέας φεύγοντας τὠυτὸ ἐποίευν
τοῖσι Σαμίοισι· ὡς δὲ καὶ οἱ πλεῦνες τῶν Ἰώνων
ἐποίευν τὰ αὐτὰ ταῦτα.

15. Τῶν δὲ παραμεινάντων ἐν τῇ ναυμαχίῃ
περιέφθησαν τρηχύτατα Χῖοι ὡς ἀποδεικνύμενοί
τε ἔργα λαμπρὰ καὶ οὐκ ἐθελοκακέοντες. παρεί-
χοντο μὲν γάρ, ὥσπερ καὶ πρότερον εἰρέθη, νέας
ἑκατόν, καὶ ἐπ᾽ ἑκάστης αὐτέων ἄνδρας τεσσε-
ράκοντα τῶν ἀστῶν λογάδας ἐπιβατεύοντας.
ὁρέοντες δὲ τοὺς πολλοὺς τῶν συμμάχων προδι-
δόντας οὐκ ἐδικαίευν γίνεσθαι τοῖσι κακοῖσι αὐτῶν
ὅμοιοι, ἀλλὰ μετ᾽ ὀλίγων συμμάχων μεμουνωμένοι
διεκπλέοντες ἐναυμάχεον, ἐς ὃ τῶν πολεμίων
ἑλόντες νέας συχνὰς ἀπέβαλον τῶν σφετερέων
τὰς πλεῦνας.

16. Χῖοι μὲν δὴ τῇσι λοιπῇσι τῶν νεῶν ἀπο-
φεύγουσι ἐς τὴν ἑωυτῶν· ὅσοισι δὲ τῶν Χίων
ἀδύνατοι ἦσαν αἱ νέες ὑπὸ τρωμάτων, οὗτοι δὲ
ὡς ἐδιώκοντο καταφυγγάνουσι πρὸς τὴν Μυκάλην.
νέας μὲν δὴ αὐτοῦ ταύτῃ ἐποκείλαντες κατέλιπον,
οἳ δὲ πεζῇ ἐκομίζοντο διὰ τῆς ἠπείρου. ἐπειδὴ
δὲ ἐσέβαλον ἐς τὴν Ἐφεσίην κομιζόμενοι οἱ Χῖοι,
νυκτός τε γὰρ ἀπίκατο ἐς αὐτὴν καὶ ἐόντων
τῇσι γυναιξὶ αὐτόθι θεσμοφορίων, ἐνθαῦτα δὴ οἱ
Ἐφέσιοι, οὔτε προακηκοότες ὡς εἶχε περὶ τῶν
Χίων ἰδόντες τε στρατὸν ἐς τὴν χώρην ἐσβε-
βληκότα, πάγχυ σφέας καταδόξαντες εἶναι
κλῶπας καὶ ἰέναι ἐπὶ τὰς γυναῖκας, ἐξεβοήθεον
πανδημεὶ καὶ ἔκτεινον τοὺς Χίους.

17. Οὗτοι μὲν τοίνυν τοιαύτῃσι περιέπιπτον
τύχῃσι. Διονύσιος δὲ ὁ Φωκαεὺς ἐπείτε ἔμαθε

market-place. But the Lesbians, seeing their neighbours fly, did even as the Samians; and so, too, the greater part of the Ionians did likewise.

15. Of those that stood their ground in the sea-fight, most roughly handled were the Chians, for they would not be cravens but achieved deeds of renown. They brought an hundred ships, as I have before told, to the fleet, and on each ship were forty picked men of their citizens; and seeing themselves betrayed by the greater part of their allies they thought shame to bear themselves like the baser sort of the rest, but albeit with none but a few allies to aid them they fought on and broke the enemy's line, till they had taken many of his ships but lost the greater part of their own.

16. So with the remnant of their ships the Chians fled to their own country; but the crews of the Chian ships that were crippled by hurts fled before the pursuit to Mycale. There the men beached and left their ships, and made their way thence across the mainland. But when the Chians entered the lands of Ephesus on their march, it chanced that they came by night and the women were keeping their Thesmophoria; and the Ephesians thereupon, never having heard the story of the Chians and seeing an army invading their country, were fully persuaded that these were robbers come after their women; so they mustered all their force and slew the Chians.

17. They, then, met with such fate as I have said. As for Dionysius the Phocaean, when he saw that

163

τῶν Ἰώνων τὰ πρήγματα διεφθαρμένα, νέας ἑλὼν
τρεῖς τῶν πολεμίων ἀπέπλεε ἐς μὲν Φώκαιαν
οὐκέτι, εὖ εἰδὼς ὡς ἀνδραποδιεῖται σὺν τῇ ἄλλῃ
Ἰωνίῃ· ὁ δὲ ἰθέως ὡς εἶχε ἔπλεε ἐς Φοινίκην,
γαύλους δὲ ἐνθαῦτα καταδύσας καὶ χρήματα
λαβὼν πολλὰ ἔπλεε ἐς Σικελίην, ὁρμώμενος δὲ
ἐνθεῦτεν λῃστὴς κατεστήκεε Ἑλλήνων μὲν οὐδε-
νός, Καρχηδονίων δὲ καὶ Τυρσηνῶν.

18. Οἱ δὲ Πέρσαι ἐπείτε τῇ ναυμαχίῃ ἐνίκων
τοὺς Ἴωνας, τὴν Μίλητον πολιορκέοντες ἐκ γῆς
καὶ θαλάσσης καὶ ὑπορύσσοντες τὰ τείχεα καὶ
παντοίας μηχανὰς προσφέροντες, αἱρέουσι κατ᾽
ἄκρης ἕκτῳ ἔτεϊ ἀπὸ τῆς ἀποστάσιος τῆς Ἀριστα-
γόρεω καὶ ἠνδραποδίσαντο τὴν πόλιν, ὥστε συμ-
πεσεῖν τὸ πάθος τῷ χρηστηρίῳ τῷ ἐς Μίλητον
γενομένῳ.

19. Χρεωμένοισι γὰρ Ἀργείοισι ἐν Δελφοῖσι
περὶ σωτηρίης τῆς πόλιος τῆς σφετέρης ἐχρήσθη
ἐπίκοινον χρηστήριον, τὸ μὲν ἐς αὐτοὺς τοὺς
Ἀργείους φέρον, τὴν δὲ παρενθήκην ἔχρησε ἐς
Μιλησίους. τὸ μέν νυν ἐς τοὺς Ἀργείους ἔχον,
ἐπεὰν κατὰ τοῦτο γένωμαι τοῦ λόγου, τότε μνη-
σθήσομαι· τὰ δὲ τοῖσι Μιλησίοισι οὐ παρεοῦσι
ἔχρησε, ἔχει ὧδε.

καὶ τότε δή, Μίλητε κακῶν ἐπιμήχανε ἔργων,
πολλοῖσιν δεῖπνόν τε καὶ ἀγλαὰ δῶρα γενήσῃ,
σαὶ δ᾽ ἄλοχοι πολλοῖσι πόδας νίψουσι κομήταις,
νηοῦ δ᾽ ἡμετέρου Διδύμοις ἄλλοισι μελήσει.

---

[1] In 494.
[2] Didyma (oftener called Branchidae), was near Miletus;
the temple was of Apollo Διδυμεύς. Cp. I. 46.

the Ionian cause was lost, he sailed away with three enemy ships that he had taken; but not to Phocaea, now that he knew well that it would be enslaved with the rest of Ionia; he sailed then and there with a straight course to Phoenice instead, and having sunk there certain galleons and taken much substance he made sail to Sicily, making which his station he set up for a pirate, robbing Carchedonians and Tyrrhenians, but no Greeks.

18. When the Persians had vanquished the Ionians by sea, they laid siege to Miletus by sea and land, mining the walls and using every device against it, till in the sixth year after the revolt of Aristagoras they took the city high and low and enslaved it.[1] Thus did this calamity accord with the oracle concerning Miletus.

19. For when the Argives enquired at Delphi of the safety of their city, there was given them an oracle of twofold import, part of it regarding the Argives themselves, but there was an oracle added thereto for the Milesians. Of that which concerned the Argives I will then make mention when I come to that part of my history; but this was the prophecy given to the Milesians, they not being then present:

In that day, Miletus, thou planner of works that
    are evil,
Thou for a banquet shalt serve and a guerdon rich
    of the spoiler;
Many the long-locked gallants whose feet shall be
    washed by thy women;
Woe for my Didyman[2] shrine! no more shall its
    ministers tend it.

HERODOTUS

τότε δὴ ταῦτα τοὺς Μιλησίους κατελάμβανε, ὁκότε
ἄνδρες μὲν οἱ πλεῦνες ἐκτείνοντο ὑπὸ τῶν Περσέων
ἐόντων κομητέων, γυναῖκες δὲ καὶ τέκνα ἐν ἀνδρα-
πόδων λόγῳ ἐγίνοντο, ἱρὸν δὲ τὸ ἐν Διδύμοισι καὶ
ὁ νηός τε καὶ τὸ χρηστήριον συληθέντα ἐνεπίμ-
πρατο. τῶν δ' ἐν τῷ ἱρῷ τούτῳ χρημάτων πολ-
λάκις μνήμην ἑτέρωθι τοῦ λόγου ἐποιησάμην.
20. Ἐνθεῦτεν οἱ ζωγρηθέντες τῶν Μιλησίων
ἤγοντο ἐς Σοῦσα. βασιλεὺς δὲ σφέας Δαρεῖος
κακὸν οὐδὲν ἄλλο ποιήσας κατοίκισε ἐπὶ τῇ Ἐρυ-
θρῇ καλεομένῃ θαλάσσῃ ἐν Ἄμπῃ πόλι, παρ' ἣν
Τίγρης ποταμὸς παρρρέων ἐς θάλασσαν ἐξιεῖ.
τῆς δὲ Μιλησίων χώρης αὐτοὶ μὲν οἱ Πέρσαι εἶχον
τὰ περὶ τὴν πόλιν καὶ τὸ πεδίον, τὰ δὲ ὑπερά-
κρια ἔδοσαν Καρσὶ Πηδασεῦσι ἐκτῆσθαι.
21. Παθοῦσι δὲ ταῦτα Μιλησίοισι πρὸς Περ-
σέων οὐκ ἀπέδοσαν τὴν ὁμοίην Συβαρῖται, οἳ Λάόν
τε καὶ Σκίδρον οἴκεον τῆς πόλιος ἀπεστερημένοι.
Συβάριος γὰρ ἁλούσης ὑπὸ Κροτωνιητέων Μιλή-
σιοι πάντες ἡβηδὸν ἀπεκείραντο τὰς κεφαλὰς καὶ
πένθος μέγα προσεθήκαντο· πόλιες γὰρ αὗται
μάλιστα δὴ τῶν ἡμεῖς ἴδμεν ἀλλήλῃσι ἐξεινώθη-
σαν· οὐδὲν ὁμοίως καὶ Ἀθηναῖοι. Ἀθηναῖοι μὲν
γὰρ δῆλον ἐποίησαν ὑπεραχθεσθέντες τῇ Μιλήτου
ἁλώσι τῇ τε ἄλλῃ πολλαχῇ, καὶ δὴ καὶ ποιήσαντι
Φρυνίχῳ δρᾶμα Μιλήτου ἅλωσιν καὶ διδάξαντι
ἐς δάκρυά τε ἔπεσε τὸ θέητρον, καὶ ἐζημίωσάν μιν
ὡς ἀναμνήσαντα οἰκήια κακὰ χιλίῃσι δραχμῇσι,
καὶ ἐπέταξαν μηδένα χρᾶσθαι τούτῳ τῷ δράματι.
22. Μίλητος μέν νυν Μιλησίων ἠρήμωτο. Σα-

166

All this now came upon the Milesians ; for the most part of their men were slain by the long-haired Persians, and their women and children were accounted as slaves, and the temple at Didyma with its shrine and place of divination was plundered and burnt. Of the wealth that was in this temple I have often spoken elsewhere in my history.

20. After that, the captive Milesians were brought to Susa. King Darius did them no further hurt, but settled them by the sea called Red, in the city called Ampe, whereby flows the river Tigris as it issues into the sea. Of the Milesian land the Persians themselves held what was nearest to the city, and the plain, giving the hill country into the possession of Carians from Pedasa.

21. Now when the Milesians suffered all this at the hands of the Persians, the men of Sybaris (who had lost their city and dwelt in Laüs and Scidrus) gave them no just requital for what they had done ; for when Sybaris was taken by the men of Croton, all the people of Miletus, young and old, shaved their heads and made great public lamentation ; no cities within my knowledge were ever so closely joined in friendship as these. The Sybarites did nothing after the Athenian manner. For the Athenians, besides that they signified in many other ways their deep grief for the taking of Miletus, did this in especial :—Phrynichus having written a play entitled "The Fall of Miletus" and set it on the stage, the whole theatre brake into weeping ; and they fined Phrynichus a thousand drachmae for bringing to mind a calamity that touched them so nearly, and forbade for ever the acting of that play.

22. Miletus then was left empty of its people.

μίων δὲ τοῖσί τι ἔχουσι τὸ μὲν ἐς τοὺς Μήδους ἐκ
τῶν στρατηγῶν τῶν σφετέρων ποιηθὲν οὐδαμῶς
ἤρεσκε, ἐδόκεε δὲ μετὰ τὴν ναυμαχίην αὐτίκα
βουλευομένοισι, πρὶν ἤ σφι ἐς τὴν χώρην ἀπικέ-
σθαι τὸν τύραννον Αἰάκεα, ἐς ἀποικίην ἐκπλέειν
μηδὲ μένοντας Μήδοισί τε καὶ Αἰάκεϊ δουλεύειν.
Ζαγκλαῖοι γὰρ οἱ ἀπὸ Σικελίης τὸν αὐτὸν χρόνον
τοῦτον πέμποντες ἐς τὴν Ἰωνίην ἀγγέλους ἐπεκα-
λέοντο τοὺς Ἴωνας ἐς Καλὴν ἀκτήν, βουλόμενοι
αὐτόθι πόλιν κτίσαι Ἰώνων. ἡ δὲ Καλὴ αὕτη
ἀκτὴ καλεομένη ἔστι μὲν Σικελῶν, πρὸς δὲ Τυρση-
νίην τετραμμένη τῆς Σικελίης. τούτων ὦν ἐπικα-
λεομένων οἱ Σάμιοι μοῦνοι Ἰώνων ἐστάλησαν, σὺν
δέ σφι Μιλησίων οἱ ἐκπεφευγότες· ἐν ᾧ τοιόνδε
δή τι συνήνεικε γενέσθαι.

23. Σάμιοι γὰρ κομιζόμενοι ἐς Σικελίην ἐγίνοντο
ἐν Λοκροῖσι τοῖσι Ἐπιζεφυρίοισι, καὶ Ζαγκλαῖοι
αὐτοί τε καὶ ὁ βασιλεὺς αὐτῶν, τῷ οὔνομα ἦν
Σκύθης, περικατέατο πόλιν τῶν Σικελῶν ἐξελεῖν
βουλόμενοι. μαθὼν δὲ ταῦτα ὁ Ῥηγίου τύραννος
Ἀναξίλεως, τότε ἐὼν διάφορος τοῖσι Ζαγκλαίοισι,
συμμίξας τοῖσι Σαμίοισι ἀναπείθει ὡς χρεὸν εἴη
Καλὴν μὲν ἀκτήν, ἐπ' ἣν ἔπλεον, ἐᾶν χαίρειν, τὴν
δὲ Ζάγκλην σχεῖν ἐοῦσαν ἔρημον ἀνδρῶν. πειθο-
μένων δὲ τῶν Σαμίων καὶ σχόντων τὴν Ζάγκλην,
ἐνθαῦτα οἱ Ζαγκλαῖοι, ὡς ἐπύθοντο ἐχομένην τὴν
πόλιν ἑωυτῶν, ἐβοήθεον αὐτῇ καὶ ἐπεκαλέοντο
Ἱπποκράτεα τὸν Γέλης τύραννον· ἦν γὰρ δή σφι
οὗτος σύμμαχος. ἐπείτε δὲ αὐτοῖσι καὶ ὁ Ἱππο-
κράτης σὺν τῇ στρατιῇ ἦκε βοηθέων, Σκύθην μὲν

---

[1] Zancle is the later Messene, modern Messina.

But as regards the Samians, their men of substance were ill-pleased by the dealings of their generals with the Medes; after the sea-fight they took counsel straightway and resolved that before Aeaces the despot came to their country they would sail away to a colony, rather than remain and be slaves to the Medes and Aeaces. For the people of Zancle[1] in Sicily about this time sent messengers to Ionia inviting the Ionians to the Fair Coast, desiring there to found an Ionian city. This Fair Coast, as it is called, is in Sicily, in that part which looks towards Tyrrhenia. At this invitation, then, the Samians alone of the Ionians, with those Milesians who had escaped, set forth; and in their journey a thing befel them such as I will show.

23. As they voyaged to Sicily the Samians came to the country of the Epizephyrian[2] Locrians at a time when the people of Zancle and their king (whose name was Scythes) were besieging a Sicilian town, desiring to take it. Learning this, Anaxilaus the despot of Rhegium, being then at feud with the Zanclaeans, consorted with the Samians and persuaded them from their purpose; they had best, he said, leave off their voyage to the Fair Coast, and seize Zancle while it was deserted by its men. To this the Samians consented and seized Zancle; whereat the Zanclaeans, when they learnt of the taking of their city, came to deliver it, calling to their aid Hippocrates the despot of Gela, who was their ally. But Hippocrates, when he came bringing his army to aid them, put Scythes the monarch of Zancle and

---

[2] "The epithet distinguishes the Italiot colony from the Locrians of the mother country" (How and Wells).

τὸν μούναρχον τῶν Ζαγκλαίων ὡς ἀποβαλόντα
τὴν πόλιν ὁ Ἱπποκράτης πεδήσας καὶ τὸν ἀδελ-
φεὸν αὐτοῦ Πυθογένεα ἐς Ἴνυκα πόλιν ἀπέπεμψε,
τοὺς δὲ λοιποὺς Ζαγκλαίους κοινολογησάμενος
τοῖσι Σαμίοισι καὶ ὅρκους δοὺς καὶ δεξάμενος
προέδωκε. μισθὸς δέ οἱ ἦν εἰρημένος ὅδε ὑπὸ τῶν
Σαμίων, πάντων τῶν ἐπίπλων καὶ ἀνδραπόδων τὰ
ἡμίσεα μεταλαβεῖν τῶν ἐν τῇ πόλι, τὰ δ᾽ ἐπὶ τῶν
ἀγρῶν πάντα Ἱπποκράτεα λαγχάνειν. τοὺς μὲν
δὴ πλεῦνας τῶν Ζαγκλαίων αὐτὸς ἐν ἀνδραπόδων
λόγῳ εἶχε δήσας, τοὺς δὲ κορυφαίους αὐτῶν τρι-
ηκοσίους ἔδωκε τοῖσι Σαμίοισι κατασφάξαι· οὐ
μέντοι οἵ γε Σάμιοι ἐποίησαν ταῦτα.

24. Σκύθης δὲ ὁ τῶν Ζαγκλαίων μούναρχος ἐκ
τῆς Ἴνυκος ἐκδιδρήσκει ἐς Ἱμέρην, ἐκ δὲ ταύτης
παρῆν ἐς τὴν Ἀσίην καὶ ἀνέβη παρὰ βασιλέα
Δαρεῖον· καί μιν ἐνόμισε Δαρεῖος πάντων ἀνδρῶν
δικαιότατον εἶναι, ὅσοι ἐκ τῆς Ἑλλάδος παρ᾽
ἑωυτὸν ἀνέβησαν. καὶ γὰρ παραιτησάμενος βα-
σιλέα ἐς Σικελίην ἀπίκετο καὶ αὖτις ἐκ τῆς Σικε-
λίης ὀπίσω παρὰ βασιλέα, ἐς ὃ γήραϊ μέγα ὄλβιος
ἐὼν ἐτελεύτησε ἐν Πέρσῃσι. Σάμιοι δὲ ἀπαλ-
λαχθέντες Μήδων ἀπονητὶ πόλιν καλλίστην
Ζάγκλην περιεβεβλέατο.

25. Μετὰ δὲ τὴν ναυμαχίην τὴν ὑπὲρ Μιλήτου
γενομένην Φοίνικες κελευσάντων Περσέων κατ-
ῆγον ἐς Σάμον Αἰάκεα τὸν Συλοσῶντος ὡς πολλοῦ
τε ἄξιον γενόμενον σφίσι καὶ μεγάλα κατεργασά-
μενον· καὶ Σαμίοισι μούνοισι τῶν ἀποστάντων
ἀπὸ Δαρείου διὰ τὴν ἔκλειψιν τῶν νεῶν ἐν τῇ
ναυμαχίῃ οὔτε ἡ πόλις οὔτε τὰ ἱρὰ ἐνεπρήσθη.
Μιλήτου δὲ ἁλούσης αὐτίκα Καρίην ἔσχον οἱ

170

his brother Pythogenes in chains for Scythes' losing of the city, and sent them away to the town of Inyx; and for the rest of the people of Zancle, he betrayed them into the hands of the Samians, with whom he had taken counsel and exchanged oaths of agreement. The price which the Samians covenanted to give him was, that Hippocrates should take for his share half of the movable goods and of the slaves in the city, and all that was in the country. The greater number of the Zanclaeans were kept in chains as slaves by Hippocrates himself; three hundred, that were their chief men, he delivered to the Samians to be put to death; but the Samians did not so with them.

24. Scythes the monarch of Zancle escaped from Inyx to Himera, and thence being arrived in Asia went up the country to king Darius. He was esteemed by Darius the most honest man of all who had come up to him from Hellas; for he returned by the king's permission to Sicily and from Sicily back again to Darius; at the last he ended his life in Persia, full of years and of great possessions. Thus lightly did the Samians plant themselves in that most excellent city of Zancle, when they had escaped from the Medes.

25. After the fight at sea for Miletus, the Phoenicians at the Persians' bidding brought Aeaces, son of Syloson, back to Samos, for the high worth of his service to them, and his great achievements; and by reason of the desertion of their ships in the sea-fight the Samians were the only rebel people whose city was not burnt, nor their temples. Miletus being taken, the Persians thereby at once gained possession of Caria, some of the towns submitting

Πέρσαι, τὰς μὲν ἐθελοντὴν τῶν πολίων ὑποκυψά-
σας, τὰς δὲ ἀνάγκῃ προσηγάγοντο. 26. Ταῦτα μὲν δὴ οὕτω ἐγίνετο. Ἱστιαίῳ δὲ τῷ
Μιλησίῳ ἐόντι περὶ Βυζάντιον καὶ συλλαμβάνοντι
τὰς Ἰώνων ὁλκάδας ἐκπλεούσας ἐκ τοῦ Πόντου
ἐξαγγέλλεται τὰ περὶ τὴν Μίλητον γενόμενα. τὰ
μὲν δὴ περὶ Ἑλλήσποντον ἔχοντα πρήγματα ἐπι-
τράπει Βισάλτῃ Ἀπολλοφάνεος παιδὶ Ἀβυδηνῷ,
αὐτὸς δὲ ἔχων Λεσβίους ἐς Χίον ἔπλεε, καὶ Χίων
φρουρῇ οὐ προσιεμένῃ μιν συνέβαλε ἐν Κοίλοισι
καλεομένοισι τῆς Χίης χώρης. τούτων τε δὴ
ἐφόνευσε συχνούς, καὶ τῶν λοιπῶν Χίων, οἷα δὴ
κεκακωμένων ἐκ τῆς ναυμαχίης, ὁ Ἱστιαῖος ἔχων
τοὺς Λεσβίους ἐπεκράτησε, ἐκ Πολίχνης τῆς Χίων
ὁρμώμενος. 27. Φιλέει δέ κως προσημαίνειν, εὐτ᾽ ἂν μέλλῃ
μεγάλα κακὰ ἢ πόλι ἢ ἔθνεῑ ἔσεσθαι· καὶ γὰρ
Χίοισι πρὸ τούτων σημήια μεγάλα ἐγένετο· τοῦτο
μέν σφι πέμψασι ἐς Δελφοὺς χορὸν νεηνιέων
ἑκατὸν δύο μοῦνοι τούτων ἀπενόστησαν, τοὺς δὲ
ὀκτώ τε καὶ ἐνενήκοντα αὐτῶν λοιμὸς ὑπολαβὼν
ἀπήνεικε· τοῦτο δὲ ἐν τῇ πόλι τὸν αὐτὸν τοῦτον
χρόνον, ὀλίγον πρὸ τῆς ναυμαχίης, παισὶ γράμ-
ματα διδασκομένοισι ἐνέπεσε ἡ στέγη, ὥστε ἀπ᾽
ἑκατὸν καὶ εἴκοσι παίδων εἷς μοῦνος ἀπέφυγε.
ταῦτα μέν σφι σημήια ὁ θεὸς προέδεξε, μετὰ δὲ
ταῦτα ἡ ναυμαχίη ὑπολαβοῦσα ἐς γόνυ τὴν πόλιν
ἔβαλε, ἐπὶ δὲ τῇ ναυμαχίῃ ἐπεγένετο Ἱστιαῖος
Λεσβίους ἄγων· κεκακωμένων δὲ τῶν Χίων, κατα-
στροφὴν εὐπετέως αὐτῶν ἐποιήσατο. 28. Ἐνθεῦτεν δὲ ὁ Ἱστιαῖος ἐστρατεύετο ἐπὶ
Θάσον ἄγων Ἰώνων καὶ Αἰολέων συχνούς. περι-

themselves of their own accord and others being subdued perforce.

26. All this fell out as I have said. But Histiaeus the Milesian was at Byzantium, seizing the Ionian merchant ships as they sailed out of the Euxine, when he had news of the business of Miletus. Thereupon, leaving all matters concerning the Hellespont in charge of Bisaltes of Abydos, son of Apollophanes, he himself sailed with Lesbians to Chios, and there did battle in the Hollows of Chios (as they are called) with Chian guardships that would not receive him. Many of their crews he slew; the rest of the people of the country (so crippled were they by the sea-fight) Histiaeus with his Lesbians subdued to his will, coming out from Polichne in Chios.

27. Ever is some warning given by heaven, when great ills threaten cities or nations; for before all this plain signs had been sent to the Chians. Of a band of a hundred youths whom they had sent to Delphi two only returned, ninety-eight being caught and carried off by pestilence; moreover, at about this same time, a little before the sea-fight, the roof fell in on boys at school, insomuch that of a hundred and twenty of them one alone escaped. These signs had been shown to them by heaven; thereafter the sea-fight brake upon them and beat the city to its knees, and with that came Histiaeus and the Lesbians to end what the sea-fight began; and the Chians being in so evil a case, he easily subdued them.

28. Thence Histiaeus brought a great force of Ionians and Aeolians against Thasos. But while he

κατημένῳ δέ οἱ Θάσον ἦλθε ἀγγελίη ὡς οἱ Φοί-
νικες ἀναπλέουσι ἐκ τῆς Μιλήτου ἐπὶ τὴν ἄλλην
Ἰωνίην. πυθόμενος δὲ ταῦτα Θάσον μὲν ἀπόρ-
θητον λείπει, αὐτὸς δὲ ἐς τὴν Λέσβον ἠπείγετο
ἄγων πᾶσαν τὴν στρατιήν. ἐκ Λέσβου δὲ λιμαι-
νούσης οἱ τῆς στρατιῆς πέρην διαβαίνει, ἐκ τοῦ
Ἀταρνέος ὡς ἀμήσων τὸν σῖτον τόν τε ἐνθεῦτεν
καὶ τὸν ἐκ Καΐκου πεδίου τὸν τῶν Μυσῶν. ἐν δὲ
τούτοισι τοῖσι χωρίοισι ἐτύγχανε ἐὼν Ἅρπαγος
ἀνὴρ Πέρσης στρατηγὸς στρατιῆς οὐκ ὀλίγης·
ὅς οἱ ἀποβάντι συμβαλὼν αὐτόν τε Ἱστιαῖον
ζωγρίῃ ἔλαβε καὶ τὸν στρατὸν αὐτοῦ τὸν πλέω
διέφθειρε.

29. Ἐζωγρήθη δὲ ὁ Ἱστιαῖος ὧδε. ὡς ἐμάχοντο
οἱ Ἕλληνες τοῖσι Πέρσῃσι ἐν τῇ Μαλήνῃ τῆς
Ἀταρνείτιδος χώρης, οἳ μὲν συνέστασαν χρόνον
ἐπὶ πολλόν, ἡ δὲ ἵππος ὕστερον ὁρμηθεῖσα ἐπι-
πίπτει τοῖσι Ἕλλησι. τό τε δὴ ἔργον τῆς ἵππου
τοῦτο ἐγένετο, καὶ τετραμμένων τῶν Ἑλλήνων ὁ
Ἱστιαῖος ἐλπίζων οὐκ ἀπολέεσθαι ὑπὸ βασιλέος
διὰ τὴν παρεοῦσαν ἁμαρτάδα φιλοψυχίην τοιήνδε
τινὰ ἀναιρέεται· ὡς φεύγων τε κατελαμβάνετο
ὑπὸ ἀνδρὸς Πέρσεω καὶ ὡς καταιρεόμενος ὑπ'
αὐτοῦ ἔμελλε συγκεντηθήσεσθαι, Περσίδα γλῶσ-
σαν μετεὶς καταμηνύει ἑωυτὸν ὡς εἴη Ἱστιαῖος ὁ
Μιλήσιος.

30. Εἰ μέν νυν, ὡς ἐζωγρήθη, ἄχθη ἀγόμενος
παρὰ βασιλέα Δαρεῖον, ὁ δὲ οὔτ' ἂν ἔπαθε κακὸν
οὐδὲν δοκέειν ἐμοί, ἀπῆκέ τ' ἂν αὐτῷ τὴν αἰτίην·
νῦν δέ μιν αὐτῶν τε τούτων εἵνεκα καὶ ἵνα μὴ
διαφυγὼν αὖτις μέγας παρὰ βασιλέι γένηται,
Ἀρταφρένης τε ὁ Σαρδίων ὕπαρχος καὶ ὁ λαβὼν

beleaguered Thasos there came to him a message that the Phoenicians were putting out to sea from Miletus to attack the rest of Ionia; learning which he left Thasos unsacked, and made haste instead with all his army to Lesbos. Thence, for his men were anhungered, he crossed over with intent to reap from Atarneus the corn of that place and the Mysian corn of the Caïcus plain. Now it chanced that in that region was Harpagus, a Persian, having no small force under him; who, when Histiaeus landed, met him in battle and took Histiaeus himself alive and slew the greater part of his army.

29. Histiaeus was taken prisoner after this wise: the Greeks fought with the Persians at Malene in the country of Atarneus, and for a long time the armies battled foot to foot, till the Persian horse charged and fell upon the Greeks; thus it was they that achieved the victory; then, the Greeks being routed, Histiaeus, supposing that the king would not put him to death for his late transgression, did what showed him to love his life too well. Being overtaken in his flight by a Persian, and so caught and like to be stabbed, he cried out in the Persian language and discovered himself for Histiaeus of Miletus.

30. Now had he been taken prisoner and brought on his way to king Darius, no harm had been done him (to my thinking) and the king had forgiven his guilt; but as it was, Histiaeus being brought to Sardis, there both by reason of what he had done, and for fear that he might escape and again win power at the court, Artaphrenes, viceroy of Sardis,

HERODOTUS

Αρπαγος, ὡς ἀπίκετο ἀγόμενος ἐς Σάρδις, τὸ μὲν
αὐτοῦ σῶμα αὐτοῦ ταύτῃ ἀνεσταύρωσαν, τὴν δὲ
κεφαλὴν ταριχεύσαντες ἀνήνεικαν παρὰ βασιλέα
Δαρεῖον ἐς Σοῦσα. Δαρεῖος δὲ πυθόμενος ταῦτα
καὶ ἐπαιτιησάμενος τοὺς ταῦτα ποιήσαντας ὅτι
μιν οὐ ζώοντα ἀνήγαγον ἐς ὄψιν τὴν ἑωυτοῦ, τὴν
κεφαλὴν τὴν Ἱστιαίου λούσαντάς τε καὶ περιστεί-
λαντας εὖ ἐνετείλατο θάψαι ὡς ἀνδρὸς μεγάλως
ἑωυτῷ τε καὶ Πέρσῃσι εὐεργέτεω.

31. Τὰ μὲν περὶ Ἱστιαῖον οὕτω ἔσχε. ὁ δὲ
ναυτικὸς στρατὸς ὁ Περσέων χειμερίσας περὶ
Μίλητον, τῷ δευτέρῳ ἔτεϊ ὡς ἀνέπλωσε, αἱρέει
εὐπετέως τὰς νήσους τὰς πρὸς τῇ ἠπείρῳ κειμένας,
Χίον καὶ Λέσβον καὶ Τένεδον. ὅκως δὲ λάβοι
τινὰ τῶν νήσων, ὡς ἑκάστην αἱρέοντες οἱ βάρ-
βαροι ἐσαγήνευον τοὺς ἀνθρώπους. σαγηνεύουσι
δὲ τόνδε τὸν τρόπον· ἀνὴρ ἀνδρὸς ἀψάμενος τῆς
χειρὸς ἐκ θαλάσσης τῆς βορηίης ἐπὶ τὴν νοτίην
διήκουσι, καὶ ἔπειτα διὰ πάσης τῆς νήσου διέρ-
χονται ἐκθηρεύοντες τοὺς ἀνθρώπους. αἵρεον δὲ
καὶ τὰς ἐν τῇ ἠπείρῳ πόλιας τὰς Ἰάδας κατὰ
ταὐτά, πλὴν οὐκ ἐσαγήνευον τοὺς ἀνθρώπους· οὐ
γὰρ οἷά τ᾽ ἦν.

32. Ἐνθαῦτα Περσέων οἱ στρατηγοὶ οὐκ ἐψεύ-
σαντο τὰς ἀπειλὰς τὰς ἐπηπείλησαν τοῖσι Ἴωσι
στρατοπεδευομένοισι ἐναντία σφίσι. ὡς γὰρ δὴ
ἐπεκράτησαν τῶν πολίων, παῖδάς τε τοὺς εὐειδε-
στάτους ἐκλεγόμενοι ἐξέταμνον καὶ ἐποίευν ἀντὶ
εἶναι ἐνόρχιας εὐνούχους καὶ παρθένους τὰς καλ-
λιστευούσας ἀνασπάστους παρὰ βασιλέα· ταῦτά
τε δὴ ἐποίευν καὶ τὰς πόλιας ἐνεπίμπρασαν
αὐτοῖσι τοῖσι ἱροῖσι. οὕτω τε τὸ τρίτον Ἴωνες
176

and Harpagus who had taken Histiaeus, impaled his body on the spot, and sent his head embalmed to king Darius at Susa. When Darius learnt of this he blamed those who had so done, because they had not brought Histiaeus before him alive ; for the head, he gave command that it should be washed and buried with full observance, as the head of one that had done great good to Darius himself and to Persia.

31. Thus it fared with Histiaeus. The Persian fleet wintered at Miletus, and putting out to sea in the next year easily subdued the islands that lie off the mainland, Chios and Lesbos and Tenedos. Whenever they took an island, the foreigners would "net" each severally. This is the manner of their doing it :—the men link hands and make a line reaching from the northern sea to the southern, and then advance over the whole island hunting the people down. They took likewise also the Ionian cities of the mainland, albeit not by netting the people ; for that was not possible.

32. There the Persian generals failed not to fulfil the threats which they had uttered against the Ionians when they were encamped over against them ; for when they had gained the mastery over the cities, they chose out the comeliest boys and castrated them, making them eunuchs instead of men, and they carried the fairest maidens away to the king ; this they did, and burnt the cities, yea, and their temples. Thus thrice had the Ionians

177

HERODOTUS

κατεδουλώθησαν, πρῶτον μὲν ὑπὸ Λυδῶν, δὶς δὲ
ἐπεξῆς τότε ὑπὸ Περσέων.

33. Ἀπὸ δὲ Ἰωνίης ἀπαλλασσόμενος ὁ ναυτι-
κὸς στρατὸς τὰ ἐπ᾽ ἀριστερὰ ἐσπλέοντι τοῦ Ἑλλη-
σπόντου αἵρεε πάντα· τὰ γὰρ ἐπὶ δεξιὰ αὐτοῖσι
τοῖσι Πέρσῃσι ὑποχείρια ἦν γεγονότα κατ᾽ ἤπει-
ρον. εἰσὶ δὲ αἱ ἐν τῇ Εὐρώπῃ αἵδε τοῦ Ἑλλη-
σπόντου, Χερσόνησός τε, ἐν τῇ πόλιες συχναὶ
ἔνεισι, καὶ Πέρινθος καὶ τὰ τείχεα τὰ ἐπὶ Θρηίκης
καὶ Σηλυμβρίη τε καὶ Βυζάντιον. Βυζάντιοι μέν
νυν καὶ οἱ πέρηθε Καλχηδόνιοι οὐδ᾽ ὑπέμειναν
ἐπιπλέοντας τοὺς Φοίνικας, ἀλλ᾽ οἴχοντο ἀπολι-
πόντες τὴν σφετέρην ἔσω ἐς τὸν Εὔξεινον πόντον,
καὶ ἐνθαῦτα πόλιν Μεσαμβρίην οἴκησαν. οἱ δὲ
Φοίνικες κατακαύσαντες ταύτας τὰς χώρας τὰς
καταλεχθείσας τράπονται ἐπί τε Προκόννησον
καὶ Ἀρτάκην, πυρὶ δὲ καὶ ταύτας νείμαντες ἔπλεον
αὖτις ἐς τὴν Χερσόνησον ἐξαιρήσοντες τὰς ἐπι-
λοίπους τῶν πολίων, ὅσας πρότερον προσσχόντες
οὐ κατέσυραν. ἐπὶ δὲ Κύζικον οὐδὲ ἔπλωσαν
ἀρχήν· αὐτοὶ γὰρ Κυζικηνοὶ ἔτι πρότερον τοῦ
Φοινίκων ἐσπλόου ἐγεγόνεσαν ὑπὸ βασιλέι, Οἰ-
βάρεϊ τῷ Μεγαβάζου ὁμολογήσαντες τῷ ἐν
Δασκυλείῳ ὑπάρχῳ.

34. Τῆς δὲ Χερσονήσου πλὴν Καρδίης πόλιος
τὰς ἄλλας πάσας ἐχειρώσαντο οἱ Φοίνικες. ἐτυ-
ράννευε δὲ αὐτέων μέχρι τότε Μιλτιάδης ὁ Κίμωνος
τοῦ Στησαγόρεω, κτησαμένου τὴν ἀρχὴν ταύτην
πρότερον Μιλτιάδεω τοῦ Κυψέλου τρόπῳ τοιῷδε.
εἶχον Δόλογκοι Θρήικες τὴν Χερσόνησον ταύτην.
οὗτοι ὧν οἱ Δόλογκοι πιεσθέντες πολέμῳ ὑπὸ
Ἀψινθίων ἐς Δελφοὺς ἔπεμψαν τοὺς βασιλέας

178

been enslaved, first by the Lydians and then once and now yet again by the Persians.

33. Then the fleet departed from Ionia and took all that lay on the left hand of the entrance of the Hellespont; for what was to the right had been subdued by the Persians themselves from the side of the land. These are the regions of Europe that belong to the Hellespont,—the Chersonese, wherein are many towns; Perinthus, and the forts that lie towards Thrace, and Selymbria and Byzantium. The people of Byzantium, and they of Calchedon beyond, did not even await the onfall of the Phoenicians, but left their own land and fled away within the Euxine, and there settled in the town Mesambria. The Phoenicians, having burnt these places aforesaid, turned against Proconnesus and Artace, and having given these also to the flames sailed back to the Chersonese to make an end of the remnant of the towns, as many as they had not destroyed at their former landing. But against Cyzicus they did not so much as sail at all; for the Cyzicenes had before this visitation of the fleet already made themselves the king's subjects, by an agreement which they made with the viceroy at Dascyleum, Oebares son of Megabazus.

34. As for the Chersonese, the Phoenicians subdued all the towns in it, save only Cardia. These had been ruled till then by Miltiades son of Cimon who was the son of Stesagoras. This sovereignty had been formerly won by Miltiades son of Cypselus in such manner as I will now show. The Dolonci, who were Thracians, possessed this Chersonese; they then, being hard pressed in war by the Apsinthians, sent their princes to Delphi to ask

περὶ τοῦ πολέμου χρησομένους. ἡ δὲ Πυθίη σφι
ἀνεῖλε οἰκιστὴν ἐπάγεσθαι ἐπὶ τὴν χώρην τοῦτον
ὃς ἂν σφέας ἀπιόντας ἐκ τοῦ ἱροῦ πρῶτος ἐπὶ
ξείνια καλέσῃ. ἰόντες δὲ οἱ Δόλογκοι τὴν ἱρὴν
ὁδὸν διὰ Φωκέων τε καὶ Βοιωτῶν ᾖσαν· καί
σφεας ὡς οὐδεὶς ἐκάλεε, ἐκτράπονται ἐπ᾽ Ἀθηνέων.
35. Ἐν δὲ τῆσι Ἀθήνῃσι τηνικαῦτα εἶχε μὲν
τὸ πᾶν κράτος Πεισίστρατος, ἀτὰρ ἐδυνάστευέ γε
καὶ Μιλτιάδης ὁ Κυψέλου ἐὼν οἰκίης τεθριπ-
ποτρόφου, τὰ μὲν ἀνέκαθεν ἀπ᾽ Αἰακοῦ τε καὶ
Αἰγίνης γεγονώς, τὰ δὲ νεώτερα Ἀθηναῖος, Φι-
λαίου τοῦ Αἴαντος παιδὸς γενομένου πρώτου τῆς
οἰκίης ταύτης Ἀθηναίου. οὗτος ὁ Μιλτιάδης
κατήμενος ἐν τοῖσι προθύροισι τοῖσι ἑωυτοῦ,
ὁρέων τοὺς Δολόγκους παριόντας ἐσθῆτα ἔχοντας
οὐκ ἐγχωρίην καὶ αἰχμὰς προσεβώσατο καί σφι
προσελθοῦσι ἐπηγγείλατο καταγωγὴν καὶ ξείνια.
οἱ δὲ δεξάμενοι καὶ ξεινισθέντες ὑπ᾽ αὐτοῦ ἐξ-
έφαινον πᾶν τὸ μαντήιον, ἐκφήναντες δὲ ἐδέοντο
αὐτοῦ τῷ θεῷ μιν πείθεσθαι. Μιλτιάδεα δὲ ἀκού-
σαντα παραυτίκα ἔπεισε ὁ λόγος οἷα ἀχθόμενόν
τε τῇ Πεισιστράτου ἀρχῇ καὶ βουλόμενον ἐκπο-
δὼν εἶναι. αὐτίκα δὲ ἐστάλη ἐς Δελφούς, ἐπει-
ρησόμενος τὸ χρηστήριον εἰ ποιοίη τά περ αὐτοῦ
οἱ Δόλογκοι προσεδέοντο.
36. Κελευούσης δὲ καὶ τῆς Πυθίης, οὕτω δὴ
Μιλτιάδης ὁ Κυψέλου, Ὀλύμπια ἀναραιρηκὼς
πρότερον τούτων τεθρίππῳ, τότε παραλαβὼν
Ἀθηναίων πάντα τὸν βουλόμενον μετέχειν τοῦ
στόλου ἔπλεε ἅμα τοῖσι Δολόγκοισι, καὶ ἔσχε

---

[1] "The Sacred Way seems to have led E. by Daulis,

an oracle concerning the war; and the priestess in
her reply bade them bring him in to found their
state who should first offer them hospitality when
they departed from the temple. Then the Dolonci
followed the Sacred Way [1] and journeyed through
Phocis and Boeotia; and when none invited them in
they turned aside towards Athens.

35. Now at this time the supreme ruler of Athens
was Pisistratus, but Miltiades also, son of Cypselus,
was a man of power; he was of a house that kept
four-horse chariots, tracing his earliest descent from
Aeacus and Aegina, but by later lineage Athenian;
the first Athenian of that house was Philaeus son of
Aias. This Miltiades, as he sat in his porch, saw the
Dolonci pass by with raiment and spears of foreign
fashion, and he hailed them, and when they
approached offered them lodging and hospitality.
They consented thereto; and when he had received
them as guests they laid before him all the words of
the oracle, and entreated him to obey the god.
Hearing this, Miltiades was persuaded by what they
said; for he was impatient of the rule of Pisistratus
and desired to be away from it. Forthwith he set
out for Delphi, to enquire of the oracle if he should
do as the Dolonci entreated him.

36. The priestess too bidding him consent, there-
upon Miltiades son of Cypselus, that Miltiades who
had ere now won a race of four-horse chariots at
Olympia, took with him all Athenians who desired
to share his enterprise, and sailing with the Dolonci

Panopeus, and Chaeronea, then S.E. by Coronea, Haliartus,
and Thebes, then S. over Cithaeron to Eleusis, whence it
was continued to Athens by the best-known ὁδὸς ἱερά." (How
and Wells.)

τὴν χώρην· καί μιν οἱ ἐπαγαγόμενοι τύραννον
κατεστήσαντο. ὃ δὲ πρῶτον μὲν ἀπετείχισε τὸν
ἰσθμὸν τῆς Χερσονήσου ἐκ Καρδίης πόλιος ἐς
Πακτύην, ἵνα μὴ ἔχοιεν σφέας οἱ Ἀψίνθιοι δηλέ-
εσθαι ἐσβάλλοντες ἐς τὴν χώρην. εἰσὶ δὲ οὗτοι
στάδιοι ἕξ τε καὶ τριήκοντα τοῦ ἰσθμοῦ· ἀπὸ δὲ
τοῦ ἰσθμοῦ τούτου ἡ Χερσόνησος ἔσω πᾶσα ἐστὶ
σταδίων εἴκοσι καὶ τετρακοσίων τὸ μῆκος.

37. Ἀποτειχίσας ὦν τὸν αὐχένα τῆς Χερσονή-
σου ὁ Μιλτιάδης καὶ τοὺς Ἀψινθίους τρόπῳ
τοιούτῳ ὠσάμενος, τῶν λοιπῶν πρώτοισι ἐπολέ-
μησε Λαμψακηνοῖσι· καί μιν οἱ Λαμψακηνοὶ
λοχήσαντες αἱρέουσι ζωγρίῃ. ἦν δὲ ὁ Μιλτιάδης
Κροίσῳ τῷ Λυδῷ ἐν γνώμῃ γεγονώς· πυθόμενος
ὦν ὁ Κροῖσος ταῦτα, πέμπων προηγόρευε τοῖσι
Λαμψακηνοῖσι μετιέναι Μιλτιάδεα· εἰ δὲ μή
σφεας πίτυος τρόπον ἀπείλεε ἐκτρίψειν. πλανω-
μένων δὲ τῶν Λαμψακηνῶν ἐν τοῖσι λόγοισι τὸ
θέλει τὸ ἔπος εἶναι τό σφι ἀπείλησε ὁ Κροῖσος,
πίτυος τρόπον ἐκτρίψειν, μόγις κοτὲ μαθὼν τῶν τις
πρεσβυτέρων εἶπε τὸ ἐόν, ὅτι πίτυς μούνη πάντων
δενδρέων ἐκκοπεῖσα βλαστὸν οὐδένα μετιεῖ ἀλλὰ
πανώλεθρος ἐξαπόλλυται. δείσαντες ὦν οἱ Λαμ-
ψακηνοὶ Κροῖσον λύσαντες μετῆκαν Μιλτιάδεα.

38. Οὗτος μὲν δὴ διὰ Κροῖσον ἐκφεύγει, μετὰ δὲ
τελευτᾷ ἄπαις, τὴν ἀρχήν τε καὶ τὰ χρήματα
παραδοὺς Στησαγόρῃ τῷ Κίμωνος ἀδελφεοῦ παι-
δὶ ὁμομητρίου. καί οἱ τελευτήσαντι Χερσονησῖ-
ται θύουσι ὡς νόμος οἰκιστῇ, καὶ ἀγῶνα ἱππικόν
τε καὶ γυμνικὸν ἐπιστᾶσι, ἐν τῷ Λαμψακηνῶν

---

[1] Across the isthmus of the peninsula of Gallipoli, near
Bulair ; a distance of about four and a half miles.

gained possession of their country; and they who had brought him in made him their despot. First he built a wall across the isthmus of the Chersonese from the town Cardia to Pactye,[1] that so the Apsinthians might not be able to harm them by invading the country. The breadth of the isthmus is six-and-thirty furlongs; and the length of the Chersonese on the hither side of that isthmus is four hundred and twenty furlongs.

37. Having then built a wall across the neck of the Chersonese, and thus thrust the Apsinthians back, Miltiades made war upon the Lampsacenes first of all the rest; and they lay in ambush and took him captive. But Miltiades was well known to Croesus the Lydian; wherefore Croesus, learning of what had been done, warned the men of Lampsacus to let Miltiades go; "or," he threatened, "I will raze you from the earth like a pine-tree." The men of Lampsacus were all astray in their counsels as to what this threat of Croesus to them (that he would raze them like a pine-tree) might mean, till after much seeking one of their elders at last told them the truth, to wit, that the pine is the only tree that sends forth no shoots after it is cut down, but perishes utterly; wherefore in fear of Croesus they freed Miltiades and let him go.

38. So Miltiades was saved by Croesus; but afterwards he died childless, leaving his government and his possessions to Stesagoras, the son of his full brother Cimon; and since his death the men of the Chersonese have ever offered him such sacrifice as is a founder's right, ordaining days for horse-races and feats of strength, wherein no man of Lampsacus

HERODOTUS

οὐδενὶ ἐγγίνεται ἀγωνίζεσθαι. πολέμου δὲ ἐόντος
πρὸς Λαμψακηνοὺς καὶ Στησαγόρεα κατέλαβε
ἀποθανεῖν ἄπαιδα, πληγέντα τὴν κεφαλὴν πελέκεϊ
ἐν τῷ πρυτανηίῳ πρὸς ἀνδρὸς αὐτομόλου μὲν τῷ
λόγῳ πολεμίου δὲ καὶ ὑποθερμοτέρου τῷ ἔργῳ.
   39. Τελευτήσαντος δὲ καὶ Στησαγόρεω τρόπῳ
τοιῷδε, ἐνθαῦτα Μιλτιάδεα τὸν Κίμωνος, Στησα-
γόρεω δὲ τοῦ τελευτήσαντος ἀδελφεόν, καταλαμ-
ψόμενον τὰ πρήγματα ἐπὶ Χερσονήσου ἀποστέλ-
λουσι τριήρεϊ οἱ Πεισιστρατίδαι, οἵ μιν καὶ ἐν
Ἀθήνῃσι ἐποίευν εὖ ὡς οὐ συνειδότες δῆθεν τοῦ
πατρὸς Κίμωνος αὐτοῦ τὸν θάνατον, τὸν ἐγὼ ἐν
ἄλλῳ λόγῳ σημανέω ὡς ἐγένετο. Μιλτιάδης δὲ
ἀπικόμενος ἐς τὴν Χερσόνησον εἶχε κατ᾽ οἴκους,
τὸν ἀδελφεὸν Στησαγόρεα δηλαδὴ ἐπιτιμέων. οἱ
δὲ Χερσονησῖται πυνθανόμενοι ταῦτα συνελέχθη-
σαν ἀπὸ πασέων τῶν πολίων οἱ δυναστεύοντες
πάντοθεν, κοινῷ δὲ στόλῳ ἀπικόμενοι ὡς συλ-
λυπηθησόμενοι ἐδέθησαν ὑπ᾽ αὐτοῦ. Μιλτιάδης
τε δὴ ἴσχει τὴν Χερσόνησον, πεντακοσίους βόσκων
ἐπικούρους, καὶ γαμέει Ὀλόρου τοῦ Θρηίκων
βασιλέος τὴν θυγατέρα Ἡγησιπύλην.
   40. Οὗτος δὲ ὁ Κίμωνος Μιλτιάδης νεωστὶ μὲν
ἐληλύθεε ἐς τὴν Χερσόνησον, κατελάμβανε δέ μιν
ἐλθόντα ἄλλα τῶν καταλαβόντων πρηγμάτων
χαλεπώτερα. τρίτῳ μὲν γὰρ ἔτεϊ πρὸ τούτων
Σκύθας ἐκφεύγει. Σκύθαι γὰρ οἱ νομάδες ἐρε-
θισθέντες ὑπὸ βασιλέος Δαρείου συνεστράφησαν
καὶ ἤλασαν μέχρι τῆς Χερσονήσου ταύτης· τού-
τους ἐπιόντας οὐκ ὑπομείνας ὁ Μιλτιάδης ἔφευγε

is suffered to contend. But in the war against the
Lampsacenes Stesagoras too met his end and died
childless ; he was smitten on the head with an axe
in the town-hall by one that feigned to be a deserter
but in truth was an enemy and a man of violence.

39. Such having been the end of Stesagoras,
Miltiades son of Cimon and brother of the dead
Stesagoras was sent in a trireme to the Chersonese,
there to take control of the country, by the sons of
Pisistratus ; these had already used him well at
Athens, feigning that they had not been accessory
to the death of Cimon his father, the manner
whereof I will relate in another place. Being
come to the Chersonese, Miltiades kept himself
within his house, professing thus to honour the
memory of his brother Stesagoras. When this was
known to the people of the Chersonese, the ruling
men gathered together from all their cities on
every side, and came in a body, as with intent to
show fellow-feeling with his mourning ; but he put
them in bonds. So Miltiades made himself master
of the Chersonese ; there he maintained a guard of
five hundred men, and married Hegesipyle the
daughter of Olorus, king of Thrace.

40. But not long after this Miltiades, son of
Cimon, had come to the Chersonese, he was over-
taken by a visitation heavier than the former. For
he had been driven from the country three years ere
this [1] by the Scythians, their nomad tribes, provoked
by Darius, having gathered themselves together and
ridden as far as the Chersonese aforesaid. Not abid-
ing their onset, Miltiades fled from the Chersonese,

---

[1] In 493. τρίτῳ μὲν γάρ, κ.τ.λ. explains how it was that
Miltiades had been till now absent from the Chersonese.

Χερσόνησον, ἐς ὃ οἵ τε Σκύθαι ἀπαλλάχθησαν
καὶ ἐκεῖνον Δόλογκοι κατήγαγον ὀπίσω. ταῦτα
μὲν δὴ τρίτῳ ἔτεϊ πρότερον ἐγεγόνεε τῶν τότε μιν
κατεχόντων.

41. Τότε δὲ πυνθανόμενος εἶναι τοὺς Φοίνικας
ἐν Τενέδῳ, πληρώσας τριήρεας πέντε χρημάτων
τῶν παρεόντων ἀπέπλεε ἐς τὰς Ἀθήνας. καὶ
ὥσπερ ὁρμήθη ἐκ Καρδίης πόλιος ἔπλεε διὰ τοῦ
Μέλανος κόλπου· παραμείβετό τε τὴν Χερσόνη-
σον καὶ οἱ Φοίνικές οἱ περιπίπτουσι τῇσι νηυσί.
αὐτὸς μὲν δὴ Μιλτιάδης σὺν τῇσι τέσσερσι τῶν
νεῶν καταφεύγει ἐς Ἴμβρον, τὴν δέ οἱ πέμπτην
τῶν νεῶν κατεῖλον διώκοντες οἱ Φοίνικες. τῆς δὲ
νεὸς ταύτης ἔτυχε τῶν Μιλτιάδεω παίδων ὁ πρε-
σβύτατος ἄρχων Μητίοχος, οὐκ ἐκ τῆς Ὀλόρου
τοῦ Θρήικος ἐὼν θυγατρὸς ἀλλ' ἐξ ἄλλης· καὶ
τοῦτον ἅμα τῇ νηὶ εἶλον οἱ Φοίνικες, καί μιν πυθό-
μενοι ὡς εἴη Μιλτιάδεω παῖς ἀνήγαγον παρὰ
βασιλέα, δοκέοντες χάριτα μεγάλην καταθήσε-
σθαι, ὅτι δὴ Μιλτιάδης γνώμην ἀπεδέξατο ἐν τοῖσι
Ἴωσι πείθεσθαι κελεύων τοῖσι Σκύθῃσι, ὅτε οἱ
Σκύθαι προσεδέοντο λύσαντας τὴν σχεδίην ἀπο-
πλέειν ἐς τὴν ἑωυτῶν. Δαρεῖος δέ, ὡς οἱ Φοίνικες
Μητίοχον τὸν Μιλτιάδεω ἀνήγαγον, ἐποίησε κα-
κὸν μὲν οὐδὲν Μητίοχον, ἀγαθὰ δὲ συχνά· καὶ γὰρ
οἶκον καὶ κτῆσιν ἔδωκε καὶ Περσίδα γυναῖκα, ἐκ τῆς
οἱ τέκνα ἐγένετο τὰ ἐς Πέρσας κεκοσμέαται. Μιλ-
τιάδης δὲ ἐξ Ἴμβρου ἀπικνέεται ἐς τὰς Ἀθήνας.

42. Καὶ κατὰ τὸ ἔτος τοῦτο ἐκ τῶν Περσέων οὐδὲν
ἐπὶ πλέον ἐγένετο τούτων ἐς νεῖκος φέρον Ἴωσι,
ἀλλὰ τάδε μὲν χρήσιμα κάρτα τοῖσι Ἴωσι ἐγένετο
τούτου τοῦ ἔτεος· Ἀρταφρένης ὁ Σαρδίων ὕπαρχος

till the Scythians departed and the Dolonci brought him back again. All this had happened three years before the matters that now engaged him.

41. But now, learning that the Phoenicians were in Tenedos, he sailed away to Athens with five triremes laden with the possessions that he had by him. Setting sail from Cardia he crossed the Black Bay, and as he sailed past the Chersonese the Phoenician ships fell in with him. Miltiades himself escaped with four of his ships to Imbros, but the fifth was pursued and overtaken by the Phoenicians. Now, it chanced that the captain of this ship was Metiochus, the eldest son of Miltiades by another wife, not the daughter of Olorus the Thracian; this man the Phoenicians took captive with his ship, and hearing that he was Miltiades' son brought him up to the king; they thought that this would be a very thankworthy service, seeing that Miltiades had given his voice among the Ionians for obeying the Scythians when they demanded of the Ionians that they should break the bridge of boats and sail away to their homes. But when the Phoenicians brought Miltiades' son Metiochus before him, Darius did him no hurt but much good, giving him a house, and substance, and a Persian wife, who bore him children that were reckoned as Persians. As for Miltiades, he made his way from Imbros to Athens.

42. In this year [1] no further deed of enmity was done by the Persians against the Ionians; but at this same time certain things happened which greatly benefited them. Artaphrenes viceroy of

[1] 493

HERODOTUS

μεταπεμψάμενος ἀγγέλους ἐκ τῶν πολίων συνθήκας
σφίσι αὐτοῖσι τοὺς Ἴωνας ἠνάγκασε ποιέεσθαι,
ἵνα δοσίδικοι εἶεν καὶ μὴ ἀλλήλους φέροιέν τε καὶ
ἄγοιεν. ταῦτά τε ἠνάγκασε ποιέειν, καὶ τὰς χώρας
μετρήσας σφέων κατὰ παρασάγγας, τοὺς καλέουσι
οἱ Πέρσαι τὰ τριήκοντα στάδια, κατὰ δὴ τούτους
μετρήσας φόρους ἔταξε ἑκάστοισι, οἳ κατὰ χώρην
διατελέουσι ἔχοντες ἐκ τούτου τοῦ χρόνου αἰεὶ ἔτι
καὶ ἐς ἐμὲ ὡς ἐτάχθησαν ἐξ Ἀρταφρένεος· ἐτάχ-
θησαν δὲ σχεδὸν κατὰ ταὐτὰ καὶ πρότερον εἶχον.
καί σφι ταῦτα μὲν εἰρηναῖα ἦν.

43. Ἅμα δὲ τῷ ἔαρι, τῶν ἄλλων καταλελυμένων
στρατηγῶν ἐκ βασιλέος, Μαρδόνιος ὁ Γοβρύεω
κατέβαινε ἐπὶ θάλασσαν, στρατὸν πολλὸν μὲν
κάρτα πεζὸν ἅμα ἀγόμενος πολλὸν δὲ ναυτικόν,
ἡλικίην τε νέος ἐὼν καὶ νεωστὶ γεγαμηκὼς βασι-
λέος Δαρείου θυγατέρα Ἀρτοζώστρην· ἄγων δὲ τὸν
στρατὸν τοῦτον ὁ Μαρδόνιος ἐπείτε ἐγένετο ἐν τῇ
Κιλικίῃ, αὐτὸς μὲν ἐπιβὰς ἐπὶ νεὸς ἐκομίζετο ἅμα
τῇσι ἄλλῃσι νηυσί, στρατιὴν δὲ τὴν πεζὴν ἄλλοι
ἡγεμόνες ἦγον ἐπὶ τὸν Ἑλλήσποντον. ὡς δὲ
παραπλέων τὴν Ἀσίην ἀπίκετο ὁ Μαρδόνιος ἐς
τὴν Ἰωνίην, ἐνθαῦτα μέγιστον θῶμα ἐρέω τοῖσι μὴ
ἀποδεκομένοισι Ἑλλήνων Περσέων τοῖσι ἑπτὰ
Ὀτάνεα γνώμην ἀποδέξασθαι ὡς χρεὸν εἴη δημο-
κρατέεσθαι Πέρσας· τοὺς γὰρ τυράννους τῶν
Ἰώνων καταπαύσας πάντας ὁ Μαρδόνιος δημοκρα-
τίας κατίστα ἐς τὰς πόλιας. ταῦτα δὲ ποιήσας
ἠπείγετο ἐς τὸν Ἑλλήσποντον. ὡς δὲ συνελέχθη
μὲν χρῆμα πολλὸν νεῶν συνελέχθη δὲ καὶ πεζὸς
στρατὸς πολλός, διαβάντες τῇσι νηυσὶ τὸν Ἑλλή-

Sardis summoned to him ambassadors from the
cities and compelled the Ionians to make agree-
ments among themselves, that they might submit
to redress at law and not harry and plunder each
other. This he compelled them to do; and he
measured their lands by parasangs, which is the
Persian name for a distance of thirty furlongs, and
appointed that each people should according to
this measurement pay a tribute which has remained
fixed ever since that time to this day, even as it
was ordained by Artaphrenes; the sum appointed
was about the same as that which they had
rendered heretofore. This then tended to their
peace.

43. But at the beginning of spring,[1] the other
generals being now deposed by the king from their
offices, Mardonius son of Gobryas, a man young in
years and lately wedded to Darius' daughter Arto-
zostre, came down to the coast at the head of a very
great army and fleet; with which when Mardonius
was come to Cilicia, he himself embarked on ship-
board and sailed with the rest of his ships, while the
land army was led by other captains to the Helles-
pont. When Mardonius arrived at Ionia in his voyage
by the coast of Asia, he did a thing which I here set
down for the wonder of those Greeks who will not
believe Otanes to have declared his opinion among
the Seven that democracy was best for Persia:[2]
Mardonius deposed all the Ionian despots and set up
democracies in their cities. This done, he made all
speed for the Hellespont; and a great multitude of
ships and a great army being there assembled, the
Persians crossed the Hellespont on shipboard and

[1] 492. [2] III. 80.

HERODOTUS

σποντον ἐπορεύοντο διὰ τῆς Εὐρώπης, ἐπορεύοντο δὲ ἐπί τε Ἐρέτριαν καὶ Ἀθήνας.

44. Αὗται μὲν ὦν σφι πρόσχημα ἦσαν τοῦ στόλου· ἀτὰρ ἐν νόῳ ἔχοντες ὅσας ἂν πλείστας δύνωνται καταστρέφεσθαι τῶν Ἑλληνίδων πολίων, τοῦτο μὲν δὴ τῇσι νηυσὶ Θασίους οὐδὲ χεῖρας ἀνταειραμένους κατεστρέψαντο, τοῦτο δὲ τῷ πεζῷ Μακεδόνας πρὸς τοῖσι ὑπάρχουσι δούλους προσεκτήσαντο· τὰ γὰρ ἐντὸς Μακεδόνων ἔθνεα πάντα σφι ἦν ἤδη ὑποχείρια γεγονότα. ἐκ μὲν δὴ Θάσου διαβαλόντες πέρην ὑπὸ τὴν ἤπειρον ἐκομίζοντο μέχρι Ἀκάνθου, ἐκ δὲ Ἀκάνθου ὁρμώμενοι τὸν Ἄθων περιέβαλλον. ἐπιπεσὼν δέ σφι περιπλέουσι βορέης ἄνεμος μέγας τε καὶ ἄπορος κάρτα τρηχέως περιέσπε, πλήθεϊ πολλὰς τῶν νεῶν ἐκβάλλων πρὸς τὸν Ἄθων. λέγεται γὰρ τριηκοσίας μὲν τῶν νεῶν τὰς διαφθαρείσας εἶναι, ὑπὲρ δὲ δύο μυριάδας ἀνθρώπων. ὥστε γὰρ θηριωδεστάτης ἐούσης τῆς θαλάσσης ταύτης τῆς περὶ τὸν Ἄθων, οἱ μὲν ὑπὸ τῶν θηρίων διεφθείροντο ἁρπαζόμενοι, οἱ δὲ πρὸς τὰς πέτρας ἀρασσόμενοι· οἱ δὲ αὐτῶν νέειν οὐκ ἐπιστέατο καὶ κατὰ τοῦτο διεφθείροντο, οἱ δὲ ῥίγεϊ.

45. Ὁ μὲν δὴ ναυτικὸς στρατὸς οὕτω ἔπρησσε, Μαρδονίῳ δὲ καὶ τῷ πεζῷ στρατοπεδευομένῳ ἐν Μακεδονίῃ νυκτὸς Βρύγοι Θρήικες ἐπεχείρησαν· καί σφεων πολλοὺς φονεύουσι οἱ Βρύγοι, Μαρδόνιον δὲ αὐτὸν τρωματίζουσι. οὐ μέντοι οὐδὲ αὐτοὶ δουλοσύνην διέφυγον πρὸς Περσέων· οὐ γὰρ δὴ πρότερον ἀπανέστη ἐκ τῶν χωρέων τουτέων Μαρδόνιος πρὶν ἤ σφεας ὑποχειρίους ἐποιήσατο. τούτους μέντοι καταστρεψάμενος ἀπῆγε τὴν στρατιὴν ὀπίσω, ἅτε τῷ πεζῷ τε προσπταίσας πρὸς τοὺς

190

marched through Europe, with Eretria and Athens
for their goal.

44. This was the avowed end of their expedition;
but their intent being to subdue as many of the
Greek cities as they could, first their fleet subdued
the Thasians, who did not so much as lift up their
hands against it; and next, their land army added
the Macedonians to the slaves that they had already;
for all the nations nearer to them than Macedonia
had been made subject to the Persians ere this.
Crossing then over from Thasos they voyaged near
the land as far as Acanthus, and putting out from
thence they would have rounded Athos. But as
they sailed, there brake upon them a north wind
great and irresistible, and dealt very roughly with
them, driving many of their ships upon Athos;
three hundred, it is said, was the tale of the ships
that perished, and more than twenty thousand men.
For inasmuch as these coasts of Athos abounded in
wild beasts, some were carried off by these and so
perished; others were dashed against the rocks;
and those of them that could not swim perished by
reason of that, and others again by the cold.

45. Thus then it fared with the fleet; as for
Mardonius and his land army, while they were
encamped in Macedonia the Brygi of Thrace
attacked them by night, and slew many of them,
wounding Mardonius himself. Nevertheless not
even these themselves could escape being enslaved
by the Persians; for Mardonius did not depart out
of those lands before he had made them subject to
him. Yet when he had subdued them, he led his
host away homewards, seeing that the Brygi had

Βρύγους καὶ τῷ ναυτικῷ μεγάλως περὶ Ἄθων.
οὗτος μέν νυν ὁ στόλος αἰσχρῶς ἀγωνισάμενος
ἀπαλλάχθη ἐς τὴν Ἀσίην.

46. Δευτέρῳ δὲ ἔτεϊ τούτων ὁ Δαρεῖος πρῶτα μὲν
Θασίους διαβληθέντας ὑπὸ τῶν ἀστυγειτόνων ὡς
ἀπόστασιν μηχανῷατο, πέμψας ἄγγελον ἐκέλευε
σφέας τὸ τεῖχος περιαιρέειν καὶ τὰς νέας ἐς
Ἄβδηρα κομίζειν. οἱ γὰρ δὴ Θάσιοι, οἷα ὑπὸ
Ἱστιαίου τε τοῦ Μιλησίου πολιορκηθέντες καὶ
προσόδων ἐουσέων μεγαλέων, ἐχρέωντο τοῖσι χρή-
μασι νέας τε ναυπηγεύμενοι μακρὰς καὶ τεῖχος
ἰσχυρότερον περιβαλλόμενοι· ἡ δὲ πρόσοδός σφι
ἐγίνετο ἔκ τε τῆς ἠπείρου καὶ ἀπὸ τῶν μετάλλων·
ἐκ μέν γε τῶν ἐκ Σκαπτησύλης τῶν χρυσέων μετ-
άλλων τὸ ἐπίπαν ὀγδώκοντα τάλαντα προσήιε, ἐκ
δὲ τῶν ἐν αὐτῇ Θάσῳ ἐλάσσω μὲν τούτων, συχνὰ
δὲ οὕτω ὥστε τὸ ἐπίπαν Θασίοισι ἐοῦσι καρπῶν
ἀτελέσι προσήιε ἀπό τε τῆς ἠπείρου καὶ τῶν μετ-
άλλων ἔτεος ἑκάστου διηκόσια τάλαντα, ὅτε δὲ τὸ
πλεῖστον προσῆλθε, τριηκόσια.

47. Εἶδον δὲ καὶ αὐτὸς τὰ μέταλλα ταῦτα, καὶ
μακρῷ ἦν αὐτῶν θωμασιώτατα τὰ οἱ Φοίνικες
ἀνεῦρον οἱ μετὰ Θάσου κτίσαντες τὴν νῆσον ταύ-
την, ἥτις νῦν ἀπὸ τοῦ Θάσου τούτου τοῦ Φοίνικος
τὸ οὔνομα ἔσχε. τὰ δὲ μέταλλα τὰ Φοινικικὰ
ταῦτα ἐστὶ τῆς Θάσου μεταξὺ Αἰνύρων τε χώρου
καλεομένου καὶ Κοινύρων, ἀντίον δὲ Σαμοθρηίκης,
ὄρος μέγα ἀνεστραμμένον ἐν τῇ ζητήσι. τοῦτο
μέν νυν ἐστὶ τοιοῦτον· οἱ δὲ Θάσιοι τῷ βασιλέι
κελεύσαντι καὶ τὸ τεῖχος τὸ σφέτερον κατεῖλον καὶ
τὰς νέας τὰς πάσας ἐκόμισαν ἐς Ἄβδηρα.

48. Μετὰ δὲ τοῦτο ἀπεπειρᾶτο ὁ Δαρεῖος τῶν

dealt a heavy blow to his army and Athos a blow yet heavier to his fleet. This expedition then after an inglorious adventure returned back to Asia.

46. In the next year after this,[1] Darius first sent a message bidding the Thasians, of whom it was falsely reported by their neighbours that they were planning rebellion, destroy their walls and bring their ships to Abdera. For the Thasians, inasmuch as they had been besieged by Histiaeus of Miletus and had great revenues, had used their wealth to build their ships of war and encompass themselves with stronger walls. Their revenue came from the mainland and the mines. Eighty talents for the most part they drew from the gold-mines of the "Digged Forest";[2] and from the mines of Thasos itself, albeit less than that, yet so much that the Thasians, paying no tax for their crops, drew for the most part a yearly revenue from the mainland and the mines of two hundred talents, and three hundred when the revenue was greatest.

47. I myself have seen these mines; most marvellous by far were those of them that were found by the Phoenicians who came with Thasos and planted a settlement in this island, which is now called after that Phoenician Thasos. These Phoenician mines are between the place called Aenyra and Coenyra in Thasos, over against Samothrace; they are in a great hill that has been digged up in the searching. Thus much I have to say of this. The Thasians at the king's command destroyed their walls and brought all their ships to Abdera.

48. After this, Darius essayed to learn whether

---

[1] 491.   [2] On the Thracian coast, opposite Thasos.

Ἑλλήνων ὅ τι ἐν νόῳ ἔχοιεν, κότερα πολεμέειν
ἑωυτῷ ἢ παραδιδόναι σφέας αὐτούς. διέπεμπε ὧν
κήρυκας ἄλλους ἄλλῃ τάξας ἀνὰ τὴν Ἑλλάδα,
κελεύων αἰτέειν βασιλέι γῆν τε καὶ ὕδωρ. τούτους
μὲν δὴ ἐς τὴν Ἑλλάδα ἔπεμπε, ἄλλους δὲ κήρυκας
διέπεμπε ἐς τὰς ἑωυτοῦ δασμοφόρους πόλιας τὰς
παραθαλασσίους, κελεύων νέας τε μακρὰς καὶ
ἱππαγωγὰ πλοῖα ποιέεσθαι.

49. Οὗτοί τε δὴ παρεσκευάζοντο ταῦτα, καὶ τοῖσι
ἥκουσι ἐς τὴν Ἑλλάδα κήρυξι πολλοὶ μὲν ἠπειρω-
τέων ἔδοσαν τὰ προΐσχετο αἰτέων ὁ Πέρσης,
πάντες δὲ νησιῶται ἐς τοὺς ἀπικοίατο αἰτήσοντες.
οἵ τε δὴ ἄλλοι νησιῶται διδοῦσι γῆν τε καὶ ὕδωρ
Δαρείῳ καὶ δὴ καὶ Αἰγινῆται. ποιήσασι δέ σφι
ταῦτα ἰθέως Ἀθηναῖοι ἐπεκέατο, δοκέοντές τε ἐπὶ
σφίσι ἐπέχοντας τοὺς Αἰγινήτας δεδωκέναι ὡς ἅμα
τῷ Πέρσῃ ἐπὶ σφέας στρατεύωνται, καὶ ἅσμενοι
προφάσιος ἐπελάβοντο, φοιτέοντές τε ἐς τὴν Σπάρ-
την κατηγόρεον τῶν Αἰγινητέων τὰ πεποιήκοιεν
προδόντες τὴν Ἑλλάδα.

50. Πρὸς ταύτην δὲ τὴν κατηγορίην Κλεομένης
ὁ Ἀναξανδρίδεω βασιλεὺς ἐὼν Σπαρτιητέων διέβη
ἐς Αἴγιναν, βουλόμενος συλλαβεῖν Αἰγινητέων
τοὺς αἰτιωτάτους. ὡς δὲ ἐπειρᾶτο συλλαμβάνων,
ἄλλοι τε δὴ ἐγίνοντο αὐτῷ ἀντίξοοι τῶν Αἰγινη-
τέων, ἐν δὲ δὴ καὶ Κριὸς ὁ Πολυκρίτου μάλιστα,
ὃς οὐκ ἔφη αὐτὸν οὐδένα ἄξειν χαίροντα Αἰγινη-
τέων· ἄνευ γάρ μιν Σπαρτιητέων τοῦ κοινοῦ ποιέειν
ταῦτα, ὑπ᾽ Ἀθηναίων ἀναγνωσθέντα χρήμασι·
ἅμα γὰρ ἄν μιν τῷ ἑτέρῳ βασιλέι ἐλθόντα συλ-
λαμβάνειν. ἔλεγε δὲ ταῦτα ἐξ ἐπιστολῆς τῆς
Δημαρήτου. Κλεομένης δὲ ἀπελαυνόμενος ἐκ τῆς

194

the Greeks purposed to wage war against him or to surrender themselves. Therefore he sent heralds this way and that about Hellas as they were severally appointed, bidding them demand a gift of earth and water for the king. These he despatched to Hellas, and others he sent severally to his own tributary cities of the sea-coast, commanding that ships of war and transports for horses be built.

49. So the cities set about these preparations; and the heralds that went to Hellas received that which the king's proclamation demanded, from many of the dwellers on the mainland and all the islanders to whom they came with the demand. Among the islanders that gave earth and water to Darius were the Aeginetans. These by so doing straightway brought the Athenians upon them, who supposed the Aeginetans to have given the gift out of enmity against Athens, that so they might join with the Persians in attacking the Athenians; and, gladly laying hold of this pretext, they betook themselves to Sparta and there accused the Aeginetans of an act that proved them traitors to Hellas.

50. On this impeachment, Cleomenes, son of Anaxandrides, being then a king of Sparta, crossed over to Aegina, that he might lay hands on the guiltiest of its people. But when he essayed to lay hands on them, Crius son of Polycritus, with other Aeginetans at his back, withstood him, and bade Cleomenes take no man of Aegina, or he would rue it; "for," said he, " you have no authority from the Spartans for what you do; had you such, the other king had come with you to take us." This he said, being so instructed in a letter by Demaratus. Being thus compelled to depart from Aegina, Cleomenes

Αἰγίνης εἴρετο τὸν Κριὸν ὅ τι οἱ εἴη τὸ οὔνομα· ὁ
δέ οἱ τὸ ἐὸν ἔφρασε. ὁ δὲ Κλεομένης πρὸς αὐτὸν
ἔφη " Ἤδη νῦν καταχαλκοῦ ὦ κριὲ τὰ κέρεα, ὡς
συνοισόμενος μεγάλῳ κακῷ."

51. Ἐν δὲ τῇ Σπάρτῃ τοῦτον τὸν χρόνον ὑπο-
μένων Δημάρητος ὁ Ἀρίστωνος διέβαλλε τὸν
Κλεομένεα, ἐὼν βασιλεὺς καὶ οὗτος Σπαρτιητέων,
οἰκίης δὲ τῆς ὑποδεεστέρης, κατ᾽ ἄλλο μὲν οὐδὲν
ὑποδεεστέρης· ἀπὸ γὰρ τοῦ αὐτοῦ γεγόνασι· κατὰ
πρεσβυγενείην δέ κως τετίμηται μᾶλλον ἡ Εὐρυ-
σθένεος.

52. Λακεδαιμόνιοι γὰρ ὁμολογέοντες οὐδενὶ
ποιητῇ λέγουσι αὐτὸν Ἀριστόδημον τὸν Ἀριστο-
μάχου τοῦ Κλεοδαίου τοῦ Ὕλλου βασιλεύοντα
ἀγαγεῖν σφεας ἐς ταύτην τὴν χώρην τὴν νῦν ἐκτέα-
ται, ἀλλ᾽ οὐ τοὺς Ἀριστοδήμου παῖδας. μετὰ δὲ
χρόνον οὐ πολλὸν Ἀριστοδήμῳ τεκεῖν τὴν γυναῖκα,
τῇ οὔνομα εἶναι Ἀργείην· θυγατέρα δὲ αὐτὴν λέγουσι
εἶναι Αὐτεσίωνος τοῦ Τισαμενοῦ τοῦ Θερσάνδρου
τοῦ Πολυνείκεος· ταύτην δὴ τεκεῖν δίδυμα, ἐπιδόν-
τα δὲ τὸν Ἀριστόδημον τὰ τέκνα νούσῳ τελευτᾶν.
Λακεδαιμονίους δὲ τοὺς τότε ἐόντας βουλεῦσαι
κατὰ νόμον βασιλέα τῶν παίδων τὸν πρεσβύτερον
ποιήσασθαι. οὔκων δή σφεας ἔχειν ὁκότερον ἕλων-
ται ὥστε καὶ ὁμοίων καὶ ἴσων ἐόντων· οὐ δυναμέ-
νους δὲ γνῶναι, ἢ καὶ πρὸ τούτου, ἐπειρωτᾶν τὴν
τεκοῦσαν. τὴν δὲ οὐδὲ αὐτὴν φάναι διαγινώσκειν.
εἰδυῖαν μὲν καὶ τὸ κάρτα λέγειν ταῦτα, βουλομένην
δὲ εἴ κως ἀμφότεροι γενοίατο βασιλέες. τοὺς ὦν δὴ

---

[1] Κριός = ram.
[2] "The most probable origin of this anomaly" (the dual

196

asked Crius what was his name ; and when Crius told him what it was, " Now is the time to put bronze on your horns, Sir Ram," [1] said Cleomenes, " for great calamity will confront you."

51. All this time Demaratus son of Ariston abode at Sparta and spread evil reports of Cleomenes. This Demaratus was also king of Sparta, but of the less worthy family of the two ; not indeed in any other regard less worthy (for they have a common ancestor), but the house of Eurysthenes has in some sort the greater honour by right of primogeniture.[2]

52. For by the Lacedaemonian story, wherewith no poet agrees, it was Aristodemus (the son of Aristomachus, who was the son of Cleodaeus, who was the son of Hyllus), and not his sons, who led them to that land which they now possess. After no long time Aristodemus' wife, whose name was Argeia, bore him offspring ; she, they say, was daughter of Autesion, who was the son of Tisamenus, who was the son of Thersander, who was the son of Polynices ; she bore him twins ; Aristodemus lived to see the children, and presently died of a sickness. The Lacedaemonians of that day planned to follow their custom and make the eldest of the children king. But the children being in all respects alike, they knew not which to choose ; and when they could not judge between them, or perchance even before they had essayed, they asked the mother. But she said that she knew no better than the Lacedaemonians which was the elder ; this she said, though she knew right well, because she desired that by some means both might be made kings. Being

kingship) " is the fusion of two distinct communities whose chiefs shared the throne." How and Wells, p. 82.

Λακεδαιμονίους ἀπορέειν, ἀπορέοντας δὲ πέμπειν
ἐς Δελφοὺς ἐπειρησομένους ὅ τι χρήσωνται τῷ
πρήγματι. τὴν δὲ Πυθίην σφέας κελεύειν ἀμφό-
τερα τὰ παιδία ἡγήσασθαι βασιλέας, τιμᾶν δὲ
μᾶλλον τὸν γεραίτερον. τὴν μὲν δὴ Πυθίην
ταῦτά σφι ἀνελεῖν, τοῖσι δὲ Λακεδαιμονίοισι
ἀπορέουσι οὐδὲν ἧσσον ὅκως ἐξεύρωσι αὐτῶν τὸν
πρεσβύτερον, ὑποθέσθαι ἄνδρα Μεσσήνιον τῷ
οὔνομα εἶναι Πανίτην· ὑποθέσθαι δὲ τοῦτον τὸν
Πανίτην τάδε τοῖσι Λακεδαιμονίοισι, φυλάξαι τὴν
γειναμένην ὁκότερον τῶν παίδων πρότερον λούει
καὶ σιτίζει· καὶ ἢν μὲν κατὰ ταὐτὰ φαίνηται αἰεὶ
ποιεῦσα, τοὺς δὲ πᾶν ἕξειν ὅσον τι καὶ δίζηνται καὶ
θέλουσι ἐξευρεῖν, ἢν δὲ πλανᾶται καὶ ἐκείνη ἐναλλὰξ
ποιεῦσα, δῆλά σφι ἔσεσθαι ὡς οὐδὲ ἐκείνη πλέον
οὐδὲν οἶδε, ἐπ᾽ ἄλλην τε τραπέσθαι σφέας ὁδόν.
ἐνθαῦτα δὴ τοὺς Σπαρτιήτας κατὰ τὰς τοῦ Μεσ-
σηνίου ὑποθήκας φυλάξαντας τὴν μητέρα τῶν
Ἀριστοδήμου παίδων λαβεῖν κατὰ ταὐτὰ τιμῶσαν
τὸν πρότερον καὶ σίτοισι καὶ λουτροῖσι, οὐκ
εἰδυῖαν τῶν εἵνεκεν ἐφυλάσσετο. λαβόντας δὲ τὸ
παιδίον τὸ τιμώμενον πρὸς τῆς γειναμένης ὡς ἐὸν
πρότερον τρέφειν ἐν τῷ δημοσίῳ· καί οἱ οὔνομα
τεθῆναι Εὐρυσθένεα, τῷ δὲ Προκλέα. τούτους
ἀνδρωθέντας αὐτούς τε ἀδελφεοὺς ἐόντας λέγουσι
διαφόρους εἶναι τὸν πάντα χρόνον τῆς ζόης ἀλλή-
λοισι, καὶ τοὺς ἀπὸ τούτων γενομένους ὡσαύτως
διατελέειν·

53. Ταῦτα μὲν Λακεδαιμόνιοι λέγουσι μοῦνοι
Ἑλλήνων· τάδε δὲ κατὰ τὰ λεγόμενα ὑπ᾽ Ἑλλή-
νων ἐγὼ γράφω, τούτους τοὺς Δωριέων βασιλέας
μέχρι μὲν δὴ Περσέος τοῦ Δανάης, τοῦ θεοῦ

then in a quandary (so the story goes), the Lacedae-
monians sent to Delphi to enquire how they should
deal with the matter. The priestess bade them make
both the children kings, but honour the first of them
most. On this answer of the priestess, the Lacedae-
monians knowing no better than before how to dis-
cover the eldest child, a certain Messenian, called
Panites, gave them counsel; and this was his counsel,
that they should watch the mother and see which of
the children she washed and fed before the other;
and if in this she should ever follow one rule, they
would then have all that they sought and desired to
discover; but if she changed about in her practice at
haphazard, then it would be manifest to the Lacedae-
monians that she knew no more than they did, and
they must betake them to some other means. There-
upon the Spartans did as the Messenian counselled,
and watching the mother of Aristodemus' children,
found her ever preferring the first-born of the two
when she fed and washed them, she not knowing
wherefore she was watched. So they took the child
that was preferred by its mother and brought it up
at the public charge as the first-born; and they
called it Eurysthenes, and the other Procles. These
two brothers, it is said, when they came to man's
estate, were ever at feud with each other as long
as they lived, and their descendants too continued
in the same state.

53. Such is the story told by the Lacedaemonians,
but by no other Greeks. But I in what I write
follow the Greek report, and hold that the Greeks are
right in recording these kings of the Dorians as far
back as to Perseus son of Danaë,—wherein they make

ἀπεόντος, καταλεγομένους ὀρθῶς ὑπ᾽ Ἑλλήνων
καὶ ἀποδεικνυμένους ὡς εἰσὶ Ἕλληνες· ἤδη γὰρ
τηνικαῦτα ἐς Ἕλληνας οὗτοι ἐτέλεον. ἔλεξα δὲ
μέχρι Περσέος τοῦδε εἵνεκα, ἀλλ᾽ οὐκ ἀνέκαθεν
ἔτι ἔλαβον, ὅτι οὐκ ἔπεστι ἐπωνυμίη Περσέι οὐδε-
μία πατρὸς θνητοῦ, ὥσπερ Ἡρακλέι Ἀμφιτρύων.
ἤδη ὦν ὀρθῷ λόγῳ χρεωμένῳ μέχρι Περσέος
ὀρθῶς εἴρηταί μοι· ἀπὸ δὲ Δανάης τῆς Ἀκρισίου
καταλέγοντι τοὺς ἄνω αἰεὶ πατέρας αὐτῶν φαινοί-
ατο ἂν ἐόντες οἱ τῶν Δωριέων ἡγεμόνες Αἰγύπτιοι
ἰθαγενέες.

54. Ταῦτα μέν νυν κατὰ τὰ Ἕλληνες λέγουσι
γεγενεηλόγηται· ὡς δὲ ὁ παρὰ Περσέων λόγος
λέγεται, αὐτὸς ὁ Περσεὺς ἐὼν Ἀσσύριος ἐγένετο
Ἕλλην, ἀλλ᾽ οὐκ οἱ Περσέος πρόγονοι· τοὺς δὲ
Ἀκρισίου γε πατέρας ὁμολογέοντας κατ᾽ οἰκηιό-
τητα Περσέι οὐδέν, τούτους δὲ εἶναι, κατά περ
Ἕλληνες λέγουσι, Αἰγυπτίους.

55. Καὶ ταῦτα μέν νυν περὶ τούτων εἰρήσθω. ὅ
τι δὲ ἐόντες Αἰγύπτιοι καὶ ὅ τι ἀποδεξάμενοι
ἔλαβον τὰς Δωριέων βασιληίας, ἄλλοισι γὰρ περὶ
αὐτῶν εἴρηται, ἐάσομεν αὐτά· τὰ δὲ ἄλλοι οὐ κατ-
ελάβοντο, τούτων μνήμην ποιήσομαι.

56. Γέρεά τε δὴ τάδε τοῖσι βασιλεῦσι Σπαρτιῆ-
ται δεδώκασι, ἱρωσύνας δύο, Διός τε Λακεδαίμονος
καὶ Διὸς οὐρανίου, καὶ πόλεμον ἐκφέρειν ἐπ᾽ ἣν ἂν
βούλωνται χώρην, τούτου δὲ μηδένα εἶναι Σπαρ-
τιητέων διακωλυτήν, εἰ δὲ μὴ αὐτὸν ἐν τῷ ἄγεϊ

---

[1] i. e. Zeus; Perseus being by one legend son of Zeus and
Danaë.

[2] But in VII. 150 the Persian story is, that Perseus was

no mention of the god,[1]—and in proving the said kings to be Greek; for by Perseus' time they had come to be reckoned as Greeks. As far back as Perseus, I say, and I take the matter no farther than that, because none is named as the mortal father of Perseus, as Amphitryon is named father of Heracles. It is plain, then, that I have right reason on my side when I say that the Greek record is right as far back as to Perseus; farther back than that, if the king's ancestors in each generation, from Danaë daughter of Acrisius upward, be reckoned, then the leaders of the Dorians will be shown to be true-born Egyptians.

54. Thus have I traced their lineage according to the Greek story; but the Persian tale is, that Perseus himself was an Assyrian, and became a Greek, which his forbears had not been; as for Acrisius (say the Persians),[2] his ancestors had no bond of kinship with Perseus, and they indeed were, as the Greeks say, Egyptians.

55. Enough of these matters. Now the reason why and for what achievements these men, being Egyptian, won the kingship of the Dorians, has been told by others; of this therefore I will say nothing, and will make mention of matters which others have not touched.

56. These prerogatives, then, the Spartans have given to their kings:—They shall have two priest-hoods, of Zeus called Lacedaemon,[3] and Zeus of Heaven; they shall wage war against what land soever they will, and no Spartan shall hinder them

son of Danaë daughter of Acrisius. Evidently the Perseus legends are manifold and inconsistent.

[3] Here, as often, the cult of an "Olympian" deity is identified with an earlier local worship; *cp.* Zeus Amphiaraus, Zeus Agamemnon.

ἐνέχεσθαι. στρατευομένων δὲ πρώτους ἰέναι τοὺς
βασιλέας, ὑστάτους δὲ ἀπιέναι· ἑκατὸν δὲ ἄνδρας
λογάδας ἐπὶ στρατιῆς φυλάσσειν αὐτούς· προ-
βάτοισι δὲ χρᾶσθαι ἐν τῆσι ἐξοδίῃσι ὁκόσοισι ἂν
ὦν ἐθέλωσι, τῶν δὲ θυομένων πάντων τὰ δέρματά
τε καὶ τὰ νῶτα λαμβάνειν σφέας.

57. Ταῦτα μὲν τὰ ἐμπολέμια, τὰ δὲ ἄλλα τὰ
εἰρηναῖα κατὰ τάδε σφι δέδοται. ἢν θυσίη τις
δημοτελὴς ποιέηται, πρώτους ἐπὶ τὸ δεῖπνον ἵζειν
τοὺς βασιλέας, καὶ ἀπὸ τούτων πρῶτον ἄρχεσθαι
διπλήσια νέμοντας ἑκατέρῳ τὰ πάντα ἢ τοῖσι
ἄλλοισι δαιτυμόνεσι, καὶ σπονδαρχίας εἶναι τούτων
καὶ τῶν τυθέντων τὰ δέρματα. νεομηνίας δὲ πάσας
καὶ ἑβδόμας ἱσταμένου τοῦ μηνὸς δίδοσθαι ἐκ τοῦ
δημοσίου ἱρήιον τέλεον ἑκατέρῳ ἐς Ἀπόλλωνος καὶ
μέδιμνον ἀλφίτων καὶ οἴνου τετάρτην Λακωνικήν,¹
καὶ ἐν τοῖσι ἀγῶσι πᾶσι προεδρίας ἐξαιρέτους.
καὶ προξείνους ἀποδεικνύναι τούτοισι προσκεῖσθαι
τοὺς ἂν ἐθέλωσι τῶν ἀστῶν, καὶ Πυθίους αἱρέεσθαι
δύο ἑκάτερον. οἱ δὲ Πύθιοί εἰσι θεοπρόποι ἐς
Δελφούς, σιτεόμενοι μετὰ τῶν βασιλέων τὰ δημό-
σια. μὴ ἐλθοῦσι δὲ τοῖσι βασιλεῦσι ἐπὶ τὸ
δεῖπνον ἀποπέμπεσθαί σφι ἐς τὰ οἰκία ἀλφίτων τε
δύο χοίνικας ἑκατέρῳ καὶ οἴνου κοτύλην, παρεοῦσι
δὲ διπλήσια πάντα δίδοσθαι· τὠυτὸ δὲ τοῦτο καὶ
πρὸς ἰδιωτέων κληθέντας ἐπὶ δεῖπνον τιμᾶσθαι.
τὰς δὲ μαντηίας τὰς γινομένας τούτους φυλάσσειν,

---

¹ The content of a " Laconian τετάρτη " is uncertain ; for
the date, see How and Wells ad loc.
² Usually, the πρόξενος is a citizen who out of friendship
for a particular state undertakes the protection of its
nationals in his city ; e. g. Miltiades at Athens is the πρόξενος

therein, on peril of being laid under the curse. When the armies go forth the kings shall be first in the advance and last in the retreat. A hundred chosen men shall guard them in their campaigns. They shall use for sacrifice at the setting out of their expeditions as many sheep and goats as they will, and shall take the hides and the chines of all sacrificed beasts.

57. Such are their rights in war; in peace the powers given them are according as I shall now show. At all public sacrifices the kings shall be first to sit down to the banquet, and shall be first served, each of them receiving a portion double of what is given to the rest of the company; theirs shall be the first libations, and theirs the hides of the sacrificed beasts. At each new moon and each seventh day of the first part of the month, there shall be given to each of them from the public store a full-grown victim for Apollo's temple, and a bushel of barley-meal and a Laconian quart[1] of wine, and chief seats set apart for them at the games. Moreover, to these it shall belong to appoint what citizens soever they will to be protectors of foreigners;[2] and they shall choose the Pythians, each of them two. (The Pythians are messengers sent to enquire at Delphi, who eat with the kings at the public charge.) And if the kings come not to the public dinner there shall be sent to their houses two choenixes of barley-meal and half a pint of wine, but when they come they shall receive a double share of everything; and the same honour shall be theirs when they are bidden by private citizens to dinner. All oracles that are given

of Sparta. But here he is apparently an official appointed to watch over the interests of all foreign residents.

συνειδέναι δὲ καὶ τοὺς Πυθίους. δικάζειν δὲ μού-
νους τοὺς βασιλέας τοσάδε μοῦνα, πατρούχου τε
παρθένου πέρι, ἐς τὸν ἱκνέεται ἔχειν, ἢν μή περ ὁ
πατὴρ αὐτὴν ἐγγυήσῃ, καὶ ὁδῶν δημοσιέων πέρι·
καὶ ἤν τις θετὸν παῖδα ποιέεσθαι ἐθέλῃ, βασιλέων
ἐναντίον ποιέεσθαι. καὶ παρίζειν βουλεύουσι τοῖσι
γέρουσι ἐοῦσι δυῶν δέουσι τριήκοντα· ἢν δὲ μὴ
ἔλθωσι, τοὺς μάλιστά σφι τῶν γερόντων προσήκον-
τας ἔχειν τὰ τῶν βασιλέων γέρεα, δύο ψήφους
τιθεμένους, τρίτην δὲ τὴν ἑωυτῶν.

58. Ταῦτα μὲν ζῶσι τοῖσι βασιλεῦσι δέδοται
ἐκ τοῦ κοινοῦ τῶν Σπαρτιητέων, ἀποθανοῦσι δὲ
τάδε. ἱππέες περιαγγέλλουσι τὸ γεγονὸς κατὰ
πᾶσαν τὴν Λακωνικήν, κατὰ δὲ τὴν πόλιν γυναῖκες
περιιοῦσαι λέβητα κροτέουσι. ἐπεὰν ὦν τοῦτο
γίνηται τοιοῦτο, ἀνάγκη ἐξ οἰκίης ἑκάστης ἐλευ-
θέρους δύο καταμιαίνεσθαι, ἄνδρα τε καὶ γυναῖκα·
μὴ ποιήσασι δὲ τοῦτο ζημίαι μεγάλαι ἐπικέαται.
νόμος δὲ τοῖσι Λακεδαιμονίοισι κατὰ τῶν βασιλέων
τοὺς θανάτους ἐστὶ ὡυτὸς καὶ τοῖσι βαρβάροισι
τοῖσι ἐν τῇ Ἀσίῃ· τῶν γὰρ ὦν βαρβάρων οἱ
πλεῦνες τῷ αὐτῷ νόμῳ χρέωνται κατὰ τοὺς θανά-
τους τῶν βασιλέων. ἐπεὰν γὰρ ἀποθάνῃ βασιλεὺς
Λακεδαιμονίων, ἐκ πάσης δεῖ Λακεδαίμονος, χωρὶς
Σπαρτιητέων, ἀριθμῷ τῶν περιοίκων ἀναγκαστοὺς
ἐς τὸ κῆδος ἰέναι. τούτων ὦν καὶ τῶν εἱλωτέων καὶ
αὐτῶν Σπαρτιητέων ἐπεὰν συλλεχθέωσι ἐς τωὐτὸ
πολλαὶ χιλιάδες σύμμιγα τῇσι γυναιξί, κόπτονταί

---

[1] "Herodotus, though the expression is obscure, probably
means not that each king had two votes, but that two votes

shall be in the king's keeping, the Pythians also being cognisant thereof. The kings alone shall judge concerning the rightful possessor of an unwedded heiress, if her father have not betrothed her, and concerning the public ways, but in no other cases. And if a man desire to adopt a son he shall do it in the presence of the kings. And they shall sit with the twenty-eight elders in council; but if they come not thereto, then those elders that are nearest of kin to them shall have the king's prerogative, giving two votes over and above the third which is their own.[1]

58. These rights have the kings received from the Spartan commonwealth for their lifetime; when they die, their rights are as I shall now show. Horsemen proclaim their death in all parts of Laconia, and in the city women go about beating on a caldron. So when this is done, two free persons from each house, a man and a woman, must needs put on the signs of defilement, or incur heavy penalties if they fail so to do. The Lacedaemonians have the same custom at the deaths of their kings as have the foreign people of Asia; for the most of the foreigners use the same custom at their kings' deaths. For when a king of the Lacedaemonians is dead, from all Lacedaemon, besides the Spartans, such and such a number of their subject neighbours must perforce come to the funeral. These then and the helots and the Spartans themselves being assembled in one place to the number of many thousands, together with the women, they zealously smite their foreheads and

were given for the two absent kings, and that the vote of the relative who acted as proxy for both was the third." How and Wells, p. 87.

τε τὰ μέτωπα προθύμως καὶ οἰμωγῇ διαχρέωνται
ἀπλέτῳ, φάμενοι τὸν ὕστατον αἰεὶ ἀπογενόμενον
τῶν βασιλέων, τοῦτον δὴ γενέσθαι ἄριστον. ὃς
δ' ἂν ἐν πολέμῳ τῶν βασιλέων ἀποθάνῃ, τούτῳ δὲ
εἴδωλον σκευάσαντες ἐν κλίνῃ εὖ ἐστρωμένῃ
ἐκφέρουσι. ἐπεὰν δὲ θάψωσι, ἀγορὴ δέκα ἡμερέων
οὐκ ἵσταταί σφι οὐδ' ἀρχαιρεσίη συνίζει, ἀλλὰ
πενθέουσι ταύτας τὰς ἡμέρας.

59. Συμφέρονται δὲ ἄλλο οὗτοι τόδε τοῖσι
Πέρσῃσι· ἐπεὰν ἀποθανόντος τοῦ βασιλέος ἄλλος
ἐνίστηται βασιλεύς, οὗτος ὁ ἐσιὼν ἐλευθεροῖ ὅστις
τι Σπαρτιητέων τῷ βασιλέι ἢ τῷ δημοσίῳ ὤφειλε·
ἐν δ' αὖ Πέρσῃσι ὁ κατιστάμενος βασιλεὺς τὸν
προοφειλόμενον φόρον μετιεῖ τῇσι πόλισι πάσῃσι.

60. Συμφέρονται δὲ καὶ τάδε Αἰγυπτίοισι
Λακεδαιμόνιοι· οἱ κήρυκες αὐτῶν καὶ αὐληταὶ καὶ
μάγειροι ἐκδέκονται τὰς πατρωίας τέχνας, καὶ
αὐλητής τε αὐλητέω γίνεται καὶ μάγειρος μαγεί-
ρου καὶ κῆρυξ κήρυκος· οὐ κατὰ λαμπροφωνίην
ἐπιτιθέμενοι ἄλλοι σφέας παρακληίουσι, ἀλλὰ
κατὰ τὰ πάτρια ἐπιτελέουσι.

61. Ταῦτα μὲν δὴ οὕτω γίνεται. τότε δὲ τὸν
Κλεομένεα ἐόντα ἐν τῇ Αἰγίνῃ καὶ κοινὰ τῇ
Ἑλλάδι ἀγαθὰ προεργαζόμενον ὁ Δημάρητος διέ-
βαλε, οὐκ Αἰγινητέων οὕτω κηδόμενος ὡς φθόνῳ
καὶ ἄγῃ χρεώμενος. Κλεομένης δὲ νοστήσας ἀπ'
Αἰγίνης ἐβούλευε τὸν Δημάρητον παῦσαι τῆς
βασιληίης, διὰ πρῆγμα τοιόνδε ἐπίβασιν ἐς αὐτὸν
ποιεύμενος. Ἀρίστωνι βασιλεύοντι ἐν Σπάρτῃ
καὶ γήμαντι γυναῖκας δύο παῖδες οὐκ ἐγίνοντο. καὶ

make long and loud lamentation, calling that king that is lateliest dead, whoever he be, the best of all their kings. Whenever a king is slain in war, they make an image of him and carry it out on a well-bedecked bier, and after burial, for ten days thereafter there is no meeting for market or assize, nor for choosing of magistrates, but these are days of mourning.

59. Here is another matter wherein the Lacedaemonians are like to the Persians :—When one king is dead and another takes his office, this successor releases from debt what Spartan soever owed anything to the king or the commonwealth ; so too among the Persians the king at the beginning of his reign forgives all cities their arrears of tribute.

60. Moreover the Lacedaemonians are like the Egyptians, in that their heralds and flute-players and cooks inherit the craft from their fathers, a flute-player's son being a flute-player, and a cook's son a cook, and a herald's son a herald ; no others usurp their places, making themselves heralds by loudness of voice; they ply their craft by right of birth.

61. Such is the way of these matters. But at the time whereof I speak, while Cleomenes was in Aegina, there working for what should be afterwards the common advantage of Hellas, Demaratus spread ill reports of him, less because he cared for the Aeginetans, than out of jealousy and malice. When Cleomenes returned back from Aegina, he planned to depose Demaratus from his kingship; for what cause he thus assailed him I will now show. Ariston, king of Sparta, had married two wives, but no children were born to him. Believing that he

οὐ γὰρ συνεγινώσκετο αὐτὸς τούτων εἶναι αἴτιος,
γαμέει τρίτην γυναῖκα· ὧδε δὲ γαμέει. ἦν οἱ
φίλος τῶν Σπαρτιητέων ἀνήρ, τῷ προσεκέετο τῶν
ἀστῶν μάλιστα ὁ Ἀρίστων. τούτῳ τῷ ἀνδρὶ
ἐτύγχανε ἐοῦσα γυνὴ καλλίστη μακρῷ τῶν ἐν
Σπάρτῃ γυναικῶν, καὶ ταῦτα μέντοι καλλίστη ἐξ
αἰσχίστης γενομένη. ἐοῦσαν γάρ μιν τὸ εἶδος
φλαύρην ἡ τροφὸς αὐτῆς, οἷα ἀνθρώπων τε ὀλβίων
θυγατέρα καὶ δυσειδέα ἐοῦσαν, πρὸς δὲ καὶ ὁρῶσα
τοὺς γονέας συμφορὴν τὸ εἶδος αὐτῆς ποιευμένους,
ταῦτα ἕκαστα μαθοῦσα ἐπιφράζεται τοιάδε· ἐφόρεε
αὐτὴν ἀνὰ πᾶσαν ἡμέρην ἐς τὸ τῆς Ἑλένης ἱρόν.
τὸ δ' ἐστὶ ἐν τῇ Θεράπνῃ καλεομένῃ ὕπερθε τοῦ
Φοιβηίου ἱροῦ. ὅκως δὲ ἐνείκειε ἡ τροφός, πρός τε
τὠγαλμα ἵστα καὶ ἐλίσσετο τὴν θεὸν ἀπαλλάξαι
τῆς δυσμορφίης τὸ παιδίον. καὶ δή κοτε ἀπιούσῃ
ἐκ τοῦ ἱροῦ τῇ τροφῷ γυναῖκα λέγεται ἐπιφανῆναι,
ἐπιφανεῖσαν δὲ ἐπειρέσθαι μιν ὅ τι φέρει ἐν τῇ
ἀγκάλῃ, καὶ τὴν φράσαι ὡς παιδίον φορέει, τὴν
δὲ κελεῦσαί οἱ δέξαι, τὴν δὲ οὐ φάναι· ἀπειρῆσθαι
γάρ οἱ ἐκ τῶν γειναμένων μηδενὶ ἐπιδεικνύναι· τὴν
δὲ πάντως ἑωυτῇ κελεύειν ἐπιδέξαι. ὁρῶσαν δὲ
τὴν γυναῖκα περὶ πολλοῦ ποιευμένην ἰδέσθαι, οὕτω
δὴ τὴν τροφὸν δέξαι τὸ παιδίον· τὴν δὲ κατα-
ψῶσαν τοῦ παιδίου τὴν κεφαλὴν εἶπαι ὡς καλ-
λιστεύσει πασέων τῶν ἐν Σπάρτῃ γυναικῶν. ἀπὸ
μὲν δὴ ταύτης τῆς ἡμέρης μεταπεσεῖν τὸ εἶδος.
γαμέει δὲ δή μιν ἐς γάμου ὥρην ἀπικομένην Ἄγητος
ὁ Ἀλκείδεω, οὗτος δὴ ὁ τοῦ Ἀρίστωνος φίλος.

62. Τὸν δὲ Ἀρίστωνα ἔκνιζε ἄρα τῆς γυναικὸς
ταύτης ὁ ἔρως· μηχανᾶται δὴ τοιάδε· αὐτός τε τῷ

himself was not in fault, he married a third wife; and this was how it came about. There was a certain Spartan who was Ariston's nearest and dearest friend. This man had a wife who was by far the fairest of Spartan women, yet albeit she was now the fairest she had been most ill-favoured. For, she being of mean aspect, her nurse having in mind that the daughter of a wealthy house was so uncomely, and that her parents took her appearance much to heart, bethought her for these reasons of a plan, and carried the child every day to the shrine of Helen, which is in the place called Therapne,[1] above the temple of Phoebus. Thither the nurse would bear the child, and set her by the image, and pray the goddess to deliver her from her ill looks. Now on a day, as the nurse was departing out of the temple, a woman (it is said) appeared to her, and asked her what she bore in her arms. "It is a child," said the nurse. "Show it to me," said the woman. "That," quoth the nurse, "I cannot do; for I am forbidden by the parents to show it to any." "Nay," said the woman, "but you must by all means show me the child." So when the nurse saw that the woman was very desirous to see the child, she did then show it; whereupon the woman stroked the child's head, and said that this should be the fairest of all Spartan ladies. From that day, it is said, the child's appearance changed; and when she came to marriageable age she was wedded to that friend of Ariston, Agetus son of Alcidas.

62. But Ariston, it would seem, conceived a passion for this woman; and this was his device to

---

[1] S.E. of Sparta; the legendary burial-place of Menelaus and Helen. The foundations of a temple are still visible.

ἑταίρῳ, τοῦ ἦν ἡ γυνὴ αὕτη, ὑποδέκεται δωτίνην δώσειν τῶν ἑωυτοῦ πάντων ἕν, τὸ ἂν αὐτὸς ἐκεῖνος ἕληται, καὶ τὸν ἑταῖρον ἑωυτῷ ἐκέλευε ὡσαύτως τὴν ὁμοίην διδόναι· ὁ δὲ οὐδὲν φοβηθεὶς ἀμφὶ τῇ γυναικί, ὁρέων ἐοῦσαν καὶ Ἀρίστωνι γυναῖκα, καταινέει ταῦτα· ἐπὶ τούτοισι δὲ ὅρκους ἐπήλασαν. μετὰ δὲ αὐτός τε ὁ Ἀρίστων ἔδωκε τοῦτο, ὅ τι δὴ ἦν, τὸ εἵλετο τῶν κειμηλίων τῶν Ἀρίστωνος ὁ Ἄγητος, καὶ αὐτὸς τὴν ὁμοίην ζητέων φέρεσθαι παρ᾽ ἐκείνου, ἐνθαῦτα δὴ τοῦ ἑταίρου τὴν γυναῖκα ἐπειρᾶτο ἀπάγεσθαι. ὁ δὲ πλὴν τούτου μούνου τὰ ἄλλα ἔφη καταινέσαι· ἀναγκαζόμενος μέντοι τῷ τε ὅρκῳ καὶ τῆς ἀπάτης τῇ παραγωγῇ ἀπιεῖ ἀπάγεσθαι.

63. Οὕτω μὲν δὴ τὴν τρίτην ἐσηγάγετο γυναῖκα ὁ Ἀρίστων, τὴν δευτέρην ἀποπεμψάμενος. ἐν δέ οἱ χρόνῳ ἐλάσσονι καὶ οὐ πληρώσασα τοὺς δέκα μῆνας ἡ γυνὴ αὕτη τίκτει τοῦτον δὴ τὸν Δημάρητον. καί τίς οἱ τῶν οἰκετέων ἐν θώκῳ κατημένῳ μετὰ τῶν ἐφόρων ἐξαγγέλλει ὥς οἱ παῖς γέγονε. ὁ δὲ ἐπιστάμενός τε τὸν χρόνον τῷ ἠγάγετο τὴν γυναῖκα καὶ ἐπὶ δακτύλων συμβαλλόμενος τοὺς μῆνας, εἶπε ἀπομόσας "Οὐκ ἂν ἐμὸς εἴη." τοῦτο ἤκουσαν μὲν οἱ ἔφοροι, πρῆγμα μέντοι οὐδὲν ἐποιήσαντο τὸ παραυτίκα. ὁ δὲ παῖς ηὔξετο, καὶ τῷ Ἀρίστωνι τὸ εἰρημένον μετέμελε· παῖδα γὰρ τὸν Δημάρητον ἐς τὰ μάλιστά οἱ ἐνόμισε εἶναι. Δημάρητον δὲ αὐτῷ οὔνομα ἔθετο διὰ τόδε· πρότερον τούτων πανδημεὶ Σπαρτιῆται Ἀρίστωνι, ὡς ἀνδρὶ εὐδοκιμέοντι διὰ πάντων δὴ τῶν βασιλέων τῶν ἐν Σπάρτῃ γενομένων, ἀρὴν ἐποιήσαντο παῖδα γένεσθαι.

64. Διὰ τοῦτο μέν οἱ τὸ οὔνομα Δημάρητος

get her. He promised his friend, the husband of
this woman, that he would make him a present of
some one of his possessions, whatever the friend
himself should choose, on condition that his friend
should give him a recompense in like manner.
Having no fear for his wife,—seeing that Ariston
had a wife also,—Agetus consented thereto; and
they swore an oath upon it. Then Ariston gave
Agetus whatsoever it was that he chose out of
Ariston's treasures; for himself, as the recompense
that he was fain to win from Agetus, he essayed to
take away his friend's wife. Agetus said he would
consent to all else, save only that; howbeit he was
compelled by his oath and the trick whereby he was
deceived, and suffered Ariston to take her.

63. Thus Ariston brought home his third wife,
having divorced the second; and in a shorter time
than the full ten months his wife bore him a child,
the Demaratus aforesaid. He was sitting in council
with the ephors when one of his household came to
tell him that a son was born to him; and knowing
the time of his marriage, he reckoned the months
on his fingers and said, with an oath, "The boy can-
not be mine." The ephors heard that; but for the
nonce they took no account of it. As the boy grew,
Ariston repented him of what he had said; for he
believed Demaratus to be in very truth his son. He
called him Demaratus, because ere this the whole
"people" of the Spartans had "prayed" that Ariston
might have a son, he being held in greater honour
than any king of Sparta.

64. For that cause the name Demaratus was

211

ἐτέθη· χρόνου δὲ προϊόντος Ἀρίστων μὲν ἀπέθανε,
Δημάρητος δὲ ἔσχε τὴν βασιληίην. ἔδεε δέ, ὡς
ἔοικε, ἀνάπυστα γενόμενα ταῦτα καταπαῦσαι
Δημάρητον τῆς βασιληίης διὰ τὰ . .¹ Κλεομένεϊ
διεβλήθη μεγάλως πρότερόν τε ὁ Δημάρητος ἀπ-
αγαγὼν τὴν στρατιὴν ἐξ Ἐλευσῖνος, καὶ δὴ καὶ
τότε ἐπ᾽ Αἰγινητέων τοὺς μηδίσαντας διαβάντος
Κλεομένεος.

65. Ὁρμηθεὶς ὦν ἀποτίνυσθαι ὁ Κλεομένης
συντίθεται Λευτυχίδῃ τῷ Μενάρεος τοῦ Ἄγιος,
ἐόντι οἰκίης τῆς αὐτῆς Δημαρήτῳ, ἐπ᾽ ᾧ τε, ἢν
αὐτὸν καταστήσῃ βασιλέα ἀντὶ Δημαρήτου, ἕψε-
ταί οἱ ἐπ᾽ Αἰγινήτας. ὁ δὲ Λευτυχίδης ἦν ἐχθρὸς
τῷ Δημαρήτῳ μάλιστα γεγονὼς διὰ πρῆγμα
τοιόνδε· ἁρμοσαμένου Λευτυχίδεω Πέρκαλον τὴν
Χίλωνος τοῦ Δημαρμένου θυγατέρα, ὁ Δημάρητος
ἐπιβουλεύσας ἀποστερέει Λευτυχίδεα τοῦ γάμου,
φθάσας αὐτὸς τὴν Πέρκαλον ἁρπάσας καὶ σχὼν
γυναῖκα. κατὰ τοῦτο μὲν τῷ Λευτυχίδῃ ἡ ἔχθρη
ἡ ἐς τὸν Δημάρητον ἐγεγόνεε, τότε δὲ ἐκ τῆς
Κλεομένεος προθυμίης ὁ Λευτυχίδης κατόμνυται
Δημαρήτῳ, φὰς αὐτὸν οὐκ ἱκνεομένως βασιλεύειν
Σπαρτιητέων οὐκ ἐόντα παῖδα Ἀρίστωνος· μετὰ
δὲ τὴν κατωμοσίην ἐδίωκε, ἀνασώζων ἐκεῖνο τὸ ἔπος
τὸ εἶπε Ἀρίστων τότε ὅτε οἱ ἐξήγγειλε ὁ οἰκέτης
παῖδα γεγονέναι, ὁ δὲ συμβαλόμενος τοὺς μῆνας
ἀπώμοσε φὰς οὐκ ἑωυτοῦ μιν εἶναι. τούτου δὴ
ἐπιβατεύων τοῦ ῥήματος ὁ Λευτυχίδης ἀπέφαινε
τὸν Δημάρητον οὔτε ἐξ Ἀρίστωνος γεγονότα οὔτε
ἱκνευμένως βασιλεύοντα Σπάρτης, τοὺς ἐφόρους
μάρτυρας παρεχόμενος κείνους οἳ τότε ἐτύγχανον

_____
¹ Perhaps Herodotus wrote διὰ τοίηνδε τινὰ αἰτίην.

given to the boy; and as time went on Ariston
died, and Demaratus obtained his kingship. But
fate (it would seem) willed that these matters should
be discovered and lose Demaratus his kingship for
some such reason as this. Cleomenes had been
bitterly at enmity with Demaratus ere this, when
Demaratus led his army away from Eleusis, and as
bitterly now when he himself had crossed over to
punish those Aeginetans who espoused the Persian
cause.

65. Being therefore desirous of revenge, Cleomenes
made an agreement with a man of Demaratus' family,
Leutychides son of Menares, who was the son of
Agis, that if he made Leutychides king in De-
maratus' stead, Leutychides should go with him
against the Aeginetans. Now Leutychides was a
mortal foe of Demaratus; for he having been
betrothed to Percalus, daughter of Chilon the son
of Demarmenus, Demaratus had plotted and robbed
Leutychides of his bride, carrying her off before the
marriage and wedding her himself. Such was the
reason of Leutychides' feud with Demaratus; and
now by Cleomenes' instigation he brought an
accusation against Demaratus, alleging him to be no
rightful king of Sparta, seeing that he was not the
son of Ariston; which accusation being laid he im-
peached Demaratus in court, ever keeping in mind
what Ariston had said when the servant brought
news of the birth of a son, and on a reckoning of the
months he swore that the boy was none of his. On
that saying Leutychides took his stand, and strove
to prove that Demaratus was no son of Ariston or
rightful king of Sparta, by calling as witnesses those

πάρεδροί τε ἐόντες καὶ ἀκούσαντες ταῦτα Ἀρί-
στωνος.

66. Τέλος δὲ ἐόντων περὶ αὐτῶν νεικέων, ἔδοξε
Σπαρτιήτῃσι ἐπειρέσθαι τὸ χρηστήριον τὸ ἐν
Δελφοῖσι εἰ Ἀρίστωνος εἴη παῖς ὁ Δημάρητος.
ἀνοίστου δὲ γενομένου ἐκ προνοίης τῆς Κλεομένεος
ἐς τὴν Πυθίην, ἐνθαῦτα προσποιέεται Κλεομένης
Κόβωνα τὸν Ἀριστοφάντου, ἄνδρα ἐν Δελφοῖσι
δυναστεύοντα μέγιστον, ὁ δὲ Κόβων Περίαλλαν
τὴν πρόμαντιν ἀναπείθει τὰ Κλεομένης ἐβούλετο
λέγεσθαι λέγειν. οὕτω δὴ ἡ Πυθίη ἐπειρωτώντων
τῶν θεοπρόπων ἔκρινε μὴ Ἀρίστωνος εἶναι Δημά-
ρητον παῖδα. ὑστέρῳ μέντοι χρόνῳ ἀνάπυστα
ἐγένετο ταῦτα, καὶ Κόβων τε ἔφυγε ἐκ Δελφῶν
καὶ Περίαλλα ἡ πρόμαντις ἐπαύσθη τῆς τιμῆς.

67. Κατὰ μὲν δὴ Δημαρήτου τὴν κατάπαυσιν
τῆς βασιληίης οὕτω ἐγένετο, ἔφυγε δὲ Δημάρητος
ἐκ Σπάρτης ἐς Μήδους ἐκ τοιοῦδε ὀνείδεος. μετὰ
τῆς βασιληίης τὴν κατάπαυσιν ὁ Δημάρητος ἦρχε
αἱρεθεὶς ἀρχήν. ἦσαν μὲν δὴ γυμνοπαιδίαι, θεωμέ-
νου δὲ τοῦ Δημαρήτου ὁ Λευτυχίδης γεγονὼς ἤδη
βασιλεὺς αὐτὸς ἀντ᾽ ἐκείνου, πέμψας τὸν θερά-
ποντα ἐπὶ γέλωτί τε καὶ λάσθῃ εἰρώτα τὸν
Δημάρητον ὁκοῖόν τι εἴη τὸ ἄρχειν μετὰ τὸ βασι-
λεύειν. ὁ δὲ ἀλγήσας τῷ ἐπειρωτήματι εἶπε φὰς
αὐτὸς μὲν ἀμφοτέρων ἤδη πεπειρῆσθαι, κεῖνον δὲ
οὔ, τὴν μέντοι ἐπειρώτησιν ταύτην ἄρξειν Λακε-
δαιμονίοισι ἢ μυρίης κακότητος ἢ μυρίης εὐδαι-
μονίης. ταῦτα δὲ εἴπας καὶ κατακαλυψάμενος ἤιε

ephors who had then been sitting in council and heard Ariston say that.

66. At the last, the matter being in dispute, the Spartans resolved to enquire of the Delphic oracle if Demaratus were the son of Ariston. This was reported to the Pythian priestess by the instigation of Cleomenes; who then gained the aid of Cobon son of Aristophantus, a man of very great power at Delphi; and Cobon over-persuaded Perialla, the prophetess, to say what Cleomenes desired to be said. On this the priestess, when the messengers enquired of her, gave judgment that Demaratus was not the son of Ariston. But at a later day these doings were discovered; Cobon was banished from Delphi and Perialla the prophetess was deprived of her honourable office.

67. This then was how Demaratus was deposed from his kingship; and he betook himself from Sparta into banishment among the Medes by reason of a reproach of which I will now tell. After he was deposed, Demaratus held an office whereto he had been elected. Now while the festival of the Naked Men[1] was celebrating, and Demaratus watching it, Leutychides, having by this time been made king in his place, sent his servant to ask Demaratus by way of mere mockery and insult how he liked his office after being a king. Wroth at that question, Demaratus made answer that he had made trial of both states, which Leutychides had not; but of that question (he said) 'twas likelier that huge calamity would come upon Lacedaemon than huge prosperity. Thus he spoke, and covering his head he quitted the

[1] A midsummer festival, celebrated at Sparta by bands of naked boys and men.

HERODOTUS

ἐκ τοῦ θεήτρου ἐς τὰ ἑωυτοῦ οἰκία, αὐτίκα δὲ
παρασκευασάμενος ἔθυε τῷ Διὶ βοῦν, θύσας δὲ
τὴν μητέρα ἐκάλεσε.

68. Ἀπικομένῃ δὲ τῇ μητρὶ ἐσθεὶς ἐς τὰς χεῖράς
οἱ τῶν σπλάγχνων κατικέτευε, τοιάδε λέγων. "Ὦ
μῆτερ, θεῶν σε τῶν τε ἄλλων καταπτόμενος ἱκε-
τεύω καὶ τοῦ ἑρκείου Διὸς τοῦδε φράσαι μοι τὴν
ἀληθείην, τίς μευ ἐστὶ πατὴρ ὀρθῷ λόγῳ. Λευτι-
χίδης μὲν γὰρ ἔφη ἐν τοῖσι νείκεσι λέγων κυέουσάν
σε ἐκ τοῦ προτέρου ἀνδρὸς οὕτω ἐλθεῖν παρὰ
Ἀρίστωνα· οἱ δὲ καὶ τὸν ματαιότερον λόγον
λέγοντες φασί σε ἐλθεῖν παρὰ τῶν οἰκετέων τὸν
ὀνοφορβόν, καὶ ἐμὲ ἐκείνου εἶναι παῖδα. ἐγώ σε
ὦν μετέρχομαι τῶν θεῶν εἰπεῖν τὠληθές· οὔτε
γάρ, εἴ περ πεποίηκάς τι τῶν λεγομένων, μούνη δὴ
πεποίηκας, μετὰ πολλέων δέ· ὅ τε λόγος πολλὸς
ἐν Σπάρτῃ ὡς Ἀρίστωνι σπέρμα παιδοποιὸν οὐκ
ἐνῆν· τεκεῖν γὰρ ἄν οἱ καὶ τὰς προτέρας γυναῖκας."

69. Ὁ μὲν δὴ τοιαῦτα ἔλεγε, ἢ δὲ ἀμείβετο
τοῖσιδε. "Ὦ παῖ, ἐπείτε με λιτῇσι μετέρχεαι
εἰπεῖν τὴν ἀληθείην, πᾶν ἐς σὲ κατειρήσεται
τὠληθές. ὥς με ἠγάγετο Ἀρίστων ἐς ἑωυτοῦ,
νυκτὶ τρίτῃ ἀπὸ τῆς πρώτης ἦλθέ μοι φάσμα
εἰδόμενον Ἀρίστωνι, συνευνηθὲν δὲ τοὺς στεφά-
νους τοὺς εἶχε ἐμοὶ περιετίθεε. καὶ τὸ μὲν
οἰχώκεε, ἦκε δὲ μετὰ ταῦτα Ἀρίστων. ὡς δέ
με εἶδε ἔχουσαν στεφάνους, εἰρώτα τίς εἴη μοι ὁ
δούς· ἐγὼ δὲ ἐφάμην ἐκεῖνον, ὁ δὲ οὐκ ὑπεδέκετο.
ἐγὼ δὲ κατωμνύμην φαμένη αὐτὸν οὐ ποιέειν
καλῶς ἀπαρνεόμενον· ὀλίγῳ γάρ τι πρότερον
ἐλθόντα καὶ συνευνηθέντα δοῦναί μοι τοὺς στεφά-
νους. ὀρέων δέ με κατομνυμένην ὁ Ἀρίστων

216

theatre and went to his own house; there he made
ready and sacrificed an ox to Zeus; after which
sacrifice he called to him his mother.

68. She came, and he put a part of the entrails in
her hands, and said in entreaty: "My mother, I
entreat you in the name of the gods, but especially
Zeus of the household in whose presence we stand:
tell me now truly, who was in very deed my father.
For Leutychides said in those disputes, that you had
a son in you by your first husband when you came to
Ariston; and others there are that have a yet more
random tale, saying that you consorted with one of
the household that was the ass-keeper, and that it
is his son that I am. Therefore I entreat you by
the gods to tell me the truth; for if you have done
aught such as they say of you, not you only but
many other women have done the like; and it is
currently reported at Sparta that Ariston had it not
in him to be a father, else would his former wives
have borne him children."

69. Thus he spoke, and thus she answered him:
"My son, since you pray and entreat me to tell you
the truth, the whole truth shall be told to you. On
the third night after Ariston had brought me to his
house, there came to me an appearance like to
Ariston, and lay with me, and then put on me the
garlands which he had. So when that figure was
gone, presently Ariston came to me. Seeing the
garlands on me, he asked me who had given them;
I said they were his gift, but he denied it. Then I
said, and swore it, that he did not well to deny it;
for, I told him, he had come but a little while ago
and lain with me and so given me the garlands.
When Ariston saw that I swore to that, he per-

ἔμαθε ὡς θεῖον εἴη τὸ πρῆγμα. καὶ τοῦτο μὲν
οἱ στέφανοι ἐφάνησαν ἐόντες ἐκ τοῦ ἡρωίου τοῦ
παρὰ τῇσι θύρῃσι τῇσι αὐλείῃσι ἱδρυμένου, τὸ
καλέουσι ᾿Αστροβάκου, τοῦτο δὲ οἱ μάντιες τὸν
αὐτὸν τοῦτον ἥρωα ἀναίρεον εἶναι. οὕτω ὦ παῖ
ἔχεις πᾶν, ὅσον τι καὶ βούλεαι πυθέσθαι· ἢ γὰρ
ἐκ τοῦ ἥρωος τούτου γέγονας, καί τοι πατήρ ἐστι
᾿Αστρόβακος ὁ ἥρως, ἢ ᾿Αρίστων· ἐν γάρ σε τῇ
νυκτὶ ταύτῃ ἀναιρέομαι. τῇ δέ σευ μάλιστα
κατάπτονται οἱ ἐχθροί, λέγοντες ὡς αὐτὸς ὁ
᾿Αρίστων, ὅτε αὐτῷ σὺ ἠγγέλθης γεγενημένος,
πολλῶν ἀκουόντων οὐ φήσειέ σε ἑωυτοῦ εἶναι (τὸν
χρόνον γάρ, τοὺς δέκα μῆνας, οὐδέκω ἐξήκειν),
ἀιδρείῃ τῶν τοιούτων κεῖνος τοῦτο ἀπέρριψε τὸ
ἔπος. τίκτουσι γὰρ γυναῖκες καὶ ἐννεάμηνα καὶ
ἑπτάμηνα, καὶ οὐ πᾶσαι δέκα μῆνας ἐκτελέσασαι·
ἐγὼ δὲ σὲ ὦ παῖ ἑπτάμηνον ἔτεκον. ἔγνω δὲ καὶ
αὐτὸς ὁ ᾿Αρίστων οὐ μετὰ πολλὸν χρόνον ὡς
ἀνοίῃ τὸ ἔπος ἐκβάλοι τοῦτο. λόγους δὲ ἄλλους
περὶ γενέσιος τῆς σεωυτοῦ μὴ δέκεο· τὰ γὰρ
ἀληθέστατα πάντα ἀκήκοας. ἐκ δὲ ὀνοφορβῶν
αὐτῷ τε Λευτυχίδῃ καὶ τοῖσι ταῦτα λέγουσι
τίκτοιεν αἱ γυναῖκες παῖδας."

70. Ἡ μὲν δὴ ταῦτα ἔλεγε, ὁ δὲ πυθόμενός τε
τὰ ἐβούλετο καὶ ἐπόδια λαβὼν ἐπορεύετο ἐς Ἦλιν,
τῷ λόγῳ φὰς ὡς ἐς Δελφοὺς χρησόμενος τῷ χρη-
στηρίῳ πορεύεται. Λακεδαιμόνιοι δὲ ὑποτοπη-
θέντες Δημάρητον δρησμῷ ἐπιχειρέειν ἐδίωκον.
καί κως ἔφθη ἐς Ζάκυνθον διαβὰς ὁ Δημάρητος
ἐκ τῆς Ἤλιδος· ἐπιδιαβάντες δὲ οἱ Λακεδαιμόνιοι
αὐτοῦ τε ἅπτοντο καὶ τοὺς θεράποντας αὐτοῦ
ἀπαιρέονται. μετὰ δέ, οὐ γὰρ ἐξεδίδοσαν αὐτὸν

ceived that the hand of heaven was in the matter;
and not only were the garlands plainly seen to have
come from the hero's shrine they call Astrobacus'
shrine, that stands by the door of the courtyard, but
the diviners declared that it was that same hero,
Astrobacus, that had visited me. Thus, my son, you
have all that you desire to know; for either you are
the son of that hero, and the hero Astrobacus is your
father, or Ariston is; for on that night did I con-
ceive you. But as touching the plea that they most
urge against you, namely, that Ariston himself,
when your birth was announced to him, said in the
hearing of many that you were not his son, the full
ten months' time being not completed: that was an
idle word that he spoke, as not knowing the truth of
such matters; for not all women complete the full
ten months' time, but some bear children after nine
months, or even after seven; and you, my son, were
born after seven months. It was not long ere
Ariston himself came to know that this was a foolish
word that had escaped him. Give no credence to
any other tales concerning your birth; for this is
very truth that I have told you; and for Leutychides
himself and those that tell such tales, may they be
cuckolded by their ass-keepers."

70. Thus his mother spoke. Demaratus, having
learnt what he desired, took provision for the way and
journeyed to Elis, pretending that he journeyed to
Delphi to enquire of the oracle. But the Lacedae-
monians suspected that he planned to escape, and
pursued after him; Demaratus was by some means
beforehand with them and crossed the sea from Elis
to Zacynthus; the Lacedaemonians crossed over
after him and strove to lay hands on him, carrying

οἱ Ζακύνθιοι, ἐνθεῦτεν διαβαίνει ἐς τὴν Ἀσίην
παρὰ βασιλέα Δαρεῖον. ὁ δὲ ὑπεδέξατό τε αὐτὸν
μεγαλωστὶ καὶ γῆν τε καὶ πόλιας ἔδωκε. οὕτω
ἀπίκετο ἐς τὴν Ἀσίην Δημάρητος καὶ τοιαύτῃ
χρησάμενος τύχῃ, ἄλλα τε Λακεδαιμονίοισι συχνὰ
ἔργοισί τε καὶ γνώμῃσι ἀπολαμπρυνθείς, ἐν δὲ δὴ
καὶ Ὀλυμπιάδα σφι ἀνελόμενος τεθρίππῳ προσ-
έβαλε, μοῦνος τοῦτο πάντων δὴ τῶν γενομένων
βασιλέων ἐν Σπάρτῃ ποιήσας.

71. Λευτυχίδης δὲ ὁ Μενάρεος Δημαρήτου κατα-
παυσθέντος διεδέξατο τὴν βασιληίην, καί οἱ γίνε-
ται παῖς Ζευξίδημος, τὸν δὴ Κυνίσκον μετεξέτεροι
Σπαρτιητέων ἐκάλεον. οὗτος ὁ Ζευξίδημος οὐκ
ἐβασίλευσε Σπάρτης· πρὸ Λευτυχίδεω γὰρ τε-
λευτᾷ, λιπὼν παῖδα Ἀρχίδημον. Λευτυχίδης δὲ
στερηθεὶς Ζευξιδήμου γαμέει δευτέρην γυναῖκα
Εὐρυδάμην τὴν ἐοῦσαν Μενίου ἀδελφεὴν Διακτο-
ρίδεω δὲ θυγατέρα, ἐκ τῆς οἱ ἔρσεν μὲν γίνεται
οὐδέν, θυγάτηρ δὲ Λαμπιτώ, τὴν Ἀρχίδημος ὁ
Ζευξιδήμου γαμέει δόντος αὐτῷ Λευτυχίδεω.

72. Οὐ μὲν οὐδὲ Λευτυχίδης κατεγήρα ἐν
Σπάρτῃ, ἀλλὰ τίσιν τοιήνδε τινὰ Δημαρήτῳ
ἐξέτισε. ἐστρατήγησε Λακεδαιμονίοισι ἐς Θεσ-
σαλίην, παρεὸν δέ οἱ πάντα ὑποχείρια ποιήσα-
σθαι ἐδωροδόκησε ἀργύριον πολλόν· ἐπ' αὐτοφώρῳ
δὲ ἁλοὺς αὐτοῦ ἐν τῷ στρατοπέδῳ, ἐπικατήμενος
χειρίδι πλέῃ ἀργυρίου, ἔφυγε ἐκ Σπάρτης ὑπὸ δι-
καστήριον ὑπαχθείς, καὶ τὰ οἰκία οἱ κατεσκάφη·
ἔφυγε δὲ ἐς Τεγέην καὶ ἐτελεύτησε ἐν ταύτῃ.

73. Ταῦτα μὲν δὴ ἐγένετο χρόνῳ ὕστερον· τότε
δὲ ὡς τῷ Κλεομένεϊ ὡδώθη τὸ ἐς τὸν Δημάρητον

off his servants. Then, the Zacynthians refusing to give him up, he crossed thence to Asia and betook himself to king Darius, who received him royally and gave him lands and cities. Thus and after such adventures came Demaratus to Asia, a man that had gained much renown in Lacedaemon by his many achievements and his wisdom, but most by making over to the state the victory in a chariot-race that he had won at Olympia; he was the only king of Sparta who did this.

71. Demaratus being deposed, Leutychides son of Menares succeeded to his kingship; and there was born to him a son, Zeuxidemus, called by some of the Spartans Cyniscus. This Zeuxidemus never came to be king of Sparta; for he died in Leutychides' lifetime, leaving a son, Archidemus. Having thus lost Zeuxidemus, Leutychides married a second wife, Eurydame, sister of Menius and daughter of Diactorides; by her he had no male issue, but a daughter, Lampito, to whom Archidemus son of Zeuxidemus was married by Leutychides.

72. But neither did Leutychides himself win to old age in Sparta; he was punished for his dealing with Demaratus, as I will show: he led a Lacedaemonian army to Thessaly,[1] and when he might have subdued all the country he took a great bribe; and being caught in the very act of hoarding a sleeve full of silver there in the camp, he was brought before a court and banished from Sparta, and his house destroyed; and he went into exile at Tegea and there died.

73. This befel long afterwards; but at the time of my story, Cleomenes, his dealing in the matter of

---

[1] The date is uncertain; about 475 or 470, probably.

HERODOTUS

πρῆγμα, αὐτίκα παραλαβὼν Λευτυχίδεα ἤιε ἐπὶ
τοὺς Αἰγινήτας, δεινόν τινά σφι ἔγκοτον διὰ τὸν
προπηλακισμὸν ἔχων. οὕτω δὴ οὔτε οἱ Αἰγινῆται,
ἀμφοτέρων τῶν βασιλέων ἡκόντων ἐπ' αὐτούς,
ἐδικαίευν ἔτι ἀντιβαίνειν, ἐκεῖνοί τε ἐπιλεξάμενοι
ἄνδρας δέκα Αἰγινητέων τοὺς πλείστου ἀξίους καὶ
πλούτῳ καὶ γένεϊ ἦγον καὶ ἄλλους καὶ δὴ καὶ
Κριόν τε τὸν Πολυκρίτου καὶ Κάσαμβον τὸν
Ἀριστοκράτεος, οἵ περ εἶχον μέγιστον κράτος·
ἀγαγόντες δὲ σφέας ἐς γῆν τὴν Ἀττικὴν παρα-
θήκην παρατίθενται ἐς τοὺς ἐχθίστους Αἰγινήτῃσι
Ἀθηναίους.

74. Μετὰ δὲ ταῦτα Κλεομένεα ἐπάιστον γενό-
μενον κακοτεχνήσαντα ἐς Δημάρητον δεῖμα ἔλαβε
Σπαρτιητέων, καὶ ὑπεξέσχε ἐς Θεσσαλίην. ἐνθεῦ-
τεν δὲ ἀπικόμενος ἐς τὴν Ἀρκαδίην νεώτερα
ἔπρησσε πρήγματα, συνιστὰς τοὺς Ἀρκάδας ἐπὶ
τῇ Σπάρτῃ, ἄλλους τε ὅρκους προσάγων σφι ἦ
μὲν ἕψεσθαι σφέας αὐτῷ τῇ ἂν ἐξηγέηται, καὶ δὴ
καὶ ἐς Νώνακριν πόλιν πρόθυμος ἦν τῶν Ἀρκάδων
τοὺς προεστεῶτας ἀγινέων ἐξορκοῦν τὸ Στυγὸς
ὕδωρ. ἐν δὲ ταύτῃ τῇ πόλι λέγεται εἶναι ὑπὸ
τῶν Ἀρκάδων τὸ Στυγὸς ὕδωρ, καὶ δὴ καὶ ἔστι
τοιόνδε τι· ὕδωρ ὀλίγον φαινόμενον ἐκ πέτρης
στάζει ἐς ἄγκος, τὸ δὲ ἄγκος αἱμασιῆς τις περι-
θέει κύκλος. ἡ δὲ Νώνακρις, ἐν τῇ ἡ πηγὴ αὕτη
τυγχάνει ἐοῦσα, πόλις ἐστὶ τῆς Ἀρκαδίης πρὸς
Φενεῷ.

75. Μαθόντες δὲ Κλεομένεα Λακεδαιμόνιοι ταῦ-
τα πρήσσοντα, κατῆγον αὐτὸν δείσαντες ἐπὶ τοῖσι
αὐτοῖσι ἐς Σπάρτην τοῖσι καὶ πρότερον ἦρχε.
κατελθόντα δὲ αὐτὸν αὐτίκα ὑπέλαβε μανίη

222

Demaratus being so sped, forthwith took Leuty-
chides with him and went to punish the Aeginetans,
against whom he was terribly wroth by reason of
their despiteful usage of him. When the Aeginetans
saw that both the kings were come after them, they
now deemed it best to offer no further resistance;
and the kings chose out ten men of Aegina who were
most honoured for wealth and lineage, among them
Crius son of Polycritus and Casambus son of
Aristocrates, the two most powerful men in Aegina;
these they carried to Attica and gave them into the
keeping of the Athenians, the bitterest foes of the
Aeginetans.

74. After this, Cleomenes' treacherous plot against
Demaratus became known; and he was seized with
fear of the Spartans and slunk away into Thessaly.
Coming thence into Arcadia he wrought disorder
in that country; for he strove to unite the Arcadians
against Sparta; besides his other ways of binding
them by oath to follow him to whatsoever enterprise
he led them, he was fain to bring the chief men in
Arcadia to the town of Nonacris and make them to
swear by the water of Styx.[1] Near this town is
said to be the Arcadian water of Styx, and this
is its nature: it is a stream, small to behold, that
flows from a cliff into a pool; a wall of stones runs
round the pool. Nonacris, where this spring rises,
is a town of Arcadia nigh to Pheneus.

75. When the Lacedaemonians learnt that such
was Cleomenes' intent, they took fright, and brought
him back to Sparta, there to be king as he had
heretofore been. But Cleomenes had ere now been

[1] The "water of Styx" is a mountain torrent flowing
through a desolate ravine on the N. face of Chelmos.

HERODOTUS

νοῦσος, ἐόντα καὶ πρότερον ὑπομαργότερον· ὅκως
γὰρ τεῷ ἐντύχοι Σπαρτιητέων, ἐνέχραυε ἐς τὸ
πρόσωπον τὸ σκῆπτρον. ποιέοντα δὲ αὐτὸν ταῦ-
τα καὶ παραφρονήσαντα ἔδησαν οἱ προσήκοντες
ἐν ξύλῳ· ὁ δὲ δεθεὶς τὸν φύλακον μουνωθέντα
ἰδὼν τῶν ἄλλων αἰτέει μάχαιραν· οὐ βουλομένου
δὲ τὰ πρῶτα τοῦ φυλάκου διδόναι ἀπείλεε τά
μιν αὖτις ποιήσει, ἐς ὃ δείσας τὰς ἀπειλὰς ὁ
φύλακος (ἦν γὰρ τῶν τις εἱλωτέων) διδοῖ οἱ
μάχαιραν. Κλεομένης δὲ παραλαβὼν τὸν σίδη-
ρον ἄρχετο ἐκ τῶν κνημέων ἑωυτὸν λωβώμενος·
ἐπιτάμνων γὰρ κατὰ μῆκος τὰς σάρκας προέβαινε
ἐκ τῶν κνημέων ἐς τοὺς μηρούς, ἐκ δὲ τῶν μηρῶν
ἔς τε τὰ ἰσχία καὶ τὰς λαπάρας, ἐς ὃ ἐς τὴν
γαστέρα ἀπίκετο, καὶ ταύτην καταχορδεύων ἀπ-
έθανε τρόπῳ τοιούτῳ, ὡς μὲν οἱ πολλοὶ λέγουσι
Ἑλλήνων, ὅτι τὴν Πυθίην ἀνέγνωσε τὰ περὶ
Δημαρήτου λέγειν γενόμενα, ὡς δὲ Ἀθηναῖοι
μοῦνοι λέγουσι, διότι ἐς Ἐλευσῖνα ἐσβαλὼν
ἔκειρε τὸ τέμενος τῶν θεῶν, ὡς δὲ Ἀργεῖοι, ὅτι
ἐξ ἱροῦ αὐτῶν τοῦ Ἄργου Ἀργείων τοὺς κατα-
φυγόντας ἐκ τῆς μάχης καταγινέων κατέκοπτε
καὶ αὐτὸ τὸ ἄλσος ἐν ἀλογίῃ ἔχων ἐνέπρησε.

76. Κλεομένεϊ γὰρ μαντευομένῳ ἐν Δελφοῖσι
ἐχρήσθη Ἄργος αἱρήσειν· ἐπείτε δὲ Σπαρτιήτας
ἄγων ἀπίκετο ἐπὶ ποταμὸν Ἐρασῖνον, ὃς λέγεται
ῥέειν ἐκ τῆς Στυμφαλίδος λίμνης· τὴν γὰρ δὴ
λίμνην ταύτην ἐς χάσμα ἀφανὲς ἐκδιδοῦσαν ἀνα-
φαίνεσθαι ἐν Ἄργεϊ, τὸ ἐνθεῦτεν δὲ τὸ ὕδωρ ἤδη

---
[1] Cp. ch. 80.
[2] The Stymphalian lake, near the base of Cyllene, dis-

224

not wholly in his right mind, and now he fell sick of
a madness; for any Spartan that he met he would
smite in the face with his staff. For so doing, and
for the frenzy that was on him, his nearest of kin
made him fast in the stocks. But he saw in his bonds
that his guard was left alone and none by, and he
asked him for a dagger; the guard at first would not
give it, but Cleomenes threatening what he would
do to him thereafter, the guard, who was a helot,
was affrighted by the threats and gave him the
dagger. Then Cleomenes took the weapon and set
about gashing himself from his shins upwards; from
the shin to the thigh he cut his flesh lengthways,
and from the thigh to the hip and the flank, till he
reached the belly, and cut it into strips; thus he
died, as the most of the Greeks say, because
he over-persuaded the Pythian priestess to tell
the tale of Demaratus; as the Athenians say (but
none other) because he invaded Eleusis and laid
waste the precinct of the gods; and as the Argives
say, because when Argives had taken refuge after
the battle in their temple of Argus [1] he brought them
out thence and cut them down, and held the sacred
grove itself in no regard but burnt it.

76. For when Cleomenes was seeking a divination
at Delphi, an oracle was given him that he should
take Argos. When he came with Spartans to the
river Erasinus, which is said to flow from the Stym-
phalian [2] lake (for this lake, they say, issues into a
cleft out of sight and reappears at Argos, and from
that place onwards the stream is called by the

charges itself into a cavern at the foot of a cliff; the river
which reappears near Argos (the Erasinus) has been generally
identified with this stream.

τοῦτο ὑπ᾽ Ἀργείων Ἐρασῖνον καλέεσθαι· ἀπικό-
μενος δ᾽ ὦν ὁ Κλεομένης ἐπὶ τὸν ποταμὸν τοῦτον
ἐσφαγιάζετο αὐτῷ· καὶ οὐ γὰρ ἐκαλλιέρεε οὐδαμῶς
διαβαίνειν μιν, ἄγασθαι μὲν ἔφη τοῦ Ἐρασίνου
οὐ προδιδόντος τοὺς πολιήτας, Ἀργείους μέντοι
οὐδ᾽ ὣς χαιρήσειν. μετὰ δὲ ταῦτα ἐξαναχωρήσας
τὴν στρατιὴν κατήγαγε ἐς Θυρέην, σφαγιασάμενος
δὲ τῇ θαλάσσῃ ταῦρον πλοίοισι σφέας ἤγαγε ἔς τε
τὴν Τιρυνθίην χώρην καὶ Ναυπλίην.

77. Ἀργεῖοι δὲ ἐβοήθεον πυνθανόμενοι ταῦτα
ἐπὶ θάλασσαν· ὡς δὲ ἀγχοῦ μὲν ἐγίνοντο τῆς
Τίρυνθος, χώρῳ δὲ ἐν τούτῳ τῷ κέεται Ἡσίπεια
οὔνομα, μεταίχμιον οὐ μέγα ἀπολιπόντες ἵζοντο
ἀντίοι τοῖσι Λακεδαιμονίοισι. ἐνθαῦτα δὴ οἱ
Ἀργεῖοι τὴν μὲν ἐκ τοῦ φανεροῦ μάχην οὐκ
ἐφοβέοντο, ἀλλὰ μὴ δόλῳ αἱρεθέωσι· καὶ γὰρ δὴ
σφι ἐς τοῦτο τὸ πρῆγμα εἶχε τὸ χρηστήριον τὸ
ἐπίκοινα ἔχρησε ἡ Πυθίη τούτοισί τε καὶ Μιλη-
σίοισι, λέγον ὧδε.

ἀλλ᾽ ὅταν ἡ θήλεια τὸν ἄρσενα νικήσασα
ἐξελάσῃ καὶ κῦδος ἐν Ἀργείοισιν ἄρηται,
πολλὰς Ἀργείων ἀμφιδρυφέας τότε θήσει.
ὥς ποτέ τις ἐρέει καὶ ἐπεσσομένων ἀνθρώπων
" Δεινὸς ὄφις τριέλικτος[1] ἀπώλετο δουρὶ δαμα-
σθείς."

ταῦτα δὴ πάντα συνελθόντα τοῖσι Ἀργείοισι
φόβον παρεῖχε. καὶ δή σφι πρὸς ταῦτα ἔδοξε

---

[1] Stein, following the best MSS., reads ἀέλικτος; but the
words appear to be otherwise unknown ; I prefer τριέλικτος,
for which there is some MS. authority.

Argives Erasinus),—when Cleomenes came to this river he sacrificed victims to it; and being in nowise able to get favourable omens for his crossing, he said that he honoured the Erasinus for keeping true to its countrymen, but that even so the Argives should not go unscathed. Presently he withdrew thence and led his army seaward to Thyrea, where he sacrificed a bull to the sea and carried his men on shipboard to the region of Tiryns, and Nauplia.

77. Hearing of this, the Argives came to the coast to do battle with him; and when they had come near Tiryns and were at the place called Hesipaea, they encamped over against the Lacedaemonians, leaving but a little space between the armies. There the Argives had no fear of fair fighting, but rather of being worsted by guile; for it was that which was signified by the oracle which the Pythian priestess gave to the Argives and Milesians in common, which ran thus:

Woe for the day when a woman shall vanquish a
    man in the battle,[1]
Driving him far from the field and winning her
    glory in Argos:
Many an Argive dame her cheeks shall be rending
    in sorrow.
Yea, and in distant days this word shall be spoken
    of mortals:
"There lay slain by the spear that thrice-twined
    terrible serpent."

All these things meeting together spread fear among the Argives. Therefore they resolved to defend

[1] This would be fulfilled by a victory of the female Σπάρτη over the male Ἄργος.

227

Q 2

τῷ κήρυκι τῶν πολεμίων χρᾶσθαι, δόξαν δέ σφι
ἐποίεον τοιόνδε· ὅκως ὁ Σπαρτιήτης κῆρυξ προση-
μαίνοι τι Λακεδαιμονίοισι, ἐποίευν καὶ οἱ Ἀργεῖοι
τὠυτὸ τοῦτο.

78. Μαθὼν δὲ ὁ Κλεομένης ποιεῦντας τοὺς
Ἀργείους ὁκοῖόν τι ὁ σφέτερος κῆρυξ σημήνειε,
παραγγέλλει σφι, ὅταν σημήνῃ ὁ κῆρυξ ποιέεσθαι
ἄριστον, τότε ἀναλαβόντας τὰ ὅπλα χωρέειν ἐς
τοὺς Ἀργείους. ταῦτα καὶ ἐγένετο ἐπιτελέα ἐκ τῶν
Λακεδαιμονίων· ἄριστον γὰρ ποιευμένοισι τοῖσι
Ἀργείοισι ἐκ τοῦ κηρύγματος ἐπεκέατο, καὶ
πολλοὺς μὲν ἐφόνευσαν αὐτῶν, πολλῷ δέ τι
πλεῦνας ἐς τὸ ἄλσος τοῦ Ἄργου καταφυγόντας
περιιζόμενοι ἐφύλασσον.

79. Ἐνθεῦτεν δὲ ὁ Κλεομένης ἐποίεε τοιόνδε.
ἔχων αὐτομόλους ἄνδρας καὶ πυνθανόμενος τού-
των, ἐξεκάλεε πέμπων κήρυκα ὀνομαστὶ λέγων
τῶν Ἀργείων τοὺς ἐν τῷ ἱρῷ ἀπεργμένους, ἐξεκά-
λεε δὲ φὰς αὐτῶν ἔχειν τὰ ἄποινα. ἄποινα δὲ
ἐστὶ Πελοποννησίοισι δύο μνέαι τεταγμέναι κατ᾽
ἄνδρα αἰχμάλωτον ἐκτίνειν. κατὰ πεντήκοντα δὴ
ὦν τῶν Ἀργείων ὡς ἑκάστους ἐκκαλεύμενος ὁ
Κλεομένης ἔκτεινε. ταῦτα δέ κως γινόμενα ἐλε-
λήθεε τοὺς λοιποὺς τοὺς ἐν τῷ τεμένεϊ· ἅτε γὰρ
πυκνοῦ ἐόντος τοῦ ἄλσεος, οὐκ ὥρων οἱ ἐντὸς τοὺς
ἐκτὸς ὅ τι ἔπρησσον, πρίν γε δὴ αὐτῶν τις ἀναβὰς
ἐπὶ δένδρον κατεῖδε τὸ ποιεύμενον. οὔκων δὴ ἔτι
καλεόμενοι ἐξήισαν.

80. Ἐνθαῦτα δὴ ὁ Κλεομένης ἐκέλευε πάντα
τινὰ τῶν εἱλωτέων περινέειν ὕλῃ τὸ ἄλσος, τῶν
δὲ πειθομένων ἐνέπρησε τὸ ἄλσος. καιομένου δὲ

themselves by making the enemies' herald serve
them, and, being so resolved, whenever the Spartan
herald cried any command to the Lacedaemonians
they, too, did the very thing that he bade.

78. When Cleomenes saw that the Argives did
whatever was bidden by his herald, he gave command
that when the herald cried the signal for the men
to breakfast, they should then put on their armour
and attack the Argives. The Lacedaemonians per-
formed this bidding: for when they assaulted the
Argives they caught them breakfasting in obedience
to the herald's signal; many of them they slew, and
more by far of the Argives fled for refuge into the
grove of Argus, where the Lacedaemonians en-
camped round and closely watched them.

79. Then Cleomenes' plan was this: he had with
him certain deserters, from whom he made due
enquiry, and then sent a herald calling the names of
the Argives that were shut up in the sacred precinct
and inviting them to come out; saying therewith,
that he had their ransom. Now among the Pelo-
ponnesians there is a fixed ransom to be paid for
every prisoner, two minae for each. So Cleomenes
invited about fifty Argives to come out, one after
another, and slew them. It happened that this slay-
ing was unknown to the rest that were in the temple
precinct; for the grove being thick, they that were
within could not see how it fared with them that
were without, till one of them climbed a tree and
saw what was being done. Thereafter they would
not come out at the herald's call.

80. On that Cleomenes bade all the helots pile
wood about the grove; they obeyed, and he burnt
the grove. When the fire was now burning, he

ἤδη ἐπείρετο τῶν τινα αὐτομόλων τίνος εἴη θεῶν
τὸ ἄλσος· ὁ δὲ ἔφη Ἄργου εἶναι. ὁ δὲ ὡς ἤκουσε,
ἀναστενάξας μέγα εἶπε "Ὦ Ἄπολλον χρηστήριε,
ἦ μεγάλως με ἠπάτηκας φάμενος Ἄργος αἱρήσειν·
συμβάλλομαι δ' ἐξήκειν μοι τὸ χρηστήριον."

81. Μετὰ δὲ ταῦτα ὁ Κλεομένης τὴν μὲν πλέω
στρατιὴν ἀπῆκε ἀπιέναι ἐς Σπάρτην, χιλίους δὲ
αὐτὸς λαβὼν τοὺς ἀριστέας ἤιε ἐς τὸ Ἥραιον
θύσων· βουλόμενον δὲ αὐτὸν θύειν ἐπὶ τοῦ βωμοῦ
ὁ ἱρεὺς ἀπηγόρευε, φὰς οὐκ ὅσιον εἶναι ξείνῳ
αὐτόθι θύειν. ὁ δὲ Κλεομένης τὸν ἱρέα ἐκέλευε
τοὺς εἵλωτας ἀπὸ τοῦ βωμοῦ ἀπάγοντας μαστι-
γῶσαι, καὶ αὐτὸς ἔθυσε· ποιήσας δὲ ταῦτα ἀπήιε
ἐς τὴν Σπάρτην.

82. Νοστήσαντα δέ μιν ὑπῆγον οἱ ἐχθροὶ ὑπὸ
τοὺς ἐφόρους, φάμενοί μιν δωροδοκήσαντα οὐκ
ἑλεῖν τὸ Ἄργος, παρεὸν εὐπετέως μιν ἑλεῖν. ὁ δέ
σφι ἔλεξε, οὔτε εἰ ψευδόμενος οὔτε εἰ ἀληθέα
λέγων, ἔχω σαφηνέως εἶπαι, ἔλεξε δ' ὦν φάμενος,
ἐπείτε δὴ τὸ τοῦ Ἄργου ἱρὸν εἷλον, δοκέειν οἱ
ἐξεληλυθέναι τὸν τοῦ θεοῦ χρησμόν· πρὸς ὦν
ταῦτα οὐ δικαιοῦν πειρᾶν τῆς πόλιος, πρίν γε δὴ
ἱροῖσι χρήσηται καὶ μάθῃ εἴτε οἱ ὁ θεὸς παραδιδοῖ
εἴτε ἐμποδὼν ἕστηκε· καλλιερευμένῳ δὲ ἐν τῷ
Ἡραίῳ ἐκ τοῦ ἀγάλματος τῶν στηθέων φλόγα
πυρὸς ἐκλάμψαι, μαθεῖν δὲ αὐτὸς οὕτω τὴν ἀτρε-
κείην, ὅτι οὐκ αἱρέει τὸ Ἄργος. εἰ μὲν γὰρ ἐκ
τῆς κεφαλῆς τοῦ ἀγάλματος ἐξέλαμψε, αἱρέειν ἂν
κατ' ἄκρης τὴν πόλιν, ἐκ τῶν στηθέων δὲ λάμ-

---

[1] About four miles N.E. of Argos.

asked of one of the deserters, to what god the grove was sacred; "to Argus," said the man; when he heard that he cried loudly and lamentably: "Apollo, thou god of oracles, sorely hast thou deceived me with thy word that I should take Argos; this, I guess, is the fulfilment of that prophecy."

81. Presently Cleomenes sent the more part of his army back to Sparta; he himself took with him a thousand that were his best warriors, and went to the temple of Here,[1] there to sacrifice. But when he would have sacrificed on the altar the priest forbade him, saying that no stranger might lawfully sacrifice there. Thereupon Cleomenes bade the helots bring the priest away from the altar and scourge him, and he himself offered sacrifice; which done, he returned to Sparta.

82. But after his returning his enemies brought him before the ephors, saying that it was for a bribe that he had not taken Argos, when he might have taken it easily. But Cleomenes alleged (whether falsely or truly, I cannot rightly say; but this he alleged in his speech) that he had supposed the god's oracle to be fulfilled by his taking of the temple of Argus; wherefore, he had thought it best not to make any assay on the city before he should have enquired by sacrifice and learnt whether the god would deliver it to him or withstand him; and while he took omens in Here's temple a flame of fire had shone forth from the breast of the image, whereby he had learnt the truth of the matter, that Argos was not for his taking. For (said he) had the flame come out of the head of the image, he would have taken the city from head to foot utterly; but its coming from the breast signified that he had done as

231

ψαντος πᾶν οἱ πεποιῆσθαι ὅσον ὁ θεὸς ἐβούλετο
γενέσθαι. ταῦτα λέγων πιστά τε καὶ οἰκότα
ἐδόκεε Σπαρτιήτῃσι λέγειν, καὶ διέφυγε πολλὸν
τοὺς διώκοντας.

83. Ἄργος δὲ ἀνδρῶν ἐχηρώθη οὕτω ὥστε οἱ
δοῦλοι αὐτῶν ἔσχον πάντα τὰ πρήγματα ἄρχοντές
τε καὶ διέποντες, ἐς ὃ ἐπήβησαν οἱ τῶν ἀπολο-
μένων παῖδες· ἔπειτα σφέας οὗτοι ἀνακτώμενοι
ὀπίσω ἐς ἑωυτοὺς τὸ Ἄργος ἐξέβαλον· ἐξωθεύ-
μενοι δὲ οἱ δοῦλοι μάχῃ ἔσχον Τίρυνθα. τέως μὲν
δή σφι ἦν ἄρθμια ἐς ἀλλήλους, ἔπειτα δὲ ἐς τοὺς
δούλους ἦλθε ἀνὴρ μάντις Κλέανδρος, γένος ἐὼν
Φιγαλεὺς ἀπ᾿ Ἀρκαδίης· οὗτος τοὺς δούλους ἀν-
έγνωσε ἐπιθέσθαι τοῖσι δεσπότῃσι. ἐκ τούτου δὴ
πόλεμός σφι ἦν ἐπὶ χρόνον συχνόν, ἐς ὃ δὴ μόγις
οἱ Ἀργεῖοι ἐπεκράτησαν.

84. Ἀργεῖοι μέν νυν διὰ ταῦτα Κλεομένεα φασὶ
μανέντα ἀπολέσθαι κακῶς· αὐτοὶ δὲ Σπαρτιῆται
φασὶ ἐκ δαιμονίου μὲν οὐδενὸς μανῆναι Κλεομένεα,
Σκύθῃσι δὲ ὁμιλήσαντά μιν ἀκρητοπότην γενέσθαι
καὶ ἐκ τούτου μανῆναι. Σκύθας γὰρ τοὺς νομάδας,
ἐπείτε σφι Δαρεῖον ἐμβαλεῖν ἐς τὴν χώρην, μετὰ
ταῦτα μεμονέναι μιν τίσασθαι, πέμψαντας δὲ ἐς
Σπάρτην συμμαχίην τε ποιέεσθαι καὶ συντίθεσθαι
ὡς χρεὸν εἴη αὐτοὺς μὲν τοὺς Σκύθας παρὰ Φᾶσιν
ποταμὸν πειρᾶν ἐς τὴν Μηδικὴν ἐσβάλλειν, σφέας
δὲ τοὺς Σπαρτιήτας κελεύειν ἐξ Ἐφέσου ὁρμωμέ-
νους ἀναβαίνειν καὶ ἔπειτα ἐς τὠυτὸ ἀπαντᾶν.
Κλεομένεα δὲ λέγουσι ἡκόντων τῶν Σκυθέων ἐπὶ
ταῦτα ὁμιλέειν σφι μεζόνως, ὁμιλέοντα δὲ μᾶλλον
τοῦ ἱκνεομένου μαθεῖν τὴν ἀκρητοποσίην παρ᾿

much as it was the god's will should happen. This plea of his seemed to the Spartans to be credible and reasonable, and he far outdistanced the pursuit of his accusers.

83. But Argos was so wholly widowed of her men, that their slaves took all in possession, and ruled and governed, till the sons of them that were slain came to man's estate. Then these recovered Argos for themselves and cast out the slaves, who, being thrust out, took possession of Tiryns by force. For a while they were at peace with each other; but presently there came to the slaves one Cleander, a prophet, a man of Phigalea in Arcadia by birth; he persuaded the slaves to attack their masters. From this out for a long time there was war between them, till at last with much ado the Argives got the upper hand.[1]

84. This was the reason (say the Argives) of Cleomenes' madness and his evil end; but the Spartans themselves say, that heaven had no hand in Cleomenes' madness, but by consorting with Scythians he became a drinker of strong wine, and thence the madness came. For (so they say) the nomad Scythians, after Darius had invaded their land, were fain to be revenged upon him, and made an alliance with Sparta by messengers sent thither; whereby it was agreed, that the Scythians themselves should essay to invade Media by way of the river Phasis, while the Spartans by their counsel should set out and march inland from Ephesus, and meet the Scythians. When the Scythians had come with this intent, Cleomenes, it is said, kept too close company with them, and by consorting with them out of measure learnt from them to drink strong wine; and

---

[1] About 468, apparently.

αὐτῶν· ἐκ τούτου δὲ μανῆναί μιν νομίζουσι
Σπαρτιῆται. ἔκ τε τόσου, ὡς αὐτοὶ λέγουσι,
ἐπεὰν ζωρότερον βούλωνται πιεῖν, "'Επισκύθι-
σον" λέγουσι. οὕτω δὴ Σπαρτιῆται τὰ περὶ
Κλεομένεα λέγουσι· ἐμοὶ δὲ δοκέει· τίσιν ταύτην
ὁ Κλεομένης Δημαρήτῳ ἐκτῖσαι.

85. Τελευτήσαντος δὲ Κλεομένεος ὡς ἐπύθοντο
Αἰγινῆται, ἔπεμπον ἐς Σπάρτην ἀγγέλους κατα-
βωσομένους Λευτυχίδεω περὶ τῶν ἐν Ἀθήνησι
ὁμήρων ἐχομένων. Λακεδαιμόνιοι δὲ δικαστήριον
συναγαγόντες ἔγνωσαν περιυβρίσθαι Αἰγινήτας
ὑπὸ Λευτυχίδεω, καί μιν κατέκριναν ἔκδοτον
ἄγεσθαι ἐς Αἴγιναν ἀντὶ τῶν ἐν Ἀθήνησι ἐχομέ-
νων ἀνδρῶν. μελλόντων δὲ ἄγειν τῶν Αἰγινητέων
τὸν Λευτυχίδεα, εἶπέ σφι Θεασίδης ὁ Λεωπρέπεος,
ἐὼν ἐν Σπάρτῃ δόκιμος ἀνήρ, "Τί βουλεύεσθε
ποιέειν, ἄνδρες Αἰγινῆται; τὸν βασιλέα τῶν
Σπαρτιητέων ἔκδοτον γενόμενον ὑπὸ τῶν πολιη-
τέων ἄγειν; εἰ νῦν ὀργῇ χρεώμενοι ἔγνωσαν οὕτω
Σπαρτιῆται, ὅκως ἐξ ὑστέρης μή τι ὑμῖν, ἢν
ταῦτα πρήσσητε, πανώλεθρον κακὸν ἐς τὴν
χώρην ἐμβάλωσι." ταῦτα ἀκούσαντες οἱ Αἰγι-
νῆται ἔσχοντο τῆς ἀγωγῆς, ὁμολογίῃ δὲ ἐχρή-
σαντο τοιῇδε, ἐπισπόμενον Λευτυχίδεα ἐς Ἀθήνας
ἀποδοῦναι Αἰγινήτῃσι τοὺς ἄνδρας.

86. Ὡς δὲ ἀπικόμενος Λευτυχίδης ἐς τὰς Ἀθή-
νας ἀπαίτεε τὴν παραθήκην, οἱ δ' Ἀθηναῖοι προ-
φάσιας εἷλκον οὐ βουλόμενοι ἀποδοῦναι, φάντες
δύο σφέας ἐόντας βασιλέας παραθέσθαι καὶ οὐ
δικαιοῦν τῷ ἑτέρῳ ἄνευ τοῦ ἑτέρου ἀποδιδόναι·
οὐ φαμένων δὲ ἀποδώσειν τῶν Ἀθηναίων, ἔλεξέ

this the Spartans hold to have been the cause of his
madness. Ever since, as they themselves say, when
they desire a strong draught they will call for
"a Scythian cup." Such is the Spartan story of
Cleomenes; but to my thinking, it was for what he
did to Demaratus that he was punished thus.

85. When Cleomenes was dead, and the Aeginetans
heard of it, they sent messengers to Sparta to cry for
justice on Leutychides, for the matter of the hostages
that were held at Athens. The Lacedaemonians
then assembled a court and gave judgment that
Leutychides had done violence to the Aeginetans;
and they condemned him to be given up and carried
to Aegina, in requital for the men that were held at
Athens. But when the Aeginetans were about to
carry Leutychides away, a man of repute at Sparta,
Theasides, son of Leoprepes, said to them, "Men of
Aegina, what is this that you purpose to do? Would
you have the king of the Spartans given up to you
by the citizens and carry him away? Nay, if the
Spartans have now so judged in their anger, look to
it lest at a later day, if you do as you purpose, they
bring utter destruction upon your country." Hearing
this, the Aeginetans stayed their hand from carrying
the king away, and made an agreement that Leuty-
chides should go with them to Athens and restore
the men to the Aeginetans.

86. So when Leutychides came to Athens and
demanded that what had been entrusted be restored,
and the Athenians, being loath to restore it, made
excuses, and said that, having been charged with the
trust by both the kings, they deemed it wrong to
restore it to the one alone without the other,—when
the Athenians refused to restore, Leutychides said to

235

σφι Λευτυχίδης τάδε. "Ὦ Ἀθηναῖοι, ποιέετε
μὲν ὁκότερα βούλεσθε αὐτοί· καὶ γὰρ ἀποδιδόντες
ποιέετε ὅσια, καὶ μὴ ἀποδιδόντες τὰ ἐναντία τού-
των· ὁκοῖον μέντοι τι ἐν τῇ Σπάρτῃ συνηνείχθη
γενέσθαι περὶ παρακαταθήκης, βούλομαι ὑμῖν
εἶπαι. λέγομεν ἡμεῖς οἱ Σπαρτιῆται γενέσθαι
ἐν τῇ Λακεδαίμονι κατὰ τρίτην γενεὴν τὴν ἀπ'
ἐμέο Γλαῦκον Ἐπικύδεος παῖδα· τοῦτον τὸν ἄνδρα
φαμὲν τά τε ἄλλα πάντα περιήκειν τὰ πρῶτα,
καὶ δὴ καὶ ἀκούειν ἄριστα δικαιοσύνης πέρι
πάντων ὅσοι τὴν Λακεδαίμονα τοῦτον τὸν χρό-
νον οἴκεον. συνενειχθῆναι δέ οἱ ἐν χρόνῳ ἱκνευ-
μένῳ τάδε λέγομεν. ἄνδρα Μιλήσιον ἀπικόμενον
ἐς Σπάρτην βούλεσθαί οἱ ἐλθεῖν ἐς λόγους προ-
ϊσχόμενον τοιάδε. 'Εἰμὶ μὲν Μιλήσιος, ἥκω δὲ τῆς
σῆς Γλαῦκε βουλόμενος δικαιοσύνης ἀπολαῦσαι.
ὡς γὰρ δὴ ἀνὰ πᾶσαν μὲν τὴν ἄλλην Ἑλλάδα, ἐν
δὲ καὶ περὶ Ἰωνίην τῆς σῆς δικαιοσύνης ἦν λόγος
πολλός, ἐμεωυτῷ λόγους ἐδίδουν καὶ ὅτι ἐπικίνδυνος
ἐστὶ αἰεί κοτε ἡ Ἰωνίη, ἡ δὲ Πελοπόννησος ἀσφα-
λέως ἱδρυμένη, καὶ διότι χρήματα οὐδαμὰ τοὺς αὐ-
τούς ἐστι ὁρᾶν ἔχοντας. ταῦτά τε ὦν ἐπιλεγομένῳ
καὶ βουλευομένῳ ἔδοξέ μοι τὰ ἡμίσεα πάσης τῆς
οὐσίης ἐξαργυρώσαντα θέσθαι παρὰ σέ, εὖ ἐξεπι-
σταμένῳ ὥς μοι κείμενα ἔσται παρὰ σοὶ σόα. σὺ δή
μοι καὶ τὰ χρήματα δέξαι καὶ τάδε τὰ σύμβολα
σῷζε λαβών· ὃς δ' ἂν ἔχων ταῦτα ἀπαιτέῃ, τούτῳ
ἀποδοῦναι.' ὁ μὲν δὴ ἀπὸ Μιλήτου ἥκων ξεῖνος
τοσαῦτα ἔλεξε, Γλαῦκος δὲ ἐδέξατο τὴν παρακα-
ταθήκην ἐπὶ τῷ εἰρημένῳ λόγῳ. χρόνου δὲ πολ-
λοῦ διελθόντος ἦλθον ἐς Σπάρτην τούτου τοῦ
παραθεμένου τὰ χρήματα οἱ παῖδες, ἐλθόντες δὲ

them: "Men of Athens, do whichever thing you desire; if you restore, you do righteously, if you restore not you do contrariwise; yet hear from me the story of what befel at Sparta in the matter of a trust. It is told by us Spartans that three generations agone there was at Lacedaemon one Glaucus, son of Epicydes. This man (so the story goes) added to his other excellences a reputation for justice above all men who at that time dwelt in Lacedaemon. But in the fitting time this, as it is told, befel him:—There came to Sparta a certain man of Miletus, desiring to hold converse with Glaucus, and making him this proffer: 'I am,' he said, 'of Miletus, and hither am I come, Glaucus! to reap advantage from your justice. For seeing that all about Hellas and Ionia too there was much talk of your justice, I bethought me in myself that Ionia is ever a land of dangers and Peloponnesus securely stablished, and in Ionia nowhere are the same men seen continuing in possession of wealth. Considering and taking counsel concerning these matters, I resolved to turn the half of my substance into silver and give it into your charge, being well assured that it will lie safe for me in your keeping. Do you then receive the sum, and take and keep these tokens; and restore the money to him that comes with the like tokens and demands it back.' Thus spoke the stranger who had come from Miletus, and Glaucus received the trust according to the agreement. When a long time had passed, there came to Sparta the sons of the man who had given the money in trust; they

237

ἐς λόγους τῷ Γλαύκῳ καὶ ἀποδεικνύντες τὰ σύμ-
βολα ἀπαίτεον τὰ χρήματα· ὁ δὲ διωθέετο ἀντυπο-
κρινόμενος τοιάδε. 'Οὔτε μέμνημαι τὸ πρῆγμα
οὔτε με περιφέρει οὐδὲν εἰδέναι τούτων τῶν ὑμεῖς
λέγετε, βούλομαί τε ἀναμνησθεὶς ποιέειν πᾶν τὸ
δίκαιον· καὶ γὰρ εἰ ἔλαβον, ὀρθῶς ἀποδοῦναι, καὶ
εἴ γε ἀρχὴν μὴ ἔλαβον, νόμοισι τοῖσι Ἑλλήνων
χρήσομαι ἐς ὑμέας. ταῦτα ὦν ὑμῖν ἀναβάλλομαι
κυρώσειν ἐς τέταρτον μῆνα ἀπὸ τοῦδε.' οἱ μὲν
δὴ Μιλήσιοι συμφορὴν ποιησάμενοι ἀπαλλάσ-
σοντο ὡς ἀπεστερημένοι τῶν χρημάτων, Γλαῦκος
δὲ ἐπορεύετο ἐς Δελφοὺς χρησόμενος τῷ χρηστη-
ρίῳ. ἐπειρωτῶντα δὲ αὐτὸν τὸ χρηστήριον εἰ
ὅρκῳ τὰ χρήματα ληίσηται, ἡ Πυθίη μετέρχεται
τοῖσιδε τοῖσι ἔπεσι.

Γλαῦκ' Ἐπικυδείδη, τὸ μὲν αὐτίκα κέρδιον
    οὕτω
ὅρκῳ νικῆσαι καὶ χρήματα ληίσσασθαι.
ὄμνυ, ἐπεὶ θάνατός γε καὶ εὔορκον μένει ἄνδρα.
ἀλλ' ὅρκου πάις ἐστίν, ἀνώνυμος, οὐδ' ἔπι
    χεῖρες
οὐδὲ πόδες· κραιπνὸς δὲ μετέρχεται, εἰς ὅ κε
    πᾶσαν
συμμάρψας ὀλέσῃ γενεὴν καὶ οἶκον ἅπαντα.
ἀνδρὸς δ' εὐόρκου γενεὴ μετόπισθεν ἀμείνων.

ταῦτα ἀκούσας ὁ Γλαῦκος συγγνώμην τὸν θεὸν
παραιτέετο αὐτῷ ἴσχειν τῶν ῥηθέντων. ἡ δὲ
Πυθίη ἔφη τὸ πειρηθῆναι τοῦ θεοῦ καὶ τὸ ποιῆσαι
ἴσον δύνασθαι. Γλαῦκος μὲν δὴ μεταπεμψά-

238

spoke with Glaucus, showing him the tokens and demanding the money back. But Glaucus put them off with a demurrer: 'I have no remembrance,' he said, 'of the matter, nor am I moved to any knowledge of that whereof you speak; let me bring it to mind, and I will do all that is just; if I took the money I will duly restore it, and if I never took it at all I will deal with you according to the customs of the Greeks. Suffer me, therefore, to delay making my words good till the fourth month from this day.' So the Milesians went away in sorrow, as men robbed of their possessions; but Glaucus journeyed to Delphi, to enquire of the oracle. When he asked the oracle whether he should swear and so ravish the money, the Pythian priestess threatened him in these verses:

Hear, Epicydes' son: 'twere much to thy present
    advantage
Couldst thou prevail by an oath and ravish the
    stranger's possessions:
Swear an thou wilt; death waits for the just no
    less than the unjust.
Ay—but an oath hath a son, a nameless avenger
    of evil:
Hands hath he none, nor feet; yet swiftly he
    runneth pursuing,
Grippeth his man at the last and maketh an end
    of his offspring.
Better endureth the line of the man that sweareth
    not falsely.

When Glaucus heard that, he entreated the god to pardon him for what he had said. But the priestess answered, that to tempt the god and to do the deed were of like effect. Glaucus, then, sent for the

μενος τοὺς Μιλησίους ξείνους ἀποδιδοῖ σφι τὰ
χρήματα. τοῦ δὲ εἵνεκα ὁ λόγος ὅδε ὦ Ἀθηναῖοι
ὁρμήθη λέγεσθαι ἐς ὑμέας, εἰρήσεται· Γλαύκου
νῦν οὔτε τι ἀπόγονον ἐστὶ οὐδὲν οὔτ᾽ ἱστίη οὐδεμία
νομιζομένη εἶναι Γλαύκου, ἐκτέτριπταί τε πρόρ-
ριζος ἐκ Σπάρτης. οὕτω ἀγαθὸν μηδὲ διανοέεσθαι
περὶ παρακαταθήκης ἄλλο γε ἢ ἀπαιτεόντων
ἀποδιδόναι."

87. Λευτυχίδης μὲν εἴπας ταῦτα, ὥς οἱ οὐδὲ
οὕτω ἐσήκουον οἱ Ἀθηναῖοι, ἀπαλλάσσετο· οἱ δὲ
Αἰγινῆται, πρὶν τῶν πρότερον ἀδικημάτων δοῦναι
δίκας τῶν ἐς Ἀθηναίους ὕβρισαν Θηβαίοισι
χαριζόμενοι, ἐποίησαν τοιόνδε. μεμφόμενοι τοῖσι
Ἀθηναίοισι καὶ ἀξιοῦντες ἀδικέεσθαι, ὡς τιμω-
ρησόμενοι τοὺς Ἀθηναίους παρεσκευάζοντο· καὶ
ἦν γὰρ δὴ τοῖσι Ἀθηναίοισι πεντετηρὶς ἐπὶ Σουνίῳ,
λοχήσαντες ὧν τὴν θεωρίδα νέα εἷλον πλήρεα
ἀνδρῶν τῶν πρώτων Ἀθηναίων, λαβόντες δὲ τοὺς
ἄνδρας ἔδησαν.

88. Ἀθηναῖοι δὲ παθόντες ταῦτα πρὸς Αἰγινη-
τέων οὐκέτι ἀνεβάλλοντο μὴ οὐ τὸ πᾶν μηχανή-
σασθαι ἐπ᾽ Αἰγινήτῃσι. καὶ ἦν γὰρ Νικόδρομος
Κνοίθου καλεόμενος ἐν τῇ Αἰγίνῃ ἀνὴρ δόκιμος,
οὗτος μεμφόμενος μὲν τοῖσι Αἰγινήτῃσι προτέρην
ἑωυτοῦ ἐξέλασιν ἐκ τῆς νήσου, μαθὼν δὲ τότε
τοὺς Ἀθηναίους ἀναρτημένους ἔρδειν Αἰγινήτας
κακῶς, συντίθεται Ἀθηναίοισι προδοσίην Αἰγίνης,
φράσας ἐν τῇ τε ἡμέρῃ ἐπιχειρήσει καὶ ἐκείνους
ἐς τὴν ἥκειν δεήσει βοηθέοντας.

89. Μετὰ ταῦτα καταλαμβάνει μὲν κατὰ τὰ
συνεθήκατο Ἀθηναίοισι ὁ Νικόδρομος τὴν παλαιὴν
καλεομένην πόλιν, Ἀθηναῖοι δὲ οὐ παραγίνονται

240

Milesian strangers and restored them their money;
but hear now, Athenians! why I began to tell you
this story. There is at this day no descendant of
Glaucus, nor any household that bears Glaucus'
name; he and his have been utterly uprooted out of
Sparta. So good a thing it is not even to design
aught concerning a trust, save the restoring of it on
demand."

87. Thus spoke Leutychides; but even so the
Athenians would not listen to him, and he took his
departure. But the Aeginetans, before paying the
penalty for the high-handed wrong they had done
the Athenians to please the Thebans, did as I will
show. Having a grudge against Athens and deeming
themselves wronged, they prepared to take vengeance
on the Athenians. Among these there was now
a five-yearly festival toward on Sunium; wherefore
the Aeginetans set an ambush and took the ship that
bore deputies to the festival, with many noble
Athenians therein, and put in prison the men whom
they took.

88. Thus mishandled by the Aeginetans, the
Athenians delayed no longer to devise all mischief
against Aegina. Now there was one Nicodromus,
son of Cnoethus by name, a notable man in Aegina.
He, having a grudge against the Aeginetans for his
former banishment from the island, and learning now
that the Athenians were set upon doing hurt to the
Aeginetans, agreed with the Athenians to betray
Aegina to them, naming the day whereon he would
essay it and whereon they must come to aid him.

89. Presently, according to his agreement with the
Athenians, Nicodromus took possession of the Old
City, as it was called; but the Athenians failed of

241

ἐς δέον· οὐ γὰρ ἔτυχον ἐοῦσαι νέες σφι ἀξιόμαχοι
τῆσι Αἰγινητέων συμβαλεῖν. ἐν ᾧ ὦν Κορινθίων
ἐδέοντο χρῆσαι σφίσι νέας, ἐν τούτῳ διεφθάρη τὰ
πρήγματα. οἱ δὲ Κορίνθιοι, ἦσαν γάρ σφι τοῦτον
τὸν χρόνον φίλοι ἐς τὰ μάλιστα, Ἀθηναίοισι
διδοῦσι δεομένοισι εἴκοσι νέας, διδοῦσι δὲ πεντα-
δράχμους ἀποδόμενοι· δωρεὴν γὰρ ἐν τῷ νόμῳ οὐκ
ἐξῆν δοῦναι. ταύτας τε δὴ λαβόντες οἱ Ἀθηναῖοι
καὶ τὰς σφετέρας, πληρώσαντες ἑβδομήκοντα
νέας τὰς ἁπάσας, ἔπλεον ἐπὶ τὴν Αἴγιναν καὶ
ὑστέρησαν ἡμέρῃ μιῇ τῆς συγκειμένης.

90. Νικόδρομος δέ, ὡς οἱ Ἀθηναῖοι ἐς τὸν
καιρὸν οὐ παρεγίνοντο, ἐς πλοῖον ἐσβὰς ἐκδιδρή-
σκει ἐκ τῆς Αἰγίνης· σὺν δέ οἱ καὶ ἄλλοι ἐκ τῶν
Αἰγινητέων εἵποντο, τοῖσι Ἀθηναῖοι Σούνιον
οἰκῆσαι ἔδοσαν. ἐνθεῦτεν δὲ οὗτοι ὁρμώμενοι
ἔφερόν τε καὶ ἦγον τοὺς ἐν τῇ νήσῳ Αἰγινήτας.

91. Ταῦτα μὲν δὴ ὕστερον ἐγίνετο. Αἰγινητέων
δὲ οἱ παχέες ἐπαναστάντος τοῦ δήμου σφι ἅμα
Νικοδρόμῳ ἐπεκράτησαν, καὶ ἔπειτα σφέας χειρω-
σάμενοι ἐξῆγον ἀπολέοντες. ἀπὸ τούτου δὲ καὶ
ἄγος σφι ἐγένετο, τὸ ἐκθύσασθαι οὐκ οἷοί τε
ἐγένοντο ἐπιμηχανώμενοι, ἀλλ' ἔφθησαν ἐκπε-
σόντες πρότερον ἐκ τῆς νήσου ἤ σφι ἵλεον γενέσθαι
τὴν θεόν. ἑπτακοσίους γὰρ δὴ τοῦ δήμου ζωγρή-
σαντες ἐξῆγον ὡς ἀπολέοντες, εἷς δέ τις τούτων
ἐκφυγὼν τὰ δεσμὰ καταφεύγει πρὸς πρόθυρα
Δήμητρος θεσμοφόρου, ἐπιλαμβανόμενος δὲ τῶν
ἐπισπαστήρων εἴχετο· οἱ δὲ ἐπείτε μιν ἀποσπάσαι
οὐκ οἷοί τε ἀπέλκοντες ἐγίνοντο, ἀποκόψαντες

arriving at the right time; for it chanced that they had not ships enough to cope with the Aeginetans; wherefore they entreated the Corinthians to lend them ships, and by that delay their business was thwarted. The Corinthians, being at that time their close friends, consented to the Athenians' entreaty and gave them twenty ships, at a price of five drachmas apiece; for by their law they could not make a free gift of them. Taking these ships and their own, the Athenians manned seventy in all and sailed for Aegina, whither they came a day later than the time agreed.

90. But Nicodromus, the Athenians not being at hand on the day appointed, took ship and escaped from Aegina, he and other Aeginetans with him, to whom the Athenians gave Sunium to dwell in; making which their headquarters they harried the Aeginetans of the island.

91. This was done after the time whereof I have spoken.[1] But the rich men of Aegina gained the mastery over the commonalty, who had risen against them with Nicodromus, and having made them captive led them out to be slain. For this cause a curse fell upon them, whereof for all their devices they could not rid themselves by sacrifice, but they were driven out of their island ere the goddess would be merciful to them. For they had taken seven hundred of the commonalty alive; and as they led these out for slaughter one of them escaped from his bonds and fled to the temple gate of Demeter the Lawgiver, where he laid hold of the door-handles and clung to them; so when his enemies could not drag him away for all their striving, they cut off his hands,

[1] That is, it was done between 490 and 480.

243

αὐτοῦ τὰς χεῖρας ἦγον οὕτω, αἱ χεῖρες δὲ ἐκεῖναι
ἐμπεφυκυῖαι ἦσαν τοῖσι ἐπισπάστροισι.

92. Ταῦτα μέν νυν σφέας αὐτοὺς οἱ Αἰγινῆται
ἐργάσαντο, Ἀθηναίοισι δὲ ἥκουσι ἐναυμάχησαν
νηυσὶ ἑβδομήκοντα, ἑσσωθέντες δὲ τῇ ναυμαχίῃ
ἐπεκαλέοντο τοὺς αὐτοὺς καὶ πρότερον, Ἀργείους.
καὶ δή σφι οὗτοι μὲν οὐκέτι βοηθέουσι, μεμφόμενοι
ὅτι Αἰγιναῖαι νέες ἀνάγκῃ λαμφθεῖσαι ὑπὸ Κλεο-
μένεος ἔσχον τε ἐς τὴν Ἀργολίδα χώρην καὶ
συναπέβησαν Λακεδαιμονίοισι, συναπέβησαν δὲ
καὶ ἀπὸ Σικυωνίεων νεῶν ἄνδρες τῇ αὐτῇ ταύτῃ
ἐσβολῇ· καί σφι ὑπ᾽ Ἀργείων ἐπεβλήθη ζημίη
χίλια τάλαντα ἐκτῖσαι, πεντακόσια ἑκατέρους.
Σικυώνιοι μέν νυν συγγνόντες ἀδικῆσαι ὡμολό-
γησαν ἑκατὸν τάλαντα ἐκτίσαντες ἀζήμιοι εἶναι,
Αἰγινῆται δὲ οὔτε συνεγινώσκοντο ἦσάν τε αὐθα-
δέστεροι. διὰ δὴ ὦν σφι ταῦτα δεομένοισι ἀπὸ
μὲν τοῦ δημοσίου οὐδεὶς Ἀργείων ἔτι ἐβοήθεε,
ἐθελονταὶ δὲ ἐς χιλίους· ἦγε δὲ αὐτοὺς στρατηγὸς
ἀνὴρ ᾧ οὔνομα Εὐρυβάτης, ἀνὴρ πεντάεθλον
ἐπασκήσας. τούτων οἱ πλεῦνες οὐκ ἀπενόστησαν
ὀπίσω, ἀλλ᾽ ἐτελεύτησαν ὑπ᾽ Ἀθηναίων ἐν Αἰγίνῃ·
αὐτὸς δὲ ὁ στρατηγὸς Εὐρυβάτης μουνομαχίην
ἐπασκέων τρεῖς μὲν ἄνδρας τρόπῳ τοιούτῳ κτείνει,
ὑπὸ δὲ τοῦ τετάρτου Σωφάνεος τοῦ Δεκελέος
ἀποθνήσκει.

93. Αἰγινῆται δὲ ἐοῦσι ἀτάκτοισι τοῖσι Ἀθη-
ναίοισι συμβαλόντες τῇσι νηυσὶ ἐνίκησαν, καί
σφεων νέας τέσσερας αὐτοῖσι τοῖσι ἀνδράσι
εἷλον.

94. Ἀθηναίοισι μὲν δὴ πόλεμος συνῆπτο πρὸς

and so brought him off; and those hands were left clinging fast to the door-handles.

92. Thus the Aeginetans dealt with each other; when the Athenians had come, they fought with them at sea with seventy ships, and being worsted in the sea-fight they asked help of the Argives, as they had done before. But this time the Argives would not aid them, for a grudge that they bore the Aeginetans; since ships of Aegina had been taken perforce by Cleomenes and put in on the Argolid coast, where their crews landed with the Lacedae-monians; and there were men too from ships of Sicyon that took part in this same onfall; and the Argives laid on them the payment of a fine of a thousand talents, each people five hundred. The Sicyonians owned that they had done wrongfully and agreed to go scathless for a payment of a hundred talents, but the Aeginetans made no such confession, and were stiff-necked. For this cause the Argive state sent no man at their entreaty to aid them, but about a thousand came of their own will, led by a captain whose name was Eurybates, a man practised in the five contests.[1] Of these the greater part never returned back but met their death by the hands of the Athenians in Aegina; Eurybates himself, their captain, fought in single combat and thus slew three men, but was slain by the fourth, Sophanes the son of Deceles.

93. The Aeginetan ships found the Athenians in disarray, and attacked and overcame them, taking four Athenian ships and their crews.

94. Thus Athens and Aegina grappled together in

[1] The 'Pentathlum' consisted of jumping, discus-throwing, spear-throwing, running, and wrestling.

HERODOTUS

Αἰγινήτας. ὁ δὲ Πέρσης τὸ ἑωυτοῦ ἐποίεε, ὥστε
ἀναμιμνήσκοντός τε αἰεὶ τοῦ θεράποντος μεμνῆσθαί
μιν τῶν Ἀθηναίων, καὶ Πεισιστρατιδέων προσ-
κατημένων καὶ διαβαλλόντων Ἀθηναίους, ἅμα δὲ
βουλόμενος ὁ Δαρεῖος ταύτης ἐχόμενος τῆς προ-
φάσιος καταστρέφεσθαι τῆς Ἑλλάδος τοὺς μὴ
δόντας αὐτῷ γῆν τε καὶ ὕδωρ. Μαρδόνιον μὲν δὴ
φλαύρως πρήξαντα τῷ στόλῳ παραλύει τῆς
στρατηγίης, ἄλλους δὲ στρατηγοὺς ἀποδέξας
ἀπέστειλε ἐπὶ τε Ἐρέτριαν καὶ Ἀθήνας, Δᾶτίν τε
ἐόντα Μῆδον γένος καὶ Ἀρταφρένεα τὸν Ἀρτα-
φρένεος παῖδα, ἀδελφιδέον ἑωυτοῦ· ἐντειλάμενος
δὲ ἀπέπεμπε ἐξανδραποδίσαντας Ἀθήνας καὶ
Ἐρέτριαν ἀνάγειν ἑωυτῷ ἐς ὄψιν τὰ ἀνδράποδα.

95. Ὡς δὲ οἱ στρατηγοὶ οὗτοι οἱ ἀποδεχθέντες
πορευόμενοι παρὰ βασιλέος ἀπίκοντο τῆς Κιλικίης
ἐς τὸ Ἀλήιον πεδίον, ἅμα ἀγόμενοι πεζὸν στρατὸν
πολλόν τε καὶ εὖ ἐσκευασμένον, ἐνθαῦτα στρατο-
πεδευομένοισι ἐπῆλθε μὲν ὁ ναυτικὸς πᾶς στρατὸς
ὁ ἐπιταχθεὶς ἑκάστοισι, παρεγένοντο δὲ καὶ αἱ
ἱππαγωγοὶ νέες, τὰς τῷ προτέρῳ ἔτεϊ προεῖπε
τοῖσι ἑωυτοῦ δασμοφόροισι Δαρεῖος ἑτοιμάζειν.
ἐσβαλόμενοι δὲ τοὺς ἵππους ἐς ταύτας καὶ τὸν
πεζὸν στρατὸν ἐσβιβάσαντες ἐς τὰς νέας, ἔπλεον
ἑξακοσίῃσι τριήρεσι ἐς τὴν Ἰωνίην. ἐνθεῦτεν δὲ
οὐ παρὰ τὴν ἤπειρον εἶχον τὰς νέας ἰθὺ τοῦ τε
Ἑλλησπόντου καὶ τῆς Θρηίκης, ἀλλ' ἐκ Σάμου
ὁρμώμενοι παρά τε Ἰκάριον καὶ διὰ νήσων τὸν
πλόον ἐποιεῦντο, ὡς μὲν ἐμοὶ δοκέειν, δείσαντες
μάλιστα τὸν περίπλοον τοῦ Ἄθω, ὅτι τῷ προτέρῳ
ἔτεϊ ποιεύμενοι ταύτῃ τὴν κομιδὴν μεγάλως

246

war. But the Persian was going about his own
business; for his servant was ever reminding him
to remember the Athenians,[1] and the Pisistratidae
were at his elbow maligning the Athenians, and
moreover Darius desired to take this pretext for
subduing all the men of Hellas that had not given
him earth and water. As for Mardonius, who had
fared so ill with his armament, him he dismissed
from his command, and appointed other generals
to lead his armies against Athens and Eretria, Datis
a Mede, and his own nephew Artaphrenes son of
Artaphrenes; and the charge he gave them at their
departure was, to enslave Athens and Eretria, and
bring the slaves into his presence.

95. When these the appointed generals on their
way from the king's presence were arrived at the
Aleïan plain in Cilicia, bringing with them a host
great and well furnished, there they encamped and
were overtaken by all the armament of ships that
was assigned to each portion; and the transports
too for horses came up, that in the year before this
Darius had bidden his tributary subjects to make
ready. Having cast the horses into these, and em-
barked the land army in the ships, they sailed to
Ionia with six hundred triremes. Thence they held
their course not by the mainland and straight
towards the Hellespont and Thrace, but setting
forth from Samos they sailed by the Icarian sea and
from island to island; this, to my thinking, was
because they feared above all the voyage round
Athos, seeing that in the year past they had come
to great disaster by holding their course that way;

[1] Cp. V. 105.

προσέπταισαν· πρὸς δὲ καὶ ἡ Νάξος σφέας
ἠνάγκαζε πρότερον οὐκ ἁλοῦσα.

96. Ἐπεὶ δὲ ἐκ τοῦ Ἰκαρίου πελάγεος προσ-
φερόμενοι προσέμιξαν τῇ Νάξῳ, ἐπὶ ταύτην γὰρ
δὴ πρώτην εἶχον στρατεύεσθαι οἱ Πέρσαι
μεμνημένοι τῶν πρότερον οἱ Νάξιοι πρὸς τὰ
ὄρεα οἴχοντο φεύγοντες οὐδὲ ὑπέμειναν. οἱ δὲ
Πέρσαι ἀνδραποδισάμενοι τοὺς κατέλαβον αὐτῶν,
ἐνέπρησαν καὶ τὰ ἱρὰ καὶ τὴν πόλιν. ταῦτα δὲ
ποιήσαντες ἐπὶ τὰς ἄλλας νήσους ἀνήγοντο.

97. Ἐν ᾧ δὲ οὗτοι ταῦτα ἐποίευν, οἱ Δήλιοι
ἐκλιπόντες καὶ αὐτοὶ τὴν Δῆλον οἴχοντο φεύγοντες
ἐς Τῆνον. τῆς δὲ στρατιῆς καταπλεούσης ὁ Δᾶτις
προπλώσας οὐκ ἔα τὰς νέας πρὸς τὴν Δῆλον
προσορμίζεσθαι, ἀλλὰ πέρην ἐν τῇ Ῥηναίῃ· αὐτὸς
δὲ πυθόμενος ἵνα ἦσαν οἱ Δήλιοι, πέμπων κήρυκα
ἠγόρευέ σφι τάδε. "Ἄνδρες ἱροί, τί φεύγοντες
οἴχεσθε, οὐκ ἐπιτήδεα καταγνόντες κατ᾽ ἐμεῦ;
ἐγὼ γὰρ καὶ αὐτὸς ἐπὶ τοσοῦτό γε φρονέω καί μοι
ἐκ βασιλέος ὧδε ἐπέσταλται, ἐν τῇ χώρῃ οἱ δύο
θεοὶ ἐγένοντο, ταύτην μηδὲν σίνεσθαι, μήτε αὐτὴν
τὴν χώρην μήτε τοὺς οἰκήτορας αὐτῆς. νῦν ὦν
καὶ ἄπιτε ἐπὶ τὰ ὑμέτερα αὐτῶν καὶ τὴν νῆσον
νέμεσθε." ταῦτα μὲν ἐπεκηρυκεύσατο τοῖσι
Δηλίοισι, μετὰ δὲ λιβανωτοῦ τριηκόσια τάλαντα
κατανήσας ἐπὶ τοῦ βωμοῦ ἐθυμίησε.

98. Δᾶτις μὲν δὴ ταῦτα ποιήσας ἔπλεε ἅμα τῷ
στρατῷ ἐπὶ τὴν Ἐρέτριαν πρῶτα, ἅμα ἀγόμενος
καὶ Ἴωνας καὶ Αἰολέας. μετὰ δὲ τοῦτον ἐνθεῦτεν
ἐξαναχθέντα Δῆλος ἐκινήθη, ὡς ἔλεγον Δήλιοι,
καὶ πρῶτα καὶ ὕστατα μέχρι ἐμεῦ σεισθεῖσα. καὶ

and moreover Naxos constrained them, in that they had not yet taken it.

96. When they approached Naxos from the Icarian sea and came to land (for it was Naxos which the Persians purposed first to attack), the Naxians, mindful of what had before happened,[1] fled away to the mountains, not abiding their coming. The Persians enslaved all of them that they caught, and burnt even their temples and their city; which done, they set sail for the other islands.

97. While they so did, the Delians also left Delos and fled away to Tenos. But Datis, when his host was sailing landwards, went before it in his ship and bade his fleet anchor not off Delos, but across the water off Rhenaea; and being informed where the Delians were, he sent a herald to them with this proclamation: "Holy men, why have you fled away, and so misjudged my intent? For it is my own desire, and the king's command to me, to do no harm to the land wherein the two gods[2] were born, neither to the land itself nor to those that dwell therein. Now, therefore, I bid you return to your homes and dwell in your island." This proclamation he made to the Delians, and presently laid upon the altar and burnt there three hundred talents' weight of frankincense.

98. This done, Datis sailed with his host against Eretria first, taking with him Ionians and Aeolians; and after he had put out thence to sea, there was an earthquake in Delos, the first and last, as the Delians say, before my time. This portent was sent by

[1] This probably refers to the Persian treatment of rebels, described in chs. 31 and 32.
[2] Apollo and Artemis.

τοῦτο μέν κου τέρας ἀνθρώποισι τῶν μελλόντων
ἔσεσθαι κακῶν ἔφαινε ὁ θεός. ἐπὶ γὰρ Δαρείου
τοῦ Ὑστάσπεος καὶ Ξέρξεω τοῦ Δαρείου καὶ
Ἀρτοξέρξεω τοῦ Ξέρξεω, τριῶν τουτέων ἐπεξῆς
γενεέων, ἐγένετο πλέω κακὰ τῇ Ἑλλάδι ἢ ἐπὶ
εἴκοσι ἄλλας γενεὰς τὰς πρὸ Δαρείου γενομένας,
τὰ μὲν ἀπὸ τῶν Περσέων αὐτῇ γενόμενα, τὰ δὲ
ἀπ᾽ αὐτῶν τῶν κορυφαίων περὶ τῆς ἀρχῆς πολε-
μεόντων. οὕτω οὐδὲν ἦν ἀεικὲς κινηθῆναι Δῆλον
τὸ πρὶν ἐοῦσαν ἀκίνητον. καὶ ἐν χρησμῷ ἦν
γεγραμμένον περὶ αὐτῆς ὧδε.

κινήσω καὶ Δῆλον ἀκίνητόν περ ἐοῦσαν.

δύναται δὲ κατὰ Ἑλλάδα γλῶσσαν ταῦτα τὰ
οὐνόματα, Δαρεῖος ἐρξείης, Ξέρξης ἀρήιος, Ἀρτο-
ξέρξης μέγας ἀρήιος. τούτους μὲν δὴ τοὺς
βασιλέας ὧδε ἂν ὀρθῶς κατὰ γλῶσσαν τὴν
σφετέρην Ἕλληνες καλέοιεν.

99. Οἱ δὲ βάρβαροι ὡς ἀπήειραν ἐκ τῆς Δήλου,
προσῖσχον πρὸς τὰς νήσους, ἐνθεῦτεν δὲ στρατιήν
τε παρελάμβανον καὶ ὁμήρους τῶν νησιωτέων
παῖδας ἐλάμβανον. ὡς δὲ περιπλέοντες τὰς
νήσους προσέσχον καὶ ἐς Κάρυστον, οὐ γὰρ δὴ
σφι οἱ Καρύστιοι οὔτε ὁμήρους ἐδίδοσαν οὔτε
ἔφασαν ἐπὶ πόλιας ἀστυγείτονας στρατεύεσθαι,
λέγοντες Ἐρέτριάν τε καὶ Ἀθήνας, ἐνθαῦτα τού-
τους ἐπολιόρκεόν τε καὶ τὴν γῆν σφεων ἔκειρον, ἐς
ὃ καὶ οἱ Καρύστιοι παρέστησαν ἐς τῶν Περσέων
τὴν γνώμην.

100. Ἐρετριέες δὲ πυνθανόμενοι τὴν στρατιὴν
τὴν Περσικὴν ἐπὶ σφέας ἐπιπλέουσαν Ἀθηναίων
ἐδεήθησαν σφίσι βοηθοὺς γενέσθαι. Ἀθηναῖοι δὲ

heaven, as I suppose, to be an omen of the ills that
were coming on the world. For in three generations,
that is, in the time of Darius son of Hystaspes and
Xerxes son of Darius and Artoxerxes son of Xerxes,[1]
more ills befel Hellas than in twenty generations
before Darius; which ills came in part from the
Persians and in part from the wars for preëminence
among the chief of the nations themselves. Thus
it was no marvel that there should be an earthquake
in Delos where none had been ere that. Also there
was an oracle concerning Delos, wherein it was
written :

> Delos itself will I shake, that ne'er was shaken
>   aforetime.

Now as touching the names of those three kings,
Darius signifies the Doer, Xerxes the Warrior,
Artoxerxes the Great Warrior ; and such the Greeks
would rightly call them in their language.

99. Launching out to sea from Delos, the
foreigners put in at the islands, and gathered an
army thence and took the sons of the islanders
for hostages. When in their voyage about the
islands they came to Carystos, the Carystians gave
them no hostages and refused to join with them
against neighbouring cities, whereby they signified
Eretria and Athens; wherefore the Persians be-
sieged them and laid waste their land, till the
Carystians too came over to their side.

100. The Eretrians, when they learnt that the
Persian host was sailing to attack them, entreated
aid from the Athenians. These did not refuse the

[1] 522-424.

HEREDOTUS

οὐκ ἀπείπαντο τὴν ἐπικουρίην, ἀλλὰ τοὺς τετρα-
κισχιλίους τοὺς κληρουχέοντας τῶν ἱπποβοτέων
Χαλκιδέων τὴν χώρην, τούτους σφι διδοῦσι
τιμωρούς. τῶν δὲ Ἐρετριέων ἦν ἄρα οὐδὲν ὑγιὲς
βούλευμα, οἳ μετεπέμποντο μὲν Ἀθηναίους,
ἐφρόνεον δὲ διφασίας ἰδέας. οἳ μὲν γὰρ αὐτῶν
ἐβουλεύοντο ἐκλιπεῖν τὴν πόλιν ἐς τὰ ἄκρα τῆς
Εὐβοίης, ἄλλοι δὲ αὐτῶν ἴδια κέρδεα προσδεκόμενοι
παρὰ τοῦ Πέρσεω οἴσεσθαι προδοσίην ἐσκευά-
ζοντο. μαθὼν δὲ τούτων ἑκάτερα ὡς εἶχε Αἰσχίνης
ὁ Νόθωνος, ἐὼν τῶν Ἐρετριέων τὰ πρῶτα, φράζει
τοῖσι ἥκουσι Ἀθηναίων πάντα τὰ παρεόντα σφι
πρήγματα, προσεδέετό τε ἀπαλλάσσεσθαι σφέας
ἐς τὴν σφετέρην, ἵνα μὴ προσαπόλωνται. οἱ δὲ
Ἀθηναῖοι ταῦτα Αἰσχίνῃ συμβουλεύσαντι πεί-
θονται.

101. Καὶ οὗτοι μὲν διαβάντες ἐς Ὠρωπὸν
ἔσωζον σφέας αὐτούς· οἱ δὲ Πέρσαι πλέοντες
κατέσχον τὰς νέας τῆς Ἐρετρικῆς χώρης κατὰ
Τέμενος καὶ Χοιρέας καὶ Αἰγίλεα, κατασχόντες
δὲ ταῦτα τὰ χωρία αὐτίκα ἵππους τε ἐξεβάλλοντο
καὶ παρεσκευάζοντο ὡς προσοισόμενοι τοῖσι ἐχ-
θροῖσι. οἱ δὲ Ἐρετριέες ἐπεξελθεῖν μὲν καὶ
μαχέσασθαι οὐκ ἐποιεῦντο βουλήν, εἴ κως δὲ
διαφυλάξαιεν τὰ τείχεα, τούτου σφι πέρι ἔμελε,
ἐπείτε ἐνίκα μὴ ἐκλιπεῖν τὴν πόλιν. προσβολῆς
δὲ γινομένης καρτερῆς πρὸς τὸ τεῖχος ἔπιπτον ἐπὶ
ἓξ ἡμέρας πολλοὶ μὲν ἀμφοτέρων· τῇ δὲ ἑβδόμῃ
Εὔφορβός τε ὁ Ἀλκιμάχου καὶ Φίλαγρος ὁ
Κυνέου ἄνδρες τῶν ἀστῶν δόκιμοι προδιδοῦσι
τοῖσι Πέρσῃσι. οἱ δὲ ἐσελθόντες ἐς τὴν πόλιν
τοῦτο μὲν τὰ ἱρὰ συλήσαντες ἐνέπρησαν, ἀποτινύ-

aid, but gave the Eretrians for their defenders the
four thousand tenant farmers that held the land of
the Chalcidian horse-breeders.[1]   But it would seem
that all was unstable in the designs of the Eretrians ;
for they sent to the Athenians for aid, but their
counsels were divided ; the one part of them planned
to leave the city and make for the heights of Euboea,
the other part plotted treason in hope so to win
advantage for themselves from the Persians.   Then
Aeschines son of Nothon, who was a leading man in
Eretria, out of his knowledge of both designs told
those Athenians who had come how matters stood,
and entreated them, moreover, to depart to their
own country, lest they should perish like the rest ;
and the Athenians in this followed Aeschines' advice.

101. So they saved themselves by crossing over
to Oropus ; the Persians in their sailing held their
course for Temenos and Choereae and Aegilea, all
in Eretrian territory, and having taken possession of
these places they straightway disembarked their
horses and made preparation to attack their enemies.
The Eretrians had had no design of coming out and
fighting ; all their care was to guard their walls, if
they could, seeing that it was the prevailing counsel
not to leave the city.   The walls were stoutly
attacked, and for six days many fell on both sides ;
but on the seventh two Eretrians of repute, Euphor-
bus son of Alcimachus and Philagrus son of Cineas,
betrayed the city to the Persians.   These entered
the city and plundered and burnt the temples, in

[1] Cp. V. 77.

μενοι τῶν ἐν Σάρδισι κατακαυθέντων ἱρῶν, τοῦτο
δὲ τοὺς ἀνθρώπους ἠνδραποδίσαντο κατὰ τὰς
Δαρείου ἐντολάς.

102. Χειρωσάμενοι δὲ τὴν Ἐρέτριαν καὶ ἐπι-
σχόντες ὀλίγας ἡμέρας ἔπλεον ἐς γῆν τὴν Ἀττικήν,
κατέργοντές τε πολλὸν καὶ δοκέοντες ταὐτὰ τοὺς
Ἀθηναίους ποιήσειν τὰ καὶ τοὺς Ἐρετριέας
ἐποίησαν. καὶ ἦν γὰρ ὁ Μαραθὼν ἐπιτηδεότατον
χωρίον τῆς Ἀττικῆς ἐνιππεῦσαι καὶ ἀγχοτάτω
τῆς Ἐρετρίης, ἐς τοῦτό σφι κατηγέετο Ἱππίης ὁ
Πεισιστράτου.

103. Ἀθηναῖοι δὲ ὡς ἐπύθοντο ταῦτα, ἐβοήθεον
καὶ αὐτοὶ ἐς τὸν Μαραθῶνα. ἦγον δὲ σφέας
στρατηγοὶ δέκα, τῶν ὁ δέκατος ἦν Μιλτιάδης·
τοῦ τὸν πατέρα Κίμωνα τὸν Στησαγόρεω κατέλαβε
φυγεῖν ἐξ Ἀθηνέων Πεισίστρατον τὸν Ἱπποκρά-
τεος. καὶ αὐτῷ φεύγοντι Ὀλυμπιάδα ἀνελέσθαι
τεθρίππῳ συνέβη, καὶ ταύτην μὲν τὴν νίκην
ἀνελόμενόν μιν τὠυτὸ ἐξενείκασθαι τῷ ὁμομητρίῳ
ἀδελφεῷ Μιλτιάδη· μετὰ δὲ τῇ ὑστέρῃ Ὀλυμ-
πιάδι τῇσι αὐτῇσι ἵπποισι νικῶν παραδιδοῖ
Πεισιστράτῳ ἀνακηρυχθῆναι, καὶ τὴν νίκην
παρεὶς τούτῳ κατῆλθε ἐπὶ τὰ ἑωυτοῦ ὑπόσπονδος.
καί μιν ἀνελόμενον τῇσι αὐτῇσι ἵπποισι ἄλλην
Ὀλυμπιάδα κατέλαβε ἀποθανεῖν ὑπὸ τῶν Πει-
σιστράτου παίδων, οὐκέτι περιεόντος αὐτοῦ
Πεισιστράτου· κτείνουσι δὲ οὗτοί μιν κατὰ τὸ
πρυτανήιον νυκτὸς ὑπείσαντες ἄνδρας. τέθαπται
δὲ Κίμων πρὸ τοῦ ἄστεος, πέρην τῆς διὰ Κοίλης
καλεομένης ὁδοῦ· καταντίον δ' αὐτοῦ αἱ ἵπποι
τεθάφαται αὗται αἱ τρεῖς Ὀλυμπιάδας ἀνελόμεναι.
ἐποίησαν δὲ καὶ ἄλλαι ἵπποι ἤδη τὠυτὸ τοῦτο

revenge for the temples that were burnt at Sardis; moreover they enslaved the townspeople, according to Darius' command.

102. Having subdued Eretria they delayed for a few days, and then sailed to the Attic land, pressing hard forward and thinking that they would do to the Athenians what they had done to the Eretrians; and Marathon [1] being the fittest part of Attica for horsemen to ride over, and nearest to Eretria, thither they were guided by Hippias son of Pisistratus.

103. When the Athenians learnt of this, they too marched out to Marathon. Ten generals led them, of whom the tenth was Miltiades, whose father, Cimon son of Stesagoras, had been, as fate would have it, banished from Athens by Pisistratus son of Hippocrates. Being an exile, he had the luck to win the prize for four-horse chariots at Olympia, by this victory gaining the same honour as his mother's son Miltiades had won. At the next Olympiad he was a winner again with the same team of mares, but suffered Pisistratus to be proclaimed victor, for which surrender of his victory he returned to his home under treaty. A third Olympic prize he won with the same team; after that, Pisistratus himself being now dead, fate willed that Miltiades should be slain by Pisistratus' sons; these suborned men and slew him by night in the town-hall. Cimon lies buried outside the city, beyond the road that is called Through the Hollow; and the mares that won him the three Olympic prizes are buried over against his grave. None others save the mares of

---

[1] For a detailed discussion of various questions connected with the battle of Marathon, readers are referred to How and Wells, Appendix XVIII.

Εὐαγόρεω Λάκωνος, πλέω δὲ τουτέων οὐδαμαί. ὁ
μὲν δὴ πρεσβύτερος τῶν παίδων τῷ Κίμωνι
Στησαγόρης ἦν τηνικαῦτα παρὰ τῷ πάτρῳ
Μιλτιάδῃ τρεφόμενος ἐν τῇ Χερσονήσῳ, ὁ δὲ
νεώτερος παρ' αὐτῷ Κίμωνι ἐν Ἀθήνῃσι, οὔνομα
ἔχων ἀπὸ τοῦ οἰκιστέω τῆς Χερσονήσου Μιλτιάδεω
Μιλτιάδης.

104. Οὗτος δὴ ὢν τότε ὁ Μιλτιάδης ἥκων ἐκ
τῆς Χερσονήσου καὶ ἐκπεφευγὼς διπλόον θάνατον
ἐστρατήγεε Ἀθηναίων. ἅμα μὲν γὰρ οἱ Φοίνικες
αὐτὸν οἱ ἐπιδιώξαντες μέχρι Ἴμβρου περὶ πολλοῦ
ἐποιεῦντο λαβεῖν τε καὶ ἀναγαγεῖν παρὰ βασιλέα·
ἅμα δὲ ἐκφυγόντα τε τούτους καὶ ἀπικόμενον ἐς
τὴν ἑωυτοῦ δοκέοντά τε εἶναι ἐν σωτηρίῃ ἤδη, τὸ
ἐνθεῦτέν μιν οἱ ἐχθροὶ ὑποδεξάμενοι ὑπὸ δικαστή-
ριον αὐτὸν ἀγαγόντες ἐδίωξαν τυραννίδος τῆς ἐν
Χερσονήσῳ. ἀποφυγὼν δὲ καὶ τούτους στρατηγὸς
οὕτω Ἀθηναίων ἀπεδέχθη, αἱρεθεὶς ὑπὸ τοῦ
δήμου.

105. Καὶ πρῶτα μὲν ἐόντες ἔτι ἐν τῷ ἄστεϊ οἱ
στρατηγοὶ ἀποπέμπουσι ἐς Σπάρτην κήρυκα
Φειδιππίδην Ἀθηναῖον μὲν ἄνδρα, ἄλλως δὲ
ἡμεροδρόμην τε καὶ τοῦτο μελετῶντα· τῷ δή, ὡς
αὐτός τε ἔλεγε Φειδιππίδης καὶ Ἀθηναίοισι
ἀπήγγελλε, περὶ τὸ Παρθένιον ὄρος τὸ ὑπὲρ
Τεγέης ὁ Πὰν περιπίπτει· βώσαντα δὲ τὸ οὔνομα
τοῦ Φειδιππίδεω τὸν Πᾶνα Ἀθηναίοισι κελεῦσαι
ἀπαγγεῖλαι, δι' ὅ τι ἑωυτοῦ οὐδεμίαν ἐπιμελείην
ποιεῦνται ἐόντος εὐνόου Ἀθηναίοισι καὶ πολλαχῇ
γενομένου σφι ἤδη χρησίμου, τὰ δ' ἔτι καὶ ἐσο-
μένου. καὶ ταῦτα μὲν Ἀθηναῖοι, καταστάντων
σφι εὖ ἤδη τῶν πρηγμάτων, πιστεύσαντες εἶναι

the Laconian Evagoras had ever achieved the same. Now Stesagoras, the eldest of Cimon's sons, was at that time being brought up in the Chersonese with Miltiades his uncle; but the younger, named Miltiades after that Miltiades who planted a settlement on the Chersonese, was with Cimon himself at Athens.

104. This Miltiades, then, had now come from the Chersonese and was a general of the Athenian army, after twice escaping death; for the Phoenicians, who held him in chase as far as Imbros, set great store by catching him and bringing him before the king; and when he had escaped from them to his country and supposed himself to be now in safety, he was next met by his enemies, who haled him before a court and would have justice on him for his rule of the Chersonese. From them too he was freed, and after that was appointed a general of the Athenians by the people's choice.

105. And first, while they were yet in the city, the generals sent as a herald to Sparta Phidippides, an Athenian, and one, moreover, that was a runner of long distances and made that his calling. This man, as he said himself and told the Athenians, when he was in the Parthenian hills above Tegea, met with Pan; who, calling to Phidippides by name, bade him say to the Athenians, "Why is it that ye take no thought for me, that am your friend, and ere now have oft been serviceable to you, and will be so again?" This story the Athenians believed to be true, and when their state won to prosperity they founded a

257

ἀληθέα ἱδρύσαντο ὑπὸ τῇ ἀκροπόλι Πανὸς ἱρόν,
καὶ αὐτὸν ἀπὸ ταύτης τῆς ἀγγελίης θυσίῃσι
ἐπετείοισι καὶ λαμπάδι ἱλάσκονται.

106. Τότε δὲ πεμφθεὶς ὑπὸ τῶν στρατηγῶν ὁ
Φειδιππίδης οὗτος, ὅτε πέρ οἱ ἔφη καὶ τὸν Πᾶνα
φανῆναι, δευτεραῖος ἐκ τοῦ Ἀθηναίων ἄστεος ἦν
ἐν Σπάρτῃ, ἀπικόμενος δὲ ἐπὶ τοὺς ἄρχοντας
ἔλεγε "Ὦ Λακεδαιμόνιοι, Ἀθηναῖοι ὑμέων δέονται
σφίσι βοηθῆσαι καὶ μὴ περιιδεῖν πόλιν ἀρχαιοτά-
την ἐν τοῖσι Ἕλλησι δουλοσύνῃ περιπεσοῦσαν
πρὸς ἀνδρῶν βαρβάρων· καὶ γὰρ νῦν Ἐρέτριά τε
ἠνδραπόδισται καὶ πόλι λογίμῳ ἡ Ἑλλὰς γέγονε
ἀσθενεστέρη." ὁ μὲν δή σφι τὰ ἐντεταλμένα
ἀπήγγελλε, τοῖσι δὲ ἕαδε μὲν βοηθέειν Ἀθηναίοισι,
ἀδύνατα δέ σφι ἦν τὸ παραυτίκα ποιέειν ταῦτα,
οὐ βουλομένοισι λύειν τὸν νόμον· ἦν γὰρ ἱσταμένου
τοῦ μηνὸς εἰνάτη, εἰνάτῃ δὲ οὐκ ἐξελεύσεσθαι
ἔφασαν μὴ οὐ πλήρεος ἐόντος τοῦ κύκλου.

107. Οὗτοι μέν νυν τὴν πανσέληνον ἔμενον.
τοῖσι δὲ βαρβάροισι κατηγέετο Ἱππίης ὁ Πεισι-
στράτου ἐς τὸν Μαραθῶνα, τῆς παροιχομένης
νυκτὸς ὄψιν ἰδὼν τοιήνδε· ἐδόκεε ὁ Ἱππίης τῇ
μητρὶ τῇ ἑωυτοῦ συνευνηθῆναι. συνεβάλετο ὦν
ἐκ τοῦ ὀνείρου κατελθὼν ἐς τὰς Ἀθήνας καὶ
ἀνασωσάμενος τὴν ἀρχὴν τελευτήσειν ἐν τῇ
ἑωυτοῦ γηραιός. ἐκ μὲν δὴ τῆς ὄψιος συνεβάλετο
ταῦτα, τότε δὲ κατηγεόμενος τοῦτο μὲν τὰ
ἀνδράποδα τὰ ἐξ Ἐρετρίης ἀπέβησε ἐς τὴν νῆσον
τὴν Στυρέων, καλεομένην δὲ Αἰγλείην, τοῦτο δὲ

---

[1] According to Isocrates the distance traversed was 150
miles.

temple of Pan beneath the acropolis, and for that message sought the gods' favour with yearly sacrifices and torch-races.

106. But now, at the time when he was sent by the generals and said that Pan had appeared to him, this Phidippides was at Sparta on the day after he left Athens ;[1] and he came before the rulers and said, "Lacedaemonians, the Athenians entreat you to send them help, and not suffer a most ancient city of Hellas to be brought into bondage by foreigners ; for even now Eretria has been enslaved, and Hellas is the weaker by the loss of a notable city." Thus Phidippides gave the message wherewith he was charged, and the Lacedaemonians resolved to send help to the Athenians ; but they could not do this immediately, being loath to break their law ; for it was the ninth day of the first part of the month, and they would make no expedition (they said) on the ninth day, when the moon was not full.[2]

107. So they waited for the full moon. As for the Persians, they were guided to Marathon by Hippias son of Pisistratus. Hippias in the past night had seen a vision in his sleep, wherein he thought that he lay with his own mother ; he interpreted this dream to signify that he should return to Athens and recover his power, and so die an old man in his own mother-country. Thus he interpreted the vision ; for the nonce, being the Persians' guide, he carried the slaves taken in Eretria to the island of the Styreans called Aeglea ; moreover, it was he who made the

[2] This statement probably applies only to the month Carneius (Attic Metageitnion), when the Carneia was celebrated at Sparta in honour of Apollo, from the 7th to the 15th of the month.

καταγομένας ἐς τὸν Μαραθῶνα τὰς νέας ὅρμιζε
οὗτος, ἐκβάντας τε ἐς γῆν τοὺς βαρβάρους
διέτασσε. καί οἱ ταῦτα διέποντι ἐπῆλθε πταρεῖν
τε καὶ βῆξαι μεζόνως ἢ ὡς ἐώθεε· οἷα δέ οἱ
πρεσβυτέρῳ ἐόντι τῶν ὀδόντων οἱ πλεῦνες ἐσεί-
οντο· τούτων ὦν ἕνα τῶν ὀδόντων ἐκβάλλει ὑπὸ
βίης βήξας· ἐκπεσόντος δὲ ἐς τὴν ψάμμον αὐτοῦ
ἐποιέετο σπουδὴν πολλὴν ἐξευρεῖν. ὡς δὲ οὐκ
ἐφαίνετό οἱ ὁ ὀδών, ἀναστενάξας εἶπε πρὸς τοὺς
παραστάτας "Ἡ γῆ ἥδε οὐκ ἡμετέρη ἐστί, οὐδέ μιν
δυνησόμεθα ὑποχειρίην ποιήσασθαι· ὁκόσον δέ τι
μοι μέρος μετῆν, ὁ ὀδὼν μετέχει."

108. Ἱππίης μὲν δὴ ταύτῃ τὴν ὄψιν συνεβάλετο
ἐξεληλυθέναι. Ἀθηναίοισι δὲ τεταγμένοισι ἐν
τεμένεϊ Ἡρακλέος ἐπῆλθον βοηθέοντες Πλαταιέες
πανδημεί. καὶ γὰρ καὶ ἐδεδώκεσαν σφέας αὐτοὺς
τοῖσι Ἀθηναίοισι οἱ Πλαταιέες, καὶ πόνους ὑπὲρ
αὐτῶν οἱ Ἀθηναῖοι συχνοὺς ἤδη ἀναραιρέατο·
ἔδοσαν δὲ ὧδε. πιεζεύμενοι ὑπὸ Θηβαίων οἱ
Πλαταιέες ἐδίδοσαν πρῶτα παρατυχοῦσι Κλεο-
μένεΐ τε τῷ Ἀναξανδρίδεω καὶ Λακεδαιμονίοισι
σφέας αὐτούς. οἳ δὲ οὐ δεκόμενοι ἔλεγόν σφι
τάδε. "Ἡμεῖς μὲν ἑκαστέρω τε οἰκέομεν, καὶ ὑμῖν
τοιήδε τις γίνοιτ' ἂν ἐπικουρίη ψυχρή· φθαίητε
γὰρ ἂν πολλάκις ἐξανδραποδισθέντες ἤ τινα
πυθέσθαι ἡμέων. συμβουλεύομεν δὲ ὑμῖν δοῦναι
ὑμέας αὐτοὺς Ἀθηναίοισι, πλησιοχώροισι τε
ἀνδράσι καὶ τιμωρέειν ἐοῦσι οὐ κακοῖσι." ταῦτα
συνεβούλευον οἱ Λακεδαιμόνιοι οὐ κατὰ τὴν
εὐνοίην οὕτω τῶν Πλαταιέων ὡς βουλόμενοι τοὺς

ships to anchor when they had put in at Marathon, and who set the foreigners in array when they were landed. Now while he dealt with these matters he fell a-sneezing and a-coughing more violently than he was wont; he was well stricken in years, and the most of his teeth were loose; whereby the violence of his cough made one of his teeth to fall out. It fell into the sand, and Hippias used all diligence to find it; but the tooth being nowhere to be seen, he said lamentably to them that stood by, "This land is none of ours, nor shall we avail to subdue it; my tooth has all the share of it that was for me."

108. This then Hippias guessed to be the fulfilment of his dream. The Athenians were arrayed in the precinct of Heracles, and now the whole power of the Plataeans came to their aid; for the Plataeans had put themselves under the protection of Athens,[1] and the Athenians had taken upon them many labours for their sake. The manner of the Plataeans' so doing was this:—Being hard pressed by the Thebans, they had offered themselves to the first comers, Cleomenes son of Anaxandrides and the Lacedaemonians; but these would not accept them, and said: "We dwell afar off, and such aid as ours would be found but cold comfort to you; for you might be enslaved many times over ere any of us heard of it. We counsel you to put yourselves in the protection of the Athenians, who are your neighbours, and can defend you right well." This counsel the Lacedaemonians gave not so much out of their goodwill to the Plataeans, as because they desired that the Athenians should bring trouble on them-

[1] In 519, according to Thucydides (iii. 68); Grote gives a later date.

'Αθηναίους ἔχειν πόνους συνεστεῶτας Βοιωτοῖσι.
Λακεδαιμόνιοι μέν νυν Πλαταιεῦσι ταῦτα συνε-
βούλευον, οἱ δὲ οὐκ ἠπίστησαν, ἀλλ' Ἀθηναίων
ἱρὰ ποιεύντων τοῖσι δυώδεκα θεοῖσι ἱκέται ἱζόμενοι
ἐπὶ τὸν βωμὸν ἐδίδοσαν σφέας αὐτούς. Θηβαῖοι
δὲ πυθόμενοι ταῦτα ἐστρατεύοντο ἐπὶ τοὺς Πλα-
ταιέας, Ἀθηναῖοι δέ σφι ἐβοήθεον. μελλόντων
δὲ συνάπτειν μάχην Κορίνθιοι οὐ περιεῖδον,
παρατυχόντες δὲ καὶ καταλλάξαντες ἐπιτρεψάν-
των ἀμφοτέρων οὔρισαν τὴν χώρην ἐπὶ τοῖσιδε,
ἐᾶν Θηβαίους Βοιωτῶν τοὺς μὴ βουλομένους ἐς
Βοιωτοὺς τελέειν. Κορίνθιοι μὲν δὴ ταῦτα γνόντες
ἀπαλλάσσοντο, Ἀθηναίοισι δὲ ἀπιοῦσι ἐπεθήκαντο
Βοιωτοί, ἐπιθέμενοι δὲ ἐσσώθησαν τῇ μάχῃ.
ὑπερβάντες δὲ οἱ Ἀθηναῖοι τοὺς οἱ Κορίνθιοι
ἔθηκαν Πλαταιεῦσι εἶναι οὔρους, τούτους ὑπερ-
βάντες τὸν Ἀσωπὸν αὐτὸν ἐποιήσαντο οὖρον
Θηβαίοισι πρὸς Πλαταιέας εἶναι καὶ Ὑσιάς.
ἔδοσαν μὲν δὴ οἱ Πλαταιέες σφέας αὐτοὺς
Ἀθηναίοισι τρόπῳ τῷ εἰρημένῳ, ἧκον δὲ τότε ἐς
Μαραθῶνα βοηθέοντες.

109. Τοῖσι δὲ Ἀθηναίων στρατηγοῖσι ἐγίνοντο
δίχα αἱ γνῶμαι, τῶν μὲν οὐκ ἐώντων συμβαλεῖν
(ὀλίγους γὰρ εἶναι στρατιῇ τῇ Μήδων συμβάλ-
λειν) τῶν δὲ καὶ Μιλτιάδεω κελευόντων. ὡς δὲ
δίχα τε ἐγίνοντο καὶ ἐνίκα ἡ χείρων τῶν γνωμέων,
ἐνθαῦτα, ἦν γὰρ ἑνδέκατος ψηφιδοφόρος ὁ τῷ
κυάμῳ λαχὼν Ἀθηναίων πολεμαρχέειν (τὸ πα-

---

¹ The twelve gods were Zeus, Hera, Poseidon, Demeter,
Apollo, Artemis, Hephaestus, Athene, Ares, Aphrodite,

selves by making enemies of the Boeotians. The
Lacedaemonians, then, gave them this counsel; the
Plataeans obeyed it, and when the Athenians were
sacrificing to the twelve gods[1] they came as suppliants
and sat them down by the altar, and so put them-
selves under protection. Hearing of this the
Thebans sent an army against the Plataeans, and
the Athenians came to the Plataeans' aid; but
when they were about to join battle, the Corinthians
would not suffer them; as they chanced to be there,
they made a reconciliation at the instance of both
the parties, and drew a frontier line on the condition
that the Thebans should not meddle with such
Boeotians as desired not to be reckoned as part
and parcel of Boeotia. Having given this judgment
the Corinthians took their departure; but when the
Athenians were on their way home the Boeotians set
upon them and were worsted in the fight. The
Athenians then made a frontier beyond that which
had been assigned by the Corinthians for the Pla-
taeans, and set the Asopus itself for the Theban
border on the side of Plataea and Hysiae.—In the
manner aforesaid the Plataeans had put themselves
in the protection of the Athenians, and now they
came to Marathon to aid them.

109. But the counsels of the Athenian generals
were divided; some advised that they should not
fight, thinking they were too few to do battle with
the Median army, and some, of whom was Miltiades,
that they should. Now there was an eleventh that
had a vote, namely, that Athenian who had been

Hermes, Hestia. The βωμὸς was a central altar in the agora,
from which distances were reckoned.

λαιὸν γὰρ Ἀθηναῖοι ὁμόψηφον τὸν πολέμαρχον
ἐποιεῦντο τοῖσι στρατηγοῖσι), ἦν δὲ τότε πολέ-
μαρχος Καλλίμαχος Ἀφιδναῖος· πρὸς τοῦτον
ἐλθὼν Μιλτιάδης ἔλεγε τάδε. " Ἐν σοὶ νῦν Καλ-
λίμαχε ἐστὶ ἢ καταδουλῶσαι Ἀθήνας ἢ ἐλευθέρας
ποιήσαντα μνημόσυνα λιπέσθαι ἐς τὸν ἅπαντα
ἀνθρώπων βίον οἷα οὐδὲ Ἁρμόδιός τε καὶ Ἀρι-
στογείτων λείπουσι. νῦν γὰρ δὴ ἐξ οὗ ἐγένοντο
Ἀθηναῖοι ἐς κίνδυνον ἥκουσι μέγιστον, καὶ ἢν
μέν γε ὑποκύψωσι τοῖσι Μήδοισι, δέδοκται τὰ
πείσονται παραδεδομένοι Ἱππίῃ, ἢν δὲ περιγένη-
ται αὕτη ἡ πόλις, οἵη τε ἐστὶ πρώτη τῶν Ἑλληνί-
δων πολίων γενέσθαι. κῶς ὦν δὴ ταῦτα οἷά τε
ἐστὶ γενέσθαι, καὶ κῶς ἐς σέ τοι τούτων ἀνήκει
τῶν πρηγμάτων τὸ κῦρος ἔχειν, νῦν ἔρχομαι φρά-
σων. ἡμέων τῶν στρατηγῶν ἐόντων δέκα δίχα
γίνονται αἱ γνῶμαι, τῶν μὲν κελευόντων τῶν δὲ οὐ
συμβάλλειν. ἢν μέν νυν μὴ συμβάλωμεν, ἔλπομαι
τινὰ στάσιν μεγάλην διασείσειν ἐμπεσοῦσαν τὰ
Ἀθηναίων φρονήματα ὥστε μηδίσαι· ἢν δὲ συμ-
βάλωμεν πρίν τι καὶ σαθρὸν Ἀθηναίων μετεξε-
τέροισι ἐγγενέσθαι, θεῶν τὰ ἴσα νεμόντων οἷοί τε
εἰμὲν περιγενέσθαι τῇ συμβολῇ. ταῦτα ὦν πάντα
ἐς σὲ νῦν τείνει καὶ ἐκ σέο ἤρτηται. ἢν γὰρ σὺ
γνώμῃ τῇ ἐμῇ προσθῇ, ἔστι τοι πατρίς τε ἐλευθέρη
καὶ πόλις πρώτη τῶν ἐν τῇ Ἑλλάδι· ἢν δὲ τὴν
τῶν ἀποσπευδόντων τὴν συμβολὴν ἕλῃ, ὑπάρξει
τοι τῶν ἐγὼ κατέλεξα ἀγαθῶν τὰ ἐναντία."
110. Ταῦτα λέγων ὁ Μιλτιάδης προσκτᾶται
τὸν Καλλίμαχον· προσγενομένης δὲ τοῦ πολεμάρ-

chosen as polemarch[1] by lot,—for by old Athenian
custom the polemarch voted among the generals,—
and at this time the polemarch was Callimachus of
Aphidnae; so their counsels being divided and the
worse opinion like to prevail, Miltiades betook him-
self to this man. "Callimachus," said he, "it is for
you to-day to choose, whether you will enslave
Athens, or free her and thereby leave such a
memorial for all posterity as was left not even by
Harmodius and Aristogiton. For now is Athens in
greater peril than ever since she was first a city;
and if her people bow their necks to the Medes,
their fate is certain, for they will be delivered over
to Hippias; but if our city be saved, she may well
grow to be the first of Greek cities. How then this
can be brought about, and how it comes that the
deciding voice in these matters is yours, I will now
show you. We ten generals are divided in counsel,
some bidding us to fight and some to forbear. Now
if we forbear to fight, it is likely that some great
schism will rend and shake the courage of our people
till they make friends of the Medes; but if we join
battle before some at Athens be infected by corrup-
tion, then let heaven but deal fairly with us, and we
may well win in this fight. It is you that all this
concerns; all hangs on you; for if you join yourself
to my opinion, you make your country free and your
city the first in Hellas; but if you choose the side of
them that would persuade us not to fight, you will
have wrought the very opposite of the blessings
whereof I have spoken."

110. By this plea Miltiades won Callimachus to be
his ally; and with the polemarch's vote added it

---

[1] One of the nine archons, all chosen by lot.

χου τῆς γνώμης ἐκεκύρωτο συμβάλλειν. μετὰ δὲ
οἱ στρατηγοὶ τῶν ἡ γνώμη ἔφερε συμβάλλειν, ὡς
ἑκάστου αὐτῶν ἐγίνετο πρυτανηίη τῆς ἡμέρης,
Μιλτιάδῃ παρεδίδοσαν· ὁ δὲ δεκόμενος οὔτι κω
συμβολὴν ἐποιέετο, πρίν γε δὴ αὐτοῦ πρυτανηίη
ἐγένετο.

111. Ὡς δὲ ἐς ἐκεῖνον περιῆλθε, ἐνθαῦτα δὴ
ἐτάσσοντο ὧδε οἱ Ἀθηναῖοι ὡς συμβαλέοντες· τοῦ
μὲν δεξιοῦ κέρεος ἡγέετο ὁ πολέμαρχος Καλλί-
μαχος· ὁ γὰρ νόμος τότε εἶχε οὕτω τοῖσι Ἀθη-
ναίοισι, τὸν πολέμαρχον ἔχειν κέρας τὸ δεξιόν·
ἡγεομένου δὲ τούτου ἐξεδέκοντο ὡς ἀριθμέοντο αἱ
φυλαὶ ἐχόμεναι ἀλληλέων, τελευταῖοι δὲ ἐτάσ-
σοντο ἔχοντες τὸ εὐώνυμον κέρας Πλαταιέες. ἀπὸ
ταύτης [γάρ] σφι τῆς μάχης, Ἀθηναίων θυσίας
ἀναγόντων ἐς τὰς πανηγύριας τὰς ἐν τῇσι πεντετη-
ρίσι γινομένας, κατεύχεται ὁ κῆρυξ ὁ Ἀθηναῖος
ἅμα τε Ἀθηναίοισι λέγων γίνεσθαι τὰ ἀγαθὰ καὶ
Πλαταιεῦσι. τότε δὲ τασσομένων τῶν Ἀθηναίων
ἐν τῷ Μαραθῶνι ἐγίνετο τοιόνδε τι· τὸ στρατό-
πεδον ἐξισούμενον τῷ Μηδικῷ στρατοπέδῳ, τὸ
μὲν αὐτοῦ μέσον ἐγίνετο ἐπὶ τάξιας ὀλίγας, καὶ
ταύτῃ ἦν ἀσθενέστατον τὸ στρατόπεδον, τὸ δὲ
κέρας ἑκάτερον ἔρρωτο πλήθεϊ.

112. Ὡς δέ σφι διετέτακτο καὶ τὰ σφάγια ἐγί-
νετο καλά, ἐνθαῦτα ὡς ἀπείθησαν οἱ Ἀθηναῖοι
δρόμῳ ἵεντο ἐς τοὺς βαρβάρους. ἦσαν δὲ στάδιοι
οὐκ ἐλάσσονες τὸ μεταίχμιον αὐτῶν ἢ ὀκτώ. οἱ
δὲ Πέρσαι ὁρέοντες δρόμῳ ἐπιόντας παρεσκευά-
ζοντο ὡς δεξόμενοι, μανίην τε τοῖσι Ἀθηναίοισι
ἐπέφερον καὶ πάγχυ ὀλεθρίην, ὁρέοντες αὐτοὺς

was resolved to fight. Thereafter the generals whose counsel was for fighting made over to Miltiades the day's right of leading that fell to each severally;[1] he received it, but would not join battle till the day of his own leadership came round.

111. When his turn came, then were the Athenians arrayed for battle as I shall show : the right wing was commanded by Callimachus the polemarch ; for it was then the Athenian custom, that the holder of that office should have the right wing. He being there captain, next to him came the tribes one after another in the order of their numbers[2]; last of all the Plataeans were posted on the left wing. Ever since that fight, when the Athenians bring sacrifices to the assemblies that are held at the five-yearly festivals,[3] the Athenian herald prays that all blessings may be granted to Athenians and Plataeans alike. But now, when the Athenians were arraying at Marathon, it so fell out that their line being equal in length to the Median, the middle part of it was but a few ranks deep, and here the line was weakest, each wing being strong in numbers.

112. Their battle being arrayed and the omens of sacrifice favouring, straightway the Athenians were let go and charged the Persians at a run. There was between the armies a space of not less than eight furlongs. When the Persians saw them come running they prepared to receive them, deeming the Athenians frenzied to their utter destruction, who

---

[1] Each general seems to have been generalissimo in turn.

[2] There was a fixed official order ; but Plutarch's account of the battle places certain tribes according to a different system. Perhaps the battle-order was determined by lot.

[3] e. g. the great Panathenaea, and the festival of Poseidon.

ὀλίγους καὶ τούτους δρόμῳ ἐπειγομένους, οὔτε ἵππου ὑπαρχούσης σφι οὔτε τοξευμάτων. ταῦτα μέν νυν οἱ βάρβαροι κατείκαζον· Ἀθηναῖοι δὲ ἐπείτε ἀθρόοι προσέμιξαν τοῖσι βαρβάροισι, ἐμάχοντο ἀξίως λόγου. πρῶτοι μὲν γὰρ Ἑλλήνων πάντων τῶν ἡμεῖς ἴδμεν δρόμῳ ἐς πολεμίους ἐχρήσαντο, πρῶτοι δὲ ἀνέσχοντο ἐσθῆτά τε Μηδικὴν ὁρέοντες καὶ τοὺς ἄνδρας ταύτην ἠσθημένους· τέως δὲ ἦν τοῖσι Ἕλλησι καὶ τὸ οὔνομα τὸ Μήδων φόβος ἀκοῦσαι.

113. Μαχομένων δὲ ἐν τῷ Μαραθῶνι χρόνος ἐγίνετο πολλός, καὶ τὸ μὲν μέσον τοῦ στρατοπέδου ἐνίκων οἱ βάρβαροι, τῇ Πέρσαι τε αὐτοὶ καὶ Σάκαι ἐτετάχατο· κατὰ τοῦτο μὲν δὴ ἐνίκων οἱ βάρβαροι καὶ ῥήξαντες ἐδίωκον ἐς τὴν μεσόγαιαν, τὸ δὲ κέρας ἑκάτερον ἐνίκων Ἀθηναῖοί τε καὶ Πλαταιέες· νικῶντες δὲ τὸ μὲν τετραμμένον τῶν βαρβάρων φεύγειν ἔων, τοῖσι δὲ τὸ μέσον ῥήξασι αὐτῶν συναγαγόντες τὰ κέρεα ἀμφότερα ἐμάχοντο, καὶ ἐνίκων Ἀθηναῖοι. φεύγουσι δὲ τοῖσι Πέρσῃσι εἵποντο κόπτοντες, ἐς ὃ ἐς τὴν θάλασσαν ἀπικόμενοι πῦρ τε αἴτεον καὶ ἐπελαμβάνοντο τῶν νεῶν.

114. Καὶ τοῦτο μὲν ἐν τούτῳ τῷ πόνῳ ὁ πολέμαρχος διαφθείρεται, ἀνὴρ γενόμενος ἀγαθός, ἀπὸ δ᾽ ἔθανε τῶν στρατηγῶν Στησίλεως ὁ Θρασύλεω· τοῦτο δὲ Κυνέγειρος ὁ Εὐφορίωνος ἐνθαῦτα ἐπιλαμβανόμενος τῶν ἀφλάστων νεός, τὴν χεῖρα ἀποκοπεὶς πελέκεϊ πίπτει, τοῦτο δὲ ἄλλοι Ἀθηναίων πολλοί τε καὶ ὀνομαστοί.

115. Ἑπτὰ μὲν δὴ τῶν νεῶν ἐπεκράτησαν τρόπῳ τοιῷδε Ἀθηναῖοι· τῇσι δὲ λοιπῇσι οἱ βάρβαροι ἐξανακρουσάμενοι, καὶ ἀναλαβόντες ἐκ τῆς νήσου

being (as they saw) so few were yet charging them at speed, albeit they had no horsemen nor archers. Such was the imagination of the foreigners; but the Athenians, closing all together with the Persians, fought in memorable fashion; for they were the first Greeks, within my knowledge, who charged their enemies at a run, and the first who endured the sight of Median garments and men clad therein; till then, the Greeks were affrighted by the very name of the Medes.

113. For a long time they fought at Marathon; and the foreigners overcame the middle part of the line, against which the Persians themselves and the Sacae were arrayed; here the foreigners prevailed and broke the Greeks, pursuing them inland. But on either wing the Athenians and Plataeans were victorious; and being so, they suffered the routed of their enemies to fly, and drew their wings together to fight against those that had broken the middle of their line; and here the Athenians had the victory, and followed after the Persians in their flight, hewing them down, till they came to the sea. There they called for fire and laid hands on the ships.

114. In this work was slain Callimachus the polemarch, after doing doughty deeds; there too died one of the generals, Stesilaus son of Thrasylaus; moreover, Cynegirus[1] son of Euphorion fell there, his hand smitten off by an axe as he laid hold of a ship's poop, and many other famous Athenians.

115. Seven ships the Athenians thus won; with the rest the Persians pushed off from shore, and

---

[1] Brother of the poet Aeschylus.

ἐν τῇ ἔλιπον τὰ ἐξ Ἐρετρίης ἀνδράποδα, περι-
έπλεον Σούνιον, βουλόμενοι φθῆναι τοὺς Ἀθηναίους
ἀπικόμενοι ἐς τὸ ἄστυ. αἰτίην δὲ ἔσχε ἐν Ἀθη-
ναίοισι ἐξ Ἀλκμεωνιδέων μηχανῆς αὐτοὺς ταῦτα
ἐπινοηθῆναι· τούτους γὰρ συνθεμένους τοῖσι Πέρ-
σῃσι ἀναδέξαι ἀσπίδα ἐοῦσι ἤδη ἐν τῇσι νηυσί.

116. Οὗτοι μὲν δὴ περιέπλεον Σούνιον· Ἀθη-
ναῖοι δὲ ὡς ποδῶν εἶχον τάχιστα ἐβοήθεον ἐς τὸ
ἄστυ, καὶ ἔφθησάν τε ἀπικόμενοι πρὶν ἢ τοὺς
βαρβάρους ἥκειν, καὶ ἐστρατοπεδεύσαντο ἀπι-
γμένοι ἐξ Ἡρακλείου τοῦ ἐν Μαραθῶνι ἐν ἄλλῳ
Ἡρακλείῳ τῷ ἐν Κυνοσάργεϊ. οἱ δὲ βάρβαροι
τῇσι νηυσὶ ὑπεραιωρηθέντες Φαλήρου, τοῦτο γὰρ
ἦν ἐπίνειον τότε τῶν Ἀθηναίων, ὑπὲρ τούτου
ἀνακωχεύσαντες τὰς νέας ἀπέπλεον ὀπίσω ἐς τὴν
Ἀσίην.

117. Ἐν ταύτῃ τῇ ἐν Μαραθῶνι μάχῃ ἀπέθανον
τῶν βαρβάρων κατὰ ἑξακισχιλίους καὶ τετρα-
κοσίους ἄνδρας, Ἀθηναίων δὲ ἑκατὸν καὶ ἐνενή-
κοντα καὶ δύο. ἔπεσον μὲν ἀμφοτέρων τοσοῦτοι.
συνήνεικε δὲ αὐτόθι θῶμα γενέσθαι τοιόνδε, Ἀθη-
ναῖον ἄνδρα Ἐπίζηλον τὸν Κουφαγόρεω ἐν τῇ
συστάσι μαχόμενόν τε καὶ ἄνδρα γινόμενον ἀγα-
θὸν τῶν ὀμμάτων στερηθῆναι οὔτε πληγέντα οὐδὲν
τοῦ σώματος οὔτε βληθέντα, καὶ τὸ λοιπὸν τῆς
ζόης διατελέειν ἀπὸ τούτου τοῦ χρόνου ἐόντα
τυφλόν. λέγειν δὲ αὐτὸν περὶ τοῦ πάθεος ἤκουσα
τοιόνδε τινὰ λόγον, ἄνδρα οἱ δοκέειν ὁπλίτην ἀντι-
στῆναι μέγαν, τοῦ τὸ γένειον τὴν ἀσπίδα πᾶσαν
σκιάζειν· τὸ δὲ φάσμα τοῦτο ἑωυτὸν μὲν παρ-
εξελθεῖν, τὸν δὲ ἑωυτοῦ παραστάτην ἀποκτεῖναι.
ταῦτα μὲν δὴ Ἐπίζηλον ἐπυθόμην λέγειν.

taking the Eretrian slaves from the island wherein
they had left them, sailed round Sunium, hoping to
win to the city before the Athenians' coming. There
was an accusation rife at Athens that this plan arose
from a device of the Alcmeonidae, who, it was said,
made a compact with the Persians and held up a
shield for them to see when they were now on
shipboard.

116. So they sailed round Sunium; but the
Athenians marched back with all speed to defend
their city, and outstripped the foreigners in their
coming; they came from one precinct of Heracles at
Marathon, and encamped in another at Cynosarges.
The foreign fleet lay a while off Phalerum, which
was then the Athenians' arsenal; there they anchored,
and thence sailed away back to Asia.

117. In this fight at Marathon there were slain of
the foreigners about six thousand four hundred men,
and of the Athenians a hundred and ninety-two.
These are the numbers of them that fell on both
sides. And it fell out that a marvellous thing
happened: a certain Athenian, Epizelus son of
Cuphagoras, while he fought doughtily in the
mellay lost the sight of his eyes, albeit neither
stabbed in any part nor shot, and for the rest of
his life continued blind from that day. I heard
that he told the tale of this mishap thus: a tall
man-at-arms (he said) encountered him, whose
beard spread all over his shield; this apparition
passed Epizelus by, but slew his neighbour in the
line. Such was the tale Epizelus told, as I heard.

118. Δᾶτις δὲ πορευόμενος ἅμα τῷ στρατῷ ἐς τὴν Ἀσίην, ἐπείτε ἐγένετο ἐν Μυκόνῳ, εἶδε ὄψιν ἐν τῷ ὕπνῳ. καὶ ἥτις μὲν ἦν ἡ ὄψις, οὐ λέγεται· ὃ δέ, ὡς ἡμέρη τάχιστα ἐπέλαμψε, ζήτησιν ἐποιέετο τῶν νεῶν, εὑρὼν δὲ ἐν νηὶ Φοινίσσῃ ἄγαλμα Ἀπόλλωνος κεχρυσωμένον ἐπυνθάνετο ὁκόθεν σεσυλημένον εἴη, πυθόμενος δὲ ἐξ οὗ ἦν ἱροῦ, ἔπλεε τῇ ἑωυτοῦ νηὶ ἐς Δῆλον· καὶ ἀπίκατο γὰρ τηνικαῦτα οἱ Δήλιοι ὀπίσω ἐς τὴν νῆσον, κατατίθεταί τε ἐς τὸ ἱρὸν τὸ ἄγαλμα καὶ ἐντέλλεται τοῖσι Δηλίοισι ἀπαγαγεῖν τὸ ἄγαλμα ἐς Δήλιον τὸ Θηβαίων· τὸ δ' ἔστι ἐπὶ θαλάσσῃ Χαλκίδος καταντίον. Δᾶτις μὲν δὴ ταῦτα ἐντειλάμενος ἀπέπλεε, τὸν δὲ ἀνδριάντα τοῦτον Δήλιοι οὐκ ἀπήγαγον, ἀλλά μιν δι' ἐτέων εἴκοσι Θηβαῖοι αὐτοὶ ἐκ θεοπροπίου ἐκομίσαντο ἐπὶ Δήλιον.

119. Τοὺς δὲ τῶν Ἐρετριέων ἀνδραποδισμένους Δᾶτίς τε καὶ Ἀρταφρένης, ὡς προσέσχον πρὸς τὴν Ἀσίην πλέοντες, ἀνήγαγον ἐς Σοῦσα. βασιλεὺς δὲ Δαρεῖος, πρὶν μὲν αἰχμαλώτους γενέσθαι τοὺς Ἐρετριέας, ἐνεῖχέ σφι δεινὸν χόλον, οἷα ἀρξάντων ἀδικίης προτέρων τῶν Ἐρετριέων· ἐπείτε δὲ εἶδε σφέας ἀπαχθέντας παρ' ἑωυτὸν καὶ ἑωυτῷ ὑποχειρίους ἐόντας, ἐποίησε κακὸν ἄλλο οὐδέν, ἀλλὰ σφέας τῆς Κισσίης χώρης κατοίκισε ἐν σταθμῷ ἑωυτοῦ τῷ οὔνομα ἐστὶ Ἀρδέρικκα, ἀπὸ μὲν Σούσων δέκα καὶ διηκοσίους σταδίους ἀπέχοντι, τεσσεράκοντα δὲ ἀπὸ τοῦ φρέατος τὸ παρέχεται τριφασίας ἰδέας· καὶ γὰρ ἄσφαλτον καὶ ἅλας καὶ ἔλαιον ἀρύσσονται ἐξ αὐτοῦ τρόπῳ τοιῷδε· ἀντλέεται μὲν κηλωνηίῳ, ἀντὶ δὲ γαυλοῦ ἥμισυ ἀσκοῦ οἱ προσδέδεται· ὑποτύψας δὲ τούτῳ ἀντλέει καὶ

118. Datis journeyed with his army to Asia; and being arrived at Myconos he saw a vision in his sleep. What that vision was, no man says; but as soon as day broke, Datis made search through his ships; and finding in a Phoenician ship a gilt image of Apollo, he enquired whence this plunder had been taken. Learning from what temple it had come, he sailed in his own ship to Delos; where, the Delians being now returned to their island, Datis set the image in the temple, and charged the Delians to carry it away to the Theban place Delium, on the sea-coast over against Chalcis. This charge given, Datis sailed back. But the Delians never carried that statue away; twenty years after that, the Thebans brought it to Delium, being so commanded by an oracle.

119. When Datis and Artaphrenes touched Asia in their voyage, they carried the enslaved Eretrians inland to Susa. Before the Eretrians were taken captive king Darius had been terribly wroth with them for doing him unprovoked wrong; but seeing them brought before him and subject to him, he did them no hurt, but gave them a domain of his own called Ardericca in the Cissian land to dwell in; this place is two hundred and ten furlongs distant from Susa, and forty from the well that is of three kinds, whence men bring up asphalt and salt and oil. This is the manner of their doing it:—a windlass is used in the drawing, with half a skin made fast to it in place of a bucket; therewith he that draws dips into

ἔπειτα ἐγχέει ἐς δεξαμενήν· ἐκ δὲ ταύτης ἐς ἄλλο
διαχεόμενον τράπεται τριφασίας ὁδούς. καὶ ἡ
μὲν ἄσφαλτος καὶ οἱ ἅλες πήγνυνται παραυτίκα·
τὸ δὲ ἔλαιον οἱ Πέρσαι καλέουσι τοῦτο ῥαδινάκην,
ἔστι δὲ μέλαν καὶ ὀδμὴν παρεχόμενον βαρέαν.
ἐνθαῦτα τοὺς Ἐρετριέας κατοίκισε βασιλεὺς Δα-
ρεῖος, οἳ καὶ μέχρι ἐμέο εἶχον τὴν χώρην ταύτην,
φυλάσσοντες τὴν ἀρχαίην γλῶσσαν. τὰ μὲν δὴ
περὶ Ἐρετριέας ἔσχε οὕτω.

120. Λακεδαιμονίων δὲ ἦκον ἐς τὰς Ἀθήνας
δισχίλιοι μετὰ τὴν πανσέληνον, ἔχοντες σπουδὴν
πολλὴν καταλαβεῖν, οὕτω ὥστε τριταῖοι ἐκ Σπάρ-
της ἐγένοντο ἐν τῇ Ἀττικῇ. ὕστεροι δὲ ἀπικό-
μενοι τῆς συμβολῆς ἱμείροντο ὅμως θεήσασθαι
τοὺς Μήδους· ἐλθόντες δὲ ἐς τὸν Μαραθῶνα
ἐθεήσαντο. μετὰ δὲ αἰνέοντες Ἀθηναίους καὶ τὸ
ἔργον αὐτῶν ἀπαλλάσσοντο ὀπίσω.

121. Θῶμα δέ μοι καὶ οὐκ ἐνδέκομαι τὸν λόγον
Ἀλκμεωνίδας ἄν κοτε ἀναδέξαι Πέρσῃσι ἐκ συν-
θήματος ἀσπίδα, βουλομένους ὑπὸ βαρβάροισί τε
εἶναι Ἀθηναίους καὶ ὑπὸ Ἱππίῃ· οἵτινες μᾶλλον
ἢ ὁμοίως Καλλίῃ τῷ Φαινίππου, Ἱππονίκου δὲ
πατρί, φαίνονται μισοτύραννοι ἐόντες. Καλλίης
τε γὰρ μοῦνος Ἀθηναίων ἁπάντων ἐτόλμα, ὅκως
Πεισίστρατος ἐκπέσοι ἐκ τῶν Ἀθηνέων, τὰ χρή-
ματα αὐτοῦ κηρυσσόμενα ὑπὸ τοῦ δημοσίου ὠνέ-
εσθαι, καὶ τἆλλα τὰ ἔχθιστα ἐς αὐτὸν πάντα
ἐμηχανᾶτο.

122. [Καλλίεω δὲ τούτου ἄξιον πολλαχοῦ μνή-
μην ἐστὶ πάντα τινὰ ἔχειν. τοῦτο μὲν γὰρ τὰ
προλελεγμένα, ὡς ἀνὴρ ἄκρος ἐλευθερῶν τὴν πα-

the well, and then pours into a tank, whence what is drawn is poured into another tank, and goes three ways ; the asphalt and the salt grow forthwith solid ; the oil,[1] which the Persians call rhadinace, is dark and evil-smelling. There king Darius planted the Eretrians, and they dwelt in that place till my time, keeping their ancient language. Such was the fate of the Eretrians.

120. After the full moon two thousand Lacedaemonians came to Athens, making so great haste to reach it that they were in Attica on the third day from their leaving Sparta. Albeit they came too late for the battle, yet they desired to see the Medes ; and they went to Marathon and saw them. Presently they departed back again, praising the Athenians and their achievement.

121. It is to me a thing marvellous and incredible, that the Alcmeonidae could ever by agreement have held up a shield as a sign for the Persians, desiring to make Athens subject to foreigners and to Hippias ; for it is plain to see that they were despot-haters as much as Callias (son of Phaenippus and father of Hipponicus), ay, and even more than he. Callias was the only Athenian who dared buy Pisistratus' possessions when they were put up to auction by the state after Pisistratus' banishment from Athens ; and he devised other acts of bitter enmity against him.

122.[2] [This Callias is worthy of all men's remembrance for many reasons : firstly, because he so excellently freed his country, as I have said ;

---

[1] Petroleum.

[2] This chapter is generally held to be an interpolation ; it is only found in one (not the best) class of the MSS., and contains un-Herodotean words and phrases.

HERODOTUS

τρίδα· τοῦτο δὲ τὰ ἐν Ὀλυμπίῃ ἐποίησε· ἵππῳ
νικήσας, τεθρίππῳ δὲ δεύτερος γενόμενος, Πύθια
δὲ πρότερον ἀνελόμενος, ἐφανερώθη ἐς τοὺς Ἕλ-
ληνας πάντας δαπάνῃσι μεγίστῃσι. τοῦτο δὲ
κατὰ τὰς ἑωυτοῦ θυγατέρας ἐούσας τρεῖς οἷός τις
ἀνὴρ ἐγένετο· ἐπειδὴ γὰρ ἐγίνοντο γάμου ὡραῖαι,
ἔδωκέ σφι δωρεὴν μεγαλοπρεπεστάτην ἐκείνῃσί
τε ἐχαρίσατο· ἐκ γὰρ πάντων τῶν Ἀθηναίων τὸν
ἑκάστῃ ἐθέλοι ἄνδρα ἑωυτῇ ἐκλέξασθαι, ἔδωκε
τούτῳ τῷ ἀνδρί.]
123. Καὶ οἱ Ἀλκμεωνίδαι ὁμοίως ἢ οὐδὲν ἧσσον
τούτου ἦσαν μισοτύραννοι. θῶμα ὦν μοι καὶ οὐ
προσίεμαι τὴν διαβολὴν τούτους γε ἀναδέξαι
ἀσπίδα, οἵτινες ἔφευγόν τε τὸν πάντα χρόνον τοὺς
τυράννους, ἐκ μηχανῆς τε τῆς τούτων ἐξέλιπον
Πεισιστρατίδαι τὴν τυραννίδα, καὶ οὕτω τὰς
Ἀθήνας οὗτοι ἦσαν οἱ ἐλευθερώσαντες πολλῷ
μᾶλλον ἤ περ Ἁρμόδιός τε καὶ Ἀριστογείτων, ὡς
ἐγὼ κρίνω. οἱ μὲν γὰρ ἐξηγρίωσαν τοὺς ὑπολοί-
πους Πεισιστρατιδέων Ἵππαρχον ἀποκτείναντες,
οὐδέ τι μᾶλλον ἔπαυσαν τοὺς λοιποὺς τυραννεύ-
οντας· Ἀλκμεωνίδαι δὲ ἐμφανέως ἠλευθέρωσαν,
εἰ δὴ οὗτοί γε ἀληθέως ἦσαν οἱ τὴν Πυθίην ἀνα-
πείσαντες προσημαίνειν Λακεδαιμονίοισι ἐλευθε-
ροῦν τὰς Ἀθήνας, ὥς μοι πρότερον δεδήλωται.
124. Ἀλλὰ γὰρ ἴσως τι ἐπιμεμφόμενοι Ἀθη-
ναίων τῷ δήμῳ προεδίδοσαν τὴν πατρίδα. οὐ μὲν
ὦν ἦσαν σφέων ἄλλοι δοκιμώτεροι ἔν γε Ἀθη-
ναίοισι ἄνδρες οὐδ᾽ οἳ μᾶλλον ἐτετιμέατο. οὕτω
οὐδὲ λόγος αἱρέει ἀναδεχθῆναι ἔκ γε ἂν τούτων
ἀσπίδα ἐπὶ τοιούτῳ λόγῳ. ἀνεδέχθη μὲν γὰρ
ἀσπίς, καὶ τοῦτο οὐκ ἔστι ἄλλως εἰπεῖν· ἐγένετο
276

secondly, for what he did at Olympia, where he won a horse-race, and was second in a four-horse chariot-race, having already won a Pythian prize, and was the cynosure of all Hellas for the lavishness of his spending; and thirdly, for his way of behaviour in the matter of his three daughters. For when they were of marriageable age, he gave them a most splendid gift and one very pleasant to them, promising that each of them should wed that husband whom she should choose for herself in all Athens.]

123. The Alcmeonidae were despot-haters as much as ever was Callias. Therefore it is to me a strange and unbelievable accusation, that they of all men should have held up a shield; for at all times they shunned despots, and it was by their devising that the sons of Pisistratus were deposed from their despotism. Thus in my judgment it was they who freed Athens much more than did Harmodius and Aristogiton; for these did but enrage the rest of Pisistratus' kin by killing Hipparchus, and did nought to end the rule of the rest of them; but the Alcmeonidae did most plainly set their country free, if indeed it was in truth they by whose persuasion the Pythian priestess signified to the Lacedaemonians that they should free Athens, as I have ere now made plain.

124. Nay (one will say), but they bore perhaps some grudge against the Athenian commonalty, and therefore betrayed their country. But there were none at Athens that were of better repute or more honoured than they; wherefore plain reason forbids to believe that they of all men could have held the shield aloft for any such cause. Indeed a shield was held aloft, and that cannot be denied; for the

γάρ· ὃς μέντοι ἦν ὁ ἀναδέξας, οὐκ ἔχω προσωτέρω
εἰπεῖν τούτων.

125. Οἱ δὲ Ἀλκμεωνίδαι ἦσαν μὲν καὶ τὰ ἀν-
έκαθεν λαμπροὶ ἐν τῇσι Ἀθήνῃσι, ἀπὸ δὲ Ἀλκ-
μέωνος καὶ αὖτις Μεγακλέος ἐγένοντο καὶ κάρτα
λαμπροί. τοῦτο μὲν γὰρ Ἀλκμέων ὁ Μεγακλέος
τοῖσι ἐκ Σαρδίων Λυδοῖσι παρὰ Κροίσου ἀπικνεο-
μένοισι ἐπὶ τὸ χρηστήριον τὸ ἐν Δελφοῖσι συμ-
πρήκτωρ τε ἐγίνετο καὶ συνελάμβανε προθύμως,
καί μιν Κροῖσος πυθόμενος τῶν Λυδῶν τῶν ἐς τὰ
χρηστήρια φοιτεόντων ἑωυτὸν εὖ ποιέειν μεταπέμ-
πεται ἐς Σάρδις, ἀπικόμενον δὲ δωρέεται χρυσῷ
τὸν ἂν δύνηται τῷ ἑωυτοῦ σώματι ἐξενείκασθαι
ἐσάπαξ. ὁ δὲ Ἀλκμέων πρὸς τὴν δωρεὴν ἐοῦσαν
τοιαύτην τοιάδε ἐπιτηδεύσας προσέφερε· ἐνδὺς
κιθῶνα μέγαν καὶ κόλπον βαθὺν καταλιπόμενος
τοῦ κιθῶνος, κοθόρνους τε τοὺς εὕρισκε εὐρυτάτους
ἐόντας ὑποδησάμενος, ἤιε ἐς τὸν θησαυρὸν ἐς τόν
οἱ κατηγέοντο. ἐσπεσὼν δὲ ἐς σωρὸν ψήγματος
πρῶτα μὲν παρέσαξε παρὰ τὰς κνήμας τοῦ χρυσοῦ
ὅσον ἐχώρεον οἱ κόθορνοι, μετὰ δὲ τὸν κόλπον
πάντα πλησάμενος τοῦ χρυσοῦ καὶ ἐς τὰς τρίχας
τῆς κεφαλῆς διαπάσας τοῦ ψήγματος καὶ ἄλλο
λαβὼν ἐς τὸ στόμα, ἐξήιε ἐκ τοῦ θησαυροῦ ἕλκων
μὲν μόγις τοὺς κοθόρνους, παντὶ δὲ τεῳ οἰκὼς
μᾶλλον ἢ ἀνθρώπῳ· τοῦ τό τε στόμα ἐβέβυστο
καὶ πάντα ἐξώγκωτο. ἰδόντα δὲ τὸν Κροῖσον
γέλως ἐσῆλθε, καί οἱ πάντα τε ἐκεῖνα διδοῖ καὶ
πρὸς ἕτερα δωρέεται οὐκ ἐλάσσω ἐκείνων. οὕτω
μὲν ἐπλούτησε ἡ οἰκίη αὕτη μεγάλως, καὶ ὁ
Ἀλκμέων οὗτος οὕτω τεθριπποτροφήσας Ὀλυμ-
πιάδα ἀναιρέεται.

thing was done; but who did it I know not, and can say no further.

125. The Alcmeonidae had been men of renown in old time at Athens, and from the days of Alcmeon [1] and also Megacles their renown increased. For when the Lydians sent from Sardis came from Croesus to the Delphic oracle, Alcmeon son of Megacles wrought with and zealously aided them; so Croesus, hearing from the Lydians who visited the oracle of Alcmeon's benefits to himself, sent for him to Sardis, and there made him a gift of as much gold as he could carry away at one time on his person. Such being the gift, Alcmeon planned and practised a device : he donned a wide tunic, leaving a deep fold in it, and shod himself with the most spacious buskins that he could find, and so entered the treasury whither he was guided. There, falling upon a heap of gold-dust, first he packed by his legs as much gold as his buskins would contain; then he filled the fold of his tunic all full of gold and strewed the dust among the hair of his head, and took more of it into his mouth; till when he came out of the treasury, hardly dragging the weight of his buskins, he was like anything rather than a human creature, with his mouth crammed full and all his body swollen. When Croesus saw him he fell a-laughing, and gave him all the gold he already had and as much more again. Thus that family grew very rich, and Alcmeon came to keep four-horse chariots, and won therewith at Olympia.

---

[1] Alcmeon 'flourished' about 590; Croesus' reign was 560-546; it was Megacles son of Alcmeon, and not Alcmeon himself, who was Croesus' contemporary.

HERODOTUS

126. Μετὰ δὲ γενεῇ δευτέρῃ ὕστερον Κλεισθένης
αὐτὴν ὁ Σικυώνιος τύραννος ἐξήειρε, ὥστε πολλῷ
ὀνομαστοτέρην γενέσθαι ἐν τοῖσι Ἕλλησι ἢ πρό-
τερον ἦν. Κλεισθένεϊ γὰρ τῷ Ἀριστωνύμου τοῦ
Μύρωνος τοῦ Ἀνδρέω γίνεται θυράτηρ τῇ οὔνομα
ἦν Ἀγαρίστη. ταύτην ἠθέλησε, Ἑλλήνων ἁπάν-
των ἐξευρὼν τὸν ἄριστον, τούτῳ γυναῖκα προσ-
θεῖναι. Ὀλυμπίων ὦν ἐόντων καὶ νικῶν ἐν
αὐτοῖσι τεθρίππῳ ὁ Κλεισθένης κήρυγμα ἐποιή-
σατο, ὅστις Ἑλλήνων ἑωυτὸν ἀξιοῖ Κλεισθένεος
γαμβρὸν γενέσθαι, ἥκειν ἐς ἑξηκοστὴν ἡμέρην ἢ
καὶ πρότερον ἐς Σικυῶνα, ὡς κυρώσοντος Κλει-
σθένεος τὸν γάμον ἐν ἐνιαυτῷ, ἀπὸ τῆς ἑξηκοστῆς
ἀρξαμένου ἡμέρης. ἐνθαῦτα Ἑλλήνων ὅσοι σφίσι
τε αὐτοῖσι ἦσαν καὶ πάτρῃ ἐξωγκωμένοι, ἐφοίτεον
μνηστῆρες· τοῖσι Κλεισθένης καὶ δρόμον καὶ πα-
λαίστρην ποιησάμενος ἐπ' αὐτῷ τούτῳ εἶχε.

127. Ἀπὸ μὲν δὴ Ἰταλίης ἦλθε Σμινδυρίδης ὁ
Ἱπποκράτεος Συβαρίτης, ὃς ἐπὶ πλεῖστον δὴ χλι-
δῆς εἷς ἀνὴρ ἀπίκετο (ἡ δὲ Σύβαρις ἤκμαζε τοῦτον
τὸν χρόνον μάλιστα), καὶ Σιρίτης Δάμασος Ἀμύ-
ριος τοῦ σοφοῦ λεγομένου παῖς. οὗτοι μὲν ἀπὸ
Ἰταλίης ἦλθον, ἐκ δὲ τοῦ κόλπου τοῦ Ἰονίου
Ἀμφίμνηστος Ἐπιστρόφου Ἐπιδάμνιος· οὗτος
δὲ ἐκ τοῦ Ἰονίου κόλπου. Αἰτωλὸς δὲ ἦλθε Τιτόρ-
μου τοῦ ὑπερφύντος τε Ἕλληνας ἰσχύι καὶ φυ-
γόντος ἀνθρώπους ἐς τὰς ἐσχατιὰς τῆς Αἰτωλίδος
χώρης, τούτου τοῦ Τιτόρμου ἀδελφεὸς Μάλης.
ἀπὸ δὲ Πελοποννήσου Φείδωνος τοῦ Ἀργείων
τυράννου παῖς Λεωκήδης, Φείδωνος δὲ τοῦ τὰ μέ-
τρα ποιήσαντος Πελοποννησίοισι καὶ ὑβρίσαντος

---

[1] Cleisthenes of Sicyon was contemporary with Alcmeon.

BOOK VI. 126-127

126. In the next generation Cleisthenes[1] the despot
of Sicyon raised that house yet higher, so that it
grew more famous in Hellas than it had formerly been.
For Cleisthenes son of Aristonymus, who was the son
of Myron, who was the son of Andreas, had one
daughter, whose name was Agariste. He desired to
wed her to the best man he could find in Hellas;
wherefore, the Olympian games being then toward,
wherein he was victor in a race of four-horse
chariots, Cleisthenes made a proclamation, bidding
whatever Greek thought himself worthy to be his
son-in-law come on the sixtieth day from then or
earlier to Sicyon, where (said Cleisthenes) he would
make good his promise of marriage in a year from that
sixtieth day. Then all the Greeks who were proud
of themselves and their country came to ask the lady's
hand; whom, having that end in view, Cleisthenes
made to contend in running and wrestling.

127. From Italy came Smindyrides of Sybaris, son
of Hippocrates, the most luxurious liver of his day
(and Sybaris was then at the height of its prosperity),
and Damasus of Siris, son of that Amyris who was
called The Wise. These came from Italy; from the
Ionian Gulf, Amphimnestus son of Epistrophus, an
Epidamnian; he was of the Ionian Gulf. From
Aetolia came Males, the brother of that Titormus
who excelled all Greeks in strength, and fled from
the sight of men to the farthest parts of the Aeto-
lian land. From the Peloponnese came Leocedes,
son of Phidon the despot of Argos, that Phidon who
made weights and measures for the Peloponnesians,[2]

[2] P. introduced the "Aeginetan" system of weights and
measures. For the chronological difficulty connected with
this mention of him, see the commentators.

μέγιστα δὴ Ἑλλήνων πάντων, ὃς ἐξαναστήσας
τοὺς Ἠλείων ἀγωνοθέτας αὐτὸς τὸν ἐν Ὀλυμπίῃ
ἀγῶνα ἔθηκε· τούτου τε δὴ παῖς καὶ Ἀμίαντος
Λυκούργου Ἀρκὰς ἐκ Τραπεζοῦντος, καὶ Ἀζὴν ἐκ
Παίου πόλιος Λαφάνης Εὐφορίωνος τοῦ δεξαμένου
τε, ὡς λόγος ἐν Ἀρκαδίῃ λέγεται, τοὺς Διοσκού-
ρους οἰκίοισι καὶ ἀπὸ τούτου ξεινοδοκέοντος πάν-
τας ἀνθρώπους, καὶ Ἠλεῖος Ὀνόμαστος Ἀγαίου.
οὗτοι μὲν δὴ ἐξ αὐτῆς Πελοποννήσου ἦλθον, ἐκ δὲ
Ἀθηνέων ἀπίκοντο Μεγακλέης τε ὁ Ἀλκμέωνος
τούτου τοῦ παρὰ Κροῖσον ἀπικομένου, καὶ ἄλλος
Ἱπποκλείδης Τισάνδρου, πλούτῳ καὶ εἴδεϊ προφέ-
ρων Ἀθηναίων. ἀπὸ δὲ Ἐρετρίης ἀνθεύσης τοῦ-
τον τὸν χρόνον Λυσανίης· οὗτος δὲ ἀπ᾽ Εὐβοίης
μοῦνος. ἐκ δὲ Θεσσαλίης ἦλθε τῶν Σκοπαδέων
Διακτορίδης Κραννώνιος, ἐκ δὲ Μολοσσῶν Ἄλκων.

128. Τοσοῦτοι μὲν ἐγένοντο οἱ μνηστῆρες. ἀπι-
κομένων δὲ τούτων ἐς τὴν προειρημένην ἡμέρην,
ὁ Κλεισθένης πρῶτα μὲν τὰς πάτρας τε αὐτῶν
ἀνεπύθετο καὶ γένος ἑκάστου, μετὰ δὲ κατέχων
ἐνιαυτὸν διεπειρᾶτο αὐτῶν τῆς τε ἀνδραγαθίης
καὶ τῆς ὀργῆς καὶ παιδεύσιός τε καὶ τρόπου, καὶ
ἑνὶ ἑκάστῳ ἰὼν ἐς συνουσίην καὶ συνάπασι, καὶ
ἐς γυμνάσιά τε ἐξαγινέων ὅσοι ἦσαν αὐτῶν νεώ-
τεροι, καὶ τό γε μέγιστον, ἐν τῇ συνεστίῃ διεπει-
ρᾶτο· ὅσον γὰρ κατεῖχε χρόνον αὐτούς, τοῦτον
πάντα ἐποίεε καὶ ἅμα ἐξείνιζε μεγαλοπρεπέως.
καὶ δή κου μάλιστα τῶν μνηστήρων ἠρέσκοντο
οἱ ἀπ᾽ Ἀθηνέων ἀπιγμένοι, καὶ τούτων μᾶλλον
Ἱπποκλείδης ὁ Τισάνδρου καὶ κατ᾽ ἀνδραγαθίην
ἐκρίνετο καὶ ὅτι τὸ ἀνέκαθεν τοῖσι ἐν Κορίνθῳ
Κυψελίδῃσι ἦν προσήκων.

and dealt more high-handedly than any other Greek ;
for he drove out the Elean stewards of the lists, and
ordered the contests at Olympia himself ; this man's
son now came ; and Amiantus an Arcadian from
Trapezus, son of Lycurgus ; and an Azenian from
the town of Paeus, Laphanes son of that Euphorion
who, as the Arcadian tale relates, gave lodging to
the Dioscuri, and from that time forward kept open
house for all men ; and Onomastus from Elis, son of
Agaeus. These came from the Peloponnese itself ;
from Athens, Megacles, son of that Alcmeon who
visited Croesus, and beside him Hippoclides son of
Tisandrus, the richest and goodliest man in Athens.
From Eretria, which at that time was prosperous,
Lysanias ; he was the only man from Euboea ; from
Thessaly came a Scopad, Diactorides of Crannon ;
and from the Molossians, Alcon.

128. Such was the roll of the suitors. When they
were come on the day appointed, Cleisthenes first
enquired the country and lineage of each ; then he
kept them with him for a year, making trial of
their manly worth and temper and upbringing and
manner of life ; this he did by consorting with them
alone and in company, putting the younger of them
to contests of strength, but especially watching their
demeanour at the common meal ; for as long as he
kept them with him he did all for them and enter-
tained them with magnificence. Now those of the
suitors that best pleased him were they who came
from Athens, and of these Hippoclides son of
Tisandrus was judged the foremost, both for his
manly worth and because by his lineage he was akin
to the Cypselid family of Corinth.

129. Ὡς δὲ ἡ κυρίη ἐγένετο τῶν ἡμερέων τῆς τε
κατακλίσιος τοῦ γάμου καὶ ἐκφάσιος αὐτοῦ Κλει-
σθένεος τὸν κρίνοι ἐκ πάντων, θύσας βοῦς ἑκατὸν
ὁ Κλεισθένης εὐώχεε αὐτούς τε τοὺς μνηστῆρας
καὶ Σικυωνίους πάντας. ὡς δὲ ἀπὸ δείπνου ἐγί-
νοντο, οἱ μνηστῆρες ἔριν εἶχον ἀμφί τε μουσικῇ
καὶ τῷ λεγομένῳ ἐς τὸ μέσον. προϊούσης δὲ τῆς
πόσιος κατέχων πολλὸν τοὺς ἄλλους ὁ Ἱπποκλεί-
δης ἐκέλευσέ οἱ τὸν αὐλητὴν αὐλῆσαι ἐμμελείην,
πειθομένου δὲ τοῦ αὐλητέω ὀρχήσατο. καί κως
ἑωυτῷ μὲν ἀρεστῶς ὀρχέετο, ὁ Κλεισθένης δὲ
ὁρέων ὅλον τὸ πρῆγμα ὑπώπτευε. μετὰ δὲ ἐπι-
σχὼν ὁ Ἱπποκλείδης χρόνον ἐκέλευσε τινὰ τρά-
πεζαν ἐσενεῖκαι, ἐσελθούσης δὲ τῆς τραπέζης
πρῶτα μὲν ἐπ' αὐτῆς ὀρχήσατο Λακωνικὰ σχη-
μάτια, μετὰ δὲ ἄλλα Ἀττικά, τὸ τρίτον δὲ τὴν
κεφαλὴν ἐρείσας ἐπὶ τὴν τράπεζαν τοῖσι σκέλεσι
ἐχειρονόμησε. Κλεισθένης δὲ τὰ μὲν πρῶτα καὶ
τὰ δεύτερα ὀρχεομένου, ἀποστυγέων γαμβρὸν ἄν
οἱ ἔτι γενέσθαι Ἱπποκλείδεα διὰ τήν τε ὄρχησιν
καὶ τὴν ἀναιδείην, κατεῖχε ἑωυτόν, οὐ βουλόμενος
ἐκραγῆναι ἐς αὐτόν· ὡς δὲ εἶδε τοῖσι σκέλεσι
χειρονομήσαντα, οὐκέτι κατέχειν δυνάμενος εἶπε
"Ὦ παῖ Τισάνδρου, ἀπορχήσαό γε μὲν τὸν γάμον."
ὁ δὲ Ἱπποκλείδης ὑπολαβὼν εἶπε "Οὐ φροντὶς
Ἱπποκλείδῃ." ἀπὸ τούτου μὲν τοῦτο ὀνομάζεται.

130. Κλεισθένης δὲ σιγὴν ποιησάμενος ἔλεξε ἐς
μέσον τάδε. "Ἄνδρες παιδὸς τῆς ἐμῆς μνηστῆρες,
ἐγὼ καὶ πάντας ὑμέας ἐπαινέω καὶ πᾶσι ὑμῖν, εἰ
οἷόν τε εἴη, χαριζοίμην ἄν, μήτ' ἕνα ὑμέων ἐξαίρετον
ἀποκρίνων μήτε τοὺς λοιποὺς ἀποδοκιμάζων. ἀλλ'
οὐ γὰρ οἷά τε ἐστὶ μιῆς πέρι παρθένου βουλεύοντα
284

129. When the day appointed came for the marriage feast to be held and Cleisthenes himself to declare whom he chose out of all, Cleisthenes sacrificed a hundred oxen and gave a feast to the suitors themselves and the whole of Sicyon. After dinner the suitors vied with each other in music and social discourse. As they sat late drinking, Hippoclides, now far outdoing the rest, bade the flute-player play him music, and when the flute-player so did, he began to dance; and he pleased himself marvellous well with his dancing; but Cleisthenes saw the whole business with much disfavour. After a while, Hippoclides bade a table be brought; when it came he danced on it Laconian first and then Attic figures; last of all he rested his head on the table and made gestures with his legs in the air. Now Cleisthenes at the first and the second bout of dancing could no more bear to think of Hippoclides as his son-in-law, for his dancing and his shamelessness; yet he had held himself in check, not willing to vent his wrath on Hippoclides; but when he saw him making gestures with his legs, he could no longer keep silence, but cried, "'Tis very well, son of Tisandrus, but you have danced yourself out of your marriage." Whereat quoth the other, "Hippoclides cares nought for that!" which is a byword from that day.

130. Then Cleisthenes bade them all be silent, and spoke to the company at large. "Suitors for my daughter's hand," said he, "I thank you one and all; and were it possible I would grant each of you his wish, neither choosing out one to set him above another nor disparaging the rest. But seeing that I have but one damsel to plan for and so cannot

πᾶσι κατὰ νόον ποιέειν, τοῖσι μὲν ὑμέων ἀπελαυ-
νομένοισι τοῦδε τοῦ γάμου τάλαντον ἀργυρίου
ἑκάστῳ δωρεὴν δίδωμι τῆς ἀξιώσιος εἵνεκα τῆς ἐξ
ἐμεῦ γῆμαι καὶ τῆς ἐξ οἴκου ἀποδημίης, τῷ δὲ
Ἀλκμέωνος Μεγακλέι ἐγγυῶ παῖδα τὴν ἐμὴν
Ἀγαρίστην νόμοισι τοῖσι Ἀθηναίων." φαμένου
δὲ ἐγγυᾶσθαι Μεγακλέος ἐκεκύρωτο ὁ γάμος
Κλεισθένεϊ.

131. Ἀμφὶ μὲν κρίσιος τῶν μνηστήρων τοσαῦτα
ἐγένετο καὶ οὕτω Ἀλκμεωνίδαι ἐβώσθησαν ἀνὰ
τὴν Ἑλλάδα. τούτων δὲ συνοικησάντων γίνεται
Κλεισθένης τε ὁ τὰς φυλὰς καὶ τὴν δημοκρατίην
Ἀθηναίοισι καταστήσας, ἔχων τὸ οὔνομα ἀπὸ τοῦ
μητροπάτορος τοῦ Σικυωνίου· οὗτός τε δὴ γίνεται
Μεγακλέϊ καὶ Ἱπποκράτης, ἐκ δὲ Ἱπποκράτεος
Μεγακλέης τε ἄλλος καὶ Ἀγαρίστη ἄλλη ἀπὸ
τῆς Κλεισθένεος Ἀγαρίστης ἔχουσα τὸ οὔνομα·
ἣ συνοικήσασά τε Ξανθίππῳ τῷ Ἀρίφρονος καὶ
ἔγκυος ἐοῦσα εἶδε ὄψιν ἐν τῷ ὕπνῳ, ἐδόκεε δὲ
λέοντα τεκεῖν, καὶ μετ᾿ ὀλίγας ἡμέρας τίκτει
Περικλέα Ξανθίππῳ.

132. Μετὰ δὲ τὸ ἐν Μαραθῶνι τρῶμα γενόμενον
Μιλτιάδης, καὶ πρότερον εὐδοκιμέων παρὰ Ἀθη-
ναίοισι, τότε μᾶλλον αὔξετο. αἰτήσας δὲ νέας
ἑβδομήκοντα καὶ στρατιήν τε καὶ χρήματα Ἀθη-
ναίους, οὐ φράσας σφι ἐπ᾿ ἣν ἐπιστρατεύσεται
χώρην, ἀλλὰ φὰς αὐτοὺς καταπλουτιεῖν ἤν οἱ
ἕπωνται· ἐπὶ γὰρ χώρην τοιαύτην δή τινα ἄξειν
ὅθεν χρυσὸν εὐπετέως ἄφθονον οἴσονται· λέγων
τοιαῦτα αἴτεε τὰς νέας. Ἀθηναῖοι δὲ τούτοισι
ἐπαερθέντες παρέδοσαν.

133. Παραλαβὼν δὲ ὁ Μιλτιάδης τὴν στρατιὴν

please all of you, to those of you whose suit is rejected I make a gift of a talent of silver to each, for his desire to take a wife from my house and for his sojourn away from his home ; and to Megacles son of Alcmeon do I betroth my daughter Agariste, as by Athenian law ordained." Megacles accepted the betrothal, and so Cleisthenes made good his promise of the marriage.

131. Such is the tale of the choice among the suitors ; and thus the fame of the Alcmeonidae was noised abroad in Hellas. Of this marriage was born that Cleisthenes (so called after him of Sicyon, his mother's father) who gave the Athenians their tribes and their democratic state ; he and Hippocrates were born to Megacles ; Hippocrates was father of another Megacles and another Agariste, called after Agariste who was Cleisthenes' daughter ; she, being wedded to Xanthippus son of Ariphron, and with child, saw a vision in her sleep whereby she thought she gave birth to a lion. In a few days she bore Xanthippus a son, Pericles.

132. After the Persian disaster at Marathon, the fame of Miltiades, which had before been great at Athens, was increased. He asked of the Athenians seventy ships and an army and money, not telling them against what country he would lead them, but saying that he would make them rich men if they followed him ; for he would bring them to a country whence they should easily carry away abundance of gold ; so he promised when he asked for the ships ; which the Athenians, being thus assured, gave him.

133. Miltiades took his army and sailed for Paros,

HERODOTUS

ἔπλεε ἐπὶ Πάρον, πρόφασιν ἔχων ὡς οἱ Πάριοι
ὑπῆρξαν πρότεροι στρατευόμενοι τριήρεσι ἐς Μα-
ραθῶνα ἅμα τῷ Πέρσῃ. τοῦτο μὲν δὴ πρόσχημα
λόγων ἦν, ἀτάρ τινα καὶ ἔγκοτον εἶχε τοῖσι
Παρίοισι διὰ Λυσαγόρεα τὸν Τισίεω, ἐόντα γένος
Πάριον, διαβαλόντα μιν πρὸς Ὑδάρνεα τὸν Πέρ-
σην. ἀπικόμενος δὲ ἐπ᾽ ἣν ἔπλεε ὁ Μιλτιάδης τῇ
στρατιῇ ἐπολιόρκεε Παρίους κατειλημένους ἐντὸς
τείχεος, καὶ ἐσέπεμπων κήρυκα αἴτεε ἑκατὸν τά-
λαντα, φάς, ἤν μιν οὐ δῶσι, οὐκ ἀπονοστήσειν
τὴν στρατιὴν πρὶν ἢ ἐξέλῃ σφέας. οἱ δὲ Πάριοι
ὅκως μέν τι δώσουσι Μιλτιάδῃ ἀργύριον οὐδὲ
διενοεῦντο, οἳ δὲ ὅκως διαφυλάξουσι τὴν πόλιν
τοῦτο ἐμηχανῶντο, ἄλλα τε ἐπιφραζόμενοι καὶ τῇ
μάλιστα ἔσκε ἑκάστοτε ἐπίμαχον τοῦ τείχεος,
τοῦτο ἅμα νυκτὶ ἐξηείρετο διπλήσιον τοῦ ἀρχαίου.

134. Ἐς μὲν δὴ τοσοῦτο τοῦ λόγου οἱ πάντες
Ἕλληνες λέγουσι, τὸ ἐνθεῦτεν δὲ αὐτοὶ Πάριοι
γενέσθαι ὧδε λέγουσι. Μιλτιάδῃ ἀπορέοντι ἐλ-
θεῖν ἐς λόγους αἰχμαλώτων γυναῖκα, ἐοῦσαν μὲν
Παρίην γένος, οὔνομα δέ οἱ εἶναι Τιμοῦν, εἶναι δὲ
ὑποζάκορον τῶν χθονίων θεῶν· ταύτην ἐλθοῦσαν
ἐς ὄψιν Μιλτιάδεω συμβουλεῦσαι, εἰ περὶ πολλοῦ
ποιέεται Πάρον ἑλεῖν, τὰ ἂν αὐτὴ ὑποθῆται, ταῦτα
ποιέειν. μετὰ δὲ τὴν μὲν ὑποθέσθαι, τὸν δὲ διερ-
χόμενον ἐπὶ τὸν κολωνὸν τὸν πρὸ τῆς πόλιος ἐόντα
ἕρκος θεσμοφόρου Δήμητρος ὑπερθορεῖν, οὐ δυνά-
μενον τὰς θύρας ἀνοῖξαι, ὑπερθορόντα δὲ ἰέναι ἐπὶ
τὸ μέγαρον ὅ τι δὴ ποιήσοντα ἐντός, εἴτε κινή-
σοντά τι τῶν ἀκινήτων εἴτε ὅ τι δή κοτε πρήξοντα·
πρὸς τῇσι θύρῃσί τε γενέσθαι καὶ πρόκατε φρίκης
αὐτὸν ὑπελθούσης ὀπίσω τὴν αὐτὴν ὁδὸν ἵεσθαι,

on the pretext that the Parians had brought this on themselves by first sending triremes with the Persian fleet to Marathon. Such was the pretext whereof he spoke; but he had a grudge against the Parians because Lysagoras son of Tisias, a man of Parian descent, had made ill blood between him and Hydarnes the Persian. Having come to the place to which he sailed, Miltiades with his army drove the Parians within their walls and there besieged them; and sending in a herald he demanded a hundred talents, which (said he) if they would not give him, his army should not return before it had stormed their city. The Parians had no thought at all of giving any money to Miltiades, and had no other purpose but to defend their city, which they did by building their wall at night to double its former height where it was most assailable, and also by other devices.

134. As far as this all Greeks tell the same story; thenceforward this is the tale as it is told by the Parians themselves: Miltiades (they say) being in a quandary, a Parian slave woman named Timo, who was an under-priestess of the goddesses of the dead, had speech with him; coming before Miltiades, she counselled him, if he set great store by the taking of Paros, to do as she should advise him. Presently, at her advice, he passed through to the hill before the city, and there he climbed over the fence of the precinct of Demeter the Lawgiver,—not being able to open the door,—and having so done went to the shrine, whether to move something that should not be moved, or with some other intent; but when he was at the very door he was seized straightway by panic fear and returned by the same way; and in

289

καταθρώσκοντα δὲ τὴν αἱμασιὴν τὸν μηρὸν σπα-
σθῆναι· οἱ δὲ αὐτὸν τὸ γόνυ προσπταῖσαι λέγουσι.

135. Μιλτιάδης μέν νυν φλαύρως ἔχων ἀπέπλεε
ὀπίσω, οὔτε χρήματα Ἀθηναίοισι ἄγων οὔτε
Πάρον προσκτησάμενος, ἀλλὰ πολιορκήσας τε ἓξ
καὶ εἴκοσι ἡμέρας καὶ δηιώσας τὴν νῆσον. Πάριοι
δὲ πυθόμενοι ὡς ἡ ὑποζάκορος τῶν θεῶν Τιμὼ
Μιλτιάδῃ κατηγήσατο, βουλόμενοί μιν ἀντὶ
τούτων τιμωρήσασθαι, θεοπρόπους πέμπουσι ἐς
Δελφούς ὥς σφεας ἡσυχίη τῆς πολιορκίης ἔσχε·
ἔπεμπον δὲ ἐπειρησομένους εἰ καταχρήσωνται τὴν
ὑποζάκορον τῶν θεῶν τὴν ἐξηγησαμένην τοῖσι
ἐχθροῖσι τῆς πατρίδος ἅλωσιν καὶ τὰ ἐς ἔρσενα
γόνον ἄρρητα ἱρὰ ἐκφήνασαν Μιλτιάδῃ. ἡ δὲ
Πυθίη οὐκ ἔα, φᾶσα οὐ Τιμοῦν εἶναι τὴν αἰτίην
τούτων, ἀλλὰ δεῖν γὰρ Μιλτιάδεα τελευτᾶν μὴ
εὖ, φανῆναί οἱ τῶν κακῶν κατηγεμόνα.

136. Παρίοισι μὲν δὴ ταῦτα ἡ Πυθίη ἔχρησε·
Ἀθηναῖοι δὲ ἐκ Πάρου Μιλτιάδεα ἀπονοστή-
σαντα ἔσχον ἐν στόμασι οἵ τε ἄλλοι καὶ μάλιστα
Ξάνθιππος ὁ Ἀρίφρονος, ὃς θανάτου ὑπαγαγὼν
ὑπὸ τὸν δῆμον Μιλτιάδεα ἐδίωκε τῆς Ἀθηναίων
ἀπάτης εἵνεκεν. Μιλτιάδης δὲ αὐτὸς μὲν παρεὼν
οὐκ ἀπελογέετο· ἦν γὰρ ἀδύνατος ὥστε σηπο-
μένου τοῦ μηροῦ· προκειμένου δὲ αὐτοῦ ἐν κλίνῃ
ὑπεραπελογέοντο οἱ φίλοι, τῆς μάχης τε τῆς
ἐν Μαραθῶνι γενομένης πολλὰ ἐπιμεμνημένοι
καὶ τὴν Λήμνου αἵρεσιν, ὡς ἑλὼν Λῆμνόν τε καὶ
τισάμενος τοὺς Πελασγοὺς παρέδωκε Ἀθηναίοισι.
προσγενομένου δὲ τοῦ δήμου αὐτῷ κατὰ τὴν
ἀπόλυσιν τοῦ θανάτου, ζημιώσαντος δὲ κατὰ τὴν
ἀδικίην πεντήκοντα ταλάντοισι, Μιλτιάδης μὲν

leaping down from the wall he twisted his thigh, or as some say took a blow on his knee.

135. So Miltiades sailed back home in sorry plight; for he brought no wealth, nor had he won Paros; he had besieged the town for six-and-twenty days and laid waste the island. The Parians, learning that Timo the under-priestess of the goddesses had been Miltiades' guide, desired to punish her for this, and having now rest from the siege sent messengers to Delphi to enquire if they should put the under-priestess to death for having compassed the taking of her country by guiding its enemies, and revealing to Miltiades the rites that no male should know. But the Pythian priestess forbade them; it was not Timo, she said, that was in fault, but Miltiades was doomed to make an ill end, and an apparition had guided him in these evil courses.

136. Such was the priestess' reply to the Parians; but when Miltiades returned back from Paros many tongues were let loose against him at Athens; and Xanthippus son of Ariphron impeached him before the people, calling for the penalty of death for the deceit which he had practised on the Athenians. Miltiades was present, but could not speak in his own defence, his thigh being mortified; but he was laid before the court on a bed, and his friends spoke for him, ever calling to mind the fight at Marathon and the conquest of Lemnos,—how Miltiades had punished the Pelasgians and taken Lemnos and delivered it to the Athenians. The people took his side in so far as they would not condemn him to death, but they fined him fifty talents for his wrong-doing. Presently Miltiades died of the gangrene

291

μετὰ ταῦτα σφακελίσαντός τε τοῦ μηροῦ καὶ
σαπέντος τελευτᾷ, τὰ δὲ πεντήκοντα τάλαντα
ἐξέτισε ὁ παῖς αὐτοῦ Κίμων.

137. Λῆμνον δὲ Μιλτιάδης ὁ Κίμωνος ὧδε ἔσχε.
Πελασγοὶ ἐπείτε ἐκ τῆς Ἀττικῆς ὑπὸ Ἀθηναίων
ἐξεβλήθησαν, εἴτε ὦν δὴ δικαίως εἴτε ἀδίκως· τοῦτο
γὰρ οὐκ ἔχω φράσαι, πλὴν τὰ λεγόμενα, ὅτι Ἑκα-
ταῖος μὲν ὁ Ἡγησάνδρου ἔφησε ἐν τοῖσι λόγοισι
λέγων ἀδίκως· ἐπείτε γὰρ ἰδεῖν τοὺς Ἀθηναίους
τὴν χώρην, τὴν σφίσι αὐτοῖσι ὑπὸ τὸν Ὑμησσὸν
ἐοῦσαν ἔδοσαν Πελασγοῖσι οἰκῆσαι μισθὸν τοῦ
τείχεος τοῦ περὶ τὴν ἀκρόπολιν κοτὲ ἐληλαμένου,
ταύτην ὡς ἰδεῖν τοὺς Ἀθηναίους ἐξεργασμένην
εὖ, τὴν πρότερον εἶναι κακήν τε καὶ τοῦ μηδενὸς
ἀξίην, λαβεῖν φθόνον τε καὶ ἵμερον τῆς γῆς, καὶ
οὕτω ἐξελαύνειν αὐτοὺς οὐδεμίαν ἄλλην πρόφασιν
προϊσχομένους τοὺς Ἀθηναίους. ὡς δὲ αὐτοὶ
Ἀθηναῖοι λέγουσι, δικαίως ἐξελάσαι. κατοι-
κημένους γὰρ τοὺς Πελασγοὺς ὑπὸ τῷ Ὑμησσῷ,
ἐνθεῦτεν ὁρμωμένους ἀδικέειν τάδε. φοιτᾶν γὰρ
αἰεὶ τὰς σφετέρας θυγατέρας τε καὶ τοὺς παῖδας
ἐπ᾽ ὕδωρ ἐπὶ τὴν Ἐννεάκρουνον· οὐ γὰρ εἶναι τοῦτον
τὸν χρόνον σφίσι κω οὐδὲ τοῖσι ἄλλοισι Ἕλλησι
οἰκέτας· ὅκως δὲ ἔλθοιεν αὗται, τοὺς Πελασγοὺς
ὑπὸ ὕβριός τε καὶ ὀλιγωρίης βιᾶσθαι σφέας.
καὶ ταῦτα μέντοι σφι οὐκ ἀποχρᾶν ποιέειν, ἀλλὰ
τέλος καὶ ἐπιβουλεύοντας ἐπιχείρησιν φανῆναι
ἐπ᾽ αὐτοφώρῳ. ἑωυτοὺς δὲ γενέσθαι τοσούτῳ
ἐκείνων ἄνδρας ἀμείνονας, ὅσῳ, παρεὸν ἑωυτοῖσι
ἀποκτεῖναι τοὺς Πελασγούς, ἐπεί σφεας ἔλα-
βον ἐπιβουλεύοντας, οὐκ ἐθελῆσαι, ἀλλά σφι

---

[1] The Pelasgians were driven into Attica by the Boeotian

and mortification of his thigh, and the fifty talents were paid by his son Cimon.

137. Now this is how Miltiades son of Cimon won Lemnos. When the Pelasgians[1] were cast out of Attica by the Athenians, whether justly or unjustly, —as to that I can say nothing, beyond what is recorded, namely, that Hecataeus the son of Hegesandrus declares in his history that the act was unjust; for (says Hecataeus) when the Athenians saw the land under Hymettus which, being their own, they had given to the Pelasgians as a dwelling-place in reward for the wall that had once been built round the acropolis,—when the Athenians saw how well this place was tilled which erewhile had been bad and worthless, they grudged and coveted the land, and so drove the Pelasgians out on this and no other pretext. But the Athenians themselves say that their reason for expelling the Pelasgians was just. The Pelasgians, they say, issued out from their settlement at the foot of Hymettus and dealt wrongfully with the Athenians in this wise: neither the Athenians nor any other dwellers in Hellas had as yet servants at that time, and their sons and daughters resorted to the Nine Wells[2] for water; and whenever they came, the Pelasgians maltreated them out of mere arrogance and pride. Nor yet were they content with so doing, but at last were caught in the act of planning to attack Athens. The Athenians, by their own showing, dealt so much more rightly than the Pelasgians, that when they might have killed them, caught plotting as they were, they would not so do,

immigration, about sixty years after the Trojan war according to legend.

[2] S.E. of Athens, near the Ilissus.

προειπεῖν ἐκ τῆς γῆς ἐξιέναι. τοὺς δὲ οὕτω δὴ
ἐκχωρήσαντας ἄλλα τε σχεῖν χωρία καὶ δὴ καὶ
Λῆμνον. ἐκεῖνα μὲν δὴ Ἑκαταῖος ἔλεξε, ταῦτα
δὲ Ἀθηναῖοι λέγουσι.

138. Οἱ δὲ Πελασγοὶ οὗτοι Λῆμνον τότε
νεμόμενοι καὶ βουλόμενοι τοὺς Ἀθηναίους τιμω-
ρήσασθαι, εὖ τε ἐξεπιστάμενοι τὰς Ἀθηναί-
ων ὁρτάς, πεντηκοντέρους κτησάμενοι ἐλόχησαν
Ἀρτέμιδι ἐν Βραυρῶνι ἀγούσας ὁρτὴν τὰς τῶν
Ἀθηναίων γυναῖκας, ἐνθεῦτεν δὲ ἁρπάσαντες
τουτέων πολλὰς οἴχοντο ἀποπλέοντες, καί σφεας
ἐς Λῆμνον ἀγαγόντες παλλακὰς εἶχον. ὡς δὲ
τέκνων αὗται αἱ γυναῖκες ὑπεπλήσθησαν, γλῶσ-
σάν τε τὴν Ἀττικὴν καὶ τρόπους τοὺς Ἀθηναίων
ἐδίδασκον τοὺς παῖδας. οἳ δὲ οὔτε συμμίσγεσθαι
τοῖσι ἐκ τῶν Πελασγίδων γυναικῶν παισὶ ἤθελον,
εἴ τε τύπτοιτό τις αὐτῶν ὑπ' ἐκείνων τινός, ἐβοή-
θεόν τε πάντες καὶ ἐτιμώρεον ἀλλήλοισι· καὶ δὴ
καὶ ἄρχειν τε τῶν παίδων οἱ παῖδες ἐδικαίευν
καὶ πολλῷ ἐπεκράτεον. μαθόντες δὲ ταῦτα οἱ
Πελασγοὶ ἑωυτοῖσι λόγους ἐδίδοσαν· καί σφι
βουλευομένοισι δεινόν τι ἐσέδυνε, εἰ δὴ διαγινώ-
σκοιεν σφίσι τε βοηθέειν οἱ παῖδες πρὸς τῶν
κουριδιέων γυναικῶν τοὺς παῖδας καὶ τούτων
αὐτίκα ἄρχειν πειρῷατο, τί δὴ ἀνδρωθέντες
δῆθεν ποιήσουσι. ἐνθαῦτα ἔδοξέ σφι κτείνειν
τοὺς παῖδας τοὺς ἐκ τῶν Ἀττικέων γυναικῶν.
ποιεῦσι δὴ ταῦτα, προσαπολλύουσι δὲ σφέων καὶ
τὰς μητέρας. ἀπὸ τούτου δὲ τοῦ ἔργου καὶ τοῦ
προτέρου τούτων, τὸ ἐργάσαντο αἱ γυναῖκες τοὺς
ἅμα Θόαντι ἄνδρας σφετέρους ἀποκτείνασαι,
νενόμισται ἀνὰ τὴν Ἑλλάδα τὰ σχέτλια ἔργα
πάντα Λήμνια καλέεσθαι.

but bade them depart out of the country. Thereupon the Pelasgians departed, and took Lemnos in possession, besides other places. This is the Athenian story; the other is told by Hecataeus.

138. These Pelasgians, dwelling at that time in Lemnos and desiring vengeance on the Athenians, and well knowing the time of the Athenian festivals, got them fifty-oared ships and lay in ambush for the Athenian women when they were celebrating a festival for Artemis at Brauron; carrying off many of the women, they sailed away further with them and brought them to Lemnos to be their concubines. Now as these women bore more and more children, they taught their sons the speech of Attica and Athenian manners. These boys would not consort with the sons of the Pelasgian women; if one of themselves were beaten by one of the others, they would all run to his aid and help each other; nay, the Athenian-bred boys even claimed to rule the others, and were much the stronger than they. When the Pelasgians perceived that, they took counsel together; and it troubled them much in their counsels to think what the boys would do when they grew to man's estate, if they were resolved to help each other against the sons of the lawful wives and essayed to rule them forthwith. Thereupon the Pelasgians judged it best to slay the sons of the Attic women; and this they did, and slew the boys' mothers likewise. From this and the former deed which was done by the women, when they slew their own husbands who were Thoas' companions, a " Lemnian crime " has been a proverb in Hellas for any deed of cruelty.

139. Ἀποκτείνασι δὲ τοῖσι Πελασγοῖσι τοὺς
σφετέρους παῖδάς τε καὶ γυναῖκας οὔτε γῆ καρπὸν
ἔφερε οὔτε γυναῖκές τε καὶ ποῖμναι ὁμοίως ἔγικτον
καὶ πρὸ τοῦ. πιεζόμενοι δὲ λιμῷ καὶ ἀπαιδίῃ
ἐς Δελφοὺς ἔπεμπον λύσιν τινὰ αἰτησόμενοι τῶν
παρεόντων κακῶν. ἡ δὲ Πυθίη σφέας ἐκέλευε
Ἀθηναίοισι δίκας διδόναι ταύτας τὰς ἂν αὐτοὶ
Ἀθηναῖοι δικάσωσι. ἦλθόν τε δὴ ἐς τὰς Ἀθήνας
οἱ Πελασγοὶ καὶ δίκας ἐπαγγέλλοντο βουλόμενοι
διδόναι παντὸς τοῦ ἀδικήματος. Ἀθηναῖοι δὲ
ἐν τῷ πρυτανηίῳ κλίνην στρώσαντες ὡς εἶχον
κάλλιστα καὶ τράπεζαν ἐπιπλέην ἀγαθῶν πάντων
παραθέντες, ἐκέλευον τοὺς Πελασγοὺς τὴν χώρην
σφίσι παραδιδόναι οὕτω ἔχουσαν. οἱ δὲ Πε-
λασγοὶ ὑπολαβόντες εἶπαν "Ἐπεὰν βορέῃ ἀνέμῳ
αὐτημερὸν ἐξανύσῃ νηῦς ἐκ τῆς ὑμετέρης ἐς τὴν
ἡμετέρην, τότε παραδώσομεν," ἐπιστάμενοι τοῦτο
εἶναι ἀδύνατον γενέσθαι. ἡ γὰρ Ἀττικὴ πρὸς
νότον κέεται πολλὸν τῆς Λήμνου.

140. Τότε μὲν τοιαῦτα· ἔτεσι δὲ κάρτα πολ-
λοῖσι ὕστερον τούτων, ὡς ἡ Χερσόνησος ἡ ἐπ᾽
Ἑλλησπόντῳ ἐγένετο ὑπὸ Ἀθηναίοισι, Μιλτιάδης
ὁ Κίμωνος ἐτησιέων ἀνέμων κατεστηκότων νηὶ
κατανύσας ἐξ Ἐλαιοῦντος τοῦ ἐν Χερσονήσῳ ἐς
Λῆμνον προηγόρευε ἐξιέναι ἐκ τῆς νήσου τοῖσι
Πελασγοῖσι, ἀναμιμνήσκων σφέας τὸ χρηστήριον,
τὸ οὐδαμὰ ἤλπισαν σφίσι οἱ Πελασγοὶ ἐπιτελέ-
εσθαι. Ἡφαιστιέες μέν νυν ἐπείθοντο, Μυριναῖοι
δὲ οὐ συγγινωσκόμενοι εἶναι τὴν Χερσόνησον
Ἀττικὴν ἐπολιορκέοντο, ἐς ὃ καὶ οὗτοι παρέστη-
σαν. οὕτω δὴ τὴν Λῆμνον ἔσχον Ἀθηναῖοί τε
καὶ Μιλτιάδης.

139. But when the Pelasgians had slain their own
sons and the women, their land brought forth no
fruit, nor did their wives and their flocks and herds
bear offspring as before. Under stress of hunger
and childlessness they sent to Delphi to ask for
some way of release from their present ills; and the
Pythian priestess bidding them pay the Athenians
whatsoever penalty the Athenians themselves should
adjudge, the Pelasgians went to Athens and offered
to pay the penalty for all their wrong-doing. The
Athenians set in their town-hall a couch adorned to
the best of their power, with a table thereby covered
with all manner of good things, and said to the
Pelasgians, "Deliver your land to us in a like
state"; whereto the Pelasgians answered, "We will
deliver it when a ship shall accomplish her voyage
with a north wind from your country to ours in one
day"; this they said, well assured that the thing was
impossible; for Attica is far to the south of Lemnos.

140. This and no more was then said. But a
great many years afterward, when the Chersonese
by the Hellespont was made subject to Athens,
Miltiades son of Cimon did, by virtue of the Etesian [1]
winds then constantly blowing, accomplish the
voyage from Elaeus on the Chersonese to Lemnos;
which done, he issued a proclamation to the Pelas-
gians bidding them leave their island, reminding
them of the oracular word which the Pelasgians
thought they would never see fulfilled. The men
of Hephaestia, then, obeyed him; but they of
Myrina would not agree that the Chersonese was
Attic land, and they stood a siege; but in the end
they too submitted. Thus did Miltiades and the
Athenians take Lemnos in possession.

[1] North-east winds, blowing in July, August, and
September.

BOOK VII

H

1. Ἐπεὶ δὲ ἀγγελίη ἀπίκετο περὶ τῆς μάχης τῆς ἐν Μαραθῶνι γενομένης παρὰ βασιλέα Δαρεῖον τὸν Ὑστάσπεος, καὶ πρὶν μεγάλως κεχαραγμένον τοῖσι Ἀθηναίοισι διὰ τὴν ἐς Σάρδις ἐσβολήν, καὶ δὴ καὶ τότε πολλῷ τε δεινότερα ἐποίεε καὶ μᾶλλον ὅρμητο στρατεύεσθαι ἐπὶ τὴν Ἑλλάδα. καὶ αὐτίκα μὲν ἐπηγγέλλετο πέμπων ἀγγέλους κατὰ πόλις ἑτοιμάζειν στρατιήν, πολλῷ πλέω ἐπιτάσσων ἑκάστοισι ἢ πρότερον παρέχειν, καὶ νέας τε καὶ ἵππους καὶ σῖτον καὶ πλοῖα. τούτων δὲ περιαγγελλομένων ἡ Ἀσίη ἐδονέετο ἐπὶ τρία ἔτεα, καταλεγομένων τε τῶν ἀρίστων ὡς ἐπὶ τὴν Ἑλλάδα στρατευομένων καὶ παρασκευαζομένων. τετάρτῳ δὲ ἔτεϊ Αἰγύπτιοι ὑπὸ Καμβύσεω δουλωθέντες ἀπέστησαν ἀπὸ Περσέων. ἐνθαῦτα δὴ καὶ μᾶλλον ὅρμητο καὶ ἐπ᾽ ἀμφοτέρους στρατεύεσθαι.

2. Στελλομένου δὲ Δαρείου ἐπ᾽ Αἴγυπτον καὶ Ἀθήνας, τῶν παίδων αὐτοῦ στάσις ἐγένετο μεγάλη περὶ τῆς ἡγεμονίης, ὡς δεῖ μιν ἀποδέξαντα βασιλέα κατὰ τὸν Περσέων νόμον οὕτω στρατεύεσθαι. ἦσαν γὰρ Δαρείῳ καὶ πρότερον ἢ βασιλεῦσαι γεγονότες τρεῖς παῖδες ἐκ τῆς

BOOK VII

1. When the message concerning the fight at Marathon came to Darius son of Hystaspes, greatly wroth as he was already against the Athenians for their attack upon Sardis, he was now much more angered and the more desirous of sending an expedition against Hellas. Forthwith he sent messengers to all cities commanding the equipment of an army, charging each to provide much more than they had before provided of ships and horses and provision and vessels of transport. By these messages Asia was shaken for three years,[1] the best men being enrolled for service against Hellas and making preparation therefor. In the fourth year the Egyptians, whom Cambyses had enslaved, revolted from the Persians; thereupon Darius was but the more desirous of sending expeditions even against both.

2. But while Darius was making preparation against Egypt and Athens, there arose a great quarrel among his sons concerning the chief power in the land, they holding that he must before his army marched declare an heir to the kingship according to Persian law. For Darius had three sons born to him before he became king by his first wife,

[1] 489–487.

προτέρης γυναικός, Γοβρύεω θυγατρός, καὶ
βασιλεύσαντι ἐξ Ἀτόσσης τῆς Κύρου ἕτεροι
τέσσερες. τῶν μὲν δὴ προτέρων ἐπρέσβευε
Ἀρτοβαζάνης, τῶν δὲ ἐπιγενομένων Ξέρξης.
ἐόντες δὲ μητρὸς οὐ τῆς αὐτῆς ἐστασίαζον, ὁ
μὲν Ἀρτοβαζάνης κατότι πρεσβύτατός τε εἴη
παντὸς τοῦ γόνου καὶ ὅτι νομιζόμενον εἴη πρὸς
πάντων ἀνθρώπων τὸν πρεσβύτατον τὴν ἀρχὴν
ἔχειν, Ξέρξης δὲ ὡς Ἀτόσσης τε παῖς εἴη τῆς
Κύρου θυγατρὸς καὶ ὅτι Κῦρος εἴη ὁ κτησάμενος
τοῖσι Πέρσῃσι τὴν ἐλευθερίην.
3. Δαρείου δὲ οὐκ ἀποδεικνυμένου κω γνώμην,
ἐτύγχανε κατὰ τὠυτὸ τούτοισι καὶ Δημάρητος
ὁ Ἀρίστωνος ἀναβεβηκὼς ἐς Σοῦσα, ἐστερημένος
τε τῆς ἐν Σπάρτῃ βασιληίης καὶ φυγὴν ἐπιβαλὼν
ἑωυτῷ ἐκ Λακεδαίμονος. οὗτος ὡνὴρ πυθόμενος
τῶν Δαρείου παίδων τὴν διαφορήν, ἐλθών, ὡς
ἡ φάτις μιν ἔχει, Ξέρξῃ συνεβούλευε λέγειν
πρὸς τοῖσι ἔλεγε ἔπεσι, ὡς αὐτὸς μὲν γένοιτο
Δαρείῳ ἤδη βασιλεύοντι καὶ ἔχοντι τὸ Περσέων
κράτος, Ἀρτοβαζάνης δὲ ἔτι ἰδιώτῃ ἐόντι Δαρείῳ·
οὔκων οὔτε οἰκὸς εἴη οὔτε δίκαιον ἄλλον τινὰ τὸ
γέρας ἔχειν πρὸ ἑωυτοῦ· ἐπεί γε καὶ ἐν Σπάρτῃ
ἔφη ὁ Δημάρητος ὑποτιθέμενος οὕτω νομίζεσθαι,
ἢν οἱ μὲν προγεγονότες ἔωσι πρὶν ἢ τὸν πατέρα
σφέων βασιλεῦσαι, ὁ δὲ βασιλεύοντι ὀψίγονος
ἐπιγένηται, τοῦ ἐπιγενομένου τὴν ἔκδεξιν τῆς
βασιληίης γίνεσθαι. χρησαμένου δὲ Ξέρξεω τῇ
Δημαρήτου ὑποθήκῃ, γνοὺς ὁ Δαρεῖος ὡς λέγοι
δίκαια βασιλέα μιν ἀπέδεξε. δοκέειν δέ μοι, καὶ
ἄνευ ταύτης τῆς ὑποθήκης βασιλεῦσαι ἂν Ξέρξης·
ἡ γὰρ Ἄτοσσα εἶχε τὸ πᾶν κράτος.

the daughter of Gobryas, and four besides after he
became king by Atossa daughter of Cyrus; of the
earlier sons Artobazanes was the eldest, and Xerxes
of the later; and being sons of different mothers they
were rivals, Artobazanes pleading that he was the
eldest of all Darius' offspring and that it was every-
where customary that the eldest should rule; Xerxes,
that he was son of Cyrus' daughter Atossa and that
it was Cyrus who had won the Persians their
freedom.

3. Darius delaying his judgment in this matter,
it chanced that at this time Demaratus son of
Ariston had come up to Susa, banished of his own
will from Lacedaemon after he had lost the kingship
of Sparta. Learning of the contention between the
sons of Darius, this man, as the story goes, came and
counselled Xerxes to add to what he said another
plea, to wit, that he had been born when Darius was
already king and ruler of Persia, but Artobazanes
when Darius was yet a subject; therefore (Xerxes
should say) it was neither reasonable nor just that
any rather than he should have the royal prerogative;
for at Sparta too (said Demaratus in his counselling)
it was ever customary, that if there be sons born
before their father became king, and another son
born later when the father was king, to the later-
born should fall the succession to the kingship.
Xerxes then following Demaratus' advice, Darius
judged his plea to be just and declared him king.
But to my thinking Xerxes would have been made
king even without this advice; for Atossa was all-
powerful.

HERODOTUS

4. Ἀποδέξας δὲ βασιλέα Πέρσῃσι Ξέρξεα
Δαρεῖος ὁρμᾶτο στρατεύεσθαι. ἀλλὰ γὰρ μετὰ
ταῦτά τε καὶ Αἰγύπτου ἀπόστασιν τῷ ὑστέρῳ
ἔτεϊ παρασκευαζόμενον συνήνεικε αὐτὸν Δαρεῖον,
βασιλεύσαντα τὰ πάντα ἕξ τε καὶ τριήκοντα
ἔτεα, ἀποθανεῖν, οὐδέ οἱ ἐξεγένετο οὔτε τοὺς
ἀπεστεῶτας Αἰγυπτίους οὔτε Ἀθηναίους τιμωρή-
σασθαι.

5. Ἀποθανόντος δὲ Δαρείου ἡ βασιληίη ἀν-
εχώρησε ἐς τὸν παῖδα τὸν ἐκείνου Ξέρξην. ὁ
τοίνυν Ξέρξης ἐπὶ μὲν τὴν Ἑλλάδα οὐδαμῶς
πρόθυμος ἦν κατ᾽ ἀρχὰς στρατεύεσθαι, ἐπὶ δὲ
Αἴγυπτον ἐποιέετο στρατιῆς ἄγερσιν. παρεὼν
δὲ καὶ δυνάμενος παρ᾽ αὐτῷ μέγιστον Περσέων
Μαρδόνιος ὁ Γοβρύεω, ὃς ἦν Ξέρξῃ μὲν ἀνεψιὸς
Δαρείου δὲ ἀδελφεῆς παῖς, τοιούτου λόγου εἴχετο,
λέγων "Δέσποτα, οὐκ οἰκός ἐστι Ἀθηναίους
ἐργασαμένους πολλὰ δὴ κακὰ Πέρσας μὴ οὐ
δοῦναι δίκην τῶν ἐποίησαν. ἀλλ᾽ εἰ τὸ μὲν νῦν
ταῦτα πρήσσοις τά περ ἐν χερσὶ ἔχεις· ἡμερώσας
δὲ Αἴγυπτον τὴν ἐξυβρίσασαν στρατηλάτεε ἐπὶ
τὰς Ἀθήνας, ἵνα λόγος τέ σε ἔχῃ πρὸς ἀνθρώπων
ἀγαθός, καί τις ὕστερον φυλάσσηται ἐπὶ γῆν
τὴν σὴν στρατεύεσθαι." οὗτος μέν οἱ ὁ λόγος
ἦν τιμωρός· τοῦδε δὲ τοῦ λόγου παρενθήκην
ποιεέσκετο τήνδε, ὡς ἡ Εὐρώπη περικαλλὴς
εἴη χώρη, καὶ δένδρεα παντοῖα φέρει τὰ ἥμερα,
ἀρετήν τε ἄκρη, βασιλέι τε μούνῳ θνητῶν ἀξίη
ἐκτῆσθαι.

6. Ταῦτα ἔλεγε οἷα νεωτέρων ἔργων ἐπιθυμητὴς
ἐὼν καὶ θέλων αὐτὸς τῆς Ἑλλάδος ὕπαρχος εἶναι.
χρόνῳ δὲ κατεργάσατό τε καὶ ἀνέπεισε ὥστε
304

4. Having declared Xerxes king, Darius was intent on his expedition. But in the year after this, and the revolt of Egypt, death came upon him in the midst of his preparation, after a reign of six and thirty years[1] in all; nor was it granted to him to punish either the revolted Egyptians, or the Athenians.

5. Darius being dead, the royal power descended to his son Xerxes. Now Xerxes was at first by no means eager to march against Hellas; it was against Egypt that he mustered his army. But Mardonius son of Gobryas, who was Xerxes' cousin and son of Darius' sister, and was ever with the king and had more influence with him than any Persian, reasoned thus in his discourse: "Sire, it is not seemly that the Athenians should go unpunished for their deeds, after all the evil they have done to the Persians. Nay, my counsel is that for the nonce you do what you have in hand; then, when you have tamed the insolence of Egypt, lead your armies against Athens, that you may have fair fame among men, and that all may in time to come beware how they invade your realm." This argument of his was for vengeance' sake;[2] but he would ever slip a plea into it, that Europe was an exceeding fair land, one that bore all kinds of orchard trees, a land of high excellence, worthy of no mortal master but the king.

6. This he said, because he desired adventures, and would himself be viceroy of Hellas. And at the last he so wrought upon and over-persuaded Xerxes

[1] 521-485.
[2] Some take the Greek to mean "this argument was his helper"; but the statement seems rather pointless.

ποιέειν ταῦτα Ξέρξην· συνέλαβε γὰρ καὶ ἄλλα
οἱ σύμμαχα γενόμενα ἐς τὸ πείθεσθαι Ξέρξην.
τοῦτο μὲν ἀπὸ τῆς Θεσσαλίης παρὰ τῶν Ἀλευ-
αδέων ἀπιγμένοι ἄγγελοι ἐπεκαλέοντο βασιλέα
πᾶσαν προθυμίην παρεχόμενοι ἐπὶ τὴν Ἑλλάδα·
οἱ δὲ Ἀλευάδαι οὗτοι ἦσαν Θεσσαλίης βασιλέες.
τοῦτο δὲ Πεισιστρατιδέων οἱ ἀναβεβηκότες ἐς
Σοῦσα, τῶν τε αὐτῶν λόγων ἐχόμενοι τῶν καὶ
οἱ Ἀλευάδαι, καὶ δή τι πρὸς τούτοισι ἔτι πλέον
προσωρέγοντό οἱ· ἔχοντες Ὀνομάκριτον ἄνδρα
Ἀθηναῖον, χρησμολόγον τε καὶ διαθέτην χρησμῶν
τῶν Μουσαίου, ἀναβεβήκεσαν, τὴν ἔχθρην προ-
καταλυσάμενοι. ἐξηλάσθη γὰρ ὑπὸ Ἱππάρχου
τοῦ Πεισιστράτου ὁ Ὀνομάκριτος ἐξ Ἀθηνέων,
ἐπ' αὐτοφώρῳ ἁλοὺς ὑπὸ Λάσου τοῦ Ἑρμιονέος
ἐμποιέων ἐς τὰ Μουσαίου χρησμόν, ὡς αἱ ἐπὶ
Λήμνῳ ἐπικείμεναι νῆσοι ἀφανιζοίατο κατὰ τῆς
θαλάσσης. διὸ ἐξήλασέ μιν ὁ Ἵππαρχος, πρό-
τερον χρεώμενος τὰ μάλιστα. τότε δὲ συναναβὰς
ὅκως ἀπίκοιτο ἐς ὄψιν τὴν βασιλέος, λεγόντων
τῶν Πεισιστρατιδέων περὶ αὐτοῦ σεμνοὺς λόγους,
κατέλεγε τῶν χρησμῶν· εἰ μέν τι ἐνέοι σφάλμα
φέρον τῷ βαρβάρῳ, τῶν μὲν ἔλεγε οὐδέν, ὁ
δὲ τὰ εὐτυχέστατα ἐκλεγόμενος ἔλεγε τόν τε
Ἑλλήσποντον ὡς ζευχθῆναι χρεὸν εἴη ὑπ' ἀνδρὸς
Πέρσεω, τήν τε ἔλασιν ἐξηγεόμενος. οὗτός τε
δὴ χρησμῳδέων προσεφέρετο καὶ οἵ τε Πεισιστρα-
τίδαι καὶ οἱ Ἀλευάδαι γνώμας ἀποδεικνύμενοι.

7. Ὡς δὲ ἀνεγνώσθη Ξέρξης στρατεύεσθαι ἐπὶ
τὴν Ἑλλάδα, ἐνθαῦτα δευτέρῳ μὲν ἔτεϊ μετὰ τὸν

---

[1] The word sometimes means "a diviner"; here, prob-

that the king was moved to do as he said; for there
were other things too that allied themselves to aid in
winning Xerxes' consent. Firstly, there came mes-
sengers out of Thessaly from the Aleuadae (who
were princes of Thessaly) with all earnestness in-
viting the king into Hellas; and secondly, those of
the house of Pisistratus who had come up to Susa did
likewise, using the same pleas as the Aleuadae, and
offering Xerxes besides even more than they. With
these came Onomacritus, an Athenian oracle-monger,[1]
one that had set in order the oracles of Musaeus;
with him they had come, being now reconciled to
him after their quarrel: for Onomacritus had been
banished from Athens by Pisistratus' son Hipparchus,
having been caught by Lasus [2] of Hermion in the act
of interpolating in the writings of Musaeus an oracle
showing that the islands off Lemnos should disappear
into the sea. For this cause Hipparchus banished
him, though before that they had been close friends.
Now he came to Susa with Pisistratus' kin; and when-
soever he came into the king's presence they would
use high language concerning him and he would recite
from his oracles; all that portended disaster to the
Persian he left unspoken, but chose out and recited
such prophecies as were most favourable, telling of
the Hellespont, how it must be bridged by a man of
Persia, and how the host should march. So Xerxes
was beset by Onomacritus with his oracles, and by
the Pisistratidae and Aleuadae with their counsels.

7. Having been over-persuaded to send an ex-
pedition against Hellas, Xerxes first marched against

ably, rather a "selecter and publisher" of existing oracles,
by recitation or otherwise.
  [2] A poet and musician, Pindar's teacher.

HERODOTUS

θάνατον τὸν Δαρείου πρῶτα στρατηίην ποιέεται
ἐπὶ τοὺς ἀπεστεῶτας. τούτους μέν νυν καταστρε-
ψάμενος καὶ Αἴγυπτον πᾶσαν πολλὸν δουλοτέρην
ποιήσας ἢ ἐπὶ Δαρείου ἦν, ἐπιτράπει Ἀχαιμένεϊ
ἀδελφεῷ μὲν ἑωυτοῦ, Δαρείου δὲ παιδί. Ἀχαι-
μένεα μέν νυν ἐπιτροπεύοντα Αἰγύπτου χρόνῳ
μετέπειτα ἐφόνευσε Ἰνάρως ὁ Ψαμμητίχου ἀνὴρ
Λίβυς.

8. Ξέρξης δὲ μετὰ Αἰγύπτου ἄλωσιν ὡς ἔμελλε
ἐς χεῖρας ἄξεσθαι τὸ στράτευμα τὸ ἐπὶ τὰς
Ἀθήνας, σύλλογον ἐπίκλητον Περσέων τῶν
ἀρίστων ἐποιέετο, ἵνα γνώμας τε πύθηται σφέων
καὶ αὐτὸς ἐν πᾶσι εἴπῃ τὰ θέλει. ὡς δὲ συνε-
λέχθησαν, ἔλεξε Ξέρξης τάδε. "Ἄνδρες Πέρσαι,
οὔτ᾽ αὐτὸς κατηγήσομαι νόμον τόνδε ἐν ὑμῖν
τιθείς, παραδεξάμενός τε αὐτῷ χρήσομαι. ὡς
γὰρ ἐγὼ πυνθάνομαι τῶν πρεσβυτέρων, οὐδαμά
κω ἠτρεμίσαμεν, ἐπείτε παρελάβομεν τὴν ἡγεμο-
νίην τήνδε παρὰ Μήδων, Κύρου κατελόντος
Ἀστυάγεα· ἀλλὰ θεός τε οὕτω ἄγει καὶ αὐτοῖσι
ἡμῖν πολλὰ ἐπέπουσι συμφέρεται ἐπὶ τὸ ἄμεινον.
τὰ μέν νυν Κῦρός τε καὶ Καμβύσης πατήρ τε
ἐμὸς Δαρεῖος κατεργάσαντο καὶ προσεκτήσαντο
ἔθνεα, ἐπισταμένοισι εὖ οὐκ ἄν τις λέγοι. ἐγὼ δὲ
ἐπείτε παρέλαβον τὸν θρόνον τοῦτον, ἐφρόντιζον
ὅκως μὴ λείψομαι τῶν πρότερον γενομένων ἐν
τιμῇ τῇδε μηδὲ ἐλάσσω προσκτήσομαι δύναμιν
Πέρσῃσι· φροντίζων δὲ εὑρίσκω ἅμα μὲν κῦδος
τε ἡμῖν προσγινόμενον χώρην τε τῆς νῦν ἐκτήμεθα
οὐκ ἐλάσσονα οὐδὲ φλαυροτέρην παμφορωτέρην
τε, ἅμα δὲ τιμωρίην τε καὶ τίσιν γινομένην. διὸ
ὑμέας νῦν ἐγὼ συνέλεξα, ἵνα τὸ νοέω πρήσσειν

the rebels, in the year after Darius' death. These he subdued, and laid Egypt under a much harder slavery than in the time of Darius; and he committed the governance of it to Achaemenes, his own brother, Darius' son. This Achaemenes, being then viceroy of Egypt, was at a later day[1] slain by a Libyan, Inaros son of Psammetichus.

8. After the conquest of Egypt, purposing now to take in hand the expedition against Athens, Xerxes held an assembly of the noblest among the Persians, convened with special intent, that he might learn their opinions and himself declare his will before them all. When they were assembled, Xerxes spoke to them as follows :—" Persians ! this is no new law of my bringing in and ordaining, but one that I have received and will obey. As I learn from our eldest, we have never yet remained at peace ever since Cyrus deposed Astyages and we won this our lordship from the Medes. It is the will of heaven; and we ourselves win advantage by our many enterprises. Now of the nations that Cyrus and Cambyses and Darius my father subdued and added to our realm, none need tell you; for well you know them. But for myself, ever since I came to this throne, I have taken thought how best I shall not fall short in this honourable place of those that were before me, nor gain for the Persians a lesser power than they; and my thought persuades me, that we may win not only renown, but a land neither less nor worse, but more fertile, than that which we now possess; and not only so, but vengeance and requital withal. For this cause I have now summoned you together, that I may

---

[1] In 460; cp. III. 15.

ὑπερθέωμαι ὑμῖν· μέλλω ξεύξας τὸν Ἑλλήσπον-
τον ἐλᾶν στρατὸν διὰ τῆς Εὐρώπης ἐπὶ τὴν
Ἑλλάδα, ἵνα Ἀθηναίους τιμωρήσωμαι ὅσα δὴ
πεποιήκασι Πέρσας τε καὶ πατέρα τὸν ἐμόν.
ὡρᾶτε μέν νυν καὶ πατέρα τὸν ἐμὸν Δαρεῖον
ἰθύοντα στρατεύεσθαι ἐπὶ τοὺς ἄνδρας τούτους.
ἀλλ' ὃ μὲν τετελεύτηκε καὶ οὐκ ἐξεγένετο αὐτῷ
τιμωρήσασθαι· ἐγὼ δὲ ὑπέρ τε ἐκείνου καὶ τῶν
ἄλλων Περσέων οὐ πρότερον παύσομαι πρὶν ἢ
ἕλω τε καὶ πυρώσω τὰς Ἀθήνας, οἵ γε ἐμὲ καὶ
πατέρα τὸν ἐμὸν ὑπῆρξαν ἄδικα ποιεῦντες. πρῶτα
μὲν ἐς Σάρδις ἐλθόντες, ἅμα Ἀρισταγόρῃ τῷ
Μιλησίῳ δούλῳ δὲ ἡμετέρῳ ἀπικόμενοι, ἐνέπρη-
σαν τά τε ἄλσεα καὶ τὰ ἱρά· δεύτερα δὲ ἡμέας
οἷα ἔρξαν ἐς τὴν σφετέρην ἀποβάντας, ὅτε Δᾶτίς
τε καὶ Ἀρταφρένης ἐστρατήγεον, τὰ ἐπίστασθέ
κου πάντες. τούτων μὲν τοίνυν εἵνεκα ἀνάρτημαι
ἐπ' αὐτοὺς στρατεύεσθαι, ἀγαθὰ δὲ ἐν αὐτοῖσι
τοσάδε ἀνευρίσκω λογιζόμενος· εἰ τούτους τε καὶ
τοὺς τούτοισι πλησιοχώρους καταστρεψόμεθα, οἳ
Πέλοπος τοῦ Φρυγὸς νέμονται χώρην, γῆν τὴν
Περσίδα ἀποδέξομεν τῷ Διὸς αἰθέρι ὁμουρέουσαν.
οὐ γὰρ δὴ χώρην γε οὐδεμίαν κατόψεται ἥλιος
ὅμουρον ἐοῦσαν τῇ ἡμετέρῃ, ἀλλὰ σφέας πάσας
ἐγὼ ἅμα ὑμῖν μίαν χώρην θήσω, διὰ πάσης
διεξελθὼν τῆς Εὐρώπης. πυνθάνομαι γὰρ ὧδε
ἔχειν, οὔτε τινὰ πόλιν ἀνδρῶν οὐδεμίαν οὔτε ἔθνος
οὐδὲν ἀνθρώπων ὑπολείπεσθαι, τὸ ἡμῖν οἷόν τε
ἔσται ἐλθεῖν ἐς μάχην, τούτων τῶν κατέλεξα
ὑπεξαραιρημένων. οὕτω οἵ τε ἡμῖν αἴτιοι ἕξουσι
δούλιον ζυγὸν οἵ τε ἀναίτιοι. ὑμεῖς δ' ἄν μοι τάδε
ποιέοντες χαρίζοισθε· ἐπεὰν ὑμῖν σημήνω τὸν

impart to you my purpose. It is my intent to bridge
the Hellespont and lead my army through Europe to
Hellas, that I may punish the Athenians for what
they have done to the Persians and to my father.
You saw that Darius my father was minded to make
an expedition against these men. But he is dead,
and it was not granted him to punish them; and I,
on his and all the Persians' behalf, will never rest till
I have taken and burnt Athens, for the unprovoked
wrong that its people did to my father and me; first
they came to Sardis with our slave Aristagoras the
Milesian, and burnt the groves and the temples; and
next, how they dealt with us when we landed on
their shores and Datis and Artaphrenes were our
generals, all of you, I think, know. For these
causes then I am resolved to send an army against
them; and thus much advantage, as my reckoning
shows me, we shall gain thereby : if we subdue those
men, and their neighbours who dwell in the land of
Pelops the Phrygian, we shall make the borders of
Persian territory and of the firmament of heaven to
be the same; for no land that the sun beholds will
lie on our borders, but I will make all to be one
country, when I have passed over the whole of
Europe. For, as I learn, there will then be left
neither inhabited city, nor nation of men, that is able
to meet us in battle, if those of whom I speak are
once taken out of our way. Thus they that have
done us wrong and they that have done us none will
alike bear the yoke of slavery. As for you, this
is how you shall best please me : when I declare the

χρόνον ἐς τὸν ἥκειν δεῖ, προθύμως πάντα τινὰ
ὑμέων χρήσει παρεῖναι. ὃς ἂν δὲ ἔχων ἥκῃ παρ-
εσκευασμένον στρατὸν κάλλιστα, δώσω οἱ δῶρα τὰ
τιμιώτατα νομίζεται εἶναι ἐν ἡμετέρου. ποιητέα
μέν νυν ταῦτά ἐστι οὕτω· ἵνα δὲ μὴ ἰδιοβουλεύειν
ὑμῖν δοκέω, τίθημι τὸ πρῆγμα ἐς μέσον, γνώμην
κελεύων ὑμέων τὸν βουλόμενον ἀποφαίνεσθαι."
ταῦτα εἴπας ἐπαύετο.

9. Μετ᾿ αὐτὸν δὲ Μαρδόνιος ἔλεγε "Ὦ δέσποτα,
οὐ μοῦνον εἶς τῶν γενομένων Περσέων ἄριστος
ἀλλὰ καὶ τῶν ἐσομένων, ὃς τά τε ἄλλα λέγων
ἐπίκεο ἄριστα καὶ ἀληθέστατα, καὶ Ἴωνας τοὺς
ἐν τῇ Εὐρώπῃ κατοικημένους οὐκ ἐάσεις κατα-
γελάσαι ἡμῖν ἐόντας ἀναξίους. καὶ γὰρ δεινὸν ἂν
εἴη πρῆγμα, εἰ Σάκας μὲν καὶ Ἰνδοὺς καὶ Αἰθίο-
πάς τε καὶ Ἀσσυρίους ἄλλα τε ἔθνεα πολλὰ καὶ
μεγάλα ἀδικήσαντα Πέρσας οὐδέν, ἀλλὰ δύναμιν
προσκτᾶσθαι βουλόμενοι, καταστρεψάμενοι δού-
λους ἔχομεν, Ἕλληνας δὲ ὑπάρξαντας ἀδικίης
οὐ τιμωρησόμεθα· τί δείσαντες; κοίην πλήθεος
συστροφήν; κοίην δὲ χρημάτων δύναμιν; τῶν
ἐπιστάμεθα μὲν τὴν μάχην, ἐπιστάμεθα δὲ τὴν
δύναμιν ἐοῦσαν ἀσθενέα· ἔχομεν δὲ αὐτῶν παῖδας
καταστρεψάμενοι, τούτους οἳ ἐν τῇ ἡμετέρῃ
κατοικημένοι Ἴωνές τε καὶ Αἰολέες καὶ Δωριέες
καλέονται. ἐπειρήθην δὲ καὶ αὐτὸς ἤδη ἐπ-
ελαύνων ἐπὶ τοὺς ἄνδρας τούτους ὑπὸ πατρὸς τοῦ
σοῦ κελευσθείς, καί μοι μέχρι Μακεδονίης ἐλά-
σαντι καὶ ὀλίγον ἀπολιπόντι ἐς αὐτὰς Ἀθήνας

---

[1] To an oriental all Greeks alike were "Ionians," Persian
Yaunâ ; cp. the "Javan" of the Bible. In Aristoph. *Acharn.*

time for your coming, every one of you must appear,
and with a good will; and whosoever comes with
his army best equipped shall receive from me such
gifts as are reckoned most precious among us. All
this, then, must so be done; but that none may
think that I take counsel of myself alone, I lay the
matter before you all, and bid him who will to declare
his opinion." So spoke Xerxes, and ceased.

9. After him spoke Mardonius, and said:—"Sire,
you surpass not only all Persians that have been but
also all that shall be; for besides that you have dealt
excellently and truly with all other matters, you will
not suffer the Ionians [1] that dwell in Europe to
make a mock of us, which thing they have no right
to do. For it were strange indeed, that we, who
have subdued and made slaves of Sacae and Indians
and Ethiopians and Assyrians and many other great
nations, for no wrong done to the Persians but of
mere desire to add to our power,—that we, I say,
shall not take vengeance on the Greeks for unpro-
voked wrong-doing. What have we to fear from
them? Have they mighty hosts or abundance of
wealth to affright us? Their manner of fighting we
know, and their wealth we know, that it is but little;
and we have conquered and hold their sons, even
those who dwell in our land and are called Ionians
and Aeolians and Dorians. I myself have tried
conclusions with these men, when by your father's
command I marched against them; and I marched
as far as Macedonia and wellnigh to Athens itself,

104 the Persian ambassador addresses a Greek as χαυνόπρωκτ'
Ιαοναῦ.

ἀπικέσθαι οὐδεὶς ἠντιώθη ἐς μάχην. καίτοι γε
ἐώθασι Ἕλληνες, ὡς πυνθάνομαι, ἀβουλότατα
πολέμους ἵστασθαι ὑπό τε ἀγνωμοσύνης καὶ
σκαιότητος. ἐπεὰν γὰρ ἀλλήλοισι πόλεμον
προείπωσι, ἐξευρόντες τὸ κάλλιστον χωρίον καὶ
λειότατον, ἐς τοῦτο κατιόντες μάχονται, ὥστε σὺν
κακῷ μεγάλῳ οἱ νικῶντες ἀπαλλάσσονται· περὶ
δὲ τῶν ἑσσουμένων οὐδὲ λέγω ἀρχήν· ἐξώλεες γὰρ
δὴ γίνονται· τοὺς χρῆν ἐόντας ὁμογλώσσους
κήρυξί τε διαχρεωμένους καὶ ἀγγέλοισι κατα-
λαμβάνειν τὰς διαφορὰς καὶ παντὶ μᾶλλον ἢ
μάχῃσι· εἰ δὲ πάντως ἔδεε πολεμέειν πρὸς ἀλλή-
λους, ἐξευρίσκειν χρῆν τῇ ἑκάτεροι εἰσὶ δυσχει-
ρωτότατοι καὶ ταύτῃ πειρᾶν. τρόπῳ τοίνυν οὐ
χρηστῷ Ἕλληνες διαχρεώμενοι, ἐμέο ἐλάσαντος
μέχρι Μακεδονίης γῆς, οὐκ ἦλθον ἐς τούτου λόγον
ὥστε μάχεσθαι. σοὶ δὲ δὴ μέλλει τίς ὦ βασιλεῦ
ἀντιώσεσθαι πόλεμον προφέρων, ἄγοντι καὶ
πλῆθος τὸ ἐκ τῆς Ἀσίης καὶ νέας τὰς ἁπάσας;
ὡς μὲν ἐγὼ δοκέω, οὐκ ἐς τοῦτο θράσεος ἀνήκει
τὰ Ἑλλήνων πρήγματα· εἰ δὲ ἄρα ἔγωγε ψευ-
σθείην γνώμῃ καὶ ἐκεῖνοι ἐπαερθέντες ἀβουλίῃ
ἔλθοιεν ἡμῖν ἐς μάχην, μάθοιεν ἂν ὡς εἰμὲν
ἀνθρώπων ἄριστοι τὰ πολέμια. ἔστω δ᾽ ὦν
μηδὲν ἀπείρητον· αὐτόματον γὰρ οὐδέν, ἀλλ᾽ ἀπὸ
πείρης πάντα ἀνθρώποισι φιλέει γίνεσθαι."

10. Μαρδόνιος μὲν τοσαῦτα ἐπιλεήνας τὴν
Ξέρξεω γνώμην ἐπέπαυτο· σιωπώντων δὲ τῶν
ἄλλων Περσέων καὶ οὐ τολμώντων γνώμην
ἀποδείκνυσθαι ἀντίην τῇ προκειμένῃ, Ἀρτά-
βανος ὁ Ὑστάσπεος, πάτρως ἐὼν Ξέρξῃ, τῷ δὴ
καὶ πίσυνος ἐὼν ἔλεγε τάδε. "Ὦ βασιλεῦ, μὴ

314

yet none came out to meet me in battle. Yet wars the Greeks do wage, and, as I learn, most senselessly they do it, in their wrongheadedness and folly. When they have declared war against each other, they come down to the fairest and most level ground that they can find and there they fight, so that the victors come not off without great harm; and of the vanquished I say not so much as a word, for they are utterly destroyed. Yet speaking as they do the same language, they should end their disputes by the means of heralds and messengers, and by any way rather than fighting; or if needs must that they war against each other, they should discover each where his strongest defence lies, and there make his essay. The Greek custom, then, is no good one; and when I marched as far as the land of Macedonia, it came not into their thoughts to fight. But against you, O king! who shall make war? For you will have at your back the multitudes of Asia, and all your ships; for myself, I think there is not so much boldness in Hellas as that; but if time should show me wrong in my judgment, and those men were fool-hardy enough to do battle with us, they would be taught that we are the greatest warriors no earth. But whatsoever betide, let us be ever venturesome; for nought comes of itself, and all men's gains are the fruit of adventure."

10. Thus smoothly Mardonius spoke of Xerxes' opinion, and made an end. The rest of the Persians held their peace, not daring to utter any counsel contrary to that which had been given; then spoke Artabanus the son of Hystaspes, who was the king's uncle, and emboldened thereby. "O king," he said,

λεχθεισέων μὲν γνωμέων ἀντιέων ἀλλήλῃσι οὐκ
ἔστι τὴν ἀμείνω αἱρεόμενον ἑλέσθαι, ἀλλὰ δεῖ
τῇ εἰρημένῃ χρᾶσθαι, λεχθεισέων δὲ ἔστι, ὥσπερ
τὸν χρυσὸν τὸν ἀκήρατον αὐτὸν μὲν ἐπ᾽ ἑωυτοῦ
οὐ διαγινώσκομεν, ἐπεὰν δὲ παρατρίψωμεν ἄλλῳ
χρυσῷ, διαγινώσκομεν τὸν ἀμείνω. ἐγὼ δὲ καὶ
πατρὶ τῷ σῷ, ἀδελφεῷ δὲ ἐμῷ Δαρείῳ ἠγόρευον
μὴ στρατεύεσθαι ἐπὶ Σκύθας, ἄνδρας οὐδαμόθι
γῆς ἄστυ νέμοντας. ὁ δὲ ἐλπίζων Σκύθας τοὺς
νομάδας καταστρέψεσθαι ἐμοί τε οὐκ ἐπείθετο,
στρατευσάμενός τε πολλοὺς καὶ ἀγαθοὺς τῆς
στρατιῆς ἀποβαλὼν ἀπῆλθε. σὺ δὲ ὦ βασιλεῦ
μέλλεις ἐπ᾽ ἄνδρας στρατεύεσθαι πολλὸν ἀμείνονας
ἢ Σκύθας, οἳ κατὰ θάλασσάν τε ἄριστοι καὶ κατὰ
γῆν λέγονται εἶναι. τὸ δὲ αὐτοῖσι ἔνεστι δεινόν,
ἐμὲ σοὶ δίκαιον ἐστὶ φράζειν. ζεύξας φῂς τὸν
Ἑλλήσποντον ἐλᾶν στρατὸν διὰ τῆς Εὐρώπης
ἐς τὴν Ἑλλάδα. καὶ δὴ καὶ συνήνεικέ σε ἤτοι
κατὰ γῆν ἢ καὶ κατὰ θάλασσαν ἑσσωθῆναι, ἢ
καὶ κατ᾽ ἀμφότερα· οἱ γὰρ ἄνδρες λέγονται εἶναι
ἄλκιμοι, πάρεστι δὲ καὶ σταθμώσασθαι, εἰ
στρατιήν γε τοσαύτην σὺν Δάτι καὶ Ἀρταφρένεϊ
ἐλθοῦσαν ἐς τὴν Ἀττικὴν χώρην μοῦνοι Ἀθη-
ναῖοι διέφθειραν. οὔκων ἀμφοτέρῃ σφι ἐχώρησε.
ἀλλ᾽ ἢν τῇσι νηυσὶ ἐμβάλωσι καὶ νικήσαντες
ναυμαχίῃ πλέωσι ἐς τὸν Ἑλλήσποντον καὶ
ἔπειτα λύσωσι τὴν γέφυραν, τοῦτο δὴ βασιλεῦ
γίνεται δεινόν. ἐγὼ δὲ οὐδεμιῇ σοφίῃ οἰκηίῃ
αὐτὸς ταῦτα συμβάλλομαι, ἀλλ᾽ οἷον κοτὲ ἡμέας
ὀλίγου ἐδέησε καταλαβεῖν πάθος, ὅτε πατὴρ

"if opinions opposite the one to the other be not uttered, it is not possible that choice should find the better, but that one which has been spoken must be followed; but if they be spoken, the better can be found; even as the purity of gold cannot of itself be discerned, but when gold by rubbing [1] is compared with gold, we then discern the better. Now I forbade Darius, your father and my brother, to lead his army against the Scythians, who have no cities anywhere to dwell in. But he, in his hope to subdue the nomad Scythians, would not be guided by me; he led his army, and returned from that expedition with the loss of many gallant men of his host. You, O king! are purposing to lead your armies against men far better than the Scythians—men who are said to be most doughty warriors by sea and land; and it is right that I should show to you what danger lies therein. You will bridge the Hellespont (so you say) and march your army through Europe to Hellas. Now I will suppose that matters have so fallen out that you are worsted either by land or by sea, or even both; for the men are said to be valiant, and well may we guess that it is so, seeing that so great a host, that followed Datis and Artaphrenes to Attica, was destroyed by the Athenians alone. Be it, then, granted that they win not success both by sea and by land; but if they attack with their ships and prevail in a sea-fight, and then sail to the Hellespont and thereafter break your bridge, that, O king, is the hour of peril. It is from no wisdom of my own that I thus conjecture; it is because I know what disaster was that which wellnigh once overtook us, when

---

[1] *i.e.* rubbing against the touchstone, which would be stained by pure gold.

HERODOTUS

σὸς ζεύξας Βόσπορον τὸν Θρηίκιον, γεφυρώσας
δὲ ποταμὸν Ἴστρον διέβη ἐπὶ Σκύθας. τότε
παντοῖοι ἐγένοντο Σκύθαι δεόμενοι Ἰώνων λῦσαι
τὸν πόρον, τοῖσι ἐπετέτραπτο ἡ φυλακὴ τῶν
γεφυρέων τοῦ Ἴστρου. καὶ τότε γε Ἱστιαῖος ὁ
Μιλήτου τύραννος εἰ ἐπέσπετο τῶν ἄλλων τυράν-
νων τῇ γνώμῃ μηδὲ ἠναντιώθη, διέργαστο ἂν τὰ
Περσέων πρήγματα. καίτοι καὶ λόγῳ ἀκοῦσαι
δεινόν, ἐπ’ ἀνδρί γε ἑνὶ πάντα τὰ βασιλέος
πρήγματα γεγενῆσθαι. σὺ ὦν μὴ βούλευ ἐς
κίνδυνον μηδένα τοιοῦτον ἀπικέσθαι μηδεμιῆς
ἀνάγκης ἐούσης, ἀλλὰ ἐμοὶ πείθευ. νῦν μὲν τὸν
σύλλογον τόνδε διάλυσον· αὖτις δέ, ὅταν τοι
δοκέῃ, προσκεψάμενος ἐπὶ σεωυτοῦ προαγόρευε
τά τοι δοκέει εἶναι ἄριστα. τὸ γὰρ εὖ βουλεύ-
εσθαι κέρδος μέγιστον εὑρίσκω ἐόν· εἰ γὰρ καὶ
ἐναντιωθῆναί τι θέλει, βεβούλευται μὲν οὐδὲν
ἧσσον εὖ, ἔσσωται δὲ ὑπὸ τῆς τύχης τὸ βούλευμα·
ὁ δὲ βουλευσάμενος αἰσχρῶς, εἰ οἱ ἡ τύχη ἐπί-
σποιτο, εὕρημα εὕρηκε, ἧσσον δὲ οὐδέν οἱ κακῶς
βεβούλευται. ὁρᾷς τὰ ὑπερέχοντα ζῷα ὡς κε-
ραυνοῖ ὁ θεὸς οὐδὲ ἐᾷ φαντάζεσθαι, τὰ δὲ σμικρὰ
οὐδέν μιν κνίζει· ὁρᾷς δὲ ὡς ἐς οἰκήματα τὰ
μέγιστα αἰεὶ καὶ δένδρεα τὰ τοιαῦτα ἀποσκήπτει
τὰ βέλεα· φιλέει γὰρ ὁ θεὸς τὰ ὑπερέχοντα πάντα
κολούειν. οὕτω δὲ καὶ στρατὸς πολλὸς ὑπὸ
ὀλίγου διαφθείρεται κατὰ τοιόνδε· ἐπεάν σφι ὁ
θεὸς φθονήσας φόβον ἐμβάλῃ ἢ βροντήν, δι’ ὦν
ἐφθάρησαν ἀναξίως ἑωυτῶν. οὐ γὰρ ἐᾷ φρονέειν
μέγα ὁ θεὸς ἄλλον ἢ ἑωυτόν. ἐπειχθῆναι μέν νυν
πᾶν πρῆγμα τίκτει σφάλματα, ἐκ τῶν ζημίαι

318

your father, making a highway over the Thracian
Bosporus, and bridging the river Ister, crossed over to
attack the Scythians. At that time the Scythians
used every means of entreating the Ionians, who had
been charged to guard the bridges of the Ister, to
break the way of passage [1]; and then, if Histiaeus the
despot of Miletus had consented to the opinion of the
other despots and not withstood it, the power of Persia
had perished. Yet it were a thing of dread even in
the telling, that one, and he but a man, should hold in
his hand all the king's fortunes. Do you then make
no plan to run into any such danger, when there is
no need therefor, but be ruled by me : for the nonce,
dismiss this assembly; and presently, whenever you
so please, having first considered the matter by
yourself, declare what seems to you best. A well-
laid plan is ever to my mind most profitable ; for even
though it be thwarted later, yet none the less has the
plan been good, and it is but chance that has baffled
the design; but he that has made a sorry plan has
gotten, if fortune favour him, but a chance prize, and
none the less has his plan been evil. You see how
the god smites with his thunderbolt creatures of
greatness more than common, nor suffers them to
display their pride, but such as are little move him
not to anger; and you see how it is ever on the
tallest buildings and trees that his bolts fall ; for it is
heaven's way to bring low all things of surpassing
bigness. Thus a numerous host is destroyed by one
that is lesser, the god of his jealousy sending panic
fear or thunderbolt among them, whereby they do
unworthily perish ; for the god suffers pride in none
but himself. Now haste is ever the parent of failure,

---

[1] Cp. IV. 136 ff.

μεγάλαι φιλέουσι γίνεσθαι· ἐν δὲ τῷ ἐπισχεῖν
ἔνεστι ἀγαθά, εἰ μὴ παραυτίκα δοκέοντα εἶναι,
ἀλλ᾽ ἀνὰ χρόνον ἐξεύροι τις ἄν. σοὶ μὲν δὴ ταῦτα
ὦ βασιλεῦ συμβουλεύω· σὺ δέ, ὦ παῖ Γοβρύεω
Μαρδόνιε, παῦσαι λέγων λόγους ματαίους περὶ
Ἑλλήνων οὐκ ἐόντων ἀξίων φλαύρως ἀκούειν.
Ἕλληνας γὰρ διαβάλλων ἐπαείρεις αὐτὸν βασιλέα
στρατεύεσθαι· αὐτοῦ δὲ τούτου εἵνεκα δοκέεις μοι
πᾶσαν προθυμίην ἐκτείνειν. μή νυν οὕτω γένηται.
διαβολὴ γὰρ ἐστὶ δεινότατον· ἐν τῇ δύο μὲν εἰσὶ
οἱ ἀδικέοντες, εἷς δὲ ὁ ἀδικεόμενος. ὁ μὲν γὰρ
διαβάλλων ἀδικέει οὐ παρεόντι κατηγορέων, ὃ δὲ
ἀδικέει ἀναπειθόμενος πρὶν ἢ ἀτρεκέως ἐκμάθῃ·
ὁ δὲ δὴ ἀπεὼν τοῦ λόγου τάδε ἐν αὐτοῖσι ἀδι-
κέεται, διαβληθείς τε ὑπὸ τοῦ ἑτέρου καὶ νομισθεὶς
πρὸς τοῦ ἑτέρου κακὸς εἶναι. ἀλλ᾽ εἰ δὴ δεῖ γε
πάντως ἐπὶ τοὺς ἄνδρας τούτους στρατεύεσθαι,
φέρε, βασιλεὺς μὲν αὐτὸς ἐν ἤθεσι τοῖσι Περσέων
μενέτω, ἡμέων δὲ ἀμφοτέρων παραβαλλομένων τὰ
τέκνα, στρατηλάτεε αὐτὸς σὺ ἐπιλεξάμενός τε
ἄνδρας τοὺς ἐθέλεις καὶ λαβὼν στρατιὴν ὁκόσην
τινὰ βούλεαι. καὶ ἢν μὲν τῇ σὺ λέγεις ἀναβαίνῃ
βασιλέϊ τὰ πρήγματα, κτεινέσθων οἱ ἐμοὶ παῖδες,
πρὸς δὲ αὐτοῖσι καὶ ἐγώ· ἢν δὲ τῇ ἐγὼ προλέγω,
οἱ σοὶ ταῦτα πασχόντων, σὺν δέ σφι καὶ σύ, ἢν
ἀπονοστήσῃς. εἰ δὲ ταῦτα μὲν ὑποδύνειν οὐκ
ἐθελήσεις, σὺ δὲ πάντως στράτευμα ἀνάξεις ἐπὶ
τὴν Ἑλλάδα, ἀκούσεσθαι τινὰ φημὶ τῶν αὐτοῦ
τῇδε ὑπολειπομένων Μαρδόνιον, μέγα τι κακὸν
ἐξεργασάμενον Πέρσας, ὑπὸ κυνῶν τε καὶ ὀρνίθων
διαφορεύμενον ἤ κου ἐν γῇ τῇ Ἀθηναίων ἢ σέ γε ἐν
τῇ Λακεδαιμονίων, εἰ μὴ ἄρα καὶ πρότερον κατ᾽

whereof grievous hurts are apt to come; but in waiting there is good, which in due time shall appear, though in the present it seem not so. This, O king, is my counsel to you. But to you I say, Mardonius son of Gobryas! cease from foolish speaking about the Greeks, for they deserve not to be maligned. It is by speaking calumniously of the Greeks that you would hearten the king to send this expedition; and that, methinks, is the end to which you press with all eagerness. Nay, let it not be so. Calumny is a very gross business; there are two in it that do and one that suffers wrong. He that utters the calumny wrongs another, accusing an absent man, and the other does a wrong likewise in that he is overpersuaded before he has learnt the whole truth; and he that is absent and hears not what is said of him suffers wrong in the matter, being maligned by the one and condemned by the other. Nay, if an army must by all means be sent against these Greeks, hear me now: Let the king himself abide in the Persian land, and let us two stake our children's lives upon it; then do you lead out the army, choosing what men you will and taking as great an armament as you desire; and if it fare with the king's fortunes as you say it will, let my sons be slain, and myself too with them; but if the issue be as I foretell, let your sons be so treated, and you likewise, if you return. But if you will not submit yourself to this, and will at all hazards lead your army overseas to Hellas, then I think that they who are left behind in this place will hear that Mardonius has wrought great harm to Persia, and is torn asunder by dogs and birds in the land of Athens or of Lacedaemon, if not peradventure ere that on

ὁδόν, γνόντα ἐπ' οἵους ἄνδρας ἀναγινώσκεις
στρατεύεσθαι βασιλέα."

11. Ἀρτάβανος μὲν ταῦτα ἔλεξε, Ξέρξης δὲ
θυμωθεὶς ἀμείβεται τοῖσιδε. "'Ἀρτάβανε, πατρὸς
εἶς τοῦ ἐμοῦ ἀδελφεός· τοῦτό σε ῥύσεται μηδένα
ἄξιον μισθὸν λαβεῖν ἐπέων ματαίων. καί τοι
ταύτην τὴν ἀτιμίην προστίθημι ἐόντι κακῷ καὶ
ἀθύμῳ, μήτε συστρατεύεσθαι ἔμοιγε ἐπὶ τὴν
Ἑλλάδα αὐτοῦ τε μένειν ἅμα τῇσι γυναιξί· ἐγὼ
δὲ καὶ ἄνευ σέο ὅσα περ εἶπα ἐπιτελέα ποιήσω.
μὴ γὰρ εἴην ἐκ Δαρείου τοῦ Ὑστάσπεος τοῦ Ἀρ-
σάμεος τοῦ Ἀριαράμνεω τοῦ Τεΐσπεος τοῦ Κύρου
τοῦ Καμβύσεω τοῦ Τεΐσπεος τοῦ Ἀχαιμένεος
γεγονώς, μὴ τιμωρησάμενος Ἀθηναίους, εὖ ἐπιστά-
μενος ὅτι εἰ ἡμεῖς ἡσυχίην ἄξομεν, ἀλλ' οὐκ
ἐκεῖνοι, ἀλλὰ καὶ μάλα στρατεύσονται ἐπὶ τὴν
ἡμετέρην, εἰ χρὴ σταθμώσασθαι τοῖσι ὑπαργμέ-
νοισι ἐξ ἐκείνων, οἳ Σάρδις τε ἐνέπρησαν καὶ
ἤλασαν ἐς τὴν Ἀσίην. οὔκων ἐξαναχωρέειν
οὐδετέροισι δυνατῶς ἔχει, ἀλλὰ ποιέειν ἢ παθεῖν
πρόκειται ἀγών, ἵνα ἢ τάδε πάντα ὑπὸ Ἕλλησι
ἢ ἐκεῖνα πάντα ὑπὸ Πέρσῃσι γένηται· τὸ γὰρ
μέσον οὐδὲν τῆς ἔχθρης ἐστί. καλὸν ὦν προπε-
πονθότας ἡμέας τιμωρέειν ἤδη γίνεται, ἵνα καὶ τὸ
δεινὸν τὸ πείσομαι τοῦτο μάθω, ἐλάσας ἐπ' ἄνδρας
τούτους, τούς γε καὶ Πέλοψ ὁ Φρύξ, ἐὼν πατέρων

---

[1] The first seven names represent two parallel lines of
descent from Teïspes son of Achaemenes (except that the
first "Teïspes" is a fiction), which Herodotus has apparently
fused into one direct line. Xerxes could claim descent from
both, in virtue of his mother Atossa, Cyrus' daughter; hence

the way thither; and that thus you have learnt what
manner of men are they whom you would persuade
the king to attack."

11. Thus spoke Artabanus. But Xerxes answered
in wrath, "Artabanus, you are my father's brother;
that shall save you from receiving the fit reward
of foolish words. Yet for your craven lack of spirit
I lay upon you this disgrace, that you shall not go
with me and my army against Hellas, but abide
here with the women; and I myself will accomplish
all that I have said, with no help from you. For
may I not be the son of Darius, who was the son of
Hystaspes, who was the son of Arsames, who was the
son of Ariaramnes, who was the son of Teïspes, who
was the son of Cyrus, who was the son of Cambyses,
who was the son of Teïspes, who was the son of Achae-
menes,[1] if I do not avenge me on the Athenians;
well knowing, that if we remain at peace, yet so
will not they, but will assuredly invade our country,
if we may infer from what they have done already, for
they burnt Sardis and marched into Asia. Where-
fore, it is not possible for either of us to turn back;
to do or suffer is our task, that what is ours be under
the Greeks, or what is theirs under the Persians;
there is no middle way in our quarrel. Honour
then demands that we avenge ourselves for what
has been done to us; thus shall I learn what is this
evil that will befal me when I march against these
Greeks—men that even Pelops the Phrygian, the

perhaps the confusion. For a complete discussion see How
and Wells, Appendix IV. It may be remembered that
Herodotus probably deals with Egyptian chronology in the
same way, making a sequence out of lists of kings some of
whom were contemporaries.

HERODOTUS

τῶν ἐμῶν δοῦλος, κατεστρέψατο οὕτω ὡς καὶ ἐς
τόδε αὐτοί τε ὤνθρωποι καὶ ἡ γῆ αὐτῶν ἐπώνυμοι
τοῦ καταστρεψαμένου καλέονται."

12. Ταῦτα μὲν ἐπὶ τοσοῦτο ἐλέγετο. μετὰ δὲ
εὐφρόνη τε ἐγίνετο καὶ Ξέρξην ἔκνιζε ἡ Ἀρταβά-
νου γνώμη· νυκτὶ δὲ βουλὴν διδοὺς πάγχυ εὕρισκέ
οἱ οὐ πρῆγμα εἶναι στρατεύεσθαι ἐπὶ τὴν Ἑλλάδα.
δεδογμένων δέ οἱ αὖτις τούτων κατύπνωσε, καὶ δή
κου ἐν τῇ νυκτὶ εἶδε ὄψιν τοιήνδε, ὡς λέγεται ὑπὸ
Περσέων· ἐδόκεε ὁ Ξέρξης ἄνδρα οἱ ἐπιστάντα
μέγαν τε καὶ εὐειδέα εἰπεῖν "Μετὰ δὴ βουλεύεαι,
ὦ Πέρσα, στράτευμα μὴ ἄγειν ἐπὶ τὴν Ἑλλάδα,
προείπας ἁλίζειν Πέρσας στρατόν; οὔτε ὦν μετα-
βουλευόμενος ποιέεις εὖ οὔτε ὁ συγγνωσόμενός τοι
πάρα· ἀλλ' ὥσπερ τῆς ἡμέρης ἐβουλεύσαο ποιέειν,
ταύτην ἴθι τῶν ὁδῶν."

13. Τὸν μὲν ταῦτα εἰπόντα ἐδόκεε ὁ Ξέρξης
ἀποπτάσθαι, ἡμέρης δὲ ἐπιλαμψάσης ὀνείρου μὲν
τούτου λόγον οὐδένα ἐποιέετο, ὁ δὲ Περσέων
συναλίσας τοὺς καὶ πρότερον συνέλεξε, ἔλεξέ σφι
τάδε. "Ἄνδρες Πέρσαι, συγγνώμην μοι ἔχετε ὅτι
ἀγχίστροφα βουλεύομαι· φρενῶν τε γὰρ ἐς τὰ ἐμε-
ωυτοῦ πρῶτα οὔκω ἀνήκω, καὶ οἱ παρηγορεόμενοι
ἐκεῖνα ποιέειν οὐδένα χρόνον μευ ἀπέχονται.
ἀκούσαντι μέντοι μοι τῆς Ἀρταβάνου γνώμης
παραυτίκα μὲν ἡ νεότης ἐπέζεσε, ὥστε ἀεικέστερα
ἀπορρίψαι ἔπεα ἐς ἄνδρα πρεσβύτερον ἢ χρεόν·
νῦν μέντοι συγγνοὺς χρήσομαι τῇ ἐκείνου γνώμῃ.
ὡς ὦν μεταδεδογμένον μοι μὴ στρατεύεσθαι ἐπὶ
τὴν Ἑλλάδα, ἥσυχοι ἔστε."

14. Πέρσαι μὲν ὡς ἤκουσαν ταῦτα, κεχαρηκότες

slave of my forefathers, did so utterly subdue that
to this day they and their country are called by the
name of their conqueror."

12. So far discourse went; and presently came the
night-time, and Xerxes was pricked by the counsel
of Artabanus; and taking counsel of night, he saw
clearly that to send an army against Hellas was none
of his business. Having made this second resolve
he fell asleep; then it would appear (for so the
Persians say) that in the night he saw this vision:
It seemed to Xerxes that a tall and goodly man
stood over him and said, " Art thou then changing
thy counsel, Persian, and wilt not lead thine army
against Hellas, albeit thou hast proclaimed the
mustering of thy host? thou dost not well to change
thy counsel, nor will he that thou seest pardon thee
for it; nay, let thy course be according to thy
design of yesterday."

13. Thus the vision spake, and seemed to Xerxes
to vanish away; but when day dawned the king
took no account of this dream, but assembling the
Persians whom he had before gathered together, he
thus addressed them: " Forgive me, Persians! for
that I turn and twist in my purpose; for I am not
yet come to the fulness of my wisdom, and they are
ever with me who exhort me to do as I said. 'Tis
true that when I heard Artabanus' opinion my
youthful spirit did for the nonce take fire, whereby
there brake from me an unseemly and wrongful
answer to one older than myself; yet now I see my
fault and will follow his judgment. Know there-
fore that my purpose of marching against Hellas is
changed, and abide in peace."

14. When the Persians heard that, they rejoiced,

προσεκύνεον. νυκτὸς δὲ γενομένης αὖτις τὠυτὸ
ὄνειρον τῷ Ξέρξῃ κατυπνωμένῳ ἔλεγε ἐπιστάν· "Ὦ
παῖ Δαρείου, καὶ δὴ φαίνεαι ἐν Πέρσῃσί τε ἀπειπά-
μενος τὴν στρατηλασίην καὶ τὰ ἐμὰ ἔπεα ἐν οὐδενὶ
ποιησάμενος λόγῳ ὡς παρ' οὐδενὸς ἀκούσας; εὖ
νυν τόδ' ἴσθι· ἤν περ μὴ αὐτίκα στρατηλατέῃς,
τάδε τοι ἐξ αὐτῶν ἀνασχήσει· ὡς καὶ μέγας καὶ
πολλὸς ἐγένεο ἐν ὀλίγῳ χρόνῳ, οὕτω καὶ ταπεινὸς
ὀπίσω κατὰ τάχος ἔσεαι."

15. Ξέρξης μὲν περιδεὴς γενόμενος τῇ ὄψι
ἀνά τε ἔδραμε ἐκ τῆς κοίτης καὶ πέμπει ἄγγελον
ἐπὶ Ἀρτάβανον καλέοντα· ἀπικομένῳ δέ οἱ ἔλεγε
Ξέρξης τάδε. "Ἀρτάβανε, ἐγὼ τὸ παραυτίκα
μὲν οὐκ ἐσωφρόνεον εἴπας ἐς σὲ μάταια ἔπεα
χρηστῆς εἵνεκα συμβουλίης· μετὰ μέντοι οὐ πολ-
λὸν χρόνον μετέγνων, ἔγνων δὲ ταῦτά μοι ποιητέα
ἐόντα τὰ σὺ ὑπεθήκαο. οὔκων δυνατός τοι εἰμὶ
ταῦτα βουλόμενος ποιέειν· τετραμμένῳ γὰρ δὴ καὶ
μετεγνωκότι ἐπιφοιτέον ὄνειρον φαντάζεταί μοι
οὐδαμῶς συνεπαινέον ποιέειν με ταῦτα· νῦν δὲ καὶ
διαπειλῆσαν οἴχεται. εἰ ὦν θεός ἐστι ὁ ἐπιπέμπων
καί οἱ πάντως ἐν ἡδονῇ ἐστι γενέσθαι στρατηλασίην
ἐπὶ Ἑλλάδα, ἐπιπτήσεται καὶ σοὶ τὠυτὸ τοῦτο
ὄνειρον, ὁμοίως καὶ ἐμοὶ ἐντελλόμενον. εὑρίσκω
δὲ ὧδ' ἂν γινόμενα ταῦτα, εἰ λάβοις τὴν ἐμὴν
σκευὴν πᾶσαν καὶ ἐνδὺς μετὰ τοῦτο ἵζοιο ἐς τὸν
ἐμὸν θρόνον, καὶ ἔπειτα ἐν κοίτῃ τῇ ἐμῇ κατυπνώ-
σειας."

16. Ξέρξης μὲν ταῦτά οἱ ἔλεγε· Ἀρτάβανος δὲ
οὐ πρώτῳ κελεύσματι πειθόμενος, οἷα οὐκ ἀξιεύμε-
νος ἐς τὸν βασιλήιον θρόνον ἵζεσθαι, τέλος ὡς ἠναγ-
κάζετο εἴπας τάδε ἐποίεε τὸ κελευόμενον. "Ἴσον

and did obeisance. But when night came on, the same vision stood again over Xerxes as he slept, and said, "Son of Darius, hast thou then plainly renounced thine army's march before the Persians, and made my words of no account, as though thou hadst not heard them? Know then this for a surety: if thou leadest not thine army forthwith, this shall be the outcome of it, that as a little while made thee great and mighty, so in a moment shalt thou be brought low again."

15. Greatly affrighted by the vision, Xerxes leapt up from his bed, and sent a messenger to Artabanus to call him; and when he came, "Artabanus," said Xerxes, "for the moment my right judgment forsook me, and I answered your good counsel with foolish words; but after no long time I repented, and saw that it was right for me to follow your advice. Yet, though I desire, I cannot do it; for since I have turned me and repented, a vision comes haunting my sight, that will in no wise consent that I should do as you counsel; and even now it has gone with a threat. Now if it be a god that sends the vision, and it be his full pleasure that there be this expedition against Hellas, that same dream will hover about you and lay on you the same charge as on me; and I am persuaded that this is likeliest to be, if you take all my attire and sit so clothed upon my throne, and presently lie down to sleep in my bed."

16. Thus said Xerxes; Artabanus would not obey the first command, thinking it was not for him to sit on the royal throne; at last he was compelled, and did as he was bidden, saying first: "O king,

327

ἐκεῖνο ὦ βασιλεῦ παρ' ἐμοὶ κέκριται, φρονέειν τε εὖ
καὶ τῷ λέγοντι χρηστὰ ἐθέλειν πείθεσθαι· τά σε
καὶ ἀμφότερα περιήκοντα ἀνθρώπων κακῶν ὁμι-
λίαι σφάλλουσι, κατά περ τὴν πάντων χρησιμω-
τάτην ἀνθρώποισι θάλασσαν πνεύματα φασὶ
ἀνέμων ἐμπίπτοντα οὐ περιορᾶν φύσι τῇ ἑωυτῆς
χρᾶσθαι. ἐμὲ δὲ ἀκούσαντα πρὸς σεῦ κακῶς οὐ
τοσοῦτο ἔδακε λύπη ὅσον γνωμέων δύο προκειμε-
νέων Πέρσῃσι, τῆς μὲν ὕβριν αὐξανούσης, τῆς δὲ
καταπαυούσης καὶ λεγούσης ὡς κακὸν εἴη διδά-
σκειν τὴν ψυχὴν πλέον τι δίζησθαι αἰεὶ ἔχειν τοῦ
παρεόντος, τοιουτέων προκειμενέων γνωμέων ὅτι
τὴν σφαλερωτέρην σεωυτῷ τε καὶ Πέρσῃσι ἀναιρέο.
νῦν ὦν, ἐπειδὴ τέτραψαι ἐπὶ τὴν ἀμείνω, φῄς τοι
μετιέντι τὸν ἐπ' Ἕλληνας στόλον ἐπιφοιτᾶν ὄνειρον
θεοῦ τινος πομπῇ, οὐκ ἐῶντά σε καταλύειν τὸν
στόλον. ἀλλ' οὐδὲ ταῦτα ἐστι, ὦ παῖ, θεῖα. ἐνύπνια
γὰρ τὰ ἐς ἀνθρώπους πεπλανημένα τοιαῦτα ἐστὶ οἷά
σε ἐγὼ διδάξω, ἔτεσι σεῦ πολλοῖσι πρεσβύτερος
ἐών· πεπλανῆσθαι αὗται μάλιστα ἐώθασι αἱ
ὄψιες τῶν ὀνειράτων, τά τις ἡμέρης φροντίζει.
ἡμεῖς δὲ τὰς πρὸ τοῦ ἡμέρας ταύτην τὴν στρατη-
λασίην καὶ τὸ κάρτα εἴχομεν μετὰ χεῖρας. εἰ δὲ
ἄρα μή ἐστι τοῦτο τοιοῦτο οἷον ἐγὼ διαιρέω,
ἀλλά τι τοῦ θείου μετέχον, σὺ πᾶν αὐτὸ συλ-
λαβὼν εἴρηκας· φανήτω γὰρ δὴ καὶ ἐμοὶ ὡς καὶ
σοὶ διακελευόμενον. φανῆναι δὲ οὐδὲν μᾶλλόν
μοι ὀφείλει ἔχοντι τὴν σὴν ἐσθῆτα ἢ οὐ καὶ τὴν
ἐμήν, οὐδέ τι μᾶλλον ἐν κοίτῃ τῇ σῇ ἀναπαυομένῳ
ἢ οὐ καὶ ἐν τῇ ἐμῇ, εἴ πέρ γε καὶ ἄλλως ἐθέλει
φανῆναι. οὐ γὰρ δὴ ἐς τοσοῦτό γε εὐηθείης

I judge it of equal worth whether a man be wise, or
be willing to obey good counsel; to both of these
you have attained, but evil communications are your
bane; even as the sea, who is of all creatures the
most serviceable to men, is hindered (they say) from
following his natural bent by the blasts of winds
that fall upon him. But for myself—it was not the
hard words I had from you that stung me so much
as this, that when two opinions were laid before the
Persians, the one tending to the increase of pride,
and the other to its abatement, showing how evil a
thing it is to teach the heart continual desire of more
than it has, of these two opinions you preferred that
one which was most fraught with danger to yourself
and the Persians. Now, therefore, since you are
turned to the better opinion, you say that while you
would renounce your expedition against the Greeks
you are haunted by a dream sent by some god,
which forbids you to leave off from the expedition.
But you err again, my son; this is none of heaven's
working. The roving dreams that visit men are of
such nature as you shall learn of me, that am many
years older than you. Those visions that rove about
us in dreams are for the most part the thoughts of
the day; and in these latter days we have been very
earnestly busied about this expedition. But if
nevertheless this be not such as I determine, and
have in it somewhat of heaven's will, then you have
spoken the conclusion of the matter; let it appear
to me even as it has to you, and utter its command;
but if it has ever a mind to appear, I must needs
see it none the more by virtue of wearing your dress
instead of mine, and sleeping in your bed rather
than my own. Whatever be this that appears to

ἀνήκει τοῦτο, ὅ τι δή κοτε ἐστί, τὸ ἐπιφαινόμενόν
τοι ἐν τῷ ὕπνῳ, ὥστε δόξει ἐμὲ ὁρῶν σὲ εἶναι, τῇ
σῇ ἐσθῆτι τεκμαιρόμενον. εἰ δὲ ἐμὲ μὲν ἐν οὐδενὶ
λόγῳ ποιήσεται οὐδὲ ἀξιώσει ἐπιφανῆναι, οὔτε ἢν
τὴν ἐμὴν ἐσθῆτα ἔχω οὔτε ἢν τὴν σήν, οὐδὲ ἐπι-
φοιτήσει, τοῦτο ἤδη μαθητέον ἔσται. εἰ γὰρ δὴ
ἐπιφοιτήσει γε συνεχέως, φαίην ἂν καὶ αὐτὸς
θεῖον εἶναι. εἰ δέ τοι οὕτω δεδόκηται γίνεσθαι
καὶ οὐκ οἷά τε αὐτὸ παρατρέψαι, ἀλλ᾽ ἤδη δεῖ ἐμὲ
ἐν κοίτῃ τῇ σῇ κατυπνῶσαι, φέρε, τούτων ἐξ ἐμεῦ
ἐπιτελευμένων φανήτω καὶ ἐμοί. μέχρι δὲ τούτου
τῇ παρεούσῃ γνώμῃ χρήσομαι."

17. Τοσαῦτα εἴπας Ἀρτάβανος, ἐλπίζων Ξέρξην
ἀποδέξειν λέγοντα οὐδέν, ἐποίεε τὸ κελευόμενον.
ἐνδὺς δὲ τὴν Ξέρξεω ἐσθῆτα καὶ ἱζόμενος ἐς
τὸν βασιλήιον θρόνον ὡς μετὰ ταῦτα κοῖτον
ἐποιέετο, ἦλθέ οἱ κατυπνωμένῳ τὠυτὸ ὄνειρον τὸ
καὶ παρὰ Ξέρξην ἐφοίτα, ὑπερστὰν δὲ τοῦ Ἀρτα-
βάνου εἶπε· "Ἆρα σὺ δὴ κεῖνος εἶς ὁ ἀποσπεύδων
Ξέρξην στρατεύεσθαι ἐπὶ τὴν Ἑλλάδα ὡς δὴ
κηδόμενος αὐτοῦ; ἀλλ᾽ οὔτε ἐς τὸ μετέπειτα οὔτε
ἐς τὸ παραυτίκα νῦν καταπροΐξεαι ἀποτράπων τὸ
χρεὸν γενέσθαι. Ξέρξην δὲ τὰ δεῖ ἀνηκουστέοντα
παθεῖν, αὐτῷ ἐκείνῳ δεδήλωται."

18. Ταῦτά τε ἐδόκεε Ἀρτάβανος τὸ ὄνειρον
ἀπειλέειν καὶ θερμοῖσι σιδηρίοισι ἐκκαίειν αὐτοῦ
μέλλειν τοὺς ὀφθαλμούς. καὶ ὃς ἀμβώσας μέγα
ἀναθρώσκει, καὶ παριζόμενος Ξέρξῃ, ὡς τὴν ὄψιν
οἱ τοῦ ἐνυπνίου διεξῆλθε ἀπηγεόμενος, δεύτερά οἱ
λέγει τάδε. "Ἐγὼ μέν, ὦ βασιλεῦ, οἷα ἄνθρωπος
ἰδὼν ἤδη πολλά τε καὶ μεγάλα πεσόντα πρήγ-
ματα ὑπὸ ἡσσόνων, οὐκ ἔων σε τὰ πάντα τῇ

you in your sleep, assuredly it has not come to such folly as to infer from your dress that I am you, when it sees me. We are now to learn if it will take no account of me and not deign to appear and haunt me, whether I wear your robes or my own; for if indeed it will continually be coming, I myself would say that it is of heaven's sending. But if you are resolved that so this must be done, and there is no averting it, but it has come to this pass, that I must lie down to sleep in your bed, so let it be; this duty I will fulfil, and let the vision appear also to me. But till then I will keep my present opinion."

17. So saying, Artabanus did as he was bidden, hoping to prove Xerxes' words vain; he put on Xerxes' robes and sat on the king's throne. Presently while he slumbered there came to him in his sleep the same dream that had haunted Xerxes, and standing over him thus it spoke: "Art thou then he that would dissuade Xerxes from marching against Hellas, thinking so to protect him? But neither hereafter nor now shalt thou go scathless for striving to turn aside that which must be. To Xerxes himself hath it been declared what shall befal him, if he disobey."

18. With this threat (so it seemed to Artabanus) the vision made as though it would burn his eyes with hot irons, and he leapt up with a loud cry; then sitting by Xerxes he told him all the tale of what he had seen in his dream, and next he said: "O king, having seen, as much as a man may, how the greater has often been brought low by the less, I was loath that you should always give the rein to your youthful

HERODOTUS

ἡλικίῃ εἴκειν, ἐπιστάμενος ὡς κακὸν εἴη τὸ πολλῶν
ἐπιθυμέειν, μεμνημένος μὲν τὸν ἐπὶ Μασσαγέτας
Κύρου στόλον ὡς ἔπρηξε, μεμνημένος δὲ καὶ τὸν ἐπ᾽
Αἰθίοπας τὸν Καμβύσεω, συστρατευόμενος δὲ καὶ
Δαρείῳ ἐπὶ Σκύθας. ἐπιστάμενος ταῦτα γνώμην
εἶχον ἀτρεμίζοντά σε μακαριστὸν εἶναι πρὸς
πάντων ἀνθρώπων. ἐπεὶ δὲ δαιμονίη τις γίνεται
ὁρμή, καὶ Ἕλληνας, ὡς οἶκε, καταλαμβάνει τις
φθορὴ θεήλατος, ἐγὼ μὲν καὶ αὐτὸς τράπομαι καὶ
τὴν γνώμην μετατίθεμαι, σὺ δὲ σήμηνον μὲν
Πέρσῃσι τὰ ἐκ τοῦ θεοῦ πεμπόμενα, χρᾶσθαι δὲ
κέλευε τοῖσι ἐκ σέο πρώτοισι προειρημένοισι ἐς
τὴν παρασκευήν, ποίεε δὲ οὕτω ὅκως τοῦ θεοῦ
παραδιδόντος τῶν σῶν ἐνδεήσει μηδέν." τούτων δὲ
λεχθέντων, ἐνθαῦτα ἐπαερθέντες τῇ ὄψι, ὡς ἡμέρη
ἐγένετο τάχιστα, Ξέρξης τε ὑπερετίθετο ταῦτα
Πέρσῃσι, καὶ Ἀρτάβανος, ὃς πρότερον ἀποσπεύδων
μοῦνος ἐφαίνετο, τότε ἐπισπεύδων φανερὸς ἦν.

19. Ὁρμημένῳ δὲ Ξέρξῃ στρατηλατέειν μετὰ
ταῦτα τρίτη ὄψις ἐν τῷ ὕπνῳ ἐγένετο, τὴν οἱ
Μάγοι ἔκριναν ἀκούσαντες φέρειν τε ἐπὶ πᾶσαν
γῆν δουλεύσειν τέ οἱ πάντας ἀνθρώπους. ἡ δὲ
ὄψις ἦν ἥδε· ἐδόκεε ὁ Ξέρξης ἐστεφανῶσθαι ἐλαίης
θαλλῷ, ἀπὸ δὲ τῆς ἐλαίης τοὺς κλάδους γῆν
πᾶσαν ἐπισχεῖν, μετὰ δὲ ἀφανισθῆναι περὶ τῇ
κεφαλῇ κείμενον τὸν στέφανον. κρινάντων δὲ
ταῦτα τῶν Μάγων, Περσέων τε τῶν συλλεχθέντων
αὐτίκα πᾶς ἀνὴρ ἐς τὴν ἀρχὴν τὴν ἑωυτοῦ ἀπελά-
σας εἶχε προθυμίην πᾶσαν ἐπὶ τοῖσι εἰρημένοισι,
θέλων αὐτὸς ἕκαστος τὰ προκείμενα δῶρα λαβεῖν,
καὶ Ξέρξης τοῦ στρατοῦ οὕτω ἐπάγερσιν ποιέεται,
χῶρον πάντα ἐρευνῶν τῆς ἠπείρου.

spirit; for I knew how evil a thing it was to have many desires, remembering the end of Cyrus' expedition against the Massagetae and Cambyses' against the Ethiopians, and having myself marched with Darius against the Scythians. Knowing this, I judged that you had but to abide in peace for all men to deem you fortunate. But since heaven impels, and the gods, as it seems, mark Hellas for destruction, I myself do change and correct my judgment; and do you now declare the god's message to the Persians, and bid them obey your first command for all due preparation: so act, that nought on your part be lacking to the fulfilment of heaven's commission." After this discourse, the vision giving them courage, Xerxes when daylight came imparted all this to the Persians, and Artabanus now openly persuaded to that course from which he alone had before openly dissuaded.

19. After this Xerxes, being now intent on the expedition, saw yet a third vision in his sleep, which the Magians interpreted to have regard to the whole earth and to signify that all men should be his slaves. This was the vision: Xerxes thought that he was crowned with an olive bough, the shoots of which spread over the whole earth, and presently the crown vanished from off his head where it was set. This the Magians interpreted; and of the Persians who had been assembled, every man forthwith rode away to his own governorship and there used all zeal to fulfil the king's behest, each desiring to receive the promised gifts; and thus it was that Xerxes dealt with the mustering of his army, searching out every part of the continent.

20. Ἀπὸ γὰρ Αἰγύπτου ἁλώσιος ἐπὶ μὲν τέσσερα ἔτεα πλήρεα παραρτέετο στρατιήν τε καὶ τὰ πρόσφορα τῇ στρατιῇ, πέμπτῳ δὲ ἔτεϊ ἀνομένῳ ἐστρατηλάτεε χειρὶ μεγάλῃ πλήθεος. στόλων γὰρ τῶν ἡμεῖς ἴδμεν πολλῷ δὴ μέγιστος οὗτος ἐγένετο, ὥστε μήτε τὸν Δαρείου τὸν ἐπὶ Σκύθας παρὰ τοῦτον μηδένα φαίνεσθαι, μήτε τὸν Σκυθικόν, ὅτε Σκύθαι Κιμμερίους διώκοντες ἐς τὴν Μηδικὴν χώρην ἐσβαλόντες σχεδὸν πάντα τὰ ἄνω τῆς Ἀσίης καταστρεψάμενοι ἐνέμοντο, τῶν εἵνεκεν ὕστερον Δαρεῖος ἐτιμωρέετο, μήτε κατὰ τὰ λεγόμενα τὸν Ἀτρειδέων ἐς Ἴλιον, μήτε τὸν Μυσῶν τε καὶ Τευκρῶν τὸν πρὸ τῶν Τρωικῶν γενόμενον, οἳ διαβάντες ἐς τὴν Εὐρώπην κατὰ Βόσπορον τούς τε Θρήικας κατεστρέψαντο πάντας καὶ ἐπὶ τὸν Ἰόνιον πόντον κατέβησαν, μέχρι τε Πηνειοῦ ποταμοῦ τὸ πρὸς μεσαμβρίης ἤλασαν.

21. Αὗται αἱ πᾶσαι οὐδ᾽ εἰ ἕτεραι πρὸς ταύτῃσι προσγενόμεναι στρατηλασίαι μιῆς τῆσδε οὐκ ἄξιαι. τί γὰρ οὐκ ἤγαγε ἐκ τῆς Ἀσίης ἔθνος ἐπὶ τὴν Ἑλλάδα Ξέρξης; κοῖον δὲ πινόμενόν μιν ὕδωρ οὐκ ἐπέλιπε, πλὴν τῶν μεγάλων ποταμῶν; οἳ μὲν γὰρ νέας παρείχοντο, οἳ δὲ ἐς πεζὸν ἐτετάχατο, τοῖσι δὲ ἵππος προσετέτακτο, τοῖσι δὲ ἱππαγωγὰ πλοῖα ἅμα στρατευομένοισι, τοῖσι δὲ ἐς τὰς γεφύρας μακρὰς νέας παρέχειν, τοῖσι δὲ σῖτά τε καὶ νέας.

22. Καὶ τοῦτο μέν, ὡς προσπταισάντων τῶν πρώτων περιπλεόντων περὶ τὸν Ἄθων προετοιμά-

---

[1] 484–481. [2] Cp. I. 103; IV. 1.

[3] It seems fairly clear that there was some sort of move-

20. For full four years [1] from the conquest of Egypt he was equipping his host and preparing all that was needful therefor; and ere the fifth year was completed he set forth on his march with the might of a great multitude. Of all armaments whereof we have knowledge this was by much the greatest, insomuch that none were aught in comparison of it, neither the armament that Darius led against the Scythians, nor the host of the Scythians when in pursuit of the Cimmerians they brake into Media [2] and subdued and ruled wellnigh all the upper lands of Asia, wherefor Darius afterwards essayed to punish them, nor—in so far as report tells—the armament led by the sons of Atreus against Troy, nor that Mysian and Teucrian host which before the Trojan war crossed the Bosporus into Europe,[3] subduing there all the Thracians and coming down to the Ionian sea, and marching southward as far as the river Peneus.

21. All these armaments and whatsoever others have ever been could not together be compared with this single one. For what nation did not Xerxes lead from Asia against Hellas? What water did not fall short of the needs of his host, save only the great rivers? Some supplied him with ships, some were enrolled in his infantry, some were charged with the provision of horsemen, others of horse-bearing transports to follow the army, and others again of warships for the bridges, or of food and ships.

22. First of all he had now for about three years been making all his preparations in regard of Athos,

ment from the one continent to the other; Herodotus makes it from Asia to Europe; but on the evidence it is just as likely to have been the other way. See How and Wells, *ad loc.*

ζετο ἐκ τριῶν ἐτέων κου μάλιστα τὰ ἐς τὸν Ἄθων.
ἐν γὰρ Ἐλαιοῦντι τῆς Χερσονήσου ὅρμεον τριήρεες·
ἐνθεῦτεν δὲ ὁρμώμενοι ὤρυσσον ὑπὸ μαστίγων
παντοδαποὶ τῆς στρατιῆς, διάδοχοι δ᾽ ἐφοίτεον·
ὤρυσσον δὲ καὶ οἱ περὶ τὸν Ἄθων κατοικημένοι.
Βουβάρης δὲ ὁ Μεγαβάζου καὶ Ἀρταχαίης ὁ
Ἀρταίου ἄνδρες Πέρσαι ἐπέστασαν τοῦ ἔργου. ὁ
γὰρ Ἄθως ἐστὶ ὄρος μέγα τε καὶ ὀνομαστόν, ἐς
θάλασσαν κατῆκον, οἰκημένον ὑπὸ ἀνθρώπων.
τῇ δὲ τελευτᾷ ἐς τὴν ἤπειρον τὸ ὄρος, χερσονη-
σοειδές τε ἐστὶ καὶ ἰσθμὸς ὡς δυώδεκα σταδίων·
πεδίον δὲ τοῦτο καὶ κολωνοὶ οὐ μεγάλοι ἐκ θαλάσ-
σης τῆς Ἀκανθίων ἐπὶ θάλασσαν τὴν ἀντίον
Τορώνης. ἐν δὲ τῷ ἰσθμῷ τούτῳ, ἐς τὸν τελευτᾷ
ὁ Ἄθως, Σάνη πόλις Ἑλλὰς οἴκηται, αἱ δὲ
ἐκτὸς Σάνης, ἔσω δὲ τοῦ Ἄθω οἰκημέναι, τὰς
τότε ὁ Πέρσης νησιώτιδας ἀντὶ ἠπειρωτίδων
ὅρμητο ποιέειν· εἰσὶ δὲ αἵδε, Δῖον Ὀλόφυξος
Ἀκρόθωον Θύσσος Κλεωναί.

23. Πόλιες μὲν αὗται αἱ τὸν Ἄθων νέμονται,
ὤρυσσον δὲ ὧδε δασάμενοι τὸν χῶρον οἱ βάρ-
βαροι κατὰ ἔθνεα· κατὰ Σάνην πόλιν σχοινο-
τενὲς ποιησάμενοι, ἐπείτε ἐγίνετο βαθέα ἡ διώρυξ,
οἱ μὲν κατώτατα ἑστεῶτες ὤρυσσον, ἕτεροι δὲ
παρεδίδοσαν τὸν αἰεὶ ἐξορυσσόμενον χοῦν ἄλλοισι
κατύπερθε ἑστεῶσι ἐπὶ βάθρων, οἱ δ᾽ αὖ ἐκδεκό-
μενοι ἑτέροισι, ἕως ἀπίκοντο ἐς τοὺς ἀνωτάτω·
οὗτοι δὲ ἐξεφόρεόν τε καὶ ἐξέβαλλον. τοῖσι μέν
νυν ἄλλοισι πλὴν Φοινίκων καταρρηγνύμενοι οἱ

---

[1] In spite of the incredulity of antiquity, the canal was

inasmuch as they who first essayed to sail round it
had suffered shipwreck. Triremes were anchored
off Elaeus in the Chersonese; with these for their
headquarters, all sorts and conditions of men in the
army were made to dig a canal under the lash,
coming by turns to the work; and they that dwelt
about Athos dug likewise. Bubares son of Megabazus
and Artachaees son of Artaeus, Persians both, were
the overseers of the workmen. This Athos is a
mountain great and famous, running out into the
sea; it is inhabited by men. At the mountain's
landward end, it is in the form of a peninsula, and
there is an isthmus of about twelve furlongs' width;
here is a place of level ground or little hills, from the
sea by Acanthus to the sea which is over against
Torone. On this isthmus, which is at the end of
Athos, there stands a Greek town, Sane; there are
others too seaward of Sane and landward of Athos,
which it was now the Persians' intent to make into
island and not mainland towns; to wit, Dimn,
Olophyxus, Acrothoum, Thyssus, Cleonae.

23. These are the towns situate on Athos; and
the foreigners dug as I shall show,[1] dividing up the
ground among their several nations. They drew a
straight line near to the town of Sane; and when the
channel had been digged to some depth, some stood
at the bottom of it and dug, others took the stuff as
it was digged out and delivered it to yet others that
stood higher on stages, and they again to others as
they received it, till they came to those that were
highest; these carried it out and cast it away. With
all save only the Phoenicians the steep sides of the

no doubt actually made and used. Traces of it are said to
exist. See, e.g. How and Wells, ad loc.

κρημνοὶ τοῦ ὀρύγματος πόνον διπλήσιον παρεῖχον·
ἅτε γὰρ τοῦ τε ἄνω στόματος καὶ τοῦ κάτω τὰ
αὐτὰ μέτρα ποιευμένων, ἔμελλέ σφι τοιοῦτο ἀπο-
βήσεσθαι. οἱ δὲ Φοίνικες σοφίην ἔν τε τοῖσι
ἄλλοισι ἔργοισι ἀποδείκνυνται καὶ δὴ καὶ ἐν
ἐκείνῳ. ἀπολαχόντες γὰρ μόριον ὅσον αὐτοῖσι
ἐπέβαλλε, ὤρυσσον τὸ μὲν ἄνω στόμα τῆς
διώρυχος ποιεῦντες διπλήσιον ἢ ὅσον ἔδεε αὐτὴν
τὴν διώρυχα γενέσθαι, προβαίνοντος δὲ τοῦ ἔργου
συνῆγον αἰεί· κάτω τε δὴ ἐγίνετο καὶ ἐξισοῦτο τοῖσι
ἄλλοισι τὸ ἔργον. ἐνθαῦτα λειμών ἐστι, ἵνα σφι
ἀγορή τε ἐγίνετο καὶ πρητήριον· σῖτος δέ σφι
πολλὸς ἐφοίτα ἐκ τῆς Ἀσίης ἀληλεσμένος.

24. Ὡς μὲν ἐμὲ συμβαλλόμενον εὑρίσκειν, μεγα-
λοφροσύνης εἵνεκεν αὐτὸ Ξέρξης ὀρύσσειν ἐκέλευε,
ἐθέλων τε δύναμιν ἀποδείκνυσθαι καὶ μνημόσυνα
λιπέσθαι· παρεὸν γὰρ μηδένα πόνον λαβόντας
τὸν ἰσθμὸν τὰς νέας διειρύσαι, ὀρύσσειν ἐκέλευε
διώρυχα τῇ θαλάσσῃ εὖρος ὡς δύο τριήρεας
πλέειν ὁμοῦ ἐλαστρεομένας. τοῖσι δὲ αὐτοῖσι
τούτοισι, τοῖσί περ καὶ τὸ ὄρυγμα, προσετέτακτο
καὶ τὸν Στρυμόνα ποταμὸν ζεύξαντας γεφυρῶσαι.

25. Ταῦτα μέν νυν οὕτω ἐποίεε, παρεσκευάζετο
δὲ καὶ ὅπλα ἐς τὰς γεφύρας βύβλινά τε καὶ λευ-
κολίνου, ἐπιτάξας Φοίνιξί τε καὶ Αἰγυπτίοισι, καὶ
σιτία τῇ στρατιῇ καταβάλλειν, ἵνα μὴ λιμήνειε ἡ
στρατιὴ μηδὲ τὰ ὑποζύγια ἐλαυνόμενα ἐπὶ τὴν
Ἑλλάδα· ἀναπυθόμενος δὲ τοὺς χώρους κατα-
βάλλειν ἐκέλευε ἵνα ἐπιτηδεότατον εἴη, ἄλλα
ἄλλῃ ἀγινέοντας ὁλκάσι τε καὶ πορθμηίοισι ἐκ
τῆς Ἀσίης πανταχόθεν. τὸν δὲ ὦν πλεῖστον ἐς

canal brake and fell, doubling the labour thereby;
for inasmuch as they made the span of the same
breadth at its highest and its lowest, this could not
but happen. But the Phoenicians showed therein
the same skill as in all else that they do; having
taken in hand the portion that fell to them, they so
dug as to make the topmost span of the canal as
wide again as the canal was to be, and narrowed it
ever as they wrought lower, till at the bottom their
work was of the same span as what the rest had
wrought. There is a meadow hard by, where they
made a place for buying and marketing; and ever
and anon much ground grain was brought to them
from Asia.

24. As far as I judge by conjecture, Xerxes gave
command for this digging out of pride, because he
would display his power and leave memorials of it;
for they might very easily have drawn their ships
across the isthmus; yet he bade them dig a canal
from sea to sea, wide enough to float two triremes
rowed abreast. The same men who were charged
with the digging were also charged to join the
banks of the river Strymon by a bridge.

25. Thus did Xerxes accomplish this work; and
for the bridges he charged the Phoenicians and
Egyptians with the making of ropes of papyrus and
white flax,[1] and storing of provision for his army,
that neither it nor the beasts of burden in the
march to Hellas should starve; in such places as
enquiry showed to be the fittest he bade them store
it, carrying it to the several places from all parts of
Asia in vessels of merchandise and transports. For

---

[1] λευκόλινον is apparently not really flax but "Esparto
grass," imported from Spain by the Phoenicians.

Λευκὴν ἀκτὴν καλεομένην τῆς Θρηίκης ἀγίνεον, οἱ
δὲ ἐς Τυρόδιζαν τὴν Περινθίων, οἱ δὲ ἐς Δορίσκον,
οἱ δὲ ἐς Ἠιόνα τὴν ἐπὶ Στρυμόνι, οἱ δὲ ἐς Μακε-
δονίην διατεταγμένοι.

26. Ἐν ᾧ δὲ οὗτοι τὸν προκείμενον πόνον
ἐργάζοντο, ἐν τούτῳ ὁ πεζὸς ἅπας συλλελεγμένος
ἅμα Ξέρξῃ ἐπορεύετο ἐς Σάρδις, ἐκ Κριτάλλων
ὁρμηθεὶς τῶν ἐν Καππαδοκίῃ· ἐνθαῦτα γὰρ εἴρητο
συλλέγεσθαι πάντα τὸν κατ᾽ ἤπειρον μέλλοντα
ἅμα αὐτῷ Ξέρξῃ πορεύεσθαι στρατόν. ὃς μέν
νυν τῶν ὑπάρχων στρατὸν κάλλιστα ἐσταλμένον
ἀγαγὼν τὰ προκείμενα παρὰ βασιλέος ἔλαβε
δῶρα, οὐκ ἔχω φράσαι· οὐδὲ γὰρ ἀρχὴν ἐς κρίσιν
τούτου πέρι ἐλθόντας οἶδα. οἱ δὲ ἐπείτε δια-
βάντες τὸν Ἅλυν ποταμὸν ὡμίλησαν τῇ Φρυγίῃ,
δι᾽ αὐτῆς πορευόμενοι ἀπίκοντο ἐς Κελαινάς, ἵνα
πηγαὶ ἀναδιδοῦσι Μαιάνδρου ποταμοῦ καὶ ἑτέρου
οὐκ ἐλάσσονος ἢ Μαιάνδρου, τῷ οὔνομα τυγχάνει
ἐὸν Καταρρήκτης, ὃς ἐξ αὐτῆς τῆς ἀγορῆς τῆς
Κελαινέων ἀνατέλλων ἐς τὸν Μαίανδρον ἐκδιδοῖ·
ἐν τῇ καὶ ὁ τοῦ Σιληνοῦ Μαρσύεω ἀσκὸς
ἀνακρέμαται, τὸν ὑπὸ Φρυγῶν λόγος ἔχει ὑπὸ
Ἀπόλλωνος ἐκδαρέντα ἀνακρεμασθῆναι.

27. Ἐν ταύτῃ τῇ πόλι ὑποκατήμενος Πύθιος ὁ
Ἄτυος ἀνὴρ Λυδὸς ἐξείνισε τὴν βασιλέος στρατιὴν
πᾶσαν ξεινίοισι μεγίστοισι καὶ αὐτὸν Ξέρξην,
χρήματά τε ἐπαγγέλλετο βουλόμενος ἐς τὸν
πόλεμον παρέχειν. ἐπαγγελλομένου δὲ χρήματα
Πυθίου, εἴρετο Ξέρξης Περσέων τοὺς παρεόντας

---

[1] This implies a considerable divergence to the south from
the "Royal road," for which see V. 52. Xerxes here turns

the corn, they brought that as they were severally
charged to the White Headland (as it is called) in
Thrace, or Tyrodiza in the Perinthian country, or
Doriscus, or Eïon on the Strymon, or Macedonia.

26. While these wrought at their appointed task,
all the land force had been mustered and was
marching with Xerxes to Sardis, setting forth from
Critalla in Cappadocia, which was the mustering-
place appointed for all the host that was to march
with Xerxes himself by land. Now which of his
viceroys received the promised gifts from the king
for bringing the best-equipped army, I cannot say;
for I know not even if the matter was ever deter-
mined. But when they had crossed the river Halys
and entered into Phrygia, they marched through
that country to Celaenae,[1] where is the source of
the river Maeander and another as great as the
Maeander, which is called Cataractes; it rises in the
very market-place of Celaenae and issues into
the Maeander. There also hangs the skin of Marsyas
the Silenus, of which the Phrygian story tells that
it was flayed off him and hung up by Apollo.[2]

27. In this town sat awaiting them a Lydian,
Pythius, son of Atys; he entertained Xerxes him-
self and all the king's army with the best of good
cheer, and declared himself willing to provide money
for the war. Pythius thus offering money, Xerxes
asked the Persians that were about him who this

south to avoid the difficult route through the Hermes valley,
probably; cp. How and Wells, *ad loc.*

[2] The legend of the contest between Marsyas the flute-
player and Apollo the lyre-player seems to indicate a change
in the national music, the importance of which was more
easily understood by a Greek than it is by us.

τίς τε ἐὼν ἀνδρῶν Πύθιος καὶ κόσα χρήματα
ἐκτημένος ἐπαγγέλλοιτο ταῦτα. οἱ δὲ εἶπαν "Ὦ
βασιλεῦ, οὗτος ἐστὶ ὅς τοι τὸν πατέρα Δαρεῖον
ἐδωρήσατο τῇ πλατανίστῳ τῇ χρυσέῃ καὶ τῇ
ἀμπέλῳ· ὃς καὶ νῦν ἐστι πρῶτος ἀνθρώπων
πλούτῳ τῶν ἡμεῖς ἴδμεν μετὰ σέ."

28. Θωμάσας δὲ τῶν ἐπέων τὸ τελευταῖον
Ξέρξης αὐτὸς δεύτερα εἴρετο Πύθιον ὁκόσα οἱ εἴη
χρήματα. ὁ δὲ εἶπε "Ὦ βασιλεῦ, οὔτε σε ἀπο-
κρύψω οὔτε σκήψομαι τὸ μὴ εἰδέναι τὴν ἐμεωυτοῦ
οὐσίην, ἀλλ' ἐπιστάμενός τοι ἀτρεκέως καταλέξω.
ἐπείτε γὰρ τάχιστά σε ἐπυθόμην ἐπὶ θάλασσαν
καταβαίνοντα τὴν Ἑλληνίδα, βουλόμενός τοι
δοῦναι ἐς τὸν πόλεμον χρήματα ἐξεμάνθανον, καὶ
εὗρον λογιζόμενος ἀργυρίου μὲν δύο χιλιάδας ἐούσας
μοι ταλάντων, χρυσίου δὲ τετρακοσίας μυριάδας
στατήρων Δαρεικῶν ἐπιδεούσας ἑπτὰ χιλιάδων.
καὶ τούτοισί σε ἐγὼ δωρέομαι, αὐτῷ δέ μοι ἀπὸ
ἀνδραπόδων τε καὶ γεωπέδων ἀρκέων ἐστὶ βίος."

29. Ὁ μὲν ταῦτα ἔλεγε, Ξέρξης δὲ ἡσθεὶς τοῖσι
εἰρημένοισι εἶπε " Ξεῖνε Λυδέ, ἐγὼ ἐπείτε ἐξῆλθον
τὴν Περσίδα χώρην, οὐδενὶ ἀνδρὶ συνέμιξα ἐς τόδε
ὅστις ἠθέλησε ξείνια προθεῖναι στρατῷ τῷ ἐμῷ,
οὐδὲ ὅστις ἐς ὄψιν τὴν ἐμὴν καταστὰς αὐτεπάγ-
γελτος ἐς τὸν πόλεμον ἐμοὶ ἠθέλησε συμβαλέσθαι
χρήματα, ἔξω σεῦ. σὺ δὲ καὶ ἐξείνισας μεγάλως
στρατὸν τὸν ἐμὸν καὶ χρήματα μεγάλα ἐπαγγέλ-
λεαι. σοὶ ὦν ἐγὼ ἀντὶ αὐτῶν γέρεα τοιάδε δίδωμι·
ξεῖνόν τέ σε ποιεῦμαι ἐμὸν καὶ τὰς τετρακοσίας
μυριάδας τοι τῶν στατήρων ἀποπλήσω παρ'
ἐμεωυτοῦ δοὺς τὰς ἑπτὰ χιλιάδας, ἵνα μή τοι
ἐπιδεέες ἔωσι αἱ τετρακόσιαι μυριάδες ἑπτὰ χιλιά-

Pythius was that offered it and how much wealth
he possessed : "O king," said they, "this is he who
gave your father Darius that gift of a golden plane-
tree and vine ; and now he is, next to yourself, the
richest man of whom we have knowledge."

28. Marvelling at this last saying, Xerxes next
himself asked Pythius how much wealth he had. "O
king," said Pythius, "I will not conceal the quantity
of my substance from you, nor pretend that I do not
know it ; I know and will tell you the exact truth. As
soon as I learnt that you were coming down to the
Greek sea, being desirous to give you money for the
war, I enquired into the matter, and my reckoning
showed me that I had two thousand talents of silver,
and of gold four million Daric staters [1] lacking seven
thousand. All this I freely give to you ; for myself,
I have a sufficient livelihood from my slaves and my
farms."

29. Thus he spoke ; Xerxes was pleased with
what he said, and replied : "My Lydian friend,
since I came out of Persia I have met with no
man yet who was willing to give hospitality to my
army, nor any who came of his own motion into my
presence and offered to furnish money for the war,
save you alone. But you have entertained my army
nobly, and offer me great sums. Therefore in return
for this I give you these privileges : I make you my
friend, and of my own wealth I give you the seven
thousand staters which will make up your full tale
of four millions, that your four millions may not
lack the seven thousand, but by my completing of

[1] The Daric stater was equivalent to about 22s. of our
money.

δων, ἀλλὰ ἦ τοι ἀπαρτιλογίη ὑπ᾿ ἐμέο πεπλη-
ρωμένη. ἔκτησό τε αὐτὸς τά περ αὐτὸς ἐκτήσαο,
ἐπίστασό τε εἶναι αἰεὶ τοιοῦτος· οὐ γάρ τοι ταῦτα
ποιεῦντι οὔτε ἐς τὸ παρεὸν οὔτε ἐς χρόνον μετα-
μελήσει."

30. Ταῦτα δὲ εἴπας καὶ ἐπιτελέα ποιήσας ἐπο-
ρεύετο τὸ πρόσω αἰεί. Ἄναυα δὲ καλεομένην
Φρυγῶν πόλιν παραμειβόμενος καὶ λίμνην ἐκ τῆς
ἅλες γίνονται, ἀπίκετο ἐς Κολοσσὰς πόλιν μεγά-
λην Φρυγίης· ἐν τῇ Λύκος ποταμὸς ἐς χάσμα γῆς
ἐσβάλλων ἀφανίζεται, ἔπειτα διὰ σταδίων ὡς
πέντε μάλιστά κῃ ἀναφαινόμενος ἐκδιδοῖ καὶ
οὗτος ἐς τὸν Μαίανδρον. ἐκ δὲ Κολοσσέων ὁ
στρατὸς ὁρμώμενος ἐπὶ τοὺς οὔρους τῶν Φρυγῶν
καὶ Λυδῶν ἀπίκετο ἐς Κύδραρα πόλιν, ἔνθα στήλη
καταπεπηγυῖα, σταθεῖσα δὲ ὑπὸ Κροίσου, κατα-
μηνύει διὰ γραμμάτων τοὺς οὔρους.

31. Ὡς δὲ ἐκ τῆς Φρυγίης ἐσέβαλε ἐς τὴν Λυδίην,
σχιζομένης τῆς ὁδοῦ καὶ τῆς μὲν ἐς ἀριστερὴν
ἐπὶ Καρίης φερούσης τῆς δὲ ἐς δεξιὴν ἐς Σάρδις,
τῇ καὶ πορευομένῳ διαβῆναι τὸν Μαίανδρον ποτα-
μὸν πᾶσα ἀνάγκη γίνεται καὶ ἰέναι παρὰ Καλ-
λάτηβον πόλιν, ἐν τῇ ἄνδρες δημιοεργοὶ μέλι ἐκ
μυρίκης τε καὶ πυροῦ ποιεῦσι, ταύτην ἰὼν ὁ Ξέρξης
τὴν ὁδὸν εὗρε πλατάνιστον, τὴν κάλλεος εἵνεκα
δωρησάμενος κόσμῳ χρυσέῳ καὶ μελεδωνῷ ἀθα-
νάτῳ ἀνδρὶ ἐπιτρέψας δευτέρῃ ἡμέρῃ ἀπίκετο ἐς
τῶν Λυδῶν τὸ ἄστυ.

32. Ἀπικόμενος δὲ ἐς Σάρδις πρῶτα μὲν ἀπέ-
πεμπε κήρυκας ἐς τὴν Ἑλλάδα αἰτήσοντας γῆν τε
καὶ ὕδωρ καὶ προερέοντας δεῖπνα βασιλέι παρα-

it you may have the full and exact tale. Continue
yourself in possession of that which you now possess,
and have skill ever to be such as you are; for neither
now nor hereafter shall you repent of what you
now do."

30. Having thus spoken and made his words
good Xerxes journeyed ever further. Passing by
the Phrygian town called Anaua, and the lake from
which salt is gotten, he came to Colossae, a great
city in Phrygia; wherein the river Lycus plunges
into a cleft in the earth out of sight,[1] till it appears
again about five furlongs away and issues like the
other river into the Maeander. From Colossae the
army held its course for the borders of Phrygia and
Lydia, and came to the town Cydrara, where stands
a pillar set up by Croesus, with a writing thereon to
mark the boundary.

31. Passing from Phrygia into Lydia, he came to
the place where the roads part, the left hand road
bearing towards Caria and the right hand to Sardis,
by which latter way the traveller must needs cross
the river Maeander and pass by the town of
Callatebus, where craftsmen make honey out of
wheat and tamarisks; by this road went Xerxes, and
found a plane-tree, to which for its beauty he gave
adornment of gold, and charged one of his immortals
to guard it; and on the next day he came to the
chief city of the Lydians.

32. Having arrived in Sardis, he first sent heralds
to Hellas to demand earth and water and command
the preparation of meals for the king; to all other

---

[1] The Lycus here flows in a narrow gorge, but there is no
indication of its ever having flowed underground, except for
a few yards.

σκευάζειν· πλὴν οὔτε ἐς Ἀθήνας οὔτε ἐς Λακεδαί-
μονα ἀπέπεμπε ἐπὶ γῆς αἴτησιν, τῇ δὲ ἄλλῃ
πάντῃ. τῶνδε δὲ εἵνεκα τὸ δεύτερον ἀπέπεμπε
ἐπὶ γῆν τε καὶ ὕδωρ· ὅσοι πρότερον οὐκ ἔδοσαν
Δαρείῳ πέμψαντι, τούτους πάγχυ ἐδόκεε τότε
δείσαντας δώσειν· βουλόμενος ὦν αὐτὸ τοῦτο
ἐκμαθεῖν ἀκριβέως ἔπεμπε.

33. Μετὰ δὲ ταῦτα παρεσκευάζετο ὡς ἐλῶν ἐς
Ἄβυδον. οἱ δὲ ἐν τούτῳ τὸν Ἑλλήσποντον ἐζεύ-
γνυσαν ἐκ τῆς Ἀσίης ἐς τὴν Εὐρώπην. ἔστι δὲ
τῆς Χερσονήσου τῆς ἐν Ἑλλησπόντῳ, Σηστοῦ τε
πόλιος μεταξὺ καὶ Μαδύτου, ἀκτὴ παχέα ἐς
θάλασσαν κατήκουσα Ἀβύδῳ καταντίον· ἔνθα
μετὰ ταῦτα, χρόνῳ ὕστερον οὐ πολλῷ, ἐπὶ
Ξανθίππου τοῦ Ἀρίφρονος στρατηγοῦ Ἀθηναῖοι
Ἀρταΰκτην ἄνδρα Πέρσην λαβόντες Σηστοῦ
ὕπαρχον ζῶντα πρὸς σανίδα διεπασσάλευσαν, ὃς
καὶ ἐς τοῦ Πρωτεσίλεω τὸ ἱρὸν ἐς Ἐλαιοῦντα
ἀγινεόμενος γυναῖκας ἀθέμιστα ἔρδεσκε.

34. Ἐς ταύτην ὦν τὴν ἀκτὴν ἐξ Ἀβύδου ὁρμώ-
μενοι ἐγεφύρουν τοῖσι προσέκειτο, τὴν μὲν λευ-
κολίνου Φοίνικες, τὴν δ' ἑτέρην τὴν βυβλίνην
Αἰγύπτιοι. ἔστι δὲ ἑπτὰ στάδιοι ἐξ Ἀβύδου ἐς
τὴν ἀπαντίον. καὶ δὴ ἐζευγμένου τοῦ πόρου ἐπι-
γενόμενος χειμὼν μέγας συνέκοψέ τε ἐκεῖνα πάντα
καὶ διέλυσε.

35. Ὡς δ' ἐπύθετο Ξέρξης, δεινὰ ποιεύμενος
τὸν Ἑλλήσποντον ἐκέλευσε τριηκοσίας ἐπικέσθαι
μάστιγι πληγὰς καὶ κατεῖναι ἐς τὸ πέλαγος πεδέων

---

[1] Between the modern bays of Zemenik (Sestos) and Kilia :
some four miles broad.

places he sent to demand earth, only neither to Athens nor to Lacedaemon. The reason of his sending for earth and water the second time was this—he fully believed that as many as had formerly not given it to Darius' messengers, would now be compelled to give by fear; and he sent because he desired to know this of a surety.

33. After this he prepared to march to Abydos; and meanwhile his men were bridging the Hellespont from Asia to Europe. On the Chersonese, which is by the Hellespont, there is between the town of Sestus and Madytus a broad headland [1] running out into the sea over against Abydos; it was here that not long after this the Athenians with Xanthippus son of Ariphron for general took Artaÿctes a Persian, who was governor of Sestus, and crucified him alive; he had even been wont to bring women into the temple of Protesilaus at Elaeus and do impious deeds there.

34. Beginning then from Abydos they whose business it was made bridges across to that headland, the Phoenicians one of flaxen cables, and the Egyptians the second, which was of papyrus. From Abydos to the opposite shore it is a distance of seven furlongs. [2] But no sooner had the strait been bridged than a great storm swept down and brake and scattered all that work.

35. When Xerxes heard of that, he was very angry, and gave command that the Hellespont be scourged with three hundred lashes, and a pair of

[2] The modern width at the narrowest part is nearly half as much again ; perhaps this can be explained by the washing away of the coasts, due to a current which strikes them near Sestos and rebounds on Abydos.

ζεῦγος. ἤδη δὲ ἤκουσα ὡς καὶ στιγέας ἅμα τού-
τοισι ἀπέπεμψε στίξοντας τὸν Ἑλλήσποντον.
ἐνετέλλετο δὲ ὦν ῥαπίζοντας λέγειν βάρβαρά τε
καὶ ἀτάσθαλα· "Ὦ πικρὸν ὕδωρ, δεσπότης τοι
δίκην ἐπιτιθεῖ τήνδε, ὅτι μιν ἠδίκησας οὐδὲν πρὸς
ἐκείνου ἄδικον παθόν. καὶ βασιλεὺς μὲν Ξέρξης
διαβήσεταί σε, ἤν τε σύ γε βούλῃ ἤν τε μή· σοὶ
δὲ κατὰ δίκην ἄρα οὐδεὶς ἀνθρώπων θύει ὡς ἐόντι
καὶ θολερῷ καὶ ἁλμυρῷ ποταμῷ." τήν τε δὴ
θάλασσαν ἐνετέλλετο τούτοισι ζημιοῦν καὶ τῶν
ἐπεστεώτων τῇ ζεύξι τοῦ Ἑλλησπόντου ἀποταμεῖν
τὰς κεφαλάς.

36. Καὶ οἱ μὲν ταῦτα ἐποίεον, τοῖσι προσέκειτο
αὕτη ἡ ἄχαρις τιμή, τὰς δὲ ἄλλοι ἀρχιτέκτονες
ἐζεύγνυσαν. ἐζεύγνυσαν δὲ ὧδε, πεντηκοντέρους
καὶ τριήρεας συνθέντες, ὑπὸ μὲν τὴν πρὸς τοῦ
Εὐξείνου πόντου ἑξήκοντά τε καὶ τριηκοσίας, ὑπὸ
δὲ τὴν ἑτέρην τεσσερεσκαίδεκα καὶ τριηκοσίας,
τοῦ μὲν Πόντου ἐπικαρσίας τοῦ δὲ Ἑλλησπόντου
κατὰ ῥόον, ἵνα ἀνακωχεύῃ τὸν τόνον τῶν ὅπλων·
συνθέντες δὲ ἀγκύρας κατῆκαν περιμήκεας, τὰς
μὲν πρὸς τοῦ Πόντου τῆς ἑτέρης τῶν ἀνέμων
εἵνεκεν τῶν ἔσωθεν ἐκπνεόντων, τῆς δὲ ἑτέρης
πρὸς ἑσπέρης τε καὶ τοῦ Αἰγαίου ζεφύρου τε καὶ
νότου εἵνεκα. διέκπλοον δὲ ὑπόφαυσιν κατέλιπον
τῶν πεντηκοντέρων καὶ τριηρέων, ἵνα καὶ ἐς τὸν
Πόντον ἔχῃ ὁ βουλόμενος πλέειν πλοίοισι λεπ-
τοῖσι καὶ ἐκ τοῦ Πόντου ἔξω. ταῦτα δὲ ποιή-

---

[1] Or it may mean, as Stein thinks, that the ships of the
upper or N.E. bridge were ἐπικαρσίαι, and those of the lower
or S.W. one were κατὰ ῥόον. For a discussion of the various

fetters be thrown into the sea; nay, I have heard
ere now that he sent branders with the rest to brand
the Hellespont. This is certain, that he charged
them while they scourged to utter words outlandish
and presumptuous: "Thou bitter water," they should
say, "our master thus punishes thee, because thou
didst him wrong albeit he had done thee none. Yea,
Xerxes the king will pass over thee, whether thou
wilt or no; it is but just that no man offers thee
sacrifice, for thou art a turbid and a briny river."
Thus he commanded that the sea should be punished,
and that they who had been overseers of the bridging
of the Hellespont should be beheaded.

36. So this was done by those who were appointed
to that thankless honour; and new masters of their
craft set about making the bridges. The manner of
their doing it was as I will show. That they might
lighten the strain of the cables, they laid fifty-oared
ships and triremes alongside of each other, three
hundred and sixty to bear the bridge that was
nearest to the Euxine sea, and three hundred and
fourteen to bear the other; all lay obliquely to the
line of the Pontus and parallel with the current of
the Hellespont.[1] Having so laid the ships alongside
they let down very great anchors, both from the
end of the ship nearest the Pontus to hold fast
against the winds blowing from within that sea, and
from the other end, towards the west and the
Aegean, to hold against the west and south winds.
Moreover they left for passage an opening in the
line of fifty-oared ships and triremes, that so he that
would might be able to voyage to the Pontus, or out

difficulties and interpretations of the whole passage, see How
and Wells' notes, *ad loc.*

σαντες κατέτεινον ἐκ γῆς στρεβλοῦντες ὄνοισι
ξυλίνοισι τὰ ὅπλα, οὐκέτι χωρὶς ἑκάτερα τάξαν-
τες, ἀλλὰ δύο μὲν λευκολίνου δασάμενοι ἐς
ἑκατέρην, τέσσερα δὲ τῶν βυβλίνων. παχύτης
μὲν ἦν ἡ αὐτὴ καὶ καλλονή, κατὰ λόγον δὲ ἐμβριθέ-
στερα ἦν τὰ λίνεα, τοῦ τάλαντον ὁ πῆχυς εἷλκε.[1]
ἐπειδὴ δὲ ἐγεφυρώθη ὁ πόρος, κορμοὺς ξύλων
καταπρίσαντες καὶ ποιήσαντες ἴσους τῆς σχεδίης
τῷ εὔρεϊ κόσμῳ ἐτίθεσαν κατύπερθε τῶν ὅπλων
τοῦ τόνου,[2] θέντες δὲ ἐπεξῆς ἐνθαῦτα αὖτις ἐπεζεύ-
γνυον· ποιήσαντες δὲ ταῦτα ὕλην ἐπεφόρησαν,
κόσμῳ δὲ θέντες καὶ τὴν ὕλην γῆν ἐπεφόρησαν,
κατανάξαντες δὲ καὶ τὴν γῆν φραγμὸν παρείρυσαν
ἔνθεν καὶ ἔνθεν, ἵνα μὴ φοβέηται τὰ ὑποζύγια τὴν
θάλασσαν ὑπερορῶντα καὶ οἱ ἵπποι.

37. Ὡς δὲ τά τε τῶν γεφυρέων κατεσκεύαστο
καὶ τὰ περὶ τὸν Ἄθων, οἵ τε χυτοὶ περὶ τὰ
στόματα τῆς διώρυχος, οἳ τῆς ῥηχίης εἵνεκεν
ἐποιήθησαν, ἵνα μὴ πίμπληται τὰ στόματα τοῦ
ὀρύγματος, καὶ αὐτὴ ἡ διῶρυξ παντελέως πεποιη-
μένη ἀγγέλλετο, ἐνθαῦτα χειμερίσας ἅμα τῷ ἔαρι
παρεσκευασμένος ὁ στρατὸς ἐκ τῶν Σαρδίων
ὁρμᾶτο ἐλῶν ἐς Ἄβυδον· ὁρμημένῳ δέ οἱ ὁ ἥλιος
ἐκλιπὼν τὴν ἐκ τοῦ οὐρανοῦ ἕδρην ἀφανὴς ἦν οὔτ᾽
ἐπινεφέλων ἐόντων αἰθρίης τε τὰ μάλιστα, ἀντὶ
ἡμέρης τε νὺξ ἐγένετο. ἰδόντι δὲ καὶ μαθόντι
τοῦτο τῷ Ξέρξῃ ἐπιμελὲς ἐγένετο, καὶ εἴρετο τοὺς
Μάγους τὸ θέλει προφαίνειν τὸ φάσμα. οἱ δὲ
ἔφραζον ὡς Ἕλλησι προδεικνύει ὁ θεὸς ἔκλειψιν

---

[1] About 80 lbs.
[2] i. e. the line of ships supporting the cables.

of it. Having so done, they stretched the cables from
the land, twisting them taut with wooden windlasses;
and they did not as before keep the two kinds apart,
but assigned for each bridge two cables of flax and
four of papyrus. All these were of the same thick-
ness and fair appearance, but the flaxen were
heavier in their proportion, a cubit thereof weighing
a talent.[1] When the strait was thus bridged, they
sawed balks of wood to a length equal to the breadth
of the floating supports,[2] and laid them in order on
the taut cables, and having set them alongside they
then made them fast. This done, they heaped
brushwood on to the bridge, and when this was all
laid in order they heaped earth on it and stamped
it down; then they made a fence on either side,
lest the beasts of burden and horses should be
affrighted by the sight of the sea below them.

37. When the bridges and the work at Athos
were ready, and the moles at the canal's entrances,
that were built to prevent the surf from silting up
the entrances of the digged passage, and the canal
itself was reported to be now perfectly made, the
army then wintered, and at the beginning of spring[3]
was ready and set forth from Sardis to march to
Abydos. When they had set forth, the sun left his
place in the heaven and was unseen, albeit the sky
was without clouds and very clear, and the day was
turned into night. When Xerxes saw and took
note of that, he was moved to think upon it, and
asked the Magians what the vision might signify.
They declared to him, that the god was showing to
the Greeks the desolation of their cities; for the

---

[3] Probably about the middle of April 480.

τῶν πολίων, λέγοντες ἥλιον εἶναι Ἑλλήνων προ-
δέκτορα, σελήνην δὲ σφέων. ταῦτα πυθόμενος ὁ
Ξέρξης περιχαρὴς ἐὼν ἐποιέετο τὴν ἔλασιν.

38. Ὡς δ᾽ ἐξήλαυνε τὴν στρατιήν, Πύθιος ὁ
Λυδὸς καταρρωδήσας τὸ ἐκ τοῦ οὐρανοῦ φάσμα
ἐπαερθείς τε τοῖσι δωρήμασι, ἐλθὼν παρὰ Ξέρξην
ἔλεγε τάδε. "Ὦ δέσποτα, χρηίσας ἄν τι σεῦ
βουλοίμην τυχεῖν, τὸ σοὶ μὲν ἐλαφρὸν τυγχάνει
ἐὸν ὑπουργῆσαι, ἐμοὶ δὲ μέγα γενόμενον." Ξέρξης
δὲ πᾶν μᾶλλον δοκέων μιν χρηίσειν ἢ τὸ ἐδεήθη,
ἔφη τε ὑπουργήσειν καὶ δὴ ἀγορεύειν ἐκέλευε ὅτευ
δέοιτο. ὁ δὲ ἐπείτε ταῦτα ἤκουσε, ἔλεγε θαρσή-
σας τάδε. "Ὦ δέσποτα, τυγχάνουσί μοι παῖδες
ἐόντες πέντε, καί σφεας καταλαμβάνει πάντας
ἅμα σοὶ στρατεύεσθαι ἐπὶ τὴν Ἑλλάδα. σὺ δέ,
ὦ βασιλεῦ, ἐμὲ ἐς τόδε ἡλικίης ἥκοντα οἰκτείρας
τῶν μοι παίδων ἕνα παράλυσον τῆς στρατηίης
τὸν πρεσβύτατον, ἵνα αὐτοῦ τε ἐμεῦ καὶ τῶν
χρημάτων ᾖ μελεδωνός· τοὺς δὲ τέσσερας ἄγευ
ἅμα σεωυτῷ, καὶ πρήξας τὰ νοέεις νοστήσειας
ὀπίσω."

39. Κάρτα τε ἐθυμώθη ὁ Ξέρξης καὶ ἀμείβετο
τοῖσιδε. "Ὦ κακὲ ἄνθρωπε, σὺ ἐτόλμησας, ἐμεῦ
στρατευομένου αὐτοῦ ἐπὶ τὴν Ἑλλάδα καὶ ἄγοντος
παῖδας ἐμοὺς καὶ ἀδελφεοὺς καὶ οἰκηίους καὶ
φίλους, μνήσασθαι περὶ σέο παιδός, ἐὼν ἐμὸς
δοῦλος, τὸν χρῆν πανοικίῃ αὐτῇ τῇ γυναικὶ συν-
έπεσθαι; εὖ νυν τόδ᾽ ἐξεπίστασο, ὡς ἐν τοῖσι ὠσὶ
τῶν ἀνθρώπων οἰκέει ὁ θυμός, ὃς χρηστὰ μὲν
ἀκούσας τέρψιος ἐμπιπλεῖ τὸ σῶμα, ὑπεναντία
δὲ τούτοισι ἀκούσας ἀνοιδέει. ὅτε μέν νυν χρηστὰ
ποιήσας ἕτερα τοιαῦτα ἐπηγγέλλεο, εὐεργεσίῃσι

sun (they said) was the prophet of the Greeks, as the moon was theirs. Xerxes rejoiced exceedingly to hear that, and kept on his march.

38. As he led his army away, Pythius the Lydian, being affrighted by the heavenly vision and encouraged by the gifts that he had received, came to Xerxes and said, "Sire, I have a boon to ask that I desire of you, easy for you to grant and precious for me to receive." Xerxes, supposing that Pythius would demand anything rather than what he did verily ask, answered that he would grant the boon, and bade him declare what he desired. Thereupon Pythius took courage and said : "Sire, I have five sons, and all of them are constrained to march with you against Hellas. I pray you, O king ! take pity on me that am so old, and release one of my sons, even the eldest, from service, that he may take care of me and of my possessions ; take the four others with you, and may you return back with all your design accomplished."

39. Xerxes was very angry, and thus replied : "Villain, you see me myself marching against Hellas, and taking with me my sons and brothers and kinsfolk and friends ; and do you, my slave—who should have followed me with all your household and your very wife—speak to me of your son? Then be well assured of this, that a man's spirit dwells in his ears ; when it hears good words it fills the whole body with delight, but when it hears the contrary thereto it swells with anger. At that time when you did me good service and promised more, you

353

βασιλέα οὐ καυχήσεαι ὑπερβαλέσθαι· ἐπείτε δὲ
ἐς τὸ ἀναιδέστερον ἐτράπευ, τὴν μὲν ἀξίην οὐ
λάμψεαι, ἐλάσσω δὲ τῆς ἀξίης. σὲ μὲν γὰρ καὶ
τοὺς τέσσερας τῶν παίδων ῥύεται τὰ ξείνια· τοῦ
δὲ ἑνός, τοῦ περιέχεαι μάλιστα, τῇ ψυχῇ ζημιώ-
σεαι." ὡς δὲ ταῦτα ὑπεκρίνατο, αὐτίκα ἐκέλευε
τοῖσι προσετέτακτο ταῦτα πρήσσειν, τῶν Πυθίου
παίδων ἐξευρόντας τὸν πρεσβύτατον μέσον δια-
ταμεῖν, διαταμόντας δὲ τὰ ἡμίτομα διαθεῖναι τὸ
μὲν ἐπὶ δεξιὰ τῆς ὁδοῦ τὸ δ' ἐπ' ἀριστερά, καὶ
ταύτῃ διεξιέναι τὸν στρατόν.

40. Ποιησάντων δὲ τούτων τοῦτο, μετὰ ταῦτα
διεξήιε ὁ στρατός. ἡγέοντο δὲ πρῶτοι μὲν οἱ
σκευοφόροι τε καὶ τὰ ὑποζύγια, μετὰ δὲ τούτους
σύμμικτος στρατὸς παντοίων ἐθνέων ἀναμίξ, οὐ
διακεκριμένοι· τῇ δὲ ὑπερημίσεες ἦσαν, ἐνθαῦτα
διελέλειπτο, καὶ οὐ συνέμισγον οὗτοι βασιλέι.
προηγεῦντο μὲν δὴ ἱππόται χίλιοι, ἐκ Περσέων
πάντων ἀπολελεγμένοι· μετὰ δὲ αἰχμοφόροι χίλιοι
καὶ οὗτοι ἐκ πάντων ἀπολελεγμένοι, τὰς λόγχας
κάτω ἐς τὴν γῆν τρέψαντες· μετὰ δὲ ἱροὶ Νησαῖοι
καλεόμενοι ἵπποι δέκα κεκοσμημένοι ὡς κάλλιστα.
Νησαῖοι δὲ καλέονται ἵπποι ἐπὶ τοῦδε· ἔστι πεδίον
μέγα τῆς Μηδικῆς τῷ οὔνομα ἐστὶ Νήσαιον· τοὺς
ὦν δὴ ἵππους τοὺς μεγάλους φέρει τὸ πεδίον
τοῦτο. ὄπισθε δὲ τούτων τῶν δέκα ἵππων ἅρμα
Διὸς ἱρὸν ἐπετέτακτο, τὸ ἵπποι μὲν εἷλκον λευκοὶ
ὀκτώ, ὄπισθε δὲ αὖ τῶν ἵππων εἵπετο πεζῇ
ἡνίοχος ἐχόμενος τῶν χαλινῶν· οὐδεὶς γὰρ δὴ ἐπὶ
τοῦτον τὸν θρόνον ἀνθρώπων ἐπιβαίνει. τούτου
δὲ ὄπισθε αὐτὸς Ξέρξης ἐπ' ἅρματος ἵππων

354

will never boast that you outdid your king in the matter of benefits; and now that you have turned aside to the way of shamelessness, you shall receive a lesser requital than you merit. You and four of your sons are saved by your hospitality; but you shall be mulcted in the life of that one whom you most desire to keep." With that reply, he straightway bade those who were charged to do the like to find the eldest of Pythius' sons and cut him asunder, then having so done to set the one half of his body on the right hand of the road and the other on the left, that the army might pass this way between them.

40. This they did, and the army passed between. First went the baggage train and the beasts of burden, and after them a mixed host of all sorts of nations, not according to their divisions but all mingled together; when more than half had passed there was a space left, and these latter came not near the king. After that, first came a thousand horsemen, chosen out of all Persians; next, a thousand spearmen, picked men like the others, carrying their spears reversed; and after them, ten horses of the breed called Nesaean, equipped with all splendour. The horses are called Nesaean, because there is in Media a wide plain of that name, where the great horses are bred. Behind these ten horses was the place of the sacred chariot of Zeus,[1] drawn by eight white horses, the charioteer on foot following the horses and holding the reins; for no mortal man may mount into that seat. After these came Xerxes himself in a chariot drawn by Nesaean

---

[1] That is, of Ormuzd.

Νησαίων· παραβεβήκεε δέ οἱ ἡνίοχος τῷ οὔνομα
ἦν Πατιράμφης, Ὀτάνεω ἀνδρὸς Πέρσεω παῖς.
41. Ἐξήλασε μὲν οὕτω ἐκ Σαρδίων Ξέρξης,
μετεκβαίνεσκε δέ, ὅκως μιν λόγος αἱρέοι, ἐκ τοῦ
ἅρματος ἐς ἁρμάμαξαν. αὐτοῦ δὲ ὄπισθε αἰχμο-
φόροι Περσέων οἱ ἄριστοί τε καὶ γενναιότατοι
χίλιοι, κατὰ νόμον τὰς λόγχας ἔχοντες, μετὰ δὲ
ἵππος ἄλλη χιλίη ἐκ Περσέων ἀπολελεγμένη,
μετὰ δὲ τὴν ἵππον ἐκ τῶν λοιπῶν Περσέων
ἀπολελεγμένοι μύριοι. οὗτος πεζὸς ἦν· καὶ
τούτων χίλιοι μὲν ἐπὶ τοῖσι δόρασι ἀντὶ τῶν
σαυρωτήρων ῥοιὰς εἶχον χρυσέας καὶ πέριξ
συνεκλήιον τοὺς ἄλλους, οἱ δὲ εἰνακισχίλιοι
ἐντὸς τούτων ἐόντες ἀργυρέας ῥοιὰς εἶχον· εἶχον
δὲ χρυσέας ῥοιὰς καὶ οἱ ἐς τὴν γῆν τράποντες τὰς
λόγχας, καὶ μῆλα οἱ ἄγχιστα ἑπόμενοι Ξέρξῃ.
τοῖσι δὲ μυρίοισι ἐπετέτακτο ἵππος Περσέων
μυρίη. μετὰ δὲ τὴν ἵππον διέλειπε καὶ δύο
σταδίους, καὶ ἔπειτα ὁ λοιπὸς ὅμιλος ἤιε ἀναμίξ.
42. Ἐποιέετο δὲ τὴν ὁδὸν ἐκ τῆς Λυδίης ὁ
στρατὸς ἐπί τε ποταμὸν Κάικον καὶ γῆν τὴν
Μυσίην, ἀπὸ δὲ Καΐκου ὁρμώμενος, Κάνης ὄρος
ἔχων ἐν ἀριστερῇ, διὰ τοῦ Ἀταρνέος ἐς Κα-
ρήνην πόλιν· ἀπὸ δὲ ταύτης διὰ Θήβης πεδίου
ἐπορεύετο, Ἀδραμύττειόν τε πόλιν καὶ Ἄντανδρον
τὴν Πελασγίδα παραμειβόμενος. τὴν Ἴδην δὲ
λαβὼν ἐς ἀριστερὴν χεῖρα ἤιε ἐς τὴν Ἰλιάδα γῆν.
καὶ πρῶτα μέν οἱ ὑπὸ τῇ Ἴδῃ νύκτα ἀναμείναντι
βρονταί τε καὶ πρηστῆρες ἐπεσπίπτουσι καί τινα
αὐτοῦ ταύτῃ συχνὸν ὅμιλον διέφθειραν.
43. Ἀπικομένου δὲ τοῦ στρατοῦ ἐπὶ ποταμὸν

horses, his charioteer, Patiramphes, son of Otanes a
Persian, standing beside him.

41. It was thus that Xerxes rode out of Sardis;
but when he was so minded he would alight from
the chariot into a carriage. Behind him came a
thousand spearmen of the best and noblest blood
of Persia, carrying their spears in the customary
manner; after them a thousand picked Persian
horsemen, and after the horse ten thousand that
were footmen, chosen out of the rest of the Persians.
One thousand of these latter bore golden pome-
granates on their spear-shafts in place of the spike,
and surrounded the rest; the nine thousand were
enclosed within, and bore silver pomegranates; they
that held their spears reversed carried golden pome-
granates also, and they that were nearest to Xerxes,
apples of gold. After the ten thousand came ten
thousand Persian horsemen in array. After these
there was a space of two furlongs, and next the rest
of the multitude followed without order or division.

42. From Lydia the army took its course to the
river Caicus and the land of Mysia, and leaving the
Caicus, through Atarneus to the town of Carene,
keeping the mountain of Cane [1] on the left. Thence
they journeyed over the plain of Thebe, passing the
town of Adramytteum and the Pelasgian town
Antandrus; and then came into the territory of
Ilium, with Ida on their left. Then this first befel
them, that when they had halted for the night at
the foot of Ida they were smitten by a storm of
thunder and fiery winds, whereby very many there
perished.

43. When the army had come to the river Scam-

[1] Modern Kara Dagh.

HERODOTUS

Σκάμανδρον, ὃς πρῶτος ποταμῶν, ἐπείτε ἐκ Σαρ-
δίων ὁρμηθέντες ἐπεχείρησαν τῇ ὁδῷ, ἐπέλιπε τὸ
ῥέεθρον οὐδ᾽ ἀπέχρησε τῇ στρατιῇ τε καὶ τοῖσι
κτήνεσι πινόμενος· ἐπὶ τοῦτον δὴ τὸν ποταμὸν
ὡς ἀπίκετο Ξέρξης, ἐς τὸ Πριάμου Πέργαμον
ἀνέβη ἵμερον ἔχων θεήσασθαι· θεησάμενος δὲ
καὶ πυθόμενος ἐκείνων ἕκαστα τῇ Ἀθηναίῃ τῇ
Ἰλιάδι ἔθυσε βοῦς χιλίας, χοὰς δὲ οἱ Μάγοι τοῖσι
ἥρωσι ἐχέαντο. ταῦτα δὲ ποιησαμένοισι νυκτὸς
φόβος ἐς τὸ στρατόπεδον ἐνέπεσε. ἅμα ἡμέρῃ
δὲ ἐπορεύετο ἐνθεῦτεν, ἐν ἀριστερῇ μὲν ἀπέργων
Ῥοίτιον πόλιν καὶ Ὀφρύνειον καὶ Δάρδανον, ἥ
περ δὴ Ἀβύδῳ ὅμουρος ἐστί, ἐν δεξιῇ δὲ Γέργιθας
Τευκρούς.

44. Ἐπεὶ δ᾽ ἐγένετο ἐν Ἀβύδῳ μέσῃ, ἠθέλησε
Ξέρξης ἰδέσθαι πάντα τὸν στρατόν· καὶ προ-
επεποίητο γὰρ ἐπὶ κολωνοῦ ἐπίτηδες αὐτῷ ταύτῃ
προεξέδρη λίθου λευκοῦ, ἐποίησαν δὲ Ἀβυδηνοὶ
ἐντειλαμένου πρότερον βασιλέος, ἐνθαῦτα ὡς
ἵζετο, κατορῶν ἐπὶ τῆς ἠιόνος ἐθηεῖτο καὶ τὸν
πεζὸν καὶ τὰς νέας, θηεύμενος δὲ ἱμέρθη τῶν νεῶν
ἅμιλλαν γινομένην ἰδέσθαι. ἐπεὶ δὲ ἐγένετό τε
καὶ ἐνίκων Φοίνικες Σιδώνιοι, ἥσθη τε τῇ ἁμίλλῃ
καὶ τῇ στρατιῇ.

45. Ὡς δὲ ὥρα πάντα μὲν τὸν Ἑλλήσποντον
ὑπὸ τῶν νεῶν ἀποκεκρυμμένον, πάσας δὲ τὰς
ἀκτὰς καὶ τὰ Ἀβυδηνῶν πεδία ἐπίπλεα ἀν-
θρώπων, ἐνθαῦτα ὁ Ξέρξης ἑωυτὸν ἐμακάρισε,
μετὰ δὲ τοῦτο ἐδάκρυσε.

46. Μαθὼν δέ μιν Ἀρτάβανος ὁ πάτρως, ὃς τὸ
πρῶτον γνώμην ἀπεδέξατο ἐλευθέρως οὐ συμ-

ander, which was the first river after the beginning
of their march from Sardis that fell short of their
needs and could not suffice for the army and the
cattle,—being arrived at this river, Xerxes ascended
to the citadel of Priam, having a desire to view it;
and having viewed and enquired of all that was
there he sacrificed a thousand kine to Athene of
Ilium, and the Magians offered libations to the
heroes. After their so doing, the army was seized
with a panic fear in the night. When it was day
they journeyed on thence, keeping on their left the
towns of Rhoetium and Ophryneum and Dardanus,
which marches with Abydos,[1] and on their right the
Teucrian Gergithae.

44. When Xerxes had come to the midst of
Abydos, he desired to see the whole of his army;
and this he could do, for a lofty seat of white stone
had been set up for him on a hill [2] there with that
intent, built by the people of Abydos at the king's
command. There Xerxes sat, and looked down on
the sea-shore, viewing his army and his fleet; and
as he viewed them he was fain to see the ships
contend in a race. They did so, and the Phoenicians
of Sidon won it; and Xerxes was pleased with the
race, and with his armament.

45. But when he saw the whole Hellespont hidden
by his ships, and all the shores and plains of Abydos
thronged with men, Xerxes first declared himself
happy, and presently he fell a-weeping.

46. Perceiving that, his uncle Artabanus, who in
the beginning had spoken his mind freely and coun-

[1] It was about nine miles from Abydos.
[2] Probably what is called Mal-Tepe, on the promontory
of Nagara.

βουλεύων Ξέρξη στρατεύεσθαι ἐπὶ τὴν Ἑλλάδα,
οὗτος ὡνὴρ φρασθεὶς Ξέρξην δακρύσαντα εἴρετο
τάδε. "Ὦ βασιλεῦ, ὡς πολλὸν ἀλλήλων κε-
χωρισμένα ἐργάσαο νῦν τε καὶ ὀλίγῳ πρότερον·
μακαρίσας γὰρ σεωυτὸν δακρύεις." ὁ δὲ εἶπε
"Ἐσῆλθε γάρ με λογισάμενον κατοικτεῖραι ὡς
βραχὺς εἴη ὁ πᾶς ἀνθρώπινος βίος, εἰ τούτων γε
ἐόντων τοσούτων οὐδεὶς ἐς ἑκατοστὸν ἔτος περι-
έσται." ὁ δὲ ἀμείβετο λέγων "Ἕτερα τούτου
παρὰ τὴν ζόην πεπόνθαμεν οἰκτρότερα. ἐν γὰρ
οὕτω βραχέι βίῳ οὐδεὶς οὕτω ἄνθρωπος ἐὼν
εὐδαίμων πέφυκε οὔτε τούτων οὔτε τῶν ἄλλων,
τῷ οὐ παραστήσεται πολλάκις καὶ οὐκὶ ἅπαξ
τεθνάναι βούλεσθαι μᾶλλον ἢ ζώειν. αἵ τε γὰρ
συμφοραὶ προσπίπτουσαι καὶ αἱ νοῦσοι συνταράσ-
σουσαι καὶ βραχὺν ἐόντα μακρὸν δοκέειν εἶναι
ποιεῦσι τὸν βίον. οὕτω ὁ μὲν θάνατος μοχθηρῆς
ἐούσης τῆς ζόης καταφυγὴ αἱρετωτάτη τῷ ἀν-
θρώπῳ γέγονε, ὁ δὲ θεὸς γλυκὺν γεύσας τὸν αἰῶνα
φθονερὸς ἐν αὐτῷ εὑρίσκεται ἐών."

47. Ξέρξης δὲ ἀμείβετο λέγων "Ἀρτάβανε,
βιοτῆς μέν νυν ἀνθρωπηίης πέρι, ἐούσης τοιαύτης
οἵην περ σὺ διαιρέαι εἶναι, παυσώμεθα, μηδὲ
κακῶν μεμνώμεθα χρηστὰ ἔχοντες πρήγματα ἐν
χερσί, φράσον δέ μοι τόδε· εἴ τοι ἡ ὄψις τοῦ
ἐνυπνίου μὴ ἐναργὴς οὕτω ἐφάνη, εἶχες ἂν τὴν
ἀρχαίην γνώμην, οὐκ ἐῶν με στρατεύεσθαι ἐπὶ
τὴν Ἑλλάδα, ἢ μετέστης ἄν; φέρε τοῦτό μοι
ἀτρεκέως εἰπέ." ὁ δὲ ἀμείβετο λέγων "Ὦ βα-
σιλεῦ, ὄψις μὲν ἡ ἐπιφανεῖσα τοῦ ὀνείρου ὡς
βουλόμεθα ἀμφότεροι τελευτήσειε, ἐγὼ δ' ἔτι
καὶ ἐς τόδε δείματος εἰμὶ ὑπόπλεος οὐδ' ἐντὸς

selled Xerxes not to march against Hellas—Arta-
banus, I say, marking how Xerxes wept, questioned
him and said, "What a distance is there, O king,
between your acts of this present and a little while
ago! Then you declared your happiness, and now
you weep." "Ay verily," said Xerxes; "for I was
moved to compassion, when I considered the short-
ness of all human life, seeing that of all this multi-
tude of men not one will be alive a hundred years
hence." "In our life," Artabanus answered, "we
have deeper sorrows to bear than that. For short
as our lives are, there is no man here or elsewhere
so fortunate, that he shall not be constrained, ay
many a time and not once only, to wish himself
dead rather than alive. Misfortunes so fall upon us
and sicknesses so trouble us, that they make life
to seem long for all its shortness. Thus is life so
sorry a thing that death has come to be a man's
most desirable refuge therefrom; the god is seen to
be envious therein, after he has given us but a taste
of the sweetness of living."

47. Xerxes answered and said, "Human life, Arta-
banus, is such as you define it to be. Yet let us speak
no more of that, nor remember evils in our present
prosperous estate; but tell me this. If you had not
seen the vision in your dream so clearly, would you
still have held your former opinion, and counselled
me not to march against Hellas, or would you have
changed from it? Come, tell me that truly." Arta-
banus answered and said, "O king, may the vision
that appeared in my dream bring such an end as we
both desire! But for myself, I am even now full of
fear, yea distraught, for many other reasons that I

HERODOTUS

ἐμεωυτοῦ, ἄλλα τε πολλὰ ἐπιλεγόμενος καὶ δὴ
καὶ ὁρῶν τοι δύο τὰ μέγιστα πάντων ἐόντα
πολεμιώτατα."

48. Ξέρξης δὲ πρὸς ταῦτα ἀμείβετο τοῖσιδε.
"Δαιμόνιε ἀνδρῶν, κοῖα ταῦτα λέγεις εἶναι δύο
μοι πολεμιώτατα; κότερά τοι ὁ πεζὸς μεμπτὸς
κατὰ πλῆθός ἐστι καὶ τὸ Ἑλληνικὸν στράτευμα
φαίνεται πολλαπλήσιον ἔσεσθαι τοῦ ἡμετέρου,
ἢ τὸ ναυτικὸν τὸ ἡμέτερον λείψεσθαι τοῦ ἐκείνων,
ἢ καὶ συναμφότερα ταῦτα; εἰ γάρ τοι ταύτῃ
φαίνεται ἐνδεέστερα εἶναι τὰ ἡμέτερα πρήγματα,
στρατοῦ ἂν ἄλλου τις τὴν ταχίστην ἄγερσιν
ποιέοιτο."

49. Ὁ δ' ἀμείβετο λέγων "Ὦ βασιλεῦ, οὔτε
στρατὸν τοῦτον, ὅστις γε σύνεσιν ἔχει, μέμφοιτ'
ἂν οὔτε τῶν νεῶν τὸ πλῆθος· ἢν δὲ πλεῦνας
συλλέξῃς, τὰ δύο τοι τὰ λέγω πολλῷ ἔτι πολε-
μιώτερα γίνεται. τὰ δὲ δύο ταῦτα ἐστὶ γῆ τε καὶ
θάλασσα. οὔτε γὰρ τῆς θαλάσσης ἐστὶ λιμὴν
τοσοῦτος οὐδαμόθι, ὡς ἐγὼ εἰκάζω, ὅστις ἐγειρο-
μένου χειμῶνος δεξάμενός σευ τοῦτο τὸ ναυτικὸν
φερέγγυος ἔσται διασῶσαι τὰς νέας. καίτοι οὐκὶ
ἕνα αὐτὸν δεῖ εἶναι τὸν λιμένα, ἀλλὰ παρὰ
πᾶσαν τὴν ἤπειρον παρ' ἣν δὴ κομίζεαι. οὔκων
δὴ ἐόντων τοι λιμένων ὑποδεξίων, μάθε ὅτι αἱ
συμφοραὶ τῶν ἀνθρώπων ἄρχουσι καὶ οὐκὶ
ὤνθρωποι τῶν συμφορέων. καὶ δὴ τῶν δύο τοι
τοῦ ἑτέρου εἰρημένου τὸ ἕτερον ἔρχομαι ἐρέων.
γῆ δὲ πολεμίη τῇδέ τοι κατίσταται· εἰ θέλει
τοι μηδὲν ἀντίξοον καταστῆναι, τοσούτῳ τοι
γίνεται πολεμιωτέρη ὅσῳ ἂν προβαίνῃς ἑκαστέρω,
τὸ πρόσω αἰεὶ κλεπτόμενος· εὐπρηξίης δὲ οὐκ

have, and this in especial—that I see the two greatest
things in the world to be most your enemies."

48. "Sir," Xerxes answered, "I marvel at you.
What are these two things that you say are most
my enemies? Is it that you find some fault with
the numbers of my land army, and suppose that the
Greek host will be many times greater than ours?
Or think you that our navy will fall short of theirs?
Or that the fault is in both? For if in this regard our
power seems to you to lack aught, it were best to
muster another host with all speed."

49. "O king," Artabanus answered and said,
"there is no fault that any man of sound judgment
could find either with this army or with the number
of your ships; and if you gather more, those two
things whereof I speak grow yet the more your
enemies. These two are the land and the sea.
The sea has nowhere any harbour, as I guess, that
if a storm arise will be warrantable to receive this
navy and save your ships. Yet such harbours there
should be, not in one place alone but all along
the land along which you sail. Seeing then that
there are no harbours able to receive you, learn
thereby that men are the subjects and not the
rulers of their accidents. Now I have spoken of
one of the two, and I will tell you of the other:
this is how the land is your enemy: if so be that
nothing stands in your way to hinder you, the land
is the more your enemy the further you advance,
with never true knowledge of what lies beyond;

ἔστι ἀνθρώποισι οὐδεμία πληθώρη. καὶ δή τοι,
ὡς οὐδενὸς ἐναντιευμένου, λέγω τὴν χώρην πλεῦνα
ἐν πλέονι χρόνῳ γινομένην λιμὸν τέξεσθαι. ἀνὴρ
δὲ οὕτω ἂν εἴη ἄριστος, εἰ βουλευόμενος μὲν
ἀρρωδέοι, πᾶν ἐπιλεγόμενος πείσεσθαι χρῆμα,
ἐν δὲ τῷ ἔργῳ θρασὺς εἴη."

50. Ἀμείβεται Ξέρξης τοῖσιδε. "Ἀρτάβανε,
οἰκότως μὲν σύ γε τούτων ἕκαστα διαιρέαι· ἀτὰρ
μήτε πάντα φοβέο μήτε πᾶν ὁμοίως ἐπιλέγεο.
εἰ γὰρ δὴ βούλοιο ἐπὶ τῷ αἰεὶ ἐπεσφερομένῳ
πρήγματι τὸ πᾶν ὁμοίως ἐπιλέγεσθαι, ποιήσειας
ἂν οὐδαμὰ οὐδέν· κρέσσον δὲ πάντα θαρσέοντα
ἥμισυ τῶν δεινῶν πάσχειν μᾶλλον ἢ πᾶν χρῆμα
προδειμαίνοντα μηδαμὰ μηδὲν παθεῖν. εἰ δὲ
ἐρίζων πρὸς πᾶν τὸ λεγόμενον μὴ τὸ βέβαιον
ἀποδέξεις, σφάλλεσθαι ὀφείλεις ἐν αὐτοῖσι ὁμοίως
καὶ ὁ ὑπεναντία τούτοισι λέξας. τοῦτο μέν νυν
ἐπ' ἴσης ἔχει· εἰδέναι δὲ ἄνθρωπον ἐόντα κῶς
χρὴ τὸ βέβαιον; δοκέω μὲν οὐδαμῶς. τοῖσι
τοίνυν βουλομένοισι ποιέειν ὡς τὸ ἐπίπαν φιλέει
γίνεσθαι τὰ κέρδεα, τοῖσι δὲ ἐπιλεγομένοισί τε
πάντα καὶ ὀκνέουσι οὐ μάλα ἐθέλει. ὁρᾷς τὰ
Περσέων πρήγματα ἐς ὃ δυνάμιος προκεχώρηκε.
εἰ τοίνυν ἐκεῖνοι οἱ πρὸ ἐμεῦ γενόμενοι βασιλέες
γνώμῃσι ἐχρέωντο ὁμοίῃσι καὶ σύ, ἢ μὴ χρεώμενοι
γνώμῃσι τοιαύτῃσι ἄλλους συμβούλους εἶχον
τοιούτους, οὐκ ἄν κοτε εἶδες αὐτὰ ἐς τοῦτο
προελθόντα· νῦν δὲ κινδύνους ἀναρριπτέοντες ἐς
τοῦτο σφέα προηγάγοντο. μεγάλα γὰρ πρήγματα
μεγάλοισι κινδύνοισι ἐθέλει καταιρέεσθαι. ἡμεῖς
τοίνυν ὁμοιεύμενοι ἐκείνοισι ὥρην τε τοῦ ἔτεος
καλλίστην πορευόμεθα, καὶ καταστρεψάμενοι

and no man is ever full fed with success. There-
fore, I say, if none withstand you, the increase of
your territory and the time passed in getting it will
beget famine. He is the best man, who is timid
in counsel because he takes all that may befal him
into account, but is in action bold."

50. "Artabanus," Xerxes answered, "you do
reasonably in so defining all these matters. But
this I say, fear not everything, nor take account of
all alike; for if on whatever occasion befal you were
minded to take everything alike into account, you
would never do anything; better it is to suffer half
the dreaded ill by facing all with a stout heart, rather
than to fear all chances and so suffer nought. But
if you quarrel with whatever is said, yet cannot
show where security lies, you must be proved as
wrong on your part as he that holds the contrary
opinion. In this then both are alike; and how
shall one that is but man know where there is
security? It is, I think, impossible. It is they,
then, who have the will to act that do oftenest win
the prizes, not, truly, they that palter and take
account of all chances. You see, to what power
Persia has attained. Now, if those kings who came
before me had held such opinions as yours, or not
holding them themselves had had counsellors like
you, you would never have seen our fortunes at
their present height; but as it is, those kings en-
countered dangers, and by so doing advanced them
to this height. Great successes are not won save
by great risks. We, then, will do as they did;
we are using the fairest season of the year to
journey in, and we will return home the conquerors

πᾶσαν τὴν Εὐρώπην νοστήσομεν ὀπίσω, οὔτε
λιμῷ ἐντυχόντες οὐδαμόθι οὔτε ἄλλο ἄχαρι οὐδὲν
παθόντες. τοῦτο μὲν γὰρ αὐτοὶ πολλὴν φορβὴν
φερόμενοι πορευόμεθα, τοῦτο δέ, τῶν ἄν κου ἐπι-
βέωμεν γῆν καὶ ἔθνος, τούτων τὸν σῖτον ἕξομεν·
ἐπ᾿ ἀροτῆρας δὲ καὶ οὐ νομάδας στρατευόμεθα
ἄνδρας."

51. Λέγει ᾿Αρτάβανος μετὰ ταῦτα "῏Ω βασιλεῦ,
ἐπείτε ἀρρωδέειν οὐδὲν ἐᾷς πρῆγμα, σὺ δέ μευ
συμβουλίην ἔνδεξαι· ἀναγκαίως γὰρ ἔχει περὶ
πολλῶν πρηγμάτων πλεῦνα λόγον ἐκτεῖναι. Κῦ-
ρος ὁ Καμβύσεω Ἰωνίην πᾶσαν πλὴν ᾿Αθηναίων
κατεστρέψατο δασμοφόρον εἶναι Πέρσῃσι. τού-
τους ὦν τοὺς ἄνδρας συμβουλεύω τοι μηδεμιῇ
μηχανῇ ἄγειν ἐπὶ τοὺς πατέρας· καὶ γὰρ ἄνευ
τούτων οἷοί τε εἰμὲν τῶν ἐχθρῶν κατυπέρτε-
ροι γίνεσθαι. ἢ γὰρ σφέας, ἢν ἕπωνται, δεῖ
ἀδικωτάτους γίνεσθαι καταδουλουμένους τὴν μη-
τρόπολιν, ἢ δικαιοτάτους συνελευθεροῦντας. ἀδι-
κώτατοι μέν νυν γινόμενοι οὐδὲν κέρδος μέγα
ἡμῖν προσβάλλουσι, δικαιότατοι δὲ γινόμενοι
οἷοί τε δηλήσασθαι μεγάλως τὴν σὴν στρατιὴν
γίνονται. ἐς θυμὸν ὦν βάλευ καὶ τὸ παλαιὸν
ἔπος ὡς εὖ εἴρηται, τὸ μὴ ἅμα ἀρχῇ πᾶν τέλος
καταφαίνεσθαι."

52. ᾿Αμείβεται πρὸς ταῦτα Ξέρξης "᾿Αρτάβανε,
τῶν ἀπεφήναο γνωμέων σφάλλεαι κατὰ ταύτην
δὴ μάλιστα, ὃς Ἴωνας φοβέαι μὴ μεταβάλωσι,
τῶν ἔχομεν γνῶμα μέγιστον, τῶν σύ τε μάρτυς
γίνεαι καὶ οἱ συστρατευσάμενοι Δαρείῳ ἄλλοι
ἐπὶ Σκύθας, ὅτι ἐπὶ τούτοισι ἡ πᾶσα Περσικὴ
στρατιὴ ἐγένετο διαφθεῖραι καὶ περιποιῆσαι, οἳ

of all Europe, having nowhere suffered famine or any other harm; for firstly, we carry ample provision with us on our march, and secondly we shall have the food of those whose land and nation we invade; and those against whom we march are no wandering tribes, but tillers of the soil."

51. Then said Artabanus: "O king, I see that you will not suffer us to fear any danger; yet take from me this counsel: for needs must there be much speaking when our businesses are so many. Cyrus son of Cambyses subdued and made tributary to Persia all Ionians save only the Athenians. It is my counsel, then, that you do by no means lead these Ionians against the land of their fathers; even without their aid we are well able to overcome our enemies; for if they come with our army, they must behave either very unjustly by enslaving their parent state or very justly by aiding it to be free. Now, if they deal very unjustly, they bring us no great advantage, but by dealing very justly they may well thereby do great harm to your army. Take therefore to heart the truth of even that ancient saying, 'That the end of every matter appeareth not at its beginning.'"

52. "Artabanus," Xerxes answered, "there is no opinion which you have declared wherein you are so misled as in this your fear lest the Ionians change sides; we have the surest warranty for them (and you and all that marched with Darius against the Scythians can witness it) in that with these it lay to destroy or to save the whole Persian army; and they

δὲ δικαιοσύνην καὶ πιστότητα ἐνέδωκαν, ἄχαρι
δὲ οὐδέν. πάρεξ δὲ τούτου, ἐν τῇ ἡμετέρῃ κατα-
λιπόντας τέκνα καὶ γυναῖκας καὶ χρήματα οὐδ᾽
ἐπιλέγεσθαι χρὴ νεώτερόν τι ποιήσειν. οὕτω μηδὲ
τοῦτο φοβέο, ἀλλὰ θυμὸν ἔχων ἀγαθὸν σῶζε οἶκόν
τε τὸν ἐμὸν καὶ τυραννίδα τὴν ἐμήν· σοὶ γὰρ ἐγὼ
μούνῳ ἐκ πάντων σκῆπτρα τὰ ἐμὰ ἐπιτράπω."
53. Ταῦτα εἴπας καὶ Ἀρτάβανον ἀποστείλας
ἐς Σοῦσα δεύτερα μετεπέμψατο Ξέρξης Περσέων
τοὺς δοκιμωτάτους· ἐπεὶ δέ οἱ παρῆσαν, ἔλεγέ
σφι τάδε. "Ὦ Πέρσαι, τῶνδ᾽ ἐγὼ ὑμέων χρηίζων
συνέλεξα, ἄνδρας τε γενέσθαι ἀγαθοὺς καὶ μὴ
καταισχύνειν τὰ πρόσθε ἐργασμένα Πέρσῃσι,
ἐόντα μεγάλα τε καὶ πολλοῦ ἄξια, ἀλλ᾽ εἷς τε
ἕκαστος καὶ οἱ σύμπαντες προθυμίην ἔχωμεν·
ξυνὸν γὰρ πᾶσι τοῦτο ἀγαθὸν σπεύδεται. τῶνδε
δὲ εἵνεκα προαγορεύω ἀντέχεσθαι τοῦ πολέμου
ἐντεταμένως· ὡς γὰρ ἐγὼ πυνθάνομαι, ἐπ᾽ ἄνδρας
στρατευόμεθα ἀγαθούς, τῶν ἢν κρατήσωμεν, οὐ
μή τις ἡμῖν ἄλλος στρατὸς ἀντιστῇ κοτε ἀν-
θρώπων. νῦν δὲ διαβαίνωμεν ἐπευξάμενοι τοῖσι
θεοῖσι οἳ Πέρσας λελόγχασι."
54. Ταύτην μὲν τὴν ἡμέρην παρεσκευάζοντο
ἐς τὴν διάβασιν· τῇ δὲ ὑστεραίῃ ἀνέμενον τὸν
ἥλιον ἐθέλοντες ἰδέσθαι ἀνίσχοντα, θυμιήματά
τε παντοῖα ἐπὶ τῶν γεφυρέων καταγίζοντες καὶ
μυρσίνῃσι στορνύντες τὴν ὁδόν. ὡς δ᾽ ἐπανέ-
τελλε ὁ ἥλιος, σπένδων ἐκ χρυσέης φιάλης
Ξέρξης ἐς τὴν θάλασσαν εὔχετο πρὸς τὸν ἥλιον
μηδεμίαν οἱ συντυχίην τοιαύτην γενέσθαι, ἥ
μιν παύσει καταστρέψασθαι τὴν Εὐρώπην
πρότερον ἢ ἐπὶ τέρμασι τοῖσι ἐκείνης γένηται.

gave proof of justice and faithfulness, and no evil
intent. Moreover, seeing that they have left in our
country their children and wives and possessions, we
need not deem it even possible that they will make
any violent change. Therefore be quit of that fear
too ; keep a stout heart and guard my household
and sovereignty; for to you alone I entrust the
symbols of my kingship."

53. Having thus spoken, and sent Artabanus
away to Susa, Xerxes next sent for the most notable
among the Persians ; and when they were present,
" Persians," he said, " I have assembled you to make
this demand, that you bear yourselves bravely and
never sully the great and glorious former achieve-
ments of the Persians ; let us each and all be zeal-
ous ; for this is the common advantage of all that we
seek. For this cause I bid you set your hands to
the war with might and main ; for as I am assured,
we march against valiant men, whom if we over-
come, it is certain that no other human host will ever
withstand us. Now let us cross over, having first
prayed to the gods who hold Persia for their allotted
realm."

54. All that day they made preparation for the
crossing ; and on the next they waited till they
should see the sun rise, burning all kinds of incense
on the bridges, and strewing the way with myrtle
boughs. At sunrise, Xerxes poured a libation from
a golden phial into the sea, praying to the sun that
no such accident should befal him as to stay him
from subduing Europe ere he should reach its
farthest borders. After the prayer, he cast the

εὐξάμενος δὲ ἐσέβαλε τὴν φιάλην ἐς τὸν Ἑλλή-
σποντον καὶ χρύσεον κρητῆρα καὶ Περσικὸν
ξίφος, τὸν ἀκινάκην καλέουσι. ταῦτα οὐκ ἔχω
ἀτρεκέως διακρῖναι οὔτε εἰ τῷ ἡλίῳ ἀνατιθεὶς
κατῆκε ἐς τὸ πέλαγος, οὔτε εἰ μετεμέλησέ οἱ τὸν
Ἑλλήσποντον μαστιγώσαντι καὶ ἀντὶ τούτων
τὴν θάλασσαν ἐδωρέετο.

55. Ὡς δὲ ταῦτά οἱ ἐπεποίητο, διέβαινον κατὰ
μὲν τὴν ἑτέρην τῶν γεφυρέων τὴν πρὸς τοῦ
Πόντου ὁ πεζός τε καὶ ἡ ἵππος ἅπασα, κατὰ
δὲ τὴν πρὸς τὸ Αἰγαῖον τὰ ὑποζύγια καὶ ἡ
θεραπηίη. ἡγέοντο δὲ πρῶτα μὲν οἱ μύριοι Πέρ-
σαι, ἐστεφανωμένοι πάντες, μετὰ δὲ τούτους ὁ
σύμμικτος στρατὸς παντοίων ἐθνέων. ταύτην
μὲν τὴν ἡμέρην οὗτοι, τῇ δὲ ὑστεραίῃ πρῶτοι μὲν
οἵ τε ἱππόται καὶ οἱ τὰς λόγχας κάτω τράποντες·
ἐστεφάνωντο δὲ καὶ οὗτοι. μετὰ δὲ οἵ τε ἵπποι
οἱ ἱροὶ καὶ τὸ ἅρμα τὸ ἱρόν, ἐπὶ δὲ αὐτός τε
Ξέρξης καὶ οἱ αἰχμοφόροι καὶ οἱ ἱππόται οἱ
χίλιοι, ἐπὶ δὲ τούτοισι ὁ ἄλλος στρατός. καὶ αἱ
νέες ἅμα ἀνήγοντο ἐς τὴν ἀπεναντίον. ἤδη δὲ
ἤκουσα καὶ ὕστατον διαβῆναι βασιλέα πάντων.

56. Ξέρξης δὲ ἐπεὶ διέβη ἐς τὴν Εὐρώπην,
ἐθηεῖτο τὸν στρατὸν ὑπὸ μαστίγων διαβαίνοντα·
διέβη δὲ ὁ στρατὸς αὐτοῦ ἐν ἑπτὰ ἡμέρῃσι καὶ ἐν
ἑπτὰ εὐφρόνῃσι, ἐλινύσας οὐδένα χρόνον. ἐνθαῦτα
λέγεται, Ξέρξεω ἤδη διαβεβηκότος τὸν Ἑλλή-
σποντον, ἄνδρα εἰπεῖν Ἑλλησπόντιον " Ὦ Ζεῦ, τί
δὴ ἀνδρὶ εἰδόμενος Πέρσῃ καὶ οὔνομα ἀντὶ Διὸς
Ξέρξην θέμενος ἀνάστατον τὴν Ἑλλάδα θέλεις
ποιῆσαι, ἄγων πάντας ἀνθρώπους; καὶ γὰρ ἄνευ
τούτων ἐξῆν τοι ποιέειν ταῦτα."

phial into the Hellespont, and a golden bowl withal, and a Persian sword, that which they call "acinaces."[1] As to these, I cannot rightly determine whether he cast them into the sea for offerings to the sun, or repented of his scourging of the Hellespont and gave gifts to the sea as atonement.

55. This done, they crossed over, the foot and horse all by the bridge nearest to the Pontus, and the beasts of burden and the train of service by the bridge towards the Aegean. In the van came the ten thousand Persians, all wearing garlands, and after them the mixed host of divers nations. All that day these crossed, and on the next, first the horsemen and they that bore their spears reversed; these also wore garlands. After them came the sacred horses and the sacred chariot, then Xerxes himself and the spearmen and the thousand horse, and after them the rest of the host. Meanwhile the ships put out and crossed to the opposite shore. But I have heard ere now, that the king crossed last of all.

56. Having passed over to Europe, Xerxes viewed his army crossing under the lash; seven days and seven nights it was in crossing, with never a rest. There is a tale that, when Xerxes had now crossed the Hellespont, a man of the Hellespont cried, "O Zeus, why hast thou taken the likeness of a Persian man and changed thy name to Xerxes, leading the whole world with thee to remove Hellas from its place? For that thou mightest have done without these means."

---

[1] Sometimes translated "scimitar"; but that is, I believe, a curved weapon, whereas the ἀκινάκης appears to have been a short, straight dagger.

HERODOTUS

57. Ὡς δὲ διέβησαν πάντες, ἐς ὁδὸν ὁρμημένοισι
τέρας σφι ἐφάνη μέγα, τὸ Ξέρξης ἐν οὐδενὶ λόγῳ
ἐποιήσατο καίπερ εὐσύμβλητον ἐόν· ἵππος γὰρ
ἔτεκε λαγόν. εὐσύμβλητον ὧν τῇδε τοῦτο ἐγένετο,
ὅτι ἔμελλε μὲν ἐλᾶν στρατιὴν ἐπὶ τὴν Ἑλλάδα
Ξέρξης ἀγαυρότατα καὶ μεγαλοπρεπέστατα,
ὀπίσω δὲ περὶ ἑωυτοῦ τρέχων ἥξειν ἐς τὸν αὐτὸν
χῶρον. ἐγένετο δὲ καὶ ἕτερον αὐτῷ τέρας ἐόντι ἐν
Σάρδισι· ἡμίονος γὰρ ἔτεκε ἡμίονον διξὰ ἔχουσαν
αἰδοῖα, τὰ μὲν ἔρσενος τὰ δὲ θηλέης· κατύπερθε
δὲ ἦν τὰ τοῦ ἔρσενος. τῶν ἀμφοτέρων λόγον
οὐδένα ποιησάμενος τὸ πρόσω ἐπορεύετο, σὺν δέ
οἱ ὁ πεζὸς στρατός.

58. Ὁ δὲ ναυτικὸς ἔξω τὸν Ἑλλήσποντον πλέων
παρὰ γῆν ἐκομίζετο, τὰ ἔμπαλιν πρήσσων τοῦ
πεζοῦ. ὁ μὲν γὰρ πρὸς ἑσπέρην ἔπλεε, ἐπὶ
Σαρπηδονίης ἄκρης ποιεύμενος τὴν ἄπιξιν, ἐς τὴν
αὐτῷ προείρητο ἀπικομένῳ περιμένειν· ὁ δὲ κατ'
ἤπειρον στρατὸς πρὸς ἠῶ τε καὶ ἡλίου ἀνατολὰς
ἐποιέετο τὴν ὁδὸν διὰ τῆς Χερσονήσου, ἐν δεξιῇ
μὲν ἔχων τὸν Ἕλλης τάφον τῆς Ἀθάμαντος, ἐν
ἀριστερῇ δὲ Καρδίην πόλιν, διὰ μέσης δὲ πορευό-
μενος πόλιος τῇ οὔνομα τυγχάνει ἐὸν Ἀγορή.
ἐνθεῦτεν δὲ κάμπτων τὸν κόλπον τὸν Μέλανα
καλεόμενον καὶ Μέλανα ποταμόν, οὐκ ἀντισχόντα
τότε τῇ στρατιῇ τὸ ῥέεθρον ἀλλ' ἐπιλιπόντα, τοῦ-
τον τὸν ποταμὸν διαβάς, ἐπ' οὗ καὶ ὁ κόλπος
οὗτος τὴν ἐπωνυμίην ἔχει, ἤιε πρὸς ἑσπέρην,
Αἶνόν τε πόλιν Αἰολίδα καὶ Στεντορίδα λίμνην
παρεξιών, ἐς ὃ ἀπίκετο ἐς Δορίσκον.

59. Ὁ δὲ Δορίσκος ἐστὶ τῆς Θρηίκης αἰγιαλός
τε καὶ πεδίον μέγα, διὰ δὲ αὐτοῦ ῥέει ποταμὸς

372

57. When all had passed over and they were ready for the road, a great portent appeared among them, whereof Xerxes took no account, though it was easy of interpretation : a mare gave birth to a hare. The meaning of it was easy to guess, being this : Xerxes was to march his army to Hellas with great pomp and pride, but to come back to the same place fleeing for his life. There was another portent, that was shown to him at Sardis : a mule gave birth to a mule, that had double privy parts, both male and female, the male above the other. But of neither sign did he take any account, and journeyed on, his land army with him.

58. His navy sailed out of the Hellespont and coasted along by the land, contrariwise to the land army ; for the ships voyaged westwards, laying their course for the headland of Sarpedon, whither Xerxes had bidden them come and there await him ; but the army of the mainland travelled towards the east[1] and the sunrise through the Chersonese, with the tomb of Athamas' daughter Helle on its right and the town of Cardia on its left, and marching through the midst of a town called Agora. Thence turning the head of the Black Bay (as it is called) and crossing the Black River, which could not hold its own then against the army, but fell short of its needs—crossing this river, which gives its name to the bay, they went westwards, past the Aeolian town of Aenus and the marsh of Stentor, till they came to Doriscus.

59. The territory of Doriscus is in Thrace, a wide plain by the sea, and through it flows a great river,

---

[1] North-east, strictly speaking : they marched through the promontory of Gallipoli.

μέγας Ἕβρος· ἐν τῷ τεῖχός τε ἐδέδμητο βασιλήιον
τοῦτο τὸ δὴ Δορίσκος κέκληται, καὶ Περσέων
φρουρὴ ἐν αὐτῷ κατεστήκεε ὑπὸ Δαρείου ἐξ
ἐκείνου τοῦ χρόνου ἐπείτε ἐπὶ Σκύθας ἐστρα-
τεύετο. ἔδοξε ὦν τῷ Ξέρξῃ ὁ χῶρος εἶναι ἐπιτή-
δεος ἐνδιατάξαι τε καὶ ἐξαριθμῆσαι τὸν στρατόν,
καὶ ἐποίεε ταῦτα. τὰς μὲν δὴ νέας τὰς πάσας
ἀπικομένας ἐς Δορίσκον οἱ ναύαρχοι κελεύσαντος
Ξέρξεω ἐς τὸν αἰγιαλὸν τὸν προσεχέα Δορίσκῳ
ἐκόμισαν, ἐν τῷ Σάλη τε Σαμοθρηικίη πεπόλισται
πόλις καὶ Ζώνη, τελευτᾷ δὲ αὐτοῦ Σέρρειον ἄκρη
ὀνομαστή. ὁ δὲ χῶρος οὗτος τὸ παλαιὸν ἦν
Κικόνων. ἐς τοῦτον τὸν αἰγιαλὸν κατασχόντες
τὰς νέας ἀνέψυχον ἀνελκύσαντες. ὁ δὲ ἐν τῷ
Δορίσκῳ τοῦτον τὸν χρόνον τῆς στρατιῆς ἀριθμὸν
ἐποιέετο.

60. Ὅσον μέν νυν ἕκαστοι παρεῖχον πλῆθος
ἐς ἀριθμόν, οὐκ ἔχω εἰπεῖν τὸ ἀτρεκές· οὐ γὰρ λέ-
γεται πρὸς οὐδαμῶν ἀνθρώπων· σύμπαντος δὲ τοῦ
στρατοῦ τοῦ πεζοῦ τὸ πλῆθος ἐφάνη ἑβδομήκοντα
καὶ ἑκατὸν μυριάδες. ἐξηρίθμησαν δὲ τόνδε τὸν
τρόπον· συνήγαγόν τε ἐς ἕνα χῶρον μυριάδα
ἀνθρώπων, καὶ συννάξαντες ταύτην ὡς μάλιστα
εἶχον περιέγραψαν ἔξωθεν κύκλον· περιγράψαντες
δὲ καὶ ἀπέντες τοὺς μυρίους αἱμασιὴν περιέβαλον
κατὰ τὸν κύκλον, ὕψος ἀνήκουσαν ἀνδρὶ ἐς τὸν
ὀμφαλόν· ταύτην δὲ ποιήσαντες ἄλλους ἐσεβίβαζον
ἐς τὸ περιοικοδομημένον, μέχρι οὗ πάντας τούτῳ
τῷ τρόπῳ ἐξηρίθμησαν. ἀριθμήσαντες δὲ κατὰ
ἔθνεα διέτασσον.

61. Οἱ δὲ στρατευόμενοι οἵδε ἦσαν, Πέρσαι μὲν
ὧδε ἐσκευασμένοι· περὶ μὲν τῇσι κεφαλῇσι εἶχον

the Hebrus; here had been built that royal fortress which is called Doriscus, and a Persian guard had been posted there by Darius ever since the time of his march against Scythia. It seemed therefore to Xerxes to be a fit place for him to array and number his host, and he did so. All the fleet, being now arrived at Doriscus, was brought by its captains at Xerxes' command to the beach near Doriscus, where stands the Samothracian town of Sane, and Zone; at the end thereof is Serreum, a headland of some name. This country was in former days possessed by the Cicones. To this beach they brought their ships in, and hauled them up for rest. In the meanwhile Xerxes numbered his army at Doriscus.

60. What the number of each part of it was I cannot with exactness say; for there is no one who tells us that; but the tale of the whole land army was shown to be a million and seven hundred thousand. The numbering was on this wise:—Ten thousand men were collected in one place, and when they were packed together as closely as might be a line was drawn round them; this being drawn, the ten thousand were sent away, and a wall of stones built on the line reaching up to a man's middle; which done, others were brought into the walled space, till in this way all were numbered. When they had been numbered, they were marshalled according to their several nations.

61. Those that served in the army were as I will now show. Firstly, the Persians; for their equip-

τιάρας καλεομένους πίλους ἀπαγέας, περὶ δὲ τὸ
σῶμα κιθῶνας χειριδωτοὺς ποικίλους,[1] . . . . .
λεπίδος σιδηρέης ὄψιν ἰχθυοειδέος, περὶ δὲ τὰ
σκέλεα ἀναξυρίδας, ἀντὶ δὲ ἀσπίδων γέρρα· ὑπὸ δὲ
φαρετρεῶνες ἐκρέμαντο· αἰχμὰς δὲ βραχέας εἶχον,
τόξα δὲ μεγάλα, οἰστοὺς δὲ καλαμίνους, πρὸς δὲ
ἐγχειρίδια παρὰ τὸν δεξιὸν μηρὸν παραιωρεύμενα
ἐκ τῆς ζώνης. καὶ ἄρχοντα παρείχοντο Ὀτάνεα
τὸν Ἀμήστριος πατέρα τῆς Ξέρξεω γυναικός,
ἐκαλέοντο δὲ πάλαι ὑπὸ μὲν Ἑλλήνων Κηφῆνες,
ὑπὸ μέντοι σφέων αὐτῶν καὶ τῶν περιοίκων
Ἀρταῖοι. ἐπεὶ δὲ Περσεὺς ὁ Δανάης τε καὶ Διὸς
ἀπίκετο παρὰ Κηφέα τὸν Βῆλου καὶ ἔσχε αὐτοῦ
τὴν θυγατέρα Ἀνδρομέδην, γίνεται αὐτῷ παῖς τῷ
οὔνομα ἔθετο Πέρσην, τοῦτον δὲ αὐτοῦ καταλείπει·
ἐτύγχανε γὰρ ἄπαις ἐὼν ὁ Κηφεὺς ἔρσενος γόνου.
ἐπὶ τούτου δὴ τὴν ἐπωνυμίην ἔσχον.

62. Μῆδοι δὲ τὴν αὐτὴν ταύτην ἐσταλμένοι
ἐστρατεύοντο· Μηδικὴ γὰρ αὕτη ἡ σκευή ἐστι καὶ
οὐ Περσική. οἱ δὲ Μῆδοι ἄρχοντα μὲν παρεί-
χοντο Τιγράνην ἄνδρα Ἀχαιμενίδην, ἐκαλέοντο δὲ
πάλαι πρὸς πάντων Ἄριοι, ἀπικομένης δὲ Μηδείης
τῆς Κολχίδος ἐξ Ἀθηνέων ἐς τοὺς Ἀρίους τούτους
μετέβαλον καὶ οὗτοι τὸ οὔνομα. αὐτοὶ περὶ σφέων
ὧδε λέγουσι Μῆδοι. Κίσσιοι δὲ στρατευόμενοι
τὰ μὲν ἄλλα κατά περ Πέρσαι ἐσκευάδατο, ἀντὶ
δὲ τῶν πίλων μιτρηφόροι ἦσαν. Κισσίων δὲ

---

[1] Stein and others place a lacuna after ποικίλους, supposing
some words meaning "cuirasses," e.g. ὑπὸ δὲ θώρηκας πεποιη-
μένους, "and under them cuirasses made" to look like (ὄψιν) to
be omitted ; κιθὼν itself in Homer bears the meaning of cuirass,
but apparently not in Herodotus.

ment they wore on their heads loose caps called
tiaras, and on their bodies sleeved tunics of divers
colours, with scales of iron like in appearance to the
scales of fish, and breeches on their legs; for shields
they had wicker bucklers, their quivers hanging
beneath these; they carried short spears, long bows,
and arrows of reed, and daggers withal that hung
from the girdle by the right thigh. Their commander
was Otanes, father of Xerxes' wife and son of
Amestris. These Persians were in old time called
by the Greeks Cephenes, but by themselves and
their neighbours Artaei. But when Perseus the son
of Danaë and Zeus had come to Cepheus the son of
Belus, and taken his daughter Andromeda to wife, a
son was born to him whom he called Perses, and him
he left there; for Cepheus had no male issue; it was
from this Perses that the Persians took their name.[1]

62. The Medes in the army were equipped like
the Persians; indeed that fashion of armour is
Median, not Persian; their commander was Tigranes,
an Achaemenid. These were in old time called by
all men Arians,[2] but when the Colchian woman Medea
came from Athens among the Arians they changed
their name, like the Persians. This is the Medes'
own account of themselves. The Cissians in the
army were equipped like the Persians, but they wore

[1] Herodotus is always prone to base ethnological con-
clusions on Greek legends and the similarity of names; so
in the next chapter Medea supplies the name of the Medes.—
But it is strange that Perseus, being commonly held great-
grandfather of Heracles, is here made to marry the grand-
daughter of Belus, who in I. 7, is Heracles' grandson.

[2] Modern philology gives the name "Aryan" of course a
very much wider extension; which indeed was beginning
even in the time of Strabo.

ἦρχε Ἀνάφης ὁ Ὀτάνεω. Ὑρκάνιοι δὲ κατά περ
Πέρσαι ἐσεσάχατο, ἡγεμόνα παρεχόμενοι Μεγά-
πανον τὸν Βαβυλῶνος ὕστερον τούτων ἐπιτροπεύ-
σαντα.

63. Ἀσσύριοι δὲ στρατευόμενοι περὶ μὲν τῇσι
κεφαλῇσι εἶχον χάλκεά τε κράνεα καὶ πεπλεγμένα
τρόπον τινὰ βάρβαρον οὐκ εὐαπήγητον, ἀσπίδας
δὲ καὶ αἰχμὰς καὶ ἐγχειρίδια παραπλήσια τῇσι
Αἰγυπτίῃσι εἶχον, πρὸς δὲ ῥόπαλα ξύλων τετυ-
λωμένα σιδήρῳ, καὶ λινέους θώρηκας. οὗτοι δὲ
ὑπὸ μὲν Ἑλλήνων καλέονται Σύριοι, ὑπὸ δὲ τῶν
βαρβάρων Ἀσσύριοι ἐκλήθησαν. τούτων δὲ
μεταξὺ Χαλδαῖοι.[1] Ἦρχε δὲ σφέων Ὀτάσπης
ὁ Ἀρταχαίεω.

64. Βάκτριοι δὲ περὶ μὲν τῇσι κεφαλῇσι ἀγχό-
τατα τῶν Μηδικῶν ἔχοντες ἐστρατεύοντο, τόξα δὲ
καλάμινα ἐπιχώρια καὶ αἰχμὰς βραχέας. Σάκαι
δὲ οἱ Σκύθαι περὶ μὲν τῇσι κεφαλῇσι κυρβασίας
ἐς ὀξὺ ἀπηγμένας ὀρθὰς εἶχον πεπηγυίας,
ἀναξυρίδας δὲ ἐνεδεδύκεσαν, τόξα δὲ ἐπιχώρια
καὶ ἐγχειρίδια, πρὸς δὲ καὶ ἀξίνας σαγάρις εἶχον.
τούτους δὲ ἐόντας Σκύθας Ἀμυργίους Σάκας
ἐκάλεον· οἱ γὰρ Πέρσαι πάντας τοὺς Σκύθας
καλέουσι Σάκας. Βακτρίων δὲ καὶ Σακέων ἦρχε
Ὑστάσπης ὁ Δαρείου τε καὶ Ἀτόσσης τῆς Κύρου.

65. Ἰνδοὶ δὲ εἵματα μὲν ἐνδεδυκότες ἀπὸ ξύλων
πεποιημένα, τόξα δὲ καλάμινα εἶχον καὶ οἰστοὺς
καλαμίνους· ἐπὶ δὲ σίδηρος ἦν. ἐσταλμένοι μὲν
δὴ ἦσαν οὕτω Ἰνδοί, προσετετάχατο δὲ συστρα-
τευόμενοι Φαρναζάθρῃ τῷ Ἀρταβάτεω.

---

[1] Stein brackets this sentence, with probability. μεταξὺ in

turbans and not caps. Their commander was Anaphes
son of Otanes. The Hyrcanians[1] were armed like the
Persians; their leader was Megapanus; who was
afterwards the governor of Babylon.

63. The Assyrians of the army wore on their heads
helmets of twisted bronze made in an outlandish
fashion not easy to describe. They bore shields and
spears and daggers of Egyptian fashion, and wooden
clubs withal studded with iron, and they wore linen
breastplates. These are called by Greeks Syrians,
but the foreigners called them Assyrians. With
them were the Chaldeans. Their commander was
Otaspes son of Artachaees.

64. The Bactrians in the army wore a headgear most
like to the Median, carrying their native bows of
reed, and short spears. The Sacae, who are Scythians,
had on their heads tall caps, erect and stiff and
tapering to a point; they wore breeches, and carried
their native bows, and daggers, and axes withal,
which they call "sagaris." These were Amyrgian
Scythians, but were called Sacae; for that is the
Persian name for all Scythians. The commander of
the Bactrians and Sacae was Hystaspes, son of Darius
and Cyrus' daughter Atossa.

65. The Indians wore garments of tree-wool,[2] and
carried bows of reed and iron-tipped arrows of the
same. Such was their equipment; they were ap-
pointed to march under the command of Pharnazathres
son of Artabates.

[1] Not mentioned in the list of Darius' subjects in Book III;
they lived on the S. E. coast of the Caspian.
[2] Cotton.

the sense of "among" is not otherwise known, and the
statement is inconsistent with the use of Χαλδαῖοι in I. 181.

66. Ἄριοι δὲ τόξοισι μὲν ἐσκευασμένοι ἦσαν
Μηδικοῖσι, τὰ δὲ ἄλλα κατά περ Βάκτριοι.
Ἀρίων δὲ ἦρχε Σισάμνης ὁ Ὑδάρνεος. Πάρθοι
δὲ καὶ Χοράσμιοι καὶ Σόγδοι τε καὶ Γανδάριοι
καὶ Δαδίκαι τὴν αὐτὴν σκευὴν ἔχοντες τὴν καὶ
Βάκτριοι ἐστρατεύοντο. τούτων δὲ ἦρχον οἵδε.
Πάρθων μὲν καὶ Χορασμίων Ἀρτάβαζος ὁ Φαρνά-
κεος, Σόγδων δὲ Ἀζάνης ὁ Ἀρταίου, Γανδαρίων
δὲ καὶ Δαδικέων Ἀρτύφιος ὁ Ἀρταβάνου.
67. Κάσπιοι δὲ σισύρνας τε ἐνδεδυκότες καὶ
τόξα ἐπιχώρια καλάμινα ἔχοντες καὶ ἀκινάκας
ἐστρατεύοντο. οὗτοι μὲν οὕτω ἐσκευάδατο,
ἡγεμόνα παρεχόμενοι Ἀριόμαρδον τὸν Ἀρτυφίου
ἀδελφεόν, Σαράγγαι δὲ εἵματα μὲν βεβαμμένα
ἐνέπρεπον ἔχοντες, πέδιλα δὲ ἐς γόνυ ἀνατείνοντα
εἶχον, τόξα δὲ καὶ αἰχμὰς Μηδικάς. Σαραγγέων
δὲ ἦρχε Φερενδάτης ὁ Μεγαβάζου. Πάκτυες δὲ
σισυρνοφόροι τε ἦσαν καὶ τόξα ἐπιχώρια εἶχον
καὶ ἐγχειρίδια. Πάκτυες δὲ ἄρχοντα παρείχοντο
Ἀρταΰντην τὸν Ἰθαμίτρεω.
68. Οὔτιοι δὲ καὶ Μύκοι τε καὶ Παρικάνιοι
ἐσκευασμένοι ἦσαν κατά περ Πάκτυες. τούτων
δὲ ἦρχον οἵδε, Οὐτίων μὲν καὶ Μύκων Ἀρσαμένης
ὁ Δαρείου, Παρικανίων δὲ Σιρομίτρης ὁ Οἰοβάζου.
69. Ἀράβιοι δὲ ζειρὰς ὑπεζωσμένοι ἦσαν, τόξα
δέ παλίντονα εἶχον πρὸς δεξιά, μακρά. Αἰθίοπες
δὲ παρδαλέας τε καὶ λεοντέας ἐναμμένοι, τόξα δὲ
εἶχον ἐκ φοίνικος σπάθης πεποιημένα, μακρά,
τετραπηχέων οὐκ ἐλάσσω, ἐπὶ δὲ καλαμίνους
οἰστοὺς μικρούς· ἀντὶ δὲ σιδήρου ἐπῆν λίθος ὀξὺς
πεποιημένος, τῷ καὶ τὰς σφρηγῖδας γλύφουσι·
πρὸς δὲ αἰχμὰς εἶχον, ἐπὶ δὲ κέρας δορκάδος ἐπῆν

66. The Arians were equipped with Median bows, but in all else like the Bactrians; their commander was Sisamnes son of Hydarnes. The Parthians, Chorasmians, Sogdians, Gandarians, and Dadicae in the army had the same equipment as the Bactrians. The Parthians and Chorasmians had for their commander Artabazus son of Pharnaces, the Sogdians Azanes son of Artaeus, the Gandarians and Dadicae Artyphius son of Artabanus.

67. The Caspians in the army wore cloaks, and carried the reed bows of their country and short swords. Such was their equipment; their leader was Ariomardus, brother to Artyphius; the Sarangae made a brave show with dyed garments and boots knee-high, carrying bows and Median spears. Their commander was Pherendates son of Megabazus. The Pactyes wore cloaks and carried the bows of their country and daggers; their commander was Artaÿntes son of Ithamitres.

68. The Utians and Mycians and Paricanians were equipped like the Pactyes; the Utians and Mycians had for their commander Arsamenes son of Darius, the Paricanians Siromitres son of Oeobazus.

69. The Arabians wore mantles girded up, and carried at their right side long bows curving backwards.[1] The Ethiopians were wrapt in skins of leopards and lions, and carried bows made of palmwood strips, full four cubits long, and short arrows therewith, pointed not with iron but with a sharpened stone, that stone wherewith seals are carved; moreover they had spears pointed with a gazelle's horn

[1] That is, the ends of the bow when unstrung curved upwards, against the natural curve of the whole; which would of course increase its power.

ὀξὺ πεποιημένον τρόπον λόγχης· εἶχον δὲ καὶ
ῥόπαλα τυλωτά. τοῦ δὲ σώματος τὸ μὲν ἥμισυ
ἐξηλείφοντο γύψῳ ἰόντες ἐς μάχην, τὸ δὲ ἄλλο
ἥμισυ μίλτῳ. Ἀραβίων δὲ καὶ Αἰθιόπων τῶν
ὑπὲρ Αἰγύπτου οἰκημένων ἦρχε Ἀρσάμης ὁ
Δαρείου καὶ Ἀρτυστώνης τῆς Κύρου θυγατρός,
τὴν μάλιστα στέρξας τῶν γυναικῶν Δαρεῖος εἰκὼ
χρυσέην σφυρήλατον ἐποιήσατο.

70. Τῶν μὲν δὴ ὑπὲρ Αἰγύπτου Αἰθιόπων καὶ
Ἀραβίων ἦρχε Ἀρσάμης, οἱ δὲ ἀπὸ ἡλίου ἀνα-
τολέων Αἰθίοπες (διξοὶ γὰρ δὴ ἐστρατεύοντο)
προσετετάχατο τοῖσι Ἰνδοῖσι, διαλλάσσοντες
εἶδος μὲν οὐδὲν τοῖσι ἑτέροισι, φωνὴν δὲ καὶ
τρίχωμα μοῦνον· οἱ μὲν γὰρ ἀπὸ ἡλίου Αἰθίοπες
ἰθύτριχες εἰσί, οἱ δ᾽ ἐκ τῆς Λιβύης οὐλότατον
τρίχωμα ἔχουσι πάντων ἀνθρώπων. οὗτοι δὲ οἱ
ἐκ τῆς Ἀσίης Αἰθίοπες τὰ μὲν πλέω κατά περ
Ἰνδοὶ ἐσεσάχατο, προμετωπίδια δὲ ἵππων εἶχον
ἐπὶ τῇσι κεφαλῇσι σύν τε τοῖσι ὠσὶ ἐκδεδαρμένα
καὶ τῇ λοφιῇ· καὶ ἀντὶ μὲν λόφου ἡ λοφιὴ
κατέχρα, τὰ δὲ ὦτα τῶν ἵππων ὀρθὰ πεπηγότα
εἶχον· προβλήματα δὲ ἀντ᾽ ἀσπίδων ἐποιεῦντο
γεράνων δοράς.

71. Λίβυες δὲ σκευὴν μὲν σκυτίνην ἦισαν
ἔχοντες, ἀκοντίοισι δὲ ἐπικαύτοισι χρεώμενοι,
ἄρχοντα δὲ παρείχοντο Μασσάγην τὸν Ὀαρίζου.

72. Παφλαγόνες δὲ ἐστρατεύοντο ἐπὶ μὲν τῇσι
κεφαλῇσι κράνεα πεπλεγμένα ἔχοντες, ἀσπίδας δὲ
μικρὰς αἰχμάς τε οὐ μεγάλας, πρὸς δὲ ἀκόντια καὶ
ἐγχειρίδια, περὶ δὲ τοὺς πόδας πέδιλα ἐπιχώρια
ἐς μέσην κνήμην ἀνατείνοντα. Λίγυες δὲ καὶ
Ματιηνοὶ καὶ Μαριανδυνοί τε καὶ Σύριοι τὴν

sharpened to the likeness of a lance, and studded clubs withal. When they went into battle they painted half their bodies with gypsum and the other half with vermilion. The Arabians, and the Ethiopians who dwell above Egypt, had for commander Arsames son of Darius and Artystone daughter of Cyrus, whom Darius loved best of his wives, and had an image made of her of hammered gold.

70. The Ethiopians above Egypt and the Arabians had Arsames for commander, and the Ethiopians of the east [1] (for there were two kinds of them in the army) served with the Indians; they differed nothing in appearance from the others, but only in speech and hair; for the Ethiopians from the east are straight-haired, but they of Libya have of all men the woolliest hair. These Ethiopians of Asia were for the most part armed like the Indians; but they wore on their heads the skins of horses' foreheads, stripped from the head with ears and mane; the mane served them for a crest, and they wore the horses' ears stiff and upright; for shields they had bucklers of cranes' skin.

71. The Libyans came in leathern garments, using javelins of charred wood. Their commander was Massages son of Oarizus.

72. The Paphlagonians in the army had plaited helmets on their heads, and small shields and short spears, and javelins and daggers withal; they wore the shoes of their country, reaching midway to the knee. The Ligyes and Matieni and Mariandyni and

---

[1] For these see III. 94. The "eastern Ethiopians" were apparently in or near Beluchistan.

αὐτὴν ἔχοντες Παφλαγόσι ἐστρατεύοντο. οἱ δὲ
Σύριοι οὗτοι ὑπὸ Περσέων Καππαδόκαι καλέονται.
Παφλαγόνων μέν νυν καὶ Ματιηνῶν Δῶτος ὁ
Μεγασίδρου ἦρχε, Μαριανδυνῶν δὲ καὶ Λιγύων
καὶ Συρίων Γοβρύης ὁ Δαρείου τε καὶ Ἀρτυ-
στώνης.

73. Φρύγες δὲ ἀγχοτάτω τῆς Παφλαγονικῆς
σκευὴν εἶχον, ὀλίγον παραλλάσσοντες. οἱ δὲ
Φρύγες, ὡς Μακεδόνες λέγουσι, ἐκαλέοντο Βρίγες
χρόνον ὅσον Εὐρωπήιοι ἐόντες σύνοικοι ἦσαν
Μακεδόσι, μεταβάντες δὲ ἐς τὴν Ἀσίην ἅμα τῇ
χώρῃ καὶ τὸ οὔνομα μετέβαλον ἐς Φρύγας.
Ἀρμένιοι δὲ κατά περ Φρύγες ἐσεσάχατο, ἐόντες
Φρυγῶν ἄποικοι. τούτων συναμφοτέρων ἦρχε
Ἀρτόχμης Δαρείου ἔχων θυγατέρα.

74. Λυδοὶ δὲ ἀγχοτάτω τῶν Ἑλληνικῶν εἶχον
ὅπλα. οἱ δὲ Λυδοὶ Μηίονες ἐκαλεῦντο τὸ πάλαι,
ἐπὶ δὲ Λυδοῦ τοῦ Ἄτυος ἔσχον τὴν ἐπωνυμίην,
μεταβαλόντες τὸ οὔνομα. Μυσοὶ δὲ ἐπὶ μὲν τῇσι
κεφαλῇσι εἶχον κράνεα ἐπιχώρια, ἀσπίδας δὲ
μικράς, ἀκοντίοισι δὲ ἐχρέωντο ἐπικαύτοισι.
οὗτοι δὲ εἰσὶ Λυδῶν ἄποικοι, ἀπ' Ὀλύμπου δὲ
ὄρεος καλέονται Ὀλυμπιηνοί. Λυδῶν δὲ καὶ
Μυσῶν ἦρχε Ἀρταφρένης ὁ Ἀρταφρένεος ὃς ἐς
Μαραθῶνα ἐσέβαλε ἅμα Δάτι.

75. Θρήικες δὲ ἐπὶ μὲν τῇσι κεφαλῇσι ἀλω-
πεκέας ἔχοντες ἐστρατεύοντο, περὶ δὲ τὸ σῶμα
κιθῶνας, ἐπὶ δὲ χειρὰς περιβεβλημένοι ποικίλας,
περὶ δὲ τοὺς πόδας τε καὶ τὰς κνήμας πέδιλα
νεβρῶν, πρὸς δὲ ἀκόντιά τε καὶ πέλτας καὶ
ἐγχειρίδια μικρά. οὗτοι δὲ διαβάντες μὲν ἐς τὴν
Ἀσίην ἐκλήθησαν Βιθυνοί, τὸ δὲ πρότερον ἐκα-

Syrians were equipped like the Paphlagonians. These Syrians are called by the Persians Cappadocians. Dotus son of Megasidrus was commander of the Paphlagonians and Matieni, Gobryas son of Darius and Artystone of the Mariandyni and Ligyes and Syrians.

73. The Phrygian equipment was most like to the Paphlagonian, with but small difference. By what the Macedonians say, these Phrygians were called Briges as long as they dwelt in Europe, where they were neighbours of the Macedonians; but when they changed their home to Asia they changed their name also and were called Phrygians.[1] The Armenians, who are settlers from Phrygia, were armed like the Phrygians. Both these together had for their commander Artochmes, Darius' son-in-law.

74. The Lydian armour was most like to the Greek. The Lydians were formerly called Meïones, till they changed their name and were called after Lydus, son of Atys. The Mysians wore on their heads helmets of native form, carrying small shields and javelins of charred wood. These are settlers from Lydia, who are called Olympieni after the mountain Olympus. The commander of the Lydians and Mysians was that Artaphrenes, son of Artaphrenes, who made the onfall on Marathon with Datis.

75. The Thracians in the army wore fox-skin caps on their heads, and tunics on their bodies; mantles of divers colours were their covering; they had shoes of fawnskin on their feet and legs, carrying withal javelins and little shields and daggers. These took the name of Bithynians after they crossed over to Asia; before that they were called (as they them-

---

[1] This tends to support a reversal of Herodotus' account of racial migration in ch. 20 ; see the note there.

385

HERODOTUS

λέοντο, ὡς αὐτοὶ λέγουσι, Στρυμόνιοι, οἰκέοντες
ἐπὶ Στρυμόνι· ἐξαναστῆναι δὲ φασὶ ἐξ ἠθέων ὑπὸ
Τευκρῶν τε καὶ Μυσῶν. Θρηίκων δὲ τῶν ἐν τῇ
Ἀσίῃ ἦρχε Βασσάκης ὁ Ἀρταβάνου.

76. . . . . ἀσπίδας [1] δὲ ὠμοβοΐνας εἶχον
σμικράς, καὶ προβόλους δύο λυκιοεργέας ἔκαστος
εἶχε, ἐπὶ δὲ τῇσι κεφαλῇσι κράνεα χάλκεα· πρὸς
δὲ τοῖσι κρανεσι ὦτά τε καὶ κέρεα προσῆν βοὸς
χάλκεα, ἐπῆσαν δὲ καὶ λόφοι· τὰς δὲ κνήμας
ῥάκεσι φοινικέοισι κατειλίχατο. ἐν τούτοισι
τοῖσι ἀνδράσι Ἄρεος ἐστὶ χρηστήριον.

77. Καβηλέες δὲ οἱ Μηίονες, Λασόνιοι δὲ καλεύ-
μενοι, τὴν αὐτὴν Κίλιξι εἶχον σκευήν, τὴν ἐγώ,
ἐπεὰν κατὰ τὴν Κιλίκων τάξιν διεξιὼν γένωμαι,
τότε σημανέω. Μιλύαι δὲ αἰχμάς τε βραχέας
εἶχον καὶ εἵματα ἐνεπεπορπέατο· εἶχον δὲ αὐτῶν
τόξα μετεξέτεροι Λύκια, περὶ δὲ τῇσι κεφαλῇσι
ἐκ διφθερέων πεποιημένας κυνέας. τούτων πάντων
ἦρχε Βάδρης ὁ Ὑστάνεος.

78. Μόσχοι δὲ περὶ μὲν τῇσι κεφαλῇσι κυνέας
ξυλίνας εἶχον, ἀσπίδας δὲ καὶ αἰχμὰς σμικράς·
λόγχαι δὲ ἐπῆσαν μεγάλαι. Τιβαρηνοὶ δὲ καὶ
Μάκρωνες καὶ Μοσσύνοικοι κατά περ Μόσχοι
ἐσκευασμένοι ἐστρατεύοντο. τούτους δὲ συνέτασ-
σον ἄρχοντες οἵδε, Μόσχους μὲν καὶ Τιβαρηνοὺς
Ἀριόμαρδος ὁ Δαρείου τε παῖς καὶ Πάρμυος τῆς
Σμέρδιος τοῦ Κύρου, Μάκρωνας δὲ καὶ Μοσσυνοί-
κους Ἀρταΰκτης ὁ Χεράσμιος, ὃς Σηστὸν τὴν ἐν
Ἑλλησπόντῳ ἐπετρόπευε.

[1] Some tribal name is probably omitted before this word;
Stein suggests Πισίδαι (cp. III. 90), which might have slipped
out because of its similarity to ἀσπίδας.

386

selves say) Strymonians, as dwelling by the Strymon; they say that they were driven from their homes by Teucrians and Mysians. The commander of the Thracians of Asia was Bassaces son of Artabanus.

76. The [Pisidians] had little shields of raw oxhide; each man carried two wolf-hunter's spears; they wore helmets of bronze, with the ears and horns of oxen wrought in bronze thereon, and crests withal; their legs were wrapped round with strips of purple stuff. In this country is a place of divination sacred to Ares.

77. The Cabelees,[1] who are Meïones, and are called Lasonii, had the same equipment as the Cilicians; when I come in my recording to the place of the Cilicians, I will then declare what it was. The Milyae had short spears and garments fastened by brooches; some of them carried Lycian bows, and wore caps of skin on their heads. The commander of all these was Badres son of Hystanes.

78. The Moschi wore wooden helmets on their heads, and carried shields and small spears with long points. The Tibareni and Macrones and Mossynoeci in the army were equipped like the Moschi. Their commanders who marshalled them were, for the Moschi and Tibareni, Ariomardus son of Darius and Parmys, the daughter of Cyrus' son Smerdis; for the Macrones and Mossynoeci, Artaÿctes son of Cherasmis, who was governor of Sestus on the Hellespont.

[1] From a district bordered by Caria, Phrygia, Pisidia, and Lycia.

79. Μᾶρες δὲ ἐπὶ μὲν τῇσι κεφαλῇσι κράνεα
ἐπιχώρια πλεκτὰ εἶχον, ἀσπίδας δὲ δερματίνας
μικρὰς καὶ ἀκόντια. Κόλχοι δὲ περὶ μὲν τῇσι
κεφαλῇσι κράνεα ξύλινα, ἀσπίδας δὲ ὠμοβοΐνας
μικρὰς αἰχμάς τε βραχέας, πρὸς δὲ μαχαίρας
εἶχον. Μαρῶν δὲ καὶ Κόλχων ἦρχε Φαρανδάτης
ὁ Τεάσπιος. Ἀλαρόδιοι δὲ καὶ Σάσπειρες κατά
περ Κόλχοι ὡπλισμένοι ἐστρατεύοντο. τούτων
δὲ Μασίστιος ὁ Σιρομίτρεω ἦρχε.

80. Τὰ δὲ νησιωτικὰ ἔθνεα τὰ ἐκ τῆς Ἐρυθρῆς
θαλάσσης ἑπόμενα, νήσων δὲ ἐν τῇσι τοὺς ἀνασπά-
στους καλεομένους κατοικίζει βασιλεύς, ἀγχοτάτω
τῶν Μηδικῶν εἶχον ἐσθῆτά τε καὶ ὅπλα. τούτων
δὲ τῶν νησιωτέων ἦρχε Μαρδόντης ὁ Βαγαίου,
ὃς ἐν Μυκάλῃ στρατηγέων δευτέρῳ ἔτεϊ τούτων
ἐτελεύτησε ἐν τῇ μάχῃ.

81. Ταῦτα ἦν τὰ κατ᾽ ἤπειρον στρατευόμενά τε
ἔθνεα καὶ τεταγμένα ἐς τὸν πεζόν. τούτου ὦν
τοῦ στρατοῦ ἦρχον μὲν οὗτοι οἵ περ εἰρέαται, καὶ
οἱ διατάξαντες καὶ ἐξαριθμήσαντες οὗτοι ἦσαν καὶ
χιλιάρχας τε καὶ μυριάρχας ἀποδέξαντες, ἑκατον-
τάρχας δὲ καὶ δεκάρχας οἱ μυριάρχαι. τελέων δὲ
καὶ ἐθνέων ἦσαν ἄλλοι σημάντορες.

82. Ἦσαν μὲν δὴ οὗτοι οἵ περ εἰρέαται ἄρχοντες,
ἐστρατήγεον δὲ τούτων τε καὶ τοῦ σύμπαντος
στρατοῦ τοῦ πεζοῦ Μαρδόνιός τε ὁ Γοβρύεω καὶ
Τριτανταίχμης ὁ Ἀρταβάνου τοῦ γνώμην θεμένου
μὴ στρατεύεσθαι ἐπὶ Ἑλλάδα καὶ Σμερδομένης ὁ
Ὀτάνεω, Δαρείου ἀμφότεροι οὗτοι ἀδελφεῶν
παῖδες, Ξέρξῃ δὲ ἐγίνοντο ἀνεψιοί, καὶ Μασίστης

[1] 479.

79. The Mares wore on their heads the plaited helmets of their country, carrying small shields of hide and javelins. The Colchians had wooden helmets and small shields of raw oxhide and short spears, and swords withal. The commander of the Mares and Colchians was Pharandates son of Teaspis. The Alarodians and Saspires in the army were armed like the Colchians; Masistius son of Siromitres was their commander.

80. The island tribes that came from the Red Sea, and from the islands where the king plants those who are called Exiles, wore dress and armour likest to the Median. The commander of these islanders was Mardontes son of Bagaeus, who in the next year,[1] being then general at Mycale, was there slain in the fight.

81. These are the nations that marched by the mainland and had their places in the land army. Of this host the commanders were those of whom I have spoken, and these were they that marshalled and numbered the host and appointed captains of thousands and ten thousands, the captains of ten thousands appointing the captains of hundreds and of tens. Others too there were, leaders of troops and nations.[2]

82. The commanders then were as aforesaid. The generals of these and of the whole land army were Mardonius son of Gobryas, Tritantaechmes son of that Artabanus who counselled that there should be no expedition against Hellas, Smerdomenes son of Otanes (these two latter were sons of Darius' brethren, whereby they were Xerxes' cousins),

[2] That is, native leaders, not the regular officers of the army.

ὁ Δαρείου τε καὶ Ἀτόσσης παῖς καὶ Γέργις ὁ
Ἀριάζου καὶ Μεγάβυζος ὁ Ζωπύρου.

83. Οὗτοι ἦσαν στρατηγοὶ τοῦ σύμπαντος πεζοῦ
χωρὶς τῶν μυρίων· τῶν δὲ μυρίων τούτων Περσέων
τῶν ἀπολελεγμένων ἐστρατήγεε μὲν Ὑδάρνης ὁ
Ὑδάρνεος, ἐκαλέοντο δὲ ἀθάνατοι οἱ Πέρσαι οὗτοι
ἐπὶ τοῦδε· εἴ τις αὐτῶν ἐξέλιπε τὸν ἀριθμὸν ἢ
θανάτῳ βιηθεὶς ἢ νούσῳ, ἄλλος ἀνὴρ ἀραίρητο,
καὶ ἐγίνοντο οὐδαμὰ οὔτε πλεῦνες μυρίων οὔτε
ἐλάσσονες. κόσμον δὲ πλεῖστον παρείχοντο διὰ
πάντων Πέρσαι, καὶ αὐτοὶ ἄριστοι ἦσαν· σκευὴν
μὲν τοιαύτην εἶχον ἥ περ εἴρηται, χωρὶς δὲ χρυσόν
τε πολλὸν καὶ ἄφθονον ἔχοντες ἐνέπρεπον, ἁρμα-
μάξας τε ἅμα ἤγοντο, ἐν δὲ παλλακὰς καὶ θερα-
πηίην πολλήν τε καὶ εὖ ἐσκευασμένην· σῖτα δέ
σφι, χωρὶς τῶν ἄλλων στρατιωτέων, κάμηλοί τε
καὶ ὑποζύγια ἦγον.

84. Ἱππεύει δὲ ταῦτα τὰ ἔθνεα· πλὴν οὐ πάντα
παρείχετο ἵππον, ἀλλὰ τοσάδε μοῦνα, Πέρσαι
μὲν τὴν αὐτὴν ἐσκευασμένοι καὶ ὁ πεζὸς αὐτῶν·
πλὴν ἐπὶ τῇσι κεφαλῇσι εἶχον ἔνιοι αὐτῶν καὶ
χάλκεα καὶ σιδήρεα ἐξεληλαμένα ποιήματα.

85. Εἰσὶ δὲ τινὲς νομάδες ἄνθρωποι Σαγάρτιοι
καλεόμενοι, ἔθνος μὲν Περσικὸν καὶ φωνῇ, σκευὴν
δὲ μεταξὺ ἔχουσι πεποιημένην τῆς τε Περσικῆς
καὶ τῆς Πακτυϊκῆς· οἳ παρείχοντο μὲν ἵππον
ὀκτακισχιλίην, ὅπλα δὲ οὐ νομίζουσι ἔχειν οὔτε
χάλκεα οὔτε σιδήρεα ἔξω ἐγχειριδίων, χρέωνται
δὲ σειρῇσι πεπλεγμένῃσι ἐξ ἱμάντων· ταύτῃσι
πίσυνοι ἔρχονται ἐς πόλεμον. ἡ δὲ μάχη τούτων
τῶν ἀνδρῶν ἥδε· ἐπεὰν συμμίσγωσι τοῖσι πολε-
μίοισι, βάλλουσι τὰς σειρὰς ἐπ' ἄκρῳ βρόχους

Masistes son of Darius and Atossa, Gergis son of Ariazus, and Megabyzus son of Zopyrus.

83. These were the generals of the whole land army, saving the Ten Thousand; Hydarnes son of Hydarnes was general of these picked ten thousand Persians, who were called Immortals for this reason, that when any one of them fell out of the number by force of death or sickness, another was chosen, and so they were never more or fewer than ten thousand. The Persians showed of all the richest adornment, and were themselves the best in the army. Their equipment was such as I have recorded; over and above this they made a brave show with the abundance of gold that they had; carriages withal they brought, bearing concubines and servants many and well equipped; and their food was brought to them on camels and beasts of burden, apart from the rest of the army.

84. There are horsemen in these nations, yet not all of them furnished cavalry, but only such as I will show : first the Persians, equipped like their foot, save that some of them wore headgear of hammered bronze and iron.

85. There are also certain nomads called Sagartian ; they are Persian in speech, and the fashion of their equipment is somewhat between the Persian and the Pactyan ; they furnished eight thousand horsemen. It is their custom to carry no armour of bronze or iron, save daggers only, and to use ropes of twisted leather.[1] In these they trust when they go to battle ; and this is their manner of fighting : when they are at close quarters with their enemy, they throw their ropes, these having a noose at the end ;

---

[1] *i. e.* lassoes.

ἐχούσας· ὅτευ δ᾽ ἂν τύχῃ, ἤν τε ἵππου ἤν τε
ἀνθρώπου, ἐπ᾽ ἑωυτὸν ἕλκει· οἳ δὲ ἐν ἕρκεσι
ἐμπαλασσόμενοι διαφθείρονται.

86. Τούτων μὲν αὕτη ἡ μάχη, καὶ ἐπετετάχατο
ἐς τοὺς Πέρσας· Μῆδοι δὲ τήν περ ἐν τῷ πεζῷ
εἶχον σκευήν, καὶ Κίσσιοι ὡσαύτως. Ἰνδοὶ δὲ
σκευῇ μὲν ἐσεσάχατο τῇ αὐτῇ καὶ ἐν τῷ πεζῷ,
ἤλαυνον δὲ κέλητας καὶ ἅρματα· ὑπὸ δὲ τοῖσι
ἅρμασι ὑπῆσαν ἵπποι καὶ ὄνοι ἄγριοι. Βάκτριοι
δὲ ἐσκευάδατο ὡσαύτως καὶ ἐν τῷ πεζῷ, καὶ
Κάσπιοι ὁμοίως. Λίβυες δὲ καὶ αὐτοὶ κατά περ
ἐν τῷ πεζῷ· ἤλαυνον δὲ καὶ οὗτοι πάντες ἅρματα.
ὣς δ᾽ αὕτως Κάσπιοι καὶ Παρικάνιοι ἐσεσάχατο
ὁμοίως καὶ ἐν τῷ πεζῷ. Ἀράβιοι δὲ σκευὴν μὲν
εἶχον τὴν αὐτὴν καὶ ἐν τῷ πεζῷ, ἤλαυνον δὲ πάντες
καμήλους ταχυτῆτα οὐ λειπομένας ἵππων.

87. Ταῦτα τὰ ἔθνεα μοῦνα ἱππεύει. ἀριθμὸς δὲ
τῆς ἵππου ἐγένετο ὀκτὼ μυριάδες, πάρεξ τῶν καμή-
λων καὶ τῶν ἁρμάτων. οἱ μέν νυν ἄλλοι ἱππέες
ἐτετάχατο κατὰ τέλεα, Ἀράβιοι δὲ ἔσχατοι
ἐπετετάχατο· ἅτε γὰρ τῶν ἵππων οὔτι ἀνεχομένων
τὰς καμήλους, ὕστεροι ἐτετάχατο, ἵνα μὴ φοβέοιτο
τὸ ἱππικόν.

88. Ἵππαρχοι δὲ ἦσαν Ἀρμαμίθρης τε καὶ
Τίθαιος Δάτιος παῖδες. ὁ δὲ τρίτος σφι συν-
ίππαρχος Φαρνούχης κατελέλειπτο ἐν Σάρδισι
νοσέων. ὡς γὰρ ὁρμῶντο ἐκ Σαρδίων, ἐπὶ
συμφορὴν περιέπεσε ἀνεθέλητον· ἐλαύνοντι γάρ
οἱ ὑπὸ τοὺς πόδας τοῦ ἵππου ὑπέδραμε κύων, καὶ
ὁ ἵππος οὐ προϊδὼν ἐφοβήθη τε καὶ στὰς ὀρθὸς
ἀπεσείσατο τὸν Φαρνούχεα, πεσὼν δὲ αἷμά τε
ἤμεε καὶ ἐς φθίσιν περιῆλθε ἡ νοῦσος. τὸν δὲ

and whatever they catch, be it horse or man, the thrower drags it to himself, and the enemy thus entangled in the prisoning coils is slain.

86. This is their manner of fighting; their place in the army was with the Persians. The Median horse were equipped like their foot, and the Cissians likewise. The Indians were armed in like manner as their foot; they rode swift horses and drove chariots drawn by horses and wild asses. The Bactrians were equipped as were their foot, and the Caspians in like manner. The Libyans too were armed like the men of their infantry, and all of them too drove chariots. So likewise the Caspians and Paricanians were armed as the men of their infantry. The Arabians had the same equipment as the men of their infantry, and all of them rode on camels no less swift than horses.

87. These nations alone are riders; and the number of the horsemen was shown to be eighty thousand, besides the camels and the chariots. All the rest of the riders were ranked in their several troops, but the Arabians were posted hindmost; for the horses not enduring the sight of camels, their place was in the rear, that so the horses might not be affrighted.

88. The captains of horse were Harmamithres and Tithaeus, sons of Datis; the third who was captain with them, Pharnuches, had been left behind sick at Sardis. For as they set forth from Sardis, an unwelcome mishap befel him; a dog ran under the feet of the horse that he rode, and the horse taken unawares reared up and threw Pharnuches; after his fall he vomited blood and his hurt turned to a

ἵππον αὐτίκα κατ᾽ ἀρχὰς ἐποίησαν ὡς ἐκέλευε·
ἀπαγαγόντες οἱ οἰκέται ἐς τὸν χῶρον ἐν τῷ περ
κατέβαλε τὸν δεσπότην, ἐν τοῖσι γούνασι ἀπέταμον
τὰ σκέλεα. Φαρνούχης μὲν οὕτω παρελύθη τῆς
ἡγεμονίης.

89. Τῶν δὲ τριηρέων ἀριθμὸς μὲν ἐγένετο ἑπτὰ
καὶ διηκόσιαι καὶ χίλιαι, παρείχοντο δὲ αὐτὰς
οἵδε, Φοίνικες μὲν σὺν Σύροισι τοῖσι ἐν τῇ Παλαι-
στίνῃ τριηκοσίας, ὧδε ἐσκευασμένοι· περὶ μὲν
τῇσι κεφαλῇσι κυνέας εἶχον ἀγχοτάτω πεποιη-
μένας τρόπον τὸν Ἑλληνικόν, ἐνδεδυκότες δὲ
θώρηκας λινέους, ἀσπίδας δὲ ἴτυς οὐκ ἐχούσας
εἶχον καὶ ἀκόντια. οὗτοι δὲ οἱ Φοίνικες τὸ παλαιὸν
οἴκεον, ὡς αὐτοὶ λέγουσι, ἐπὶ τῇ Ἐρυθρῇ θαλάσσῃ,
ἐνθεῦτεν δὲ ὑπερβάντες τῆς Συρίης οἰκέουσι τὸ
παρὰ θάλασσαν· τῆς δὲ Συρίης τοῦτο τὸ χωρίον
καὶ τὸ μέχρι Αἰγύπτου πᾶν Παλαιστίνη καλέεται.
Αἰγύπτιοι δὲ νέας παρείχοντο διηκοσίας. οὗτοι
δὲ εἶχον περὶ μὲν τῇσι κεφαλῇσι κράνεα χηλευτά,
ἀσπίδας δὲ κοίλας, τὰς ἴτυς μεγάλας ἐχούσας, καὶ
δόρατά τε ναύμαχα καὶ τύχους μεγάλους. τὸ δὲ
πλῆθος αὐτῶν θωρηκοφόροι ἦσαν, μαχαίρας δὲ
μεγάλας εἶχον.

90. Οὗτοι μὲν οὕτω ἐστάλατο, Κύπριοι δὲ
παρείχοντο νέας πεντήκοντα καὶ ἑκατόν, ἐσκευα-
σμένοι ὧδε· τὰς μὲν κεφαλὰς εἱλίχατο μίτρῃσι οἱ
βασιλέες αὐτῶν, οἱ δὲ ἄλλοι εἶχον κιθῶνας, τὰ δὲ
ἄλλα κατά περ Ἕλληνες. τούτων δὲ τοσάδε
ἔθνεα εἰσί, οἱ μὲν ἀπὸ Σαλαμῖνος καὶ Ἀθηνέων,
οἱ δὲ ἀπ᾽ Ἀρκαδίης, οἱ δὲ ἀπὸ Κύθνου, οἱ δὲ ἀπὸ
Φοινίκης, οἱ δὲ ἀπὸ Αἰθιοπίης, ὡς αὐτοὶ Κύπριοι
λέγουσι.

wasting sickness. The horse was straightway dealt with according to Pharnuches' command; his servants led it away to the place where it had thrown their master, and cut off its legs at the knee. Thus it was that Pharnuches lost his captaincy.

89. The number of the triremes was shown to be twelve hundred and seven; and these were they that furnished them. First, the Phoenicians; they, with the Syrians of Palestine, furnished three hundred. For their equipment, they had on their heads helmets well-nigh of Greek fashion; they wore linen breastplates, and carried shields without rims, and javelins. These Phoenicians dwelt in old time, as they themselves say, by the Red Sea; passing over from thence, they now inhabit the sea-coast of Syria; that part of Syria and as much of it as reaches to Egypt, is all called Palestine. The Egyptians furnished two hundred ships. These wore plaited helmets, and carried hollow shields with broad rims, and spears for sea-warfare, and great poleaxes. The greater part of them wore cuirasses and carried long swords.

90. Such was their armour: the Cyprians furnished a hundred and fifty ships; for their equipment, their princes wore turbans wrapped round their heads; the people wore tunics, but in all else were like the Greeks. Their tribes are these [1]: some are from Salamis and Athens, some from Arcadia, some from Cythnus, some from Phoenice, and some from Ethiopia, as the Cyprians themselves say.

[1] That is, the entire population contains everywhere these component parts; they are not locally separate.

HERODOTUS

91. Κίλικες δὲ ἑκατὸν παρείχοντο νέας. οὗτοι
δ᾽ αὖ περὶ μὲν τῆσι κεφαλῆσι κράνεα ἐπιχώρια,
λαισήια δὲ εἶχον ἀντ᾽ ἀσπίδων ὠμοβοέης πεποιη-
μένα, καὶ κιθῶνας εἰρινέους ἐνδεδυκότες· δύο δὲ
ἀκόντια ἕκαστος καὶ ξίφος εἶχον, ἀγχοτάτω τῆσι
Αἰγυπτίῃσι μαχαίρῃσι πεποιημένα. οὗτοι δὲ τὸ
παλαιὸν Ὑπαχαιοὶ ἐκαλέοντο, ἐπὶ δὲ Κίλικος τοῦ
Ἀγήνορος ἀνδρὸς Φοίνικος ἔσχον τὴν ἐπωνυμίην.
Πάμφυλοι δὲ τριήκοντα παρείχοντο νέας Ἑλλη-
νικοῖσι ὅπλοισι ἐσκευασμένοι. οἱ δὲ Πάμφυλοι
οὗτοι εἰσὶ τῶν ἐκ Τροίης ἀποσκεδασθέντων ἅμα
Ἀμφιλόχῳ καὶ Κάλχαντι.
92. Λύκιοι δὲ παρείχοντο νέας πεντήκοντα
θωρηκοφόροι τε ἐόντες καὶ κνημιδοφόροι, εἶχον δὲ
τόξα κρανέινα καὶ οἰστοὺς καλαμίνους ἀπτέρους
καὶ ἀκόντια, ἐπὶ δὲ αἰγὸς δέρμα περὶ τοὺς ὤμους
αἰωρεύμενον, περὶ δὲ τῆσι κεφαλῆσι πίλους
πτεροῖσι περιεστεφανωμένους· ἐγχειρίδια δὲ καὶ
δρέπανα εἶχον. Λύκιοι δὲ Τερμίλαι ἐκαλέοντο ἐκ
Κρήτης γεγονότες, ἐπὶ δὲ Λύκου τοῦ Πανδίονος
ἀνδρὸς Ἀθηναίου ἔσχον τὴν ἐπωνυμίην.
93. Δωριέες δὲ οἱ ἐκ τῆς Ἀσίης τριήκοντα
παρείχοντο νέας, ἔχοντές τε Ἑλληνικὰ ὅπλα καὶ
γεγονότες ἀπὸ Πελοποννήσου. Κᾶρες δὲ ἑβδομή-
κοντα παρείχοντο νέας, τὰ μὲν ἄλλα κατά περ
Ἕλληνες ἐσταλμένοι, εἶχον δὲ καὶ δρέπανα καὶ
ἐγχειρίδια. οὗτοι δὲ οἵτινες πρότερον ἐκαλέοντο,
ἐν τοῖσι πρώτοισι τῶν λόγων εἴρηται.
94. Ἴωνες δὲ ἑκατὸν νέας παρείχοντο ἐσκευα-
σμένοι ὡς Ἕλληνες. Ἴωνες δὲ ὅσον μὲν χρόνον ἐν
Πελοποννήσῳ οἴκεον τὴν νῦν καλεομένην Ἀχαιίην,
καὶ πρὶν ἢ Δαναόν τε καὶ Ξοῦθον ἀπικέσθαι ἐς

396

91. The Cilicians furnished a hundred ships.
These, too, wore on their heads the helmets of
their country, carrying bucklers of raw oxhide for
shields, and clad in woollen tunics; each had two
javelins and a sword fashioned well-nigh like the
falchions of Egypt. These Cilicians were in old
time called Hypachaei, and took the name they
bear from Cilix a Phoenician, son of Agenor.[1] The
Pamphylians furnished a hundred ships: they were
armed like Greeks. These Pamphylians are de-
scended from the Trojans of the dispersal who
followed Amphilochus and Calchas.

92. The Lycians furnished fifty ships; they wore
cuirasses and greaves, carrying bows of cornel-wood
and unfeathered arrows and javelins; goat-skins
hung from their shoulders, and they wore on their
heads caps set about with feathers; daggers they
had too, and scimitars. The Lycians were of Cretan
descent, and were once called Termilae; they took
the name they bear from Lycus, an Athenian, son
of Pandion.

93. The Dorians of Asia furnished thirty ships;
their armour was Greek; they were of Peloponnesian
descent. The Carians furnished seventy ships; they
had scimitars and daggers, but for the rest Greek
equipment. Of them I have spoken in the beginning
of my history,[2] telling by what name they were
formerly called.

94. The Ionians furnished a hundred ships; their
equipment was like the Greek. These Ionians, as
long as they were in the Peloponnese dwelling in
what is now called Achaia, before Danaus and

---

[1] Agenor appears to represent the Phoenician Baal.
[2] In I. 171.

Πελοπόννησον, ὡς Ἕλληνες λέγουσι, ἐκαλέοντο
Πελασγοὶ Αἰγιαλέες, ἐπὶ δὲ Ἴωνος τοῦ Ξούθου
Ἴωνες.

95. Νησιῶται δὲ ἑπτακαίδεκα παρείχοντο νέας,
ὡπλισμένοι ὡς Ἕλληνες, καὶ τοῦτο Πελασγικὸν
ἔθνος, ὕστερον δὲ Ἰωνικὸν ἐκλήθη κατὰ τὸν αὐτὸν
λόγον καὶ οἱ δυωδεκαπόλιες Ἴωνες οἱ ἀπ᾽ Ἀθηνέων.
Αἰολέες δὲ ἑξήκοντα νέας παρείχοντο, ἐσκευασμένοι
τε ὡς Ἕλληνες καὶ τὸ πάλαι καλεόμενοι Πελασγοί,
ὡς Ἑλλήνων λόγος. Ἑλλησπόντιοι δὲ πλὴν
Ἀβυδηνῶν (Ἀβυδηνοῖσι γὰρ προσετέτακτο ἐκ
βασιλέος κατὰ χώρην μένουσι φύλακας εἶναι τῶν
γεφυρέων) οἱ δὲ λοιποὶ οἱ ἐκ τοῦ Πόντου στρατευό-
μενοι παρείχοντο μὲν ἑκατὸν νέας, ἐσκευασμένοι
δὲ ἦσαν ὡς Ἕλληνες. οὗτοι δὲ Ἰώνων καὶ Δωριέων
ἄποικοι.

96. Ἐπεβάτευον δὲ ἐπὶ πασέων τῶν νεῶν
Πέρσαι καὶ Μῆδοι καὶ Σάκαι. τούτων δὲ ἄριστα
πλεούσας παρείχοντο νέας Φοίνικες καὶ Φοινίκων
Σιδώνιοι. τούτοισι πᾶσι καὶ τοῖσι ἐς τὸν πεζὸν
τεταγμένοισι αὐτῶν ἐπῆσαν ἑκάστοισι ἐπιχώριοι
ἡγεμόνες, τῶν ἐγώ, οὐ γὰρ ἀναγκαίη ἐξέργομαι
ἐς ἱστορίης λόγον, οὐ παραμέμνημαι. οὔτε γὰρ
ἔθνεος ἑκάστου ἐπάξιοι ἦσαν οἱ ἡγεμόνες, ἔν τε
ἔθνεϊ ἑκάστῳ ὅσαι περ πόλιες τοσοῦτοι καὶ
ἡγεμόνες ἦσαν, εἵποντο δὲ ὡς οὐ στρατηγοὶ
ἀλλ᾽ ὥσπερ οἱ ἄλλοι στρατευόμενοι δοῦλοι· ἐπεὶ
στρατηγοί γε οἱ τὸ πᾶν ἔχοντες κράτος καὶ
ἄρχοντες τῶν ἐθνέων ἑκάστων, ὅσοι αὐτῶν ἦσαν
Πέρσαι, εἰρέαταί μοι.

97. Τοῦ δὲ ναυτικοῦ ἐστρατήγεον Ἀριαβίγνης

Xuthus came to the Peloponnese, as the Greeks say, were called Aegialian Pelasgians[1]; they were named Ionians after Ion the son of Xuthus.

95. The islanders furnished seventeen ships; they were armed like Greeks; they also were of Pelasgian stock, which was later called Ionian by the same right as were the Ionians of the twelve cities,[2] who came from Athens. The Aeolians furnished sixty ships; they were equipped like Greeks; in former days they were called Pelasgian, as the Greek story goes. Of the people of the Hellespont, they of Abydos had been charged by the king to abide at home and guard the bridges; the rest that came from Pontus with the army furnished a hundred ships, and were equipped like Greeks. They were settlers from the Ionians and Dorians.

96. There were fighting men of the Persians and Medes and Sacae on all the ships. The best sailing ships were furnished by the Phoenicians, and among them by the Sidonians. These, like those of them that were ranked in the land army, had their native leaders severally, whose names I do not record, as not being needful for the purpose of my history; for these several leaders of nations are not worthy of mention, and every city, too, of each nation had a leader of its own. These came not as generals but as slaves, like the rest of the armament; who the generals of supreme authority were, and who the Persian commanders of each nation, I have already said.

97. Of the navy, the admirals were Ariabignes

---

[1] Herodotus generally uses the name "Pelasgian" for the oldest known population of Greece: cp. I. 146; II. 171.

[2] For the twelve cities, see I. 142.

τε ὁ Δαρείου καὶ Πρηξάσπης ὁ Ἀσπαθίνεω καὶ
Μεγάβαζος ὁ Μεγαβάτεω καὶ Ἀχαιμένης ὁ
Δαρείου, τῆς μὲν Ἰάδος τε καὶ Καρικῆς στρατιῆς
Ἀριαβίγνης ὁ Δαρείου τε παῖς καὶ τῆς Γοβρύεω
θυγατρός· Αἰγυπτίων δὲ ἐστρατήγεε Ἀχαιμένης
Ξέρξεω ἐὼν ἀπ᾽ ἀμφοτέρων ἀδελφεός, τῆς δὲ ἄλλης
στρατιῆς ἐστρατήγεον οἱ δύο. τριηκόντεροι δὲ καὶ
πεντηκόντεροι καὶ κέρκουροι καὶ ἱππαγωγὰ πλοῖα
μακρὰ συνελθόντα ἐς τὸν ἀριθμὸν ἐφάνη τρισχίλια.
98. Τῶν δὲ ἐπιπλεόντων μετά γε τοὺς στρατη-
γοὺς οἵδε ἦσαν ὀνομαστότατοι, Σιδώνιος Τετρά-
μνηστος Ἀνύσου, καὶ Τύριος Ματτὴν Σιρώμου,
καὶ Ἀράδιος Μέρβαλος Ἀγβάλου, καὶ Κίλιξ
Συέννεσις Ὠρομέδοντος, καὶ Λύκιος Κυβερνίσκος
Σίκα, καὶ Κύπριοι Γόργος τε ὁ Χέρσιος καὶ
Τιμῶναξ ὁ Τιμαγόρεω, καὶ Καρῶν Ἱστιαῖός τε
ὁ Τύμνεω καὶ Πίγρης ὁ Ὑσσελδώμου, καὶ Δαμα-
σίθυμος ὁ Κανδαύλεω.
99. Τῶν μέν νυν ἄλλων οὐ παραμέμνημαι
ταξιάρχων ὡς οὐκ ἀναγκαζόμενος, Ἀρτεμισίης
δὲ τῆς μάλιστα θῶμα ποιεῦμαι ἐπὶ τὴν Ἑλλάδα
στρατευσαμένης γυναικός· ἥτις ἀποθανόντος τοῦ
ἀνδρὸς αὐτή τε ἔχουσα τὴν τυραννίδα καὶ παιδὸς
ὑπάρχοντος νεηνίεω ὑπὸ λήματός τε καὶ ἀνδρηίης
ἐστρατεύετο, οὐδεμιῆς οἱ ἐούσης ἀναγκαίης. οὔνομα
μὲν δὴ ἦν αὐτῇ Ἀρτεμισίη, θυγάτηρ δὲ ἦν Λυγδά-
μιος, γένος δὲ ἐξ Ἁλικαρνησσοῦ τὰ πρὸς πατρός,
τὰ μητρόθεν δὲ Κρῆσσα. ἡγεμόνευε δὲ Ἁλι-
καρνησσέων τε καὶ Κώων καὶ Νισυρίων τε καὶ
Καλυδνίων, πέντε νέας παρεχομένη. καὶ συνα-
πάσης τῆς στρατιῆς, μετά γε τὰς Σιδωνίων, νέας
εὐδοξοτάτας παρείχετο, πάντων τε τῶν συμμάχων

son of Darius, Prexaspes son of Aspathines, Mega-
bazus son of Megabates, and Achaemenes son of
Darius, Ariabignes, son of Darius and Gobryas'
daughter, being admiral of the Ionian and Carian
fleet ; the admiral of the Egyptians was Achaemenes,
full brother to Xerxes, and the two others were
admirals of the rest. As for the ships of thirty and
of fifty oars, and light galleys, and great transports
for horses, the sum of them altogether was shown to
be three thousand.

98. Of those that were on shipboard, the most
famous, after the admirals, were these: Tetra-
mnestus of Sidon, son of Anysus, Matten of Tyre,
son of Siromus, Merbalus of Aradus, son of Agbalus,
Syennesis of Cilicia, son of Oromedon, Cyberniscus
of Lycia, son of Sicas, Gorgus son of Chersis, and
Timonax son of Timagoras, Cyprians both ; and of
the Carians, Histiaeus son of Tymnes, Pigres son of
Hysseldomus, and Damasithymus son of Candaules.

99. I name none of the rest of the captains,
having no need so to do, save only Artemisia, who
moves me to marvel greatly that a woman should
have gone with the armament against Hellas ; for
her husband being dead, she herself had his
sovereignty and a young son withal, and followed
the host under no stress of necessity, but of mere
high-hearted valour. Artemisia was her name ; she
was daughter to Lygdamis, on her father's side of
Halicarnassian lineage, and a Cretan on her mother's.
She was the leader of the men of Halicarnassus and
Cos and Nisyrus and Calydnos, furnishing five ships.
Her ships were reputed the best in the whole fleet
after the ships of Sidon ; and of all his allies she

γνώμας ἀρίστας βασιλέι ἀπεδέξατο. τῶν δὲ
κατέλεξα πολίων ἡγεμονεύειν αὐτήν, τὸ ἔθνος
ἀποφαίνω πᾶν ἐὸν Δωρικόν, Ἁλικαρνησσέας μὲν
Τροιζηνίους, τοὺς δὲ ἄλλους Ἐπιδαυρίους. ἐς μὲν
τοσόνδε ὁ ναυτικὸς στρατὸς εἴρηται.

100. Ξέρξης δέ, ἐπεὶ ἠριθμήθη τε καὶ διετάχθη
ὁ στρατός, ἐπεθύμησε αὐτός σφεας διεξελάσας
θεήσασθαι· μετὰ δὲ ἐποίεε ταῦτα, καὶ διεξελαύνων
ἐπὶ ἅρματος παρὰ ἔθνος ἓν ἕκαστον ἐπυνθάνετο,
καὶ ἀπέγραφον οἱ γραμματισταί, ἕως ἐξ ἐσχάτων
ἐς ἔσχατα ἀπίκετο καὶ τῆς ἵππου καὶ τοῦ πεζοῦ.
ὡς δὲ ταῦτά οἱ ἐπεποίητο, τῶν νεῶν κατελκυ-
σθεισέων ἐς θάλασσαν, ἐνθαῦτα ὁ Ξέρξης μετεκβὰς
ἐκ τοῦ ἅρματος ἐς νέα Σιδωνίην ἵζετο ὑπὸ σκηνῇ
χρυσέῃ καὶ παρέπλεε παρὰ τὰς πρῴρας τῶν νεῶν,
ἐπειρωτῶν τε ἑκάστας ὁμοίως καὶ τὸν πεζὸν καὶ
ἀπογραφόμενος. τὰς δὲ νέας οἱ ναύαρχοι ἀναγα-
γόντες ὅσον τε τέσσερα πλέθρα ἀπὸ τοῦ αἰγιαλοῦ
ἀνεκώχευον, τὰς πρῴρας ἐς γῆν τρέψαντες πάντες
μετωπηδόν, καὶ ἐξοπλίσαντες τοὺς ἐπιβάτας ὡς
ἐς πόλεμον. ὁ δ' ἐντὸς τῶν πρωρέων πλέων
ἐθηεῖτο καὶ τοῦ αἰγιαλοῦ.

101. Ὡς δὲ καὶ ταύτας διεξέπλωσε καὶ ἐξέβη
ἐκ τῆς νεός, μετεπέμψατο Δημάρητον τὸν Ἀρί-
στωνος συστρατευόμενον αὐτῷ ἐπὶ τὴν Ἑλλάδα,
καλέσας δ' αὐτὸν εἴρετο τάδε. "Δημάρητε, νῦν
μοι σὲ ἡδύ τι ἐστὶ εἰρέσθαι τὰ θέλω. σὺ εἶς
Ἕλλην τε, καὶ ὡς ἐγὼ πυνθάνομαι σεῦ τε καὶ
τῶν ἄλλων Ἑλλήνων τῶν ἐμοὶ ἐς λόγους ἀπικνεο-
μένων, πόλιος οὔτ' ἐλαχίστης οὔτ' ἀσθενεστάτης.
νῦν ὦν μοι τόδε φράσον, εἰ Ἕλληνες ὑπομενέουσι
χεῖρας ἐμοὶ ἀνταειρόμενοι. οὐ γάρ, ὡς ἐγὼ δοκέω,

gave the king the best counsels. The cities, whereof I said she was the leader, are all of Dorian stock, as I can show, the Halicarnassians being of Troezen, and the rest of Epidaurus. Here ends what I have said of the fleet.

100. When his host had been numbered and marshalled, Xerxes had a desire to ride through and view it. This he presently did; riding in a chariot past the men of each nation, he questioned them, and his scribes wrote all down, till he had gone from end to end of the horse and foot. This done, and the ships being drawn down and launched in the sea, Xerxes alighted from his chariot into a ship of Sidon, sitting wherein under a golden canopy he was carried past the prows of the ships, questioning of them in like manner as of the army and making the answers to be written down. The captains put out as far as four hundred feet from the shore, and there kept the ships anchored in a line, their prows turned landward, and the fighting men on them armed as for war; Xerxes viewed them, passing between the prows and the land.

101. Having passed by all his fleet likewise and disembarked from his ship, he sent for Demaratus[1] son of Ariston, who was marching with him against Hellas, and called and questioned him, saying: "Now, Demaratus, it is my pleasure to ask you what I would fain know. You are a Greek, and, as I am told by you and the other Greeks that converse with me, a man of not the least nor the weakest of Greek cities. Now therefore tell me this: will the Greeks offer me battle and abide my coming? For

---

[1] The exiled king of Sparta; see ch. 3.

οὐδ' εἰ πάντες Ἕλληνες καὶ οἱ λοιποὶ οἱ πρὸς
ἑσπέρης οἰκέοντες ἄνθρωποι συλλεχθείησαν, οὐκ
ἀξιόμαχοι εἰσὶ ἐμὲ ἐπιόντα ὑπομεῖναι, μὴ ἐόντες
ἄρθμιοι. θέλω μέντοι καὶ τὸ ἀπὸ σεῦ, ὁκοῖόν τι
λέγεις περὶ αὐτῶν, πυθέσθαι." ὁ μὲν ταῦτα
εἰρώτα, ὁ δὲ ὑπολαβὼν ἔφη "Βασιλεῦ, κότερα
ἀληθείῃ χρήσωμαι πρὸς σὲ ἢ ἡδονῇ;" ὁ δέ μιν
ἀληθείῃ χρήσασθαι ἐκέλευε, φὰς οὐδέν οἱ ἀηδέστε-
ρον ἔσεσθαι ἢ πρότερον ἦν.

102. Ὡς δὲ ταῦτα ἤκουσε Δημάρητος, ἔλεγε
τάδε. "Βασιλεῦ, ἐπειδὴ ἀληθείῃ διαχρήσασθαι
πάντως κελεύεις ταῦτα λέγοντα τὰ μὴ ψευδόμενός
τις ὕστερον ὑπὸ σεῦ ἁλώσεται, τῇ Ἑλλάδι πενίη
μὲν αἰεί κοτε σύντροφος ἐστί, ἀρετὴ δὲ ἔπακτος
ἐστί, ἀπό τε σοφίης κατεργασμένη καὶ νόμου
ἰσχυροῦ· τῇ διαχρεωμένη ἡ Ἑλλὰς τήν τε πενίην
ἀπαμύνεται καὶ τὴν δεσποσύνην. αἰνέω μέν νυν
πάντας Ἕλληνας τοὺς περὶ ἐκείνους τοὺς Δωρι-
κοὺς χώρους οἰκημένους, ἔρχομαι δὲ λέξων οὐ
περὶ πάντων τούσδε τοὺς λόγους ἀλλὰ περὶ
Λακεδαιμονίων μούνων, πρῶτα μὲν ὅτι οὐκ ἔστι
ὅκως κοτὲ σοὺς δέξονται ● λόγους δουλοσύνην
φέροντας τῇ Ἑλλάδι, αὖτις δὲ ὡς ἀντιώσονταί
τοι ἐς μάχην καὶ ἢν οἱ ἄλλοι Ἕλληνες πάντες
τὰ σὰ φρονέωσι. ἀριθμοῦ δὲ πέρι, μή πύθῃ ὅσοι
τινὲς ἐόντες ταῦτα ποιέειν οἷοί τε εἰσί· ἤν τε γὰρ
τύχωσι ἐξεστρατευμένοι χίλιοι, οὗτοι μαχήσονταί
τοι, ἤν τε ἐλάσσονες τούτων ἤν τε καὶ πλεῦνες."

103. Ταῦτα ἀκούσας Ξέρξης γελάσας ἔφη
"Δημάρητε, οἷον ἐφθέγξαο ἔπος, ἄνδρας χιλίους
στρατιῇ τοσῇδε μαχήσεσθαι. ἄγε εἰπέ μοι· σὺ
φὴς τούτων τῶν ἀνδρῶν βασιλεὺς αὐτὸς γενέσθαι·

to my thinking, even if all the Greeks and all the
men of the western lands were assembled together,
they are not of power to abide my attack, if they be
not in accord. Nathless I would fain learn your
mind and hear what you say of them." To this
question Demaratus made answer, " O king, must
I speak truly, or so as to please you?" Xerxes
bade him speak the truth, and said that he would
lose none of the king's favour thereby.

102. Hearing that, " O king," said Demaratus,
"seeing that you bid me by all means speak the whole
truth, and say that which you shall not afterwards
prove to be false,—in Hellas poverty is ever native to
the soil, but courage comes of their own seeking, the
fruit of wisdom and strong law; by use of courage
Hellas defends herself from poverty and tyranny.
Now I say nought but good of all Greeks that dwell
in those Dorian lands; yet it is not of all that I would
now speak, but only of the Lacedaemonians; and
this I say of them; firstly, that they will never
accept conditions from you that import the enslaving
of Hellas; and secondly, that they will meet you in
battle, yea, even though all the rest of the Greeks
be on your side. But, for the number of them, ask
me not how many these men are, who are like to do
as I say; be it of a thousand men, or of more or of
fewer than that, their army will fight with you."

103. Hearing that, Xerxes smiled, and said, "A
strange saying, Demaratus! that a thousand men
should fight with a host so great as mine! I pray
you tell me this: you were (you say) these men's

405

σὺ ὦν ἐθελήσεις αὐτίκα μάλα πρὸς ἄνδρας δέκα
μάχεσθαι; καίτοι εἰ τὸ πολιτικὸν ὑμῖν πᾶν ἐστι
τοιοῦτον οἷον σὺ διαιρέεις, σέ γε τὸν κείνων
βασιλέα πρέπει πρὸς τὸ διπλήσιον ἀντιτάσ-
σεσθαι κατὰ νόμους τοὺς ὑμετέρους. εἰ γὰρ
κείνων ἕκαστος δέκα ἀνδρῶν τῆς στρατιῆς τῆς
ἐμῆς ἀντάξιος ἐστί, σὲ δέ γε δίζημαι εἴκοσι εἶναι
ἀντάξιον. καὶ οὕτω μὲν ὀρθοῖτ᾽ ἂν ὁ λόγος ὁ
παρὰ σέο λεγόμενος· εἰ δὲ τοιοῦτοί τε ἐόντες καὶ
μεγάθεα τοσοῦτοι, ὅσοι σύ τε καὶ οἱ παρ᾽ ἐμὲ
φοιτῶσι Ἑλλήνων ἐς λόγους αὐχέετε τοσοῦτον,
ὅρα μὴ μάτην κόμπος ὁ λόγος οὗτος εἰρημένος ᾖ.
ἐπεὶ φέρε ἴδω παντὶ τῷ οἰκότι· κῶς ἂν δυναίατο
χίλιοι ἢ καὶ μύριοι ἢ καὶ πεντακισμύριοι, ἐόντες
γε ἐλεύθεροι πάντες ὁμοίως καὶ μὴ ὑπ᾽ ἑνὸς ἀρχό-
μενοι, στρατῷ τοσῷδε ἀντιστῆναι; ἐπεί τοι
πλεῦνες περὶ ἕνα ἕκαστον γινόμεθα ἢ χίλιοι,
ἐόντων ἐκείνων πέντε χιλιάδων. ὑπὸ μὲν γὰρ
ἑνὸς ἀρχόμενοι κατὰ τρόπον τὸν ἡμέτερον γενοίατ᾽
ἄν, δειμαίνοντες τοῦτον, καὶ παρὰ τὴν ἑωυτῶν
φύσιν ἀμείνονες, καὶ ἴοιεν ἀναγκαζόμενοι μάστιγι
ἐς πλεῦνας ἐλάσσονες ἐόντες· ἀνειμένοι δὲ ἐς τὸ
ἐλεύθερον οὐκ ἂν ψιείοιεν τούτων οὐδέτερα. δοκέω
δὲ ἔγωγε καὶ ἀνισωθέντας πλήθεϊ χαλεπῶς ἂν
Ἕλληνας Πέρσῃσι μούνοισι μάχεσθαι. ἀλλὰ
παρ᾽ ἡμῖν μὲν μούνοισι τοῦτο ἐστὶ τὸ σὺ λέγεις,
ἔστι γε μὲν οὐ πολλὸν ἀλλὰ σπάνιον· εἰσὶ γὰρ
Περσέων τῶν ἐμῶν αἰχμοφόρων οἳ ἐθελήσουσι
Ἑλλήνων ἀνδράσι τρισὶ ὁμοῦ μάχεσθαι· τῶν σὺ
ἐὼν ἄπειρος πολλὰ φλυηρέεις."

104. Πρὸς ταῦτα Δημάρητος λέγει "Ὦ βασιλεῦ,

king: will you consent at this present to fight with
ten men? Yet if the order of your state be such as
you define it to be,[1] you, being their king should
rightly encounter twice as many according to your
laws; for if each of those Greeks is a match for ten
men of my army, then it is plain to me that you
must be a match for twenty. That were a proof
that what you say is true; but if you Greeks who so
exalt yourselves are like in stature and all else to
yourself and those of your nation who have audience
of me, then beware lest the words you have spoken
be but idle boasting. Nay, let us look at it by plain
reason's light: how should a thousand, or ten thousand,
or even fifty thousand, if they be all alike free and
not under the rule of one man, withstand so great a
host as mine? For grant your Greeks to be five
thousand, we should so be more than a thousand to
one. For, were they under the rule of one according
to our custom, they might from fear of him show a
valour greater than natural, and under compulsion of
the lash might encounter odds in the field; but
neither of these would they do while they were
suffered to be free. For myself, I think that even
were they equal in numbers it would go hard with
the Greeks to fight against the Persians alone. Not
so; it is we alone and none others that have this
skill whereof you speak, yet even of us not many but
a few only; there are some among my Persian spear-
men that will gladly fight with three Greeks at once;
of this you have no knowledge and do but utter
arrant folly."

104. To this Demaratus answered, "O king, I

[1] This no doubt alludes to the double portion given to a
Spartan king at feasts; cp. VI. 57.

HERODOTUS

ἀρχῆθεν ἠπιστάμην ὅτι ἀληθείῃ χρεώμενος οὐ
φίλα τοι ἐρέω· σὺ δ' ἐπεὶ ἠνάγκασας λέγειν τῶν
λόγων τοὺς ἀληθεστάτους, ἔλεγον τὰ κατήκοντα
Σπαρτιήτῃσι. καίτοι ὡς ἐγὼ τυγχάνω τὰ νῦν
τάδε ἐστοργὼς ἐκείνους, αὐτὸς μάλιστα ἐξεπί-
στεαι, οἵ με τιμήν τε καὶ γέρεα ἀπελόμενοι πα-
τρώια ἄπολίν τε καὶ φυγάδα πεποιήκασι, πατὴρ
δὲ σὸς ὑποδεξάμενος βίον τέ μοι καὶ οἶκον
ἔδωκε. οὔκων οἰκός ἐστι ἄνδρα τὸν σώφρονα
εὐνοίην φαινομένην διωθέεσθαι, ἀλλὰ στέργειν
μάλιστα. ἐγὼ δὲ οὔτε δέκα ἀνδράσι ὑπίσχομαι
οἷός τε εἶναι μάχεσθαι οὔτε δυοῖσι, ἑκών τε εἶναι
οὐδ' ἂν μουνομαχέοιμι. εἰ δὲ ἀναγκαίη εἴη ἢ
μέγας τις ὁ ἐποτρύνων ἀγών, μαχοίμην ἂν πάντων
ἥδιστα ἑνὶ τούτων τῶν ἀνδρῶν οἳ Ἑλλήνων ἕκα-
στος φησὶ τριῶν ἄξιος εἶναι. ὣς δὲ καὶ Λακε-
δαιμόνιοι κατὰ μὲν ἕνα μαχόμενοι οὐδαμῶν εἰσι
κακίονες ἀνδρῶν, ἁλέες δὲ ἄριστοι ἀνδρῶν ἁπάν-
των. ἐλεύθεροι γὰρ ἐόντες οὐ πάντα ἐλεύθεροι
εἰσί· ἔπεστι γάρ σφι δεσπότης νόμος, τὸν ὑπο-
δειμαίνουσι πολλῷ ἔτι μᾶλλον ἢ οἱ σοὶ σέ.
ποιεῦσι γῶν τὰ ἂν ἐκεῖνος ἀνώγῃ· ἀνώγει δὲ τὠυτὸ
αἰεί, οὐκ ἐῶν φεύγειν οὐδὲν πλῆθος ἀνθρώπων ἐκ
μάχης, ἀλλὰ μένοντας ἐν τῇ τάξι ἐπικρατέειν ἢ
ἀπόλλυσθαι. σοὶ δὲ εἰ φαίνομαι ταῦτα λέγων
φλυηρέειν, τἆλλα σιγᾶν θέλω τὸ λοιπόν· νῦν τε
ἀναγκασθεὶς ἔλεξα. γένοιτο μέντοι κατὰ νόον
τοι, βασιλεῦ."

105. Ὁ μὲν δὴ ταῦτα ἀμείψατο, Ξέρξης δὲ ἐς
γέλωτά τε ἔτρεψε καὶ οὐκ ἐποιήσατο ὀργὴν
οὐδεμίαν, ἀλλ' ἠπίως αὐτὸν ἀπεπέμψατο. τούτῳ
δὲ ἐς λόγους ἐλθὼν Ξέρξης, καὶ ὕπαρχον ἐν τῷ
408

knew from the first that the truth would be unwelcome to you. But since you constrained me to speak as truly as I could, I have told you how it stands with the Spartans. Yet you yourself best know what love I bear them—men that have robbed me of my honourable office and the prerogative of my house, and made me a cityless exile; then it was your father that received me and gave me dwelling and livelihood. It is not then to be thought that a right-minded man will reject from him plain good will, but rather that he will requite it with full affection. But for myself, I will not promise that I can fight with ten men, no, nor with two, and of my own will I would not even fight with one; yet under stress of necessity, or of some great issue to spur me on, I would most gladly fight with one of those men who claim to be each a match for three Greeks. So is it with the Lacedaemonians; fighting singly they are as brave as any man living, and together they are the best warriors on earth. Free they are, yet not wholly free; for law is their master, whom they fear much more than your men fear you. This is my proof—what their law bids them, that they do; and its bidding is ever the same, that they must never flee from the battle before whatsoever odds, but abide at their post and there conquer or die. If this that I say seems to you but foolishness, then let me hereafter hold my peace; it is under constraint that I have now spoken. But may your wish, O king! be fulfilled."

105. Thus Demaratus answered; Xerxes made a jest of the matter and showed no anger, but sent him away with all kindness. Having thus conversed

Δορίσκῳ τούτῳ καταστήσας Μασκάμην τὸν Με-
γαδόστεω, τὸν δὲ ὑπὸ Δαρείου σταθέντα κατα-
παύσας, ἐξήλαυνε τὸν στρατὸν διὰ τῆς Θρηίκης
ἐπὶ τὴν Ἑλλάδα.

106. Κατέλιπε δὲ ἄνδρα τοιόνδε Μασκάμην
γενόμενον, τῷ μούνῳ Ξέρξης δῶρα πέμπεσκε
ὡς ἀριστεύοντι πάντων ὅσους αὐτὸς κατέστησε
ἢ Δαρεῖος ὑπάρχους, πέμπεσκε δὲ ἀνὰ πᾶν ἔτος·
ὡς δὲ καὶ Ἀρτοξέρξης ὁ Ξέρξεω τοῖσι Μασκα-
μείοισι ἐκγόνοισι. κατέστασαν γὰρ ἔτι πρότερον
ταύτης τῆς ἐλάσιος ὕπαρχοι ἐν τῇ Θρηίκῃ καὶ
τοῦ Ἑλλησπόντου πανταχῇ. οὗτοι ὦν πάντες οἵ
τε ἐκ Θρηίκης καὶ τοῦ Ἑλλησπόντου, πλὴν τοῦ
ἐν Δορίσκῳ, ὑπὸ Ἑλλήνων ὕστερον ταύτης τῆς
στρατηλασίης ἐξαιρέθησαν· τὸν δὲ ἐν Δορίσκῳ
Μασκάμην οὐδαμοί κω ἐδυνάσθησαν ἐξελεῖν
πολλῶν πειρησαμένων. διὰ τοῦτο δή οἱ τὰ
δῶρα πέμπεται παρὰ τοῦ βασιλεύοντος αἰεὶ ἐν
Πέρσῃσι.

107. Τῶν δὲ ἐξαιρεθέντων ὑπὸ Ἑλλήνων οὐδένα
βασιλεὺς Ξέρξης ἐνόμισε εἶναι ἄνδρα ἀγαθὸν εἰ
μὴ Βόγην μοῦνον τὸν ἐξ Ἠιόνος, τοῦτον δὲ αἰνέων
οὐκ ἐπαύετο, καὶ τοὺς περιεόντας αὐτοῦ ἐν Πέρσῃσι
παῖδας ἐτίμα μάλιστα, ἐπεὶ καὶ ἄξιος αἴνου μεγά-
λου ἐγένετο Βόγης· ὃς ἐπειδὴ ἐπολιορκέετο ὑπὸ
Ἀθηναίων καὶ Κίμωνος τοῦ Μιλτιάδεω, παρεὸν
αὐτῷ ὑπόσπονδον ἐξελθεῖν καὶ νοστῆσαι ἐς τὴν
Ἀσίην, οὐκ ἠθέλησε, μὴ δειλίῃ δόξειε περιεῖναι
βασιλέι, ἀλλὰ διεκαρτέρεε ἐς τὸ ἔσχατον. ὡς δ'
οὐδὲν ἔτι φορβῆς ἐνῆν ἐν τῷ τείχεϊ, συννήσας
πυρὴν μεγάλην ἔσφαξε τὰ τέκνα καὶ τὴν γυναῖκα
καὶ τὰς παλλακὰς καὶ τοὺς οἰκέτας καὶ ἔπειτα

with Demaratus, and having appointed Mascames son of Megadostes his viceroy of that same Doriscus, deposing him whom Darius had set there, Xerxes marched his army through Thrace towards Hellas.

106. This Mascames, whom he left, so bore himself that to him alone Xerxes ever sent gifts, as being the most valiant of all the viceroys that he or Darius set up; every year he would send them; and so too did Artoxerxes his son to Mascames' descendants. For before this march, viceroys had been appointed everywhere in Thrace and on the Hellespont. All these in that country, except the viceroy of Doriscus, were after this expedition dispossessed by the Greeks; but Mascames of Doriscus could never be dispossessed by any, though many essayed it. For this cause it is that the gifts are sent by whoever is at any time king of Persia.

107. Of those who were dispossessed by the Greeks there was none whom king Xerxes deemed a valiant man except only Boges, from whom they took Eïon. But this Boges he never ceased praising, and gave very great honour to his sons who were left alive in Persia; and indeed Boges proved himself worthy of all praise. Being besieged by the Athenians under Cimon son of Miltiades, he might have departed under treaty from Eïon and so returned to Asia; yet he would not, lest the king should think that he had saved his life out of cowardice, but he resisted to the last. Then, when there was no food left within his walls, he piled up a great pyre and slew and cast into the fire his children and wife and concubines and servants;

ἐσέβαλε ἐς τὸ πῦρ, μετὰ δὲ ταῦτα τὸν χρυσὸν
ἄπαντα τὸν ἐκ τοῦ ἄστεος καὶ τὸν ἄργυρον
ἔσπειρε ἀπὸ τοῦ τείχεος ἐς τὸν Στρυμόνα, ποιήσας
δὲ ταῦτα ἑωυτὸν ἐσέβαλε ἐς τὸ πῦρ. οὕτω μὲν
οὗτος δικαίως αἰνέεται ἔτι καὶ ἐς τόδε ὑπὸ
Περσέων.

108. Ξέρξης δὲ ἐκ τοῦ Δορίσκου ἐπορεύετο ἐπὶ
τὴν Ἑλλάδα, τοὺς δὲ αἰεὶ γινομένους ἐμποδὼν
συστρατεύεσθαι ἠνάγκαζε· ἐδεδούλωτο γάρ, ὡς
καὶ πρότερόν μοι δεδήλωται, ἡ μέχρι Θεσσαλίης
πᾶσα καὶ ἦν ὑπὸ βασιλέα δασμοφόρος, Μεγα-
βάζου τε καταστρεψαμένου καὶ ὕστερον Μαρδο-
νίου. παραμείβετο δὲ πορευόμενος ἐκ Δορίσκου
πρῶτα μὲν τὰ Σαμοθρηίκια τείχεα, τῶν ἐσχάτη
πεπόλισται πρὸς ἑσπέρης πόλις τῇ οὔνομα ἐστὶ
Μεσαμβρίη. ἔχεται δὲ ταύτης Θασίων πόλις
Στρύμη, διὰ δὲ σφέων τοῦ μέσου Λίσος ποταμὸς
διαρρέει, ὃς τότε οὐκ ἀντέσχε τὸ ὕδωρ παρέχων
τῷ Ξέρξεω στρατῷ ἀλλ᾽ ἐπέλιπε. ἡ δὲ χώρη
αὕτη πάλαι μὲν ἐκαλέετο Γαλλαϊκή, νῦν δὲ
Βριαντική· ἔστι μέντοι τῷ δικαιοτάτῳ τῶν λόγων
καὶ αὕτη Κικόνων.

109. Διαβὰς δὲ τοῦ Λίσου ποταμοῦ τὸ ῥέεθρον
ἀπεξηρασμένον πόλιας Ἑλληνίδας τάσδε παρα-
μείβετο, Μαρώνειαν Δίκαιαν Ἄβδηρα. ταύτας
τε δὴ παρεξήιε καὶ κατὰ ταύτας λίμνας ὀνομαστὰς
τάσδε, Μαρωνείης μὲν μεταξὺ καὶ Στρύμης κει-
μένην Ἰσμαρίδα, κατὰ δὲ Δίκαιαν Βιστονίδα, ἐς
τὴν ποταμοὶ δύο ἐσιεῖσι τὸ ὕδωρ, Τραυός τε καὶ
Κόμψαντος. κατὰ δὲ Ἄβδηρα λίμνην μὲν οὐδε-
μίαν ἐοῦσαν ὀνομαστὴν παραμείψατο Ξέρξης,
ποταμὸν δὲ Νέστον ῥέοντα ἐς θάλασσαν. μετὰ

after that, he took all the gold and silver from the city and scattered it from the walls into the Strymon; which done, he cast himself into the fire. Thus it is that he is justly praised by the Persians to this day.

108. From Doriscus Xerxes went on his way towards Hellas, compelling all that he met to go with his army; for, as I have before shown, all the country as far as Thessaly had been enslaved and was tributary to the king, by the conquests of Megabazus and Mardonius after him. On his road from Doriscus he first passed the Samothracian fortresses,[1] whereof that one which is builded farthest westwards is a town called Mesambria. Next to it is a Thasian town, Stryme; between them runs the river Lisus, which now could not furnish water enough for Xerxes' army, but was exhausted. All this region was once called Gallaïc, but it is now called Briantic; yet it too is by rights a land of the Cicones.

109. Having crossed the bed (then dried up) of the river Lisus he passed by the Greek cities of Maronea, Dicaea, and Abdera. Past these he went, and past certain lakes of repute near to them, the Ismarid lake that lies between Maronea and Stryme, and near Dicaea the Bistonian lake, into which the rivers Travus and Compsantus disembogue. Near Abdera Xerxes passed no lake of repute, but crossed the river Nestus where it flows into the sea. From

---

[1] Erected doubtless by the Samothracians to protect their possessions on the mainland.

413

δὲ ταύτας τὰς χώρας ἰὼν τὰς ἠπειρώτιδας πόλις
παρήιε, τῶν ἐν μιῇ λίμνῃ ἐούσᾳ τυγχάνει ὡσεὶ
τριήκοντα σταδίων μάλιστά κῃ τὴν περίοδον,
ἰχθυώδης τε καὶ κάρτα ἁλμυρή· ταύτην τὰ ὑπο-
ζύγια μοῦνα ἀρδόμενα ἀνεξήρηνε. τῇ δὲ πόλι
ταύτῃ οὔνομα ἐστὶ Πίστυρος.

110. Ταύτας μὲν δὴ τὰς πόλιας τὰς παραθα-
λασσίας τε καὶ Ἑλληνίδας ἐξ εὐωνύμου χειρὸς
ἀπέργων παρεξήιε· ἔθνεα δὲ Θρηίκων δι᾽ ὧν τῆς
χώρης ὁδὸν ἐποιέετο τοσάδε, Παῖτοι Κίκονες
Βίστονες Σαπαῖοι Δερσαῖοι Ἠδωνοὶ Σάτραι.
τούτων οἱ μὲν παρὰ θάλασσαν κατοικημένοι ἐν
τῇσι νηυσὶ εἵποντο· οἱ δὲ αὐτῶν τὴν μεσόγαιαν
οἰκέοντες καταλεχθέντες τε ὑπ᾽ ἐμεῦ, πλὴν Σα-
τρέων, οἱ ἄλλοι πάντες πεζῇ ἀναγκαζόμενοι
εἵποντο.

111. Σάτραι δὲ οὐδενός κω ἀνθρώπων ὑπήκοοι
ἐγένοντο, ὅσον ἡμεῖς ἴδμεν, ἀλλὰ διατελεῦσι τὸ
μέχρι ἐμεῦ αἰεὶ ἐόντες ἐλεύθεροι μοῦνοι Θρηίκων·
οἰκέουσί τε γὰρ ὄρεα ὑψηλά, ἴδησί τε παντοίῃσι
καὶ χιόνι συνηρεφέα, καὶ εἰσὶ τὰ πολέμια ἄκροι.
οὗτοι οἱ τοῦ Διονύσου τὸ μαντήιον εἰσὶ ἐκτημένοι·
τὸ δὲ μαντήιον τοῦτο ἔστι μὲν ἐπὶ τῶν ὀρέων τῶν
ὑψηλοτάτων, Βησσοὶ δὲ τῶν Σατρέων εἰσὶ οἱ
προφητεύοντες τοῦ ἱροῦ, πρόμαντις δὲ ἡ χρέωσα
κατά περ ἐν Δελφοῖσι, καὶ οὐδὲν ποικιλώτερον.

112. Παραμειψάμενος δὲ ὁ Ξέρξης τὴν εἰρη-
μένην, δεύτερα τούτων παραμείβετο τείχεα τὰ
Πιέρων, τῶν ἑνὶ Φάγρης ἐστὶ οὔνομα καὶ ἑτέρῳ
Πέργαμος. ταύτῃ μὲν δὴ παρ᾽ αὐτὰ τὰ τείχεα

these regions he passed by the cities of the main-
land, one whereof has near it a lake of about thirty
furlongs in circuit, full of fish and very salt; this was
drained dry by no more than the watering of the
beasts of burden. This town is called Pistyrus.

110. Past these Greek towns of the sea-board
Xerxes marched, keeping them on his left; the
Thracian tribes through whose lands he journeyed
were the Paeti, Cicones, Bistones, Sapaei, Dersaei,
Edoni, and Satrae.[1] Of these tribes they that dwelt
by the sea followed his host on shipboard; they that
dwelt inland, whose names I have recorded, were
constrained to join with his land army, all of them
save the Satrae.

111. But these Satrae, as far as our knowledge
goes, have never yet been subject to any man;
they alone of all Thracians have ever been and
are to this day free; for they dwell on high moun-
tains covered with forests of all kinds and snow;
and they are warriors of high excellence. It is they
who possess the place of divination sacred to
Dionysus; which place is among the highest of
their mountains; the Bessi, a clan of the Satrae,
are the prophets of the shrine, and it is a priestess
that utters the oracle, as at Delphi; nor is aught
more of mystery here than there.[2]

112. Passing through the land aforesaid Xerxes
next passed the fortresses of the Pierians, one called
Phagres and the other Pergamus. By this way he

[1] All these are tribes of the Nestus and Strymon valleys or
the intervening hill country.
[2] Hdt. appears to mean that the method of divination is
the "usual" one, as at Delphi; perhaps there were exagger-
ated accounts of the mysterious rites of the Bessi.

τὴν ὁδὸν ἐποιέετο, ἐκ δεξιῆς χειρὸς τὸ Πάγγαιον
ὄρος ἀπέργων, ἐὸν μέγα τε καὶ ὑψηλόν, ἐν τῷ
χρύσεά τε καὶ ἀργύρεα ἔνι μέταλλα, τὰ νέμονται
Πίερές τε καὶ Ὀδόμαντοι καὶ μάλιστα Σάτραι.
113. Ὑπεροικέοντας δὲ τὸ Πάγγαιον πρὸς
βορέω ἀνέμου Παίονας Δόβηράς τε καὶ Παιόπλας
παρεξιὼν ἤιε πρὸς ἑσπέρην, ἐς ὃ ἀπίκετο ἐπὶ
ποταμόν τε Στρυμόνα καὶ πόλιν Ἠιόνα, τῆς ἔτι
ζωὸς ἐὼν ἦρχε Βόγης τοῦ περ ὀλίγῳ πρότερον
τούτων λόγον ἐποιεύμην. ἡ δὲ γῆ αὕτη ἡ περὶ τὸ
Πάγγαιον ὄρος καλέεται Φυλλίς, κατατείνουσα
τὰ μὲν πρὸς ἑσπέρην ἐπὶ ποταμὸν Ἀγγίτην ἐκδι-
δόντα ἐς τὸν Στρυμόνα, τὰ δὲ πρὸς μεσαμβρίην
τείνουσα ἐς αὐτὸν τὸν Στρυμόνα· ἐς τὸν οἱ Μάγοι
ἐκαλλιερέοντο σφάζοντες ἵππους λευκούς.
114. Φαρμακεύσαντες δὲ ταῦτα ἐς τὸν ποταμὸν
καὶ ἄλλα πολλὰ πρὸς τούτοισι ἐν Ἐννέα ὁδοῖσι
τῇσι Ἠδωνῶν ἐπορεύοντο κατὰ τὰς γεφύρας, τὸν
Στρυμόνα εὑρόντες ἐζευγμένον. Ἐινέα δὲ ὁδοὺς
πυνθανόμενοι τὸν χῶρον τοῦτον καλέεσθαι, το-
σούτους ἐν αὐτῷ παῖδάς τε καὶ παρθένους ἀνδρῶν
τῶν ἐπιχωρίων ζώοντας κατώρυσσον. Περσικὸν
δὲ τὸ ζώοντας κατορύσσειν, ἐπεὶ καὶ Ἄμηστριν
τὴν Ξέρξεω γυναῖκα πυνθάνομαι γηράσασαν δὶς
ἑπτὰ Περσέων παῖδας ἐόντων ἐπιφανέων ἀνδρῶν
ὑπὲρ ἑωυτῆς τῷ ὑπὸ γῆν λεγομένῳ εἶναι θεῷ
ἀντιχαρίζεσθαι κατορύσσουσαν.
115. Ὡς δὲ ἀπὸ τοῦ Στρυμόνος ἐπορεύετο
ὁ στρατός, ἐνθαῦτα πρὸς ἡλίου δυσμέων ἐστὶ
416

marched under their very walls, keeping on his right the great and high Pangaean range, wherein the Pierians and Odomanti and the Satrae in especial have mines of gold and silver.

113. Marching past the Paeonians, Doberes, and Paeoplae, who dwell beyond and northward of the Pangaean mountains,[1] he went ever westwards, till he came to the river Strymon and the city of Eïon, the governor whereof was that Boges, then still alive, of whom I have lately made mention. All this region about the Pangaean range is called Phyllis; it stretches westwards to the river Angites, which issues into the Strymon, and southwards to the Strymon itself; by that water the Magi slew white horses, offering thus sacrifice for good omens.

114. Having used these enchantments and many other besides on the river, they passed over it at the Edonian town of Nine Ways,[2] by the bridges which they found thrown across it. There, learning that Nine Ways was the name of the place, they buried alive that number of boys and maidens, children of the people of the country. To bury alive is a Persian custom; I have heard that when Xerxes' wife Amestris attained to old age she buried fourteen sons of notable Persians, as a thank-offering on her own behalf to the fabled god of the nether world.

115. Journeying from the Strymon, the army passed by Argilus, a Greek town standing on a

---

[1] In 112 Xerxes was marching along the coast; here he is far inland. Doubtless the explanation lies in the division of his army into three parallel columns (121).

[2] About three miles above Eïon on the Strymon.

αἰγιαλὸς ἐν τῷ οἰκημένην Ἄργιλον πόλιν Ἑλλάδα
παρεξήιε· αὕτη δὲ καὶ ἡ κατύπερθε ταύτης
καλέεται Βισαλτίη. ἐνθεῦτεν δὲ κόλπον τὸν
ἐπὶ Ποσιδηίου ἐξ ἀριστερῆς χειρὸς ἔχων ἤιε διὰ
Συλέος πεδίου καλεομένου, Στάγειρον πόλιν
Ἑλλάδα παραμειβόμενος, καὶ ἀπίκετο ἐς Ἄκαν-
θον, ἅμα ἀγόμενος τούτων ἕκαστον τῶν ἐθνέων
καὶ τῶν περὶ τὸ Πάγγαιον ὄρος οἰκεόντων, ὁμοίως
καὶ τῶν πρότερον κατέλεξα, τοὺς μὲν παρὰ θά-
λασσαν ἔχων οἰκημένους ἐκ νηυσὶ στρατευομένους,
τοὺς δ᾽ ὑπὲρ θαλάσσης πεζῇ ἑπομένους. τὴν δὲ
ὁδὸν ταύτην, τῇ βασιλεὺς Ξέρξης τὸν στρατὸν
ἤλασε, οὔτε συγχέουσι Θρήικες οὔτ᾽ ἐπισπείρουσι
σέβονταί τε μεγάλως τὸ μέχρι ἐμεῦ.

116. Ὡς δὲ ἄρα ἐς τὴν Ἄκανθον ἀπίκετο,
ξεινίην τε ὁ Ξέρξης τοῖσι Ἀκανθίοισι προεῖπε
καὶ ἐδωρήσατο σφέας ἐσθῆτι Μηδικῇ ἐπαίνεέ τε,
ὁρέων καὶ αὐτοὺς προθύμους ἐόντας ἐς τὸν πόλεμον
καὶ τὸ ὄρυγμα ἀκούων.

117. Ἐν Ἀκάνθῳ δὲ ἐόντος Ξέρξεω συνήνεικε
ὑπὸ νούσου ἀποθανεῖν τὸν ἐπεστεῶτα τῆς διώρυ-
χος Ἀρταχαίην, δόκιμον ἐόντα παρὰ Ξέρξῃ καὶ
γένος Ἀχαιμενίδην, μεγάθεΐ τε μέγιστον ἐόντα
Περσέων (ἀπὸ γὰρ πέντε πηχέων βασιληίων
ἀπέλειπε τέσσερας δακτύλους) φωνέοντά τε
μέγιστον ἀνθρώπων, ὥστε Ξέρξην συμφορὴν
ποιησαμενον μεγάλην ἐξενεῖκαί τε αὐτὸν κάλ-
λιστα καὶ θάψαι· ἐτυμβοχόεε δὲ πᾶσα ἡ στρατιή.
τούτῳ δὲ τῷ Ἀρταχαίῃ θύουσι Ἀκάνθιοι ἐκ
θεοπροπίου ὡς ἥρωι, ἐπονομάζοντες τὸ οὔνομα.

118. Βασιλεὺς μὲν δὴ Ξέρξης ἀπολομένου

stretch of sea-coast further westwards; the territory
of which town and that which lies inland of it are
called Bisaltia. Thence, keeping on his left hand
the gulf off Poseideïon, Xerxes traversed the plain
of Syleus (as they call it), passing by the Greek
town of Stagirus, and came to Acanthus; he took
along with him all these tribes, and those that dwelt
about the Pangaean range, in like manner as those
others whom I have already recorded, the men of
the coast serving in his fleet and the inland men in
his land army. All this road, whereby king Xerxes
led his army, the Thracians neither break up nor
sow aught on it, but they hold it in great reverence
to this day.

116. When Xerxes came to Acanthus, he declared
the Acanthians his guests and friends, and gave
them a Median dress, praising them for the zeal
wherewith he saw them furthering his campaign,
and for what he heard of the digging of the
canal.

117. While Xerxes was at Acanthus, it so befel
that Artachaees, overseer of the digging of the
canal, died of a sickness. He was high in Xerxes'
favour, an Achaemenid by lineage; he was the
tallest man in Persia, lacking four finger-breadths
of five royal cubits[1] in stature, and his voice was the
loudest on earth. Wherefore Xerxes mourned him
greatly and gave him a funeral and burial of great
pomp, and the whole army poured libations on
his tomb. The Acanthians hold Artachaees a hero,
and sacrifice to him, calling upon his name; this
they do by the bidding of an oracle.

118. King Xerxes, then, mourned for the death of

---

[1] This would make Artachaees eight feet high.

Ἀρταχαίεω ἐποιέετο συμφορήν. οἱ δὲ ὑποδε-
κόμενοι Ἑλλήνων τὴν στρατιὴν καὶ δειπνίζοντες
Ξέρξην ἐς πᾶν κακοῦ ἀπίκατο, οὕτω ὥστε ἀνά-
στατοι ἐκ τῶν οἴκων ἐγίνοντο· ὅκου Θασίοισι
ὑπὲρ τῶν ἐν τῇ ἠπείρῳ πολίων τῶν σφετερέων
δεξαμένοισι τὴν Ξέρξεω στρατιὴν καὶ δειπνίσασι
Ἀντίπατρος ὁ Ὀργέος ἀραιρημένος, τῶν ἀστῶν
ἀνὴρ δόκιμος ὅμοια τῷ μάλιστα, ἀπέδεξε ἐς τὸ
δεῖπνον τετρακόσια τάλαντα ἀργυρίου τετελε-
σμένα.

119. Ὡς δὲ παραπλησίως καὶ ἐν τῇσι ἄλλῃσι
πόλισι οἱ ἐπεστεῶτες ἀπεδείκνυσαν τὸν λόγον.
τὸ γὰρ δεῖπνον τοιόνδε τι ἐγίνετο, οἷα ἐκ πολλοῦ
χρόνου προειρημένον καὶ περὶ πολλοῦ ποιευμένων·
τοῦτο μέν, ὡς ἐπύθοντο τάχιστα τῶν κηρύκων
τῶν περιαγγελλόντων, δασάμενοι σῖτον ἐν τῇσι
πόλισι οἱ ἀστοὶ ἄλευρά τε καὶ ἄλφιτα ἐποίευν
πάντες ἐπὶ μῆνας συχνούς· τοῦτο δὲ κτήνεα
ἐσίτευον ἐξευρίσκοντες τιμῆς τὰ κάλλιστα, ἔτρε-
φόν τε ὄρνιθας χερσαίους καὶ λιμναίους ἔν τε
οἰκήμασι καὶ λάκκοισι, ἐς ὑποδοχὰς τοῦ στρατοῦ·
τοῦτο δὲ χρύσεά τε καὶ ἀργύρεα ποτήριά τε καὶ
κρητῆρας ἐποιεῦντο καὶ τἆλλα ὅσα ἐπὶ τράπεζαν
τιθέαται πάντα. ταῦτα μὲν αὐτῷ τε βασιλέι καὶ
τοῖσι ὁμοσίτοισι μετ᾽ ἐκείνου ἐπεποίητο, τῇ δὲ
ἄλλῃ στρατιῇ τὰ ἐς φορβὴν μοῦνα τασσόμενα.
ὅκως δὲ ἀπίκοιτο ἡ στρατιή, σκηνὴ μὲν ἔσκε
πεπηγυῖα ἑτοίμη ἐς τὴν αὐτὸς σταθμὸν ποιεέσκετο
Ξέρξης, ἡ δὲ ἄλλη στρατιὴ ἔσκε ὑπαίθριος. ὡς
δὲ δείπνου ἐγίνετο ὥρη, οἱ μὲν δεκόμενοι ἔχεσκον
πόνον, οἱ δὲ ὅκως πλησθέντες νύκτα αὐτοῦ ἀγά-
γοιεν, τῇ ὑστεραίῃ τήν τε σκηνὴν ἀνασπάσαντες

Artachaees. But the Greeks who received Xerxes'
army and entertained the king himself were brought
to the depth of misery, insomuch that they were
driven from house and home; witness the case of
the Thasians, who received and feasted Xerxes' army
on behalf of their towns on the mainland; Antipatrus
son of Orgeus, as notable a man as any of his towns-
men, chosen by them for this task, rendered them
an account of four hundred silver talents expended
on the dinner.

119. A like account was rendered in all the other
cities by the controllers. For since the command
for it had been given long before, and the matter
was esteemed a weighty one, the dinner was some-
what on this wise: As soon as the townsmen had
word from the heralds' proclamation, they divided
corn among themselves in their cities and all of them
for many months ground it to wheaten and barley
meal; moreover they fed the finest beasts that money
could buy, and kept landfowl and waterfowl in cages
and ponds, for the entertaining of the army; and
they made gold and silver cups and bowls and all
manner of service for the table. These latter were
made for the king himself and those that ate with
him; for the rest of the army they provided only
what served for food. At the coming of the army,
there was a pavilion built for Xerxes' own lodging,
and his army abode in the open air. When the
hour came for dinner, the hosts would have no light
task; as for the army, when they had eaten their fill
and passed the night there, on the next day they
would rend the pavilion from the ground and take

καὶ τὰ ἔπιπλα πάντα λαβόντες οὕτω ἀπελαύνε-
σκον, λείποντες οὐδὲν ἀλλὰ φερόμενοι.

120. Ἔνθα δὴ Μεγακρέοντος ἀνδρὸς Ἀβδηρίτεω
ἔπος εὖ εἰρημένον ἐγένετο, ὃς συνεβούλευσε
Ἀβδηρίτῃσι πανδημεί, αὐτοὺς καὶ γυναῖκας,
ἐλθόντας ἐς τὰ σφέτερα ἱρὰ ἵζεσθαι ἱκέτας τῶν
θεῶν παραιτεομένους καὶ τὸ λοιπόν σφι ἀπαμύνειν
τῶν ἐπιόντων κακῶν τὰ ἡμίσεα, τῶν τε παροιχο-
μένων ἔχειν σφι μεγάλην χάριν, ὅτι βασιλεὺς
Ξέρξης οὐ δὶς ἑκάστης ἡμέρης ἐνόμισε σῖτον
αἱρέεσθαι· παρέχειν γὰρ ἂν Ἀβδηρίτῃσι, εἰ
καὶ ἄριστον προείρητο ὅμοια τῷ δείπνῳ παρα-
σκευάζειν, ἢ μὴ ὑπομένειν Ξέρξην ἐπιόντα ἢ
καταμείναντας κάκιστα πάντων ἀνθρώπων δια-
τριβῆναι.

121. Οἳ μὲν δὴ πιεζόμενοι ὅμως τὸ ἐπιτασσό-
μενον ἐπετέλεον. Ξέρξης δὲ ἐκ τῆς Ἀκάνθου,
ἐντειλάμενος τοῖσι στρατηγοῖσι τοῦ ναυτικοῦ
στρατοῦ ὑπομένειν ἐν Θέρμῃ, ἀπῆκε ἀπ᾽ ἑωυτοῦ
πορεύεσθαι τὰς νέας, Θέρμῃ δὲ τῇ ἐν τῷ Θερμαίῳ
κόλπῳ οἰκημένῃ, ἀπ᾽ ἧς καὶ ὁ κόλπος οὗτος τὴν
ἐπωνυμίην ἔχει· ταύτῃ γὰρ ἐπυνθάνετο συντο-
μώτατον εἶναι. μέχρι μὲν γὰρ Ἀκάνθου ὧδε
τεταγμένος ὁ στρατὸς ἐκ Δορίσκου τὴν ὁδὸν
ἐποιέετο· τρεῖς μοίρας ὁ Ξέρξης δασάμενος πάντα
τὸν πεζὸν στρατόν, μίαν αὐτέων ἔταξε παρὰ
θάλασσαν ἰέναι ὁμοῦ τῷ ναυτικῷ· ταύτης μὲν
δὴ ἐστρατήγεον Μαρδόνιός τε καὶ Μασίστης,
ἑτέρη δὲ τεταγμένη ἤιε τοῦ στρατοῦ τριτημορὶς
τὴν μεσόγαιαν, τῆς ἐστρατήγεον Τριτανταίχμης
τε καὶ Γέργις· ἡ δὲ τρίτη τῶν μοιρέων, μετ᾽ ἧς
ἐπορεύετο αὐτὸς Ξέρξης, ἤιε μὲν τὸ μέσον αὐτῶν,

all things movable, and so march away, leaving
nothing but carrying all with them.

120. It was then that there was a very apt saying
uttered by one Megacreon of Abdera: he counselled
his townsmen to go all together, men and women,
to their temples, and there in all humility entreat
the gods to defend them in the future from half
of every threatened ill; and let them (so he
counselled) thank the gods heartily for past favour,
in that it was Xerxes' custom to take a meal only
once a day; else, had they been commanded to
furnish a breakfast of like fashion as the dinner,
the people of Abdera would have had no choice
but either to flee before Xerxes' coming, or to
perish most miserably if they awaited him.

121. So the townsmen, hard put to it as they
were, yet did as they were commanded. Quitting
Acanthus, Xerxes sent his ships on their course
away from him, giving orders to his generals that
the fleet should await him at Therma, the town on
the Thermaic gulf which gives the gulf its name;
for this, he learnt, was his shortest way. For the
order of the army's march, from Doriscus to Acanthus,
had been such as I will show: dividing all his land
army into three portions, Xerxes appointed one of
them to march beside his fleet along the sea-coast,
with Mardonius and Masistes for its generals;
another third of the army marched as appointed
further inland, under Tritantaechmes and Gergis;
the third portion, with which went Xerxes himself,

στρατηγοὺς δὲ παρείχετο Σμερδομένεά τε καὶ
Μεγάβυζον.

122. Ὁ μέν νυν ναυτικὸς στρατὸς ὡς ἀπείθη
ὑπὸ Ξέρξεω καὶ διεξέπλωσε τὴν διώρυχα τὴν ἐν
τῷ Ἄθῳ γενομένην, διέχουσαν δὲ ἐς κόλπον ἐν
τῷ Ἄσσα τε πόλις καὶ Πίλωρος καὶ Σίγγος καὶ
Σάρτη οἴκηνται, ἐνθεῦτεν, ὡς καὶ ἐκ τουτέων τῶν
πολίων στρατιὴν παρέλαβε, ἔπλεε ἀπιέμενος ἐς
τὸν Θερμαῖον κόλπον, κάμπτων δὲ Ἄμπελον τὴν
Τορωναίην ἄκρην παραμείβετο Ἑλληνίδας γε
τάσδε πόλις, ἐκ τῶν νέας τε καὶ στρατιὴν παρε-
λάμβανε, Τορώνην Γαληψὸν Σερμύλην Μηκύ-
βερναν Ὄλυνθον.

123. Ἡ μέν νυν χώρη αὕτη Σιθωνίη καλέεται,
ὁ δὲ ναυτικὸς στρατὸς ὁ Ξέρξεω συντάμνων
ἀπ' Ἀμπέλου ἄκρης ἐπὶ Καναστραίην ἄκρην, τὸ
δὴ πάρης τῆς Παλλήνης ἀνέχει μάλιστα, ἐνθεῦτεν
νέας τε καὶ στρατιὴν παρελάμβανε ἐκ Ποτιδαίης
καὶ Ἀφύτιος καὶ Νέης πόλιος καὶ Αἰγῆς καὶ
Θεράμβω καὶ Σκιώνης καὶ Μένδης καὶ Σάνης·
αὗται γὰρ εἰσὶ αἱ τὴν νῦν Παλλήνην πρότερον
δὲ Φλέγρην καλεομένην νεμόμεναι. παραπλέων
δὲ καὶ ταύτην τὴν χώρην ἔπλεε ἐς τὸ προειρη-
μένον, παραλαμβάνων στρατιὴν καὶ ἐκ τῶν προσ-
εχέων πολίων τῇ Παλλήνῃ, ὁμουρεουσέων δὲ
τῷ Θερμαίῳ κόλπῳ, τῇσι οὐνόματα ἐστὶ τάδε,
Λίπαξος Κώμβρεια Αἶσα Γίγωνος Κάμψα Σμίλα
Αἴνεια· ἡ δὲ τουτέων χώρη Κροσσαίη ἔτι καὶ ἐς
τόδε καλέεται. ἀπὸ δὲ Αἰνείης, ἐς τὴν ἐτελεύτων
καταλέγων τὰς πόλις, ἀπὸ ταύτης ἤδη ἐς αὐτόν
τε τὸν Θερμαῖον κόλπον ἐγίνετο τῷ ναυτικῷ
στρατῷ ὁ πλόος καὶ γῆν τὴν Μυγδονίην, πλέων

marched between the two, and its generals were Smerdomenes and Megabyzus.

122. Now when the fleet had left Xerxes and sailed through the canal made in Athos (which canal reached to the gulf wherein stand the towns of Assa, Pilorus, Singus, and Sarte), thence taking on board troops from these cities also, it stood out to sea for the Thermaic gulf, and rounding Ampelus, the headland of Torone, it passed the Greek towns of Torone, Galepsus, Sermyle, Mecyberna, and Olynthus, from all which it received ships and men.

123. This country is called Sithonia. The fleet held a straight course from the headland of Ampelus to the Canastraean headland, where Pallene runs farthest out to sea, and received ships and men from the towns of what is now Pallene but was formerly called Phlegra, to wit, Potidaea, Aphytis, Neapolis, Aege, Therambos, Scione, Mendi, and Sane. Sailing along this coast they made for the place appointed, taking troops from the towns adjacent to Pallene and near neighbours of the Thermaic gulf, whereof the names are Lipaxus, Combrea, Lisae, Gigonus, Campsa, Smila, Aenea; whose territory is called Crossaea to this day. From Aenea, the last-named in my list of the towns, the course of the fleet lay thenceforward to the Thermaic gulf itself and the Mygdonian territory,

425

δὲ ἀπίκετο ἔς τε τὴν προειρημένην Θέρμην καὶ
Σίνδον τε πόλιν καὶ Χαλέστρην ἐπὶ τὸν Ἄξιον
ποταμόν, ὃς οὐρίζει χώρην τὴν Μυγδονίην τε καὶ
Βοττιαιίδα, τῆς ἔχουσι τὸ παρὰ θάλασσαν στεινὸν
χωρίον πόλιες Ἴχναι τε καὶ Πέλλα.

124. Ὁ μὲν δὴ ναυτικὸς στρατὸς αὐτοῦ περὶ
Ἄξιον ποταμὸν καὶ πόλιν Θέρμην καὶ τὰς μεταξὺ
πόλιας τούτων περιμένων βασιλέα ἐστρατοπε-
δεύετο, Ξέρξης δὲ καὶ ὁ πεζὸς στρατὸς ἐπορεύετο
ἐκ τῆς Ἀκάνθου τὴν μεσόγαιαν τάμνων τῆς ὁδοῦ,
βουλόμενος ἐς τὴν Θέρμην ἀπικέσθαι· ἐπορεύετο
δὲ διὰ τῆς Παιονικῆς καὶ Κρηστωνικῆς ἐπὶ
ποταμὸν Χείδωρον, ὃς ἐκ Κρηστωναίων ἀρξάμενος
ῥέει διὰ Μυγδονίης χώρης καὶ ἐξιεῖ παρὰ τὸ ἕλος
τὸ ἐπ' Ἀξίῳ ποταμῷ.

125. Πορευομένῳ δὲ ταύτῃ λέοντές οἱ ἐπεθή-
καντο τῇσι σιτοφόροισι καμήλοισι. καταφοι-
τέοντες γὰρ οἱ λέοντες τὰς νύκτας καὶ λείποντες
τὰ σφέτερα ἤθεα ἄλλου μὲν οὐδενὸς ἅπτοντο οὔτε
ὑποζυγίου οὔτε ἀνθρώπου, οἳ δὲ τὰς καμήλους
ἐκεράιζον μούνας. θωμάζω δὲ τὸ αἴτιον, ὅ τι
κοτὲ ἦν τῶν ἄλλων τὸ ἀναγκάζον ἀπεχομένους
τοὺς λέοντας τῇσι καμήλοισι ἐπιτίθεσθαι, τὸ
μήτε πρότερον ὀπώπεσαν θηρίον μήτ' ἐπεπειρέατο
αὐτοῦ.

126. Εἰσὶ δὲ κατὰ ταῦτα τὰ χωρία καὶ λέοντες
πολλοὶ καὶ βόες ἄγριοι, τῶν τὰ κέρεα ὑπερμεγάθεα
ἐστὶ τὰ ἐς Ἕλληνας φοιτέοντα. οὖρος δὲ τοῖσι
λέουσι ἐστὶ ὅ τε δι' Ἀβδήρων ῥέων ποταμὸς
Νέστος καὶ ὁ δι' Ἀκαρνανίης ῥέων Ἀχελῷος·
οὔτε γὰρ τὸ πρὸς τὴν ἠῶ τοῦ Νέστου οὐδαμόθι
πάσης τῆς ἔμπροσθε Εὐρώπης ἴδοι τις ἂν λέοντα,

till its voyage ended at Therma, the place appointed,
and the towns of Sindus and Chalestra, where it
came to the river Axius; this is the boundary,
between the Mygdonian and the Bottiaean territory,
wherein stand the towns of Ichnae and Pella on the
narrow strip of sea-coast.

124. So the fleet lay there off the river Axius and
the city of Therma and the towns between them,
awaiting the king. But Xerxes and his land army
marched from Acanthus by the straightest inland
course, making for Therma. Their way lay through
the Paeonian and the Crestonaean country to the
river Cheidorus, which, rising in the Crestonaean land,
flows through the Mygdonian country and issues by
the marshes of the Axius.

125. As Xerxes thus marched, lions attacked the
camels that carried his provision; nightly they would
come down out of their lairs and made havoc of the
camels alone, seizing nothing else, man or beast of
burden; and I marvel what was the reason that
constrained the lions to touch nought else but attack
the camels, creatures whereof till then they had no
sight or knowledge.

126. There are many lions in these parts, and wild
oxen, whose horns are those very long ones which
are brought into Hellas. The boundary of the lions'
country is the river Nestus that flows through
Abdera and the river Achelous that flows through
Acarnania. Neither to the east of the Nestus any-
where in the nearer part of Europe, nor to the west

οὔτε πρὸς ἑσπέρης τοῦ Ἀχελῴου ἐν τῇ ἐπιλοίπῳ
ἠπείρῳ, ἀλλ' ἐν τῇ μεταξὺ τούτων τῶν ποταμῶν
γίνονται.

127. Ὡς δὲ ἐς τὴν Θέρμην ἀπίκετο ὁ Ξέρξης,
ἵδρυσε αὐτοῦ τὴν στρατιήν. ἐπέσχε δὲ ὁ στρατὸς
αὐτοῦ στρατοπεδευόμενος τὴν παρὰ θάλασσαν
χώρην τοσήνδε, ἀρξάμενος ἀπὸ Θέρμης πόλιος
καὶ τῆς Μυγδονίης μέχρι Λυδίεώ τε ποταμοῦ καὶ
Ἁλιάκμονος, οἳ οὐρίζουσι γῆν τὴν Βοττιαιίδα τε
καὶ Μακεδονίδα, ἐς τὠυτὸ ῥέεθρον τὸ ὕδωρ συμ-
μίσγοντες. ἐστρατοπεδεύοντο μὲν δὴ ἐν τούτοισι
τοῖσι χωρίοισι οἱ βάρβαροι, τῶν δὲ καταλεχθέντων
τούτων ποταμῶν ἐκ Κρηστωναίων ῥέων Χείδωρος
μοῦνος οὐκ ἀντέχρησε τῇ στρατιῇ πινόμενος ἀλλ'
ἐπέλιπε.

128. Ξέρξης δὲ ὁρέων ἐκ τῆς Θέρμης ὄρεα τὰ
Θεσσαλικά, τόν τε Ὄλυμπον καὶ τὴν Ὄσσαν,
μεγάθεΐ τε ὑπερμήκεα ἐόντα, διὰ μέσου τε αὐτῶν
αὐλῶνα στεινὸν πυνθανόμενος εἶναι δι' οὗ ῥέει ὁ
Πηνειός, ἀκούων τε ταύτῃ εἶναι ὁδὸν ἐς Θεσσαλίην
φέρουσαν, ἐπεθύμησε πλώσας θεήσασθαι τὴν
ἐκβολὴν τοῦ Πηνειοῦ, ὅτι τὴν ἄνω ὁδὸν ἔμελλε
ἐλᾶν διὰ Μακεδόνων τῶν κατύπερθε οἰκημένων
ἔστε Περραιβοὺς παρὰ Γόννον πόλιν· ταύτῃ γὰρ
ἀσφαλέστατον ἐπυνθάνετο εἶναι. ὡς δὲ ἐπεθύ-
μησε, καὶ ἐποίεε ταῦτα· ἐσβὰς ἐς Σιδωνίην νέα, ἐς
τήν περ ἐσέβαινε αἰεὶ ὅκως τι ἐθέλοι τοιοῦτο

---

[1] Not the whole of Macedonia, but the region originally
ruled by the Temenid dynasty, between the rivers Haliacmon
and Axius and the foothills of Bermius. Edessa was the
chief town.

of the Achelous in the rest of the mainland, is any lion to be seen; but they are found in the country between those rivers.

127. Being come to Therma Xerxes quartered his army there. Its encampment by the sea covered all the space from Therma and the Mygdonian country to the rivers Lydias and Haliacmon, which unite their waters in one stream and so make the border between the Bottiaean and the Macedonian[1] territory. In this place the foreigners lay encamped; of the rivers aforesaid, the Cheidorus which flows from the Crestonaean country was the only one which could not suffice for the army's drinking but was thereby exhausted.

128. When Xerxes saw from Therma the exceeding great height of the Thessalian mountains Olympus and Ossa, and learnt that the Peneus flows in a narrow pass through them, which was the way that led into Thessaly, he was taken with a desire to view the mouth of the Peneus, because he was minded to march by the upper road through the highland people of Macedonia to the country of the Perrhaebi and the town of Gonnus;[2] for it was told him that this was the safest way. As he desired, so he did; embarking in a ship of Sidon, wherein he ever embarked when he had some such business in

[2] Xerxes' army might have entered Thessaly by marching along the coast between Olympus and the sea, and up the Peneus valley (the pass of Tempe) to Gonnus. Instead, it crossed the mountains; probably both by a route which runs across the southern slope of Olympus to Gonnus, and also by the Petra pass, further inland, between Olympus and Bermius. But Herodotus is mistaken in making the ἄνω ὁδὸς alone reach Gonnus; the Tempe route would have done the same.

ποιῆσαι, ἀνέδεξε σημήιον καὶ τοῖσι ἄλλοισι ἀνά-
γεσθαι, καταλιπὼν αὐτοῦ τὸν πεζὸν στρατόν.
ἐπεὶ δὲ ἀπίκετο καὶ ἐθεήσατο Ξέρξης τὴν ἐκβολὴν
τοῦ Πηνειοῦ, ἐν θώματι μεγάλῳ ἐνέσχετο, καλέσας
δὲ τοὺς κατηγεμόνας τῆς ὁδοῦ εἴρετο εἰ τὸν ποτα-
μὸν ἐστὶ παρατρέψαντα ἑτέρῃ ἐς θάλασσαν
ἐξαγαγεῖν.

129. Τὴν δὲ Θεσσαλίην λόγος ἐστὶ τὸ παλαιὸν
εἶναι λίμνην, ὥστε γε συγκεκληιμένην πάντοθεν
ὑπερμήκεσι ὄρεσι. τὰ μὲν γὰρ αὐτῆς πρὸς τὴν
ἠῶ ἔχοντα τό τε Πήλιον ὄρος καὶ ἡ Ὄσσα ἀπο-
κληίει συμμίσγοντα τὰς ὑπωρέας ἀλλήλοισι, τὰ
δὲ πρὸς βορέω ἀνέμου Ὄλυμπος, τὰ δὲ πρὸς
ἑσπέρην Πίνδος, τὰ δὲ πρὸς μεσαμβρίην τε καὶ
ἄνεμον νότον ἡ Ὄθρυς· τὸ μέσον δὲ τούτων τῶν
λεχθέντων ὀρέων ἡ Θεσσαλίη ἐστὶ ἐοῦσα κοίλη.
ὥστε ὦν ποταμῶν ἐς αὐτὴν καὶ ἄλλων συχνῶν
ἐσβαλλόντων, πέντε δὲ τῶν δοκίμων μάλιστα
τῶνδε, Πηνειοῦ καὶ Ἀπιδανοῦ καὶ Ὀνοχώνου καὶ
Ἐνιπέος καὶ Παμίσου, οἳ μέν νυν ἐς τὸ πεδίον
τοῦτο συλλεγόμενοι ἐκ τῶν ὀρέων τῶν περικληιόν-
των τὴν Θεσσαλίην ὀνομαζόμενοι δι᾽ ἑνὸς αὐλῶνος
καὶ τούτου στεινοῦ ἔκροον ἔχουσι ἐς θάλασσαν,
προσυμμίσγοντες τὸ ὕδωρ πάντες ἐς τωὐτό· ἐπεὰν
δὲ συμμιχθέωσι τάχιστα, ἐνθεῦτεν ἤδη ὁ Πηνειὸς
τῷ οὐνόματι κατακρατέων ἀνωνύμους τοὺς ἄλλους
εἶναι ποιέει. τὸ δὲ παλαιὸν λέγεται, οὐκ ἐόντος
κω τοῦ αὐλῶνος καὶ διεκρόου τούτου, τοὺς ποτα-
μοὺς τούτους, καὶ πρὸς τοῖσι ποταμοῖσι τούτοισι
τὴν Βοιβηίδα λίμνην, οὔτε ὀνομάζεσθαι κατά περ
νῦν ῥέειν τε οὐδὲν ἧσσον ἢ νῦν, ῥέοντας δὲ ποιέειν
τὴν Θεσσαλίην πᾶσαν πέλαγος. αὐτοὶ μέν νυν

430

hand, he hoisted his signal for the rest also to put
out to sea, leaving his land army where it was.
Great wonder took him when he came and viewed
the mouth of the Peneus; and calling his guides he
asked them if it were possible to turn the river from
its course and lead it into the sea by another way.

129. Thessaly, as tradition has it, was in old times
a lake, being enclosed all round by exceeding high
mountains; for on its eastern side it is fenced in by
the joining of the lower parts of the mountains Pelion
and Ossa, to the north by Olympus, to the west by
Pindus, towards the south and the southerly wind
by Othrys: in the midst of which mountains afore-
said lies the vale of Thessaly. Seeing therefore that
many rivers pour into this vale, whereof the five
most notable are Peneus, Apidanus, Onochonus,
Enipeus, Pamisus: these five, while they flow towards
their meeting from the mountains that surround
Thessaly, have their several names, till their waters
all unite together and so issue into the sea by one
and that a narrow passage; but as soon as they are
united, the name of the Peneus thereafter prevails
and makes the rest to be nameless. In ancient
days, it is said, there was not yet this channel and
outfall, but those rivers and the Boebean lake [1]
withal, albeit not yet named, had the same volume
of water as now, and thereby turned all Thessaly into

[1] In eastern Thessaly, west of Pelion. Naturally, with
the whole country inundated, the lake would have no
independent existence.

HERODOTUS

Θεσσαλοί φασι Ποσειδέωνα ποιῆσαι τὸν αὐλῶνα
δι' οὗ ῥέει ὁ Πηνειός, οἰκότα λέγοντες· ὅστις γὰρ
νομίζει Ποσειδέωνα τὴν γῆν σείειν καὶ τὰ δι-
εστεῶτα ὑπὸ σεισμοῦ τοῦ θεοῦ τούτου ἔργα εἶναι,
κἂν ἐκεῖνο ἰδὼν φαίη Ποσειδέωνα ποιῆσαι· ἔστι
γὰρ σεισμοῦ ἔργον, ὡς ἐμοὶ φαίνεται εἶναι, ἡ
διάστασις τῶν ὀρέων.

130. Οἱ δὲ κατηγεόμενοι, εἰρομένου Ξέρξεω εἰ
ἔστι ἄλλη ἔξοδος ἐς θάλασσαν τῷ Πηνειῷ,
ἐξεπιστάμενοι ἀτρεκέως εἶπον " Βασιλεῦ, ποταμῷ
τούτῳ οὐκ ἔστι ἄλλη ἐξήλυσις ἐς θάλασσαν κατή-
κουσα, ἀλλ' ἥδε αὐτή· ὄρεσι γὰρ περιεστεφάνωται
πᾶσα Θεσσαλίη." Ξέρξην δὲ λέγεται εἰπεῖν πρὸς
ταῦτα " Σοφοὶ ἄνδρες εἰσὶ Θεσσαλοί. ταῦτ' ἄρα
πρὸ πολλοῦ ἐφυλάξαντο γνωσιμαχέοντες καὶ
τἆλλα καὶ ὅτι χώρην ἄρα εἶχον εὐαίρετόν τε καὶ
ταχυάλωτον. τὸν γὰρ ποταμὸν πρῆγμα ἂν ἦν
μοῦνον ἐπεῖναι σφέων ἐπὶ τὴν χώρην, χώματι ἐκ
τοῦ αὐλῶνος ἐκβιβάσαντα καὶ παρατρέψαντα δι'
ὧν νῦν ῥέει ῥεέθρων, ὥστε Θεσσαλίην πᾶσαν ἔξω
τῶν ὀρέων ὑποβρυχέα γενέσθαι." ταῦτα δὲ ἔχοντα
ἔλεγε ἐς τοὺς Ἀλεύεω παῖδας, ὅτι πρῶτοι Ἑλλή-
νων ἐόντες Θεσσαλοὶ ἔδοσαν ἑωυτοὺς βασιλέι,
δοκέων ὁ Ξέρξης ἀπὸ παντός σφεας τοῦ ἔθνεος
ἐπαγγέλλεσθαι φιλίην. εἴπας δὲ ταῦτα καὶ
θεησάμενος ἀπέπλεε ἐς τὴν Θέρμην.

131. Ὁ μὲν δὴ περὶ Πιερίην διέτριβε ἡμέρας

---

[1] The correspondence in formation of the two sides of the
pass (salients on one side answering to recesses on the other)
gives the impression that they were once united and have
been violently separated.

a sea. Now the Thessalians say that Poseidon made this passage whereby the Peneus flows; and this is reasonable; for whosoever believes that Poseidon is the shaker of the earth, and that rifts made by earthquakes are that god's handiwork, will judge from sight of that passage that it is of Poseidon's making; for it is an earthquake, as it seems to me, that has riven the mountains asunder.[1]

130. Xerxes enquiring of his guides if there were any other outlet for the Peneus into the sea, they answered him out of their full knowledge: "The river, O king, has no other way into the sea, but this alone; for there is a ring of mountains round the whole of Thessaly." Whereupon, it is said, quoth Xerxes: "They are wise men, these Thessalians; this then in especial was the cause of their precaution long before[2] when they changed to a better mind, that they saw their country to be so easily and speedily conquerable; for nought more would have been needful than to let the river out over their land by barring the channel with a dam and turning it from its present bed, that so the whole of Thessaly save only the mountains might be under water." This he said with especial regard to the sons of Aleues, these Thessalians being the first Greeks who surrendered themselves to the king; Xerxes supposed that when they offered him friendship they spoke for the whole of their nation. Having so said, and ended his viewing, he sailed back to Therma.

131. Xerxes delayed for many days in the parts of

[2] As a matter of fact the Thessalians had determined on their policy very recently indeed; but Xerxes apparently supposes that they had resolved to join him from the first.

συχνάς· τὸ γὰρ δὴ ὄρος τὸ Μακεδονικὸν ἔκειρε
τῆς στρατιῆς τριτημορίς, ἵνα ταύτῃ διεξίῃ ἅπασα
ἡ στρατιὴ ἐς Περραιβούς. οἱ δὲ δὴ κήρυκες οἱ
ἀποπεμφθέντες ἐς τὴν Ἑλλάδα ἐπὶ γῆς αἴτησιν
ἀπίκατο οἱ μὲν κεινοί, οἱ δὲ φέροντες γῆν τε καὶ
ὕδωρ.

132. Τῶν δὲ δόντων ταῦτα ἐγένοντο οἵδε, Θεσσα-
λοὶ Δόλοπες Ἐνιῆνες Περραιβοὶ Λοκροὶ Μάγνητες
Μηλιέες Ἀχαιοὶ οἱ Φθιῶται καὶ Θηβαῖοι καὶ οἱ
ἄλλοι Βοιωτοὶ πλὴν Θεσπιέων τε καὶ Πλαταιέων.
ἐπὶ τούτοισι οἱ Ἕλληνες ἔταμον ὅρκιον οἱ τῷ
βαρβάρῳ πόλεμον ἀειράμενοι· τὸ δὲ ὅρκιον ὧδε
εἶχε, ὅσοι τῷ Πέρσῃ ἔδοσαν σφέας αὐτοὺς Ἕλληνες
ἐόντες μὴ ἀναγκασθέντες, καταστάντων σφι εὖ
τῶν πρηγμάτων, τούτους δεκατεῦσαι τῷ ἐν Δελ-
φοῖσι θεῷ. τὸ μὲν δὴ ὅρκιον ὧδε εἶχε τοῖσι
Ἕλλησι.

133. Ἐς δὲ Ἀθήνας καὶ Σπάρτην οὐκ ἀπέπεμψε
Ξέρξης ἐπὶ γῆς αἴτησιν κήρυκας τῶνδε εἵνεκα·
πρότερον Δαρείου πέμψαντος ἐπ᾿ αὐτὸ τοῦτο, οἱ
μὲν αὐτῶν τοὺς αἰτέοντας ἐς τὸ βάραθρον οἱ δ᾿ ἐς
φρέαρ ἐμβαλόντες ἐκέλευον γῆν τε καὶ ὕδωρ ἐκ
τούτων φέρειν παρὰ βασιλέα. τούτων μὲν εἵνεκα
οὐκ ἔπεμψε Ξέρξης τοὺς αἰτήσοντας· ὅ τι δὲ τοῖσι
Ἀθηναίοισι ταῦτα ποιήσασι τοὺς κήρυκας συν-
ήνεικε ἀνεθέλητον γενέσθαι, οὐκ ἔχω εἰπαί τι, πλὴν
ὅτι σφέων ἡ χώρη καὶ ἡ πόλις ἐδηιώθη. ἀλλὰ
τοῦτο οὐ διὰ ταύτην τὴν αἰτίην δοκέω γενέσθαι.

134. Τοῖσι δὲ ὧν Λακεδαιμονίοισι μῆνις κατ-
έσκηψε Ταλθυβίου τοῦ Ἀγαμέμνονος κήρυκος. ἐν

---

[1] Not all the inhabitants of Thessaly, here, but the tribe

Pieria; for a third part of his army was clearing a
road over the Macedonian mountains, that all the
army might pass by that way to the Perrhaebian
country; and now returned the heralds who had been
sent to Hellas to demand earth, some empty-handed,
some bearing earth and water.

132. Among those who paid that tribute were
the Thessalians,[1] Dolopes, Enienes, Perrhaebians,
Locrians, Magnesians, Melians, Achaeans of Phthia,
Thebans, and all the Boeotians except the men of
Thespiae and Plataea. Against all of these the
Greeks who declared war with the foreigner entered
into a sworn agreement, which was this: that if they
should be victorious they would dedicate to the god
of Delphi the possessions of all Greeks who had of
free will surrendered themselves to the Persians.
Such was the agreement sworn by the Greeks.

133. But to Athens and Sparta Xerxes sent no
heralds to demand earth, and this was the reason:
when Darius had before sent men with this same
purpose, the demanders were cast at the one city into
the Pit[2] and at the other into a well, and bidden to
carry thence earth and water to the king. For this
cause Xerxes sent no demand. What calamity befel
the Athenians for thus dealing with the heralds I
cannot say, save that their land and their city was laid
waste; but I think that there was another reason
for this, and not the aforesaid.[3]

134. Be that as it may, the Lacedaemonians were
visited by the wrath of Talthybius, Agamemnon's

of that name which had settled in the Peneus valley and
given its name to the surrounding peoples.
  [2] Into which criminals condemned to death were thrown.
  [3] Possibly the burning of the temple at Sardis (V. 102).

γὰρ Σπάρτῃ ἐστὶ Ταλθυβίου ἱρόν, εἰσὶ δὲ καὶ
ἀπόγονοι Ταλθυβιάδαι καλεόμενοι, τοῖσι αἱ
κηρυκηίαι αἱ ἐκ Σπάρτης πᾶσαι γέρας δέδονται.
μετὰ δὲ ταῦτα τοῖσι Σπαρτιήτῃσι καλλιερῆσαι
θυομένοισι οὐκ ἐδύνατο· τοῦτο δ᾽ ἐπὶ χρόνον
συχνὸν ἦν σφι. ἀχθομένων δὲ καὶ συμφορῇ
χρεωμένων Λακεδαιμονίων, ἁλίης τε πολλάκις
συλλεγομένης καὶ κήρυγμα τοιόνδε ποιευμένων,
εἴ τις βούλοιτο Λακεδαιμονίων πρὸ τῆς Σπάρτης
ἀποθνήσκειν, Σπερθίης τε ὁ Ἀνηρίστου καὶ Βοῦλις
ὁ Νικόλεω, ἄνδρες Σπαρτιῆται φύσι τε γεγονότες
εὖ καὶ χρήμασι ἀνήκοντες ἐς τὰ πρῶτα, ἐθελονταὶ
ὑπέδυσαν ποινὴν τῖσαι Ξέρξῃ τῶν Δαρείου κηρύ-
κων τῶν ἐν Σπάρτῃ ἀπολομένων. οὕτω Σπαρ-
τιῆται τούτους ὡς ἀποθανευμένους ἐς Μήδους
ἀπέπεμψαν.

135. Αὕτη τε ἡ τόλμα τούτων τῶν ἀνδρῶν
θώματος ἀξίη καὶ τάδε πρὸς τούτοισι τὰ ἔπεα.
πορευόμενοι γὰρ ἐς Σοῦσα ἀπικνέονται παρὰ
Ὑδάρνεα· ὁ δὲ Ὑδάρνης ἦν μὲν γένος Πέρσης,
στρατηγὸς δὲ τῶν παραθαλασσίων ἀνθρώπων τῶν
ἐν τῇ Ἀσίῃ· ὅς σφεας ξείνια προθέμενος ἱστία,
ξεινίζων δὲ εἴρετο τάδε. ‘‘Ἄνδρες Λακεδαιμόνιοι,
τί δὴ φεύγετε βασιλέι φίλοι γενέσθαι; ὁρᾶτε γὰρ
ὡς ἐπίσταται βασιλεὺς ἄνδρας ἀγαθοὺς τιμᾶν, ἐς
ἐμέ τε καὶ τὰ ἐμὰ πρήγματα ἀποβλέποντες. οὕτω
δὲ καὶ ὑμεῖς εἰ δοίητε ὑμέας αὐτοὺς βασιλέι,
δεδόξωσθε γὰρ πρὸς αὐτοῦ ἄνδρες εἶναι ἀγαθοί,
ἕκαστος ἂν ὑμέων ἄρχοι γῆς Ἑλλάδος δόντος
βασιλέος.’’ πρὸς ταῦτα ὑπεκρίναντο τάδε.
‘‘Ὑδάρνες, οὐκ ἐξ ἴσου γίνεται ἡ συμβουλίη ἡ
ἐς ἡμέας τείνουσα. τοῦ μὲν γὰρ πεπειρημένος

herald; for at Sparta there is a shrine of Talthybius, and descendants of Talthybius called Talthybiadae, who have by right the conduct of all embassies from Sparta. Now after that deed the Spartans could not win good omens from sacrifice, and for a long time it was so. The Lacedaemonians were grieved and dismayed; ofttimes they called assemblies, and made a proclamation inviting some Lacedaemonian to give his life for Sparta; then two Spartans of noble birth and great wealth, Sperthias son of Aneristus and Bulis son of Nicolaus, undertook of their own free will that they would make atonement to Xerxes for Darius' heralds who had been done to death at Sparta. Thereupon the Spartans sent these men to Media for execution.

135. Worthy of all admiration was these men's deed of daring, and so also were their sayings which I here record. As they journeyed to Susa, they came to Hydarnes, a Persian, who was general of the sea-coast of Asia; he entertained and feasted them as guests, and as they sat at his board, "Lacedaemonians," he questioned them, "why do you shun the king's friendship? You can judge from what you see of me and my condition how well the king can honour men of worth. So might it be with you; would you but put yourselves in the king's hands, being as you are of proven worth in his eyes, every one of you might by his commission be a ruler of Hellas." To this the Spartans answered: "Your counsels to us, Hydarnes, are ill assorted; one half

συμβουλεύεις, τοῦ δὲ ἄπειρος ἐών· τὸ μὲν γὰρ
δοῦλος εἶναι ἐξεπίστεαι, ἐλευθερίης δὲ οὔκω
ἐπειρήθης, οὔτ᾽ εἰ ἔστι γλυκὺ οὔτ᾽ εἰ μή. εἰ γὰρ
αὐτῆς πειρήσαιο, οὐκ ἂν δόρασι συμβουλεύοις
ἡμῖν περὶ αὐτῆς μάχεσθαι, ἀλλὰ καὶ πελέκεσι."

136. Ταῦτα μὲν Ὑδάρνεα ἀμείψαντο. ἐνθεῦτεν
δὲ ὡς ἀνέβησαν ἐς Σοῦσα καὶ βασιλέι ἐς ὄψιν
ἦλθον, πρῶτα μὲν τῶν δορυφόρων κελευόντων καὶ
ἀνάγκην σφι προσφερόντων προσκυνέειν βασιλέα
προσπίπτοντας, οὐκ ἔφασαν ὠθεόμενοι ὑπ᾽ αὐτῶν
ἐπὶ κεφαλὴν ποιήσειν ταῦτα οὐδαμά· οὔτε γὰρ
σφίσι ἐν νόμῳ εἶναι ἄνθρωπον προσκυνέειν οὔτε
κατὰ ταῦτα ἥκειν. ὡς δὲ ἀπεμαχέσαντο τοῦτο,
δεύτερά σφι λέγουσι τάδε καὶ λόγου τοιοῦδε
ἐχόμενα "Ὦ βασιλεῦ Μήδων, ἔπεμψαν ἡμέας
Λακεδαιμόνιοι ἀντὶ τῶν ἐν Σπάρτῃ ἀπολομένων
κηρύκων ποινὴν ἐκείνων τίσοντας," λέγουσι δὲ
αὐτοῖσι ταῦτα Ξέρξης ὑπὸ μεγαλοφροσύνης οὐκ
ἔφη ὅμοιος ἔσεσθαι Λακεδαιμονίοισι· κείνους μὲν
γὰρ συγχέαι τὰ πάντων ἀνθρώπων νόμιμα
ἀποκτείναντας κήρυκας, αὐτὸς δὲ τὰ ἐκείνοισι
ἐπιπλήσσει ταῦτα οὐ ποιήσειν, οὐδὲ ἀνταποκτείνας
ἐκείνους ἀπολύσειν Λακεδαιμονίους τῆς αἰτίης.

137. Οὕτω ἡ Ταλθυβίου μῆνις καὶ ταῦτα
ποιησάντων Σπαρτιητέων ἐπαύσατο τὸ παραυ-
τίκα, καίπερ ἀπονοστησάντων ἐς Σπάρτην
Σπερθίεώ τε καὶ Βούλιος. χρόνῳ δὲ μετέπειτα
πολλῷ ἐπηγέρθη κατὰ τὸν Πελοποννησίων καὶ
Ἀθηναίων πόλεμον, ὡς λέγουσι Λακεδαιμόνιοι.
τοῦτό μοι ἐν τοῖσι θειότατον φαίνεται γενέσθαι.
ὅτι μὲν γὰρ κατέσκηψε ἐς ἀγγέλους ἡ Ταλθυβίου
μῆνις οὐδὲ ἐπαύσατο πρὶν ἢ ἐξῆλθε, τὸ δίκαιον

438

of them rests on knowledge, but the other on igno-
rance; you know well how to be a slave, but you
have never tasted of freedom, to know whether it
be sweet or not. Were you to taste of it, not with
spears you would counsel us to fight for it, no, but
with axes."

136. This was their answer to Hydarnes. Thence
being come to Susa and into the king's presence,
when the guards commanded and would have com-
pelled them to fall down and do obeisance to the
king, they said they would never do that, no not if
they were thrust down headlong; for it was not
their custom (said they) to do obeisance to mortal
men, nor was that the purpose of their coming.
Having beaten that off, they next said, " The Lace-
daemonians have sent us, O king of the Medes, in
requital for the slaying of your heralds at Sparta, to
make atonement for their death," and more to that
effect; whereupon Xerxes of his magnanimity said
that he would not imitate the Lacedaemonians;
"for you," said he, "made havoc of all human law
by slaying heralds; but I will not do that which I
blame in you, nor by putting you in turn to death
set the Lacedaemonians free from this guilt."

137. Thus by this deed of the Spartans the wrath
of Talthybius was appeased for the nonce, though
Sperthias and Bulis returned to Sparta. But long
after that it awoke to life again in the war between
the Peloponnesians and Athenians, as the Lacedae-
monians say. That seems to me to be a sure sign of
heaven's handiwork. It was but just that the wrath
of Talthybius descended on ambassadors, nor was

οὕτω ἔφερε· τὸ δὲ συμπεσεῖν ἐς τοὺς παῖδας τῶν
ἀνδρῶν τούτων τῶν ἀναβάντων πρὸς βασιλέα διὰ
τὴν μῆνιν, ἐς Νικόλαν τε τὸν Βούλιος καὶ ἐς
Ἀνήριστον τὸν Σπερθίεω, ὃς εἷλε Ἁλιέας τοὺς ἐκ
Τίρυνθος ὁλκάδι καταπλώσας πλήρεϊ ἀνδρῶν,
δῆλον ὦν μοι ὅτι θεῖον ἐγένετο τὸ πρῆγμα ἐκ τῆς
μήνιος· οἳ γὰρ πεμφθέντες ὑπὸ Λακεδαιμονίων
ἄγγελοι ἐς τὴν Ἀσίην, προδοθέντες δὲ ὑπὸ
Σιτάλκεω τοῦ Τήρεω Θρηίκων βασιλέος καὶ
Νυμφοδώρου τοῦ Πύθεω ἀνδρὸς Ἀβδηρίτεω,
ἥλωσαν κατὰ Βισάνθην τὴν ἐν Ἑλλησπόντῳ,
καὶ ἀπαχθέντες ἐς τὴν Ἀττικὴν ἀπέθανον ὑπὸ
Ἀθηναίων, μετὰ δὲ αὐτῶν καὶ Ἀριστέας ὁ Ἀδει-
μάντου Κορίνθιος ἀνήρ. ταῦτα μέν νυν πολλοῖσι
ἔτεσι ὕστερον ἐγένετο τοῦ βασιλέος στόλου,
ἐπάνειμι δὲ ἐπὶ τὸν πρότερον λόγον.

138. Ἡ δὲ στρατηλασίη ἡ βασιλέος οὔνομα
μὲν εἶχε ὡς ἐπ᾽ Ἀθήνας ἐλαύνει, κατίετο δὲ ἐς
πᾶσαν τὴν Ἑλλάδα. πυνθανόμενοι δὲ ταῦτα πρὸ
πολλοῦ οἱ Ἕλληνες οὐκ ἐν ὁμοίῳ πάντες ἐποιεῦντο.
οἱ μὲν γὰρ αὐτῶν δόντες γῆν καὶ ὕδωρ τῷ Πέρσῃ
εἶχον θάρσος ὡς οὐδὲν πεισόμενοι ἄχαρι πρὸς τοῦ
βαρβάρου· οἱ δὲ οὐ δόντες ἐν δείματι μεγάλῳ
κατέστασαν, ἅτε οὔτε νεῶν ἐουσέων ἐν τῇ Ἑλλάδι
ἀριθμὸν ἀξιομάχων δέκεσθαι τὸν ἐπιόντα, οὔτε
βουλομένων τῶν πολλῶν ἀντάπτεσθαι τοῦ πολέ-
μου, μηδιζόντων δὲ προθύμως.

139. Ἐνθαῦτα ἀναγκαίῃ ἐξέργομαι γνώμην ἀπο-
δέξασθαι ἐπίφθονον μὲν πρὸς τῶν πλεόνων ἀνθρώ-
πων, ὅμως δὲ τῇ γέ μοι φαίνεται εἶναι ἀληθὲς οὐκ

---

[1] Halia was a port in Argolis. The event took place prob-

BOOK VII. 137-139

abated till it was satisfied; but the venting of it on
the sons of those men who went up to the king to
appease it, namely, on Nicolas son of Bulis and
Aneristus son of Sperthias (that Aneristus who
landed a merchant ship's crew at the Tirynthian
settlement of Halia and took it),[1] makes it plain to
me that this was heaven's doing by reason of Talthy-
bius' anger. For these two had been sent by the
Lacedaemonians as ambassadors to Asia; betrayed
by the Thracian king Sitalces son of Tereus and
Nymphodorus son of Pytheas of Abdera, they were
made captive at Bisanthe on the Hellespont, and
carried away to Attica, where the Athenians put
them to death,[2] and with them Aristeas son of Adi-
mantus, a Corinthian. This happened many years
after the king's expedition; I return now to the
course of my history.

138. The professed intent of the king's march was
to attack Athens, but in truth all Hellas was his
aim. This the Greeks had long since learnt, but not
all of them regarded the matter alike. Those of
them that had paid tribute of earth and water to the
Persian were of good courage, thinking that the
foreigner would do them no harm; but they who
had refused tribute were sore afraid, since there
were not in Hellas ships enough to do battle with
their invader, and the greater part of them had no
stomach for grappling with the war, but were making
haste to side with the Persian.

139. Here I am constrained perforce to declare an
opinion which will be displeasing to most; but I will
not refrain from uttering what seems to me to be

ably between 461 and 450, when Athens and Argos were
allied against Sparta.   [2] In 430; cp. Thucyd. II. 67.

441

ἐπισχήσω. εἰ Ἀθηναῖοι καταρρωδήσαντες τὸν
ἐπιόντα κίνδυνον ἐξέλιπον τὴν σφετέρην, ἢ καὶ μὴ
ἐκλιπόντες ἀλλὰ μείναντες ἔδοσαν σφέας αὐτοὺς
Ξέρξῃ, κατὰ τὴν θάλασσαν οὐδαμοὶ ἂν ἐπειρῶντο
ἀντιούμενοι βασιλέι. εἰ τοίνυν κατὰ τὴν θάλασσαν
μηδεὶς ἠντιοῦτο Ξέρξῃ, κατά γε ἂν τὴν ἤπειρον
τοιάδε ἐγίνετο· εἰ καὶ πολλοὶ τειχέων κιθῶνες
ἦσαν ἐληλαμένοι διὰ τοῦ Ἰσθμοῦ Πελοποννησίοισι,
προδοθέντες ἂν Λακεδαιμόνιοι ὑπὸ τῶν συμμάχων
οὐκ ἑκόντων ἀλλ' ὑπ' ἀναγκαίης, κατὰ πόλις
ἁλισκομένων ὑπὸ τοῦ ναυτικοῦ στρατοῦ τοῦ
βαρβάρου, ἐμουνώθησαν, μουνωθέντες δὲ ἂν καὶ
ἀποδεξάμενοι ἔργα μεγάλα ἀπέθανον γενναίως.
ἢ ταῦτα ἂν ἔπαθον, ἢ πρὸ τοῦ ὁρῶντες ἂν καὶ
τοὺς ἄλλους Ἕλληνας μηδίζοντας ὁμολογίῃ ἂν
ἐχρήσαντο πρὸς Ξέρξην. καὶ οὕτω ἂν ἐπ' ἀμφό-
τερα ἡ Ἑλλὰς ἐγίνετο ὑπὸ Πέρσῃσι. τὴν γὰρ
ὠφελίην τὴν τῶν τειχέων τῶν διὰ τοῦ Ἰσθμοῦ ἐλη-
λαμένων οὐ δύναμαι πυθέσθαι ἥτις ἂν ἦν, βασιλέος
ἐπικρατέοντος τῆς θαλάσσης. νῦν δὲ Ἀθηναίους
ἄν τις λέγων σωτῆρας γενέσθαι τῆς Ἑλλάδος οὐκ
ἂν ἁμαρτάνοι τὸ ἀληθές. οὗτοι γὰρ ἐπὶ ὁκότερα
τῶν πρηγμάτων ἐτράποντο, ταῦτα ῥέψειν ἔμελλε·
ἑλόμενοι δὲ τὴν Ἑλλάδα περιεῖναι ἐλευθέρην,
τοῦτο τὸ Ἑλληνικὸν πᾶν τὸ λοιπόν, ὅσον μὴ
ἐμήδισε, αὐτοὶ οὗτοι ἦσαν οἱ ἐπεγείραντες καὶ
βασιλέα μετά γε θεοὺς ἀνωσάμενοι. οὐδὲ σφέας
χρηστήρια φοβερὰ ἐλθόντα ἐκ Δελφῶν καὶ ἐς
δεῖμα βαλόντα ἔπεισε ἐκλιπεῖν τὴν Ἑλλάδα,
ἀλλὰ καταμείναντες ἀνέσχοντο τὸν ἐπιόντα ἐπὶ
τὴν χώρην δέξασθαι.

140. Πέμψαντες γὰρ οἱ Ἀθηναῖοι ἐς Δελφοὺς

true. Had the Athenians been panic-struck by
the threatened peril and left their own country, or
had they not indeed left it but remained and sur-
rendered themselves to Xerxes, none would have
essayed to withstand the king by sea. If, then, no
man had withstood him by sea, I will show what
would have happened by land : though the Pelo-
ponnesians had built not one but many walls across
the Isthmus for their armour,[1] yet the Lacedaemon-
ians would have been deserted by their allies (these
having no choice or free will in the matter, but see-
ing their cities taken one by one by the foreign fleet),
till at last they would have stood alone ; and so
standing they would have fought a great fight and
nobly perished. Such would have been their fate ;
or it may be that, when they saw the rest of Hellas
siding with the enemy, they would have made terms
with Xerxes; and thus either way Hellas would
have been subdued by the Persians. For I cannot
perceive what advantage could accrue from the walls
built across the isthmus, while the king was master
of the seas. But as it is, to say that the Athenians
were the saviours of Hellas is to hit the truth. For
which part soever they took, that way the balance was
like to incline ; and by choosing that Hellas should
remain free they and none others roused all the rest
of the Greeks who had not gone over to the Persians,
and did under heaven beat the king off. Nor were
they moved to desert Hellas by the threatening
oracles that came from Delphi and sorely dismayed
them, but they stood firm and were bold to abide
the invader of their country.

140. For the Athenians had sent messages to

[1] Cp. I. 181, where the wall of Babylon is called a θώρηξ.

HERODOTUS

θεοπρόπους χρηστηριάζεσθαι ἦσαν ἕτοιμοι· καί
σφι ποιήσασι περὶ τὸ ἱρὸν τὰ νομιζόμενα, ὡς ἐς
τὸ μέγαρον ἐσελθόντες ἵζοντο, χρᾷ ἡ Πυθίη, τῇ
οὔνομα ἦν Ἀριστονίκη, τάδε.

ὦ μέλεοι, τί κάθησθε; λιπὼν φεῦγ᾽ ἔσχατα
γαίης
δώματα καὶ πόλιος τροχοειδέος ἄκρα κάρηνα.
οὔτε γὰρ ἡ κεφαλὴ μένει ἔμπεδον οὔτε τὸ σῶμα,
οὔτε πόδες νέατοι οὔτ᾽ ὦν χέρες, οὔτε τι μέσσης
λείπεται, ἀλλ᾽ ἄζηλα πέλει· κατὰ γάρ μιν
ἐρείπει
πῦρ τε καὶ ὀξὺς Ἄρης, Συριηγενὲς ἅρμα διώκων.
πολλὰ δὲ κἄλλ᾽ ἀπολεῖ πυργώματα κοὐ τὸ σὸν
οἶον,
πολλοὺς δ᾽ ἀθανάτων νηοὺς μαλερῷ πυρὶ δώσει,
οἵ που νῦν ἱδρῶτι ῥεούμενοι ἑστήκασι,
δείματι παλλόμενοι, κατὰ δ᾽ ἀκροτάτοις ὀρό-
φοισι
αἷμα μέλαν κέχυται, προϊδὸν κακότητος
ἀνάγκας.
ἀλλ᾽ ἴτον ἐξ ἀδύτοιο, κακοῖς δ᾽ ἐπικίδνατε
θυμόν.[1]

141. Ταῦτα ἀκούσαντες οἱ τῶν Ἀθηναίων θεο-
πρόποι συμφορῇ τῇ μεγίστῃ ἐχρέωντο. προβάλ-
λουσι δὲ σφέας αὐτοὺς ὑπὸ τοῦ κακοῦ τοῦ
κεχρησμένου, Τίμων ὁ Ἀνδροβούλου, τῶν Δελφῶν
ἀνὴρ δόκιμος ὅμοια τῷ μάλιστα, συνεβούλευέ σφι
ἱκετηρίην λαβοῦσι δεύτερα αὖτις ἐλθόντας χρᾶσθαι
τῷ χρηστηρίῳ ὡς ἱκέτας. πειθομένοισι δὲ ταῦτα

[1] Lit. spread courage over your evils. But most com-
mentators translate "steep your souls in woe."

444

Delphi and asked that an oracle be given them; and
when they had performed all due rites at the temple
and sat them down in the inner hall, the priestess,
whose name was Aristonice, gave them this answer:

> Wretches, why tarry ye thus? Nay, flee from your
> houses and city,
> Flee to the ends of the earth from the circle em-
> battled of Athens!
> Body and head are alike, nor one is stable nor
> other,
> Hands and feet wax faint, and whatso lieth
> between them
> Wasteth in darkness and gloom; for flame
> destroyeth the city,
> Flame and the War-god fierce, swift driver of Syrian
> horses.
> Many a fortress too, not thine alone, shall he
> shatter;
> Many a shrine of the gods he'll give to the flame
> for devouring;
> Sweating for fear they stand, and quaking for dread
> of the foeman,
> Running with gore are their roofs, foreseeing the
> stress of their sorrow;
> Wherefore I bid you begone! Have courage to
> lighten your evil.[1]

141. When the Athenian messengers heard that,
they were very greatly dismayed, and gave themselves
up for lost by reason of the evil foretold. Then Timon
son of Androbulus, as notable a man as any Delphian,
counselled them to take boughs of supplication, and
to go once again and in that guise enquire of the

τοῖσι Ἀθηναίοισι καὶ λέγουσι "Ὦναξ, χρῆσον
ἡμῖν ἄμεινόν τι περὶ τῆς πατρίδος, αἰδεσθεὶς τὰς
ἱκετηρίας τάσδε τάς τοι ἥκομεν φέροντες, ἢ οὔ
τοι ἄπιμεν ἐκ τοῦ ἀδύτου, ἀλλ' αὐτοῦ τῇδε
μενέομεν ἔστ' ἂν καὶ τελευτήσωμεν," ταῦτα δὲ
λέγουσι ἡ πρόμαντις χρᾷ δεύτερα τάδε.

 οὐ δύναται Παλλὰς Δί' Ὀλύμπιον ἐξιλάσασθαι
λισσομένη πολλοῖσι λόγοις καὶ μήτιδι πυκνῇ.
σοὶ δὲ τόδ' αὖτις ἔπος ἐρέω ἀδάμαντι πελάσσας.
τῶν ἄλλων γὰρ ἁλισκομένων ὅσα Κέκροπος
  οὖρος
ἐντὸς ἔχει κευθμῶν τε Κιθαιρῶνος ζαθέοιο,
τεῖχος Τριτογενεῖ ξύλινον διδοῖ εὐρύοπα Ζεύς
μοῦνον ἀπόρθητον τελέθειν, τὸ σὲ τέκνα τ'
  ὀνήσει.
μηδὲ σύ γ' ἱπποσύνην τε μένειν καὶ πεζὸν ἰόντα
πολλὸν ἀπ' ἠπείρου στρατὸν ἥσυχος, ἀλλ'
  ὑποχωρεῖν
νῶτον ἐπιστρέψας· ἔτι τοί ποτε κἀντίος ἔσσῃ.
ὦ θείη Σαλαμίς, ἀπολεῖς δὲ σὺ τέκνα γυναικῶν
ἤ που σκιδναμένης Δημήτερος ἢ συνιούσης.

142. Ταῦτά σφι ἠπιώτερα γὰρ τῶν προτέρων
καὶ ἦν καὶ ἐδόκεε εἶναι, συγγραψάμενοι ἀπαλλάσ-
446

oracle. Thus the Athenians did; "Lord," they
said, "regard in thy mercy these suppliant boughs
which we bring to thee, and give us some better
answer concerning our country; else we will not de-
part out of thy temple, but abide here till we die."
Thereupon the priestess gave them this second
oracle:

> Vainly doth Pallas strive to appease great Zeus of
>   Olympus;
> Words of entreaty are vain, and cunning counsels
>   of wisdom.
> Nathless a rede I will give thee again, of strength
>   adamantine.
> All shall be taken and lost that the sacred border
>   of Cecrops
> Holds in keeping to-day, and the dales divine of
>   Cithaeron;
> Yet shall a wood-built wall by Zeus all-seeing be
>   granted
> Unto the Trito-born, a stronghold for thee and thy
>   children.
> Bide not still in thy place for the host that cometh
>   from landward,
> Cometh with horsemen and foot; but rather with-
>   draw at his coming,
> Turning thy back to the foe; thou yet shalt meet
>   him in battle.
> Salamis, isle divine! 'tis writ that children of
>   women
> Thou shalt destroy one day, in the season of seed-
>   time or harvest.

142. This being in truth and appearance a more
merciful answer than the first, they wrote it down

σοντο ἐς τὰς Ἀθήνας. ὡς δὲ ἀπελθόντες οἱ
θεοπρόποι ἀπήγγελλον ἐς τὸν δῆμον, γνῶμαι καὶ
ἄλλαι πολλαὶ γίνονται διζημένων τὸ μαντήιον
καὶ αἵδε συνεστηκυῖαι μάλιστα. τῶν πρεσβυ-
τέρων ἔλεγον μετεξέτεροι δοκέειν σφίσι τὸν θεὸν
τὴν ἀκρόπολιν χρῆσαι περιέσεσθαι. ἡ γὰρ ἀκρό-
πολις τὸ πάλαι τῶν Ἀθηναίων ῥηχῷ ἐπέφρακτο.
οἱ μὲν δὴ κατὰ τὸν φραγμὸν συνεβάλλοντο
τοῦτο τὸ ξύλινον τεῖχος εἶναι, οἱ δ᾽ αὖ ἔλεγον τὰς
νέας σημαίνειν τὸν θεόν, καὶ ταύτας παραρτέεσθαι
ἐκέλευον τὰ ἄλλα ἀπέντας. τοὺς ὦν δὴ τὰς νέας
λέγοντας εἶναι τὸ ξύλινον τεῖχος ἔσφαλλε τὰ δύο
τὰ τελευταῖα ῥηθέντα ὑπὸ τῆς Πυθίης,

  ὦ θείη Σαλαμίς, ἀπολεῖς δὲ σὺ τέκνα γυναικῶν
  ἤ που σκιδναμένης Δημήτερος ἢ συνιούσης.

κατὰ ταῦτα τὰ ἔπεα συνεχέοντο αἱ γνῶμαι τῶν
φαμένων τὰς νέας τὸ ξύλινον τεῖχος εἶναι· οἱ γὰρ
χρησμολόγοι ταύτῃ ταῦτα ἐλάμβανον, ὡς ἀμφὶ
Σαλαμῖνα δεῖ σφεας ἑσσωθῆναι ναυμαχίην παρα-
σκευασαμένους.

143. Ἦν δὲ τῶν τις Ἀθηναίων ἀνὴρ ἐς πρώτους
νεωστὶ παριών, τῷ οὔνομα μὲν ἦν Θεμιστοκλέης,
παῖς δὲ Νεοκλέος ἐκαλέετο. οὗτος ὡνὴρ οὐκ ἔφη
πᾶν ὀρθῶς τοὺς χρησμολόγους συμβάλλεσθαι,
λέγων τοιάδε· εἰ ἐς Ἀθηναίους εἶχε τὸ ἔπος
εἰρημένον ἐόντως, οὐκ ἂν οὕτω μιν δοκέειν ἠπίως
χρησθῆναι, ἀλλὰ ὧδε " ὦ σχετλίη Σαλαμίς " ἀντὶ
τοῦ " ὦ θείη Σαλαμίς," εἴ πέρ γε ἔμελλον οἱ οἰκή-
τορες ἀμφ᾽ αὐτῇ τελευτήσειν· ἀλλὰ γὰρ ἐς τοὺς
πολεμίους τῷ θεῷ εἰρῆσθαι τὸ χρηστήριον

and departed back to Athens. So when the mes-
sengers had left Delphi and laid the oracle before
the people, there was much enquiry concerning its
meaning, and there were two contrary opinions in
especial among the many that were uttered. Some
of the elder men said that the god's answer signified
that the acropolis should be saved; for in old time
the acropolis of Athens had been fenced by a thorn
hedge, and by their interpretation it was this fence
that was the wooden wall. But others supposed
that the god signified their ships, and they were for
doing nought else but equip these. They then that
held their ships to be the wooden wall were disabled
by the two last verses of the priestess' answer:

> Salamis, isle divine! 'tis writ that children of
> women
> Thou shalt destroy one day, in the season of seed-
> time or harvest.

These verses confounded the opinion of those who
said that their ships were the wooden wall; for the
readers of oracles took the verses to mean, that they
should offer battle by sea near Salamis and be there
overthrown.

143. Now there was a certain Athenian, by name
and title Themistocles son of Neocles, who had lately
risen to be among their chief men. He said, that
the readers of oracles had not rightly interpreted
the whole; and this was his plea: had the verse
been verily spoken of the Athenians, the oracle had
used a word less mild of import, and had called
Salamis rather "cruel" than "divine," if indeed the
dwellers in that place were in it and for it to perish;
nay (said he), rightly understood, the god's oracle

449

συλλαμβάνοντι κατὰ τὸ ὀρθόν, ἀλλ' οὐκ ἐς Ἀθη-
ναίους· παρασκευάζεσθαι ὧν αὐτοὺς ὡς ναυμαχή-
σοντας συνεβούλευε, ὡς τούτου ἐόντος τοῦ ξυλίνου
τείχεος. ταύτῃ Θεμιστοκλέος ἀποφαινομένου
Ἀθηναῖοι ταῦτα σφίσι ἔγνωσαν αἱρετώτερα εἶναι
μᾶλλον ἢ τὰ τῶν χρησμολόγων, οἳ οὐκ ἔων ναυ-
μαχίην ἀρτέεσθαι, τὸ δὲ σύμπαν εἰπεῖν οὐδὲ
χεῖρας ἀνταείρεσθαι, ἀλλὰ ἐκλιπόντας χώρην τὴν
Ἀττικὴν ἄλλην τινὰ οἰκίζειν.

144. Ἑτέρη τε Θεμιστοκλέι γνώμη ἔμπροσθε
ταύτης ἐς καιρὸν ἠρίστευσε, ὅτε Ἀθηναίοισι γενο-
μένων χρημάτων μεγάλων ἐν τῷ κοινῷ, τὰ ἐκ τῶν
μετάλλων σφι προσῆλθε τῶν ἀπὸ Λαυρείου,
ἔμελλον λάξεσθαι ὀρχηδὸν ἕκαστος δέκα δραχμάς·
τότε Θεμιστοκλέης ἀνέγνωσε Ἀθηναίους τῆς
διαιρέσιος ταύτης παυσαμένους νέας τούτων τῶν
χρημάτων ποιήσασθαι διηκοσίας ἐς τὸν πόλεμον,
τὸν πρὸς Αἰγινήτας λέγων. οὗτος γὰρ ὁ πόλεμος
συστὰς ἔσωσε ἐς τὸ τότε τὴν Ἑλλάδα, ἀναγκάσας
θαλασσίους γενέσθαι Ἀθηναίους. αἱ δὲ ἐς τὸ
μὲν ἐποιήθησαν οὐκ ἐχρήσθησαν, ἐς δέον δὲ οὕτω
τῇ Ἑλλάδι ἐγένοντο. αὗταί τε δὴ αἱ νέες τοῖσι
Ἀθηναίοισι προποιηθεῖσαι ὑπῆρχον, ἑτέρας τε
ἔδεε προσναυπηγέεσθαι. ἔδοξέ τέ σφι μετὰ τὸ
χρηστήριον βουλευομένοισι ἐπιόντα ἐπὶ τὴν
Ἑλλάδα τὸν βάρβαρον δέκεσθαι τῆσι νηυσὶ παν-
δημεί, τῷ θεῷ πειθομένους, ἅμα Ἑλλήνων τοῖσι
βουλομένοισι.

¹ Silver, lead, and perhaps copper mines in Attica, from
which the state drew an annual revenue. Apparently when
this exceeded the usual amount the general public received
a largess. Even if the population numbered 30,000 (cp. V.

was spoken not of the Athenians but of their enemies; and his counsel was that they should believe their ships to be the wooden wall, and so make ready to fight by sea. Themistocles thus declaring, the Athenians judged him to be a better counsellor than the readers of oracles, who would have had them prepare for no sea fight, and in brief offer no resistance at all, but leave Attica and settle in some other country.

144. Themistocles had ere this given another counsel that seasonably prevailed. The revenues from the mines at Laurium [1] had brought great wealth into the Athenians' treasury, and when they were to receive each man ten drachmae for his share, then Themistocles persuaded the Athenians to make no such division, but out of the money to build two hundred ships for the war, that is, for the war with Aegina; it was that war whereof the outbreak then saved Hellas, by compelling the Athenians to become seamen. The ships were not used for the purpose wherefor they were built, but it was thus that they came to serve Hellas in her need. These ships, then, had been made and were already there for the Athenians' service, and now they must build yet others besides; and in their debate after the giving of the oracle they resolved, that they would put their trust in heaven and meet the foreign invader of Hellas with the whole power of their fleet, ships and men, and with all other Greeks that were so minded.

97) ten drachmae per head would be only 50 talents; far too small a sum for the building of 200 ships; Herodotus cannot mean more than that the Laurium money was a contribution towards a ship-building fund.

145. Τὰ μὲν δὴ χρηστήρια ταῦτα τοῖσι Ἀθη-
ναίοισι ἐγεγόνεε. συλλεγομένων δὲ ἐς τὠυτὸ τῶν
περὶ τὴν Ἑλλάδα Ἑλλήνων τῶν τὰ ἀμείνω
φρονεόντων καὶ διδόντων σφίσι λόγον καὶ πίστιν,
ἐνθαῦτα ἐδόκεε βουλευομένοισι αὐτοῖσι πρῶτον
μὲν χρημάτων πάντων καταλλάσσεσθαι τάς τε
ἔχθρας καὶ τοὺς κατ᾽ ἀλλήλους ἐόντας πολέμους·
ἦσαν δὲ πρὸς τινὰς καὶ ἄλλους ἐγκεκρημένοι,[1] ὁ δὲ
ὧν μέγιστος Ἀθηναίοισί τε καὶ Αἰγινήτῃσι. μετὰ
δὲ πυνθανόμενοι Ξέρξην σὺν τῷ στρατῷ εἶναι ἐν
Σάρδισι, ἐβουλεύσαντο κατασκόπους πέμπειν ἐς
τὴν Ἀσίην τῶν βασιλέος πρηγμάτων, ἐς Ἄργος
τε ἀγγέλους ὁμαιχμίην συνθησομένους πρὸς τὸν
Πέρσην, καὶ ἐς Σικελίην ἄλλους πέμπειν παρὰ
Γέλωνα τὸν Δεινομένεος ἔς τε Κέρκυραν κελεύ-
σοντας βοηθέειν τῇ Ἑλλάδι καὶ ἐς Κρήτην ἄλλους,
φρονήσαντες εἴ κως ἕν τε γένοιτο τὸ Ἑλληνικὸν
καὶ εἰ συγκύψαντες τὠυτὸ πρήσσοιεν πάντες, ὡς
δεινῶν ἐπιόντων ὁμοίως πᾶσι Ἕλλησι. τὰ δὲ
Γέλωνος πρήγματα μεγάλα ἐλέγετο εἶναι, οὐδαμῶν
Ἑλληνικῶν τῶν οὐ πολλὸν μέζω.

146. Ὡς δὲ ταῦτά σφι ἔδοξε, καταλυσάμενοι
τὰς ἔχθρας πρῶτα μὲν κατασκόπους πέμπουσι
ἐς τὴν Ἀσίην ἄνδρας τρεῖς. οἳ δὲ ἀπικόμενοί τε
ἐς Σάρδις καὶ καταμαθόντες τὴν βασιλέος στρα-
τιήν, ὡς ἐπάιστοι ἐγένοντο, βασανισθέντες ὑπὸ
τῶν στρατηγῶν τοῦ πεζοῦ στρατοῦ ἀπήγοντο ὡς
ἀπολεόμενοι. καὶ τοῖσι μὲν κατεκέκριτο θάνατος,
Ξέρξης δὲ ὡς ἐπύθετο ταῦτα, μεμφθεὶς τῶν
στρατηγῶν τὴν γνώμην πέμπει τῶν τινας δορυ-
φόρων, ἐντειλάμενος, ἢν καταλάβωσι τοὺς κατα-
σκόπους ζῶντας, ἄγειν παρ᾽ ἑωυτόν. ὡς δὲ ἔτι

145. These oracles, then, had been given to the Athenians. All the Greeks that had the better purpose for Hellas now assembling themselves together and there taking counsel and plighting faith, they resolved in debate to make an end of all their feuds and their wars against each other, from whatever cause arising; and among others that were afoot the greatest was the war between the Athenians and the Aeginetans. Presently, learning that Xerxes was at Sardis with his army, they planned to send men into Asia to spy out the king's doings, and to despatch messengers, some to Argos, who should make the Argives their brothers in arms against the Persian, some to Gelon son of Dinomenes in Sicily, some to Corcyra, praying aid for Hellas, and some to Crete; for they hoped that since the danger threatened all Greeks alike, all of Greek blood might unite and work jointly for one common end. Now the power of Gelon was said to be very great, surpassing by far any power in Hellas.

146. Being so resolved, and having composed their quarrels, they first sent three men as spies into Asia. These came to Sardis, and took note of the king's army; but they were discovered, and after examination by the generals of the land army they were led away for execution. So they were condemned to die; but when Xerxes heard of it he blamed the judgment of his generals, and sent some of his guards, charging them if they found the spies alive to bring them before him. They were

---

[1] From ἐγκεράννυμι; Reiske's conjecture for MS. ἐγκεχρημένοι which Stein prints, admitting the difficulty of interpreting it.

περιεόντας αὐτοὺς κατέλαβον καὶ ἦγον ἐς ὄψιν
τὴν βασιλέος, τὸ ἐνθεῦτεν πυθόμενος ἐπ' οἷσι
ἦλθον, ἐκέλευε σφέας τοὺς δορυφόρους περιάγοντας
ἐπιδείκνυσθαι πάντα τε τὸν πεζὸν στρατὸν καὶ
τὴν ἵππον, ἐπεὰν δὲ ταῦτα θηεύμενοι ἔωσι πλήρεες,
ἀποπέμπειν ἐς τὴν ἂν αὐτοὶ ἐθέλωσι χώρην
ἀσινέας.

147. Ἐπιλέγων δὲ τὸν λόγον τόνδε ταῦτα ἐνε-
τέλλετο, ὡς εἰ μὲν ἀπώλοντο οἱ κατάσκοποι, οὔτ'
ἂν τὰ ἑωυτοῦ πρήγματα προεπύθοντο οἱ Ἕλληνες
ἐόντα λόγου μέζω, οὔτ' ἄν τι τοὺς πολεμίους μέγα
ἐσίναντο, ἄνδρας τρεῖς ἀπολέσαντες· νοστησάντων
δὲ τούτων ἐς τὴν Ἑλλάδα δοκέειν ἔφη ἀκούσαντας
τοὺς Ἕλληνας τὰ ἑωυτοῦ πρήγματα πρὸ τοῦ
στόλου τοῦ γινομένου παραδώσειν σφέας τὴν ἰδίην
ἐλευθερίην, καὶ οὕτω οὐδὲ δεήσειν ἐπ' αὐτοὺς
στρατηλατέοντας πρήγματα ἔχειν. οἶκε δὲ αὐτοῦ
αὕτη ἡ γνώμη τῇ γε ἄλλῃ. ἐὼν γὰρ ἐν Ἀβύδῳ ὁ
Ξέρξης εἶδε πλοῖα ἐκ τοῦ Πόντου σιταγωγὰ
διεκπλώοντα τὸν Ἑλλήσποντον, ἔς τε Αἴγιναν
καὶ Πελοπόννησον κομιζόμενα. οἱ μὲν δὴ πάρεδροι
αὐτοῦ ὡς ἐπύθοντο πολέμια εἶναι τὰ πλοῖα,
ἕτοιμοι ἦσαν αἱρέειν αὐτά, ἐσβλέποντες ἐς τὸν
βασιλέα ὁκότε παραγγελέει. ὁ δὲ Ξέρξης εἴρετο
αὐτοὺς ὅκῃ πλέοιεν· οἱ δὲ εἶπαν "Ἐς τοὺς σοὺς
πολεμίους, ὦ δέσποτα, σῖτον ἄγοντες." ὁ δὲ
ὑπολαβὼν ἔφη "Οὐκῶν καὶ ἡμεῖς ἐκεῖ πλέομεν
ἔνθα περ οὗτοι, τοῖσί τε ἄλλοισι ἐξηρτυμένοι καὶ
σίτῳ; τί δῆτα ἀδικέουσι οὗτοι ἡμῖν σιτία παρα-
κομίζοντες;"

148. Οἱ μέν νυν κατάσκοποι οὕτω θεησάμενοί
τε καὶ ἀποπεμφθέντες ἐνόστησαν ἐς τὴν Εὐρώπην,
454

found still living and brought into the king's presence; then Xerxes, having enquired of them the purpose of their coming, bade his guards lead them about and show them all his army, horse and foot; and when the spies should have seen all to their hearts' content, send them away unharmed whithersoever they would go.

147. The reason alleged for his command was this: had the spies been put to death, the Greeks would not so soon have learnt the unspeakable greatness of his power, and the Persians would have done their enemy no great harm by putting three men to death; "but if they return to Hellas," said he, "methinks when the Greeks hear of my power they will before the expedition surrender this peculiar freedom that they have, and so we need not be at pains to march against them." This was like that other saying of Xerxes', when he was at Abydos and saw ships laden with corn sailing out of the Pontus through the Hellespont, voyaging to Aegina and the Peloponnese. They that sat by him, perceiving that they were enemy ships, were for taking them, and looked to the king for him to give the word. But Xerxes asked them whither the ships were sailing; "to your enemies, Sire," said they, "carrying corn." Whereto Xerxes answered, "And are not we too sailing to the same places as they, with corn among all our other provisions? What wrong are they doing us in carrying food thither?"

148. So the spies were sent back after they had thus seen all, and returned to Europe. They of the

οἱ δὲ συνωμόται Ἑλλήνων ἐπὶ τῷ Πέρσῃ μετὰ
τὴν ἀπόπεμψιν τῶν κατασκόπων δεύτερα ἔπεμπον
ἐς Ἄργος ἀγγέλους. Ἀργεῖοι δὲ λέγουσι τὰ κατ'
ἑωυτοὺς γενέσθαι ὧδε. πυθέσθαι γὰρ αὐτίκα κατ'
ἀρχὰς τὰ ἐκ τοῦ βαρβάρου ἐγειρόμενα ἐπὶ τὴν
Ἑλλάδα, πυθόμενοι δέ, καὶ μαθόντες ὡς σφέας
οἱ Ἕλληνες πειρήσονται παραλαμβάνοντες ἐπὶ
τὸν Πέρσην, πέμψαι θεοπρόπους ἐς Δελφοὺς τὸν
θεὸν ἐπειρησομένους ὥς σφι μέλλει ἄριστον
ποιέουσι γενέσθαι· νεωστὶ γὰρ σφέων τεθνάναι
ἑξακισχιλίους ὑπὸ Λακεδαιμονίων καὶ Κλεομένεος
τοῦ Ἀναξανδρίδεω· τῶν δὴ εἵνεκα πέμπειν. τὴν
δὲ Πυθίην ἐπειρωτῶσι αὐτοῖσι ἀνελεῖν τάδε.

ἐχθρὲ περικτιόνεσσι, φίλ' ἀθανάτοισι θεοῖσιν,
εἴσω τὸν προβόλαιον ἔχων πεφυλαγμένος ἦσο
καὶ κεφαλὴν πεφύλαξο· κάρη δὲ τὸ σῶμα
σαώσει.

ταῦτα μὲν τὴν Πυθίην χρῆσαι πρότερον· μετὰ δὲ
ὡς ἐλθεῖν τοὺς ἀγγέλους ἐς δὴ τὸ Ἄργος, ἐπελθεῖν
ἐπὶ τὸ βουλευτήριον καὶ λέγειν τὰ ἐντεταλμένα.
τοὺς δὲ πρὸς τὰ λεγόμενα ὑποκρίνασθαι ὡς ἔτοι-
μοι εἰσὶ Ἀργεῖοι ποιέειν ταῦτα, τριήκοντα ἔτεα
εἰρήνην σπεισάμενοι Λακεδαιμονίοισι καὶ ἡγεό-
μενοι κατὰ τὸ ἥμισυ πάσης τῆς συμμαχίης.
καίτοι κατά γε τὸ δίκαιον γίνεσθαι τὴν ἡγεμονίην
ἑωυτῶν· ἀλλ' ὅμως σφίσι ἀποχρᾶν κατὰ τὸ ἥμισυ
ἡγεομένοισι.

149. Ταῦτα μὲν λέγουσι τὴν βουλὴν ὑποκρίνα-

---

[1] In the battle of Tiryns, 494 ; cp. VI. 77.
[2] That is, those with full citizenship, the nucleus of the
population ; σῶμα being the remainder.

Greeks who had sworn alliance against the Persian
next after sending the spies sent messengers to
Argos. Now this is what the Argives say of their
own part in the matter:—They were informed from
the first that the foreigner was stirring up war
against Hellas; knowing this, when they learnt
that the Greeks would essay to gain their aid against
the Persian, they sent (they say) messengers to
Delphi, there to enquire of the god how it were
best for themselves that they should act; for six
thousand of them had been lately [1] slain by a Lace-
daemonian army and Cleomenes son of Anaxandrides
its general; for this cause, they said, the messengers
were sent. The priestess gave this answer to their
questioning:

> Hated of dwellers around, by the god's immortal
> belovéd,
> Crouch with a lance in rest, like a warrior fenced in
> his armour,
> Guarding thy head [2] from the blow; and the head
> shall shelter the body.

This answer had already been uttered by the
priestess; and presently the messengers came to
Argos, and there appeared in the council chamber
and spoke as they were charged. Then the Argives
(this is their story) answered to what was said, that
they would do as was asked of them if they might
first make a thirty years' peace with Lacedaemon,
and the command of half the allied power were
theirs; they would be content with half, albeit if
they had their rights they should have commanded
the whole.

149. This, they say, was the answer of their

σθαι, καίπερ ἀπαγορεύοντός σφι τοῦ χρηστηρίου
μὴ ποιέεσθαι τὴν πρὸς τοὺς Ἕλληνας συμμαχίην·
σπουδὴν δὲ ἔχειν σπονδὰς γενέσθαι τριηκοντοέ-
τιδας καίπερ τὸ χρηστήριον φοβεόμενοι, ἵνα δή
σφι οἱ παῖδες ἀνδρωθέωσι ἐν τούτοισι τοῖσι ἔτεσι·
μὴ δὲ σπονδέων ἐουσέων ἐπιλέγεσθαι, ἢν ἄρα
σφέας καταλάβῃ πρὸς τῷ γεγονότι κακῷ ἄλλο
πταῖσμα πρὸς τὸν Πέρσην, μὴ τὸ λοιπὸν ἔωσι
Λακεδαιμονίων ὑπήκοοι. τῶν δὲ ἀγγέλων τοὺς
ἀπὸ τῆς Σπάρτης πρὸς τὰ ῥηθέντα ἐκ τῆς βουλῆς
ἀμείψασθαι τοῖσιδε· περὶ μὲν σπονδέων ἀνοίσειν
ἐς τοὺς πλεῦνας, περὶ δὲ ἡγεμονίης αὐτοῖσι ἐντε-
τάλθαι ὑποκρίνασθαι, καὶ δὴ λέγειν, σφίσι μὲν
εἶναι δύο βασιλέας, Ἀργείοισι δὲ ἕνα· οὔκων
δυνατὸν εἶναι τῶν ἐκ Σπάρτης οὐδέτερον παῦσαι
τῆς ἡγεμονίης, μετὰ δὲ δύο τῶν σφετέρων ὁμόψη-
φον τὸν Ἀργεῖον εἶναι κωλύειν οὐδέν. οὕτω δὴ
οἱ Ἀργεῖοι φασὶ οὐκ ἀνασχέσθαι τῶν Σπαρτιητέων
τὴν πλεονεξίην, ἀλλ᾽ ἑλέσθαι μᾶλλον ὑπὸ τῶν
βαρβάρων ἄρχεσθαι ἤ τι ὑπεῖξαι Λακεδαιμονίοισι,
προειπεῖν τε τοῖσι ἀγγέλοισι πρὸ δύντος ἡλίου
ἀπαλλάσσεσθαι ἐκ τῆς Ἀργείων χώρης, εἰ δὲ μή,
περιέψεσθαι ὡς πολεμίους.

150. Αὐτοὶ μὲν Ἀργεῖοι τοσαῦτα τούτων πέρι
λέγουσι· ἔστι δὲ ἄλλος λόγος λεγόμενος ἀνὰ τὴν
Ἑλλάδα, ὡς Ξέρξης ἔπεμψε κήρυκα ἐς Ἄργος
πρότερον ἤ περ ὁρμῆσαι στρατεύεσθαι ἐπὶ τὴν
Ἑλλάδα· ἐλθόντα δὲ τοῦτον λέγεται εἰπεῖν
"Ἄνδρες Ἀργεῖοι, βασιλεὺς Ξέρξης τάδε ὑμῖν
λέγει. ἡμεῖς νομίζομεν Πέρσην εἶναι ἀπ᾽ οὗ ἡμεῖς
γεγόναμεν παῖδα Περσέος τοῦ Δανάης, γεγονότα
ἐκ τῆς Κηφέος θυγατρὸς Ἀνδρομέδης. οὕτω ἂν

council, although the oracle forbade them to make the alliance with the Greeks; and though they feared the oracle, yet they were instant that a thirty years' treaty might be made, that so their children might have time in those years to grow to be men; were there no such treaty,—so, by their account they reasoned,—then, if after the evil that had befallen them the Persian should deal them yet another wound, it was to be feared that they would be at the Lacedaemonians' mercy. Then those of the envoys that were Spartans replied to what was said by the council, "That the matter of a treaty would be brought before their general assembly; but as touching the command, they themselves had been commissioned to answer, and to say, that the Spartans had two kings, and the Argives but one; now it was impossible to deprive either Spartan of his command; but there was nought to hinder the Argive from having the same right of voting as their two had." At that,—say the Argives,—they deemed that the Spartans' covetousness was past all bearing, and that it was better to be ruled by the foreigners than give way to the Lacedaemonians; and they bade the envoys depart from the land of Argos before sunset, else they would be entreated as enemies.

150. Such is the Argives' account of this matter; but there is another story told in Hellas: That before Xerxes set forth on his march against Hellas, he sent a herald to Argos, who said on his coming (so the story goes), "Men of Argos, this is the message to you of king Xerxes. Perses our forefather had, as we believe, Perseus son of Danaë for his father, and Andromeda daughter of Cepheus

ὧν εἴημεν ὑμέτεροι ἀπόγονοι. οὔτε ὦν ἡμέας οἰκὸς
ἐπὶ τοὺς ἡμετέρους προγόνους στρατεύεσθαι, οὔτε
ὑμέας ἄλλοισι τιμωρέοντας ἡμῖν ἀντιξόους γίνε-
σθαι, ἀλλὰ παρ' ὑμῖν αὐτοῖσι ἡσυχίην ἔχοντας
κατῆσθαι. ἢν γὰρ ἐμοὶ γένηται κατὰ νόον, οὐ-
δαμοὺς μέζονας ὑμέων ἄξω." ταῦτα ἀκούσαντας
Ἀργείους λέγεται πρῆγμα ποιήσασθαι, καὶ παρα-
χρῆμα μὲν οὐδὲν ἐπαγγελλομένους μεταιτέειν,
ἐπεὶ δὲ σφέας παραλαμβάνειν τοὺς Ἕλληνας,
οὕτω δὴ ἐπισταμένους ὅτι οὐ μεταδώσουσι τῆς
ἀρχῆς Λακεδαιμόνιοι μεταιτέειν, ἵνα ἐπὶ προφά-
σιος ἡσυχίην ἄγωσι.

151. Συμπεσεῖν δὲ τούτοισι καὶ τόνδε τὸν λόγον
λέγουσι τινὲς Ἑλλήνων πολλοῖσι ἔτεσι ὕστερον
γενόμενον τούτων. τυχεῖν ἐν Σούσοισι τοῖσι
Μεμνονίοισι ἐόντας ἑτέρου πρήγματος εἵνεκα
ἀγγέλους Ἀθηναίων Καλλίην τε τὸν Ἱππονίκου
καὶ τοὺς μετὰ τούτου ἀναβάντας, Ἀργείους δὲ
τὸν αὐτὸν τοῦτον χρόνον πέμψαντας καὶ τούτους
ἐς Σοῦσα ἀγγέλους εἰρωτᾶν Ἀρτοξέρξεα τὸν
Ξέρξεω εἴ σφι ἔτι ἐμμένει ἐθέλουσι τὴν πρὸς
Ξέρξην φιλίην συνεκεράσαντο, ἢ νομιζοίατο πρὸς
αὐτοῦ εἶναι πολέμιοι· βασιλέα δὲ Ἀρτοξέρξεα
μάλιστα ἐμμένειν φάναι, καὶ οὐδεμίαν νομίζειν
πόλιν Ἄργεος φιλιωτέρην.

152. Εἰ μέν νυν Ξέρξης τε ἀπέπεμψε ταῦτα
λέγοντα κήρυκα ἐς Ἄργος καὶ Ἀργείων ἄγγελοι
ἀναβάντες ἐς Σοῦσα ἐπειρώτων Ἀρτοξέρξεα περὶ
φιλίης, οὐκ ἔχω ἀτρεκέως εἰπεῖν, οὐδέ τινα γνώμην
περὶ αὐτῶν ἀποφαίνομαι ἄλλην γε ἢ τὴν περ

---

[1] Cp. V. 53.

for his mother; if that be so, then we are descended
from your nation. Wherefore in all right and reason
neither should we march against the land of our
forefathers, nor should you become our enemies by
aiding others, nor do aught but abide by yourselves
in peace; for if all go as I desire, I will hold none
in higher esteem than you." Hearing this, the
Argives were thereby much moved; and though
for the nonce they made no promise and demanded
no share, yet when the Greeks strove to gain their
aid, then, knowing that the Lacedaemonians would
not grant it, they did demand a part of the com-
mand, that so they might have a pretext for abiding
at peace.

151. This is borne out (say some Greeks) by the
tale of a thing which happened many years after-
wards. It chanced that while Athenian envoys,
Callias son of Hipponicus, and the rest who had
come up with him, were at Susa, called the Mem-
nonian,[1] about some other business,[2] the Argives also
had at this same time sent envoys to Susa, asking
of Xerxes' son Artoxerxes "if the friendship which
they had compounded with Xerxes still held good,
as they desired; or did he consider them as his
enemies?" Whereto Artoxerxes answered, "Ay
indeed it holds good, and I deem no city a better
friend to me than Argos."

152. Now, if it be true that Xerxes sent a herald
with the aforesaid message to Argos, and that the
Argive envoys came up to Susa and questioned
Artoxerxes about their friendship, I cannot with
exactness say; nor do I now declare that I hold

[2] In 448, apparently. See How and Wells *ad loc.* for a
full discussion of the matter.

461

αὐτοὶ Ἀργεῖοι λέγουσι· ἐπίσταμαι δὲ τοσοῦτο
ὅτι εἰ πάντες ἄνθρωποι τὰ οἰκήια κακὰ ἐς μέσον
συνενείκαιεν ἀλλάξασθαι βουλόμενοι τοῖσι πλη-
σίοισι, ἐγκύψαντες ἂν ἐς τὰ τῶν πέλας κακὰ
ἀσπασίως ἕκαστοι αὐτῶν ἀποφεροίατο ὀπίσω τὰ
ἐσενεικαίατο. οὕτω δὲ οὐδ᾽ Ἀργείοισι αἴσχιστα
πεποίηται. ἐγὼ δὲ ὀφείλω λέγειν τὰ λεγόμενα,
πείθεσθαί γε μὲν οὐ παντάπασι ὀφείλω, καί μοι
τοῦτο τὸ ἔπος ἐχέτω ἐς πάντα λόγον· ἐπεὶ καὶ
ταῦτα λέγεται, ὡς ἄρα Ἀργεῖοι ἦσαν οἱ ἐπικαλε-
σάμενοι τὸν Πέρσην ἐπὶ τὴν Ἑλλάδα, ἐπειδή σφι
πρὸς τοὺς Λακεδαιμονίους κακῶς ἡ αἰχμὴ ἑστήκεε,
πᾶν δὴ βουλόμενοι σφίσι εἶναι πρὸ τῆς παρεούσης
λύπης.

153. Τὰ μὲν περὶ Ἀργείων εἴρηται· ἐς δὲ τὴν
Σικελίην ἄλλοι τε ἀπίκατο ἄγγελοι ἀπὸ τῶν
συμμάχων συμμίξοντες Γέλωνι καὶ δὴ καὶ ἀπὸ
Λακεδαιμονίων Σύαγρος. τοῦ δὲ Γέλωνος τούτου
πρόγονος, οἰκήτωρ ὁ ἐν Γέλῃ, ἦν ἐκ νήσου Τήλου
τῆς ἐπὶ Τριοπίῳ κειμένης· ὃς κτιζομένης Γέλης
ὑπὸ Λινδίων τε τῶν ἐκ Ῥόδου καὶ Ἀντιφήμου
οὐκ ἐλείφθη. ἀνὰ χρόνον δὲ αὐτοῦ οἱ ἀπόγονοι
γενόμενοι ἱροφάνται τῶν χθονίων θεῶν διετέλεον
ἐόντες, Τηλίνεω ἑνός τευ τῶν προγόνων κτησα-
μένου τρόπῳ τοιῷδε. ἐς Μακτώριον πόλιν τὴν
ὑπὲρ Γέλης οἰκημένην ἔφυγον ἄνδρες Γελώων
στάσι ἑσσωθέντες· τούτους ὦν ὁ Τηλίνης κατή-
γαγε ἐς Γέλην, ἔχων οὐδεμίαν ἀνδρῶν δύναμιν

---

[1] The general idea,—rather obscurely expressed,—seems
to be that some who judge the Argives harshly have really
just as many κακά and αἰσχρά (which Herodotus appears to
confuse) of their own.

aught for truth but what the Argives themselves
say. But this I know full well,—if all men should
carry their own private troubles to market for barter
with their neighbours, not one but when he had
looked into the troubles of other men would be
right glad to carry home again what he had brought.[1]
Thus judging, you shall see that others did yet more
foully than the Argives. For myself, though it be
my business to set down that which is told me,
to believe it is none at all of my business; let that
saying hold good for the whole of my history; for
indeed there is another tale current, whereby it
would seem that it was the Argives who invited
the Persian into Hellas, because after the breaking
of their battle by the Lacedaemonians there was
nothing that they would rather not have than their
present distresses.

153. Thus ends the story of the Argives. As for
Sicily, envoys were sent thither by the allies to hold
converse with Gelon, Syagrus from Lacedaemon
being among them. This Gelon's ancestor, he who
made a settlement at Gela, was of the island of
Telos that lies off Triopium; he, when the founding
of Gela by Antiphemus and the Lindians of Rhodes
was afoot, would not be left behind. His posterity
became in time ministering priests of the goddesses
of the nether world [2] and continued so to be; this
office had been won as I shall show by Telines, one
of their forefathers. Certain Geloans, worsted in
party strife, having been banished to the town of
Mactorium, inland of Gela, Telines brought them
back to Gela, with no force of men to aid him but

---

[2] Demeter and Persephone.

ἀλλὰ ἱρὰ τούτων τῶν θεῶν· ὅθεν δὲ αὐτὰ ἔλαβε ἢ
αὐτὸς ἐκτήσατο, τοῦτο δὲ οὐκ ἔχω εἰπεῖν· τού-
τοισι δ᾽ ὧν πίσυνος ἐὼν κατήγαγε, ἐπ᾽ ᾧ τε οἱ
ἀπόγονοι αὐτοῦ ἱροφάνται τῶν θεῶν ἔσονται.
θῶμά μοι ὧν καὶ τοῦτο γέγονε πρὸς τὰ πυνθάνο-
μαι, κατεργάσασθαι Τηλίνην ἔργον τοσοῦτον· τὰ
τοιαῦτα γὰρ ἔργα οὐ πρὸς τοῦ ἅπαντος ἀνδρὸς
νενόμικα γίνεσθαι, ἀλλὰ πρὸς ψυχῆς τε ἀγαθῆς
καὶ ῥώμης ἀνδρηίης· ὃ δὲ λέγεται πρὸς τῆς Σικε-
λίης τῶν οἰκητόρων τὰ ὑπεναντία τούτων πεφυ-
κέναι θηλυδρίης τε καὶ μαλακώτερος ἀνήρ.

154. Οὗτος μέν νυν ἐκτήσατο τοῦτο τὸ γέρας·
Κλεάνδρου δὲ τοῦ Πανταρέος τελευτήσαντος τὸν
βίον, ὃς ἐτυράννευσε μὲν Γέλης ἑπτὰ ἔτεα, ἀπέθανε
δὲ ὑπὸ Σαβύλλου ἀνδρὸς Γελῴου, ἐνθαῦτα ἀναλαμ-
βάνει τὴν μουναρχίην Ἱπποκράτης Κλεάνδρου ἐὼν
ἀδελφεός. ἔχοντος δὲ Ἱπποκράτεος τὴν τυραννίδα,
ὁ Γέλων ἐὼν Τηλίνεω τοῦ ἱροφάντεω ἀπόγονος, πολ-
λῶν μετ᾽ ἄλλων καὶ Αἰνησιδήμου τοῦ Παταίκου[1]
. . . ὃς ἦν δορυφόρος Ἱπποκράτεος. μετὰ δὲ οὐ
πολλὸν χρόνον δι᾽ ἀρετὴν ἀπεδέχθη πάσης τῆς
ἵππου εἶναι ἵππαρχος· πολιορκέοντος γὰρ Ἱππο-
κράτεος Καλλιπολίτας τε καὶ Ναξίους καὶ Ζαγ-
κλαίους τε καὶ Λεοντίνους καὶ πρὸς Συρηκοσίους
τε καὶ τῶν βαρβάρων συχνούς, ἀνὴρ ἐφαίνετο ἐν
τούτοισι τοῖσι πολέμοισι ἐὼν ὁ Γέλων λαμπρό-
τατος. τῶν δὲ εἶπον πολίων τουτέων πλὴν
Συρηκουσέων οὐδεμία διέφυγε δουλοσύνην πρὸς
Ἱπποκράτεος· Συρηκοσίους δὲ Κορίνθιοί τε καὶ
Κερκυραῖοι ἐρρύσαντο μάχῃ ἐσσωθέντας ἐπὶ
ποταμῷ Ἐλώρῳ, ἐρρύσαντο δὲ οὗτοι ἐπὶ τοῖσιδε
καταλλάξαντες, ἐπ᾽ ᾧ τε Ἱπποκράτεϊ Καμάριναν

only the holy instruments of the goddesses' worship. Whence he got these, and whether or no they were of his own discovering, I cannot say; however that be, it was in their strength that he restored the exiles, on the condition that his posterity should be ministering priests of the goddesses. Now the story that is told me makes me marvel that Telines should have achieved such a feat; for I have ever supposed that such feats are not for every man's performing but only such as have a stout heart and a manly strength; but Telines is reported by the dwellers in Sicily to have been contrariwise of a soft and womanish habit.

154. So he won this right; and at the decease [1] of Cleandrus son of Pantares,—who was for seven years despot of Gela, and was slain by a man of that city named Sabyllus,—the sovereignty passed to Cleandrus' brother Hippocrates. While Hippocrates was despot, Gelon, a descendant of the ministering priest Telines, was one of Hippocrates' guard, as were Aenesidemus son of Pataecus and many others; and in no long time he was appointed for his worth to be captain of all the horse; for Hippocrates besieging Callipolis and Naxos and Zancle and Leontini, nay, Syracuse too and many of the foreigners' towns, Gelon in those wars shone prëeminent. None of the cities aforesaid escaped being enslaved by Hippocrates save only Syracuse; the Syracusans were defeated in battle on the river Elorus, but were rescued by the Corinthians and Corcyraeans, who made a peace for them on the

[1] In 498.

---

[1] Something is omitted after this word; Stein suggests υἱέος.

Συρηκοσίους παραδοῦναι. Συρηκοσίων δὲ ἦν
Καμάρινα τὸ ἀρχαῖον.

155. Ὡς δὲ καὶ Ἱπποκράτεα τυραννεύσαντα ἴσα
ἔτεα τῷ ἀδελφεῷ Κλεάνδρῳ κατέλαβε ἀποθανεῖν
πρὸς πόλι Ὕβλῃ στρατευσάμενον ἐπὶ τοὺς Σικε-
λούς, οὕτω δὴ ὁ Γέλων τῷ λόγῳ τιμωρέων τοῖσι
Ἱπποκράτεος παισὶ Εὐκλείδῃ τε καὶ Κλεάνδρῳ,
οὐ βουλομένων τῶν πολιητέων κατηκόων ἔτι εἶναι,
τῷ ἔργῳ, ὡς ἐπεκράτησε μάχῃ τῶν Γελώων, ἦρχε
αὐτὸς ἀποστερήσας τοὺς Ἱπποκράτεος παῖδας.
μετὰ δὲ τοῦτο τὸ εὔρημα τοὺς γαμόρους καλεο-
μένους τῶν Συρηκοσίων ἐκπεσόντας ὑπό τε τοῦ
δήμου καὶ τῶν σφετέρων δούλων, καλεομένων δὲ
Κυλλυρίων, ὁ Γέλων καταγαγὼν τούτους ἐκ
Κασμένης πόλιος ἐς τὰς Συρηκούσας ἔσχε καὶ
ταύτας· ὁ γὰρ δῆμος ὁ τῶν Συρηκοσίων ἐπιόντι
Γέλωνι παραδιδοῖ τὴν πόλιν καὶ ἑωυτόν.

156. Ὁ δὲ ἐπείτε παρέλαβε τὰς Συρηκούσας,
Γέλης μὲν ἐπικρατέων λόγον ἐλάσσω ἐποιέετο,
ἐπιτρέψας αὐτὴν Ἱέρωνι ἀδελφεῷ ἑωυτοῦ, ὁ δὲ
τὰς Συρηκούσας ἐκράτυνε, καὶ ἦσάν οἱ πάντα αἱ
Συρήκουσαι· αἱ δὲ παραυτίκα ἀνά τ᾽ ἔδραμον καὶ
ἔβλαστον. τοῦτο μὲν γὰρ Καμαριναίους ἅπαντας
ἐς τὰς Συρηκούσας ἀγαγὼν πολιήτας ἐποίησε,
Καμαρίνης δὲ τὸ ἄστυ κατέσκαψε, τοῦτο δὲ
Γελώων ὑπερημίσεας τῶν ἀστῶν τὠυτὸ τοῖσι
Καμαριναίοισι ἐποίησε· Μεγαρέας τε τοὺς ἐν
Σικελίῃ, ὡς πολιορκεόμενοι ἐς ὁμολογίην προσε-
χώρησαν, τοὺς μὲν αὐτῶν παχέας, ἀειραμένους τε
πόλεμον αὐτῷ καὶ προσδοκῶντας ἀπολέεσθαι διὰ
τοῦτο, ἀγαγὼν ἐς τὰς Συρηκούσας πολιήτας
ἐποίησε· τὸν δὲ δῆμον τῶν Μεγαρέων οὐκ ἐόντα

condition that the Syracusans should deliver up to Hippocrates Camarina, which was formerly theirs.

155. When Hippocrates, too, after reigning the same number of years as his brother Cleandrus, came to his end near the town of Hybla, whither he had marched against the Sicels, then Gelon made a pretence of serving the cause of Hippocrates' sons Euclides and Cleandrus, whose rule the citizens would no longer bear; but in very deed, when he had defeated the men of Gela, he deposed the sons of Hippocrates and held sway himself. After this stroke of good fortune, the Syracusan landowners (as they were called) being driven into banishment by the commonalty and their own slaves (Cyllyrians, as they were called), Gelon brought them back from the town of Casmena to Syracuse, and took possession of that city also; for the Syracusan commonalty delivered themselves and it to Gelon at his coming.

156. Having taken Syracuse for his own, he made less account of his rule over Gela, which he gave in charge to his brother Hiero; over Syracuse he reigned, and all his care was for Syracuse. Straightway that city grew and waxed great; for not only did Gelon bring all the people of Camarina to Syracuse and give them its citizenship, razing the town of Camarina, but he did likewise to more than half of the townsmen of Gela; and when the Megarians[1] in Sicily surrendered to him on terms after a siege, he took the wealthier of them, who had made war on him and looked to be put to death therefor, and brought them to Syracuse to be citizens there; but as for the commonalty of Megara,

_____

[1] At Hybla, N. of Syracuse, on the E. coast of Sicily.

μεταίτιον τοῦ ˉπολέμου τούτου οὐδὲ προσδεκό-
μενον κακὸν οὐδὲν πείσεσθαι, ἀγαγὼν καὶ τούτους
ἐς τὰς Συρηκούσας ἀπέδοτο ἐπ᾽ ἐξαγωγῇ ἐκ
Σικελίης. τὠυτὸ δὲ τοῦτο καὶ Εὐβοέας τοὺς ἐν
Σικελίῃ ἐποίησε διακρίνας. ἐποίεε δὲ ταῦτα
τούτους ἀμφοτέρους νομίσας δῆμον εἶναι συνοί-
κημα ἀχαριτώτατον.

157. Τοιούτῳ μὲν τρόπῳ τύραννος ἐγεγόνεε
μέγας ὁ Γέλων· τότε δ᾽ ὡς οἱ ἄγγελοι τῶν Ἑλλή-
νων ἀπίκατο ἐς τὰς Συρηκούσας, ἐλθόντες αὐτῷ
ἐς λόγους ἔλεγον τάδε. " Ἔπεμψαν ἡμέας Λακε-
δαιμόνιοι καὶ οἱ τούτων σύμμαχοι παραλαμψο-
μένους σε πρὸς τὸν βάρβαρον· τὸν γὰρ ἐπιόντα
ἐπὶ τὴν Ἑλλάδα πάντως κου πυνθάνεαι, ὅτι
Πέρσης ἀνὴρ μέλλει, ζεύξας τὸν Ἑλλήσποντον
καὶ ἐπάγων πάντα τὸν ἠῷον στρατὸν ἐκ τῆς
Ἀσίης, στρατηλατήσειν ἐπὶ τὴν Ἑλλάδα, προ-
σχῆμα μὲν ποιεύμενος ὡς ἐπ᾽ Ἀθήνας ἐλαύνει,
ἐν νόῳ δὲ ἔχων πᾶσαν τὴν Ἑλλάδα ὑπ᾽ ἑωυτῷ
ποιήσασθαι. σὺ δὲ δυνάμιός τε γὰρ ἥκεις μεγά-
λως καὶ μοῖρά τοι τῆς Ἑλλάδος οὐκ ἐλαχίστη
μέτα ἄρχοντί γε Σικελίης, βοήθεέ τε τοῖσι
ἐλευθεροῦσι τὴν Ἑλλάδα καὶ συνελευθέρου. ἀλὴς
μὲν γὰρ γενομένη πᾶσα ἡ Ἑλλὰς χεὶρ μεγάλη
συνάγεται, καὶ ἀξιόμαχοι γινόμεθα τοῖσι ἐπιοῦσι·
ἢν δὲ οἱ μὲν ἡμέων καταπροδιδῶσι οἱ δὲ μὴ θέλωσι
τιμωρέειν, τὸ δὲ ὑγιαῖνον τῆς Ἑλλάδος ᾖ ὀλίγον,
τοῦτο δὲ ἤδη δεινὸν γίνεται μὴ πέσῃ πᾶσα ἡ
Ἑλλάς. μὴ γὰρ ἐλπίσῃς, ἢν ἡμέας καταστρέ-
ψηται ὁ Πέρσης μάχῃ κρατήσας, ὡς οὐκὶ ἥξει
παρὰ σέ γε, ἀλλὰ πρὸ τούτου φύλαξαι· βοηθέων
γὰρ ἡμῖν σεωυτῷ τιμωρέεις. τῷ δὲ εὖ βουλευ-

who had had no hand in the making of that war and
expected that no harm would be done them, these too
he brought to Syracuse and sold them for slaves to
be carried out of Sicily. In like fashion he dealt
with the Euboeans [1] of Sicily, making the same
difference; the cause of his so doing to the people
of both places was, that he held the commonalty to
be an exceeding thankless crew to live withal.

157. By these means Gelon had grown to great-
ness as a despot; and now, when the Greek envoys
were come to Syracuse, they had audience of him
and spoke as follows. "The Lacedaemonians and
their allies," said they, "have sent us to win your
aid against the foreigner; for it cannot be, we think,
that you have no knowledge of the Persian invader
of Hellas, how he purposes to bridge the Hellespont
and lead all the hosts of the east from Asia against us,
making an open show of marching against Athens, but
in very deed with intent to subdue all Hellas to his
will. Now you are rich in power, and being lord of
Sicily you rule thereby what is not the least part of
Hellas; wherefore, we pray you, send help to them
that would free Hellas, and aid them in so doing.
For the uniting of all of Greek stock is the muster-
ing of a mighty host, able to meet our invaders in
the field; but if some of us play false, and others
will not come to our aid, and the sound part of
Hellas be but small, then it is to be feared that all
Greek lands alike will be undone. Think not that
if the Persian defeat us in battle and subdue us, he
will leave you unassailed; but look well to yourself
ere that day come. Aid us, and you champion your

---

[1] A colony from Chalcis, at Leontini.

θέντι πρήγματι τελευτὴ ὡς τὸ ἐπίπαν χρηστὴ
ἐθέλει ἐπιγίνεσθαι."

158. Οἱ μὲν ταῦτα ἔλεγον, Γέλων δὲ πολλὸς
ἐνέκειτο λέγων τοιάδε. " Ἄνδρες Ἕλληνες, λόγον
ἔχοντες πλεονέκτην ἐτολμήσατε ἐμὲ σύμμαχον
ἐπὶ τὸν βάρβαρον παρακαλέοντες ἐλθεῖν· αὐτοὶ
δὲ ἐμεῦ πρότερον δεηθέντος βαρβαρικοῦ στρατοῦ
συνεπάψασθαι, ὅτε μοι πρὸς Καρχηδονίους νεῖκος
συνῆπτο, ἐπισκήπτοντός τε τὸν Δωριέος τοῦ
Ἀναξανδρίδεω πρὸς Ἐγεσταίων φόνον ἐκπρή-
ξασθαι, ὑποτείνοντός τε τὰ ἐμπόρια συνελευ-
θεροῦν ἀπ᾿ ὧν ὑμῖν μεγάλαι ὠφελίαι τε καὶ
ἐπαυρήσιες γεγόνασι, οὔτε ἐμεῦ εἵνεκα ἤλθετε
βοηθήσοντες οὔτε τὸν Δωριέος φόνον ἐκπρηξόμε-
νοι, τό τε κατ᾿ ὑμέας τάδε ἄπαντα ὑπὸ βαρβά-
ροισι νέμεται. ἀλλὰ εὖ γὰρ ἡμῖν καὶ ἐπὶ τὸ
ἄμεινον κατέστη. νῦν δὲ ἐπειδὴ περιελήλυθε ὁ
πόλεμος καὶ ἀπῖκται ἐς ὑμέας, οὕτω δὴ Γέλωνος
μνῆστις γέγονε. ἀτιμίης δὲ πρὸς ὑμέων κυρήσας
οὐκ ὁμοιώσομαι ὑμῖν, ἀλλ᾿ ἕτοιμος εἰμὶ βοηθέειν
παρεχόμενος διηκοσίας τε τριήρεας καὶ δισμυ-
ρίους ὁπλίτας καὶ δισχιλίην ἵππον καὶ δισχιλίους
τοξότας καὶ δισχιλίους σφενδονήτας καὶ δισχι-
λίους ἱπποδρόμους ψιλούς· σῖτόν τε ἀπάσῃ τῇ
Ἑλλήνων στρατιῇ, ἔστ᾿ ἂν διαπολεμήσωμεν,
ὑποδέκομαι παρέξειν. ἐπὶ δὲ λόγῳ τοιῷδε τάδε
ὑπίσχομαι, ἐπ᾿ ᾧ στρατηγός τε καὶ ἡγεμὼν τῶν
Ἑλλήνων ἔσομαι πρὸς τὸν βάρβαρον. ἐπ᾿ ἄλλῳ
δὲ λόγῳ οὔτ᾿ ἂν αὐτὸς ἔλθοιμι οὔτ᾿ ἂν ἄλλους
πέμψαιμι."

---

[1] The Carthaginians were as influential in the west of the
island as Gelo in the east; Greeks and Semites continually
competed for commercial supremacy.

own cause; a well-laid plan commonly leads to a happy issue."

158. Thus they spoke; whereto Gelon answered, speaking very vehemently, "Men of Hellas, it is with a self-seeking plea that you have made bold to come hither and invite me to be your ally against the foreigners; yet what of yourselves? When I was at feud with the Carchedonians,[1] and prayed you to stand my comrades against a foreign army, and when I was instant that you should avenge the slaying of Dorieus [2] son of Anaxandrides by the men of Egesta, and when I promised to free those trading ports whence great advantage and profit have accrued to you,—then neither for my sake would you come to aid nor to avenge the slaying of Dorieus; and for all that you did, all these lands lie beneath the foreigners' feet. Let that be; for all ended well, and our state was bettered. But now that the war has come round to you in your turn, 'tis the time for remembering Gelo! Yet albeit you so slighted me, I will not take example by you; I am ready to send to your aid two hundred triremes, twenty thousand men-at-arms, two thousand horse, two thousand archers, two thousand slingers, and two thousand light-armed men to run with horsemen; [3] and I undertake that I will furnish provision for the whole Greek army till we have made an end of the war. But I thus promise on this one condition, that I shall be general and leader of the Greeks against the foreigner. On no other condition will I come myself or send others."

[2] Cp. V. 42–46.
[3] Probably active infantry troops, able to keep up with the cavalry.

159. Ταῦτα ἀκούσας οὔτε ἠνέσχετο ὁ Σύαγρος εἶπέ τε τάδε. "Ἦ κε μέγ᾿ οἰμώξειε ὁ Πελοπίδης Ἀγαμέμνων πυθόμενος Σπαρτιήτας τὴν ἡγεμονίην ἀπαραιρῆσθαι ὑπὸ Γέλωνός τε καὶ Συρηκοσίων. ἀλλὰ τούτου μὲν τοῦ λόγου μηκέτι μνησθῇς, ὅκως τὴν ἡγεμονίην τοι παραδώσομεν, ἀλλ᾿ εἰ μὲν βούλεαι βοηθέειν τῇ Ἑλλάδι, ἴσθι ἀρξόμενος ὑπὸ Λακεδαιμονίων· εἰ δ᾿ ἄρα μὴ δικαιοῖς ἄρχεσθαι, σὺ δὲ μηδὲ βοήθεε."

160. Πρὸς ταῦτα ὁ Γέλων, ἐπειδὴ ὥρα ἀπεστραμμένους τοὺς λόγους τοῦ Συάγρου, τὸν τελευταῖόν σφι τόνδε ἐξέφαινε λόγον. "Ὦ ξεῖνε Σπαρτιῆτα, ὀνείδεα κατιόντα ἀνθρώπῳ φιλέει ἐπανάγειν τὸν θυμόν· σὺ μέντοι ἀποδεξάμενος ὑβρίσματα ἐν τῷ λόγῳ οὔ με πείσεις ἀσχήμονα ἐν τῇ ἀμοιβῇ γενέσθαι. ὅκου δὲ ὑμεῖς οὕτω περιέχεσθε τῆς ἡγεμονίης, οἰκὸς καὶ ἐμὲ μᾶλλον ὑμέων περιέχεσθαι, στρατιῆς τε ἐόντα πολλαπλησίης ἡγεμόνα καὶ νεῶν πολλὸν πλεύνων. ἀλλ᾿ ἐπείτε ὑμῖν ὁ λόγος οὕτω προσάντης κατίσταται, ἡμεῖς τι ὑπείξομεν τοῦ ἀρχαίου λόγου· εἰ τοῦ μὲν πεζοῦ ὑμεῖς ἡγέοισθε, τοῦ δὲ ναυτικοῦ ἐγώ. εἰ δὲ ὑμῖν ἡδονὴ τοῦ κατὰ θάλασσαν ἡγεμονεύειν, τοῦ πεζοῦ ἐγὼ θέλω. καὶ ἢ τούτοισι ὑμέας χρεόν ἐστι ἀρέσκεσθαι ἢ ἀπιέναι συμμάχων τοιῶνδε ἐρήμους."

161. Γέλων μὲν δὴ ταῦτα προετείνετο, φθάσας δὲ ὁ Ἀθηναίων ἄγγελος τὸν Λακεδαιμονίων ἀμείβετό μιν τοῖσιδε. "Ὦ βασιλεῦ Συρηκοσίων, οὐκ ἡγεμόνος δεομένη ἡ Ἑλλὰς ἀπέπεμψε ἡμέας πρὸς σέ, ἀλλὰ στρατιῆς. σὺ δὲ ὅκως μὲν στρατιὴν πέμψεις μὴ ἡγεύμενος τῆς Ἑλλάδος οὐ προφαίνεις,

159. When Syagrus heard that, he could not contain himself; "Verily," he cried, "loud would lament Agamemnon son of Pelops, an he heard that the Spartans had been bereft of their command by Gelon and his Syracusans! Nay, put that thought from you, that we will deliver up the command to you. If it is your will to aid Hellas, know that you must obey the Lacedaemonians; but if (as I think) you are too proud to obey, then send no aid."

160. Thereupon Gelon, seeing how unfriendly were Syagrus' words, thus and for the last time declared his mind to them: "My Spartan friend, the hard words that a man hears are apt to arouse his anger; but for all the arrogant tenor of your speech you shall not move me to make an unseemly answer. When you set such store by the command, it is but reasonable that I should set yet more, being the leader of an army many times greater than yours and more ships by far. But seeing that you answer me thus stiffly, we will abate somewhat of our first condition. It might be, that you should command the army, and I the fleet; or if it be your pleasure to lead by sea, then I am willing that the army should be mine. With that you must needs be content, unless you would depart hence without such allies as we are."

161. Such was Gelon's offer; and the Athenian envoy answered him ere the Lacedaemonian could speak. "King of the Syracusans," said he, "Hellas sends us to you to ask not for a leader but for an army; and you say no word of sending an army save and except you can be the leader of Hellas; it

ὡς δὲ στρατηγήσεις αὐτῆς γλίχεαι. ὅσον μὲν
νυν παντὸς τοῦ Ἑλλήνων στρατοῦ ἐδέεο ἡγέεσθαι,
ἐξήγκεε ἡμῖν τοῖσι Ἀθηναίοισι ἡσυχίην ἄγειν,
ἐπισταμένοισι ὡς ὁ Λάκων ἱκανός τοι ἔμελλε
ἔσεσθαι καὶ ὑπὲρ ἀμφοτέρων ἀπολογεύμενος·
ἐπείτε δὲ ἀπάσης ἀπελαυνόμενος δέεαι τῆς ναυτι-
κῆς ἄρχειν, οὕτω ἔχει τοι· οὐδ' ἢν ὁ Λάκων ἐπιῇ
τοι ἄρχειν αὐτῆς, ἡμεῖς ἐπήσομεν· ἡμετέρη γὰρ
ἐστὶ αὕτη γε, μὴ αὐτῶν βουλομένων Λακεδαιμο-
νίων. τούτοισι μὲν ὦν ἡγέεσθαι βουλομένοισι
οὐκ ἀντιτείνομεν, ἄλλῳ δὲ παρήσομεν οὐδενὶ
ναυαρχέειν. μάτην γὰρ ἂν ὧδε πάραλον Ἑλλή-
νων στρατὸν πλεῖστον εἴημεν ἐκτημένοι, εἰ Συρη-
κοσίοισι ἐόντες Ἀθηναῖοι συγχωρήσομεν τῆς
ἡγεμονίης, ἀρχαιότατον μὲν ἔθνος παρεχόμενοι,
μοῦνοι δὲ ἐόντες οὐ μετανάσται Ἑλλήνων· τῶν
καὶ Ὅμηρος ὁ ἐποποιὸς ἄνδρα ἄριστον ἔφησε ἐς
Ἴλιον ἀπικέσθαι τάξαι τε καὶ διακοσμῆσαι στρα-
τόν. οὕτω οὐκ ὄνειδος οὐδὲν ἡμῖν ἐστι λέγειν
ταῦτα."

162. Ἀμείβετο Γέλων τοῖσιδε. "Ξεῖνε Ἀθηναῖε,
ὑμεῖς οἴκατε τοὺς μὲν ἄρχοντας ἔχειν, τοὺς δὲ
ἀρξομένους οὐκ ἕξειν. ἐπεὶ τοίνυν οὐδὲν ὑπιέντες
ἔχειν τὸ πᾶν ἐθέλετε, οὐκ ἂν φθάνοιτε τὴν ταχί-
στην ὀπίσω ἀπαλλασσόμενοι καὶ ἀγγέλλοντες τῇ
Ἑλλάδι ὅτι ἐκ τοῦ ἐνιαυτοῦ τὸ ἔαρ αὐτῇ ἐξαραί-
ρηται." οὗτος δὲ ὁ νόος τοῦ ῥήματος τὸ ἐθέλει
λέγειν· δῆλα γὰρ ὡς ἐν τῷ ἐνιαυτῷ ἐστὶ τὸ ἔαρ
δοκιμώτατον, τῆς δὲ τῶν Ἑλλήνων στρατιῆς τὴν
ἑωυτοῦ στρατιήν· στερισκομένην ὦν τὴν Ἑλλάδα

---

[1] Most Greek populations had traditionally immigrated

is for the command that all your desire is. Now
as long as you sought the leadership of the whole
armament, we Athenians were content to hold our
peace, knowing that the Laconian was well able to
answer for both of us; but since, failing to win the
whole, you would fain command the fleet, we would
have you know how the matter stands. Even
though the Laconian should suffer you to command
it, not so will we; for the command of the fleet is
ours, the Lacedaemonians desire it not for themselves.
If they desire to lead it, we withstand them not;
but none other will we suffer to be admiral. For it
were vain that we should possess the greatest multi-
tude of sea-faring men in Hellas, if, being Athenians,
we yield up our command to Syracusans,—we who
can show of all the longest lineage, and who alone
among Greeks have never changed our dwelling;[1]
and whose he was of whom the poet Homer says,
that of all who came to Ilion he was the best man in
ordering and marshalling armies.[2] Thus we are not
to be reproached for this that we say."

162. "My Athenian friend," Gelon answered, "it
would seem that you have many that lead, but none
that will follow. Since, then, you will waive no
claim but must have the whole, 'tis high time that
you depart home with all speed and tell your Hellas
that her year has lost its spring." Of which saying
this is the signification, that Gelon's army was the
most notable part of the Greek army, even as the
spring is of the year; so he compared Hellas

into their present localities from elsewhere; but the Athen-
ians had no such tradition; their writers often dwell on the
fact with pride.
[2] Menestheus : *Iliad* ii. 552.

τῆς ἑωυτοῦ συμμαχίης εἴκαζε ὡς εἰ τὸ ἔαρ ἐκ τοῦ
ἐνιαυτοῦ ἐξαραιρημένον εἴη.

163. Οἱ μὲν δὴ τῶν Ἑλλήνων ἄγγελοι τοιαῦτα
τῷ Γέλωνι χρηματισάμενοι ἀπέπλεον· Γέλων δὲ
πρὸς ταῦτα δείσας μὲν περὶ τοῖσι Ἕλλησι μὴ οὐ
δύνωνται τὸν βάρβαρον ὑπερβαλέσθαι, δεινὸν δὲ
καὶ οὐκ ἀνασχετὸν ποιησάμενος ἐλθὼν ἐς Πελο-
πόννησον ἄρχεσθαι ὑπὸ Λακεδαιμονίων ἐὼν Σικε-
λίης τύραννος, ταύτην μὲν τὴν ὁδὸν ἠμέλησε, ὃ
δὲ ἄλλης εἴχετο. ἐπείτε γὰρ τάχιστα ἐπύθετο
τὸν Πέρσην διαβεβηκότα τὸν Ἑλλήσποντον,
πέμπει πεντηκοντέροισι τρισὶ Κάδμον τὸν Σκύθεω
ἄνδρα Κῷον ἐς Δελφούς, ἔχοντα χρήματα πολλὰ
καὶ φιλίους λόγους, καραδοκήσοντα τὴν μάχην
τῇ πεσέεται, καὶ ἢν μὲν ὁ βάρβαρος νικᾷ, τά τε
χρήματα αὐτῷ διδόναι καὶ γῆν τε καὶ ὕδωρ τῶν
ἄρχει ὁ Γέλων, ἢν δὲ οἱ Ἕλληνες, ὀπίσω
ἀπάγειν.

164. Ὁ δὲ Κάδμος οὗτος πρότερον τούτων
παραδεξάμενος παρὰ πατρὸς τυραννίδα Κῴων εὖ
βεβηκυῖαν, ἑκών τε εἶναι καὶ δεινοῦ ἐπιόντος
οὐδενὸς ἀλλὰ ὑπὸ[1] δικαιοσύνης ἐς μέσον Κῴοισι
καταθεὶς τὴν ἀρχὴν οἴχετο ἐς Σικελίην, ἔνθα
παρὰ Σαμίων ἔσχε τε καὶ κατοίκησε πόλιν
Ζάγκλην τὴν ἐς Μεσσήνην μεταβαλοῦσαν τὸ
οὔνομα. τοῦτον δὴ ὁ Γέλων τὸν Κάδμον καὶ
τοιούτῳ τρόπῳ ἀπικόμενον διὰ δικαιοσύνην, τήν οἱ
αὐτὸς ἄλλην συνῄδεε ἐοῦσαν, ἔπεμπε· ὃς ἐπὶ τοῖσι
ἄλλοισι δικαίοισι τοῖσι ἐξ ἑωυτοῦ ἐργασμένοισι

[1] Stein reads ἀπό, with the MSS.; the Oxford text prints
ὑπό. There is no real warrant for ἀπό in the sense of "on
account of."

476

deprived of alliance with him to a year bereft of its spring.[1]

163. After such trafficking with Gelon the Greek envoys sailed away. But Gelon feared therefore that the Greeks would not avail to overcome the foreigner, yet deemed it a thing hard and intolerable that he, the despot of Sicily, should go to the Peloponnese to be at the beck and call of Lacedaemonians; wherefore of this plan he thought no more, but followed another instead. As soon as he was informed that the Persian had crossed the Hellespont, he sent Cadmus son of Scythes,[2] a man of Cos, to Delphi with three ships of fifty oars, carrying with them money and messages of friendship; Cadmus was to watch the event of the battle, and if the foreigner should be victorious then to give him the money, and earth and water withal on behalf of Gelon's dominions; but if the Greeks, then to carry all back again.

164. This Cadmus had ere now inherited from his father the despotism of Cos; and albeit it was strong and well stablished, yet of his own will and under no constraint of danger, but of mere justice, he gave over the government to the whole body of Coans and betook himself to Sicily, where he was given by the Samians that city of Zancle which changed its name to Messene, and he planted a colony there. Thus had Cadmus come, and it was he now whom Gelon sent, by reason of the justice that he knew to be ever in him; and this that I will relate was

---

[1] According to Aristotle (*Rhet.* i. 7 and iii. 10) Pericles used the same simile in a funeral oration, referring to the State's loss of its young men.

[2] Probably the expelled ruler of Zancle; cp. the following chapter, and VI. 23.

καὶ τόδε οὐκ ἐλάχιστον τούτων ἐλίπετο. κρα-
τήσας γὰρ μεγάλων χρημάτων τῶν οἱ Γέλων
ἐπετράπετο, παρεὸν κατασχέσθαι οὐκ ἠθέλησε,
ἀλλ᾽ ἐπεὶ οἱ Ἕλληνες ἐπεκράτησαν τῇ ναυμαχίῃ
καὶ Ξέρξης οἰχώκεε ἀπελαύνων, καὶ δὴ καὶ ἐκεῖνος
ἀπίκετο ἐς τὴν Σικελίην ἀπὸ πάντα τὰ χρήματα
ἄγων.

165. Λέγεται δὲ καὶ τάδε ὑπὸ τῶν ἐν τῇ Σικελίῃ
οἰκημένων, ὡς ὅμως καὶ μέλλων ἄρχεσθαι ὑπὸ
Λακεδαιμονίων ὁ Γέλων ἐβοήθησε ἂν τοῖσι
Ἕλλησι, εἰ μὴ ὑπὸ Θήρωνος τοῦ Αἰνησιδήμου
Ἀκραγαντίνων μουνάρχου ἐξελασθεὶς ἐξ Ἱμέρης
Τήριλλος ὁ Κρινίππου τύραννος ἐὼν Ἱμέρης ἐπῆγε
ὑπ᾽ αὐτὸν τὸν χρόνον τοῦτον Φοινίκων καὶ Λιβύων
καὶ Ἰβήρων καὶ Λιγύων καὶ Ἐλισύκων καὶ Σαρδο-
νίων καὶ Κυρνίων τριήκοντα μυριάδας καὶ
στρατηγὸν αὐτῶν Ἀμίλκαν τὸν Ἄννωνος, Καρχη-
δονίων ἐόντα βασιλέα, κατὰ ξεινίην τε τὴν ἑωυτοῦ
ὁ Τήριλλος ἀναγνώσας καὶ μάλιστα διὰ τὴν
Ἀναξίλεω τοῦ Κρητίνεω προθυμίην, ὃς Ῥηγίου
ἐὼν τύραννος τὰ ἑωυτοῦ τέκνα δοὺς ὁμήρους
Ἀμίλκα ἐπῆγε ἐπὶ τὴν Σικελίην τιμωρέων τῷ
πενθερῷ· Τηρίλλου γὰρ εἶχε θυγατέρα Ἀναξί-
λεως, τῇ οὔνομα ἦν Κυδίππη. οὕτω δὴ οὐκ οἷόν
τε γενόμενον βοηθέειν τὸν Γέλωνα τοῖσι Ἕλλησι
ἀποπέμπειν ἐς Δελφοὺς τὰ χρήματα.

166. Πρὸς δὲ καὶ τάδε λέγουσι, ὡς συνέβη τῆς
αὐτῆς ἡμέρης ἔν τε τῇ Σικελίῃ Γέλωνα καὶ

---

[1] The Carthaginians invaded Sicily with a force drawn
from Africa and the western Mediterranean. The Ligyes
are Ligurians, the Cyrnians Corsicans; the Elisyci an Iberian

not the least of the many just acts of Cadmus' life;
he had in his power great sums entrusted to him by
Gelon, and might have kept them; yet he would
not so do, but when the Greeks had prevailed in the
sea-fight and Xerxes had betaken himself home-
ward, Cadmus for his part returned back to Sicily
with all that money.

165. But there is another story told by the
dwellers in Sicily: that even though he was to be
under Lacedaemonian authority Gelon would still
have aided the Greeks, had it not been for Terillus
son of Crinippus, the despot of Himera; who, being
expelled from Himera by Theron son of Aenesi-
demus, sovereign ruler of Acragas, did at this very
time bring against Gelon three hundred thousand
Phoenicians, Libyans, Iberians, Ligyes, Elisyci,
Sardinians, and Cyrnians,[1] led by Amilcas son of
Annon, the king of the Carchedonians; whom
Terillus won to this purpose partly by private
friendship, but chiefly by the zealous aid of Anaxilaus
son of Cretines, despot of Rhegium; he gave his
own children as hostages to Amilcas, and brought
him into Sicily to the help of his father-in-law; for
Anaxilaus had to wife Terillus' daughter Cydippe.
Thus it was (they say) that Gelon sent the money to
Delphi, because he could not aid the Greeks.

166. They add this tale too,—that Gelon and
Theron won a victory over Amilcas the Carchedonian

---

people living on the coast between the Pyrenees and the
Rhone. According to a statement quoted from the historian
Ephorus, this Carthaginian expedition was part of a con-
certed plan, whereby the Greek world was to be attacked
by the Carthaginians in the west and the Persians in the
east simultaneously.

Θήρωνα νικᾶν Ἀμίλκαν τὸν Καρχηδόνιον καὶ ἐν
Σαλαμῖνι τοὺς Ἕλληνας τὸν Πέρσην. τὸν δὲ
Ἀμίλκαν Καρχηδόνιον ἐόντα πρὸς πατρός,
μητρόθεν δὲ Συρηκόσιον, βασιλεύσαντά τε κατ᾽
ἀνδραγαθίην Καρχηδονίων, ὡς ἡ συμβολή τε
ἐγίνετο καὶ ὡς ἑσσοῦτο τῇ μάχῃ, ἀφανισθῆναι
πυνθάνομαι· οὔτε γὰρ ζῶντα οὔτε ἀποθανόντα
φανῆναι οὐδαμοῦ γῆς· τὸ πᾶν γὰρ ἐπεξελθεῖν
διζήμενον Γέλωνα.

167. Ἔστι δὲ ὑπ᾽ αὐτῶν Καρχηδονίων ὅδε λόγος
λεγόμενος, οἰκότι χρεωμένων, ὡς οἱ μὲν βάρβαροι
τοῖσι Ἕλλησι ἐν τῇ Σικελίῃ ἐμάχοντο ἐξ ἠοῦς
ἀρξάμενοι μέχρι δείλης ὀψίης (ἐπὶ τοσοῦτο γὰρ
λέγεται ἑλκύσαι τὴν σύστασιν), ὁ δὲ Ἀμίλκας ἐν
τούτῳ τῷ χρόνῳ μένων ἐν τῷ στρατοπέδῳ ἐθύετο
καὶ ἐκαλλιερέετο ἐπὶ πυρῆς μεγάλης σώματα
ὅλα καταγίζων, ἰδὼν δὲ τροπὴν τῶν ἑωυτοῦ
γινομένην, ὡς ἔτυχε ἐπισπένδων τοῖσι ἱροῖσι,
ὦσε ἑωυτὸν ἐς τὸ πῦρ· οὕτω δὴ κατακαυθέντα
ἀφανισθῆναι. ἀφανισθέντι δὲ Ἀμίλκᾳ τρόπῳ
εἴτε τοιούτῳ ὡς Φοίνικες λέγουσι, εἴτε ἑτέρῳ
ὡς Καρχηδόνιοι καὶ Συρηκόσιοι,[1] τοῦτο μέν οἱ
θύουσι, τοῦτο δὲ μνήματα ἐποίησαν ἐν πάσῃσι
τῇσι πόλισι τῶν ἀποικίδων, ἐν αὐτῇ τε μέγιστον
Καρχηδόνι.

168. Τὰ μὲν ἀπὸ Σικελίης τοσαῦτα. Κερκυ-
ραῖοι δὲ τάδε ὑποκρινάμενοι τοῖσι ἀγγέλοισι
τοιάδε ἐποίησαν· καὶ γὰρ τούτους παρελάμβανον
οἱ αὐτοὶ οἵ περ ἐς Σικελίην ἀπίκοντο, λέγοντες
τοὺς αὐτοὺς λόγους τοὺς καὶ πρὸς Γέλωνα ἔλεγον.

[1] Stein brackets ὡς Κ. καὶ Σ.; the Καρχ. are of course the
same as the Φοίνικες.

in Sicily on the selfsame day whereon the Greeks vanquished the Persian at Salamis. This Amilcas was, on his father's side, a Carchedonian, and a Syracusan on his mother's, and had been made king of Carchedon for his manly worth. When the armies met and he was worsted in the battle, it is said that he vanished out of sight; for Gelon sought for him in every place, yet nowhere on earth could he be found, dead or alive.

167. The story told by the Carchedonians themselves has a show of truth. They say, that the foreigners fought with the Greeks in Sicily from dawn till late evening (so long, it is said, the mellay was drawn out), during all which time Amilcas stayed in his camp offering sacrifice and striving to win favourable omens by burning whole bodies on a great pyre; and when he saw his army routed, he cast himself into the fire where he was pouring libations on the sacrifice; whereby he was consumed and no more seen. Whether it were thus that he vanished, as the Phoenicians say, or in some other way, as say the Carchedonians and Syracusans, sacrifice is offered to him, and monuments have been set up in all the colonists' cities, the greatest of all which is in Carchedon itself.

168. Thus much of the Sicilian part. As for the Corcyraeans, their answer to the envoys and their acts were as I will show; for the men who had gone to Sicily sought their aid too, using the same plea as they had used with Gelon; and the Corcyraeans for

---

The story may be true; or it may have arisen out of the name Hamilcar (= Abd Melqart, servant of Melqart); for self-immolation by fire is closely associated with Melqart worship.

οἳ δὲ παραυτίκα μὲν ὑπίσχοντο πέμψειν τε καὶ
ἀμυνέειν, φράζοντες ὡς οὔ σφι περιοπτέη ἐστὶ ἡ
Ἑλλὰς ἀπολλυμένη· ἢν γὰρ σφαλῇ, σφεῖς γε
οὐδὲν ἄλλο ἢ δουλεύσουσι τῇ πρώτῃ τῶν ἡμερέων·
ἀλλὰ τιμωρητέον εἴη ἐς τὸ δυνατώτατον. ὑπεκρί-
ναντο μὲν οὕτω εὐπρόσωπα· ἐπεὶ δὲ ἔδει βοηθέειν,
ἄλλα νοέοντες ἐπλήρωσαν νέας ἑξήκοντα, μόγις
δὲ ἀναχθέντες προσέμιξαν τῇ Πελοποννήσῳ, καὶ
περὶ Πύλον καὶ Ταίναρον γῆς τῆς Λακεδαιμονίων
ἀνεκώχευον τὰς νέας, καραδοκέοντες καὶ οὗτοι τὸν
πόλεμον τῇ πεσέεται, ἀελπτέοντες μὲν τοὺς
Ἕλληνας ὑπερβαλέεσθαι, δοκέοντες δὲ τὸν Πέρσην
κατακρατήσαντα πολλὸν ἄρξειν πάσης τῆς
Ἑλλάδος. ἐποίευν ὦν ἐπίτηδες, ἵνα ἔχωσι πρὸς
τὸν Πέρσην λέγειν τοιάδε. "Ὦ βασιλεῦ, ἡμεῖς,
παραλαμβανόντων τῶν Ἑλλήνων ἡμέας ἐς τὸν
πόλεμον τοῦτον, ἔχοντες δύναμιν οὐκ ἐλαχίστην
οὐδὲ νέας ἐλαχίστας παρασχόντες ἂν ἀλλὰ
πλείστας μετά γε Ἀθηναίους, οὐκ ἠθελήσαμέν
τοι ἐναντιοῦσθαι οὐδέ τι ἀποθύμιον ποιῆσαι."
τοιαῦτα λέγοντες ἤλπιζον πλέον τι τῶν ἄλλων
οἴσεσθαι· τά περ ἂν καὶ ἐγένετο, ὡς ἐμοὶ δοκέει.
πρὸς δὲ τοὺς Ἕλληνάς σφι σκῆψις ἐπεποίητο, τῇ
περ δὴ καὶ ἐχρήσαντο. αἰτιωμένων γὰρ τῶν
Ἑλλήνων ὅτι οὐκ ἐβοήθεον, ἔφασαν πληρῶσαι
μὲν ἑξήκοντα τριήρεας, ὑπὸ δὲ ἐτησιέων ἀνέμων
ὑπερβαλεῖν Μαλέην οὐκ οἷοί τε γενέσθαι· οὕτω
οὐκ ἀπικέσθαι ἐς Σαλαμῖνα, καὶ οὐδεμιῇ κακότητι
λειφθῆναι τῆς ναυμαχίης.

169. Οὗτοι μὲν οὕτω διεκρούσαντο τοὺς Ἕλλη-
νας. Κρῆτες δέ, ἐπείτε σφέας παρελάμβανον οἱ
ἐπὶ τούτοισι ταχθέντες Ἑλλήνων, ἐποίησαν

the nonce promised to send help and protection,
declaring that they could not suffer Hellas to perish,
—for if she should fall, of a surety the very next
day would see them also enslaved,—but they must
render aid to the best of their power. Thus they
gave a specious answer; but when the time came for
sending help, their minds were changed; they
manned sixty ships, and did with much ado put out
to sea and make the coast of the Peloponnese; but
there they anchored off Pylos and Taenarus in the
Lacedaemonian territory, waiting like the others to
see which way the war should incline; they had no
hope that the Greeks would prevail, but thought
that the Persian would win a great victory and be
lord of all Hellas. What they did, therefore, was
done of set purpose, that they might be able to say
to the Persian, "O king, we whose power is as great
as any, and who could have furnished as many ships
as any state save Athens,—we, when the Greeks
essayed to gain our aid in this war, would not resist
you nor do aught displeasing to you." This plea
they hoped would win them some advantage more
than ordinary; and so, methinks, it would have
been. But they were ready with an excuse which
they could make to the Greeks, and in the end they
made it; when the Greeks blamed them for sending
no help, they said that they had manned sixty
triremes, but by stress of the etesian winds they
could not round Malea; thus it was (they said) that
they could not arrive at Salamis: it was no craven
spirit that made them late for the sea-fight.

169. With such a plea they put the Greeks off.
But the Cretans, when the Greeks appointed to
deal with them strove to gain their aid, did as I will

τοιόνδε· πέμψαντες κοινῇ θεοπρόπους ἐς Δελφοὺς
τὸν θεὸν ἐπειρώτων εἰ σφι ἄμεινον τιμωρέουσι
γίνεται τῇ Ἑλλάδι. ἡ δὲ Πυθίη ὑπεκρίνατο "Ὦ
νήπιοι, ἐπιμέμφεσθε ὅσα ὑμῖν ἐκ τῶν Μενελάου
τιμωρημάτων Μίνως ἔπεμψε μηνίων δακρύματα,
ὅτι οἱ μὲν οὐ συνεξεπρήξαντο αὐτῷ τὸν ἐν Καμικῷ
θάνατον γενόμενον, ὑμεῖς δὲ ἐκείνοισι τὴν ἐκ
Σπάρτης ἁρπασθεῖσαν ὑπ' ἀνδρὸς βαρβάρου
γυναῖκα." ταῦτα οἱ Κρῆτες ὡς ἀπενειχθέντα
ἤκουσαν, ἔσχοντο τῆς τιμωρίης.

170. Λέγεται γὰρ Μίνων κατὰ ζήτησιν Δαιδά-
λου ἀπικόμενον ἐς Σικανίην τὴν νῦν Σικελίην
καλευμένην ἀποθανεῖν βιαίῳ θανάτῳ. ἀνὰ δὲ
χρόνον Κρῆτας, θεοῦ σφι ἐποτρύναντος, πάντας
πλὴν Πολιχνιτέων τε καὶ Πραισίων ἀπικομένους
στόλῳ μεγάλῳ ἐς Σικανίην πολιορκέειν ἐπ' ἔτεα
πέντε πόλιν Καμικόν, τὴν κατ' ἐμὲ Ἀκραγαντῖνοι
ἐνέμοντο· τέλος δὲ οὐ δυναμένους οὔτε ἑλεῖν
οὔτε παραμένειν λιμῷ συνεστεῶτας, ἀπολιπόντας
οἴχεσθαι. ὡς δὲ κατὰ Ἰηπυγίην γενέσθαι
πλέοντας, ὑπολαβόντα σφέας χειμῶνα μέγαν
ἐκβαλεῖν ἐς τὴν γῆν· συναραχθέντων δὲ τῶν
πλοίων, οὐδεμίαν γάρ σφι ἔτι κομιδὴν ἐς Κρήτην
φαίνεσθαι, ἐνθαῦτα Ὑρίην πόλιν κτίσαντας κατα-
μεῖναί τε καὶ μεταβαλόντας ἀντὶ μὲν Κρητῶν
γενέσθαι Ἰήπυγας Μεσσαπίους, ἀντὶ δὲ εἶναι
νησιώτας ἠπειρώτας. ἀπὸ δὲ Ὑρίης πόλιος τὰς
ἄλλας οἰκίσαι, τὰς δὴ Ταραντῖνοι χρόνῳ ὕστερον
πολλῷ ἐξανιστάντες προσέπταισαν μεγάλως, ὥστε
φόνος Ἑλληνικὸς μέγιστος οὗτος δὴ ἐγένετο

¹ That is, the Greeks would not help the Cretans to avenge

484

show. They sent messengers to Delphi, enquiring if it should be for their advantage to succour the Greeks. The priestess answered them, "Foolish folk, ye are not then content with the weeping that Minos sent upon your people for the help given to Menelaus, angered because that those others [1] would not aid to avenge his death at Camicus, yet ye did aid them to avenge the stealing of that woman from Sparta by a foreigner." This being brought to the ears of the Cretans, they would have nought to do with succouring the Greeks.

170. For Minos (it is said), having gone to Sicania, which is now called Sicily, in search for Daedalus, there perished by a violent death; and presently all the Cretans save the men of Polichne and Praesus were bidden by a god to go with a great host to Sicania, where for five years they beleaguered the town of Camicus, where in my day the men of Acragas dwelt; but since they could not take it nor abide there for the famine that afflicted them, they left it and departed away. But when they were at sea off Iapygia, a great storm caught and drove them ashore; and their ships being wrecked, and no way left of returning to Crete, they founded there the town of Hyria, and abode in it, changing from Cretans to Messapians of Iapygia, and from islanders to dwellers on the mainland. From Hyria they made settlements in those other towns, which a very long time afterwards the Tarentines essayed to destroy, but suffered great disaster thereby; so that none has ever heard of so great a slaughter of

---

the death of Minos; yet afterwards the Cretans helped the Greeks to avenge the carrying off of Helen.

πάντων τῶν ἡμεῖς ἴδμεν, αὐτῶν τε Ταραντίνων
καὶ 'Ρηγίνων, οἱ ὑπὸ Μικύθου τοῦ Χοίρου
ἀναγκαζόμενοι τῶν ἀστῶν καὶ ἀπικόμενοι τιμωροὶ
Ταραντίνοισι ἀπέθανον τρισχίλιοι οὕτω· αὐτῶν
δὲ Ταραντίνων οὐκ ἐπῆν ἀριθμός. ὁ δὲ Μίκυθος
οἰκέτης ἐὼν 'Αναξίλεω ἐπίτροπος 'Ρηγίου καταλέ-
λειπτο, οὗτος ὅς περ ἐκπεσὼν ἐκ 'Ρηγίου καὶ
Τεγέην τὴν 'Αρκάδων οἰκήσας ἀνέθηκε ἐν 'Ολυμπίῃ
τοὺς πολλοὺς ἀνδριάντας.

171. 'Αλλὰ τὰ μὲν κατὰ 'Ρηγίνους τε καὶ
Ταραντίνους τοῦ λόγου μοι παρενθήκη γέγονε·
ἐς δὲ τὴν Κρήτην ἐρημωθεῖσαν, ὡς λέγουσι
Πραίσιοι, ἐσοικίζεσθαι ἄλλους τε ἀνθρώπους καὶ
μάλιστα "Ελληνας, τρίτῃ δὲ γενεῇ μετὰ Μίνων
τελευτήσαντα γενέσθαι τὰ Τρωικά, ἐν τοῖσι οὐ
φλαυροτάτους φαίνεσθαι ἐόντας Κρῆτας τιμωροὺς
Μενέλεῳ. ἀπὸ τούτων δέ σφι ἀπονοστήσασι ἐκ
Τροίης λιμόν τε καὶ λοιμὸν γενέσθαι καὶ αὐτοῖσι
καὶ τοῖσι προβάτοισι, ἔστε τὸ δεύτερον ἐρη-
μωθείσης Κρήτης μετὰ τῶν ὑπολοίπων τρίτους
αὐτὴν νῦν νέμεσθαι Κρῆτας. ἡ μὲν δὴ Πυθίη
ὑπομνήσασα ταῦτα ἔσχε βουλομένους τιμωρέειν
τοῖσι "Ελλησι.

172. Θεσσαλοὶ δὲ ὑπὸ ἀναγκαίης τὸ πρῶτον
ἐμήδισαν, ὡς διέδεξαν, ὅτι οὔ σφι ἤνδανε τὰ οἱ
'Αλευάδαι ἐμηχανῶντο. ἐπείτε γὰρ ἐπύθοντο
τάχιστα μέλλοντα διαβαίνειν τὸν Πέρσην ἐς τὴν
Εὐρώπην, πέμπουσι ἐς τὸν 'Ισθμὸν ἀγγέλους· ἐν
δὲ τῷ 'Ισθμῷ ἦσαν ἁλισμένοι πρόβουλοι τῆς
'Ελλάδος ἀραιρημένοι ἀπὸ τῶν πολίων τῶν τὰ
ἀμείνω φρονεουσέων περὶ τὴν 'Ελλάδα. ἀπικό-
μενοι δὲ ἐπὶ τούτους τῶν Θεσσαλῶν οἱ ἄγγελοι

Greeks as was made of the Tarentines and Rhegians;
three thousand townsmen of these latter were slain,
who had been constrained by Micythus son of
Choerus to come and help the Tarentines, and of
the Tarentine slain no count was kept. Micythus
was a servant of Anaxilaus, and had been left in
charge of Rhegium; it was he who was banished
from Rhegium and settled in Tegea of Arcadia, and
who set up those many statues at Olympia.

171. But this business of the Rhegians and
Tarentines is a matter apart from my history. Crete
being thus left desolate (so the Praesians say), it
was peopled by Greeks in especial among other men;
and in the third generation after Minos befel the
Trojan business, wherein the Cretans bore themselves
as bravely as any in the cause of Menelaus. After
this when they returned from Troy they and their
flocks and herds were afflicted by famine and
pestilence, till Crete was once more left desolate;
then came a third people of Cretans, and it is they
who, with those that were left, now dwell there.
It was this that the priestess bade them remember,
and so stayed them from aiding the Greeks as they
would have done.

172. The Thessalians had at first taken the Persian
part not willingly but of necessity, as their acts
showed, because they misliked the devices of the
Aleuadae. For as soon as they heard that the
Persian was about to cross over into Europe, they
sent messengers to the Isthmus, where were as-
sembled in council for the Greek cause men chosen
from the cities that had the best will towards Hellas.
To these the Thessalian messengers came, and said,

ἔλεγον "'Άνδρες Έλληνες, δεῖ φυλάσσεσθαι τὴν
ἐσβολὴν τὴν Ὀλυμπικήν, ἵνα Θεσσαλίη τε καὶ ἡ
σύμπασα ᾖ Ἑλλὰς ἐν σκέπῃ τοῦ πολέμου. ἡμεῖς
μέν νυν ἕτοιμοι εἰμὲν συμφυλάσσειν, πέμπειν δὲ
χρὴ καὶ ὑμέας στρατιὴν πολλήν, ὡς, εἰ μὴ
πέμψετε, ἐπίστασθε ἡμέας ὁμολογήσειν τῷ Πέρσῃ·
οὐ γάρ τι προκατημένους τοσοῦτο πρὸ τῆς ἄλλης
Ἑλλάδος μούνους πρὸ ὑμέων δεῖ ἀπολέσθαι.
βοηθέειν δὲ οὐ βουλόμενοι ἀναγκαίην ἡμῖν
οὐδεμίαν οἷοί τε ἐστὲ προσφέρειν· οὐδαμὰ γὰρ
ἀδυνασίης ἀνάγκη κρέσσων ἔφυ. ἡμεῖς δὲ πειρησό-
μεθα αὐτοί τινα σωτηρίην μηχανώμενοι."

173. Ταῦτα ἔλεγον οἱ Θεσσαλοί. οἱ δὲ Ἕλληνες
πρὸς ταῦτα ἐβουλεύσαντο ἐς Θεσσαλίην πέμπειν
κατὰ θάλασσαν πεζὸν στρατὸν φυλάξοντα τὴν
ἐσβολήν. ὡς δὲ συνελέχθη ὁ στρατός, ἔπλεε δι'
Εὐρίπου· ἀπικόμενος δὲ τῆς Ἀχαιίης ἐς Ἄλον,
ἀποβὰς ἐπορεύετο ἐς Θεσσαλίην, τὰς νέας αὐτοῦ
καταλιπών, καὶ ἀπίκετο ἐς τὰ Τέμπεα ἐς τὴν
ἐσβολὴν ᾗ περ ἀπὸ Μακεδονίης τῆς κάτω ἐς
Θεσσαλίην φέρει παρὰ ποταμὸν Πηνειόν, μεταξὺ
δὲ Ὀλύμπου τε ὄρεος ἐόντα καὶ τῆς Ὄσσης.
ἐνθαῦτα ἐστρατοπεδεύοντο τῶν Ἑλλήνων κατὰ
μυρίους ὁπλίτας συλλεγέντες, καί σφι προσῆν ἡ
Θεσσαλῶν ἵππος· ἐστρατήγεε δὲ Λακεδαιμονίων
μὲν Εὐαίνετος ὁ Καρήνου ἐκ τῶν πολεμάρχων
ἀραιρημένος, γένεος μέντοι ἐὼν οὐ τοῦ βασιληίου,
Ἀθηναίων δὲ Θεμιστοκλέης ὁ Νεοκλέος. ἔμειναν
δὲ ὀλίγας ἡμέρας ἐνθαῦτα· ἀπικόμενοι γὰρ
ἄγγελοι παρὰ Ἀλεξάνδρου τοῦ Ἀμύντεω ἀνδρὸς
Μακεδόνος συνεβούλευόν σφι ἀπαλλάσσεσθαι
μηδὲ μένοντας ἐν τῇ ἐσβολῇ καταπατηθῆναι ὑπὸ

"Men of Hellas, the pass of Olympus must be guarded, that Thessaly and all Hellas may be sheltered from the war. Now we are ready to guard it with you; but you too must send a great force; if you will not send it, be assured that we shall make terms with the Persian; for it is not right that we should be left to stand alone for an outpost of Hellas and so perish for your sakes. If you will not send help, there is no constraint that you can put upon us; for no necessity can prevail over lack of ability. As for us, we will essay for ourselves to find some way of deliverance." Thus spoke the men of Thessaly.

173. Thereupon the Greeks resolved that they would send a land army to Thessaly by sea to guard the pass. When the army had mustered, they passed through the Euripus, and came to Alus in Achaea, where they disembarked and took the road for Thessaly, leaving their ships where they were; and they came to the pass of Tempe, which runs from the lower [1] Macedonia into Thessaly along the river Peneus, between the mountains Olympus and Ossa. There the Greeks encamped, to the number of about ten thousand men-at-arms altogether, and the Thessalian horse was there withal; the general of the Lacedaemonians was Euaenetus son of Carenus, chosen among the polemarchs, yet not of the royal house; and of the Athenians, Themistocles son of Neocles. They remained but a few days there; for messengers came from Alexander son of Amyntas, the Macedonian, counselling them to depart and not abide there to be trodden under foot of the invading

---

[1] As opposed to the hill country further inland.

τοῦ στρατοῦ τοῦ ἐπιόντος, σημαίνοντες τὸ πλῆθός
τε τῆς στρατιῆς καὶ τὰς νέας. ὡς δὲ οὗτοί σφι
ταῦτα συνεβούλευον, χρηστὰ γὰρ ἐδόκεον συμβου-
λεύειν καί σφι εὔνοος ἐφαίνετο ἐὼν ὁ Μακεδών,
ἐπείθοντο. δοκέειν δέ μοι, ἀρρωδίη ἦν τὸ πεῖθον, ὡς
ἐπύθοντο καὶ ἄλλην ἐοῦσαν ἐσβολὴν ἐς Θεσσαλοὺς
κατὰ τὴν ἄνω Μακεδονίην διὰ Περραιβῶν κατὰ
Γόννον πόλιν, τῇ περ δὴ καὶ ἐσέβαλε ἡ στρατιὴ ἡ
Ξέρξεω. καταβάντες δὲ οἱ Ἕλληνες ἐπὶ τὰς νέας
ὀπίσω ἐπορεύοντο ἐς τὸν Ἰσθμόν.

174. Αὕτη ἐγένετο ἡ ἐς Θεσσαλίην στρατηίη,
βασιλέος τε μέλλοντος διαβαίνειν ἐς τὴν Εὐρώπην
ἐκ τῆς Ἀσίης καὶ ἐόντος ἤδη ἐν Ἀβύδῳ. Θεσσα-
λοὶ δὲ ἐρημωθέντες συμμάχων οὕτω δὴ ἐμήδισαν
προθύμως οὐδ᾽ ἔτι ἐνδοιαστῶς, ὥστε ἐν τοῖσι
πρήγμασι ἐφαίνοντο βασιλέι ἄνδρες ἐόντες
χρησιμώτατοι.

175. Οἱ δὲ Ἕλληνες ἐπείτε ἀπίκατο ἐς τὸν
Ἰσθμόν, ἐβουλεύοντο πρὸς τὰ λεχθέντα ἐξ
Ἀλεξάνδρου τῇ τε στήσονται τὸν πόλεμον καὶ
ἐν οἵοισι χώροισι. ἡ νικῶσα δὲ γνώμη ἐγίνετο
τὴν ἐν Θερμοπύλῃσι ἐσβολὴν φυλάξαι· στεινο-
τέρη γὰρ ἐφαίνετο ἐοῦσα τῆς ἐς Θεσσαλίην καὶ
ἅμα ἀγχοτέρη[1] τῆς ἑωυτῶν· τὴν δὲ ἀτραπόν,
δι᾽ ἣν ἥλωσαν οἱ ἁλόντες Ἑλλήνων ἐν Θερμο-
πύλῃσι, οὐδὲ ᾔδεσαν ἐοῦσαν πρότερον ἤ περ
ἀπικόμενοι ἐς Θερμοπύλας ἐπύθοντο Τρηχινίων.
ταύτην ὦν ἐβουλεύσαντο φυλάσσοντες τὴν ἐσβο-
λὴν μὴ παριέναι ἐς τὴν Ἑλλάδα τὸν βάρβαρον, τὸν

---

[1] MS. ἀγχοτέρη τε, in consequence of which Stein marks
a lacuna, for words (e. g. καὶ μούνη) corresponding to τε, after
ἑωυτῶν. But τε may easily be a mistake, arising out of τῆς.

host; whereby the message signified the multitude of the army, and the ships. Thus admonished by the messengers (as they thought that the advice was good and that the Macedonian meant well by them), the Greeks followed their counsel. But to my thinking what persuaded them was fear, since they were informed that there was another pass leading into Thessaly by the hill country of Macedonia through the country of the Perrhaebi, near the town of Gonnus; which indeed was the way whereby Xerxes' army descended on Thessaly. So the Greeks went down to their ships and made their way back to the Isthmus.

174. This was their expedition to Thessaly, while the king was planning to cross into Europe from Asia and was already at Abydos. The Thessalians, being bereft of their allies, did thereupon take the Persian part whole-heartedly and with no further doubt, so that in their acts they approved themselves men most useful to the king.

175. Being come to the Isthmus, the Greeks consulted together how and where they should stand to fight, having regard to what was said by Alexander. The counsel that prevailed was, that they should guard the pass of Thermopylae; for they saw that it was narrower than the pass into Thessaly and moreover nearer home; and for the path which brought about the fall of those Greeks who fell at Thermopylae, they knew not even that there was one till they came to Thermopylae and learnt of it from the men of Trachis. This pass then they were resolved to guard, and so stay the foreigners' passage into Hellas, while their fleet should sail to

δὲ ναυτικὸν στρατὸν πλέειν γῆς τῆς Ἱστιαιώτιδος
ἐπὶ Ἀρτεμίσιον. ταῦτα γὰρ ἀγχοῦ τε ἀλλήλων
ἐστὶ ὥστε πυνθάνεσθαι τὰ κατὰ ἑκατέρους ἐόντα,
οἵ τε χῶροι οὕτω ἔχουσι.

176. Τοῦτο μὲν τὸ Ἀρτεμίσιον· ἐκ τοῦ πελά-
γεος τοῦ Θρηικίου ἐξ εὐρέος συνάγεται ἐς στεινὸν
ἐόντα τὸν πόρον τὸν μεταξὺ νήσου τε Σκιάθου καὶ
ἠπείρου Μαγνησίης· ἐκ δὲ τοῦ στεινοῦ τῆς Εὐβοίης
ἤδη τὸ Ἀρτεμίσιον δέκεται αἰγιαλός, ἐν δὲ Ἀρτέ-
μιδος ἱρόν. ἡ δὲ αὖ διὰ Τρηχῖνος ἔσοδος ἐς τὴν
Ἑλλάδα ἐστὶ τῇ στεινοτάτῃ ἡμίπλεθρον. οὐ
μέντοι κατὰ τοῦτό γε ἐστὶ τὸ στεινότατον· τῆς
χώρης τῆς ἄλλης, ἀλλ' ἔμπροσθέ τε Θερμοπυλέων
καὶ ὄπισθε, κατά τε Ἀλπηνοὺς ὄπισθε ἐόντας
ἐοῦσα ἀμαξιτὸς μούνη, καὶ ἔμπροσθε κατὰ Φοίνικα
ποταμὸν ἀγχοῦ Ἀνθήλης πόλιος ἄλλη ἀμαξιτὸς
μούνη. τῶν δὲ Θερμοπυλέων τὸ μὲν πρὸς ἑσπέρης
ὄρος ἄβατόν τε καὶ ἀπόκρημνον, ὑψηλόν, ἀνατεῖνον
ἐς τὴν Οἴτην· τὸ δὲ πρὸς τὴν ἠῶ τῆς ὁδοῦ θάλασσα
ὑποδέκεται καὶ τενάγεα. ἔστι δὲ ἐν τῇ ἐσόδῳ
ταύτῃ θερμὰ λουτρά, τὰ Χύτρους καλέουσι οἱ
ἐπιχώριοι, καὶ βωμὸς ἵδρυται Ἡρακλέος ἐπ' αὐ-
τοῖσι. ἐδέδμητο δὲ τεῖχος κατὰ ταύτας τὰς
ἐσβολάς, καὶ τό γε παλαιὸν πύλαι ἐπῆσαν.
ἔδειμαν δὲ Φωκέες τὸ τεῖχος δείσαντες, ἐπεὶ
Θεσσαλοὶ ἦλθον ἐκ Θεσπρωτῶν οἰκήσοντες γῆν
τὴν Αἰολίδα τήν περ νῦν ἐκτέαται. ἅτε δὴ πειρω-
μένων τῶν Θεσσαλῶν καταστρέφεσθαι σφέας,
τοῦτο προεφυλάξαντο οἱ Φωκέες, καὶ τὸ ὕδωρ τὸ

---

[1] Hellas in the narrower sense, not including Thessaly.
[2] Herodotus' points of the compass are wrong throughout

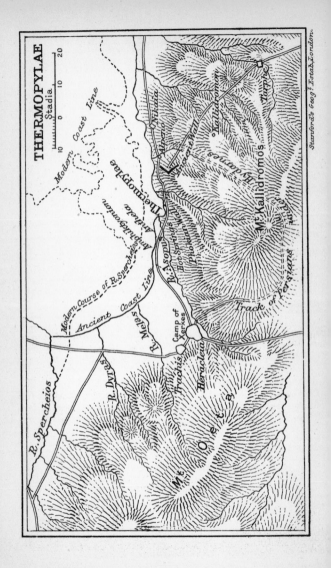

THERMOPYLAE

Stadia.

10 0 10 20

Modern Coast Line

Thermopylae

Anthela

Amphiktyonion

Modern Course of R.Spercheios

Ancient Coast Line

R.Melas

R.Asopos

Hot Springs

Nikaia

Anopaia

Middle Wall

Kallidromon

Track of Persians

Mt Kallidromos

Trachis

Heraclea

Camp of Xerxes

R.Dyras

R. Spercheios

Mt Oeta

Stanford's Geog.l Estab.t London.

Artemisium in the territory of Histiaea. These places are near together, so that each force could be informed of the other's doings; and their nature is as I will now show.

176. As touching Artemisium first: the wide Thracian sea draws in till the passage between the island of Sciathus and the mainland of Magnesia is but narrow; and this strait leads next to Artemisium, which is a beach on the coast of Euboea, with a temple of Artemis thereon. The pass through Trachis into Hellas [1] is at its narrowest fifty feet wide. Yet it is not here but elsewhere that the way is narrowest, namely, in front of Thermopylae and behind it; at Alpeni, which lies behind, it is but the breadth of a cart-way, and the same at the Phoenix stream, near the town of Anthele. To the west [2] of Thermopylae rises a high mountain inaccessible and precipitous, a spur of Oeta; to the east of the road there is nought but marshes and sea. In this pass are warm springs for bathing, called by the people of the country The Pots, and an altar of Heracles stands thereby. Across this entry a wall had been built, and formerly there was a gate therein; it was built by the Phocians [3] for fear of the Thessalians, when these came from Thesprotia to dwell in the Aeolian land which they now possess; inasmuch as the Thessalians were essaying to subdue them, the Phocians made this their protection, and in their

in his description of Thermopylae; the road runs east and west, not north and south as he supposes; so "west" here should be "south" and "east" "north." "In front" and "behind" are equivalent to "west" and "east" respectively.

[3] It is to be noted that in 480 the pass of Thermopylae was no longer in Phocian territory.

θερμὸν τότε ἐπῆκαν ἐπὶ τὴν ἔσοδον, ὡς ἂν χαρα-
δρωθείη ὁ χῶρος, πᾶν μηχανώμενοι ὅκως μὴ σφι
ἐσβάλοιεν οἱ Θεσσαλοὶ ἐπὶ τὴν χώρην. τὸ μέν
νυν τεῖχος τὸ ἀρχαῖον ἐκ παλαιοῦ τε ἐδέδμητο καὶ
τὸ πλέον αὐτοῦ ἤδη ὑπὸ χρόνου ἔκειτο· τοῖσι δὲ
αὖτις ὀρθώσασι ἔδοξε ταύτῃ ἀπαμύνειν ἀπὸ τῆς
Ἑλλάδος τὸν βάρβαρον. κώμη δὲ ἐστὶ ἀγχοτάτω
τῆς ὁδοῦ Ἀλπηνοὶ οὔνομα· ἐκ ταύτης δὲ ἐπισιτιεῖ-
σθαι ἐλογίζοντο οἱ Ἕλληνες.

177. Οἱ μέν νυν χῶροι οὗτοι τοῖσι Ἕλλησι
εἶναι ἐφαίνοντο ἐπιτήδεοι· πάντα γὰρ προσκεψά-
μενοι καὶ ἐπιλογισθέντες ὅτι οὔτε πλήθεϊ ἕξουσι
χρᾶσθαι οἱ βάρβαροι οὔτε ἵππῳ, ταύτῃ σφι ἔδοξε
δέκεσθαι τὸν ἐπιόντα ἐπὶ τὴν Ἑλλάδα. ὡς δὲ
ἐπύθοντο τὸν Πέρσην ἐόντα ἐν Πιερίῃ, διαλυθέντες
ἐκ τοῦ Ἰσθμοῦ ἐστρατεύοντο αὐτῶν οἱ μὲν ἐς
Θερμοπύλας πεζῇ, ἄλλοι δὲ κατὰ θάλασσαν ἐπ'
Ἀρτεμίσιον.

178. Οἱ μὲν δὴ Ἕλληνες κατὰ τάχος ἐβοήθεον
διαταχθέντες, Δελφοὶ δ' ἐν τούτῳ τῷ χρόνῳ
ἐχρηστηριάζοντο τῷ θεῷ ὑπὲρ ἑωυτῶν καὶ τῆς
Ἑλλάδος καταρρωδηκότες, καί σφι ἐχρήσθη ἀνέ-
μοισι εὔχεσθαι· μεγάλους γὰρ τούτους ἔσεσθαι
τῇ Ἑλλάδι συμμάχους. Δελφοὶ δὲ δεξάμενοι τὸ
μαντήιον πρῶτα μὲν Ἑλλήνων τοῖσι βουλομένοισι
εἶναι ἐλευθέροισι ἐξήγγειλαν τὰ χρησθέντα αὐτοῖ-
σι, καί σφι δεινῶς καταρρωδέουσι τὸν βάρβαρον
ἐξαγγείλαντες χάριν ἀθάνατον κατέθεντο. μετὰ
δὲ ταῦτα οἱ Δελφοὶ τοῖσι ἀνέμοισι βωμόν τε
ἀπέδεξαν ἐν Θυίῃ, τῇ περ τῆς Κηφισοῦ θυγατρὸς
Θυίης τὸ τέμενος ἐστί, ἐπ' ἧς καὶ ὁ χῶρος οὗτος
τὴν ἐπωνυμίην ἔχει, καὶ θυσίῃσι σφέας μετήισαν.

494

search for every means to keep the Thessalians from
invading their country they then turned the stream
from the hot springs into the pass, that it might be a
watercourse. The ancient wall had been built long
ago and time had by now laid the most of it in ruins;
it was now built up again, that the foreigners' way
into Hellas might thus be barred. Very near the
road is a village, called Alpeni, whence the Greeks
reckoned that they would get provender.

177. These places, then, were thought by the
Greeks to suit their purpose; for after due survey
they reckoned that the foreigners could not make use
of their multitude, nor of their horsemen; and there-
fore they resolved, that here they would encounter
the invader of Hellas. Then, hearing that the
Persian was in Pieria, they broke up from the
Isthmus and set out with their army to Thermopylae
and their fleet to Artemisium.

178. So with all speed the Greeks went their
several ways to meet the enemy. In the meantime,
the Delphians, being sore afraid for themselves and
for Hellas, enquired of the god, and the oracle was
given them, That they should pray to the winds;
for these would be potent allies of Hellas. Having
received the oracle, the Delphians first sent word of
it to such Greeks as desired to be free, for which
message in their mortal fear of the foreigner these
were for ever grateful; and next, they made an altar
to the winds at Thyia, where is now the precinct of
Thyia the daughter of Cephisus; and they offered
sacrifices to them.

495

179. Δελφοὶ μὲν δὴ κατὰ τὸ χρηστήριον ἔτι καὶ νῦν τοὺς ἀνέμους ἱλάσκονται. ὁ δὲ ναυτικὸς Ξέρξεω στρατὸς ὁρμώμενος ἐκ Θέρμης πόλιος παρέβαλε νηυσὶ τῆσι ἄριστα πλεούσῃσι δέκα ἰθὺ Σκιάθου, ἔνθα ἦσαν προφυλάσσουσαι νέες τρεῖς Ἑλληνίδες, Τροιζηνίη τε καὶ Αἰγιναίη καὶ Ἀττική. προϊδόντες δὲ οὗτοι τὰς νέας τῶν βαρβάρων ἐς φυγὴν ὥρμησαν.

180. Τὴν μὲν δὴ Τροιζηνίην, τῆς ἦρχε Πρηξῖνος, αὐτίκα αἱρέουσι ἐπισπόμενοι οἱ βάρβαροι, καὶ ἔπειτα τῶν ἐπιβατέων αὐτῆς τὸν καλλιστεύοντα ἀγαγόντες ἐπὶ τῆς πρώρης τῆς νεὸς ἔσφαξαν, διαδέξιον¹ ποιεύμενοι τὸν εἷλον τῶν Ἑλλήνων πρῶτον καὶ κάλλιστον. τῷ δὲ σφαγιασθέντι τούτῳ οὔνομα ἦν Λέων· τάχα δ᾽ ἄν τι καὶ τοῦ οὐνόματος ἐπαύροιτο.

181. Ἡ δὲ Αἰγιναίη, τῆς ἐτριηράρχεε Ἀσωνίδης, καί τινά σφι θόρυβον παρέσχε, Πυθέω τοῦ Ἰσχενόου ἐπιβατεύοντος, ἀνδρὸς ἀρίστου γενομένου ταύτην τὴν ἡμέρην· ὃς ἐπειδὴ ἡ νηῦς ἡλίσκετο ἐς τοῦτο ἀντεῖχε μαχόμενος ἐς ὃ κατεκρεουργήθη ἅπας. ὡς δὲ πεσὼν οὐκ ἀπέθανε ἀλλ᾽ ἦν ἔμπνοος, οἱ Πέρσαι, οἵ περ ἐπεβάτευον ἐπὶ τῶν νεῶν, δι᾽ ἀρετὴν τὴν ἐκείνου περιποιῆσαί μιν περὶ πλείστου ἐποιήσαντο, σμύρνῃσί τε ἰώμενοι τὰ ἕλκεα καὶ σινδόνος βυσσίνης τελαμῶσι κατειλίσσοντες· καί μιν, ὡς ὀπίσω ἀπίκοντο ἐς τὸ ἑωυτῶν στρατόπεδον, ἐπεδείκνυσαν ἐκπαγλεόμενοι πάσῃ τῇ στρατιῇ περιέποντες εὖ. τοὺς δὲ ἄλλους τοὺς ἔλαβον ἐν τῇ νηὶ ταύτῃ περιεῖπον ὡς ἀνδράποδα.

¹ διαδέξιον has been otherwise translated, as meaning "of

496

179. So the Delphians offer to the winds sacrifice of propitiation to this day by the oracle's bidding. But Xerxes' fleet set forth from the city of Therma, and the ten swiftest of the ships laid their course straight for Sciathus, where there lay an advance guard of three Greek ships, a Troezenian and an Aeginetan and an Attic. These, when they sighted the foreigners' ships, took to flight.

180. The ship of Troezen, whereof Prexinus was captain, was pursued and straightway taken by the foreigners, who thereupon brought the goodliest of its fighting men and cut his throat on the ship's prow, so making a common sacrifice [1] of the first and goodliest of their Greek captives. The name of him that was thus offered up was Leon; and mayhap it was his name that he had to thank for it.

181. But the Aeginetan trireme, whereof Asonides was captain, did even give them some trouble. There was a fighting man aboard, Pytheas son of Ischenous, who that day bore himself very gallantly; for his ship being taken, he would not give over fighting till he was all hacked about with wounds; and when he fell, yet was not slain but had life in him, the Persian soldiers on the ships were at great pains to save him alive for his valour, tending his wounds with ointments and wrapping him in bandages of linen cloth [2]; and when they returned back to their own station, they showed him to the whole host, and made much of him and kindly entreated him. But the rest that they took in that ship they used as slaves.

good augury"; Stein derives it rather from διαδέχεσθαι, supposing the meaning to be "a sacrifice where the portions of the victim are handed round among the sacrificers."

[2] Commonly used for mummy-wrappings in Egypt; cp. II. 86.

182. Αἱ μὲν δὴ δύο τῶν νεῶν οὕτω ἐχειρώθησαν·
ἡ δὲ τρίτη, τῆς ἐτριηράρχεε Φόρμος ἀνὴρ Ἀθη-
ναῖος, φεύγουσα ἐξοκέλλει ἐς τὰς ἐκβολὰς τοῦ
Πηνειοῦ, καὶ τοῦ μὲν σκάφεος ἐκράτησαν οἱ
βάρβαροι, τῶν δὲ ἀνδρῶν οὔ· ὡς γὰρ δὴ τάχιστα
ἐπώκειλαν τὴν νέα οἱ Ἀθηναῖοι, ἀποθορόντες κατὰ
Θεσσαλίην πορευόμενοι ἐκομίσθησαν ἐς Ἀθήνας.
183. Ταῦτα οἱ Ἕλληνες οἱ ἐπ᾽ Ἀρτεμισίῳ
στρατοπεδευόμενοι πυνθάνονται παρὰ πυρσῶν ἐκ
Σκιάθου· πυθόμενοι δὲ καὶ καταρρωδήσαντες ἀπὸ
τοῦ Ἀρτεμισίου μετορμίζοντο ἐς Χαλκίδα, φυλά-
ξοντες μὲν τὸν Εὔριπον, λείποντες δὲ ἡμεροσκόπους
περὶ τὰ ὑψηλὰ τῆς Εὐβοίης. τῶν δὲ δέκα νεῶν
τῶν βαρβάρων τρεῖς ἐπήλασαν περὶ τὸ ἕρμα τὸ
μεταξὺ ἐὸν Σκιάθου τε καὶ Μαγνησίης, καλεόμενον
δὲ Μύρμηκα. ἐνθαῦτα οἱ βάρβαροι ἐπειδὴ στήλην
λίθου ἐπέθηκαν κομίσαντες ἐπὶ τὸ ἕρμα, ὁρμη-
θέντες αὐτοὶ ἐκ Θέρμης, ὥς σφι τὸ ἐμποδὼν
ἐγεγόνεε καθαρόν, ἐπέπλεον πάσῃσι τῇσι νηυσί,
ἕνδεκα ἡμέρας παρέντες μετὰ τὴν βασιλέος
ἐξέλασιν ἐκ Θέρμης. τὸ δὲ ἕρμα σφι κατηγήσατο
ἐὸν ἐν πόρῳ μάλιστα Πάμμων Σκύριος. πανημερὸν
δὲ πλέοντες οἱ βάρβαροι ἐξανύουσι τῆς Μαγνησίης
χώρης ἐπὶ Σηπιάδα τε καὶ τὸν αἰγιαλὸν τὸν
μεταξὺ Κασθαναίης τε πόλιος ἐόντα καὶ Σηπιάδος
ἀκτῆς.
184. Μέχρι μὲν νυν τούτου τοῦ χώρου καὶ
Θερμοπυλέων ἀπαθής τε κακῶν ἦν ὁ στρατός, καὶ
πλῆθος ἦν τηνικαῦτα ἔτι, ὡς ἐγὼ συμβαλλόμενος
εὑρίσκω, τῶν μὲν ἐκ τῶν νεῶν τῶν ἐκ τῆς Ἀσίης,
ἐουσέων ἑπτὰ καὶ διηκοσιέων καὶ χιλιέων, τὸν
μὲν ἀρχαῖον ἑκάστων τῶν ἐθνέων ἐόντα ὅμιλον
498

182. So two of the ships were thus made captive; the third trireme, whereof Phormus an Athenian was captain, ran ashore in her flight at the mouth of the Peneus, and the foreigners got the hull of her, but not the crew; for the Athenians, as soon as they had run their craft aground, leapt out of her and made their way through Thessaly to Athens.

183. The Greeks that had their station at Artemisium were informed of these matters by beacons from Sciathus; whereupon, being affrighted, they changed their anchorage from Artemisium to Chalcis, purposing to guard the Euripus, and leaving watchmen on the heights of Euboea. Three of the ten foreign ships ran foul of the reef called the Ant, between Sciathus and Magnesia. The foreigners then brought a pillar of stone and set it on the reef; and presently, when their course was plain before them, the whole fleet set forth and sailed from Therma, eleven days after the king had marched thence. Pammon of Scyros it was who showed them where the reef lay, in the strait itself. Voyaging all day, the foreign fleet made Sepias in Magnesia and the beach between the town of Casthanaea and the Sepiad headland.

184. Until the whole host reached this place and Thermopylae it suffered no hurt; and calculation proves to me that its numbers were still such as I will now show. The ships from Asia being twelve hundred and seven, the whole multitude of all the nations, which was in them from the first, was two

τέσσερας καὶ εἴκοσι μυριάδας καὶ πρὸς χιλιάδα τε
καὶ τετρακοσίους, ὡς ἀνὰ διηκοσίους ἄνδρας λογιζο-
μένοισι ἐν ἑκάστῃ νηί. ἐπεβάτευον δὲ ἐπὶ τού-
τέων τῶν νεῶν, χωρὶς ἑκάστων τῶν ἐπιχωρίων
ἐπιβατέων, Περσέων τε καὶ Μήδων καὶ Σακέων
τριήκοντα ἄνδρες. οὗτος ἄλλος ὅμιλος γίνεται
τρισμύριοι καὶ ἑξακισχίλιοι καὶ πρὸς διηκόσιοί
τε καὶ δέκα. προσθήσω δ᾽ ἔτι τούτῳ καὶ τῷ
προτέρῳ ἀριθμῷ τοὺς ἐκ τῶν πεντηκοντέρων,
ποιήσας, ὅ τι πλέον ἦν αὐτῶν ἢ ἔλασσον, ἀν᾽
ὀγδώκοντα ἄνδρας ἐνεῖναι. συνελέχθη δὲ ταῦτα
τὰ πλοῖα, ὡς καὶ πρότερον εἰρέθη, τρισχίλια.
ἤδη ὦν ἄνδρες ἂν εἶεν ἐν αὐτοῖσι τέσσερες μυριά-
δες καὶ εἴκοσι. τοῦτο μὲν δὴ τό ἐκ τῆς Ἀσίης
ναυτικὸν ἦν, σύμπαν ἐὸν πεντήκοντα μυριάδες καὶ
μία, χιλιάδες δὲ ἔπεισι ἐπὶ ταύτῃσι ἑπτὰ καὶ
πρὸς ἑκατοντάδες ἓξ καὶ δεκάς. τοῦ δὲ πεζοῦ
ἑβδομήκοντα καὶ ἑκατὸν μυριάδες ἐγένοντο, τῶν
δὲ ἱππέων ὀκτὼ μυριάδες. προσθήσω δ᾽ ἔτι
τούτοισι τὰς καμήλους τοὺς ἐλαύνοντας Ἀραβίους
καὶ τοὺς τὰ ἄρματα Λίβυας, πλῆθος ποιήσας
δισμυρίους ἄνδρας. καὶ δὴ τό τε ἐκ τῶν νεῶν
καὶ τοῦ πεζοῦ πλῆθος συντιθέμενον γίνεται διη-
κόσιαί τε μυριάδες καὶ τριήκοντα καὶ μία, καὶ
πρὸς χιλιάδες ἑπτὰ καὶ ἑκατοντάδες ἓξ καὶ δεκάς.
τοῦτο μὲν τὸ ἐξ αὐτῆς τῆς Ἀσίης στράτευμα
ἐξαναχθὲν εἴρηται, ἄνευ τε τῆς θεραπηίης τῆς
ἑπομένης καὶ τῶν σιταγωγῶν πλοίων καὶ ὅσοι
ἐνέπλεον τούτοισι.

185. Τὸ δὲ δὴ ἐκ τῆς Εὐρώπης ἀγόμενον
στράτευμα ἔτι προσλογιστέα τούτῳ παντὶ τῷ
ἐξηριθμημένῳ· δόκησιν δὲ δεῖ λέγειν. νέας μέν

hundred and forty-one thousand and four hundred
men, two hundred being reckoned for each ship.[1]
On board of all these ships were thirty fighting men
of the Persians and Medes and Sacae, over and above
the company which each had of native fighters; the
sum of this added multitude is thirty-six thousand,
two hundred and ten. But to this and to the first
number I add the crews of the ships of fifty oars,
reckoning each at eighty men, be they more or
fewer. Now seeing that, as has already been said,[2]
there were collected three thousand of these craft,
the number of men in them must be on that showing
two hundred and forty thousand. These then were
the ships' companies from Asia, and the total sum of
them was five hundred and seventeen thousand, six
hundred and ten. The footmen were shown to be
seven hundred thousand and one hundred in number,
and the horsemen eighty thousand; to whom I add
the Arabian camel-riders and Libyan charioteers,
reckoning them at twenty thousand men. Thus if
the forces of sea and land be added together their total
sum will be two millions, three hundred and seven-
teen thousand, six hundred and ten. Thus far I
have spoken of the armament that came from Asia
itself, without the service-train that followed it and
the corn-bearing craft and the companies thereof.

185. But I must still take into account, besides all
the host that I have numbered, the armament brought
from Europe, speaking to the best of my belief.

---

[1] 200 was the usual complement for a Greek trireme—
170 rowers, 30 fighters.

[2] In 97. But Herodotus' total of 3000 there is only partly
composed of fifty-oared ships.

νυν οἱ ἀπὸ Θρηίκης Ἕλληνες καὶ οἱ ἐκ τῶν νήσων
τῶν ἐπικειμενέων τῇ Θρηίκῃ παρείχοντο εἴκοσι
καὶ ἑκατόν· ἐκ μέν νυν τουτέων τῶν νεῶν ἄνδρες
τετρακισχίλιοι καὶ δισμύριοι γίνονται. πεζοῦ δὲ
τὸν Θρήικες παρείχοντο καὶ Παίονες καὶ Ἐορδοὶ
καὶ Βοττιαῖοι καὶ τὸ Χαλκιδικὸν γένος καὶ Βρύγοι
καὶ Πίερες καὶ Μακεδόνες καὶ Περραιβοὶ καὶ
Ἐνιῆνες καὶ Δόλοπες καὶ Μάγνητες καὶ Ἀχαιοὶ
καὶ ὅσοι τῆς Θρηίκης τὴν παραλίην νέμονται,
τούτων τῶν ἐθνέων τριήκοντα μυριάδας δοκέω
γενέσθαι. αὗται ὧν αἱ μυριάδες ἐκείνῃσι προσ-
τεθεῖσαι τῇσι ἐκ τῆς Ἀσίης, γίνονται αἱ πᾶσαι
ἀνδρῶν αἱ μάχιμοι μυριάδες διηκόσιαι καὶ ἐξή-
κοντα καὶ τέσσερες, ἔπεισι δὲ ταύτῃσι ἑκατοντάδες
ἑκκαίδεκα καὶ δεκάς.

186. Τοῦ μαχίμου δὲ τούτου ἐόντος ἀριθμὸν
τοσούτου, τὴν θεραπηίην τὴν ἑπομένην τούτοισι
καὶ τοὺς ἐν τοῖσι σιταγωγοῖσι ἀκάτοισι ἐόντας καὶ
μάλα ἐν τοῖσι ἄλλοισι πλοίοισι τοῖσι ἅμα πλέουσι
τῇ στρατιῇ, τούτους τῶν μαχίμων ἀνδρῶν οὐ δοκέω
εἶναι ἐλάσσονας ἀλλὰ πλεῦνας. καὶ δή σφεας
ποιέω ἴσους ἐκείνοισι εἶναι καὶ οὔτε πλεῦνας οὔτε
ἐλάσσονας οὐδέν· ἐξισούμενοι δὲ οὗτοι τῷ μαχίμῳ
ἐκπληροῦσι τὰς ἴσας μυριάδας ἐκείνοισι. οὕτω
πεντακοσίας τε μυριάδας καὶ εἴκοσι καὶ ὀκτὼ καὶ
χιλιάδας τρεῖς καὶ ἑκατοντάδας δύο καὶ δεκάδας
δύο ἀνδρῶν ἤγαγε Ξέρξης ὁ Δαρείου μέχρι
Σηπιάδος καὶ Θερμοπυλέων.

187. Οὗτος μὲν δὴ τοῦ συνάπαντος τοῦ Ξέρξεω
στρατεύματος ἀριθμός, γυναικῶν δὲ σιτοποιῶν καὶ
παλλακέων καὶ εὐνούχων οὐδεὶς ἂν εἴποι ἀτρεκέα
ἀριθμόν· οὐδ' αὖ ὑποζυγίων τε καὶ τῶν ἄλλων

For ships, then, the Greeks of Thrace and the islands off Thrace furnished one hundred and twenty; the companies of these ships must then be twenty-four thousand men; and of the land army supplied by all the nations—Thracians, Paeonians, Eordi, Bottiaei, Chalcidians, Brygi, Pierians, Macedonians, Perrhaebi, Enienes, Dolopes, Magnesians, Achaeans, dwellers on the seaboard of Thrace—of all these I suppose the number to have been three hundred thousand. These numbers being added to the numbers from Asia, the full tale of fighting men is seen to be two millions, six hundred and forty-one thousand, six hundred and ten.

186. Such was the sum of the fighting part of the whole; as for the service-train that followed them, and the crews of the light corn-bearing vessels and all the other craft besides that came by sea with the armament, these I suppose to have been no fewer but more than the fighting men. But put the case that they were as many, neither more nor fewer: then if they were equal to the fighting part they make up as many tens of thousands as the others; and thus the number of those whom Xerxes son of Darius led as far as the Sepiad headland and Thermopylae was five millions, two hundred and eighty-three thousand, two hundred and twenty.

187. That is the number of Xerxes' whole armament: but none can say what was the exact sum of cooking women, and concubines, and eunuchs; nor

κτηνέων τῶν ἀχθοφόρων καὶ κυνῶν Ἰνδικῶν τῶν
ἑπομένων, οὐδ᾽ ἂν τούτων ὑπὸ πλήθεος οὐδεὶς ἂν
εἴποι ἀριθμόν. ὥστε οὐδέν μοι θῶμα παρίσταται
προδοῦναι τὰ ῥέεθρα τῶν ποταμῶν ἔστι ὧν, ἀλλὰ
μᾶλλον ὅκως τὰ σιτία ἀντέχρησε θῶμά μοι
μυριάσι τοσαύτῃσι. εὑρίσκω γὰρ συμβαλλό-
μενος, εἰ χοίνικα πυρῶν ἕκαστος τῆς ἡμέρης
ἐλάμβανε καὶ μηδὲν πλέον, ἕνδεκα ` μυριάδας
μεδίμνων τελεομένας ἐπ᾽ ἡμέρῃ ἑκάστῃ καὶ πρὸς
τριηκοσίους τε ἄλλους μεδίμνους καὶ τεσσερά-
κοντα· γυναιξὶ δὲ καὶ εὐνούχοισι καὶ ὑποζυγίοισι
καὶ κυσὶ οὐ λογίζομαι. ἀνδρῶν δὲ ἐουσέων τοσου-
τέων μυριάδων, κάλλεός τε εἵνεκα καὶ μεγάθεος
οὐδεὶς αὐτῶν ἀξιονικότερος ἦν αὐτοῦ Ξέρξεω ἔχειν
τοῦτο τὸ κράτος.

188. Ὁ δὲ δὴ ναυτικὸς στρατὸς ἐπείτε ὁρμηθεὶς
ἔπλεε καὶ κατέσχε τῆς Μαγνησίης χώρης ἐς τὸν
αἰγιαλὸν τὸν μεταξὺ Κασθαναίης τε πόλιος ἐόντα
καὶ Σηπιάδος ἀκτῆς, αἱ μὲν δὴ πρῶται τῶν νεῶν
ὅρμεον πρὸς γῇ, ἄλλαι δ᾽ ἐπ᾽ ἐκείνῃσι ἐπ᾽ ἀγκυρέων·
ἅτε γὰρ τοῦ αἰγιαλοῦ ἐόντος οὐ μεγάλου, πρό-
κροσσαι ὁρμέοντο ἐς πόντον καὶ ἐπὶ ὀκτὼ νέας.
ταύτην μὲν τὴν εὐφρόνην οὕτω, ἅμα δὲ ὄρθρῳ ἐξ
αἰθρίης τε καὶ νηνεμίης τῆς θαλάσσης ζεσάσης
ἐπέπεσέ σφι χειμών τε μέγας καὶ πολλὸς ἄνεμος
ἀπηλιώτης, τὸν δὴ Ἑλλησποντίην καλέουσι οἱ
περὶ ταῦτα τὰ χωρία οἰκημένοι. ὅσοι μέν νυν
αὐτῶν αὐξόμενον ἔμαθον τὸν ἄνεμον καὶ τοῖσι
οὕτω εἶχε ὅρμου, οἳ δ᾽ ἔφθησαν τὸν χειμῶνα ἀνα-
σπάσαντες τὰς νέας, καὶ αὐτοί τε περιῆσαν καὶ αἱ

---

[1] The figure is wrong. Reckoning 48 choenixes to the

of the beasts of draught and burden, and the Indian dogs that were with the host, could any one tell the number, so many they were. Wherefore it is to me no marvel that some of the streams of water ran dry; rather I marvel how there were provisions sufficient for so many tens of thousands; for calculation shows me, that if each man received one choenix of wheat a day and no more, there would be every day a full tale of eleven hundred thousand and three hundred and forty bushels;[1] and in this I take no account of what was for the women and eunuchs and beasts of draught and dogs. Of all those tens of thousands of men, for goodliness and stature there was not one worthier than Xerxes himself to hold that command.

188. The fleet having put to sea and come to the strand of Magnesia which is between the town of Casthanaea and the Sepiad headland, the first comers of the ships lay close to the land, and others outside them at anchor; for the strand being of no great length, they lay eight ships deep, their prows pointing seaward. So it was with them for that night; but at dawn, after clear and calm weather, the sea began to boil, and there brake upon them a great storm and a strong east wind, that wind which the people of that country call the Hellespontian. As many of them as noted the wind's rising, or so lay that this could be done, hauled their ships ashore ere the storm came, and thereby saved themselves

medimnus, Herodotus has of course divided 5,283,220 by 48. The right quotient is 110,067$\frac{1}{2}$. 5,280,000 divided by 48 produces 110,000; 3220 divided by 48 leaves a dividend, after the first stage of division, of 340, and this for some unexplained reason Herodotus has added to the quotient. The medimnus is the chief Attic unit for dry measure; said to be the equivalent of six gallons.

νέες αὐτῶν· ὅσας δὲ τῶν νεῶν μεταρσίας ἔλαβε,
τὰς μὲν ἐξέφερε πρὸς Ἴπνους καλεομένους τοὺς ἐν
Πηλίῳ, τὰς δὲ ἐς τὸν αἰγιαλόν· αἱ δὲ περὶ αὐτὴν
τὴν Σηπιάδα περιέπιπτον, αἱ δὲ ἐς Μελίβοιαν
πόλιν, αἱ δὲ ἐς Κασθαναίην ἐξεβράσσοντο· ἦν τε
τοῦ χειμῶνος χρῆμα ἀφόρητον.

189. Λέγεται δὲ λόγος ὡς Ἀθηναῖοι τὸν Βορέην
ἐκ θεοπροπίου ἐπεκαλέσαντο, ἐλθόντος σφι ἄλλου
χρηστηρίου τὸν γαμβρὸν ἐπίκουρον καλέσασθαι.
Βορέης δὲ κατὰ τὸν Ἑλλήνων λόγον ἔχει γυναῖκα
Ἀττικήν, Ὠρειθυίην τὴν Ἐρεχθέος. κατὰ δὴ τὸ
κῆδος τοῦτο οἱ Ἀθηναῖοι, ὡς φάτις ὅρμηται,
συμβαλλόμενοι σφίσι τὸν Βορέην γαμβρὸν εἶναι,
ναυλοχέοντες τῆς Εὐβοίης ἐν Χαλκίδι ὡς ἔμαθον
αὐξόμενον τὸν χειμῶνα ἢ καὶ πρὸ τούτου, ἐθύοντό
τε καὶ ἐπεκαλέοντο τόν τε Βορέην καὶ τὴν Ὠρει-
θυίην τιμωρῆσαι σφίσι καὶ διαφθεῖραι τῶν βαρ-
βάρων τὰς νέας, ὡς καὶ πρότερον περὶ Ἄθων.
εἰ μέν νυν διὰ ταῦτα τοῖσι βαρβάροισι ὁρμέουσι
Βορέης ἐπέπεσε, οὐκ ἔχω εἰπεῖν· οἱ δ' ὦν Ἀθηναῖοι
σφίσι λέγουσι βοηθήσαντα τὸν Βορέην πρότε-
ρον καὶ τότε ἐκεῖνα κατεργάσασθαι, καὶ ἱρὸν
ἀπελθόντες Βορέω ἱδρύσαντο παρὰ ποταμὸν
Ἰλισσόν.

190. Ἐν τούτῳ τῷ πόνῳ νέας οἱ ἐλαχίστας
λέγουσι διαφθαρῆναι τετρακοσιέων οὐκ ἐλάσσονας,
ἄνδρας τε ἀναριθμήτους χρημάτων τε πλῆθος
ἄφθονον. ὥστε Ἀμεινοκλέι τῷ Κρητίνεω ἀνδρὶ
Μάγνητι γηοχέοντι περὶ Σηπιάδα μεγάλως ἡ
ναυηγίη αὕτη ἐγένετο χρηστή· ὃς πολλὰ μὲν χρύ-
σεα ποτήρια ὑστέρῳ χρόνῳ ἐκβρασσόμενα ἀνείλετο
πολλὰ δὲ ἀργύρεα, θησαυρούς τε τῶν Περσέων

and the ships; but the ships that were caught at sea were driven some on the rocks of Pelion called Ovens, and some on the beach; others were wrecked on the Sepiad headland itself, and others cast up at the town of Meliboea, or at Casthanaea. In truth the storm was past all bearing.

189. There is a tale that the Athenians at an oracle's bidding prayed to Boreas to aid them, another divination having been sent them that they should call for help to their son-in-law; the Greek story makes Boreas the husband of an Attic wife, Orithyia daughter of Erechtheus; by reason of which kinship the Athenians, if the tale current is to be believed, inferred that Boreas was their son-in-law, and when at their station of Chalcis they perceived that the storm was rising, then (or mayhap before that) they offered sacrifice and called on Boreas and Orithyia to aid them and destroy the foreigners' ships, even as before on the coast of Athos. Now if this was the cause that the wind Boreas assailed the foreigners, I cannot tell; however it be, the Athenians say that Boreas came to their aid before and that the present effect was of his achieving; and when they went home they built a temple of Boreas by the river Ilissus.

190. In that stress there perished by the least reckoning not fewer than four hundred ships, and men innumerable and a great plenty of substance; insomuch, that Aminocles son of Cretines, a Magnesian who held land about Sepias, was greatly benefited by that shipwreck; for he presently gathered many drinking-cups of gold and silver that were cast ashore, and he found Persian treasures,

εὗρε, ἄλλα τε¹ ἄφατα χρήματα περιεβάλετο.
ἀλλ' ὃ μὲν τἆλλα οὐκ εὐτυχέων εὑρήμασι μέγα
πλούσιος ἐγένετο· ἦν γάρ τις καὶ τούτον ἄχαρις
συμφορὴ λυπεῦσα παιδοφόνος.

191. Σιταγωγῶν δὲ ὁλκάδων καὶ τῶν ἄλλων
πλοίων διαφθειρομένων οὐκ ἐπῆν ἀριθμός. ὥστε
δείσαντες οἱ στρατηγοὶ τοῦ ναυτικοῦ στρατοῦ μή
σφι κεκακωμένοισι ἐπιθέωνται οἱ Θεσσαλοί, ἕρκος
ὑψηλὸν ἐκ τῶν ναυηγίων περιεβάλοντο· ἡμέρας
γὰρ δὴ ἐχείμαζε τρεῖς. τέλος δὲ ἔντομά τε ποιεῦντες
καὶ καταείδοντες γόησι οἱ Μάγοι τῷ ἀνέμῳ, πρός
τε τούτοισι καὶ τῇ Θέτι καὶ τῇσι Νηρηίσι θύοντες,
ἔπαυσαν τετάρτῃ ἡμέρῃ, ἢ ἄλλως κως αὐτὸς ἐθέλων
ἐκόπασε. τῇ δὲ Θέτι ἔθυον πυθόμενοι παρὰ τῶν
Ἰώνων τὸν λόγον. ὡς ἐκ τοῦ χώρου τούτου
ἁρπασθείη ὑπὸ Πηλέος, εἴη τε ἅπασα ἡ ἀκτὴ ἡ
Σηπιὰς ἐκείνης τε καὶ τῶν ἀλλέων Νηρηίδων.

192. Ὁ μὲν δὴ τετάρτῃ ἡμέρῃ ἐπέπαυτο· τοῖσι
δὲ Ἕλλησι οἱ ἡμεροσκόποι ἀπὸ τῶν ἄκρων τῶν
Εὐβοϊκῶν καταδραμόντες δευτέρῃ ἡμέρῃ ἀπ' ἧς ὁ
χειμὼν ὁ πρῶτος ἐγένετο, ἐσήμαινον πάντα τὰ
γενόμενα περὶ τὴν ναυηγίην. οἳ δὲ ὡς ἐπύθοντο,
Ποσειδέωνι σωτῆρι εὐξάμενοι καὶ σπονδὰς προ-
χέαντες τὴν ταχίστην ὀπίσω ἠπείγοντο ἐπὶ τὸ
Ἀρτεμίσιον, ἐλπίσαντες ὀλίγας τινάς σφι ἀντι-
ξόους ἔσεσθαι νέας.

193. Οἳ μὲν δὴ τὸ δεύτερον ἐλθόντες περὶ τὸ
Ἀρτεμίσιον ἐναυλόχεον, Ποσειδέωνος σωτῆρος
ἐπωνυμίην ἀπὸ τούτου ἔτι καὶ ἐς τόδε νομίζοντες.
οἱ δὲ βάρβαροι, ὡς ἐπαύσατό τε ὁ ἄνεμος καὶ τὸ
κῦμα ἔστρωτο, κατασπάσαντες τὰς νέας ἔπλεον
παρὰ τὴν ἤπειρον, κάμψαντες δὲ τὴν ἄκρην τῆς

and won unspeakable wealth besides. Yet though luck greatly enriched him he was not in all things fortunate, for even he was afflicted by a grievous mischance in the slaying of his son.

191. The corn-bearing ships of merchandise and other craft destroyed were past all counting; wherefore the admirals of the fleet, fearing lest the Thessalians should set upon them in their evil plight, built a high fence of the wreckage for their protection. For the storm lasted for three days; and at last the Magians, by using victims and wizards' spells on the wind, and by sacrificing also to Thetis and the Nereids, did make it to cease on the fourth day, or mayhap it was not of their doing but of itself that it abated. To Thetis they sacrificed after hearing from the Ionians the story how that it was from this country that she had been carried off by Peleus, and all the Sepiad headland belonged to her and the other daughters of Nereus.

192. So on the fourth day the storm ceased; and the watchers ran down from the heights of Euboea on the second day after its beginning and told the Greeks all the story of the shipwreck; who, hearing this, offered prayer and libation to Poseidon their deliverer, and made all speed back to Artemisium, supposing that they would find but few ships to withstand them.

193. So they came back once more and lay off Artemisium; and ever since then to this day they have called Poseidon by the title of Deliverer. The foreigners, when the wind ceased and the waves no more ran high, put to sea and coasted along the

---

[1] ἄλλα τε [χρύσεα] Stein.

Μαγνησίης ἰθέαν ἔπλεον ἐς τὸν κόλπον τὸν ἐπὶ
Παγασέων φέροντα. ἔστι δὲ χῶρος ἐν τῷ κόλπῳ
τούτῳ τῆς Μαγνησίης, ἔνθα λέγεται τὸν Ἡρακλέα
καταλειφθῆναι ὑπὸ Ἰήσονος τε καὶ τῶν συνεταίρων
ἐκ τῆς Ἀργοῦς ἐπ' ὕδωρ πεμφθέντα, εὖτ' ἐπὶ τὸ
κῶας ἔπλεον ἐς Αἶαν τὴν Κολχίδα· ἐνθεῦτεν γὰρ
ἔμελλον ὑδρευσάμενοι ἐς τὸ πέλαγος ἀφήσειν.
ἐπὶ τούτου δὲ τῷ χώρῳ οὔνομα γέγονε Ἀφέται.
ἐν τούτῳ ὦν ὅρμον οἱ Ξέρξεω ἐποιεῦντο.

194. Πεντεκαίδεκα δὲ τῶν νεῶν τουτέων ἔτυχόν
τε ὕσταται πολλὸν ἐξαναχθεῖσαι καί κως κατεῖδον
τὰς ἐπ' Ἀρτεμισίῳ τῶν Ἑλλήνων νέας. ἔδοξάν
τε δὴ τὰς σφετέρας εἶναι οἱ βάρβαροι καὶ πλέοντες
ἐσέπεσον ἐς τοὺς πολεμίους· τῶν ἐστρατήγεε ὁ
ἀπὸ Κύμης τῆς Αἰολίδος ὕπαρχος Σανδώκης ὁ
Θαμασίου τὸν δὴ πρότερον τούτων βασιλεὺς
Δαρεῖος ἐπ' αἰτίη τοιῆδε λαβὼν ἀνεσταύρωσε
ἐόντα τῶν βασιληίων δικαστέων. ὁ Σανδώκης
ἐπὶ χρήμασι ἄδικον δίκην ἐδίκασε. ἀνακρεμα-
σθέντος ὦν αὐτοῦ, λογιζόμενος ὁ Δαρεῖος εὑρέ οἱ
πλέω ἀγαθὰ τῶν ἁμαρτημάτων πεποιημένα ἐς
οἶκον τὸν βασιλήιον· εὑρὼν δὲ τοῦτο ὁ Δαρεῖος,
καὶ γνοὺς ὡς ταχύτερα αὐτὸς ἢ σοφώτερα ἐργα-
σμένος εἴη, ἔλυσε. βασιλέα μὲν δὴ Δαρεῖον οὕτω
διαφυγὼν μὴ ἀπολέσθαι περιῆν, τότε δὲ ἐς τοὺς
Ἕλληνας καταπλώσας ἔμελλε οὐ τὸ δεύτερον
διαφυγὼν ἔσεσθαι· ὡς γὰρ σφέας εἶδον προσ-
πλέοντας οἱ Ἕλληνες, μαθόντες αὐτῶν τὴν γι-
νομένην ἁμαρτάδα, ἐπαναχθέντες εὐπετέως σφέας
εἷλον.

195. Ἐν τουτέων μιῇ Ἀρίδωλις πλέων ἥλω,
τύραννος Ἀλαβάνδων τῶν ἐν Καρίῃ, ἐν ἑτέρῃ δὲ ὁ

mainland, and turning the headland of Magnesia ran
straight into the gulf that stretches toward Pagasae.
There is a place on this gulf in Magnesia, where, it
is said, Heracles was sent for water and so left behind
by Jason and his comrades of the Argo, when they
were sailing to Aea in Colchis for the fleece; for
their purpose was to draw water thence and so
launch out to sea; and thence that place has been
called Aphetae.[1] Here Xerxes' men made their
anchorage.

194. Fifteen of those ships had put to sea a long
time after all the rest, and it chanced that they
sighted the Greek ships off Artemisium. Supposing
these to be their own fleet, the foreigners held on
their course into the midst of their enemies. Their
captain was the viceroy from Cyme in Aeolia, San-
doces son of Thamasius; he had once before this,
being then one of the king's judges, been taken and
crucified by Darius because he had given unjust
judgment for a bribe. But Sandoces having been
hung on the cross, Darius found on a reckoning that
his good services to the royal house were more than
his offences; whereat the king perceived that he had
acted with more haste than wisdom, and so set
Sandoces free. Thus he escaped with his life from
being put to death by Darius; but now that he was
borne into the midst of the Greeks he was not to
escape a second time; for when the Greeks saw the
Persians bearing down on them they perceived their
mistake, and put to sea and easily took them captive.

195. They took in one of these ships Aridolis, the
despot of Alabanda in Caria, and in another the

---

[1] More probably, the name (from ἀφιήμι, to send off or
launch) gave rise to the legend.

Πάφιος στρατηγὸς Πενθύλος ὁ Δημονόου, ὃς ἦγε
μὲν δυώδεκα νέας ἐκ Πάφου, ἀποβαλὼν δὲ σφέων
τὰς ἕνδεκα τῷ χειμῶνι τῷ γενομένῳ κατὰ Σηπιάδα,
μιῇ τῇ περιγενομένῃ καταπλέων ἐπ' Ἀρτεμίσιον
ἥλω. τούτους οἱ Ἕλληνες ἐξιστορήσαντες τὰ
ἐβούλοντο πυθέσθαι ἀπὸ τῆς Ξέρξεω στρατιῆς,
ἀποπέμπουσι δεδεμένους ἐς τὸν Κορινθίων ἰσθμόν.
196. Ὁ μὲν δὴ ναυτικὸς ὁ τῶν βαρβάρων
στρατός, πάρεξ τῶν πεντεκαίδεκα νεῶν τῶν εἶπον
Σανδώκεα στρατηγέειν, ἀπίκοντο ἐς Ἀφέτας.
Ξέρξης δὲ καὶ ὁ πεζὸς πορευθεὶς διὰ Θεσσαλίης
καὶ Ἀχαιίης ἐσβεβληκὼς ἦν καὶ δὴ τριταῖος ἐς
Μηλιέας, ἐν Θεσσαλίῃ μὲν ἅμιλλαν ποιησάμενος
ἵππων τῶν τε ἑωυτοῦ ἀποπειρώμενος καὶ τῆς
Θεσσαλίης ἵππου, πυθόμενος ὡς ἀρίστη εἴη τῶν
ἐν Ἕλλησι· ἔνθα δὴ αἱ Ἑλληνίδες ἵπποι ἐλείποντο
πολλόν. τῶν μέν νυν ἐν Θεσσαλίῃ ποταμῶν
Ὀνόχωνος μοῦνος οὐκ ἀπέχρησε τῇ στρατιῇ τὸ
ῥέεθρον πινόμενος· τῶν δὲ ἐν Ἀχαιίῃ ποταμῶν
ῥεόντων οὐδὲ ὅστις μέγιστος αὐτῶν ἐστι Ἠπι-
δανός, οὐδὲ οὗτος ἀντέσχε εἰ μὴ φλαύρως.
197. Ἐς Ἇλον δὲ τῆς Ἀχαιίης ἀπικομένῳ
Ξέρξῃ οἱ κατηγεμόνες τῆς ὁδοῦ βουλόμενοι τὸ
πᾶν ἐξηγέεσθαι ἔλεγόν οἱ ἐπιχώριον λόγον, τὰ
περὶ τὸ ἱρὸν τοῦ Λαφυστίου Διός, ὡς Ἀθάμας ὁ
Αἰόλου ἐμηχανήσατο Φρίξῳ μόρον σὺν Ἰνοῖ
βουλεύσας, μετέπειτα δὲ ὡς ἐκ θεοπροπίου Ἀχαιοὶ
προτιθεῖσι τοῖσι ἐκείνου ἀπογόνοισι ἀέθλους
τοιούσδε· ὃς ἂν ᾖ τοῦ γένεος τούτου πρεσβύτατος,
τούτῳ ἐπιτάξαντες ἔργεσθαι τοῦ ληίτου αὐτοὶ
φυλακὰς ἔχουσι. λήιτον δὲ καλέουσι τὸ πρυ-
τανήιον οἱ Ἀχαιοί. ἢν δὲ ἐσέλθῃ, οὐκ ἔστι ὅκως

Paphian captain Penthylus son of Demonous; of
twelve ships that he had brought from Paphos he
had lost eleven in the storm off the Sepiad headland,
and was in the one that remained when he was taken
as he bore down on Artemisium. Having questioned
these men and learnt what they desired to know of
Xerxes' armament, the Greeks sent them away to
the isthmus of Corinth in bonds.

196. So the foreign fleet, all but the fifteen ships
whereof, as I have said, Sandoces was captain, came
to Aphetae. Xerxes and his land army journeyed
through Thessaly and Achaea, and it was three days
since he had entered Malis. In Thessaly he made a
race for his own horses, wherein he also tried the
mettle of the Thessalian horse, having heard that it
was the best in Hellas; and the Greek horses were
far outpaced. Of the Thessalian rivers, the Ono-
chonus was the only one that could not give water
enough for his army's drinking. But in Achaea, even
the greatest river there, the Apidanus,[1] gave out, all
but a sorry remnant.

197. When Xerxes was come to Alus in Achaea,
his guides, desiring to inform him of all they knew,
told him the story that is related in that country
concerning the worship of Laphystian Zeus: how
Athamas son of Aeolus plotted Phrixus' death with
Ino, and further, how the Achaeans by an oracle's
bidding compel Phrixus' posterity to certain tasks:
namely, they bid the eldest of that family forbear
to enter their town hall (which the Achaeans call the
People's House),[2] and themselves keep watch there;

---

[1] The Apidanus and Enipeus unite; the whole stream, a
tributary of the Peneus, is sometimes called Apidanus and
sometimes Enipeus.   [2] From λεώς or ληός.

ἔξεισι πρὶν ἢ θύσεσθαι μέλλῃ· ὥς τ' ἔτι πρὸς
τούτοισι πολλοὶ ἤδη τούτων τῶν μελλόντων θύ-
σεσθαι δείσαντες οἴχοντο ἀποδράντες ἐς ἄλλην
χώρην, χρόνου δὲ προϊόντος ὀπίσω κατελθόντες
ἢν ἁλίσκωνται ἐστέλλοντο ἐς τὸ πρυτανήιον· ὡς
θύεταί τε ἐξηγέοντο στέμμασι πᾶς πυκασθεὶς καὶ
ὡς σὺν πομπῇ ἐξαχθείς. ταῦτα δὲ πάσχουσι οἱ
Κυτισσώρου τοῦ Φρίξου παιδὸς ἀπόγονοι, διότι
καθαρμὸν τῆς χώρης ποιευμένων Ἀχαιῶν ἐκ
θεοπροπίου Ἀθάμαντα τὸν Αἰόλου καὶ μελλόντων
μιν θύειν ἀπικόμενος οὗτος ὁ Κυτίσσωρος ἐξ Αἴης
τῆς Κολχίδος ἐρρύσατο, ποιήσας δὲ τοῦτο τοῖσι
ἐπιγενομένοισι ἐξ ἑωυτοῦ μῆνιν τοῦ θεοῦ ἐνέβαλε.
Ξέρξης δὲ ταῦτα ἀκούσας ὡς κατὰ τὸ ἄλσος
ἐγίνετο, αὐτός τε ἔργετο αὐτοῦ καὶ τῇ στρατιῇ
πάσῃ παρήγγειλε, τῶν τε Ἀθάμαντος ἀπογόνων
τὴν οἰκίην ὁμοίως καὶ τὸ τέμενος ἐσέβετο.

198. Ταῦτα μὲν τὰ ἐν Θεσσαλίῃ καὶ τὰ ἐν
Ἀχαιίῃ· ἀπὸ δὲ τούτων τῶν χώρων ἤιε ἐς τὴν
Μηλίδα παρὰ κόλπον θαλάσσης, ἐν τῷ ἄμπωτίς
τε καὶ ῥηχίη ἀνὰ πᾶσαν ἡμέρην γίνεται. περὶ δὲ
τὸν κόλπον τοῦτον ἐστὶ χῶρος πεδινός, τῇ μὲν εὐρὺς
τῇ δὲ καὶ κάρτα στεινός· περὶ δὲ τὸν χῶρον ὄρεα
ὑψηλὰ καὶ ἄβατα περικληίει πᾶσαν τὴν Μηλίδα
γῆν, Τρηχίνιαι πέτραι καλεόμεναι. πρώτη μέν
νυν πόλις ἐστὶ ἐν τῷ κόλπῳ ἰόντι ἀπὸ Ἀχαιίης
Ἀντικύρη, παρ' ἣν Σπερχειὸς ποταμὸς ῥέων ἐξ
Ἐνιήνων ἐς θάλασσαν ἐκδιδοῖ. ἀπὸ δὲ τούτου

---

[1] The legend, in its main features, originates in the cult of
"Zeus Laphystius," a tribal god who, like the Jehovah of
the O.T. and the Moloch and Melqart of the Phoenicians,
has a right to all first-born, especially of the priestly house.

if he enter, he may not come out, save only to be
sacrificed; and further also, how many of those
that were to be sacrificed had fled away in fear to
another country, but if they returned back at a later
day and were taken, they had been brought into the
town hall; and the guides showed Xerxes how the
man is sacrificed, with fillets covering him all over
and a procession to lead him forth. It is the
descendants of Phrixus' son Cytissorus who are thus
dealt with, because when the Achaeans by an oracle's
bidding made Athamas son of Aeolus a scapegoat for
their country and were about to sacrifice him, this
Cytissorus came from Aea in Colchis and delivered
him, but thereby brought the god's wrath on his own
posterity. Hearing all this, Xerxes when he came
to the temple grove forbore to enter it himself and
bade all his army do likewise, holding the house and
the precinct of Athamas' descendants alike in
reverence.[1]

198. These were Xerxes' doings in Thessaly and
Achaea; whence he came into Malis along a gulf of
the sea, in which the tide ebbs and flows daily.[2]
There is low-lying ground about this gulf, sometimes
wide and sometimes very narrow; and about it stand
mountains high and inaccessible, enclosing the whole
of Malis, called the Rocks of Trachis. Now the first
town by the gulf on the way from Achaea is Anticyra,
near to which the river Spercheus flows from the
country of the Enieni and issues into the sea. About

In time human sacrifice is avoided by the substitution of a
ram; but even then the first-born child must leave the country.
[2] Tidal movement is rare in the Mediterranean. But there
is a strong ebb and flood in the Euripus, which is not far
from the Malian gulf.

διὰ εἴκοσί κου σταδίων ἄλλος ποταμὸς τῷ οὔνομα
κεῖται Δύρας, τὸν βοηθέοντα τῷ Ἡρακλέι καιο-
μένῳ λόγος ἐστὶ ἀναφανῆναι. ἀπὸ δὲ τούτου δι᾽
ἄλλων εἴκοσι σταδίων ἄλλος ποταμός ἐστι ὃς
καλέεται Μέλας.

199. Τρηχὶς δὲ πόλις ἀπὸ τοῦ Μέλανος τούτου
ποταμοῦ πέντε στάδια ἀπέχει. ταύτῃ δὲ καὶ εὐ-
ρύτατον ἐστὶ πάσης τῆς χώρης ταύτης ἐκ τῶν
ὀρέων ἐς θάλασσαν, κατ᾽ ἃ Τρηχὶς πεπόλισται·
δισχίλιά τε γὰρ καὶ δισμύρια πλέθρα τοῦ πεδίου
ἐστί. τοῦ δὲ ὄρεος τὸ περικληίει τὴν γῆν τὴν
Τρηχινίην ἐστὶ διασφὰξ πρὸς μεσαμβρίην Τρηχῖ-
νος, διὰ δὲ τῆς διασφάγος Ἀσωπὸς ποταμὸς ῥέει
παρὰ τὴν ὑπωρέην τοῦ ὄρεος.

200. Ἔστι δὲ ἄλλος Φοῖνιξ ποταμὸς οὐ μέγας
πρὸς μεσαμβρίην τοῦ Ἀσωποῦ, ὃς ἐκ τῶν ὀρέων
τούτων ῥέων ἐς τὸν Ἀσωπὸν ἐκδιδοῖ. κατὰ δὲ
τὸν Φοίνικα ποταμὸν στεινότατον ἐστί· ἁμαξιτὸς
γὰρ μούνη δέδμηται. ἀπὸ δὲ τοῦ Φοίνικος ποταμοῦ
πεντεκαίδεκα στάδια ἐστὶ ἐς Θερμοπύλας. ἐν δὲ
τῷ μεταξὺ Φοίνικος ποταμοῦ καὶ Θερμοπυλέων
κώμη τε ἐστὶ τῇ οὔνομα Ἀνθήλη κεῖται, παρ᾽ ἣν
δὴ παραρρέων ὁ Ἀσωπὸς ἐς θάλασσαν ἐκδιδοῖ,
καὶ χῶρος περὶ αὐτὴν εὐρύς, ἐν τῷ Δήμητρός τε
ἱρὸν Ἀμφικτυονίδος ἵδρυται καὶ ἕδραι εἰσὶ Ἀμφι-
κτύοσι καὶ αὐτοῦ τοῦ Ἀμφικτύονος ἱρόν.

201. Βασιλεὺς μὲν δὴ Ξέρξης ἐστρατοπεδεύετο
τῆς Μηλίδος ἐν τῇ Τρηχινίῃ, οἱ δὲ δὴ Ἕλληνες
ἐν τῇ διόδῳ. καλέεται δὲ ὁ χῶρος οὗτος ὑπὸ μὲν

---

[1] This must be a measure not of length but of superficial
extent : more than 5000 acres.

twenty furlongs from that river is another named Dyras, which is said to have risen from the ground to aid Heracles against the fire that consumed him; and twenty furlongs again from that there is another river, called the Black river.

199. The town of Trachis is five furlongs distant from this Black river. Here is the greatest width in all this region between the sea and the hills whereon Trachis stands; for the plain is two million and two hundred thousand feet in extent.[1] In the mountains that hem in the Trachinian land there is a ravine to the south of Trachis, wherethrough flows the river Asopus past the lower slopes of the mountains.

200. There is another river south of the Asopus, the Phoenix, a little stream, that flows from those mountains into the Asopus. Near this stream is the narrowest place; there is but the space of a single builded cart-way. Thermopylae is fifteen furlongs distant from the river Phoenix. Between the river and Thermopylae there is a village named Anthele, past which the Asopus flows out into the sea, and there is a wide space about it wherein stands a temple of Amphictyonid Demeter, and seats withal for the Amphictyons[2] and a temple of Amphictyon himself.

201. King Xerxes, then, lay encamped in that part of Malis which belongs to Trachis, and the Greeks in the midst of the pass:[3] the place where

---

[2] Lit. dwellers around: neighbouring tribes forming a league, and sending representatives (Pylagori) to a conference held twice a year.

[3] In the space between the eastern and western narrow ἔσοδοι.

τῶν πλεόνων Ἑλλήνων Θερμοπύλαι, ὑπὸ δὲ τῶν
ἐπιχωρίων καὶ περιοίκων Πύλαι. ἐστρατοπε-
δεύοντο μέν νυν ἑκάτεροι ἐν τούτοισι τοῖσι χωρί-
οισι, ἐπεκράτεε δὲ ὁ μὲν τῶν πρὸς βορέην ἄνεμον
ἐχόντων πάντων μέχρι Τρηχῖνος, οἳ δὲ τῶν πρὸς
νότον καὶ μεσαμβρίην φερόντων τὸ ἐπὶ ταύτης
τῆς ἠπείρου.

202. Ἦσαν δὲ οἵδε Ἑλλήνων οἱ ὑπομένοντες
τὸν Πέρσην ἐν τούτῳ τῷ χώρῳ, Σπαρτιητέων τε
τριηκόσιοι ὁπλῖται καὶ Τεγεητέων καὶ Μαντινέων
χίλιοι, ἡμίσεες ἑκατέρων, ἐξ Ὀρχομενοῦ τε τῆς
Ἀρκαδίης εἴκοσι καὶ ἑκατόν, καὶ ἐκ τῆς λοιπῆς
Ἀρκαδίης χίλιοι· τοσοῦτοι μὲν Ἀρκάδων, ἀπὸ
δὲ Κορίνθου τετρακόσιοι καὶ ἀπὸ Φλειοῦντος
διηκόσιοι καὶ Μυκηναίων ὀγδώκοντα. οὗτοι μὲν
ἀπὸ Πελοποννήσου παρῆσαν, ἀπὸ δὲ Βοιωτῶν
Θεσπιέων τε ἑπτακόσιοι καὶ Θηβαίων τετρακόσιοι.

203. Πρὸς τούτοισι ἐπίκλητοι ἐγένοντο Λοκροί
τε οἱ Ὀπούντιοι πανστρατιῇ καὶ Φωκέων χίλιοι.
αὐτοὶ γὰρ σφέας οἱ Ἕλληνες ἐπεκαλέσαντο, λέ-
γοντες δι᾽ ἀγγέλων ὡς αὐτοὶ μὲν ἥκοιεν πρόδρομοι
τῶν ἄλλων, οἱ δὲ λοιποὶ τῶν συμμάχων προσ-
δόκιμοι πᾶσαν εἶεν ἡμέρην, ἡ θάλασσά τέ σφι
εἴη ἐν φυλακῇ ὑπ᾽ Ἀθηναίων τε φρουρεομένη καὶ
Αἰγινητέων καὶ τῶν ἐς τὸν ναυτικὸν στρατὸν
ταχθέντων, καί σφι εἴη δεινὸν οὐδέν· οὐ γὰρ θεὸν
εἶναι τὸν ἐπιόντα ἐπὶ τὴν Ἑλλάδα ἀλλ᾽ ἄνθρωπον,
εἶναι δὲ θνητὸν οὐδένα οὐδὲ ἔσεσθαι τῷ κακὸν ἐξ
ἀρχῆς γινομένῳ οὐ συνεμίχθη, τοῖσι δὲ μεγίστοισι
αὐτῶν μέγιστα. ὀφείλειν ὦν καὶ τὸν ἐπελαύνοντα,

they were is called by most of the Greeks Thermo-
pylae, but by the people of the country and their
neighbours Pylae. In these places, then, they lay
encamped, Xerxes being master of all that was north [1]
of Trachis, and the Greeks of all that lay southward
towards this part of the mainland. [2]

202. The Greeks that awaited the Persian in that
place were these :—Of the Spartans, three hundred
men-at-arms; a thousand Tegeans and Mantineans,
half from each place; from Orchomenus in Arcadia
a hundred and twenty, and a thousand from the rest
of Arcadia; besides these Arcadians, four hundred
from Corinth, two hundred from Phlius, and eighty
Mycenaeans. These were they who had come from
Peloponnesus: from Boeotia, seven hundred Thespians
and four hundred Thebans.

203. Besides these the whole power of the Opuntian
Locrians and a thousand Phocians had been sum-
moned, and came. The Greeks had of their own
motion summoned these to their aid, telling them by
their messengers that they themselves had come for
an advance guard of the rest, that the coming of the
remnant of the allies was to be looked for every day,
and that the sea was strictly watched by them, being
guarded by the Athenians and Aeginetans and all
that were enrolled in the fleet; there was nought
(they said) for them to fear; for the invader of
Hellas was no god, but a mortal man, and there was
no mortal, nor ever would be, to whom at birth some
admixture of misfortune was not allotted; the greater
the man, the greater the misfortune; most surely then
he that marched against them, being but mortal,

[1] West, properly speaking; "southward" below should
be "eastward." [2] That is, Greece.

519

HERODOTUS

ὡς ἐόντα θνητόν, ἀπὸ τῆς δόξης πεσεῖν ἄν. οἱ δὲ
ταῦτα πυνθανόμενοι ἐβοήθεον ἐς τὴν Τρηχῖνα.

204. Τούτοισι ἦσαν μέν νυν καὶ ἄλλοι στρατηγοὶ
κατὰ πόλιας ἑκάστων, ὁ δὲ θωμαζόμενος μάλιστα
καὶ παντὸς τοῦ στρατεύματος ἡγεόμενος Λακε-
δαιμόνιος ἦν Λεωνίδης ὁ Ἀναξανδρίδεω τοῦ Λέοντος
τοῦ Εὐρυκρατίδεω τοῦ Ἀναξάνδρου τοῦ Εὐρυκρά-
τεος τοῦ Πολυδώρου τοῦ Ἀλκαμένεος τοῦ Τηλέκλου
τοῦ Ἀρχέλεω τοῦ Ἡγησίλεω τοῦ Δορύσσου τοῦ
Λεωβώτεω τοῦ Ἐχεστράτου τοῦ Ἤγιος τοῦ Εὐρυ-
σθένεος τοῦ Ἀριστοδήμου τοῦ Ἀριστομάχου τοῦ
Κλεοδαίου τοῦ Ὕλλου τοῦ Ἡρακλέος, κτησάμενος
τὴν βασιληίην ἐν Σπάρτῃ ἐξ ἀπροσδοκήτου.

205. Διξῶν γάρ οἱ ἐόντων πρεσβυτέρων ἀδελ-
φεῶν, Κλεομένεός τε καὶ Δωριέος, ἀπελήλατο τῆς
φροντίδος περὶ τῆς βασιληίης. ἀποθανόντος δὲ
Κλεομένεος ἄπαιδος ἔρσενος γόνου, Δωριέος τε
οὐκέτι ἐόντος ἀλλὰ τελευτήσαντος καὶ τούτου ἐν
Σικελίῃ, οὕτω δὴ ἐς Λεωνίδην ἀνέβαινε ἡ βασιληίη,
καὶ διότι πρότερος ἐγεγόνεε Κλεομβρότου (οὗτος
γὰρ ἦν νεώτατος Ἀναξανδρίδεω παῖς) καὶ δὴ καὶ
εἶχε Κλεομένεος θυγατέρα. ὃς τότε ἤιε ἐς Θερμο-
πύλας ἐπιλεξάμενος ἄνδρας τε τοὺς κατεστεῶτας
τριηκοσίους καὶ τοῖσι ἐτύγχανον παῖδες ἐόντες·
παραλαβὼν δὲ ἀπίκετο καὶ Θηβαίων τοὺς ἐς τὸν
ἀριθμὸν λογισάμενος εἶπον, τῶν ἐστρατήγεε Λεον-
τιάδης ὁ Εὐρυμάχου. τοῦδε δὲ εἵνεκα τούτους
σπουδὴν ἐποιήσατο Λεωνίδης μούνους Ἑλλήνων
παραλαβεῖν, ὅτι σφέων μεγάλως κατηγόρητο μηδί-

---

[1] The regular number of the royal body-guard, the so-
called ἱππεῖς. No other translation of this sentence than what

520

would be disappointed of his hope. Hearing that, the Locrians and Phocians marched to aid the Greeks at Trachis.

204. All these had their generals, each city its own; but he that was most regarded and was leader of the whole army was Leonidas of Lacedaemon, whose descent was from Anaxandrides, Leon, Eurycratides, Anaxandrus, Eurycrates, Polydorus, Alcamenes, Teleclus, Archelaus, Hegesilaus, Doryssus, Leobotes, Echestratus, Agis, Eurysthenes, Aristodemus, Aristomachus, Cleodaeus, Hyllus, Heracles; who was king at Sparta, yet had not looked to be such.

205. For since he had two elder brothers, Cleomenes and Dorieus, he had renounced all thought of the kingship. But when Cleomenes died without male issue, and Dorieus was dead too (having met his end in Sicily), so it came about that the succession fell to Leonidas, because he was older than Anaxandrides' youngest son Cleombrotus, and moreover had Cleomenes' daughter to wife. He now came to Thermopylae, with a picked force of the customary three hundred,[1] and those that had sons; and he brought with him too those Thebans whom I counted among the number, whose general was Leontiades son of Eurymachus. Leonidas was at pains to bring these Thebans more than any other Greeks, because they were constantly charged with favouring

---

I have given is possible; but if "those that had sons" are added to the 300, this is inconsistent with the received tradition that there were only 300 Spartans at Thermopylae. There seems to be no explanation of the matter, except Dr. Macan's theory that Herodotus made a mistake. Of course if ἐπιλεξάμενος could mean "selecting from," the difficulty might be removed; but I do not think it can.

ζειν· παρεκάλεε ὦν ἐς τὸν πόλεμον, θέλων εἰδέναι
εἴτε συμπέμψουσι εἴτε καὶ ἀπερέουσι ἐκ τοῦ
ἐμφανέος τὴν Ἑλλήνων συμμαχίην. οἱ δὲ ἀλλο-
φρονέοντες ἔπεμπον.

206. Τούτους μὲν τοὺς ἀμφὶ Λεωνίδην πρώτους
ἀπέπεμψαν Σπαρτιῆται, ἵνα τούτους ὁρῶντες οἱ
ἄλλοι σύμμαχοι στρατεύωνται μηδὲ καὶ οὗτοι
μηδίσωσι, ἢν αὐτοὺς πυνθάνωνται ὑπερβαλλομέ-
νους· μετὰ δέ, Κάρνεια γάρ σφι ἦν ἐμποδών,
ἔμελλον ὁρτάσαντες καὶ φυλακὰς λιπόντες ἐν τῇ
Σπάρτῃ κατὰ τάχος βοηθέειν πανδημεί. ὡς δὲ
καὶ οἱ λοιποὶ τῶν συμμάχων ἐνένωντο καὶ αὐτοὶ
ἕτερα τοιαῦτα ποιήσειν· ἦν γὰρ κατὰ τὠυτὸ
Ὀλυμπιὰς τούτοισι τοῖσι πρήγμασι συμπεσοῦσα·
οὔκων δοκέοντες κατὰ τάχος οὕτω διακριθήσεσθαι
τὸν ἐν Θερμοπύλῃσι πόλεμον ἔπεμπον τοὺς προ-
δρόμους.

207. Οὗτοι μὲν δὴ οὕτω διενένωντο ποιήσειν·
οἱ δὲ ἐν Θερμοπύλῃσι Ἕλληνες, ἐπειδὴ πέλας
ἐγένετο τῆς ἐσβολῆς ὁ Πέρσης, καταρρωδέοντες
ἐβουλεύοντο περὶ ἀπαλλαγῆς. τοῖσι μέν νυν
ἄλλοισι Πελοποννησίοισι ἐδόκεε ἐλθοῦσι ἐς Πελο-
πόννησον τὸν Ἰσθμὸν ἔχειν ἐν φυλακῇ· Λεωνίδης
δέ, Φωκέων καὶ Λοκρῶν περισπερχεόντων τῇ
γνώμῃ ταύτῃ, αὐτοῦ τε μένειν ἐψηφίζετο πέμπειν
τε ἀγγέλους ἐς τὰς πόλιας κελεύοντάς σφι ἐπι-
βοηθέειν, ὡς ἐόντων αὐτῶν ὀλίγων στρατὸν τὸν
Μήδων ἀλέξασθαι.

208. Ταῦτα βουλευομένων σφέων, ἔπεμπε
Ξέρξης κατάσκοπον ἱππέα ἰδέσθαι ὁκόσοι εἰσὶ

the Persian part; therefore it was that he summoned them to the war, because he desired to know whether they would send their men with him or plainly refuse the Greek alliance. They sent the men; but they had other ends in view.

206. These, the men with Leonidas, were sent before the rest by the Spartans, that by the sight of them the rest of the allies might be moved to arm, and not like others take the Persian part, as might well be if they learnt that the Spartans were delaying; and they purposed that later when they should have kept the feast of the Carnea,[1] which was their present hindrance, they would leave a garrison at Sparta and march out with the whole of their force and with all speed. The rest of the allies had planned to do the same likewise; for an Olympic festival fell due at the same time as these doings; wherefore they sent their advance guard, not supposing that the war at Thermopylae would so speedily come to an issue.

207. Such had been their intent; but the Greeks at Thermopylae, when the Persian drew near to the entrance of the pass, began to lose heart and debate whether to quit their post or no. The rest of the Peloponnesians were for returning to the Peloponnese and guarding the isthmus; but the Phocians and Locrians were greatly incensed by this counsel, and Leonidas gave his vote for remaining where they were and sending messages to the cities to demand aid, seeing that he and his were too few to beat off the Median host.

208. While they thus debated, Xerxes sent a mounted watcher to see how many they were and

---

[1] The national festival in honour of Apollo, held in September.

καὶ ὅ τι ποιέοιεν. ἀκηκόεε δὲ ἔτι ἐὼν ἐν Θεσσαλίῃ
ὡς ἁλισμένη εἴη ταύτῃ στρατιὴ ὀλίγη, καὶ τοὺς
ἡγεμόνας ὡς εἴησαν Λακεδαιμόνιοί τε καὶ Λεωνίδης
ἐὼν γένος Ἡρακλείδης. ὡς δὲ προσήλασε ὁ
ἱππεὺς πρὸς τὸ στρατόπεδον, ἐθηεῖτό τε καὶ
κατώρα πᾶν μὲν οὐ τὸ στρατόπεδον· τοὺς γὰρ
ἔσω τεταγμένους τοῦ τείχεος, τὸ ἀνορθώσαντες
εἶχον ἐν φυλακῇ, οὐκ οἷά τε ἦν κατιδέσθαι· ὁ
δὲ τοὺς ἔξω ἐμάνθανε, τοῖσι πρὸ τοῦ τείχεος τὰ
ὅπλα ἔκειτο· ἔτυχον δὲ τοῦτον τὸν χρόνον Λακε-
δαιμόνιοι ἔξω τεταγμένοι. τοὺς μὲν δὴ ὥρα
γυμναζομένους τῶν ἀνδρῶν, τοὺς δὲ τὰς κόμας
κτενιζομένους. ταῦτα δὴ θεώμενος ἐθώμαζε καὶ
τὸ πλῆθος ἐμάνθανε. μαθὼν δὲ πάντα ἀτρεκέως
ἀπήλαυνε ὀπίσω κατ' ἡσυχίην· οὔτε γάρ τις
ἐδίωκε ἀλογίης τε ἐνεκύρησε πολλῆς· ἀπελθών
τε ἔλεγε πρὸς Ξέρξην τά περ ὀπώπεε πάντα.

209. Ἀκούων δὲ Ξέρξης οὐκ εἶχε συμβαλέσθαι
τὸ ἐόν, ὅτι παρασκευάζοιντο ὡς ἀπολεόμενοί τε
καὶ ἀπολέοντες κατὰ δύναμιν· ἀλλ' αὐτῷ γελοῖα
γὰρ ἐφαίνοντο ποιέειν, μετεπέμψατο Δημάρητον
τὸν Ἀρίστωνος ἐόντα ἐν τῷ στρατοπέδῳ· ἀπικό-
μενον δέ μιν εἰρώτα Ξέρξης ἕκαστα τούτων, ἐθέλων
μαθεῖν τὸ ποιεύμενον πρὸς τῶν Λακεδαιμονίων.
ὁ δὲ εἶπε "Ἤκουσας μὲν καὶ πρότερόν μευ, εὖτε
ὁρμῶμεν ἐπὶ τὴν Ἑλλάδα, περὶ τῶν ἀνδρῶν τού-
των, ἀκούσας δὲ γέλωτά με ἔθευ λέγοντα τῇ περ
ὥρων ἐκβησόμενα πρήγματα ταῦτα· ἐμοὶ γὰρ
τὴν ἀληθείην ἀσκέειν ἀντία σεῦ βασιλεῦ ἀγὼν
μέγιστός ἐστι. ἄκουσον δὲ καὶ νῦν· οἱ ἄνδρες
οὗτοι ἀπίκαται μαχησόμενοι ἡμῖν περὶ τῆς ἐσόδου,
καὶ ταῦτα παρασκευάζονται. νόμος γάρ σφι ἔχων

524

what they had in hand; for while he was yet in
Thessaly, he had heard that some small army was
here gathered, and that its leaders were Lacedae-
monians, Leonidas a descendant of Heracles among
them. The horseman rode up to the camp and
viewed and overlooked it, yet not the whole; for it
was not possible to see those that were posted within
the wall which they had restored and now guarded;
but he took note of those that were without, whose
arms were piled outside the wall, and it chanced that
at that time the Lacedaemonians were posted there.
There he saw some of the men at exercise, and others
combing their hair. Marvelling at the sight, and
taking exact note of their numbers, he rode back
unmolested, none pursuing nor at all regarding him;
so he returned and told Xerxes all that he had
seen.

209. When Xerxes heard that, he could not under-
stand the truth, namely, that the Lacedaemonians
were preparing to slay to the best of their power or
be slain; what they did appeared to him laughable;
wherefore he sent for Demaratus the son of Ariston,
who was in his camp, and when he came questioned
him of all these matters, that he might understand
what it was that the Lacedaemonians were about.
" I have told you already," said Demaratus, " of these
men, when we were setting out for Hellas; but when
you heard, you mocked me, albeit I told you of this
which I saw plainly would be the outcome; for it is
my greatest endeavour, O king, to speak truth in
your presence. Now hear me once more : these men
are come to fight with us for the passage, and for
that they are preparing; for it is their custom to

οὕτω ἐστί· ἐπεὰν μέλλωσι κινδυνεύειν τῇ ψυχῇ,
τότε τὰς κεφαλὰς κοσμέονται. ἐπίστασο δέ, εἰ
τούτους γε καὶ τὸ ὑπομένον ἐν Σπάρτῃ κατα-
στρέψεαι, ἔστι οὐδὲν ἄλλο ἔθνος ἀνθρώπων τὸ
σὲ βασιλεῦ ὑπομενέει χεῖρας ἀνταειρόμενον· νῦν
γὰρ πρὸς βασιληίην τε καὶ καλλίστην πόλιν
τῶν ἐν Ἕλλησι προσφέρεαι καὶ ἄνδρας ἀρίστους."
κάρτα τε δὴ Ξέρξῃ ἄπιστα ἐφαίνετο τὰ λεγόμενα
εἶναι, καὶ δεύτερα ἐπειρώτα ὅντινα τρόπον τοσοῦ-
τοι ἐόντες τῇ ἑωυτοῦ στρατιῇ μαχήσονται. ὁ δὲ
εἶπε "Ὦ βασιλεῦ, ἐμοὶ χρᾶσθαι ὡς ἀνδρὶ ψεύστῃ,
ἢν μὴ ταῦτά τοι ταύτῃ ἐκβῇ τῇ ἐγὼ λέγω."

210. Ταῦτα λέγων οὐκ ἔπειθε τὸν Ξέρξην.
τέσσερας μὲν δὴ παρεξῆκε ἡμέρας, ἐλπίζων αἰεί
σφεας ἀποδρήσεσθαι· πέμπτῃ δέ, ὡς οὐκ ἀπαλ-
λάσσοντο ἀλλά οἱ ἐφαίνοντο ἀναιδείῃ τε καὶ
ἀβουλίῃ διαχρεώμενοι μένειν, πέμπει ἐπ' αὐτοὺς
Μήδους τε καὶ Κισσίους θυμωθείς, ἐντειλάμενος
σφέας ζωγρήσαντας ἄγειν ἐς ὄψιν τὴν ἑωυτοῦ.
ὡς δ' ἐσέπεσον φερόμενοι ἐς τοὺς Ἕλληνας οἱ
Μῆδοι, ἔπιπτον πολλοί, ἄλλοι δ' ἐπεσήισαν, καὶ
οὐκ ἀπηλαύνοντο, καίπερ μεγάλως προσπταίοντες.
δῆλον δ' ἐποίευν παντί τεῳ καὶ οὐκ ἥκιστα αὐτῷ
βασιλέι, ὅτι πολλοὶ μὲν ἄνθρωποι εἶεν, ὀλίγοι δὲ
ἄνδρες. ἐγίνετο δὲ ἡ συμβολὴ δι' ἡμέρης.

211. Ἐπείτε δὲ οἱ Μῆδοι τρηχέως περιείποντο,
ἐνθαῦτα οὗτοι μὲν ὑπεξήισαν, οἱ δὲ Πέρσαι ἐκδε-
ξάμενοι ἐπήισαν, τοὺς ἀθανάτους ἐκάλεε βασιλεύς,
τῶν ἦρχε Ὑδάρνης, ὡς δὴ οὗτοί γε εὐπετέως κατ-
εργασόμενοι. ὡς δὲ καὶ οὗτοι συνέμισγον τοῖσι
Ἕλλησι, οὐδὲν πλέον ἐφέροντο τῆς στρατιῆς τῆς
Μηδικῆς ἀλλὰ τὰ αὐτά, ἅτε ἐν στεινοπόρῳ τε

dress their hair whensoever they are about to put their lives in jeopardy. Moreover I tell you, that if you overcome these and what remains behind at Sparta, there is no other nation among men, O king! that will abide and withstand you; now are you face to face with the noblest royalty and city and the most valiant men in Hellas." Xerxes deemed what was said to be wholly incredible, and further enquired of him how they would fight against his army, being so few. "O king," Demaratus answered, "use me as a liar, if the event of this be not what I tell you."

210. Yet for all that Xerxes would not believe him. For the space of four days the king waited, ever expecting that the Greeks would take to flight; but on the fifth, seeing them not withdrawing and deeming that their remaining there was but shamelessness and folly, he was angered, and sent the Medes and Cissians against them, bidding them take the Greeks alive and bring them into his presence. The Medes bore down upon the Greeks and charged them; many fell, but others attacked in turn; and though they suffered grievous defeat yet they were not driven off. But they made it plain to all and chiefly to the king himself that for all their number of human creatures there were few men among them. This battle lasted all the day.

211. The Medes being so roughly handled, they were then withdrawn from the fight, and the Persians whom the king called Immortals attacked in their turn, led by Hydarnes. It was thought that they at least would make short and easy work of the Greeks; but when they joined battle, they fared neither better nor worse than the Median soldiery, fighting

χώρῳ μαχόμενοι καὶ δόρασι βραχυτέροισι χρεώ-
μενοι ἤ περ οἱ Ἕλληνες, καὶ οὐκ ἔχοντες πλήθεϊ
χρήσασθαι.   Λακεδαιμόνιοι δὲ ἐμάχοντο ἀξίως
λόγου, ἄλλα τε ἀποδεικνύμενοι ἐν οὐκ ἐπισταμέ-
νοισι μάχεσθαι ἐξεπιστάμενοι, καὶ ὅκως ἐντρέψειαν
τὰ νῶτα, ἀλέες φεύγεσκον δῆθεν, οἱ δὲ βάρβαροι
ὁρῶντες φεύγοντας βοῇ τε καὶ πατάγῳ ἐπήισαν,
οἱ δ᾽ ἂν καταλαμβανόμενοι ὑπέστρεφον ἀντίοι
εἶναι τοῖσι βαρβάροισι, μεταστρεφόμενοι δὲ κατέ-
βαλλον πλήθεϊ ἀναριθμήτους τῶν Περσέων· ἔπι-
πτον δὲ καὶ αὐτῶν τῶν Σπαρτιητέων ἐνθαῦτα
ὀλίγοι. ἐπεὶ δὲ οὐδὲν ἐδυνέατο παραλαβεῖν οἱ
Πέρσαι τῆς ἐσόδου πειρώμενοι καὶ κατὰ τέλεα
καὶ παντοίως προσβάλλοντες, ἀπήλαυνον ὀπίσω.

212. Ἐν ταύτῃσι τῇσι προσόδοισι τῆς μάχης
λέγεται βασιλέα θηεύμενον τρὶς ἀναδραμεῖν ἐκ
τοῦ θρόνου δείσαντα περὶ τῇ στρατιῇ. τότε μὲν
οὕτω ἠγωνίσαντο, τῇ δ᾽ ὑστεραίῃ οἱ βάρβαροι
οὐδὲν ἄμεινον ἀέθλεον. ἅτε γὰρ ὀλίγων ἐόντων,
ἐλπίσαντες σφέας κατατετρωματίσθαι τε καὶ οὐκ
οἵους τε ἔσεσθαι ἔτι χεῖρας ἀνταείρασθαι συνέ-
βαλλον. οἱ δὲ Ἕλληνες κατὰ τάξις τε καὶ κατὰ
ἔθνεα κεκοσμημένοι ἦσαν, καὶ ἐν μέρεϊ ἕκαστοι
ἐμάχοντο, πλὴν Φωκέων· οὗτοι δὲ ἐς τὸ ὄρος
ἐτάχθησαν φυλάξοντες τὴν ἀτραπόν. ὡς δὲ οὐδὲν
εὕρισκον ἀλλοιότερον οἱ Πέρσαι ἢ τῇ προτεραίῃ
ἐνώρων, ἀπήλαυνον.

213. Ἀπορέοντος δὲ βασιλέος ὅ τι χρήσηται
τῷ παρεόντι πρήγματι, Ἐπιάλτης ὁ Εὐρυδήμου
ἀνὴρ Μηλιεὺς ἦλθέ οἱ ἐς λόγους· ὃς μέγα τι παρὰ
βασιλέος δοκέων οἴσεσθαι ἔφρασέ τε τὴν ἀτραπὸν

as they were in a narrow space and with shorter
spears than the Greeks, where they could make no
use of their numbers. But the Lacedaemonians
fought memorably. They were skilled warriors
against unskilled; and it was among their many
feats of arms, that they would turn their backs and
feign flight; seeing which, the foreigners would
pursue after them with[shouting and noise; but
when the Lacedaemonians were like to be overtaken
they turned upon the foreigners, and so rallying
overthrew Persians innumerable; wherein some few
of the Spartans themselves were slain. So when the
Persians, attacking by companies and in every other
fashion, could yet gain no inch of the approach, they
drew off out of the fight.

212. During these onsets the king (it is said)
thrice sprang up in fear for his army from the throne
where he sat to view them. Such was then the
fortune of the fight, and on the next day the
foreigners had no better luck at the game. They
joined battle, supposing that their enemies, being so
few, were now disabled by wounds and could no
longer withstand them. But the Greeks stood
arrayed by battalions and nations, and each of these
fought in its turn, save the Phocians, who were
posted on the mountains to guard the path.[1] So
when the Persians found the Greeks in no way
different from what the day before had shown them
to be, they drew off from the fight.

213. The king being at a loss how to deal with
the present difficulty, Epialtes son of Eurydemus, a
Malian, came to speak with him, thinking so to
receive a great reward from Xerxes, and told him of

[1] For which see below, ch. 215, 216.

τὴν διὰ τοῦ ὄρεος φέρουσαν ἐς Θερμοπύλας, καὶ
διέφθειρε τοὺς ταύτῃ ὑπομείναντας Ἑλλήνων.
ὕστερον δὲ δείσας Λακεδαιμονίους ἔφυγε ἐς Θεσ-
σαλίην, καί οἱ φυγόντι ὑπὸ τῶν Πυλαγόρων τῶν
Ἀμφικτυόνων ἐς τὴν Πυλαίην συλλεγομένων
ἀργύριον ἐπεκηρύχθη. χρόνῳ δὲ ὕστερον, κατῆλθε
γὰρ ἐς Ἀντικύρην, ἀπέθανε ὑπὸ Ἀθηνάδεω ἀνδρὸς
Τρηχινίου. ὁ δὲ Ἀθηνάδης οὗτος ἀπέκτεινε μὲν
Ἐπιάλτεα δι' ἄλλην αἰτίην, τὴν ἐγὼ ἐν τοῖσι
ὄπισθε λόγοισι σημανέω, ἐτιμήθη μέντοι ὑπὸ
Λακεδαιμονίων οὐδὲν ἧσσον.

214. Ἐπιάλτης μὲν οὕτω ὕστερον τούτων ἀπέ-
θανε, ἔστι δὲ ἕτερος λεγόμενος λόγος, ὡς Ὀνήτης
τε ὁ Φαναγόρεω ἀνὴρ Καρύστιος καὶ Κορυδαλλὸς
Ἀντικυρεὺς εἰσὶ οἱ εἴπαντες πρὸς βασιλέα τούτους
τοὺς λόγους καὶ περιηγησάμενοι τὸ ὄρος τοῖσι
Πέρσῃσι, οὐδαμῶς ἔμοιγε πιστός. τοῦτο μὲν γὰρ
τῷδε χρὴ σταθμώσασθαι, ὅτι οἱ τῶν Ἑλλήνων
Πυλαγόροι ἐπεκήρυξαν οὐκ ἐπὶ Ὀνήτῃ τε καὶ
Κορυδαλλῷ ἀργύριον ἀλλ' ἐπὶ Ἐπιάλτῃ τῷ
Τρηχινίῳ, πάντως κου τὸ ἀτρεκέστατον πυθόμενοι·
τοῦτο δὲ φεύγοντα Ἐπιάλτην ταύτην τὴν αἰτίην
οἴδαμεν. εἰδείη μὲν γὰρ ἂν καὶ ἐὼν μὴ Μηλιεὺς
ταύτην τὴν ἀτραπὸν Ὀνήτης, εἰ τῇ χώρῃ πολλὰ
ὡμιληκὼς εἴη· ἀλλ' Ἐπιάλτης γάρ ἐστι ὁ περι-
ηγησάμενος τὸ ὄρος κατὰ τὴν ἀτραπόν, τοῦτον
αἴτιον γράφω.

215. Ξέρξης δέ, ἐπεὶ ἤρεσε τὰ ὑπέσχετο ὁ
Ἐπιάλτης κατεργάσασθαι, αὐτίκα περιχαρὴς γε-
νόμενος ἔπεμπε Ὑδάρνεα καὶ τῶν ἐστρατήγεε

---

[1] Cp. 200 (note).

[2] The expression proves Herodotus' intention of con-

the path leading over the mountain to Thermopylae; whereby he was the undoing of the Greeks who had been left there. This Epialtes afterwards fled into Thessaly, for fear of the Lacedaemonians; and he being so banished a price was put on his head by the Pylagori [1] when the Amphictyons sat together in their council at Thermopylae; and a long time after that, having returned to Anticyra, he was slain by Athenades, a man of Trachis. It was for another cause (which I will tell in the latter part of my history) [2] that this Athenades slew Epialtes, but he was none the less honoured for it by the Lacedaemonians.

214. Such was the end of Epialtes at a later day. There is another story current, that it was Onetes son of Phanagoras, a Carystian, and Corydallus of Anticyra, who spoke to the king to this effect and guided the Persians round the mountain; but I wholly disbelieve it. For firstly, we must draw conclusion from what the Pylagori did; they set a price on the head of the Trachinian Epialtes, not of Onetes and Corydallus; and it must be supposed that they used all means to learn the truth; and secondly, we know that Epialtes was for this cause banished. I do not deny that Onetes might know the path, even though not a Malian, if he had many times been in that country; but the man who guided them by that path round the mountain was Epialtes, and on him I here fix the guilt.

215. Xerxes was satisfied with what Epialtes promised to accomplish; much rejoicing thereat, he sent Hydarnes forthwith and Hydarnes' following; and

tinuing his history beyond 479, the year with which Book IX ends.

Ὑδάρνης· ὁρμέατο δὲ περὶ λύχνων ἁφὰς ἐκ τοῦ
στρατοπέδου. τὴν δὲ ἀτραπὸν ταύτην ἐξεῦρον μὲν
οἱ ἐπιχώριοι Μηλιέες, ἐξευρόντες δὲ Θεσσαλοῖσι
κατηγήσαντο ἐπὶ Φωκέας, τότε ὅτε οἱ Φωκέες
φράξαντες τείχεϊ τὴν ἐσβολὴν ἦσαν ἐν σκέπῃ τοῦ
πολέμου· ἔκ τε τόσου δὴ κατεδέδεκτο ἐοῦσα
οὐδὲν χρηστὴ Μηλιεῦσι.

216. Ἔχει δὲ ὧδε ἡ ἀτραπὸς αὕτη· ἄρχεται
μὲν ἀπὸ τοῦ Ἀσωποῦ ποταμοῦ τοῦ διὰ τῆς δια-
σφάγος ῥέοντος, οὔνομα δὲ τῷ ὄρεϊ τούτῳ καὶ τῇ
ἀτραπῷ τὠυτὸ κεῖται, Ἀνόπαια· τείνει δὲ ἡ Ἀνό-
παια αὕτη κατὰ ῥάχιν τοῦ ὄρεος, λήγει δὲ κατά
τε Ἀλπηνὸν πόλιν, πρώτην ἐοῦσαν τῶν Λοκρίδων
πρὸς τῶν Μηλιέων, καὶ κατὰ Μελαμπύγου τε
καλεόμενον λίθον καὶ κατὰ Κερκώπων ἕδρας, τῇ
καὶ τὸ στεινότατόν ἐστι.

217. Κατὰ ταύτην δὴ τὴν ἀτραπὸν καὶ οὕτω
ἔχουσαν οἱ Πέρσαι, τὸν Ἀσωπὸν διαβάντες,
ἐπορεύοντο πᾶσαν τὴν νύκτα, ἐν δεξιῇ μὲν ἔχοντες
ὄρεα τὰ Οἰταίων, ἐν ἀριστερῇ δὲ τὰ Τρηχινίων.
ἠώς τε δὴ διέφαινε καὶ οἳ ἐγένοντο ἐπ᾽ ἀκρω-
τηρίῳ τοῦ ὄρεος. κατὰ δὲ τοῦτο τοῦ ὄρεος
ἐφύλασσον, ὡς καὶ πρότερόν μοι εἴρηται, Φω-
κέων χίλιοι ὁπλῖται, ῥυόμενοί τε τὴν σφετέρην
χώρην καὶ φρουρέοντες τὴν ἀτραπόν. ἡ μὲν γὰρ
κάτω ἐσβολὴ ἐφυλάσσετο ὑπὸ τῶν εἴρηται· τὴν
δὲ διὰ τοῦ ὄρεος ἀτραπὸν ἐθελονταὶ Φωκέες
ὑποδεξάμενοι Λεωνίδῃ ἐφύλασσον.

---

[1] Plutarch in his life of Cato (13) describes the difficulty
which troops under Cato's command encountered in trying to
follow it.

they set forth from the camp about the hour when
lamps are lit. Now this path[1] had been discovered
by the Malians of the country, who guided the
Thessalians thereby into Phocis, at the time when
the Phocians sheltered themselves from attack by
fencing the pass with a wall; thus early had the
Malians shown that the pass could avail nothing.[2]

216. Now the path runs thuswise. It begins at
the river Asopus which flows through the ravine;
the mountain there and the path have the same
name, Anopaea; this Anopaea crosses the ridge of
the mountain and ends at the town of Alpenus, the
Locrian town nearest to Malis, where is the rock
called Blackbuttock and the seats of the Cercopes;
and this is its narrowest part.[3]

217. Of such nature is the path; by this, when
they had crossed the Asopus, the Persians marched
all night, the Oetean mountains being on their right
hand and the Trachinian on their left. At dawn of
day they came to the summit of the pass. Now in
this part of the mountain-way a thousand Phocians
were posted, as I have already shown, to defend
their own country and guard the path; for the lower
pass was held by those of whom I have spoken, but
the path over the mountains by the Phocians, ac-
cording to the promise that they had of their own
motion given to Leonidas.

---

[2] This is Stein's interpretation; others make οὐδὲν χρηστὴ
refer to the ἀτραπός, meaning there "pernicious."

[3] The Cercopes, mischievous dwarfs, had been warned
against a "μελάμπυγος" enemy. Heracles, to rid the country
of them, carried off two on his back, hanging head down-
wards, in which position they had every opportunity of
observing his title to the above epithet; until their jests
on the subject moved him to release them.

218. Ἔμαθον δὲ σφέας οἱ Φωκέες ὧδε ἀνα-
βεβηκότας· ἀναβαίνοντες γὰρ ἐλάνθανον οἱ Πέρ-
σαι τὸ ὄρος πᾶν ἐὸν δρυῶν ἐπίπλεον. ἦν μὲν δὴ
νηνεμίη, ψόφου δὲ γινομένου πολλοῦ, ὡς οἰκὸς
ἦν φύλλων ὑποκεχυμένων ὑπὸ τοῖσι ποσί, ἀνά
τε ἔδραμον οἱ Φωκέες καὶ ἐνέδυνον τὰ ὅπλα, καὶ
αὐτίκα οἱ βάρβαροι παρῆσαν. ὡς δὲ εἶδον ἄνδρας
ἐνδυομένους ὅπλα, ἐν θώματι ἐγένοντο· ἐλπόμενοι
γὰρ οὐδένα σφι φανήσεσθαι ἀντίξοον ἐνεκύρησαν
στρατῷ. ἐνθαῦτα Ὑδάρνης καταρρωδήσας μὴ
οἱ Φωκέες ἔωσι Λακεδαιμόνιοι, εἴρετο Ἐπιάλτην
ὁποδαπὸς εἴη ὁ στρατός, πυθόμενος δὲ ἀτρεκέως
διέτασσε τοὺς Πέρσας ὡς ἐς μάχην. οἱ δὲ Φωκέες
ὡς ἐβάλλοντο τοῖσι τοξεύμασι πολλοῖσί τε καὶ
πυκνοῖσι, οἴχοντο φεύγοντες ἐπὶ τοῦ ὄρεος τὸν
κόρυμβον, ἐπιστάμενοι ὡς ἐπὶ σφέας ὁρμήθησαν
ἀρχήν, καὶ παρεσκευάδατο ὡς ἀπολεόμενοι. οὗτοι
μὲν δὴ ταῦτα ἐφρόνεον, οἱ δὲ ἀμφὶ Ἐπιάλτην
καὶ Ὑδάρνεα Πέρσαι Φωκέων μὲν οὐδένα λόγον
ἐποιεῦντο, οἳ δὲ κατέβαινον τὸ ὄρος κατὰ τάχος.

219. Τοῖσι δὲ ἐν Θερμοπύλῃσι ἐοῦσι Ἑλλήνων
πρῶτον μὲν ὁ μάντις Μεγιστίης ἐσιδὼν ἐς τὰ ἱρὰ
ἔφρασε τὸν μέλλοντα ἔσεσθαι ἅμα ἠοῖ σφι θά-
νατον, ἐπὶ δὲ καὶ αὐτόμολοι ἦσαν οἱ ἐξαγγείλαντες
τῶν Περσέων τὴν περίοδον. οὗτοι μὲν ἔτι νυκτὸς
ἐσήμηναν, τρίτοι δὲ οἱ ἡμεροσκόποι καταδρα-
μόντες ἀπὸ τῶν ἄκρων ἤδη διαφαινούσης ἡμέρης.
ἐνθαῦτα ἐβουλεύοντο οἱ Ἕλληνες, καί σφεων
ἐσχίζοντο αἱ γνῶμαι· οἳ μὲν γὰρ οὐκ ἔων τὴν
τάξιν ἐκλιπεῖν, οἳ δὲ ἀντέτεινον. μετὰ δὲ τοῦτο
διακριθέντες οἳ μὲν ἀπαλλάσσοντο καὶ διασκεδα-

218. Now the mountain-side where the Persians ascended was all covered by oak woods, and the Phocians knew nothing of their coming till they were warned of it, in the still weather, by the much noise of the enemy's tread on the leaves that lay strewn underfoot; whereupon they sprang up and began to arm, and in a moment the foreigners were upon them. These were amazed at the sight of men putting on armour; for they had supposed that no one would withstand them, and now they fell in with an army. Hydarnes feared that the Phocians might be Lacedaemonians, and asked Epialtes of what country they were; being informed of the truth he arrayed the Persians for battle; and the Phocians, assailed by showers of arrows, and supposing that it was they whom the Persians had meant from the first to attack, fled away up to the top of the mountain and prepared there to perish. Such was their thought; but the Persians with Epialtes and Hydarnes paid no regard to the Phocians, but descended from the mountain with all speed.

219. The Greeks at Thermopylae were warned first by Megistias the seer; who, having examined the offerings, advised them of the death that awaited them in the morning; and presently came deserters, while it was yet night, with news of the circuit made by the Persians; which was lastly brought also by the watchers running down from the heights when day was now dawning. Thereupon the Greeks held a council, and their opinions were divided, some advising that they should not leave their post, and some being contrariwise minded; and presently they parted asunder, these taking their departure and

σθέντες κατὰ πόλις ἕκαστοι ἐτράποντο, οἳ δὲ αὐτῶν
ἅμα Λεωνίδῃ μένειν αὐτοῦ παρεσκευάδατο.

220. Λέγεται δὲ καὶ ὡς αὐτός σφεας ἀπέπεμψε
Λεωνίδης, μὴ ἀπόλωνται κηδόμενος· αὐτῷ δὲ καὶ
Σπαρτιητέων τοῖσι παρεοῦσι οὐκ ἔχειν εὐπρεπέως
ἐκλιπεῖν τὴν τάξιν ἐς τὴν ἦλθον φυλάξοντες
ἀρχήν. ταύτῃ καὶ μᾶλλον τὴν γνώμην πλεῖστος
εἰμί, Λεωνίδην, ἐπείτε ἤσθετο τοὺς συμμάχους
ἐόντας ἀπροθύμους καὶ οὐκ ἐθέλοντας συνδιακιν-
δυνεύειν, κελεῦσαι σφέας ἀπαλλάσσεσθαι, αὐτῷ
δὲ ἀπιέναι οὐ καλῶς ἔχειν· μένοντι δὲ αὐτοῦ
κλέος μέγα ἐλείπετο, καὶ ἡ Σπάρτης εὐδαιμονίη
οὐκ ἐξηλείφετο. ἐκέχρηστο γὰρ ὑπὸ τῆς Πυθίης
τοῖσι Σπαρτιήτῃσι χρεωμένοισι περὶ τοῦ πολέμου
τούτου αὐτίκα κατ᾽ ἀρχὰς ἐγειρομένου, ἢ Λα-
κεδαίμονα ἀνάστατον γενέσθαι ὑπὸ τῶν βαρβάρων
ἢ τὴν βασιλέα σφέων ἀπολέσθαι. ταῦτα δέ σφι
ἐν ἔπεσι ἑξαμέτροισι χρᾷ λέγοντα ὧδε.

ὑμῖν δ᾽, ὦ Σπάρτης οἰκήτορες εὐρυχόροιο,
ἢ μέγα ἄστυ ἐρικυδὲς ὑπ᾽ ἀνδράσι Περσεΐδῃσι
πέρθεται, ἢ τὸ μὲν οὐχί, ἀφ᾽ Ἡρακλέους δὲ
  γενέθλης
πενθήσει βασιλῆ φθίμενον Λακεδαίμονος οὖρος.
οὐ γὰρ τὸν ταύρων σχήσει μένος οὐδὲ λεόντων
ἀντιβίην· Ζηνὸς γὰρ ἔχει μένος· οὐδὲ ἑ φημί
σχήσεσθαι, πρὶν τῶνδ᾽ ἕτερον διὰ πάντα
  δάσηται.

dispersing each to their own cities, and those resolving to remain where they were with Leonidas.

220. It is said indeed that Leonidas himself sent them away, desiring in his care for them to save their lives, but deeming it unseemly for himself and the Spartans to desert that post which they had first come to defend. But to this opinion I the rather incline, that when Leonidas perceived the allies to be faint of heart and not willing to run all risks with him he bade them go their ways, departure being for himself not honourable; if he remained, he would leave a name of great renown, and the prosperity of Sparta would not be blotted out. For when the Spartans enquired of the oracle concerning this war at its very first beginning, the Pythian priestess had prophesied to them that either Lacedaemon should be destroyed of the foreigners, or that its king should perish: which answer was given in these hexameter verses:

Fated it is for you, ye dwellers in wide-wayed
    Sparta,
Either your city must fall, that now is mighty and
    famous,
Wasted by Persian men, or the border of fair
    Lacedaemon
Mourn for a king that is dead, from Heracles' line
    descended.
Yea, for the foe thou hast nor bulls nor lions can
    conquer;
Mighty he cometh as Zeus, and shall not be stayed
    in his coming;
One of the two will he take, and rend his quarry
    asunder.

ταῦτά τε δὴ ἐπιλεγόμενον Λεωνίδην, καὶ βουλό-
μενον κλέος καταθέσθαι μούνων[1] Σπαρτιητέων,
ἀποπέμψαι τοὺς συμμάχους μᾶλλον ἢ γνώμῃ
διενειχθέντας οὕτω ἀκόσμως οἴχεσθαι τοὺς οἰχο-
μένους.

221. Μαρτύριον δέ μοι καὶ τόδε οὐκ ἐλάχιστον
τούτου πέρι γέγονε, ὅτι καὶ τὸν μάντιν ὃς εἴπετο
τῇ στρατιῇ ταύτῃ, Μεγιστίην τὸν Ἀκαρνῆνα,
λεγόμενον εἶναι τὰ ἀνέκαθεν ἀπὸ Μελάμποδος,
τοῦτον εἴπαντα ἐκ τῶν ἱρῶν τὰ μέλλοντά σφι
ἐκβαίνειν, φανερός ἐστι Λεωνίδης ἀποπέμπων,
ἵνα μὴ συναπόληταί σφι. ὁ δὲ ἀποπεμπόμενος
αὐτὸς μὲν οὐκ ἀπέλιπε, τὸν δὲ παῖδα συστρατευό-
μενον, ἐόντα οἱ μουνογενέα, ἀπέπεμψε.

222. Οἱ μέν νυν σύμμαχοι οἱ ἀποπεμπόμενοι
οἴχοντό τε ἀπιόντες καὶ ἐπείθοντο Λεωνίδῃ, Θε-
σπιέες δὲ καὶ Θηβαῖοι κατέμειναν μοῦνοι παρὰ
Λακεδαιμονίοισι. τούτων δὲ Θηβαῖοι μὲν ἀέκοντες
ἔμενον καὶ οὐ βουλόμενοι· κατεῖχε γὰρ σφέας
Λεωνίδης ἐν ὁμήρων λόγῳ ποιεύμενος· Θεσπιέες
δὲ ἑκόντες μάλιστα, οἳ οὐκ ἔφασαν ἀπολιπόντες
Λεωνίδην καὶ τοὺς μετ᾽ αὐτοῦ ἀπαλλάξεσθαι,
ἀλλὰ καταμείναντες συναπέθανον. ἐστρατήγεε
δὲ αὐτῶν Δημόφιλος Διαδρόμεω.

223. Ξέρξης δὲ ἐπεὶ ἡλίου ἀνατείλαντος σπονδὰς
ἐποιήσατο, ἐπισχὼν χρόνον ἐς ἀγορῆς κου μάλιστα
πληθώρην πρόσοδον ἐποιέετο· καὶ γὰρ ἐπέσταλτο
ἐξ Ἐπιάλτεω οὕτω· ἀπὸ γὰρ τοῦ ὄρεος ἡ κατά-
βασις συντομωτέρη τε ἐστὶ καὶ βραχύτερος ὁ
χῶρος πολλὸν ἤ περ ἡ περίοδός τε καὶ ἀνάβασις.
οἵ τε δὴ βάρβαροι οἱ ἀμφὶ Ξέρξην προσήισαν,
καὶ οἱ ἀμφὶ Λεωνίδην Ἕλληνες, ὡς τὴν ἐπὶ

538

Of this (it is my belief) Leonidas bethought himself, and desired that the Spartans alone should have the glory; wherefore he chose rather to send the allies away than that the departure of those who went should be the unseemly outcome of divided counsels.

221. In which matter I hold it for one of my strongest proofs, that Megistias the Acarnanian (reputed a descendant of Melampus), who advised the Greeks from the offerings of what should befal them, was past all doubt bidden by Leonidas to depart, lest he should perish with the rest. Yet though thus bidden Megistias himself would not go; he had an only son in the army, and him he sent away instead.

222. So those of the allies who were bidden to go went their ways in obedience to Leonidas, and the Thespians and Thebans alone stayed by the Lacedaemonians; the Thebans indeed against their will and desire, and kept there by Leonidas as hostages; but the Thespians remained with great goodwill. They refused to depart and leave Leonidas and his comrades, but remained there and died with him. Their general was Demophilus son of Diadromes.

223. Xerxes, having at sunrise offered libations, waited till about the hour of marketing and then made his assault, having been so advised by Epialtes; for the descent from the mountain is more direct and the way is much shorter than the circuit and the ascent.[2] So the foreigners that were with Xerxes attacked; but the Greeks with Leonidas, knowing

---

[1] Stein reads μοῦνον, with most MSS.; but μούνων has some authority, and expresses the sense much better.

[2] So that the Persians who came by the Anopaea path, leaving the top of the pass at dawn (cp. 217), could reach the low ground by the early forenoon.

θανάτῳ ἔξοδον ποιεύμενοι, ἤδη πολλῷ μᾶλλον
ἢ κατ᾽ ἀρχὰς ἐπεξήισαν ἐς τὸ εὐρύτερον τοῦ
αὐχένος. τὸ μὲν γὰρ ἔρυμα τοῦ τείχεος ἐφυλάσ-
σετο, οἳ δὲ ἀνὰ τὰς προτέρας ἡμέρας ὑπεξιόντες
ἐς τὰ στεινόπορα ἐμάχοντο. τότε δὲ συμμίσγοντες
ἔξω τῶν στεινῶν ἔπιπτον πλήθεϊ πολλοὶ τῶν
βαρβάρων· ὄπισθε γὰρ οἱ ἡγεμόνες τῶν τελέων
ἔχοντες μάστιγας ἐρράπιζον πάντα ἄνδρα, αἰεὶ
ἐς τὸ πρόσω ἐποτρύνοντες. πολλοὶ μὲν δὴ ἐσέ-
πιπτον αὐτῶν ἐς τὴν θάλασσαν καὶ διεφθείροντο,
πολλῷ δ᾽ ἔτι πλεῦνες κατεπατέοντο ζωοὶ ὑπ᾽
ἀλλήλων· ἦν δὲ λόγος οὐδεὶς τοῦ ἀπολλυμένου.
ἅτε γὰρ ἐπιστάμενοι τὸν μέλλοντα σφίσι ἔσεσθαι
θάνατον ἐκ τῶν περιιόντων τὸ ὄρος, ἀπεδείκνυντο
ῥώμης ὅσον εἶχον μέγιστον ἐς τοὺς βαρβάρους,
παραχρεώμενοί τε καὶ ἀτέοντες.

224. Δόρατα μέν νυν τοῖσι πλέοσι αὐτῶν
τηνικαῦτα ἤδη ἐτύγχανε κατεηγότα, οἳ δὲ τοῖσι
ξίφεσι διεργάζοντο τοὺς Πέρσας. καὶ Λεωνίδης
τε ἐν τούτῳ τῷ πόνῳ πίπτει ἀνὴρ γενόμενος
ἄριστος καὶ ἕτεροι μετ᾽ αὐτοῦ ὀνομαστοὶ Σπαρτιη-
τέων, τῶν ἐγὼ ὡς ἀνδρῶν ἀξίων γενομένων ἐπυ-
θόμην τὰ οὐνόματα, ἐπυθόμην δὲ καὶ ἁπάντων
τῶν τριηκοσίων. καὶ δὴ Περσέων πίπτουσι
ἐνθαῦτα ἄλλοι τε πολλοὶ καὶ ὀνομαστοί, ἐν δὲ
δὴ καὶ Δαρείου δύο παῖδες Ἀβροκόμης τε καὶ
Ὑπεράνθης, ἐκ τῆς Ἀρτάνεω θυγατρὸς Φρα-
ταγούνης γεγονότες Δαρείῳ. ὁ δὲ Ἀρτάνης Δα-
ρείου μὲν τοῦ βασιλέος ἦν ἀδελφεός, Ὑστάσπεος
δὲ τοῦ Ἀρσάμεος παῖς· ὃς καὶ ἐκδιδοὺς τὴν
θυγατέρα Δαρείῳ τὸν οἶκον πάντα τὸν ἑωυτοῦ
ἐπέδωκε, ὡς μούνης οἱ ἐούσης ταύτης τέκνου.

540

that they went to their death, advanced now much
farther than before into the wider part of the strait.
For ere now it was the wall of defence that they had
guarded, and all the former days they had withdrawn
themselves into the narrow way and fought there;
but now they met their enemies outside the narrows,
and many of the foreigners were there slain; for
their captains came behind the companies with
scourges and drove all the men forward with lashes.
Many of them were thrust into the sea and there
drowned, and more by far were trodden down bodily
by each other, none regarding who it was that
perished; for inasmuch as the Greeks knew that
they must die by the hands of those who came round
the mountain, they put forth the very utmost of
their strength against the foreigners, in their
recklessness and frenzy.

224. By this time the spears of the most of them
were broken, and they were slaying the Persians
with their swords. There in that travail fell
Leonidas, fighting most gallantly, and with him
other famous Spartans, whose names I have learnt
for their great worth and desert, as I have learnt
besides the names of all the three hundred.[1] There
too fell, among other famous Persians, Abrocomes
and Hyperanthes, two sons of Darius by Phratagune
daughter of Artanes. This Artanes was brother to
king Darius, and son of Hystaspes who was the son
of Arsames; and when he gave his daughter in
marriage to Darius he dowered her with the whole
wealth of his house, she being his only child.

---

[1] Leonidas' body was brought to Sparta and there buried
in 440; a column was erected on his grave bearing the names
of the three hundred, which Herodotus probably saw.

HERODOTUS

225. Ξέρξεώ τε δὴ δύο ἀδελφεοὶ ἐνθαῦτα πίπτουσι μαχόμενοι, καὶ ὑπὲρ τοῦ νεκροῦ τοῦ Λεωνίδεω Περσέων τε καὶ Λακεδαιμονίων ὠθισμὸς ἐγίνετο πολλός, ἐς ὃ τοῦτόν τε ἀρετῇ οἱ Ἕλληνες ὑπεξείρυσαν καὶ ἐτρέψαντο τοὺς ἐναντίους τετράκις. τοῦτο δὲ συνεστήκεε μέχρι οὗ οἱ σὺν Ἐπιάλτῃ παρεγένοντο. ὡς δὲ τούτους ἥκειν ἐπύθοντο οἱ Ἕλληνες, ἐνθεῦτεν ἤδη ἑτεροιοῦτο τὸ νεῖκος· ἔς τε γὰρ τὸ στεινὸν τῆς ὁδοῦ ἀνεχώρεον ὀπίσω, καὶ παραμειψάμενοι τὸ τεῖχος ἐλθόντες ἵζοντο ἐπὶ τὸν κολωνὸν πάντες ἁλέες οἱ ἄλλοι πλὴν Θηβαίων. ὁ δὲ κολωνὸς ἐστὶ ἐν τῇ ἐσόδῳ, ὅκου νῦν ὁ λίθινος λέων ἕστηκε ἐπὶ Λεωνίδῃ. ἐν τούτῳ σφέας τῷ χώρῳ ἀλεξομένους μαχαίρῃσι, τοῖσι αὐτῶν ἐτύγχανον ἔτι περιεοῦσαι, καὶ χερσὶ καὶ στόμασι κατέχωσαν οἱ βάρβαροι βάλλοντες, οἱ μὲν ἐξ ἐναντίης ἐπισπόμενοι καὶ τὸ ἔρυμα τοῦ τείχεος συγχώσαντες, οἱ δὲ περιελθόντες πάντοθεν περισταδόν.

226. Λακεδαιμονίων δὲ καὶ Θεσπιέων τοιούτων γενομένων ὅμως λέγεται ἀνὴρ ἄριστος γενέσθαι Σπαρτιήτης Διηνέκης· τὸν τόδε φασὶ εἰπεῖν τὸ ἔπος πρὶν ἢ συμμῖξαι σφέας τοῖσι Μήδοισι, πυθόμενον πρός τευ τῶν Τρηχινίων ὡς ἐπεὰν οἱ βάρβαροι ἀπιέωσι τὰ τοξεύματα, τὸν ἥλιον ὑπὸ τοῦ πλήθεος τῶν οἰστῶν ἀποκρύπτουσι· τοσοῦτο πλῆθος αὐτῶν εἶναι. τὸν δὲ οὐκ ἐκπλαγέντα τούτοισι εἰπεῖν ἐν ἀλογίῃ ποιεύμενον τὸ Μήδων πλῆθος, ὡς πάντα σφι ἀγαθὰ ὁ Τρηχίνιος ξεῖνος ἀγγέλλοι, εἰ ἀποκρυπτόντων τῶν Μήδων τὸν ἥλιον ὑπὸ σκιῇ ἔσοιτο πρὸς αὐτοὺς ἡ μάχη καὶ οὐκ ἐν ἡλίῳ.

225. So two brothers of Xerxes fell there in the battle; and there was a great struggle between the Persians and Lacedaemonians over Leonidas' body, till the Greeks of their valour dragged it away and four times put their enemies to flight. Nor was there an end of this mellay till the men with Epialtes came up. When the Greeks were aware of their coming, from that moment the face of the battle was changed; for they withdrew themselves back to the narrow part of the way, and passing within the wall they took post, all save the Thebans, upon the hillock that is in the mouth of the pass, where now stands the stone lion in honour of Leonidas. In that place they defended themselves with their swords, as many as yet had such, ay and with fists and teeth; till the foreigners overwhelmed them with missile weapons, some attacking them in front and throwing down the wall of defence, and others standing around them in a ring.

226. Thus did the men of Lacedaemon and Thespiae bear themselves. Yet the bravest of them all (it is said) was Dieneces, a Spartan, of whom a certain saying is reported: before they joined battle with the Medes, it was told Dieneces by a certain Trachinian that the enemies were so many, that when they shot with their bows the sun was hidden by the multitude of arrows; whereby being no whit dismayed, but making light of the multitude of the Medes, " Our friend from Trachis," quoth he, " brings us right good news, for if the Medes hide the sun we shall fight them in the shade and not in the sunshine."

543

HERODOTUS

227. Ταῦτα μὲν καὶ ἄλλα τοιουτότροπα ἔπεα
φασὶ Διηνέκεα τὸν Λακεδαιμόνιον λιπέσθαι μνη-
μόσυνα· μετὰ δὲ τοῦτον ἀριστεῦσαι λέγονται
Λακεδαιμόνιοι δύο ἀδελφεοί, Ἀλφεός τε καὶ Μά-
ρων Ὀρσιφάντου παῖδες. Θεσπιέων δὲ εὐδοκίμεε
μάλιστα τῷ οὔνομα ἦν Διθύραμβος Ἀρματίδεω.

228. Θαφθεῖσι δέ σφι αὐτοῦ ταύτῃ τῇ περ
ἔπεσον, καὶ τοῖσι πρότερον τελευτήσασι ἢ ὑπὸ
Λεωνίδεω ἀποπεμφθέντας οἴχεσθαι, ἐπιγέγραπται
γράμματα λέγοντα τάδε.

μυριάσιν ποτὲ τῇδε τριηκοσίαις ἐμάχοντο
    ἐκ Πελοποννάσου χιλιάδες τέτορες.

ταῦτα μὲν δὴ τοῖσι πᾶσι ἐπιγέγραπται, τοῖσι δὲ
Σπαρτιήτῃσι ἰδίῃ.

ὦ ξεῖν᾽, ἀγγέλλειν Λακεδαιμονίοις ὅτι τῇδε
    κείμεθα τοῖς κείνων ῥήμασι πειθόμενοι.

Λακεδαιμονίοισι μὲν δὴ τοῦτο, τῷ δὲ μάντι τόδε.

μνῆμα τόδε κλεινοῖο Μεγιστία, ὅν ποτε Μῆδοι
    Σπερχειὸν ποταμὸν κτεῖναν ἀμειψάμενοι,
μάντιος, ὃς τότε κῆρας ἐπερχομένας σάφα εἰδώς
    οὐκ ἔτλη Σπάρτης ἡγεμόνα προλιπεῖν.

ἐπιγράμμασι μέν νυν καὶ στήλῃσι, ἔξω ἢ τὸ τοῦ
μάντιος ἐπίγραμμα, Ἀμφικτύονες εἰσὶ σφέας οἱ
ἐπικοσμήσαντες· τὸ δὲ τοῦ μάντιος Μεγιστίεω
Σιμωνίδης ὁ Λεωπρέπεος ἐστὶ κατὰ ξεινίην ὁ
ἐπιγράψας.

229. Δύο δὲ τούτων τῶν τριηκοσίων λέγεται
Εὔρυτόν τε καὶ Ἀριστόδημον, παρεὸν αὐτοῖσι

¹ As a matter of fact Simonides composed all three

544

227. This and other sayings of a like temper are recorded of Dieneces, whereby he is remembered. The next after him to earn the palm of valour were, it is said, two Lacedaemonian brothers, Alpheus and Maron, sons of Orsiphantus. The Thespian who gained most renown was one whose name was Dithyrambus, son of Harmatides.

228. All these, and they that died before any had departed at Leonidas' bidding, were buried where they fell, and there is an inscription over them, which is this :

> Four thousand warriors, flower of Pelops' land,
> Did here against three hundred myriads stand.

This is the inscription common to all; the Spartans have one for themselves :

> Go tell the Spartans, thou that passest by,
> That here obedient to their words we lie.

That is for the Lacedaemonians, and this for the seer :

> Here fought and fell Megistias, hero brave,
> Slain by the Medes, who crossed Spercheius' wave ;
> Well knew the seer his doom, but scorned to fly,
> And rather chose with Sparta's king to die.

The inscriptions and the pillars were set there in their honour by the Amphictyons, except the epitaph of the diviner Megistias ; that inscription was made for him for friendship's sake by Simonides son of Leoprepes.[1]

229. There is a story told concerning two of these three hundred, Eurytus and Aristodemus. Leonidas

___

inscriptions ; but the epitaph of Megistias was the only one which he made at his own cost.

ἀμφοτέροισι κοινῷ λόγῳ χρησαμένοισι ἢ ἀπο-
σωθῆναι ὁμοῦ ἐς Σπάρτην, ὡς μεμετιμένοι γε
ἦσαν ἐκ τοῦ στρατοπέδου ὑπὸ Λεωνίδεω καὶ
κατεκέατο ἐν Ἀλπηνοῖσι ὀφθαλμιῶντες ἐς τὸ
ἔσχατον, ἢ εἴ γε μὴ ἐβούλοντο νοστῆσαι, ἀπο-
θανεῖν ἅμα τοῖσι ἄλλοισι, παρεόν σφι τούτων
τὰ ἕτερα ποιέειν οὐκ ἐθελῆσαι ὁμοφρονέειν, ἀλλὰ
γνώμῃ διενειχθέντας Εὔρυτον μέν, πυθόμενον τῶν
Περσέων τὴν περίοδον, αἰτήσαντά τε τὰ ὅπλα
καὶ ἐνδύντα ἄγειν ἑωυτὸν κελεῦσαι τὸν εἵλωτα
ἐς τοὺς μαχομένους, ὅκως δὲ αὐτὸν ἤγαγε, τὸν μὲν
ἀγαγόντα οἴχεσθαι φεύγοντα, τὸν δὲ ἐσπεσόντα
ἐς τὸν ὅμιλον διαφθαρῆναι, Ἀριστόδημον δὲ
λιποψυχέοντα λειφθῆναι. εἰ μέν νυν ἢ μοῦνον
Ἀριστόδημον ἀλγήσαντα[1] ἀπονοστῆσαι ἐς Σπάρ-
την ἢ καὶ ὁμοῦ σφεων ἀμφοτέρων τὴν κομιδὴν
γενέσθαι, δοκέειν ἐμοί, οὐκ ἄν σφι Σπαρτιήτας
μῆνιν οὐδεμίαν προσθέσθαι· νυνὶ δὲ τοῦ μὲν
αὐτῶν ἀπολομένου, τοῦ δὲ τῆς μὲν αὐτῆς ἐχομένου
προφάσιος οὐκ ἐθελήσαντος δὲ ἀποθνήσκειν, ἀν-
αγκαίως σφι ἔχειν μηνῖσαι μεγάλως Ἀριστο-
δήμῳ.

230. Οἱ μέν νυν οὕτω σωθῆναι λέγουσι Ἀριστό-
δημον ἐς Σπάρτην καὶ διὰ πρόφασιν τοιήνδε, οἱ δὲ
ἄγγελον πεμφθέντα ἐκ τοῦ στρατοπέδου, ἐξεὸν αὐτῷ
καταλαβεῖν τὴν μάχην γινομένην οὐκ ἐθελῆσαι,
ἀλλ᾽ ὑπομείναντα ἐν τῇ ὁδῷ περιγενέσθαι, τὸν δὲ
συνάγγελον αὐτοῦ ἀπικόμενον ἐς τὴν μάχην ἀπο-
θανεῖν.

231. Ἀπονοστήσας δὲ ἐς Λακεδαίμονα ὁ Ἀρι-
στόδημος εἶχε ὄνειδός τε καὶ ἀτιμίην· πάσχων
δὲ τοιάδε ἠτίμωτο· οὔτε οἱ πῦρ οὐδεὶς ἔναυε
546

had suffered them both to leave the camp, and they
were lying at Alpeni, very sick of ophthalmia; they
might have both made common cause and returned
in safety to Sparta, or if they had no desire to return
have died with the rest; but though they might have
done one thing or the other, they could not agree,
and each followed his own plan. Eurytus, when he
learnt of the Persians' circuit, called for his armour
and put it on, and bade his helot lead him into the
battle; the helot led him thither and then himself
fled; and Eurytus rushed into the press and was
slain. But Aristodemus' heart failed him, and he
stayed behind. Now if Aristodemus alone had been
sick, and so returned to Sparta, or if they had betaken
themselves home together, then to my thinking the
Spartans would have shown no anger against them;
but as it was, when one of the two was slain, and the
other had the selfsame pretext to rely upon, yet
would not die, they could not but be very wroth with
Aristodemus.

230. Some, then, say that it was thus and with
such an excuse that Aristodemus came safe back to
Sparta; according to others he had been sent on a
message from the camp, and might have come back
in time for the battle's beginning, yet would not, but
lingered on the way and so saved his life; whereas
his fellow-messenger returned for the battle and was
there slain.

231. When Aristodemus returned to Lacedaemon,
he was disgraced and dishonoured; this was the
manner of his dishonour, that no Spartan would give

---

[1] Stein reads ἀλογήσαντα, of which I can make no good
sense. There is MS. authority for both.

Σπαρτιητέων οὔτε διελέγετο. ὄνειδος δὲ εἶχε ὁ
τρέσας Ἀριστόδημος καλεόμενος.

232. Ἀλλ᾽ ὃ μὲν ἐν τῇ ἐν Πλαταιῇσι μάχῃ
ἀνέλαβε πᾶσαν τὴν ἐπενειχθεῖσαν αἰτίην· λέγεται
δὲ καὶ ἄλλον ἀποπεμφθέντα ἄγγελον ἐς Θεσ-
σαλίην τῶν τριηκοσίων τούτων περιγενέσθαι, τῷ
οὔνομα εἶναι Παντίτην· νοστήσαντα δὲ τοῦτον
ἐς Σπάρτην, ὡς ἠτίμωτο, ἀπάγξασθαι.

233. Οἱ δὲ Θηβαῖοι, τῶν ὁ Λεοντιάδης ἐστρα-
τήγεε, τέως μὲν μετὰ τῶν Ἑλλήνων ἐόντες ἐμάχοντο
ὑπ᾽ ἀναγκαίης ἐχόμενοι πρὸς τὴν βασιλέος στρα-
τιήν· ὡς δὲ εἶδον κατυπέρτερα τῶν Περσέων
γινόμενα τὰ πρήγματα, οὕτω δή, τῶν σὺν Λεωνίδῃ
Ἑλλήνων ἐπειγομένων ἐπὶ τὸν κολωνόν, ἀπο-
σχισθέντες τούτων χεῖράς τε προέτεινον καὶ ἤισαν
ἆσσον τῶν βαρβάρων, λέγοντες τὸν ἀληθέστατον
τῶν λόγων, ὡς καὶ μηδίζουσι καὶ γῆν τε καὶ ὕδωρ
ἐν πρώτοισι ἔδοσαν βασιλέι, ὑπὸ δὲ ἀναγκαίης
ἐχόμενοι ἐς Θερμοπύλας ἀπικοίατο καὶ ἀναίτιοι
εἶεν τοῦ τρώματος τοῦ γεγονότος βασιλέι. ὥστε
ταῦτα λέγοντες περιεγίνοντο· εἶχον γὰρ καὶ
Θεσσαλοὺς τούτων τῶν λόγων μάρτυρας· οὐ
μέντοι τά γε πάντα εὐτύχησαν· ὡς γὰρ αὐτοὺς
ἔλαβον οἱ βάρβαροι ἐλθόντας, τοὺς μὲν τινὰς
καὶ ἀπέκτειναν προσιόντας, τοὺς δὲ πλεῦνας
αὐτῶν κελεύσαντος Ξέρξεω ἔστιζον στίγματα
βασιλήια, ἀρξάμενοι ἀπὸ τοῦ στρατηγοῦ Λεοντι-
άδεω· τοῦ τὸν παῖδα Εὐρύμαχον χρόνῳ μετέπειτα
ἐφόνευσαν Πλαταιέες στρατηγήσαντα ἀνδρῶν
Θηβαίων τετρακοσίων καὶ σχόντα τὸ ἄστυ τὸ
Πλαταιέων.

234. Οἱ μὲν δὴ περὶ Θερμοπύλας Ἕλληνες

548

him fire, nor speak with him; and they called him
for disgrace, Aristodemus the coward.

232. But he repaired all that was laid to his charge
in the fight at Plataeae. It is said too that another
of the three hundred, whose name was Pantites, was
saved alive, carrying a message into Thessaly; he also
returned to Sparta, but being there dishonoured
hanged himself.

233. As for the Thebans, whose general was
Leontiades, they were for a while with the Greeks
and constrained by necessity to fight against the
king's army; but as soon as they saw the Persians
gaining the upper hand, then, when the Greeks with
Leonidas were pressing towards the hillock, the
Thebans separated from them and drew nigh to the
foreigners, holding out their hands and crying that
they were the Persians' men and had been among
the first to give earth and water to the king; it
was under constraint (they said) that they had come
to Thermopylae, and they were guiltless of the harm
done to the king; which was the truest word ever
spoken; so that by this plea they saved their lives, the
Thessalians being there to bear witness to what they
said. Howbeit they were not wholly fortunate;
for when the foreigners caught them coming, they
even slew some of them as they drew near; the most
of them were branded by Xerxes' command with the
king's marks, from their general Leontiades down-
wards. This is he whose son Eurymachus long
afterwards [1] put himself at the head of four hundred
Thebans and seized the citadel of Plataeae, but was
slain by the Plataeans.

234. Thus did the Greeks at Thermopylae contend.

[1] In 431; cp. Thucyd. II. 2 ff.

οὕτω ἠγωνίσαντο, Ξέρξης δὲ καλέσας Δημάρητον
εἰρώτα ἀρξάμενος ἐνθένδε. "Δημάρητε, ἀνὴρ εἶς
ἀγαθός. τεκμαίρομαι δὲ τῇ ἀληθείῃ· ὅσα γὰρ
εἶπας, ἅπαντα ἀπέβη οὕτω. νῦν δέ μοι εἰπέ,
κόσοι τινὲς εἰσὶ οἱ λοιποὶ Λακεδαιμόνιοι, καὶ
τούτων ὁκόσοι τοιοῦτοι τὰ πολέμια εἴτε καὶ
ἅπαντες." ὁ δ᾿ εἶπε "Ὦ βασιλεῦ, πλῆθος μὲν
πολλὸν πάντων τῶν Λακεδαιμονίων καὶ πόλιες
πολλαί· τὸ δὲ θέλεις ἐκμαθεῖν, εἰδήσεις. ἔστι
ἐν τῇ Λακεδαίμονι Σπάρτη πόλις ἀνδρῶν ὀκτακισ-
χιλίων μάλιστα, καὶ οὗτοι πάντες εἰσὶ ὅμοιοι
τοῖσι ἐνθάδε μαχεσαμένοισι· οἵ γε μὲν ἄλλοι
Λακεδαιμόνιοι τούτοισι μὲν οὐκ ὅμοιοι, ἀγαθοὶ
δέ." εἶπε πρὸς ταῦτα Ξέρξης "Δημάρητε, τέῳ
τρόπῳ ἀπονητότατα τῶν ἀνδρῶν τούτων ἐπι-
κρατήσομεν; ἴθι ἐξηγέο· σὺ γὰρ ἔχεις αὐτῶν
τὰς διεξόδους τῶν βουλευμάτων οἷα βασιλεὺς
γενόμενος."

235. Ὁ δ᾿ ἀμείβετο "Ὦ βασιλεῦ, εἰ μὲν δὴ
συμβουλεύεαί μοι προθύμως, δίκαιόν με σοί ἐστι
φράζειν τὸ ἄριστον· εἰ τῆς ναυτικῆς στρατιῆς
νέας τριηκοσίας ἀποστείλειας ἐπὶ τὴν Λάκαιναν
χώρην. ἔστι δὲ ἐπ᾿ αὐτῇ νῆσος ἐπικειμένη τῇ
οὔνομα ἐστὶ Κύθηρα, τὴν Χίλων ἀνὴρ παρ᾿ ἡμῖν
σοφώτατος γενόμενος κέρδος μέζον ἂν ἔφη εἶναι
Σπαρτιήτῃσι κατὰ τῆς θαλάσσης καταδεδυκέναι
μᾶλλον ἢ ὑπερέχειν, αἰεί τι προσδοκῶν ἀπ᾿ αὐτῆς
τοιοῦτο ἔσεσθαι οἷόν τοι ἐγὼ ἐξηγέομαι, οὔτι τὸν
σὸν στόλον προειδώς, ἀλλὰ πάντα ὁμοίως φοβε-
όμενος ἀνδρῶν στόλον. ἐκ ταύτης τῆς νήσου
ὁρμώμενοι φοβεόντων τοὺς Λακεδαιμονίους. παρ-
οίκου δὲ πολέμου σφι ἐόντος οἰκηίου, οὐδὲν

Xerxes then sent for Demaratus and questioned him,
saying first, " Demaratus, you are a right good man.
I hold that proved by the plain truth; for the event
has been none other than what you foretold. Now,
tell me this: how many are the Lacedaemonians that
are left, and how many of them are warriors like
these? or is it so with them all?" "O king," said
Demaratus, " the Lacedaemonians altogether are
many in number, and their cities are many. But
what you would know, I will tell you: there is in
Lacedaemon a city called Sparta, a city of about
eight thousand men, all of them equal to those who
have here fought; the rest of the Lacedaemonians
are not equal to these; yet they are valiant men."
" And how, Demaratus," answered Xerxes, " shall we
with least ado master those men? Come, make that
plain to me; for you have been their king, and know
the plan and order of their counsels."

235. " O king," Demaratus replied, " if you do in
sincerity ask my counsel, it is but right that I should
point out to you the best way. It is this: that you
should send three hundred ships of your fleet to the
Laconian land. There is an island lying off their
coasts called Cythera, whereof it was said by Chilon,
a man of much wisdom among us, that for the
Spartans' advantage Cythera were better beneath the
sea than above it; for he ever looked that some
such business should spring from thence as I now set
before you; not that he had any foreknowledge of
your armament, but he dreaded all men's armaments
alike. Let them then make that island their station
and issue thence to strike fear into the Lacedae-
monians; if these have a war of their own on their
borders, you will have no cause to fear lest they send

δεινοὶ ἔσονταί τοι μὴ τῆς ἄλλης Ἑλλάδος ἁλι-
σκομένης ὑπὸ τοῦ πεζοῦ βοηθέωσι ταύτῃ. κατα-
δουλωθείσης δὲ τῆς ἄλλης Ἑλλάδος ἀσθενὲς ἤδη
τὸ Λακωνικὸν μοῦνον λείπεται. ἢν δὲ ταῦτα μὴ
ποιέῃς, τάδε τοι προσδόκα ἔσεσθαι. ἔστι τῆς
Πελοποννήσου ἰσθμὸς στεινός· ἐν τούτῳ τῷ χώρῳ
πάντων Πελοποννησίων συνομοσάντων ἐπὶ σοὶ
μάχας ἰσχυροτέρας ἄλλας τῶν γενομενέων προσ-
δέκεο ἔσεσθαί τοι. ἐκεῖνο δὲ ποιήσαντι ἀμαχητὶ
ὅ τε ἰσθμὸς οὗτος καὶ αἱ πόλιες προσχωρήσουσι."

236. Λέγει μετὰ τοῦτον Ἀχαιμένης, ἀδελφεός
τε ἐὼν Ξέρξεω καὶ τοῦ ναυτικοῦ στρατοῦ στρατη-
γός, παρατυχών τε τῷ λόγῳ καὶ δείσας μὴ ἀνα-
γνωσθῇ Ξέρξης ποιέειν ταῦτα, "Ὦ βασιλεῦ, ὁρῶ
σε ἀνδρὸς ἐνδεκόμενον λόγους ὃς φθονέει τοι εὖ
πρήσσοντι ἢ καὶ προδιδοῖ πρήγματα τὰ σά. καὶ
γὰρ δὴ καὶ τρόποισι τοιούτοισι χρεώμενοι Ἕλλη-
νες χαίρουσι· τοῦ τε εὐτυχέειν φθονέουσι καὶ τὸ
κρέσσον στυγέουσι. εἰ δ' ἐπὶ τῇσι παρεούσῃσι
τύχῃσι, τῶν νέες νεναυηγήκασι τετρακόσιαι,
ἄλλας ἐκ τοῦ στρατοπέδου τριηκοσίας ἀποπέμψεις
περιπλέειν Πελοπόννησον, ἀξιόμαχοί τοι γίνονται
οἱ ἀντίπαλοι· ἁλὴς δὲ ἐὼν ὁ ναυτικὸς στρατὸς
δυσμεταχείριστός τε αὐτοῖσι γίνεται, καὶ ἀρχὴν
οὐκ ἀξιόμαχοί τοι ἔσονται, καὶ πᾶς ὁ ναυτικὸς τῷ
πεζῷ ἀρήξει καὶ ὁ πεζὸς τῷ ναυτικῷ ὁμοῦ πορευό-
μενος· εἰ δὲ διασπάσεις, οὔτε σὺ ἔσεαι ἐκείνοισι
χρήσιμος οὔτε ἐκεῖνοι σοί. τὰ σεωυτοῦ δὲ τιθέμενον
εὖ γνώμην ἔχω τὰ τῶν ἀντιπολέμων μὴ ἐπιλέ-
γεσθαι πρήγματα, τῇ τε στήσονται τὸν πόλεμον
τά τε ποιήσουσι ὅσοι τε πλῆθός εἰσι. ἱκανοὶ γὰρ
ἐκεῖνοί γε αὐτοὶ ἑωυτῶν πέρι φροντίζειν εἰσί,

men to save the rest of Hellas from being overrun by
your armies: and the enslavement of the rest of
Hellas must weaken Laconia, if it be thus left
to stand alone. But if you will not do this, then
look for that whereof I tell you: a narrow isthmus
leads to the Peloponnese; all the Peloponnesians will
be there banded together against you, and you may
expect battles more stubborn than those that you
have fought already. But if you do as I have said,
then you may have that isthmus and all their cities
without striking a blow."

236. Next spoke Achaemenes, Xerxes' brother and
admiral of the fleet; it chanced that he was present
at their converse, and he feared lest Xerxes be over-
persuaded to follow Demaratus' counsel. "O king,"
said he, "I see that you are hearkening to a man
who is jealous of your good fortune or perchance is
even a traitor to your cause. These are the ways
that are dear to the hearts of all Greeks: they are
jealous of success and they hate power. Nay, if after
the late calamity which has wrecked four hundred of
your ships you send away three hundred more from
your fleet to sail round the Peloponnese, your enemies
will be enough to do battle with you; but while your
fleet is united, it is thereby invincible, and your
enemies will not so much as be enough to fight;
moreover, all your navy will be a help to your army
and your army to your navy, both moving together;
but if you separate some from yourself, you will be of
no use to them, nor they to you. My counsel is
rather that you lay your own plans well, and take no
account of the business of your adversaries, what
battlefields they will choose, and what they will do,
and how many they be. They are well able to think

ἡμεῖς δὲ ἡμέων ὡσαύτως. Λακεδαιμόνιοι δὲ ἢν
ἴωσι ἀντία Πέρσῃσι ἐς μάχην, οὐδὲν τὸ παρεὸν
τρῶμα ἀκεῦνται."

237. Ἀμείβεται Ξέρξης τοῖσιδε. "Ἀχαίμενες,
εὖ τε μοι δοκέεις λέγειν καὶ ποιήσω ταῦτα. Δημά-
ρητος δὲ λέγει μὲν τὰ ἄριστα ἔλπεται εἶναι ἐμοί,
γνώμῃ μέντοι ἐσσοῦται ὑπὸ σεῦ. οὐ γὰρ δὴ κεῖνό γε
ἐνδέξομαι ὅκως οὐκ εὐνοέει τοῖσι ἐμοῖσι πρήγμασι,
τοῖσί τε λεγομένοισι πρότερον ἐκ τούτου σταθμώ-
μενος καὶ τῷ ἐόντι, ὅτι πολιήτης μὲν πολιήτῃ εὖ
πρήσσοντι φθονέει καὶ ἔστι δυσμενὴς τῇ σιγῇ, οὐδ'
ἂν συμβουλευομένου τοῦ ἀστοῦ πολιήτης ἀνὴρ τὰ
ἄριστά οἱ δοκέοντα εἶναι ὑποθέοιτο, εἰ μὴ πρόσω
ἀρετῆς ἀνήκοι· σπάνιοι δὲ εἰσὶ οἱ τοιοῦτοι· ξεῖνος
δὲ ξείνῳ εὖ πρήσσοντι ἐστὶ εὐμενέστατον πάντων,
συμβουλευομένου τε ἂν συμβουλεύσειε τὰ ἄριστα.
οὕτω ὦν κακολογίης[1] τῆς ἐς Δημάρητον, ἐόντος
ἐμοὶ ξείνου πέρι, ἔχεσθαί τινα τοῦ λοιποῦ κελεύω."

238. Ταῦτα εἴπας Ξέρξης διεξήιε διὰ τῶν
νεκρῶν, καὶ Λεωνίδεω, ἀκηκοὼς ὅτι βασιλεύς τε
ἦν καὶ στρατηγὸς Λακεδαιμονίων, ἐκέλευσε ἀπο-
ταμόντας τὴν κεφαλὴν ἀνασταυρῶσαι. δῆλά μοι
πολλοῖσι μὲν καὶ ἄλλοισι τεκμηρίοισι, ἐν δὲ καὶ
τῷδε οὐκ ἥκιστα γέγονε, ὅτι βασιλεὺς Ξέρξης
πάντων δὴ μάλιστα ἀνδρῶν ἐθυμώθη ζῶντι Λεω-
νίδῃ· οὐ γὰρ ἄν κοτε ἐς τὸν νεκρὸν ταῦτα παρενό-
μησε, ἐπεὶ τιμᾶν μάλιστα νομίζουσι τῶν ἐγὼ οἶδα
ἀνθρώπων Πέρσαι ἄνδρας ἀγαθοὺς τὰ πολέμια.
οἱ μὲν δὴ ταῦτα ἐποίευν, τοῖσι ἐπετέτακτο ποιέειν.

239. Ἄνειμι δὲ ἐκεῖσε τοῦ λόγου τῇ μοι τὸ

---

[1] [περὶ] κακολογίης Stein.

for themselves, and we likewise for ourselves. As for the Lacedaemonians, if they meet the Persians in the field, they will in nowise repair their late hurts."

237. "Achaemenes," Xerxes answered, "methinks you say well, and I will do as you counsel. But Demaratus, albeit your advice is better than his, says what he supposes to be most serviceable to me : for assuredly I will never believe that he is no friend to my cause ; I judge that he is so by all that he has already said, and by what is the truth, namely, that if one citizen prosper another citizen is jealous of him and shows his enmity by silence, and no one (except he have attained to the height of excellence ; and such are seldom seen) if his own townsman asks for counsel will give him what he deems the best advice. But if one stranger prosper, another stranger is beyond all men his well-wisher, and will if he be asked impart to him the best counsel he has. Wherefore I bid you all refrain from maligning Demaratus, seeing that he is a stranger and my friend."

238. Having thus spoken, Xerxes passed over the place where the dead lay ; and hearing that Leonidas had been king and general of the Lacedaemonians, he bade cut off his head and impale it. It is plain to me by this especial proof among many others, that while Leonidas lived king Xerxes was more incensed against him than against all others; else had he never dealt so outrageously with his dead body; for the Persians are of all men known to me the most wont to honour valiant warriors. So they who were thus charged did as I have said.

239. I return now to that place in my history

πρότερον ἐξέλιπε. ἐπύθοντο Λακεδαιμόνιοι ὅτι
βασιλεὺς στέλλοιτο ἐπὶ τὴν Ἑλλάδα πρῶτοι, καὶ
οὕτω δὴ ἐς τὸ χρηστήριον τὸ ἐς Δελφοὺς ἀπέπεμ-
ψαν, ἔνθα δή σφι ἐχρήσθη τὰ ὀλίγῳ πρότερον
εἶπον· ἐπύθοντο δὲ τρόπῳ θωμασίῳ. Δημάρητος
γὰρ ὁ Ἀρίστωνος φυγὼν ἐς Μήδους, ὡς μὲν ἐγὼ
δοκέω καὶ τὸ οἰκὸς ἐμοὶ συμμάχεται, οὐκ ἦν εὔνοος
Λακεδαιμονίοισι, πάρεστι δὲ εἰκάζειν εἴτε εὐνοίῃ
ταῦτα ἐποίησε εἴτε καὶ καταχαίρων. ἐπείτε γὰρ
Ξέρξῃ ἔδοξε στρατηλατέειν ἐπὶ τὴν Ἑλλάδα, ἐὼν
ἐν Σούσοισι ὁ Δημάρητος καὶ πυθόμενος ταῦτα
ἠθέλησε Λακεδαιμονίοισι ἐξαγγεῖλαι. ἄλλως μὲν
δὴ οὐκ εἶχε σημῆναι· ἐπικίνδυνον γὰρ ἦν μὴ
λαμφθείη· ὁ δὲ μηχανᾶται τοιάδε· δελτίον δί-
πτυχον λαβὼν τὸν κηρὸν αὐτοῦ ἐξέκνησε, καὶ
ἔπειτα ἐν τῷ ξύλῳ τοῦ δελτίου ἔγραψε τὴν βα-
σιλέος γνώμην, ποιήσας δὲ ταῦτα ὀπίσω ἐπέτηξε
τὸν κηρὸν ἐπὶ τὰ γράμματα, ἵνα φερόμενον κεινὸν
τὸ δελτίον μηδὲν πρῆγμα παρέχοι πρὸς τῶν
ὁδοφυλάκων. ἐπεὶ δὲ καὶ ἀπίκετο ἐς τὴν Λακε-
δαίμονα, οὐκ εἶχον συμβαλέσθαι οἱ Λακεδαιμόνιοι,
πρίν γε δή σφι, ὡς ἐγὼ πυνθάνομαι, Κλεομένεος
μὲν θυγάτηρ Λεωνίδεω δὲ γυνὴ Γοργὼ ὑπέθετο
ἐπιφρασθεῖσα αὐτή, τὸν κηρὸν κνᾶν κελεύουσα,
καὶ εὑρήσειν σφέας γράμματα ἐν τῷ ξύλῳ. πειθό-
μενοι δὲ εὗρον καὶ ἐπελέξαντο, ἔπειτα δὲ τοῖσι
ἄλλοισι Ἕλλησι ἐπέστειλαν. ταῦτα μὲν δὴ οὕτω
λέγεται γενέσθαι.

---

[1] 220, where Herodotus mentioned the bare fact of the

where it lately left off.[1] The Lacedaemonians were
the first to be informed that the king was equipping
himself to attack Hellas; with this knowledge it was
that they sent to the oracle at Delphi, where they
received the answer whereof I spoke a little while
ago ; and the way of their being so informed was
strange. Demaratus son of Ariston, being an exile
among the Medes, was, as I suppose (reason being
also my ally), no friend to the Lacedaemonians, and
I leave it to be imagined whether what he did was
done out of goodwill or despiteful triumph. Xerxes
being resolved to march against Hellas, Demaratus,
who was then at Susa and had knowledge of this,
desired to send word of it to the Lacedaemonians.
But he feared to be detected, and had no other way
of acquainting them than this trick :—taking a double
tablet, he scraped away the wax from it, and then
wrote the king's intent on the wood ; which done, he
melted the wax back again over the writing, so that
the bearer of the tablet thus left blank might not be
troubled by the way-wardens. When the tablet came
to Lacedaemon, the Lacedaemonians could not guess
its meaning, till at last (as I have been told) Gorgo,
Cleomenes' daughter and Leonidas' wife, discovered
the trick of herself and advised them to scrape the
wax away, when they would find writing on the
wood. So doing, they found and read the message,
and presently sent it to the rest of the Greeks. This
is the story, as it is told.

Spartans getting early intelligence of Xerxes' plans against
Greece. Now he completes the story.

INDEX OF PROPER NAMES

INDEX OF PROPER NAMES

560

INDEX OF PROPER NAMES

561

INDEX OF PROPER NAMES

INDEX OF PROPER NAMES

INDEX OF PROPER NAMES

INDEX OF PROPER NAMES

PRINTED IN GREAT BRITAIN BY RICHARD CLAY & SONS, LIMITED, BUNGAY, SUFFOLK.

THE LOEB CLASSICAL LIBRARY.

VOLUMES ALREADY PUBLISHED

Latin Authors.

APULEIUS. The Golden Ass (Metamorphoses). Trans. by W. Adlington (1566). Revised by S. Gaselee. (*2nd Impression.*)

AUSONIUS. Trans. by H. G. Evelyn White. 2 Vols.

BOETHIUS: TRACTS AND DE CONSOLATIONE PHILOSO-PHIAE. Trans. by Rev. H. F. Stewart and E. K. Rand.

CAESAR: CIVIL WARS. Trans. by A. G. Peskett. (*2nd Impression.*)

CAESAR: GALLIC WAR. Trans. by H. J. Edwards. (*3rd Impression.*)

CATULLUS. Trans. by F. W. Cornish; TIBULLUS. Trans. by J. P. Postgate; and PERVIGILIUM VENERIS. Trans. by J. W. Mackail. (*5th Impression.*)

CICERO: DE FINIBUS. Trans. by H. Rackham. (*2nd Impression.*)

CICERO: DE OFFICIIS. Trans. by Walter Miller. (*2nd Impression.*)

CICERO: LETTERS TO ATTICUS. Trans. by E. O. Winstedt. 3 Vols. (Vol. I *3rd Impression.* Vol. II *2nd Impression.*)

CLAUDIAN. Trans. by M. Platnauer. 2 Vols.

CONFESSIONS OF ST. AUGUSTINE. Trans. by W. Watts (1631). 2 Vols. (*2nd Impression.*)

FRONTO: CORRESPONDENCE. Trans. by C. R. Haines. 2 Vols.

HORACE: ODES AND EPODES. Trans. by C. E. Bennett. (*4th Impression.*)

JUVENAL AND PERSIUS. Trans. by G. G. Ramsay. (*2nd Impression.*)

LIVY. Trans. by B. O. Foster. 13 Vols. Vols. I and II.

MARTIAL. Trans. by W. C. Ker. 2 Vols.

OVID: HEROIDES AND AMORES. Trans. by Grant Showerman. (*2nd Impression.*)

OVID: METAMORPHOSES. Trans. by F. J. Miller. 2 Vols. (*2nd Edition.*)

PETRONIUS. Trans. by M. Heseltine; SENECA: APOCOLO-CYNTOSIS. Trans. by W. H. D. Rouse. (*4th Impression.*)

PLAUTUS. Trans. by Paul Nixon. 5 Vols. Vols. I and II. (Vol. I *2nd Impression.*)

PLINY: LETTERS. Melmoth's Translation revised by W. M. L. Hutchinson. 2 Vols.

PROPERTIUS. Trans. by H. E. Butler. (*2nd Impression.*)

THE LOEB CLASSICAL LIBRARY

QUINTILIAN. Trans. by H. E. Butler. 4 Vols.

SALLUST. Trans. by J. C. Rolfe.

SCRIPTORES HISTORIAE AUGUSTAE. Trans. by D. Magie. 4 Vols. Vol. 1.

SENECA: EPISTULAE MORALES. Trans. by R. M. Gummere. 3 Vols. Vols. I and II.

SENECA: TRAGEDIES. Trans. by F. J. Miller. 2 Vols.

SUETONIUS. Trans. by J. C. Rolfe. 2 Vols. (*2nd Impression.*)

TACITUS: DIALOGUS. Trans. by Sir Wm. Peterson; and AGRICOLA AND GERMANIA. Trans. by Maurice Hutton. (*2nd Impression.*)

TERENCE. Trans. by John Sargeaunt. 2 Vols. (*3rd Impression.*)

VIRGIL. Trans. by H. R. Fairclough. 2 Vols. (Vol. I *3rd Impression.* Vol. II *2nd Impression.*)

Greek Authors.

ACHILLES TATIUS. Trans. by S. Gaselee.

AESCHINES. Trans. by C. D. Adams.

AESCHYLUS. Trans. by H. Weir Smyth. 2 Vols. Vol. I.

APOLLODORUS. Trans. by Sir James G. Frazer. 2 Vols.

APOLLONIUS RHODIUS. Trans. by R. C. Seaton. (*2nd Impression.*)

THE APOSTOLIC FATHERS. Trans. by Kirsopp Lake. 2 Vols. (Vol. I *3rd Impression.* Vol. II *2nd Impression.*)

APPIAN'S ROMAN HISTORY. Trans. by Horace White. 4 Vols.

CALLIMACHUS AND LYCOPHRON, trans. by A. W. Mair, and ARATUS, trans. by G. R. Mair.

CLEMENT OF ALEXANDRIA. Trans. by Rev. G. W. Butterworth.

DAPHNIS AND CHLOE. Thornley's Translation revised by J. M. Edmonds; and PARTHENIUS. Trans. by S. Gaselee.

DIO CASSIUS: ROMAN HISTORY. Trans. by E. Cary. 9 Vols. Vols. I to VI.

EURIPIDES. Trans. by A. S. Way. 4 Vols. (Vols. I, II and IV *3rd Impression.* Vol. III *2nd Impression.*)

GALEN: ON THE NATURAL FACULTIES. Trans. by A. J. Brock.

THE GREEK ANTHOLOGY. Trans. by W. R. Paton. 5 Vols. (Vols. I and II *2nd Impression.*)

THE GREEK BUCOLIC POETS (THEOCRITUS, BION, MOSCHUS). Trans. by J. M. Edmonds. (*3rd Impression.*)

HERODOTUS. Trans. by A. G. Godley. 4 Vols. Vols. I to III.

HESIOD AND THE HOMERIC HYMNS. Trans. by H. G. Evelyn White. (*2nd Impression.*)

HOMER: ODYSSEY. Trans. by A. T. Murray. 2 Vols.

VOLUMES ALREADY PUBLISHED

JULIAN. Trans. by Wilmer Cave Wright. 3 Vols. Vols. I and II.

LUCIAN. Trans. by A. M. Harmon. 8 Vols. Vols. I to III. (Vols. I and II 2nd Impression.)

LYRA GRAECA. Trans. by J. M. Edmonds. 3 Vols. Vol. I.

MARCUS AURELIUS. Trans. by C. R. Haines.

MENANDER. Trans. by F. G. Allinson.

PAUSANIAS: DESCRIPTION OF GREECE. Trans. by W. H. S. Jones. 5 Vols. and Companion Vol. Vol. I.

PHILOSTRATUS : THE LIFE OF APOLLONIUS OF TYANA. Trans. by F. C. Conybeare. 2 Vols. (2nd Impression.)

PHILOSTRATUS and EUNAPIUS, LIVES OF THE SOPHISTS. Trans. by Wilmer Cave Wright.

PINDAR. Trans. by Sir J. E. Sandys. (2nd Edition.)

PLATO : EUTHYPHRO, APOLOGY, CRITO, PHAEDO, PHAEDRUS. Trans. by H. N. Fowler. (3rd Impression.)

PLATO : THEAETETUS AND SOPHIST. Trans. by H. N. Fowler.

PLUTARCH : THE PARALLEL LIVES. Trans. by B. Perrin. 11 Vols. Vols. I to X.

POLYBIUS. Trans. by W. R. Paton. 6 Vols. Vols. I and II.

PROCOPIUS: HISTORY OF THE WARS. Trans. by H. B. Dewing. 7 Vols. Vols. I to III.

QUINTUS SMYRNAEUS. Trans. by A. S. Way.

SOPHOCLES. Trans. by F. Storr. 2 Vols. (Vol. I 3rd Impression. Vol. II 2nd Impression.)

ST. JOHN DAMASCENE : BARLAAM AND IOASAPH. Trans. by the Rev. G. R. Woodward and Harold Mattingly.

STRABO : GEOGRAPHY. Trans. by Horace L. Jones. 8 Vols. Vol. I.

THEOPHRASTUS : ENQUIRY INTO PLANTS. Trans. by Sir Arthur Hort, Bart. 2 Vols.

THUCYDIDES. Trans. by C. F. Smith. 4 Vols. Vols. I to III.

XENOPHON : CYROPAEDIA. Trans. by Walter Miller. 2 Vols.

XENOPHON : HELLENICA, ANABASIS, APOLOGY, and SYMPOSIUM. Trans. by C. L. Brownson and O. J. Todd. 3 Vols.

DESCRIPTIVE PROSPECTUS ON APPLICATION

London - - **WILLIAM HEINEMANN**

New York - - **G. P. PUTNAM'S SONS**